C. VECELLIO.

TOME PREMIER.

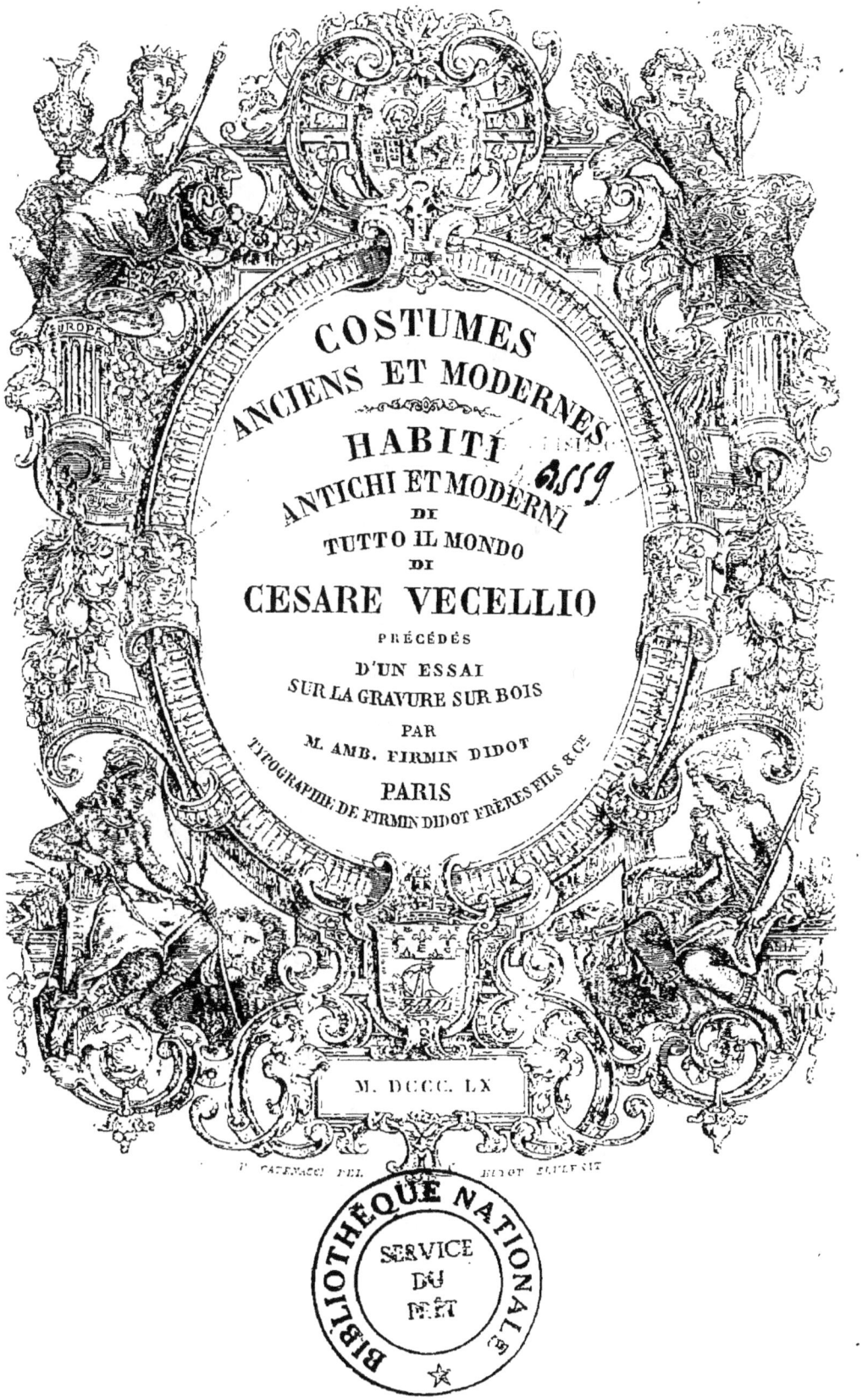

AVIS SUR LA IVᵉ ÉDITION
DU
RECUEIL DE CESARE VECELLIO.

Au commencement de ce siècle, le changement complet qui s'est opéré dans la gravure sur bois a fait reprendre à cet art l'importance qu'il avait au seizième siècle, lorsque les Albert Durer, les Lucas de Leyde, les Cranach, les Burgmaier, les Wohlgemuth, l'employaient à l'égal de la taille-douce, malgré l'imperfection des procédés typographiques alors en usage.

Aujourd'hui, par la finesse des tailles, par l'égalité du papier, par la netteté de l'impression, l'art de la gravure sur bois, tout en conservant les avantages qui lui sont propres, se rapproche de plus en plus de la taille-douce.

Le moment est donc venu où l'on peut reproduire sur bois, avec un charme tout nouveau, les chefs-d'œuvre dessinés par les grands maîtres de l'art au seizième siècle, et gravés, soit de leur propre main, soit par celle de leurs élèves ou des artistes habiles formés à leur école.

Le nombre des compositions exécutées par ce procédé au seizième siècle est considérable. Multipliées rapidement et à peu de frais au moyen de la typographie, qui les rendait populaires, elles furent, dès l'origine, consacrées à de grandes publications ayant un but d'utilité générale. Telle est celle que l'on peut nommer avec raison l'*Illustration* de cette époque : la *Chronique de Nuremberg*. Ce grand livre, où plus de deux mille planches en bois, gravées par Michel Wohlgemuth et Guillaume Pleydenwurf accompagnent le texte et l'expliquent, nous représente les objets mêmes, tels que les villes, les costumes, les portraits, les batailles, les événements divers, enfin tout ce qui peut intéresser le lecteur et piquer sa curiosité. Le succès fut tel que cinq éditions de cette Chronique ainsi *illustrée* parurent, de 1493 à 1500, à Nuremberg et à Augsbourg (1).

La *Cosmographie* de Sébastien Munster, autre sorte d'encyclopédie, ornée, comme la *Chronique de Nuremberg*, d'un grand nombre de gravures représentant les vues de toutes les villes remarquables, les portraits et les costumes, les objets d'armoiries et d'histoire naturelle, n'eut pas moins de succès. On en compte dix-sept éditions au seizième siècle, indépendamment de plusieurs éditions en latin, d'une en italien, d'une en français, en 1575, et d'une en bohémien, en 1554.

Les habiles imprimeurs dévoués au progrès de leur art, tels que les Koburger, les Alde, les Schœnsperger, les Feyrabend, les Simon de Colines, les Pigouchet, les Geoffroy-Tory, les Estienne, les Jean de Tournes, firent servir la gravure sur bois à l'embellissement des livres; mais c'est surtout à la reproduction des costumes qu'elle fut appliquée avec le plus de succès. Jamais, en effet, époque ne fut plus favorable que le seizième siècle au développement du luxe des modes et à leur infinie variété en Italie, en France, en Allemagne et dans le reste du monde; aussi, en peu d'années, vit-on paraître un grand nombre de recueils en ce genre, qui furent plusieurs fois réimprimés. Ce sont entre autres :

L'ouvrage intitulé : *Habits* (Habitus) *de diverses nations*, recueillis par Abraham Bruyn et Michel Colyns. Grand in-f°, Anvers, 1581, avec 500 figures.

Habitus præcipuorum populorum tam virorum quam fœminarum singulari arte depicti. Petit in-f°, Nuremberg, Hans Weigel, 1577, avec 200 figures (2).

Le *Gynæceum sive Theatrum mulierum*, par Jod. Amman. In-4°. Francfort, 1586, Feyrabend, avec 122 figures.

Des habits, mœurs, cérémonies et façons de faire anciennes et modernes du monde avec les pourtraicts des habits taillés. Liége, 1601, Jean de Glen, avec 200 figures.

---

(1) Cette Chronique, rédigée par Hartman Schedel, en un vol. très-grand in-folio, a été imprimée par A. Koburger, le 4 juin 1493. L'auteur et l'éditeur de ce vaste recueil ont eu soin de conserver à la fin de l'ouvrage un certain nombre de feuillets numérotés et laissés en blanc, afin que chacun pût y ajouter les événements publics ou les faits particuliers. Des suppléments paraissaient de temps en temps. On en voit de considérables à la suite de l'édition de 1493 (du 1 au 12 juillet de cette année).

(2) Gravé par Hans Weigel d'après les dessins de Jod. Amman, dont le monogramme se voit sur la première et la dernière planche.

Le recueil intitulé : *Degli abiti antichi e moderni di diverse parti del mondo,* par Vecellio Cesare. In-8°, 1590.

Tous ces recueils, excepté le premier, sont entièrement gravés sur bois, et celui de Vecellio Cesare, qui contient près de six cents costumes, entourés tous de cadres historiés et accompagnés de notices historiques, fut réimprimé trois fois, de la fin du seizième siècle au commencement du dix-septième. Devenu très-rare, son prix, toujours croissant, atteint 200 francs dans les ventes, quand, d'année en année, il en paraît un exemplaire, presque toujours incomplet.

Ce recueil offre, en effet, aux artistes en tout genre, sculpteurs, peintres, graveurs, dessinateurs, un choix nombreux de modèles aussi exacts que pittoresques, et au public ami des arts un ensemble d'objets agréables et instructifs. Les dames mêmes y trouveront un attrait tout particulier par l'originalité, la grâce, la noblesse, la naïveté et quelquefois la bizarrerie des costumes, qui souvent pourront leur suggérer d'heureuses inspirations.

Mais cette galerie si riche et si variée, où chaque personnage offre un type original et un grand caractère, exigeait la reproduction fidèle du style large et simple qui toujours a fait attribuer cette œuvre, du moins en grande partie, au Titien lui-même (*Tiziano Vecellio*), opinion justifiée par le dessin même de ces beaux costumes. La manière de ce grand maître y est tellement reconnaissable qu'on ne saurait le croire étranger à l'œuvre de son parent Vecellio Cesare; plusieurs de ces dessins semblent tracés de sa main sur le bois même; on sait d'ailleurs que le Titien a dessiné lui-même un assez grand nombre de compositions imprimées par les presses typographiques; ce n'est donc pas sans raison qu'on lui attribue la gravure de plusieurs d'entre elles (1).

Le texte italien placé en regard de ces gravures est un nouveau témoin de la fidélité des costumes qu'il décrit dans tous leurs détails. Il indique leur origine, et l'on y trouve des renseignements sur l'histoire, les arts et les mœurs du temps, présentés souvent avec une grande naïveté. En réimprimant ce texte, nous avons cru devoir sub-

---

(1) Au bas d'une de ces planches (le *Paysage à l'Écuyer*) on lit ces mots: *Titianus manu propria*; à un autre (le *Paysage au Gardeur de cochons*) on lit: *Ex divino Titiani exemplari exemplum*; ce qui semble établir une distinction entre l'exécution de l'une et de l'autre, et prouver que la première aurait été gravée entièrement par le Titien. Je n'ai pu juger de la différence de leur exécution, notre Bibliothèque impériale ne possédant pas ces deux estampes.

stituer à la traduction latine qui l'accompagnait une traduction française, afin de rendre encore plus générale l'utilité du recueil de Vecellio (1). La langue française offre, en effet, bien plus de ressources que la langue latine pour rendre par des équivalents cette grande variété de termes s'appliquant à des usages modernes, inconnus des anciens; et cependant, malgré toutes les richesses que notre langue possède en ce genre, il nous a souvent été difficile, quelquefois même impossible, de trouver un équivalent à certains termes italiens désignant telle ou telle partie de quelques costumes, soit que ces objets n'aient point encore eu d'analogues dans le vaste ensemble de nos modes françaises, soit plutôt que les termes qui auraient pu leur être affectés, maintenant surannés, ne nous offrent plus une idée nette de la chose. Qui pourrait nous dire exactement ce qu'étaient au siècle de Louis XIV

Ton beau *galant* de neige avec ta *nonpareille*,

cités par Molière (2), ou bien les *cales* de *velours noir* dont parle la Fontaine (3)?

Comment même emprunter à Molière, à moins d'y joindre un commentaire, des mots qu'il emploie fréquemment? Tel est par exemple celui de *canons*:

Ils ont de grands canons, force rubans et plumes... (4)

Et de ces grands canons où, comme des entraves,
On met tous les matins ses deux jambes esclaves (5).

D'autres termes employés par Molière ont totalement changé d'acception; tel est le mot *rabat*:

« *J'ai remarqué encore que ses rabats ne sont pas de la bonne faiseuse* (6). »

---

(1) M. Lacombe, l'habile traducteur de l'*Histoire des Italiens*, par M. César Cantu, et le zélé collaborateur de MM. Amédée Renée, Baudry, Chopin, Dehèque, Delatre et Noël des Vergers, dans la traduction de l'*Histoire universelle*, du même auteur, a bien voulu se charger de traduire l'œuvre de Vecellio, et s'est acquitté avec le même soin et le même talent de cette œuvre difficile.
(2) *Le Dépit amoureux*, act. IV, sc. 4.
(3) *Lettre à madame de la Fontaine*, 25 août 1663.
(4) *L'École des Femmes*, act. III, sc. 1.
(5) *L'École des Maris*, act. I, sc. 1. — Molière en parle encore dans *les Précieuses ridicules*, sc. 10. C'était un cercle en étoffe, large et souvent orné de dentelles, évasé du haut, qu'on attachait au-dessous du genou.
(6) *Les Précieuses ridicules*, sc. 6. — C'était le col de la chemise, plus ou moins ouvragé, rabattu en dehors et tombant sur le vêtement ou sur le pourpoint.

Comment établir une différence entre les *hauts-de-chausses* et les *grègues ?*

Il est aussi certains termes généraux qui ne sauraient être remplacés que par des périphrases; ainsi, par exemple, si l'on trouvait dans Vecellio une locution pareille à celle dont s'est servi Molière :

« *Que vous semble de ma petite oie ? La trouvez-vous congruente avec l'habit* (1) ? »

Comment pourrait-on, par des équivalents, rendre cette singulière acception de *petite oie ?*

Une dissertation sur les mots de notre langue consacrés aux costumes à des époques diverses ne serait pas sans intérêt, surtout en les expliquant au moyen de leur représentation figurée, et en les comparant aux termes qui leur ont été affectés dans les autres langues à des époques similaires.

Deux artistes distingués, M. Gérard Seguin et M. E. F. Huyot, se sont chargés, l'un de décalquer et de redessiner les costumes de l'œuvre de Vecellio en leur conservant tout leur beau caractère et leur naïveté, l'autre de les graver sur bois avec une grande exactitude. M. Huyot a été secondé dans ce travail difficile par d'habiles artistes formés à son école.

Les *encadrements* ont été dessinés par M. Catenacci, dont on connaît le goût éclairé, et par M. Fellmann, d'après les cadres originaux qui accompagnent l'œuvre de Vecellio, et d'après les plus beaux modèles de la même époque, réunis par nos soins, et choisis parmi ce qu'offrent de plus parfait les entourages de portraits et les ornements de tant de beaux livres exécutés à cette époque, en Italie, en France et en Allemagne.

Amb. F. Didot.

---

(1) *Les Précieuses ridicules*, sc. 10. — Se disait des rubans, des plumes et des différentes garnitures qui ornaient l'habit, le chapeau, le nœud d'épée, les gants, les bas et les souliers.

On trouve encore dans Molière d'autres termes maintenant inusités, ou dont le sens est trop incertain pour qu'on puisse les employer; tels sont les BRAIES (*Précieuses ridicules*, sc. 12), le mot SCOFFION (*l'Étourdi*, act. V, sc. 14), BARETTE (*l'Avare*, act. I, sc. 3), RHINGRAVE (*le Misanthrope* act. II, sc. 2, et *le Bourgeois gentilhomme*, act. II, sc. 8), CORNETTE (*Fourberies de Scapin*, act. I, sc. 2).

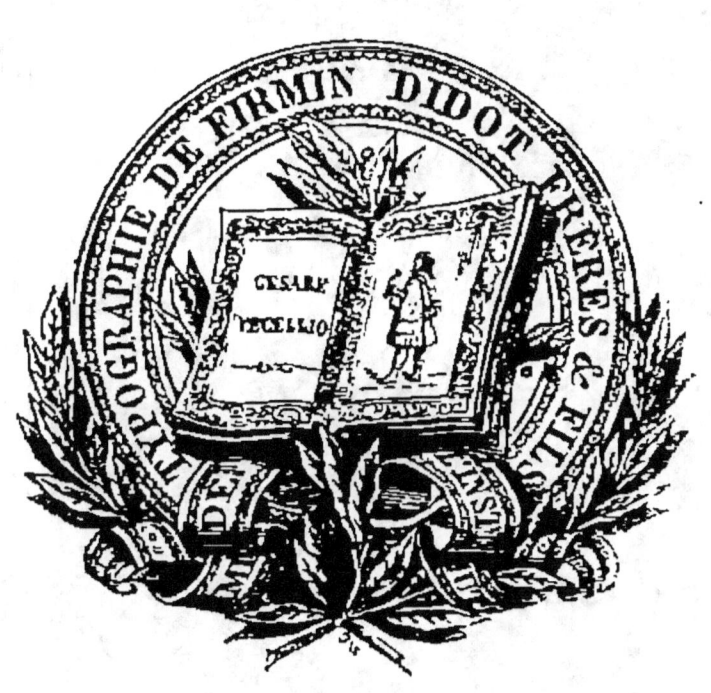

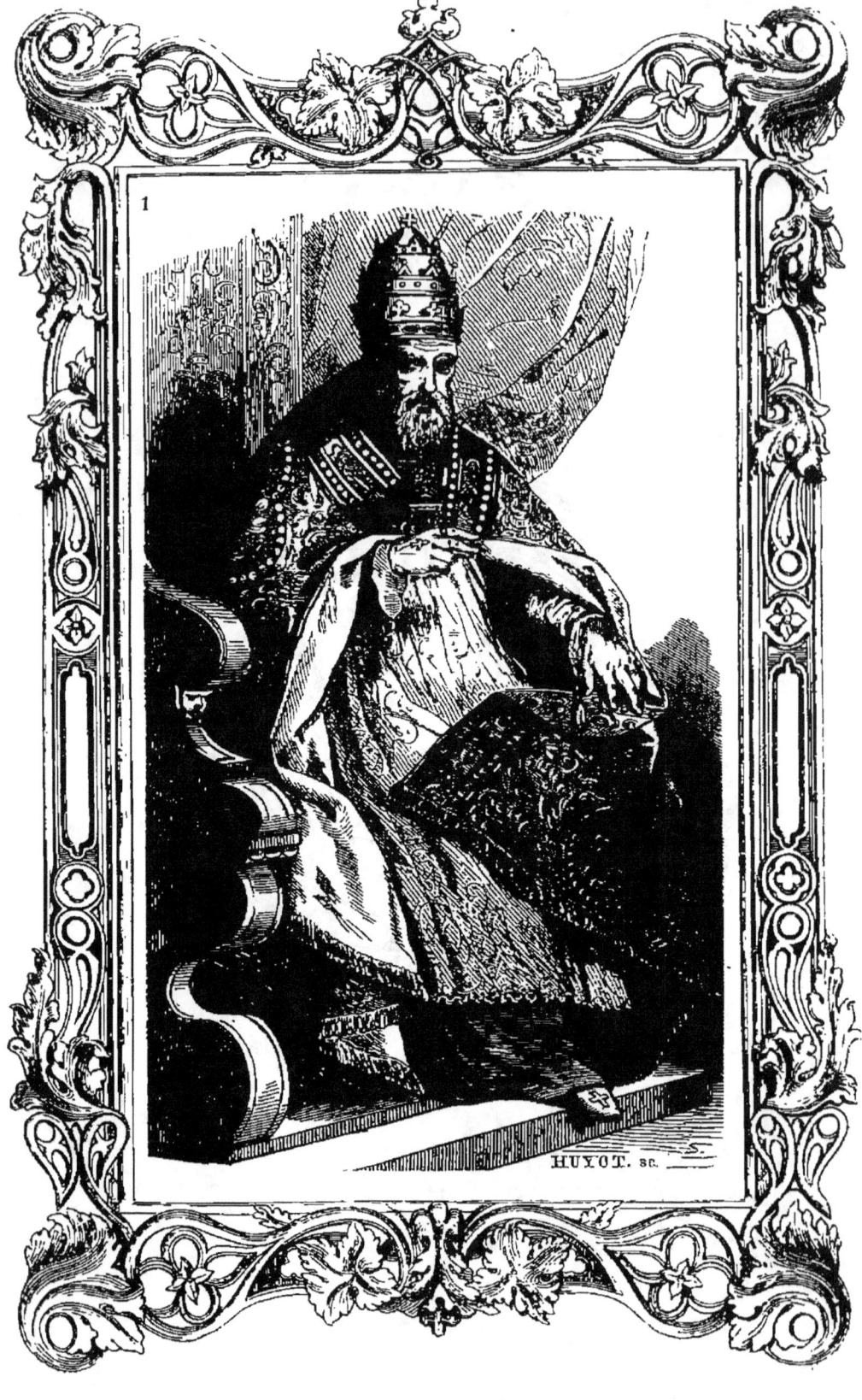

HABITO DEL SOMMO PONTEFICE.

Dovendo io descrivere l'habito del Sommo Pontefice Romano, vero vicario di Christo in terra, non sarebbe per avventura fuor di proposito, il narrar prima qualche cosa della sua superiorita sopra tutti li principi christiani del mondo, della sua bontà, della sua auttorità, et santità : ma essendo tutte queste cose notissime, hò deliberato di solo brevemente descrivere lo habito suo pontificale : il quale è un regno o vero mitra circondata da tre corone di oro, ornata di gemme, et con una croce in cima, et un berrettino bianco, che copre i capelli, et parte dell' orecchie. Usa di sopra un manto d'oro con fregi di figurine ornate tutte di perle, di sotto il rocchetto di seta, longo fino sotto il ginocchio, et le altre vesti sono di color hiacintino longhe, et con strascino; le pianelle sono di velluto con una croce d'oro, la quale si bascia da tutti quelli che vanno à parlare al papa.

COSTUME DU SOUVERAIN PONTIFE.

Ayant à décrire le costume du souverain pontife romain, vrai vicaire du Christ sur la terre, il ne serait pas hors de propos de dire d'abord quelque chose de sa supériorité sur tous les princes chrétiens du monde, de sa bonté, de son autorité et de sa sainteté; mais, comme toutes ces choses sont très-connues, j'ai résolu de me borner à décrire son vêtement pontifical. Son règne, ou mitre, est entouré de trois couronnes d'or, orné de pierres précieuses et surmonté d'une croix; une calotte blanche couvre les cheveux et une partie des oreilles; il porte sur le rochet de soie, long jusqu'aux genoux, un manteau d'or orné de dessins resplendissants de perles. Le vêtement de dessous, long et terminé par une queue, est de couleur hyacinthe. Les mules sont de velours avec une croix d'or, que baisent tous ceux qui vont parler au pape.

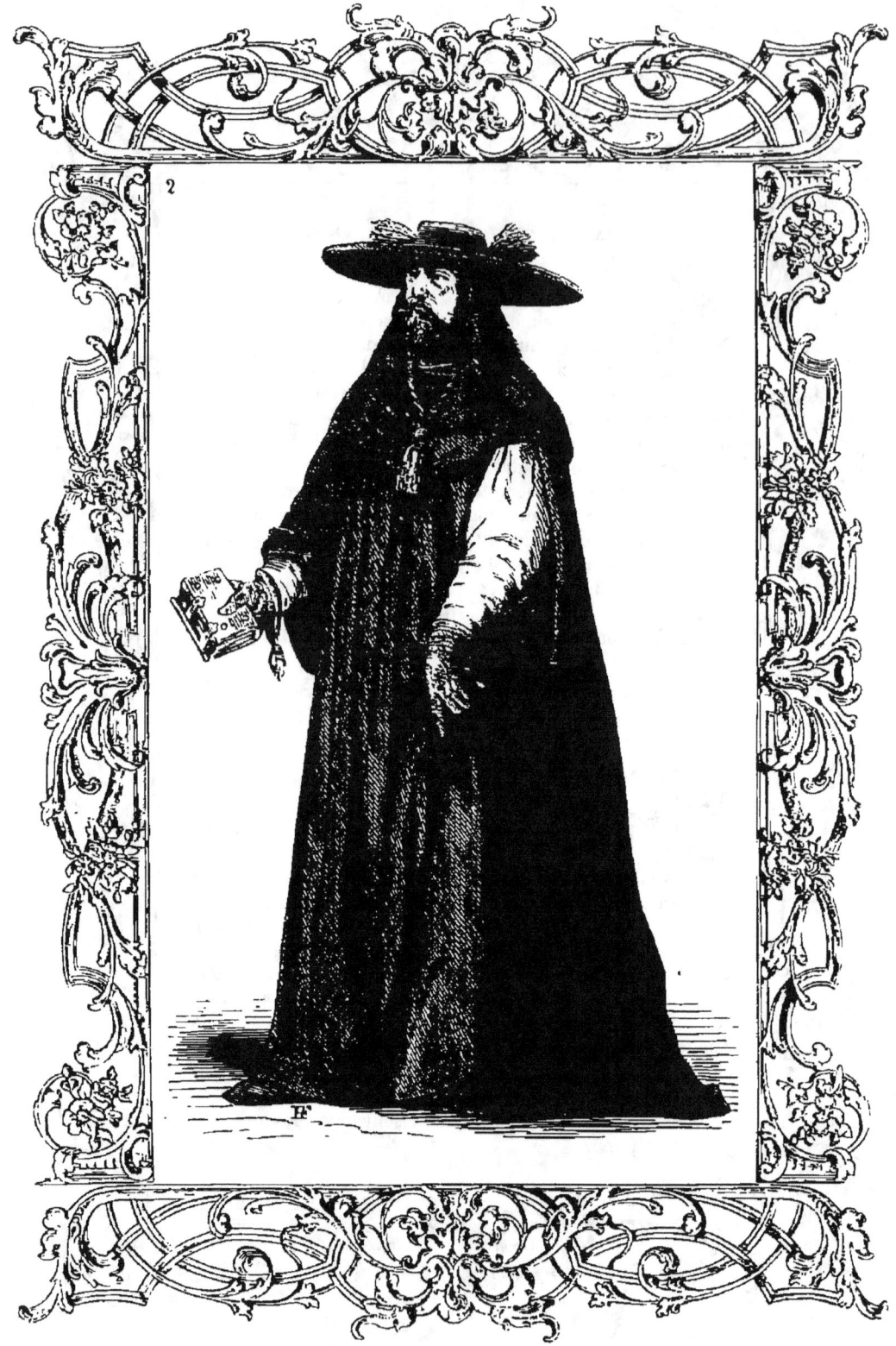

HABITO DE' CARDINALI.

L' Habito de' cardinali di santa Chiesa è una mozzetta col capuccio di color rosso, col cappello del medesimo colore; le vesti sono longhe, di cendado, con mariggio medesimamente rosso; sotto portano il rocchetto finissimo con le maniche del quale coprono le braccia. Per casa poi usano la mozzetta; le vesti hor rosse, hor pavonazze, il rocchetto et la beretta rossa fatta à croce.

COSTUME DES CARDINAUX.

Les cardinaux de la sainte Église portent le camail avec le capuce de couleur rouge, et un chapeau de la même couleur; la tunique, longue, en taffetas rouge et moiré de la même couleur, couvre le rochet, d'un tissu très-fin, dans les manches duquel ils mettent les bras. Lorsqu'ils sont dans leur intérieur, ils portent le camail, le vêtement rouge ou violet, et un bonnet rouge qui a la forme d'une croix.

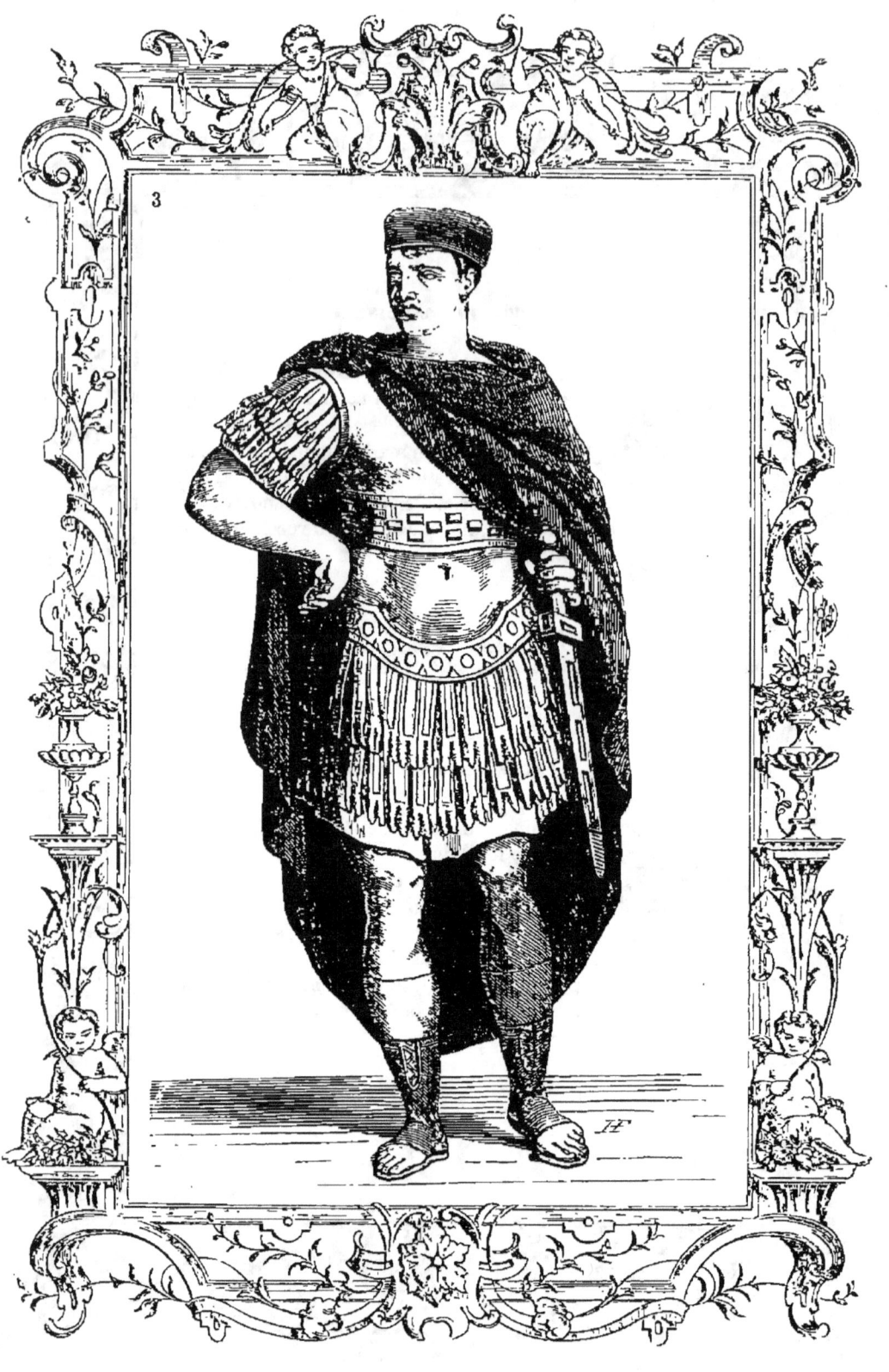

HABITO ANTICHISSIMO DE' ROMANI.

Cosa molto dilettevole il considerare i capricci de gli antichi Romani, et non è dubbio che gli habiti loro ci porgono per la lontananza del tempo maggior diletto, che non fanno i moderni. Per tanto quelli, che sono venuti à Venetia, non haveranno lasciato à dietro di considerare quelle quattro figure di porfido di relevo pieno, armate, le quali sono dinanzi alla porta del palazzo di S. Marco; et furono portate insieme con altre statue, scolture, et cose preciose di Grecia, et dalle parti piu lontane qua à Venetia, quando questa potentissima republica andava allargando i termini del suo imperio con lieto grido del nome suo, et con felice corso delle sue imprese. Di ciò si dicono molte cose; ma vere o false che siano, io ritrovo essere quest' habito antichissimo usato da Troiani et da Romani, et anco in tempo d'Alessandro Magno.

COSTUME TRÈS-ANCIEN DES ROMAINS.

N éprouve une grande jouissance à considérer les goûts capricieux des anciens Romains, et il n'est pas douteux que leurs habits, à cause de l'éloignement, nous font plus de plaisir que les costumes modernes. Aussi les personnes qui sont venues à Venise n'auront-elles pas manqué d'examiner les quatre figures de porphyre à plein relief, armées, qui se trouvent devant la porte du palais de Saint-Marc. C'est de la Grèce et des contrées les plus lointaines qu'elles furent apportées à Venise avec d'autres statues, sculptures et divers objets précieux, lorsque cette puissante république avait étendu les limites de son empire par la puissance de son nom et par le succès de ses entreprises. Quoi qu'il en soit, j'ai acquis la preuve que ce costume était d'usage, dès la plus haute antiquité, parmi les Troyens et les Romains, et même au temps d'Alexandre le Grand.

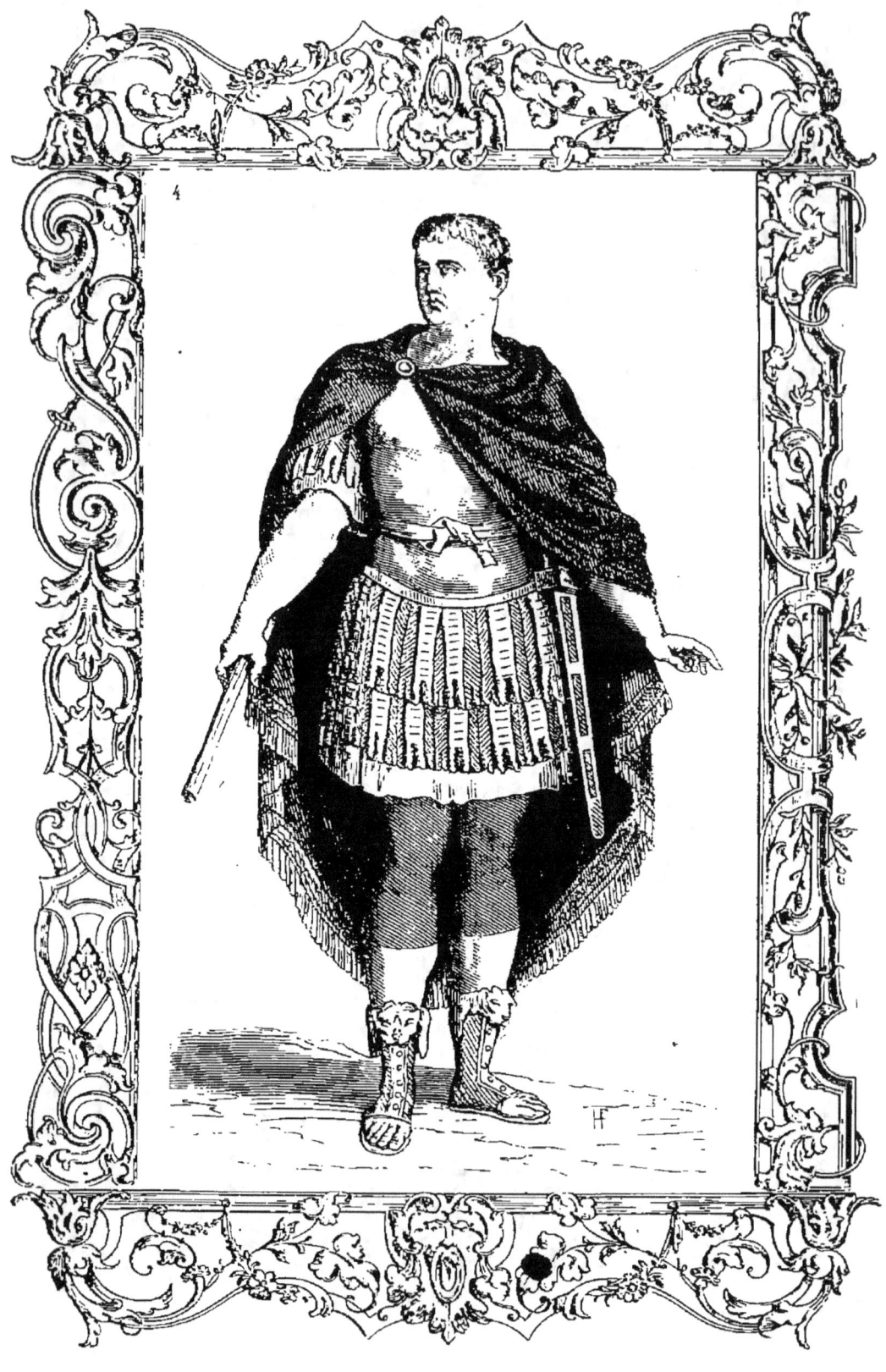

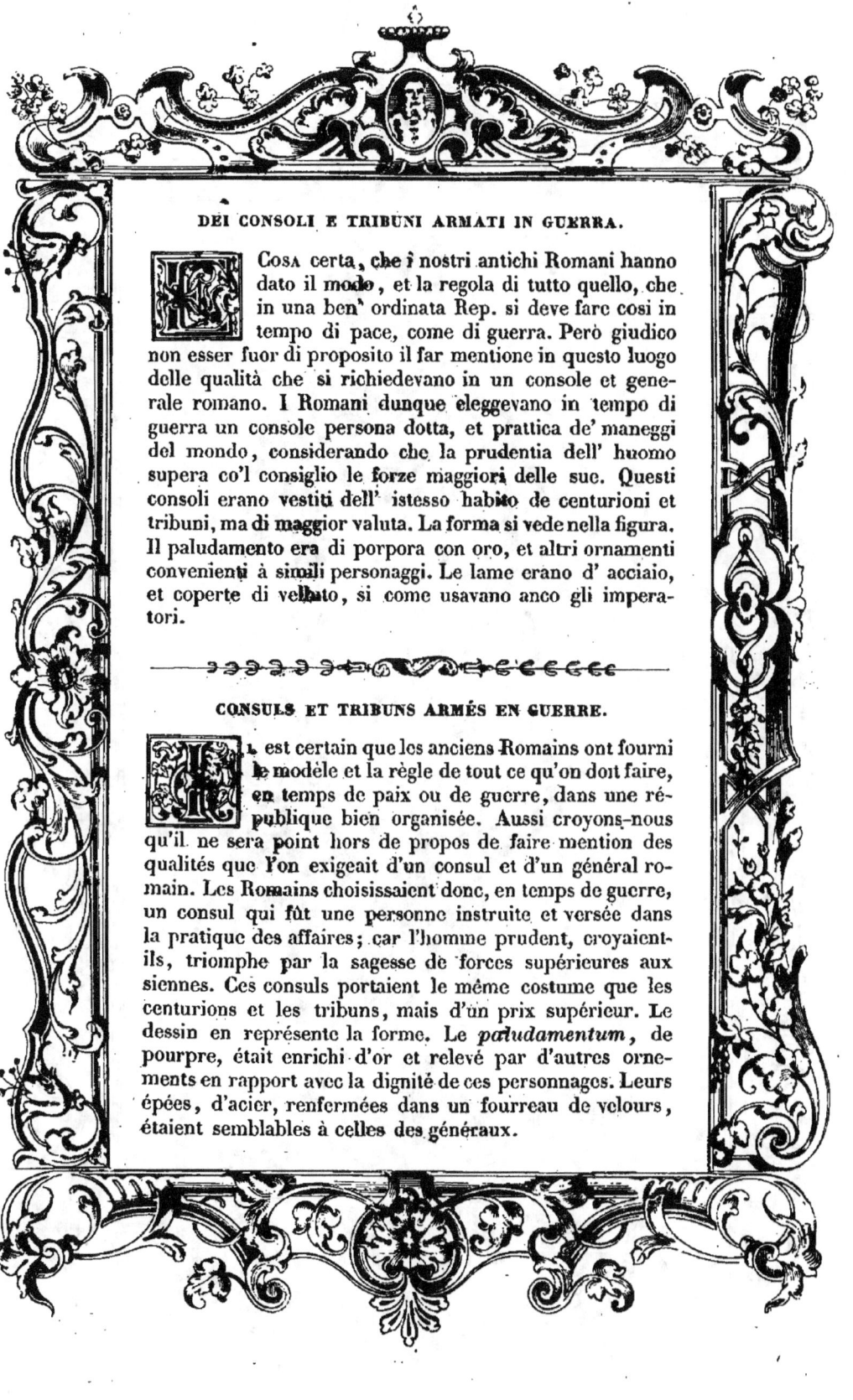

DEI CONSOLI E TRIBUNI ARMATI IN GUERRA.

Cosa certa, che i nostri antichi Romani hanno dato il modo, et la regola di tutto quello, che in una ben' ordinata Rep. si deve fare cosi in tempo di pace, come di guerra. Però giudico non esser fuor di proposito il far mentione in questo luogo delle qualità che si richiedevano in un console et generale romano. I Romani dunque eleggevano in tempo di guerra un console persona dotta, et prattica de' maneggi del mondo, considerando che la prudentia dell' huomo supera co'l consiglio le forze maggiori delle sue. Questi consoli erano vestiti dell' istesso habito de centurioni et tribuni, ma di maggior valuta. La forma si vede nella figura. Il paludamento era di porpora con oro, et altri ornamenti convenienti à simili personaggi. Le lame erano d' acciaio, et coperte di velluto, si come usavano anco gli imperatori.

CONSULS ET TRIBUNS ARMÉS EN GUERRE.

Il est certain que les anciens Romains ont fourni le modèle et la règle de tout ce qu'on doit faire, en temps de paix ou de guerre, dans une république bien organisée. Aussi croyons-nous qu'il ne sera point hors de propos de faire mention des qualités que l'on exigeait d'un consul et d'un général romain. Les Romains choisissaient donc, en temps de guerre, un consul qui fût une personne instruite et versée dans la pratique des affaires; car l'homme prudent, croyaient-ils, triomphe par la sagesse de forces supérieures aux siennes. Ces consuls portaient le même costume que les centurions et les tribuns, mais d'un prix supérieur. Le dessin en représente la forme. Le *paludamentum*, de pourpre, était enrichi d'or et relevé par d'autres ornements en rapport avec la dignité de ces personnages. Leurs épées, d'acier, renfermées dans un fourreau de velours, étaient semblables à celles des généraux.

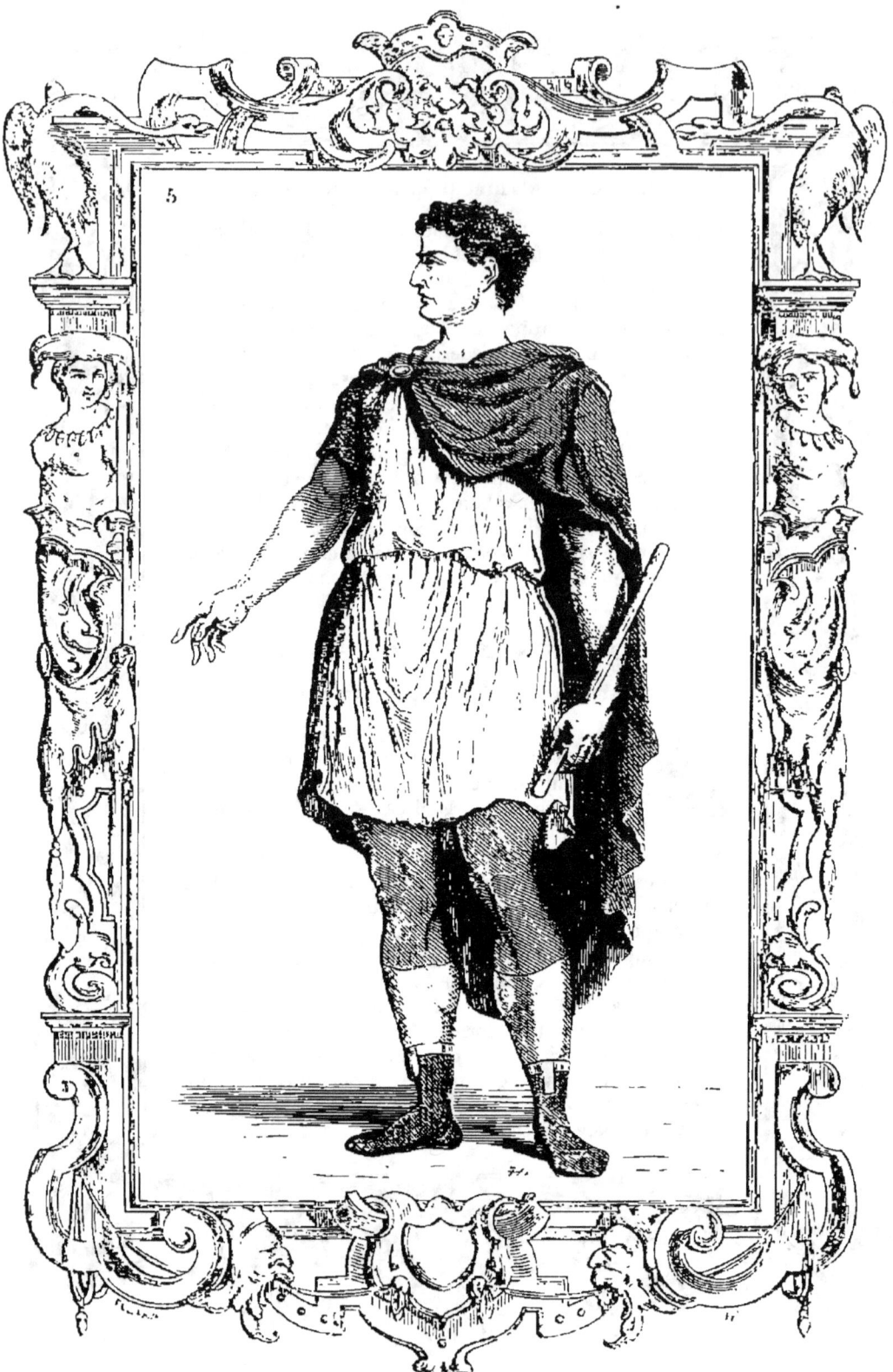

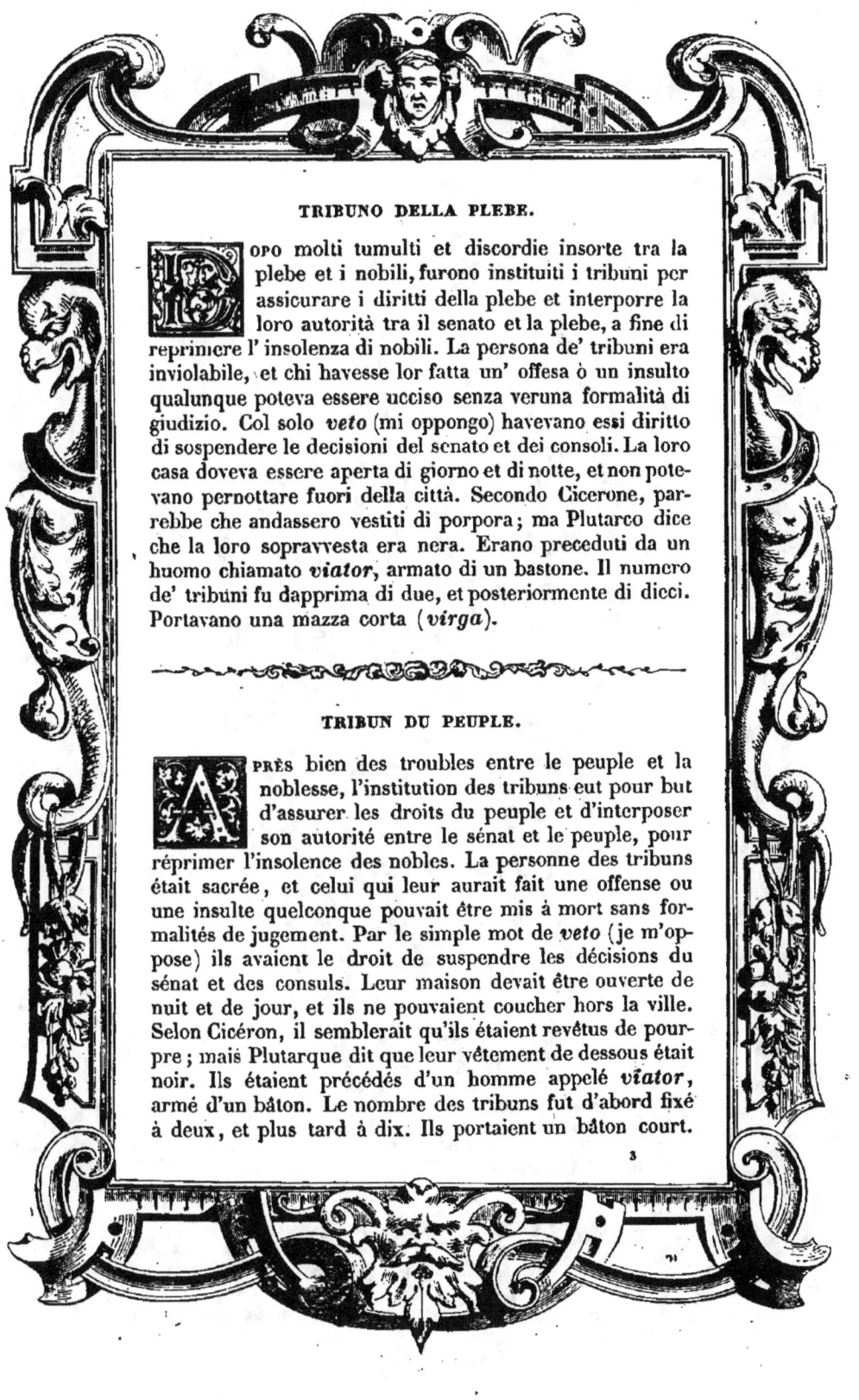

TRIBUNO DELLA PLEBE.

Dopo molti tumulti et discordie insorte tra la plebe et i nobili, furono instituiti i tribuni per assicurare i diritti della plebe et interporre la loro autorità tra il senato et la plebe, a fine di reprimere l'insolenza di nobili. La persona de' tribuni era inviolabile, et chi havesse lor fatta un' offesa ò un insulto qualunque poteva essere ucciso senza veruna formalità di giudizio. Col solo *veto* (mi oppongo) havevano essi diritto di sospendere le decisioni del senato et dei consoli. La loro casa doveva essere aperta di giorno et di notte, et non potevano pernottare fuori della città. Secondo Cicerone, parrebbe che andassero vestiti di porpora; ma Plutarco dice che la loro sopravvesta era nera. Erano preceduti da un huomo chiamato *viator*, armato di un bastone. Il numero de' tribuni fu dapprima di due, et posteriormente di dieci. Portavano una mazza corta (*virga*).

TRIBUN DU PEUPLE.

Après bien des troubles entre le peuple et la noblesse, l'institution des tribuns eut pour but d'assurer les droits du peuple et d'interposer son autorité entre le sénat et le peuple, pour réprimer l'insolence des nobles. La personne des tribuns était sacrée, et celui qui leur aurait fait une offense ou une insulte quelconque pouvait être mis à mort sans formalités de jugement. Par le simple mot de *veto* (je m'oppose) ils avaient le droit de suspendre les décisions du sénat et des consuls. Leur maison devait être ouverte de nuit et de jour, et ils ne pouvaient coucher hors la ville. Selon Cicéron, il semblerait qu'ils étaient revêtus de pourpre; mais Plutarque dit que leur vêtement de dessous était noir. Ils étaient précédés d'un homme appelé *viator*, armé d'un bâton. Le nombre des tribuns fut d'abord fixé à deux, et plus tard à dix. Ils portaient un bâton court.

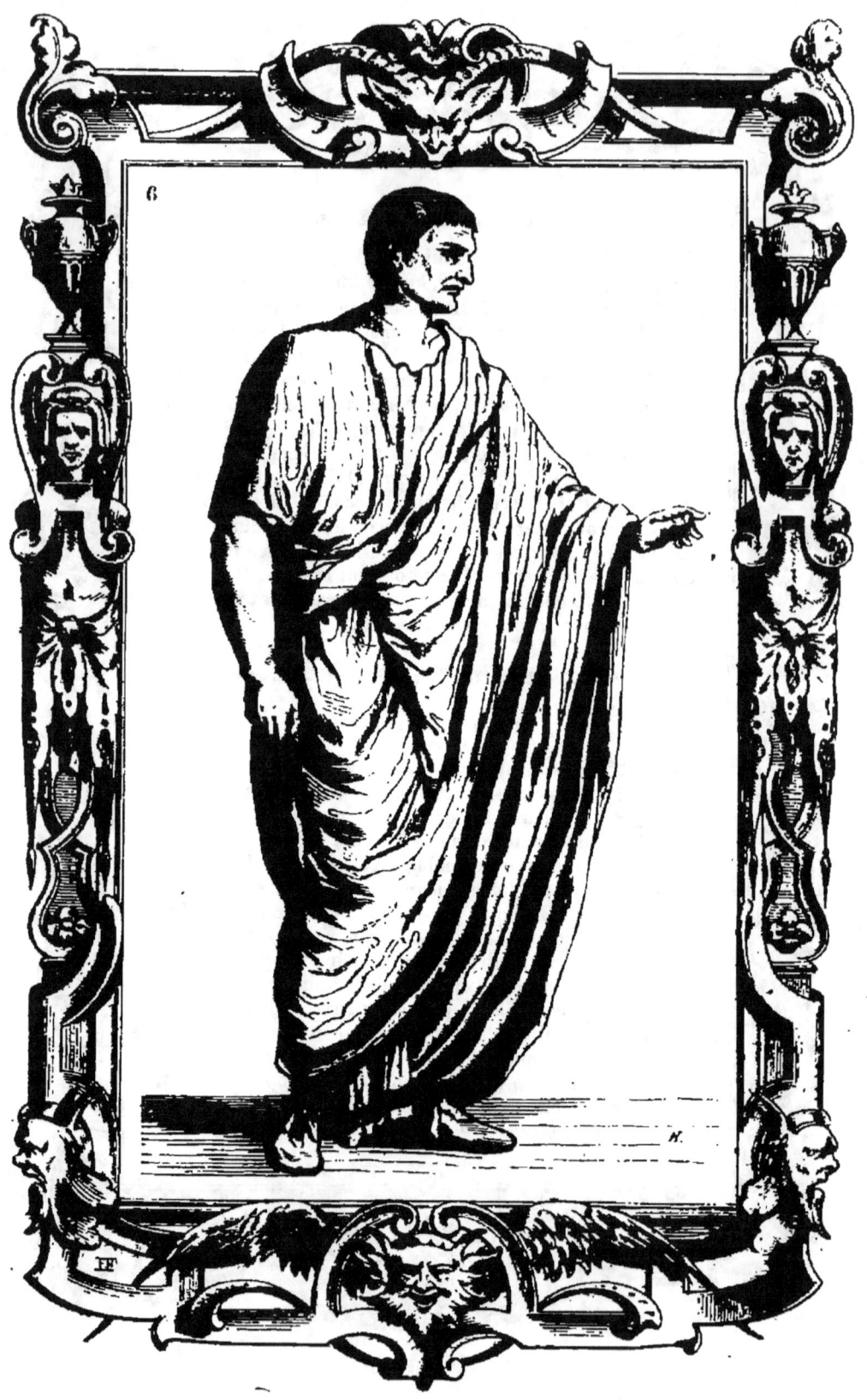

HABITO DI PATRITIO ANTICO ROMANO.

Gli senatori antichi romani usavano di portar la toga longa fino in terra, con un manto in diversi modi allacciato sopra la spalla, et altri, senza allacciare, con buttarne una parte sopra la spalla et un' altra sotto il braccio, simile a' tempi nostri di quello che si fa de ferraiuoli ò mantelli. Erano per tanto questi manti ampli et lunghi fino à terra. Questi tali senatori usavano, come ancora gli imperatori, di andare rasi di barbe, et costumavano portar pochi capelli in testa; et nel ritrarre ò scolpire che si facevano, si facevano scolpire et ritrarre senza alcuna cosa sopra il capo, si come se vede in ogni statua antica, et in ogni medaglia fatta in quei tempi.

COSTUME DES PATRICIENS ROMAINS.

Les anciens sénateurs de Rome portaient la toge longue jusqu'à terre, avec un manteau qui s'attachait sur l'épaule, ou bien dont une partie, sans être fixée, se jetait sur l'épaule, et l'autre sous le bras, comme on fait aujourd'hui avec nos manteaux. Les manteaux romains avaient de l'ampleur et tombaient jusqu'à terre. Les sénateurs avaient coutume, de même que les empereurs, de se raser la barbe, et se couvraient rarement la tête. Lorsqu'on faisait leur portrait ou leur statue, on les représentait sans aucune coiffure, comme on le voit dans toute statue antique et dans les médailles de ce temps.

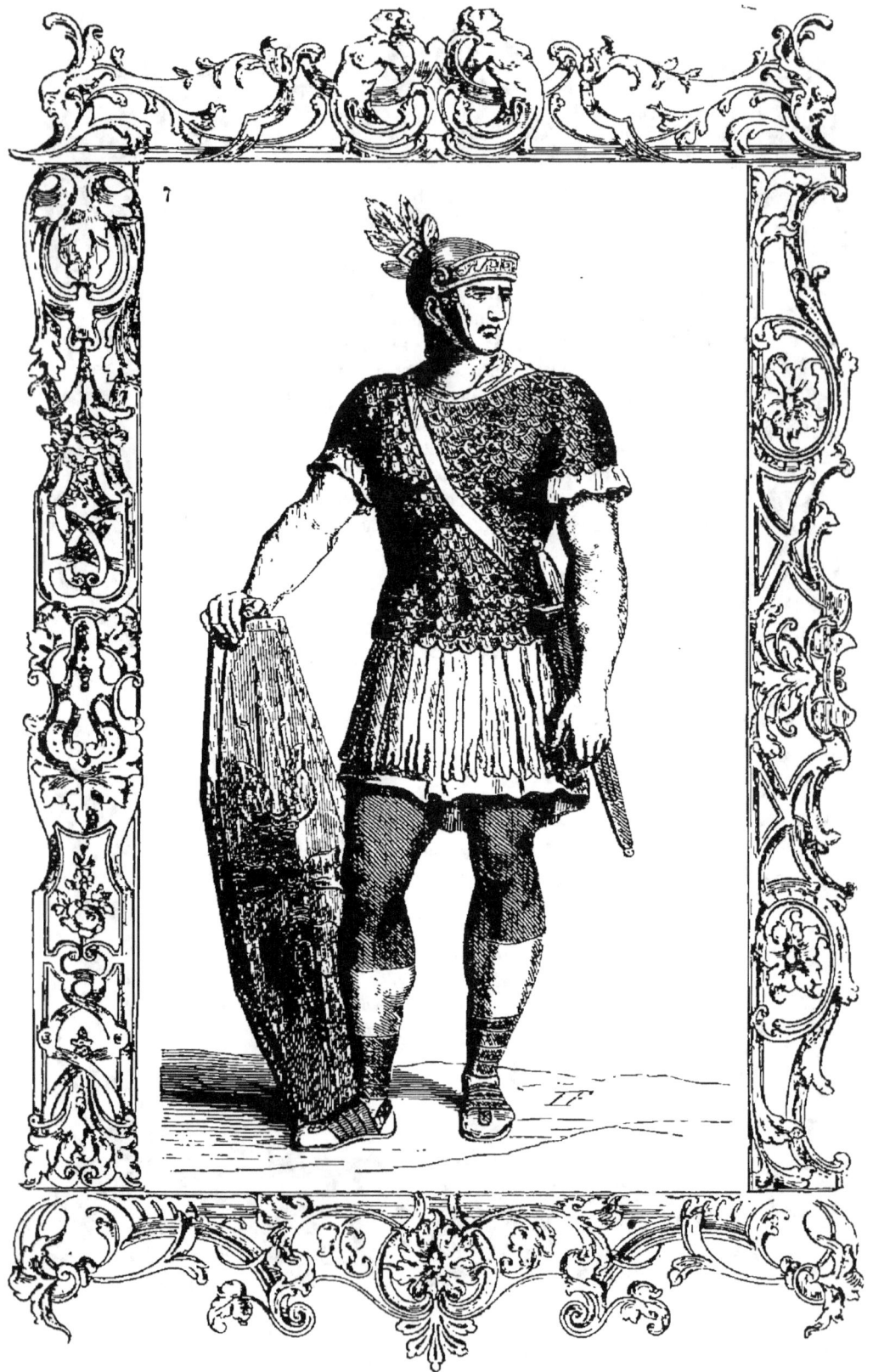

DELL' HUOMO D' ARMI A CAVALLO.

Ritrovo scritto, che gli antichi huomini d' arme greci, per esser ispediti et leggieri al combattere, portavano armadure di poco peso, armandosi il capo di una celata di cuoio à più doppi, et di cuoio era similmente la corazza, la quale essi chiamavano saione. Tal' armatura usarono ancora i Romani, i quali la coprivano di porpora ò di giacinto. Questa ne gli esserciti era la più honorata cavallaria; perche, cosi poco armata, si esponea alli maggiori pericoli che occorrevano. Tal modo di armare fu ritenuto ancora da' Persi per spatio di gran tempo : ma avvistisi poi, che nel portarle per la pioggia divenivano assai grevi, et si torcevano nel ricever dopò esser state bagnate il sole, et tanto più che molti di loro ne coprivano anchora i cavalli, mutarono usanza, et cominciarono à usare piastre di ferro. Il ritratto è cavato da antiche sculture.

HOMME D'ARMES A CHEVAL.

Je trouve écrit que les anciens hommes d'armes grecs, pour combattre avec plus de liberté dans les mouvements, portaient des armures d'un poids léger, et couvraient leur tête d'un casque de cuir à plusieurs couches; la cuirasse, qu'ils appelaient *saie*, était aussi de cuir. Les Romains portaient la même armure, qu'ils couvraient d'étoffe de pourpre ou de couleur hyacinthe. Dans les armées, cette cavalerie était la plus honorée, parce qu'elle affrontait les plus grands dangers qui se présentaient. Les Perses eux-mêmes s'armèrent ainsi pendant longtemps; mais, s'étant aperçus que la pluie rendait cette armure très-lourde, et qu'une fois mouillée, le soleil la tordait, d'autant plus qu'un grand nombre de cavaliers en couvraient leurs chevaux, ils changèrent d'usage et commencèrent à se servir de lames de fer. Ce dessin est tiré d'anciennes sculptures.

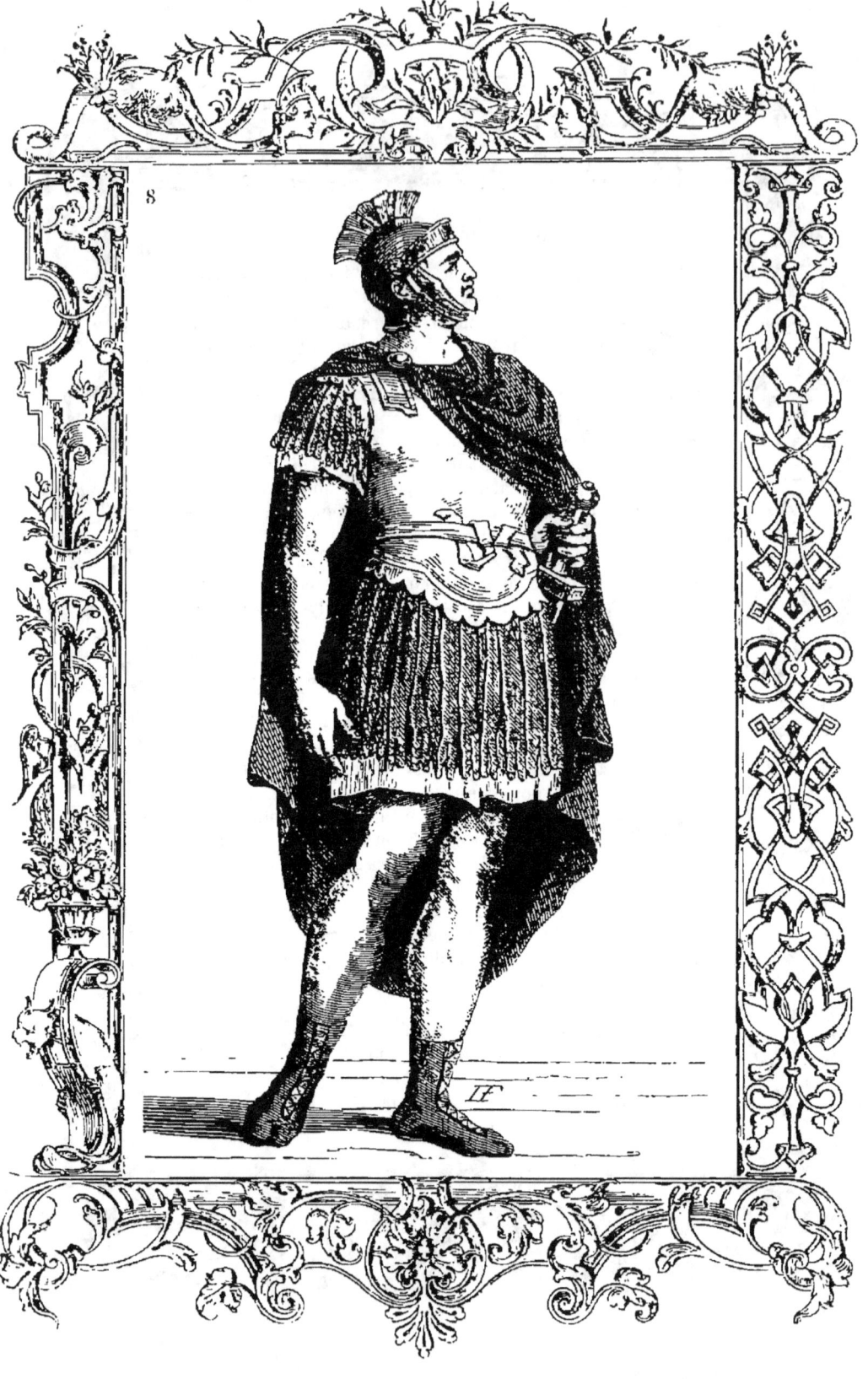

DEL SOLDATO ARMATO.

IL valore de' soldati romani, oltre l' ardir loro naturale, nasceva ancora dal premio proposto all' opere valorose che ciascuno havesse fatte. Per infiammarli dunque alle valorose imprese, i consoli, quando uno si era portato bene, facevano chiamarlo avanti di essi et di tutti, et quivi ad alta voce per bocca di molti ufficiali publici si lodava et magnificava il valore di quel tale, di modo che i fatti egregij di quello erano intesi da tutti i soldati dell' essercito. Appresso le lodi anchora se gli dava un dono di piu et meno valuta, secondo che piu et meno haveva ben' operato, et all' incontro erano severamente castigati i poltroni. L' habito suo era questo, ma di panno di seta coperto.

SOLDAT ARMÉ.

LA valeur des soldats romains, outre leur audace naturelle, était stimulée par les récompenses réservées aux braves. Pour les exciter aux actions héroïques, les consuls, lorsqu'un soldat s'était bien conduit, le faisaient appeler devant toute l'armée, et là, par la bouche d'un grand nombre d'officiers publics, ils le louaient et vantaient sa bravoure, de telle sorte que les hauts faits du guerrier étaient connus de tous ses compagnons d'armes. Après les louanges, on lui accordait une récompense, dont la valeur était proportionnée à l'acte qu'il avait accompli; au contraire, les poltrons étaient sévèrement punis. Le costume du soldat romain était celui-ci, mais l'étoffe avait des ornements en soie.

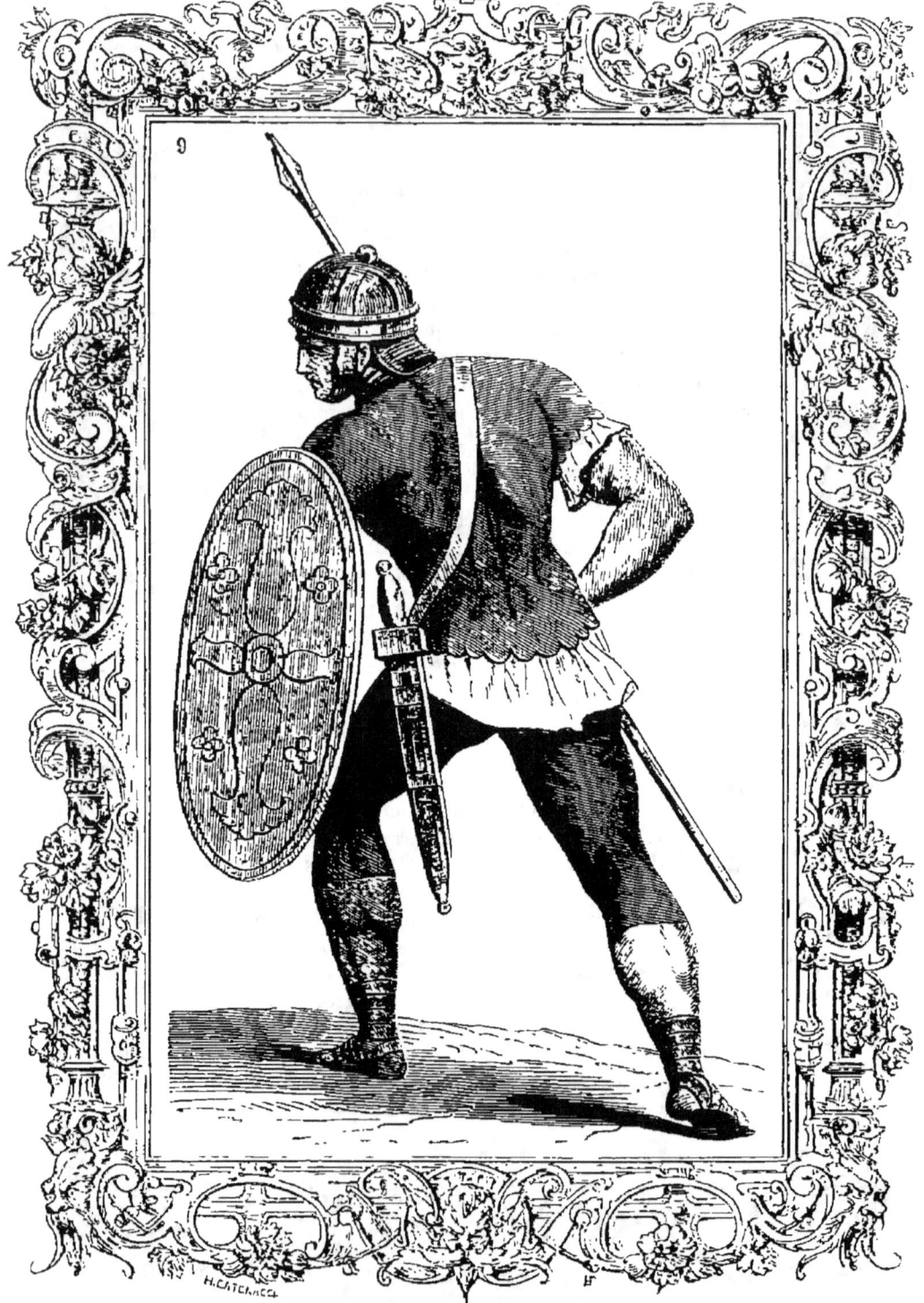

DE I SOLDATI ROMANI A PIEDI, DETTI VELITI.

Si vedono molte scolture, dalle quali si cava come i soldati à piedi della militia romana erano di ordini diversi; et dalle scritture ancora di varij auttori si cava che i soldati à piedi della militia romana erano chiamati con molti nomi, per esser molti i loro ordini, de' quali alcuni erano chiamati veliti, i quali erano armati alla leggiera, come quelli che offendevano gli nemici di lontano con scaricare le frombe contra la parte nemica. Alcuni poi erano detti lanciatori, i quali lanciavano aste picciole dette zagalie et altre simili armi offensive. Questi non havevano altra armatura che una celata in testa; et tutto il rimanente della vita era coperto de' suoi vestimenti ordinarij, et erano di tre sorte, ma poco differenti, si come nella colonna Traiana et altri luoghi si vede.

SOLDATS ROMAINS A PIED, DITS VÉLITES.

D'APRÈS un grand nombre de sculptures, on voit que les soldats à pied de l'armée romaine se divisaient en plusieurs catégories; les écrits de différents auteurs nous apprennent encore que les fantassins portaient divers noms, parce que les ordres étaient nombreux. Quelques-uns s'appelaient *vélites*; armés à la légère, ils lançaient de loin contre l'ennemi des projectiles avec la fronde. D'autres étaient appelés lanceurs (*lanciatori*), parce qu'ils lançaient des javelots et autres armes offensives. Toute l'armure de ces derniers se composait d'un casque; ils portaient des habits de trois sortes, mais peu différents, comme on le voit sur la colonne Trajane et ailleurs.

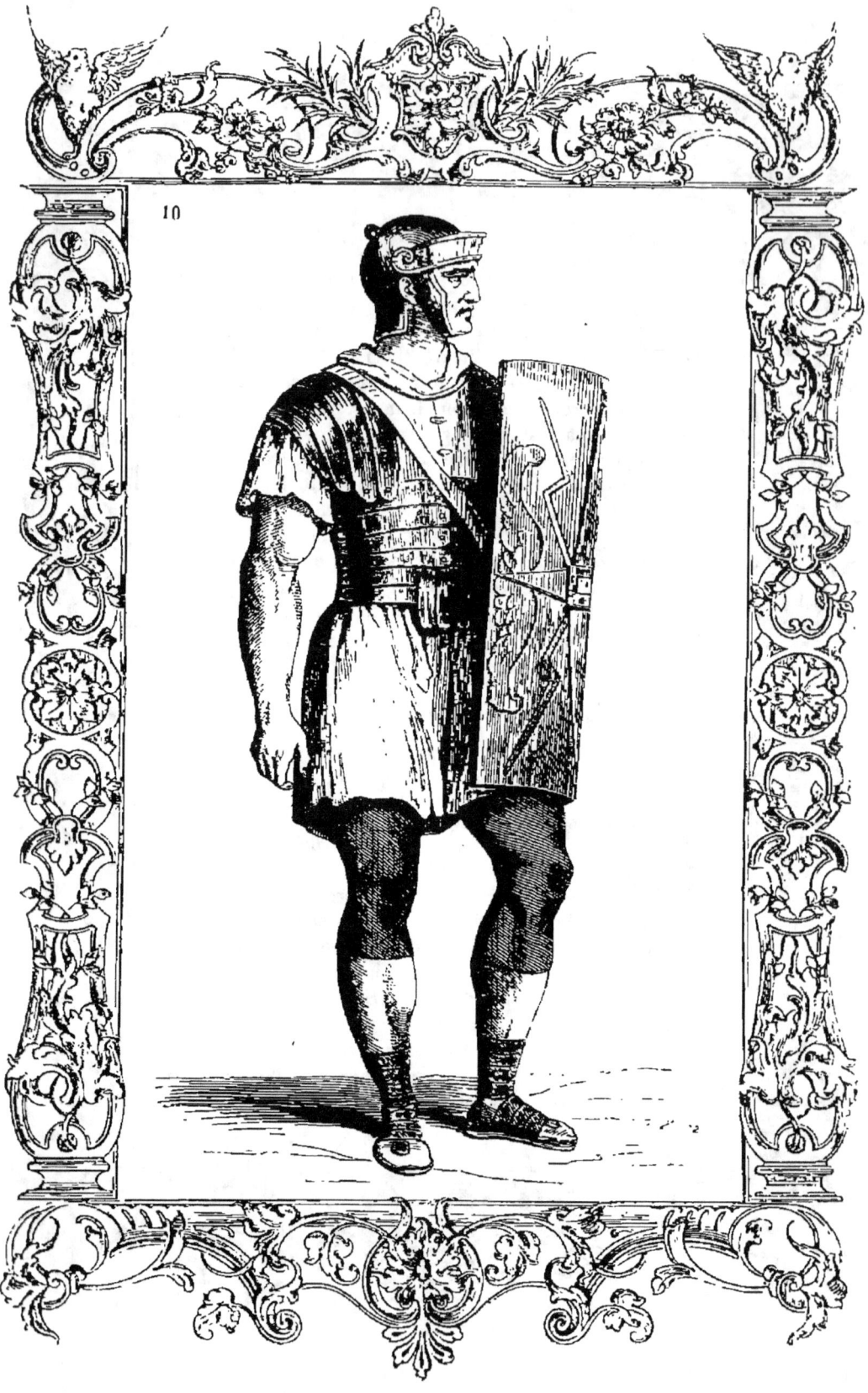

SOLDATO D'INFANTERIA.

L' HABITO del soldato romano consisteva in una tunichetta senza maniche, la quale non giungeva oltre la metà delle cosce: si allacciava sul dinanzi et lasciava scorgere le forme del corpo. Questo vestito fu dapprima del colore della lana, poscia di color rosso. Il *sagulum gregale* o calzoni corti et stretti alla gamba erano di pelle. Aveva intorno al collo una specie di cravatta chiamata *sudarium* ò *mappa*, la quale annodavasi sul petto. La calzatura altro non era che una suola sostenuta da coregge che si legavano intorno alla gamba. L'elmo, lo scudo et una corta spada compivano l'armatura del soldato d'infanteria.

SOLDAT FANTASSIN.

L'HABILLEMENT du soldat romain consistait en une sorte de jaquette sans manches, qui ne descendait qu'à moitié du corps, se laçait par le devant et dessinait la forme du corps. Ce vêtement, qui d'abord n'avait que la couleur de la laine, fut ensuite teint en rouge. Le *sagulum gregale*, ou pantalon court et collant, était en peau. Autour du cou une sorte de cravate, nommée *sudarium* ou *mappa*, se nouait sur la poitrine. La chaussure consistait en une semelle attachée à des courroies qui se liaient autour de la jambe. Le casque, le bouclier et une courte épée complétaient le costume du soldat fantassin.

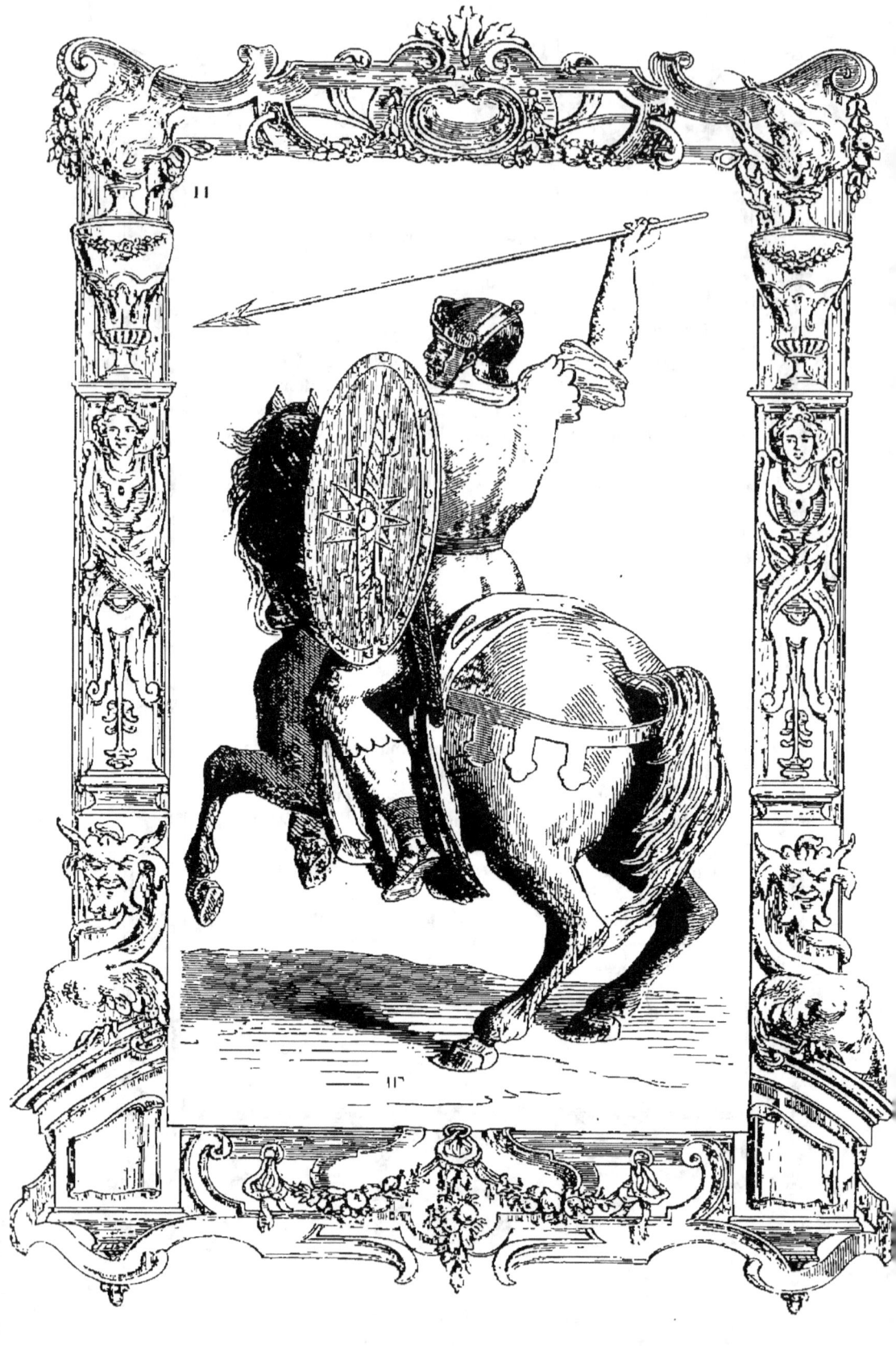

DEL SOLDATO ARMATO ALLA LEGGIERA A CAVALLO AL MODO ROMANO ANTICO.

Soldati a cavallo armati alla leggiera usavano la corazza et la celata, et portavano lo scudo nella mano sinistra; ma nella destra in cambio di lancia portavano un dardo. In questa medesima guisa erano armati anchora gli arcieri à cavallo, i quali portavano il carcasso pieno di frezze dietro le spalle, et nella mano sinistra un' arco simile quasi al turchesco, con la destra sempre armata di una di quelle frezze, per esser pronti al ferire. Al fianco sinistro havevano una daga corta, et dalla banda destra il pugnale, et nel rimanente erano in tutto simili a i pedoni, de i quali se ne vedono assai nella colonna di Traiano et di Antonino.

SOLDAT A CHEVAL ARMÉ A LA LÉGÈRE; ANCIEN COSTUME ROMAIN.

Les soldats à cheval, armés à la légère, portaient la cuirasse, le casque, le bouclier au bras gauche, et leur main droite, au lieu d'une lance, tenait un dard. Les archers à cheval avaient les mêmes armes; de plus, ils portaient sur le dos un carquois rempli de flèches, et à la main gauche, un arc presque semblable à celui des Turcs, tandis que la droite était toujours armée d'une flèche pour être prêts à frapper. Au flanc gauche était suspendu un glaive court, et le poignard au côté droit. Pour tout le reste, ils ressemblaient aux fantassins, dont il se trouve un grand nombre sur les colonnes de Trajan et d'Antonin.

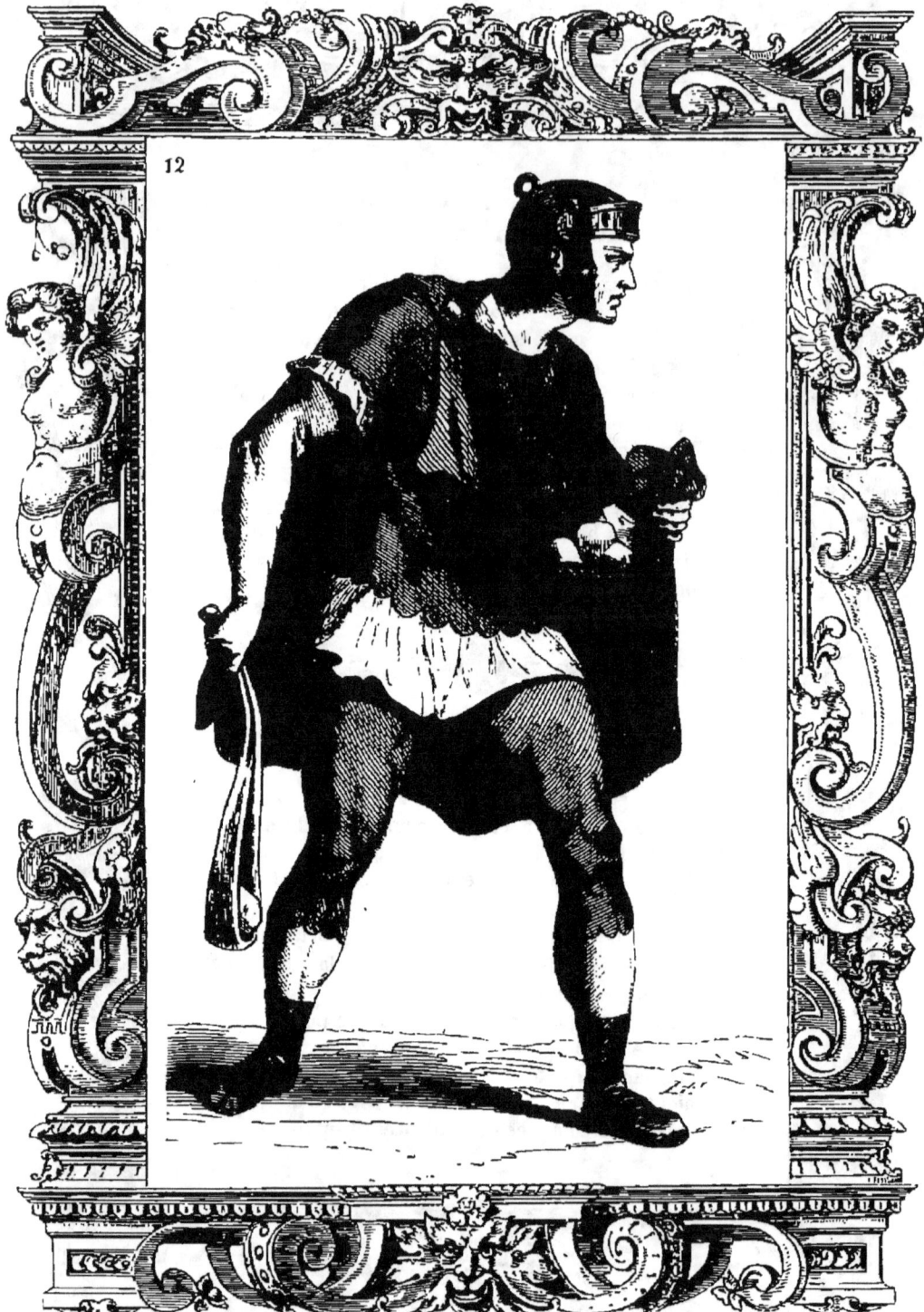

DE' FROMBOLATORI ROMANI.

I Frombolatori romani, ne gli esserciti, servivano in luogo di archibugieri, et questi tali frombolatori andavano vestiti agili et alla leggiera, non havendo armato di ferro altro che il capo, come parte più pericolosa della vita. L' habito loro era assai curto, et portavano le braccia quasi ignude: nella mano destra havevano la fromba, nella quale ponevano un sasso rotondo. Et il modo di portar le pietre, et dopò haver dato tre ò quattro girate alla fromba, lanciavano il sasso dovunque volevano. Questa sorte di militia di frombolatori, la quale fu poi usata lungo tempo, era tanto assuefatta à questo essercitio, che percotevano di volta in volta nel destinato segno non meno che si facciano hoggi gli archibugieri.

FRONDEURS ROMAINS.

Les frondeurs romains, dans les armées, tenaient lieu d'arquebusiers; leur costume était léger, et le fer ne couvrait que la tête, comme la partie du corps dont les blessures offraient le plus de danger. Ils avaient les bras presque nus, et leur vêtement était fort court. La main droite tenait la fronde, armée d'une pierre ronde; le dessin indique la manière de porter les cailloux. Après avoir décrit trois ou quatre cercles avec la fronde, ils lançaient la pierre où ils voulaient. Les hommes de cette espèce de milice, qui fut ensuite longtemps en usage, étaient si habiles dans l'exercice de la fronde qu'il leur arrivait parfois d'atteindre le but signalé, comme le font aujourd'hui les arquebusiers.

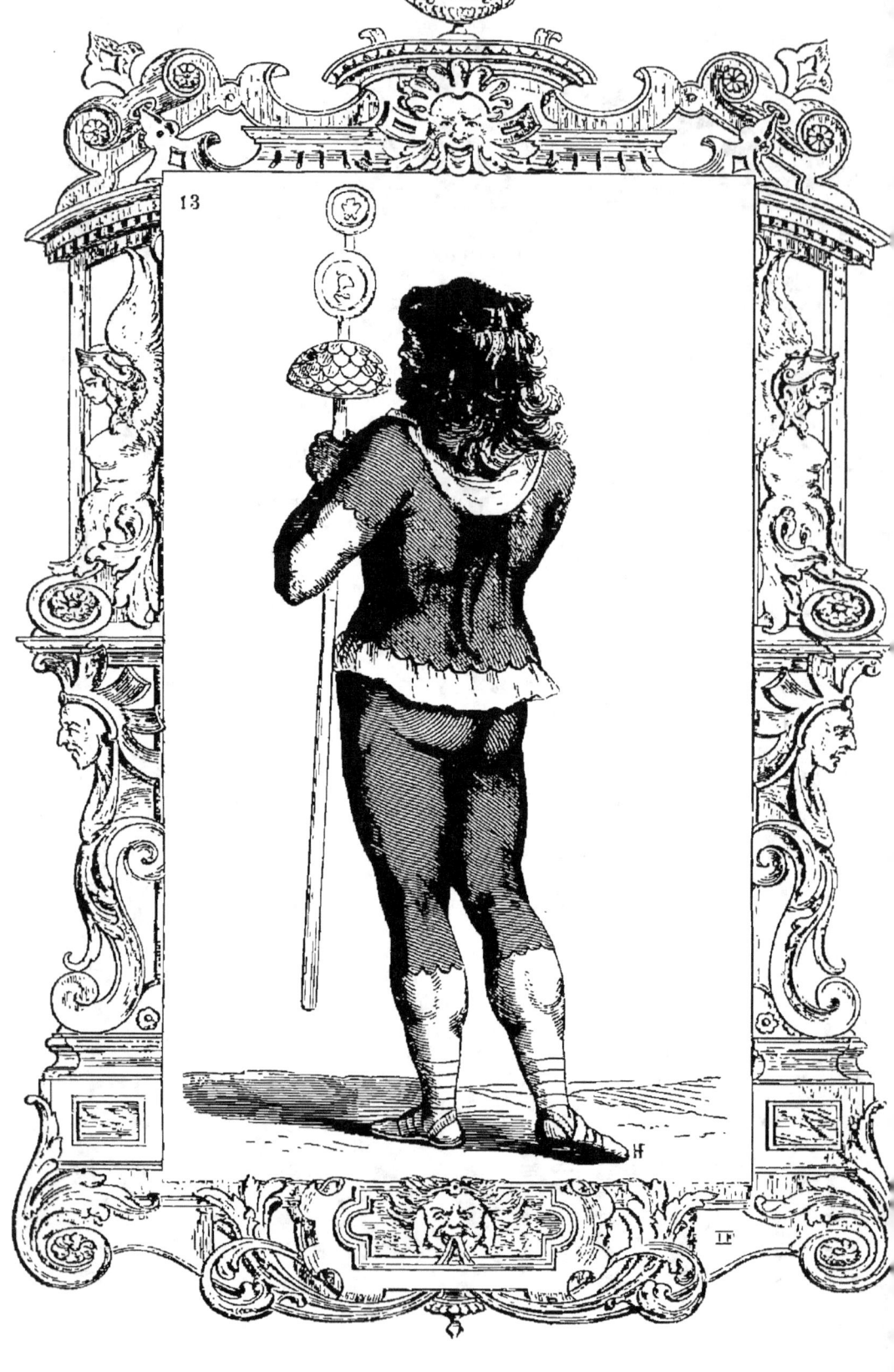

DE GLI ALFIERI ROMANI.

Gli alfieri de gli esserciti romani, per quanto si cava dalle scritture di varii auttori, erano diversi, et molti per ogn' uno di essi esserciti: alcuni de' quali erano dimandati immaginieri, perche portavano l'immagini de' principi; altri insegnieri, perche portavano le insegne; et altri aquilieri et dragoneri, perche quelli portavano l'aquile, et questi i draghi. L'armi di questi erano le corazze, la daga corta et cinta al fianco destro; le vesti erano simili à quelle de gli altri soldati, et si calzavano ancora stivaletti in gamba; ma in testa, in vece di celata, portavano una conciatura fatta à guisa di una testa di leone, acciò l'aspetto dell' alfiere fosse piu terribile et spaventevole al nemico di quello de gli altri soldati; nel resto dell' habito erano simili à pedoni.

LES PORTE-ENSEIGNE ROMAINS.

Les porte-enseigne des armées romaines, selon les documents fournis par différents auteurs, étaient nombreux et divers : les uns étaient appelés *imaginifères*, parce qu'ils portaient les images des princes; les autres, *insignifères*, parce qu'ils portaient les enseignes; d'autres enfin, *aquilaires* et *dragonaires*, parce que les premiers portaient les aigles et les seconds les dragons. Leurs armes se composaient de la cuirasse et d'un glaive court suspendu au côté droit. Le costume ressemblait à celui des autres soldats, et leur chaussure était le brodequin; mais ils portaient, au lieu d'un casque, une coiffure qui avait la forme d'une tête de lion, afin que leur aspect parût à l'ennemi plus terrible et plus épouvantable que celui des autres soldats. Le reste de leur costume ne différait pas de celui des fantassins.

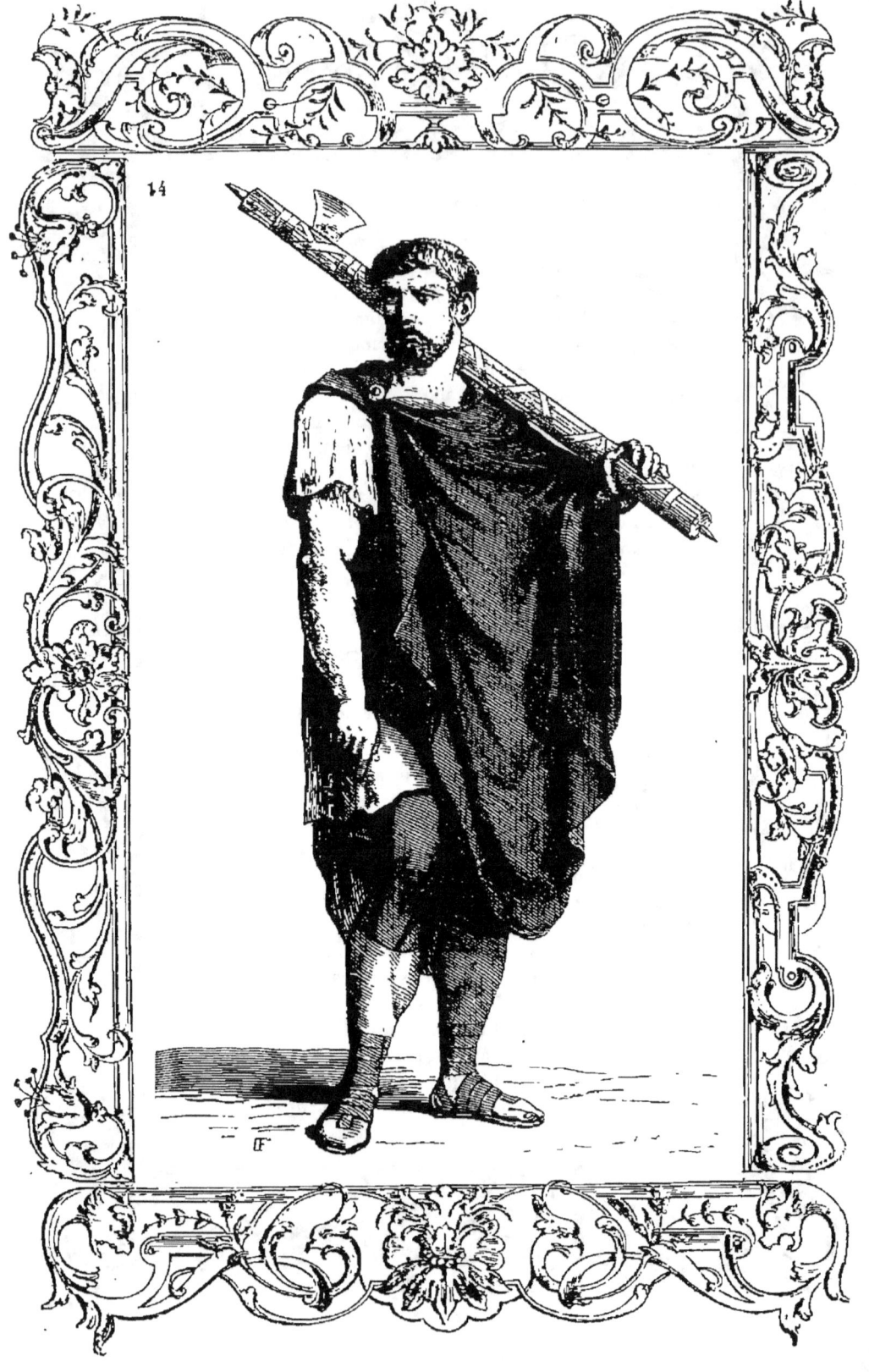

LITTORE.

Egli antichissimi tempi veggonsi i littori precedere i re, i consoli, i dittatori, i pretori et gl' imperatori per allontanare la folla ò per eseguire i sovrani ordini di quelli. Essi erano per lo più senz' armi. La scure, simbolo di vita et di morte dei magistrati cui essi accompagnavano, era cinta d'un fascio di verghe di betulla legate con coregge. Plutarco dice che la scure era siffattamente legata, perchè il magistrato havesse il tempo di rientrare in se stesso et di far grazia della vita al colpevole, prima che i littori, occupati a scieigliere i fasci, fossero pronti ad eseguire gli ordini di lui. Allorchè i consoli erano vittoriosi, i fasci cingevansi di foglie d' alloro. I littori erano vestiti di una tunica bianca che scendeva sino alle ginocchia, et sopra essa aggiungevasi una clamide di colore scuro appuntata sulla spalla diritta. La loro calzatura era quella usata da' guerrieri et chiamata *caliga*.

LICTEUR.

Ès les temps les plus reculés, on voit les licteurs précéder les rois, les consuls, les dictateurs, les préteurs et les empereurs, afin d'écarter la foule ou d'exécuter leurs ordres souverains. Ordinairement ils étaient sans armes. La hache, emblème de vie et de mort des magistrats qu'ils accompagnaient, était entourée d'un faisceau de verges de bouleau liées avec des courroies. Plutarque dit que c'était afin que le magistrat eût le temps de rentrer en lui-même et de faire grâce de la vie au coupable, avant que les licteurs, occupés à délier leur faisceau, fussent prêts à exécuter ses ordres. Lorsque les consuls étaient victorieux, des feuilles de laurier entouraient ces faisceaux. Les licteurs étaient vêtus d'une tunique blanche descendant jusqu'aux genoux, par-dessus laquelle s'attachait une chlamyde brune agrafée sur l'épaule droite; leur chaussure était celle des gens de guerre, appelée *caliga*.

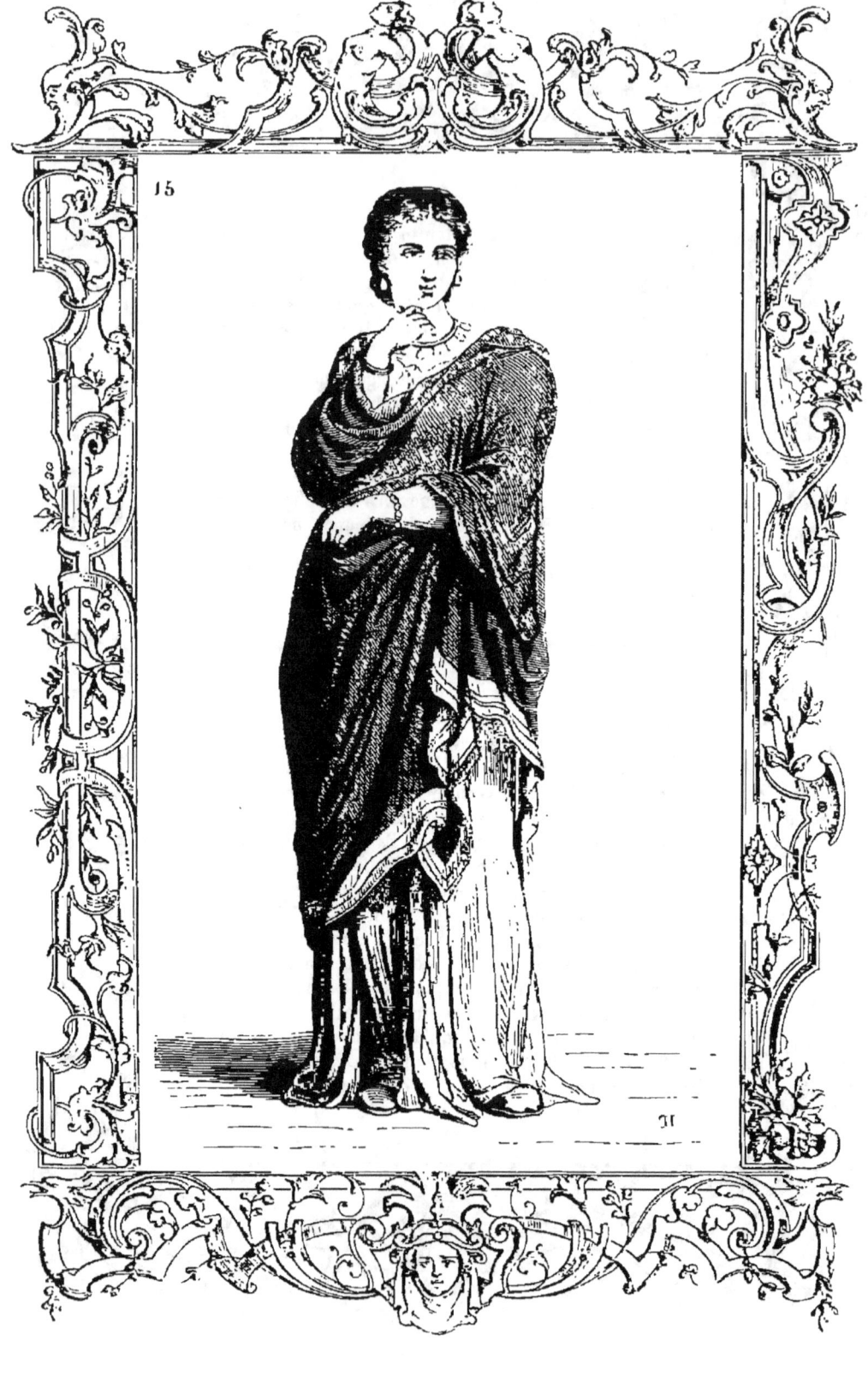

DELLE DONNE ROMANE ILLUSTRI, DETTE STOLATE ANTICHE.

Avendo io discorso sopra gli habiti de' consoli, senatori, et della militia romana tutta, mi par cosa conveniente di far mentione ancora sopra gli habiti delle donne tanto antiche come moderne, sì nobili come plebee et artiste. Ritrovo per tanto, che anticamente le principali donne romane, imitando i mariti loro consoli et senatori, portavano l'habito con la stola di color di giacinto ò di porpora, con la toga lunga et faldata fino a' piedi, alli quali calzavano alcune scarpe legate à guisa delle scarpe all'apostolica, et il pallio ò mantelletto sopra le spalle.

DAMES ROMAINES, PORTANT LA STOLE.

Après avoir parlé des habits des consuls, des sénateurs et des guerriers de toute l'armée romaine, je crois qu'il est convenable que je fasse mention du costume des femmes, qu'elles soient anciennes, modernes, nobles, plébéiennes, ouvrières. Je trouve donc qu'autrefois les principales dames romaines, imitant leurs maris, consuls et sénateurs, portaient le vêtement avec la tunique de couleur hyacinthe ou rouge, et une toge qui tombait à longs plis sur les pieds. Leur chaussure était attachée comme les sandales des religieux, et leurs épaules étaient recouvertes du *pallium* ou petit manteau.

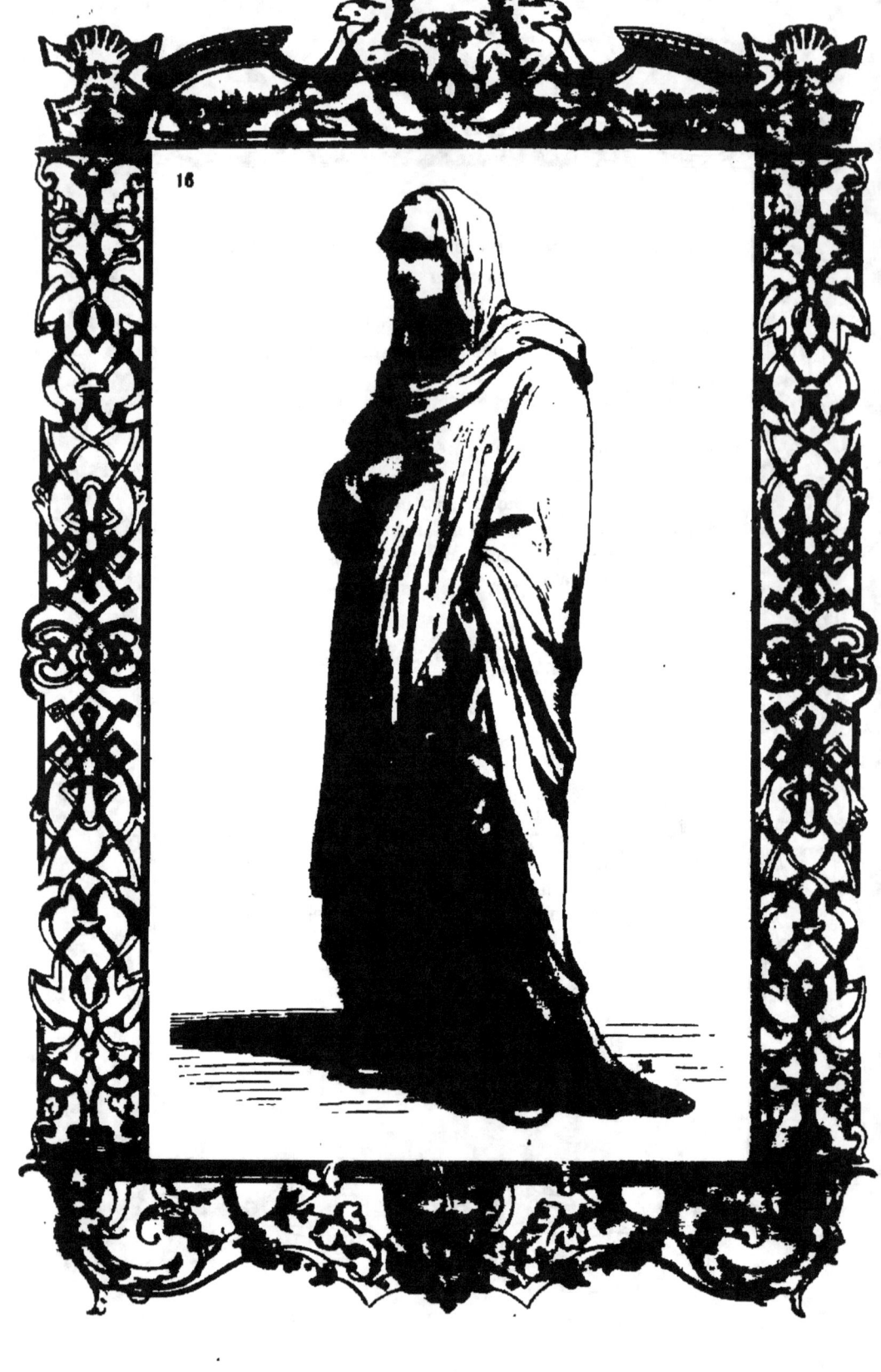

VESTALI.

Queste sacerdotesse consacrate al culto di Vesta facevano voto di castità, et vegliavano giorno et notte per conservare il fuoco acceso sopra l'altare della dea. Se alcuna di loro havesse violato il voto di castità, era sepolta viva in un sotterraneo, ove non le si lasciava se non che un pane et una brocca d'acqua. Se per loro negligenza il fuoco sacro si fosse estinto, erano battute con verghe dal sommo sacerdote (*pontifex maximus*) nelle tenebre, et il fuoco n'accendevasi per mezzo della confricatione di due pezzi di legno. I littori che andavano loro innanzi portavano fasci composti di sole verghe.

Esse erano adorne della stola, et havevano al di sopra una veste di lino: portavano il capo coperto d'un pezzo di tela chiamato *suffibulum*, orlato di porpora.

VESTALES.

Dévouées au culte de Vesta, ces prêtresses faisaient vœu de chasteté, et veillaient jour et nuit à l'entretien du feu toujours allumé sur l'autel de la déesse. Si elles violaient le vœu de chasteté, elles étaient enterrées vivantes dans un souterrain, où on leur laissait un pain et une cruche d'eau; si elles laissaient par négligence s'éteindre le feu sacré, elles étaient fustigées par le grand prêtre (*pontifex maximus*) dans les ténèbres, et le feu était rallumé par le frottement de deux morceaux de bois. Les licteurs qui les précédaient portaient des faisceaux composés seulement de verges. Elles étaient revêtues de la *stola*, et portaient au-dessus un vêtement de lin; leur tête était recouverte d'une pièce de toile appelée *suffibulum*, bordée de pourpre.

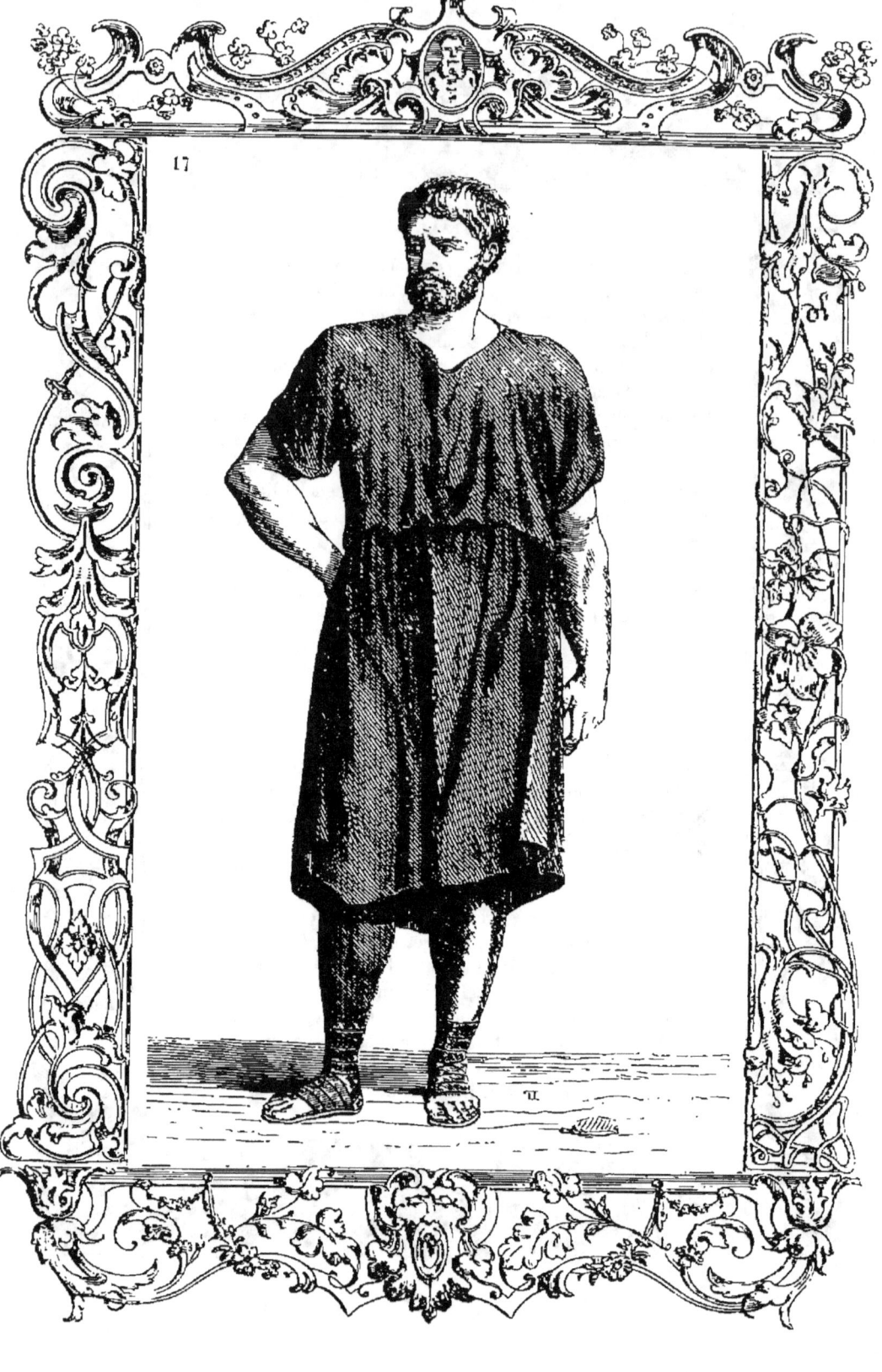

HUOMO PLEBEJO.

Ebbene i plebei havessero il diritto di vestire la toga, tuttavia, quando erano occupati in lavori faticosi ò in città ò in campagna, portavano la sola tunica, la quale li rendeva più liberi ne' loro movimenti. Spesso andavano coperti soltanto di calzoni. Sappiamo da Plutarco che Catone, tornando alla campagna, coprivasi di una *essomide*, se faceva freddo, ma quando faceva caldo, lavorava nudo co' suoi schiavi. L'*essomide* era una tunica stretta, corta e senza maniche.

PLÉBÉIEN.

Quoique les plébéiens eussent le droit de porter la toge, cependant, lorsqu'ils s'occupaient de travaux pénibles, soit à la ville, soit à la campagne, ils étaient vêtus d'une simple tunique, qui leur laissait les mouvements plus libres. Souvent ils n'étaient couverts que d'un simple caleçon. Plutarque nous apprend que Caton, de retour à la campagne, prenait une *exomide* s'il faisait froid; mais, s'il faisait chaud, il travaillait nu avec ses esclaves. L'*exomide* était une tunique étroite, courte et sans manches.

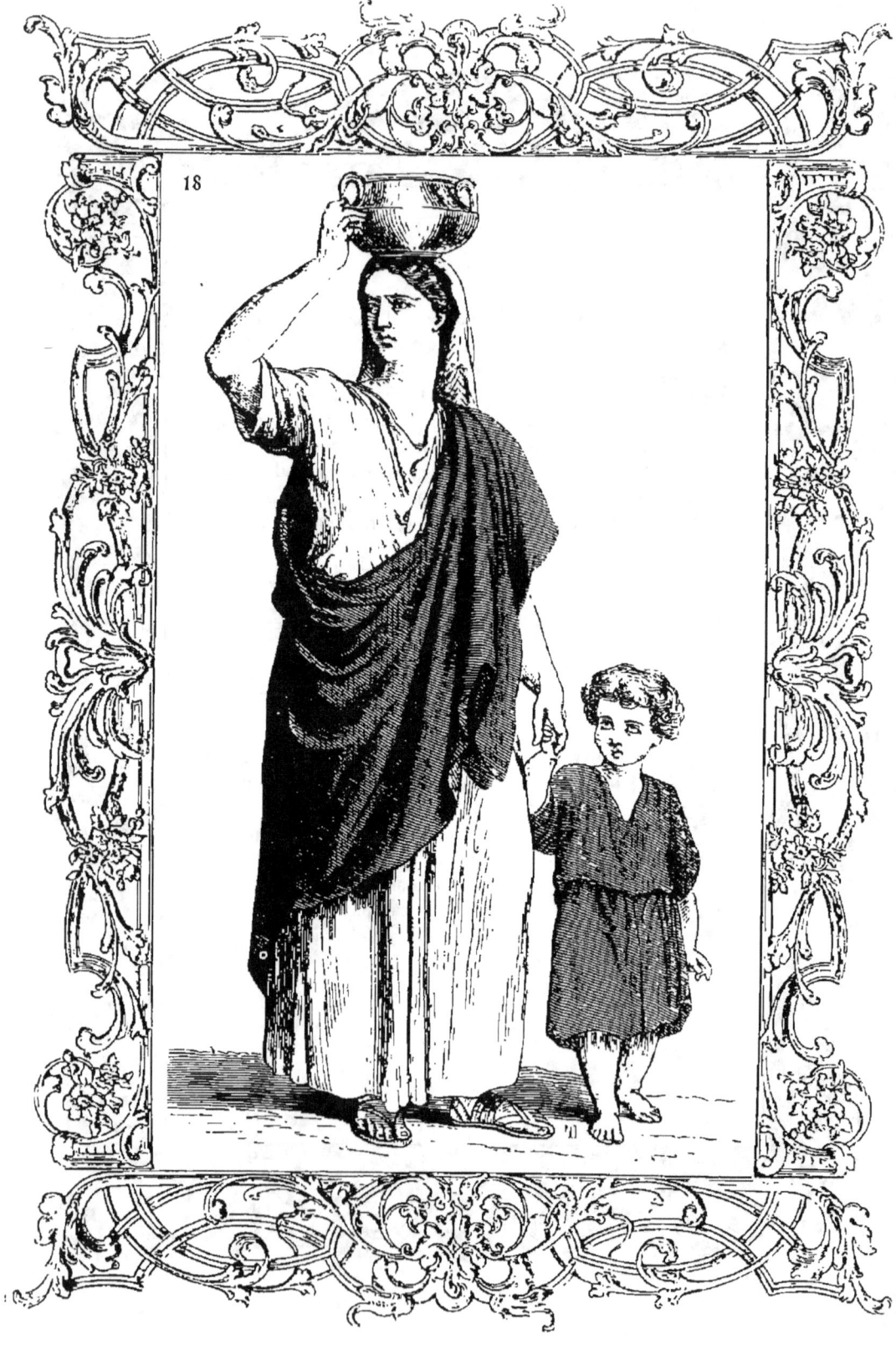

DONNA PLEBEJA.

Nei primi tempi di Roma à i patrizii non era lecito di sposare donne della plebe. Questo decreto venne tolto l'anno di Roma 445. Anticamente, se una donna conviveva con un huomo per lo spazio di un anno intero, il matrimonio esisteva di fatto (*usus*). Un'altra forma di matrimonio, chiamata *confarreatio*, consisteva in certe parole pronunziate in presenza di dieci testimonj, et celebravasi con varie cerimonie, nelle quali facevasi uso di una focaccia di farina. La terza specie di matrimonio chiamavasi *coemptio* ò *mancipatio*, perchè per essa riputavasi che il marito comprasse la sua donna. A queste antiche forme di matrimonio succedette poscia il *connubium* ò le *justæ nuptiæ*. Le donne andavano vestite di una semplice tunica senza cintura, et portavano sulla testa un pezzo di panno, sopra il quale adagiavano fardelli per lo più pesantissimi.

PLÉBÉIENNE.

Dans les premiers temps de Rome, les patriciens ne pouvaient épouser les plébéiennes. Cet usage fut aboli en l'an 445 de Rome. Auparavant, si une femme vivait avec un homme pendant une année entière, le mariage existait de fait (*usus*). Une autre forme de mariage, appelée *confarreatio*, consistait en certains mots prononcés en présence de dix témoins, et accompagnés de diverses cérémonies où l'on faisait usage d'un gâteau de farine. La troisième sorte de mariage était nommée *coemptio* ou *mancipatio*, parce que le mari était censé acheter sa femme. Ces anciennes formes de mariage furent remplacées plus tard par le *connubium* ou les *justæ nuptiæ*. Les femmes étaient revêtues d'une simple tunique sans ceinture, et couvraient leur tête d'une pièce d'étoffe, sur laquelle elles portaient des fardeaux souvent très-pesants. Les enfants du peuple portaient un simple vêtement appelé *colobium*, qui leur couvrait le haut des bras.

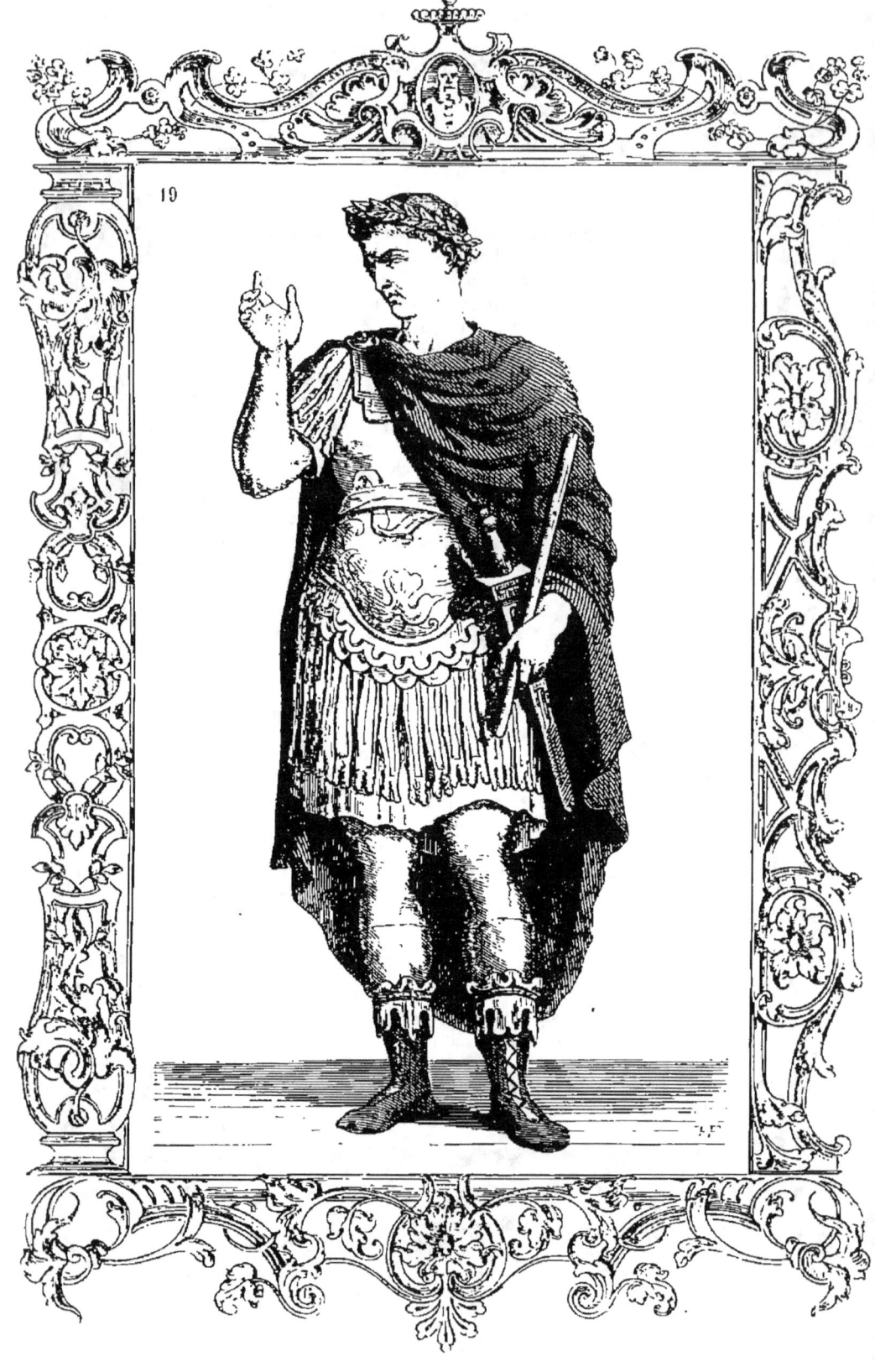

IMPERATORE ROMANO.

Da Augusto fino à Constantino havvi poca differenza nel modo di vestire degl'imperatori romani. In una statua, Cesare è rappresentato riccamente vestito. Il suo manto, appuntato sulla spalla diritta, gli cuopre la parte superiore del petto et la spalla sinistra, et gli scende fin sulle gambe. I suoi calzari giungono fino alla polpa, che lasciano scoperta. Cesare era calvo, et il senato, per adularlo, fece un decreto pel quale gli concedeva il privilegio di portare sempre una corona d'alloro. I primi imperatori, seguendo il suo esempio, portarono essi pure una corona d'alloro, alla quale poscia venne sostituita una corona d'oro temperata di pietre preziose. Nella mano sinistra portavano uno scettro, ch'era per lo più d'avorio, ovvero un'aquila d'oro.

EMPEREUR ROMAIN.

On remarque peu de changement dans le costume des empereurs romains, depuis Auguste jusqu'à Constantin. Dans une statue, César est représenté richement vêtu. Son manteau, agrafé sur l'épaule droite, lui couvre le haut de la poitrine et l'épaule gauche, et lui descend jusqu'au bas des jambes. Ses brodequins montent jusqu'au mollet, qu'ils laissent découvert. César était chauve, et, pour le flatter, le sénat, par un décret, lui donna le droit de porter toujours une couronne de laurier. Les premiers empereurs, à son exemple, portèrent une couronne de laurier, à laquelle fut ensuite substituée une couronne d'or enrichie de pierreries. Ils portaient dans la main gauche un bâton, ordinairement en ivoire, ou un aigle en or.

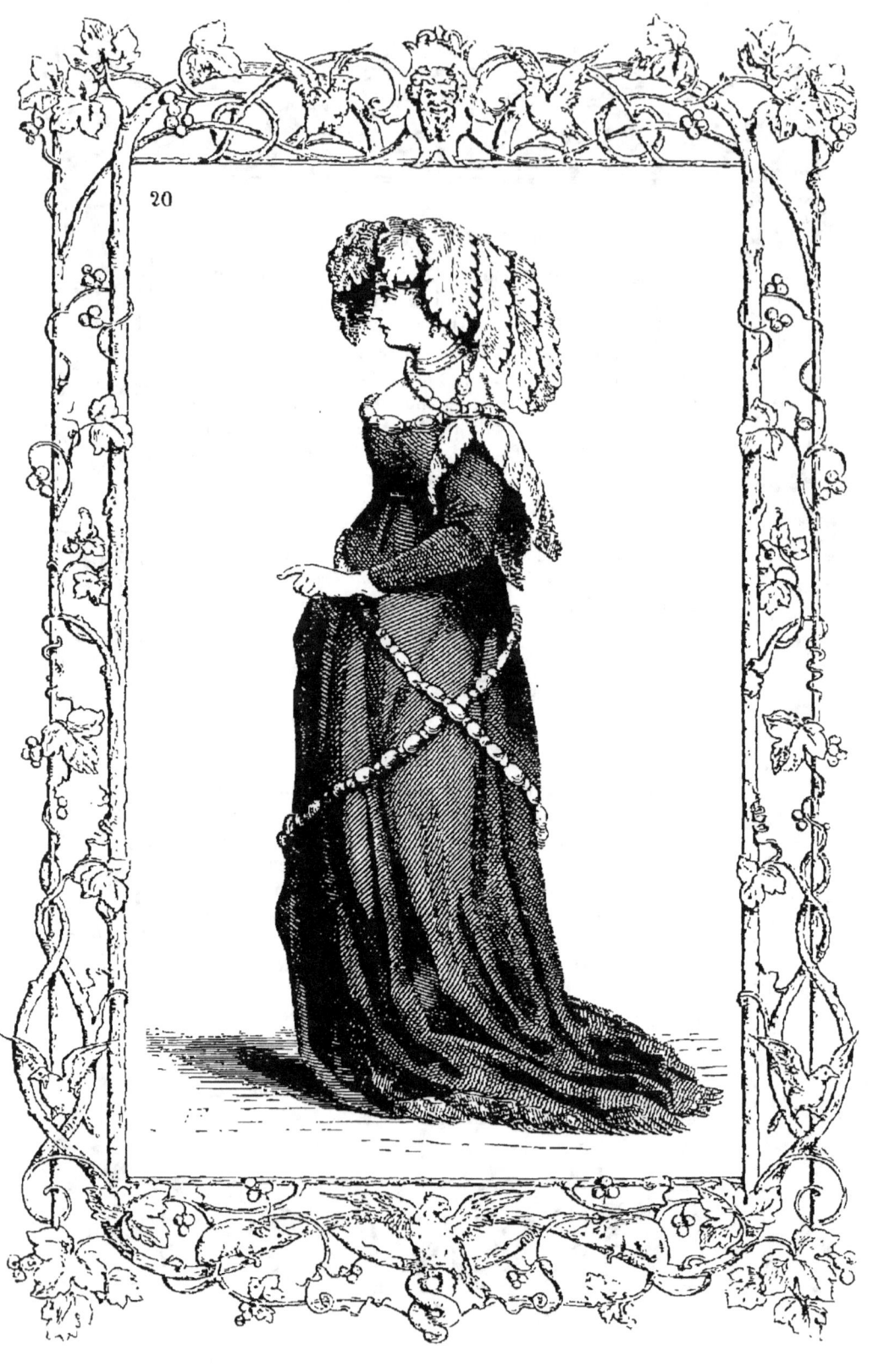

HABITO ANTICO DI ROMA DA DONNA, IL QUALE ERA PORTATO PER TUTTA ITALIA.

Intorno all' anno mille dalla natività di Nostro Signore, io ritrovo esser stato usato il sopraposto habito in Roma et per tutta Italia, il quale era, che le donne solevano portar in testa per acconciatura un berettino, il quale era coperto da alcune liste di ormesino fatte à modo di pennacchio più longo di dietro che davanti. Portavano alcune vesti lunghe tanto da' piedi, che havevano da quattro braccia di strascino, et erano da' piedi sfrangiate, et havevano alcune maniche esse vesti curte et aperte, tagliate à modo di piume d' uccelli, servendosi per coprir le braccia delle maniche strette delle camicie. Si attorniavano al collo alcune catene d' oro massiccio molto grosse, le quali facendo più doppi incrociati attorno il petto, scendevano di dietro, et s'incrociavano alle bande sotto la cintura con assai bella vista, come si vede nella figura.

ANCIEN COSTUME DE FEMME ROMAINE, EN USAGE DANS TOUTE L'ITALIE.

Vers l'an 1000 de notre ère, je trouve le costume ci-joint en usage à Rome et dans toute l'Italie. La coiffure était un bonnet couvert de quelques bandes de moire découpées en forme de panache plus long derrière que devant. La robe de quelques femmes tombait sur les pieds avec des franges au bas et une queue fort longue; ce vêtement avait des manches courtes, ouvertes, déchiquetées comme des plumes d'oiseaux, et qui servaient pour couvrir les manches étroites de la chemise. Elles enroulaient autour du cou des chaînes d'or massif très-grosses, qui, après avoir décrit quelques ovales sur la poitrine, descendaient par derrière, et venaient se croiser sur les flancs au-dessous de la ceinture; ces chaînes produisaient, comme l'indique le dessin, un très-bel effet.

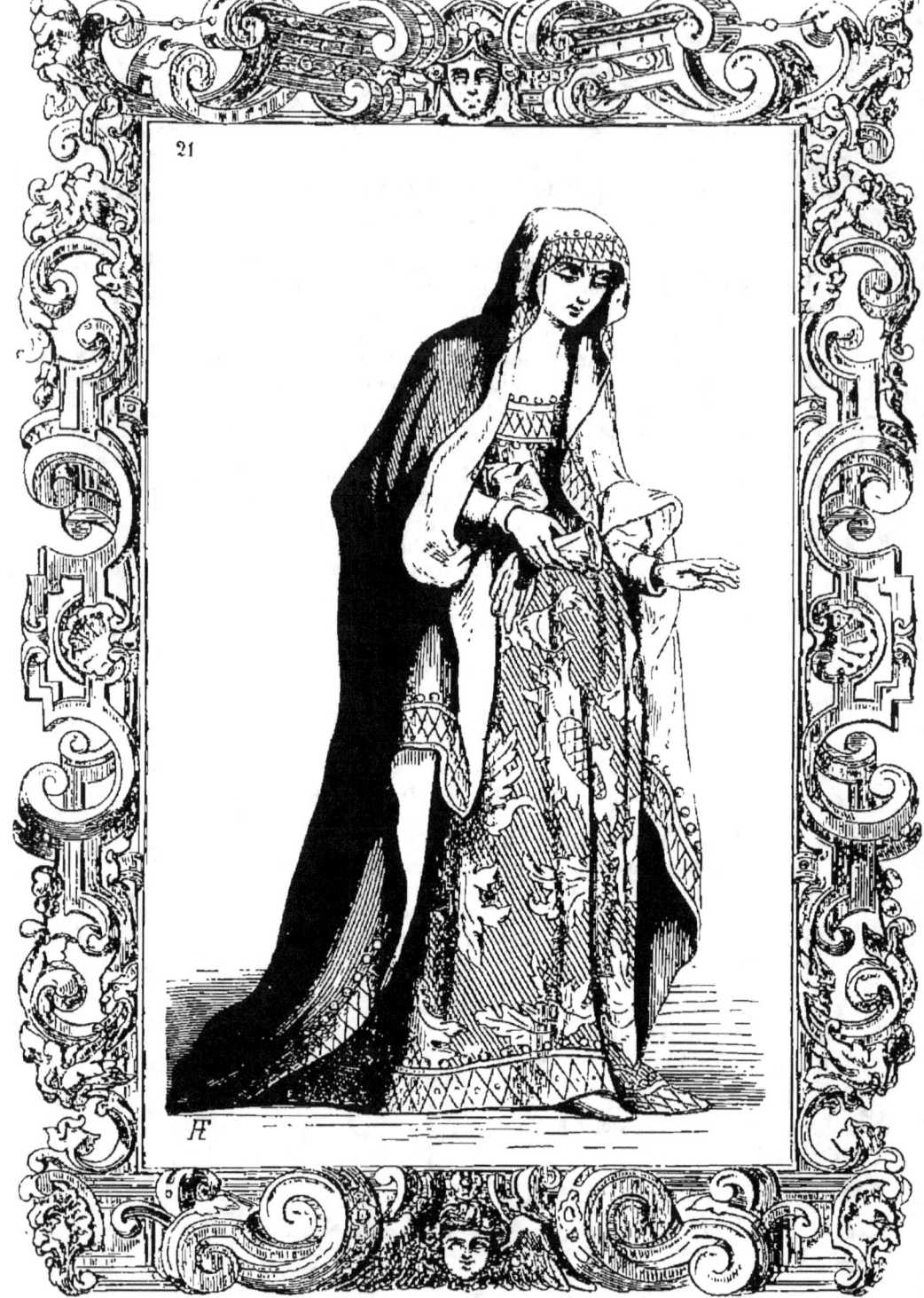

HABITO DI GENTILDONNA ROMANA DA DUGENTO ANNI ADIETRO.

Questo habito io trovo esser stato usato appò le donne romane et ancora di tutta Italia, del mille et trecento in circa, et è quasi simile à i moderni. Portavano per tanto quelle gentildonne una sottana di seta lavorata ad opera di broccato intiera, et senza busto. Si appuntavano un manto sopra il capo, et lasciavano cadere fino à terra quello strascinando assai, essendo esso manto fregiato con fregi di color purpureo ò di giacinto. Queste antiche Romane solevano molto usare la tonica co'l paludamento, overo manto di color purpureo, ò di giacinto, ò d'oro, con guarnimento assai pretioso; et solevano haver' à gran biasimo et vitio qualunque volta una donna havesse bevuto vino prima che fosse maritata, oltre che le maritate ancora se ne astenevano assai.

COSTUME DE NOBLE DAME ROMAINE, REMONTANT A DEUX SIÈCLES.

Les documents m'apprennent que, vers l'an 1300, les femmes de Rome et même de toute l'Italie portaient ce costume, assez semblable à celui des modernes. La robe de ces nobles dames, sans corsage, était de soie et toute couverte de dessins en brocart. Un manteau, qui recouvrait la tête, descendait jusqu'à terre avec une longue queue, et se faisait remarquer par des ornements de couleur purpurine ou hyacinthe. Ces antiques Romaines portaient fréquemment la tunique et le *paludamentum*, manteau de couleur purpurine, hyacinthe ou dorée, avec des garnitures très-riches. Elles regardaient comme chose vicieuse et digne de blâme qu'une femme bût du vin avant d'être mariée, et les épouses mêmes s'abstenaient avec soin de cette liqueur.

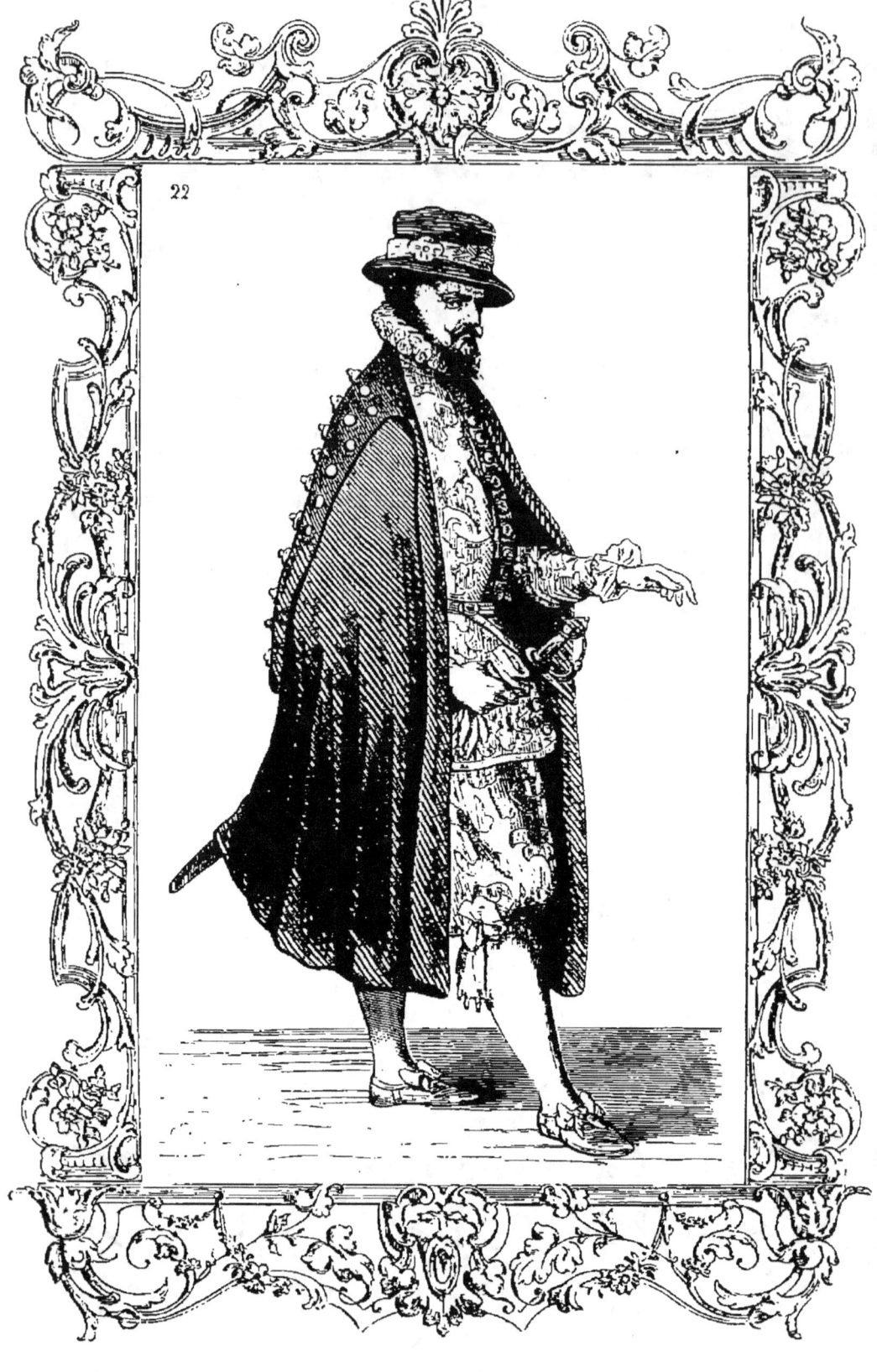

HABITO DE' GENTIL'HUOMINI ROMANI.

Quasi tutti i gentil'huomini italiani usano un' habito stesso, il quale è d'un cappello, ò vero berretta di seta; ferraiuoli, ò cappe per lo più molto longhe; sai con busti corti et maniche strette; calzoni larghi et longhi, et legati sopra del ginocchio, calzette di seta legate con ligaccie larghe, et ornate di fiocchi, da quali pendono piccoli bottoncini di seta.

COSTUME DES NOBLES ROMAINS.

Presque tous les nobles italiens portent le même costume, qui se compose d'un chapeau ou d'un bonnet de soie, d'une cape presque toujours longue, d'un justaucorps avec des manches étroites et court de corsage; de culottes larges, longues, et fixées au-dessus du genou; de souliers de soie attachés avec des liens ornés de rosettes et au bout desquels pendent de petits boutons de soie.

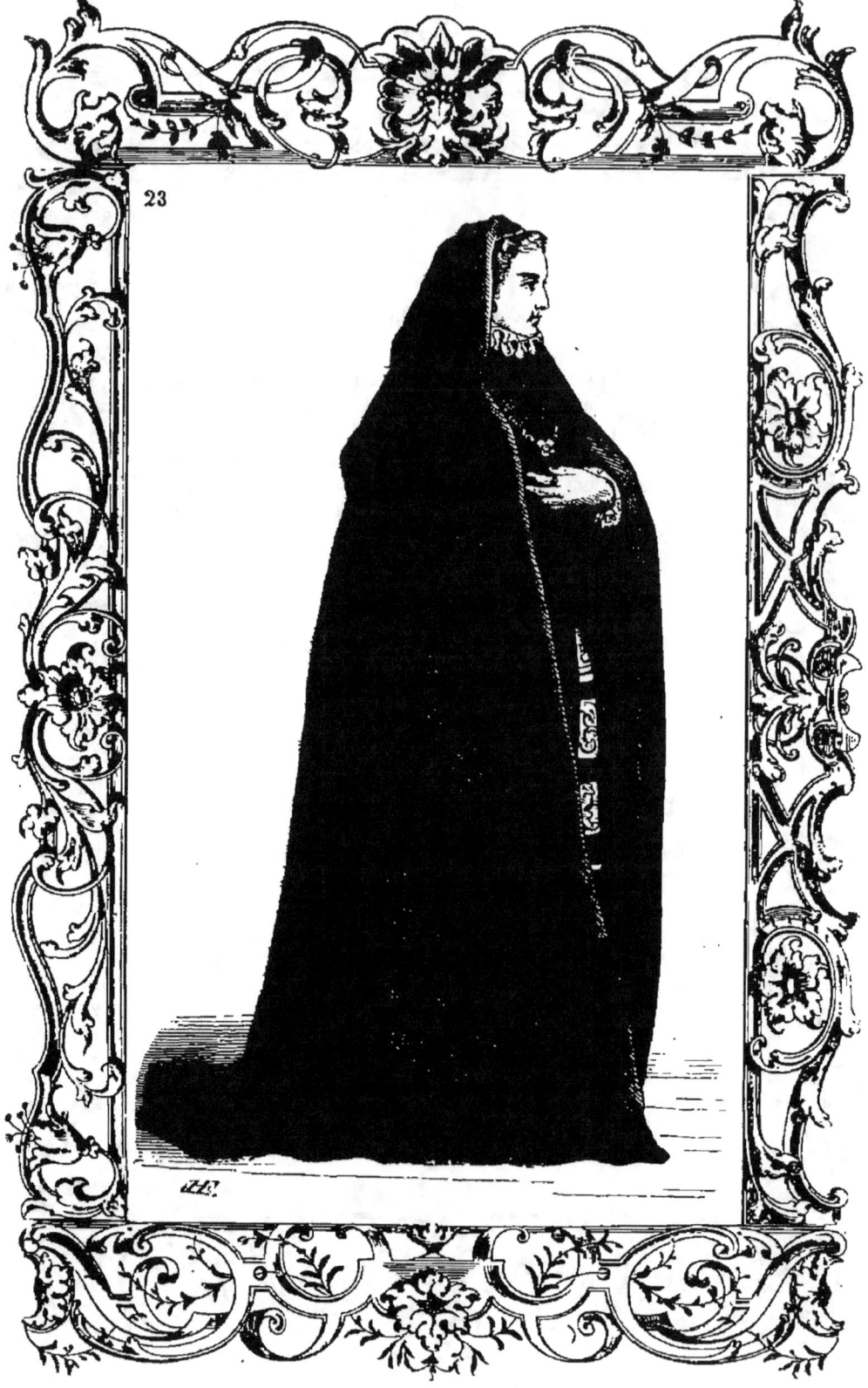

HABITO DI BARONESSE ET ALTRE GENTILDONNE ROMANE.

Le gentildonne mogli de' baroni et altri signori romani portano una veste allacciata da capo a' piedi di seta ò altro, et sopra essa veste portano gioie di gran valore. Dal capo poi gli scende un drappo di seta negra ò di raso, che pende loro fino in terra. Alcune ancora usano la veste aperta davanti, di maniera che loro si vedono le faldiglie, di color diverso, di velluto ò raso di gran valore per gli ornamenti loro. Compariscono con grato aspetto, et, quando vanno vestite di bruno, portano un manto sopra le spalle, che loro scende fino a terra. Usano ancora in capo una rete di seta negra, piena di tremoli d' oro con alcuni altri ornamenti.

COSTUME DES BARONNESSES ET AUTRES DAMES NOBLES ROMAINES.

Les femmes des barons et autres seigneurs romains portent un vêtement orné, de la tête aux pieds, de bandes de soie ou de toute autre étoffe, avec des joyaux de grand prix. Un manteau de soie noire ou de satin enveloppe la tête et descend jusqu'à terre. Quelques-unes portent encore la robe ouverte par devant, de manière à laisser voir la jupe aux couleurs variées, en velours ou en soie, et d'une grande valeur à cause des ornements. Leur aspect est gracieux, et, lorsqu'elles sont vêtues de deuil, elles ont sur les épaules un manteau qui tombe à terre ; elles couvrent encore leur tête d'un filet de soie noire rempli de *tremoli* d'or (ornements légers et pendants) et d'autres ornements.

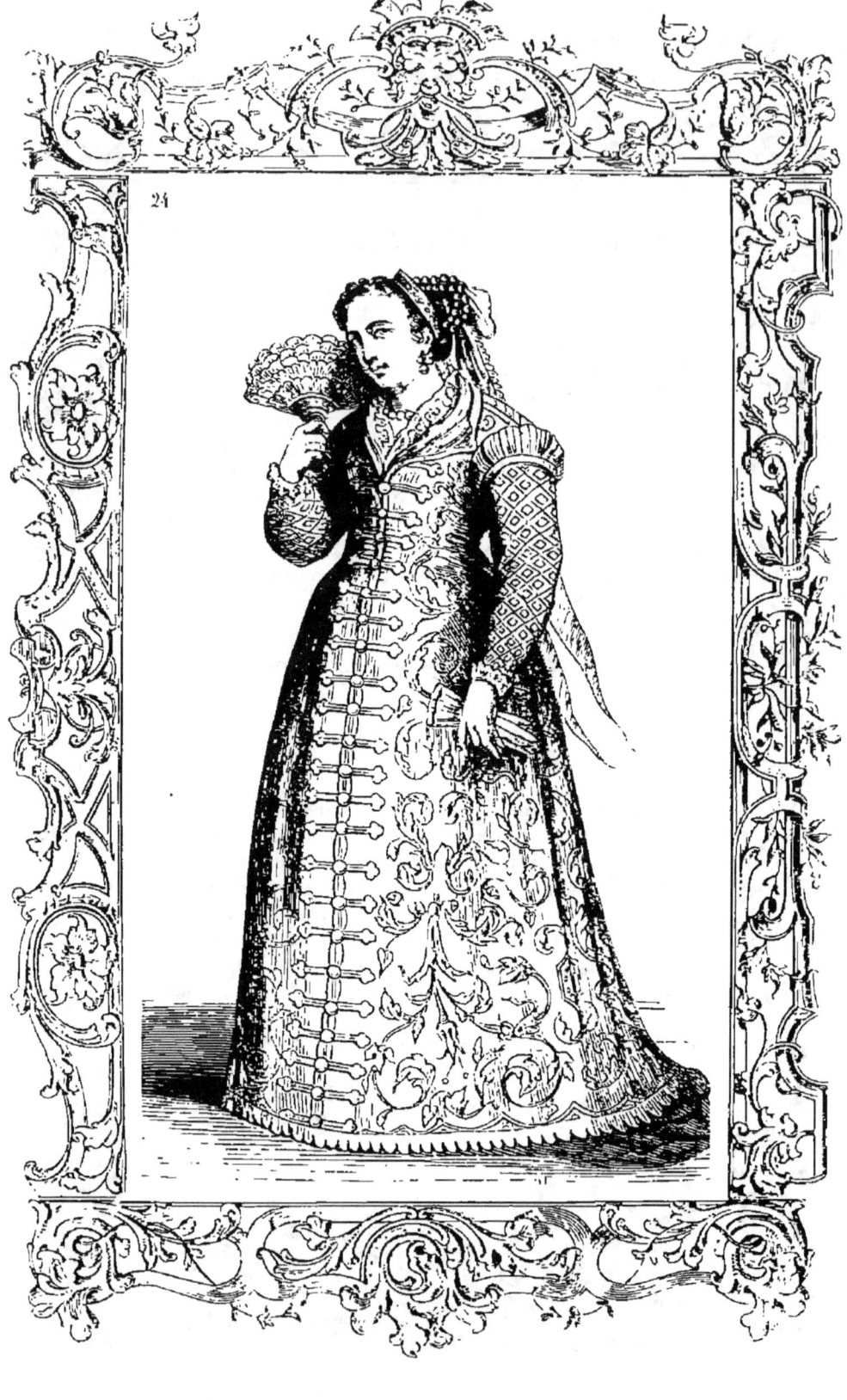

DELLE NOBILI DONNE ROMANE MODERNE.

Le giovane gentildonne moderne romane usano di portar al presente gli habiti simili alle donne di Romagna et di Toscana, le quali desiderano di comparire assai leggiadre et pompose. L'habito loro dunque è che portano una acconciatura di testa assai bella, detta da loro canacca, la quale accoglie i capegli sotto certe treccie di passamani d'oro, alti in cima della testa un palmo, fatta à guisa di una cuffia, sopra la quale con alcuni achi d'argento appuntano un velo di seta finissima, il quale lasciano pender dietro le spalle. Portano orecchini di perle, delle quali ornano ancora il collo, attorniato da lattughe della camicia. Usano alcune vesti di broccato di seta lunghe fino in terra, fatte à diversi fogliami, et tutte bottonate davanti con bottoni di trine di oro; et di sotto hanno sottane con faldiglie lunghe di dietro, che fanno più d'un braccio di strascino.

NOBLES DAMES ROMAINES MODERNES.

Les jeunes dames des maisons nobles modernes portent actuellement un costume semblable à celui des femmes de la Romagne et de la Toscane, qui recherchent beaucoup le luxe et l'élégance. Dans leur coiffure, très-belle, et qu'elles appellent *canacca*, les cheveux sont ramassés sous des tresses de galons d'or qui s'élèvent à la hauteur d'une palme; à cet édifice, qui a la forme d'une coiffe, elles attachent avec des aiguilles d'argent un voile en soie très-fine, qu'elles laissent pendre derrière les épaules. A leurs oreilles on voit de magnifiques pendants ornés de grosses perles, dont elles parent encore leur cou, qui est entouré par les plis gracieux de la chemise. Quelques-unes portent une tunique de brocart à ramages, longue jusqu'à terre et boutonnée de haut en bas par des attaches à boutons d'or. Leurs jupes de dessous, longues par derrière, ont une queue de plus de deux pieds.

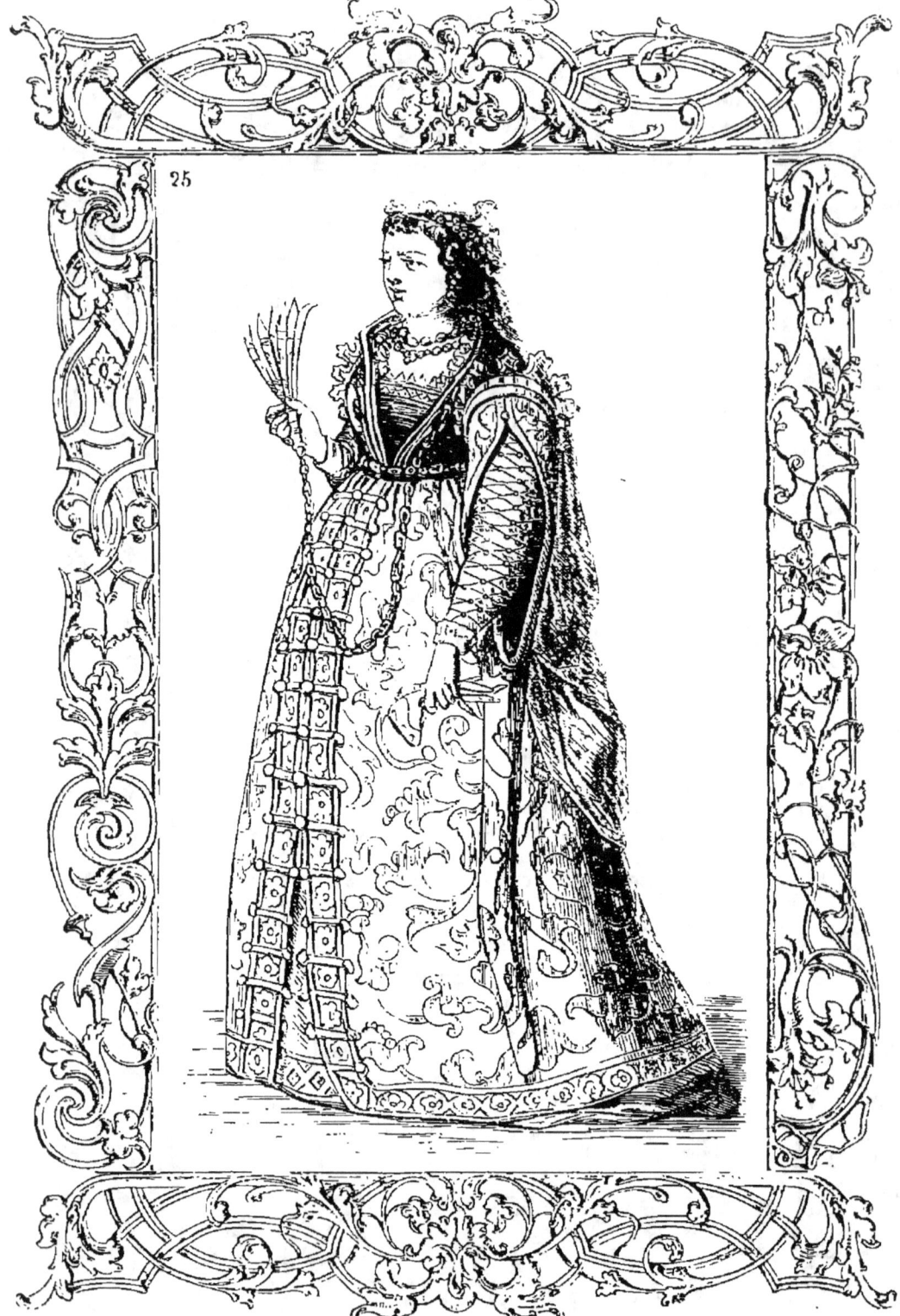

SPOSA NOBILE ROMANA FUOR DI CASA ORNATA.

LE donne romane sono assai dotate di bellezza naturale, in modo che a' nostri tempi ancora pare che ritenghino di quella antica maestà et presenza de' loro antenati. Costumano di andar à publiche feste et altri spassi per loro diporto, procedendo con ogni honestà et lodevole maniera che accrescono splendore à quell' antichissimo sangue loro. L' habito dunque è che sogliono portare alcune sottane di ormesino ò raso, lunghe fino in terra, con qualque fregio attorno d' oro, et di sopra una veste ò zimarra di broccato d' oro ò di seta, tutta listata davanti, et da' piedi aperta davanti fino alla cintura, cinta di bellissime collane d' oro et assai lunghe, in un capo delle quali sono attaccati i ventagli molto puliti, come si vede nel ritratto, ornando il collo di perle et gioie con più doppij, si come anco il corpo.

NOBLES ÉPOUSES ROMAINES HORS DE LEUR MAISON.

LES dames romaines sont douées d'une grande beauté naturelle; de nos jours même, il semble qu'elles conservent quelque chose de la prestance et de l'ancienne majesté de leurs aïeux. Pour se distraire elles se rendent aux fêtes publiques et autres divertissements; mais leur conduite honnéte et louable ajoute à l'éclat de leur antique illustration. Elles portent d'habitude une tunique de moire antique ou de satin, longue jusqu'à terre, avec quelques ornements d'or; par-dessus elles mettent une espèce de simarre (*zimarra*) de brocart d'or ou de soie, toute galonnée sur le devant, ouverte de la ceinture aux pieds, entourée d'une belle chaîne d'or très-longue, et dont un bout porte un éventail très-joli, comme l'indique le dessin. Le cou, de même que le corps, est orné d'une parure de perles et de pierres précieuses qui en fait plusieurs fois le tour.

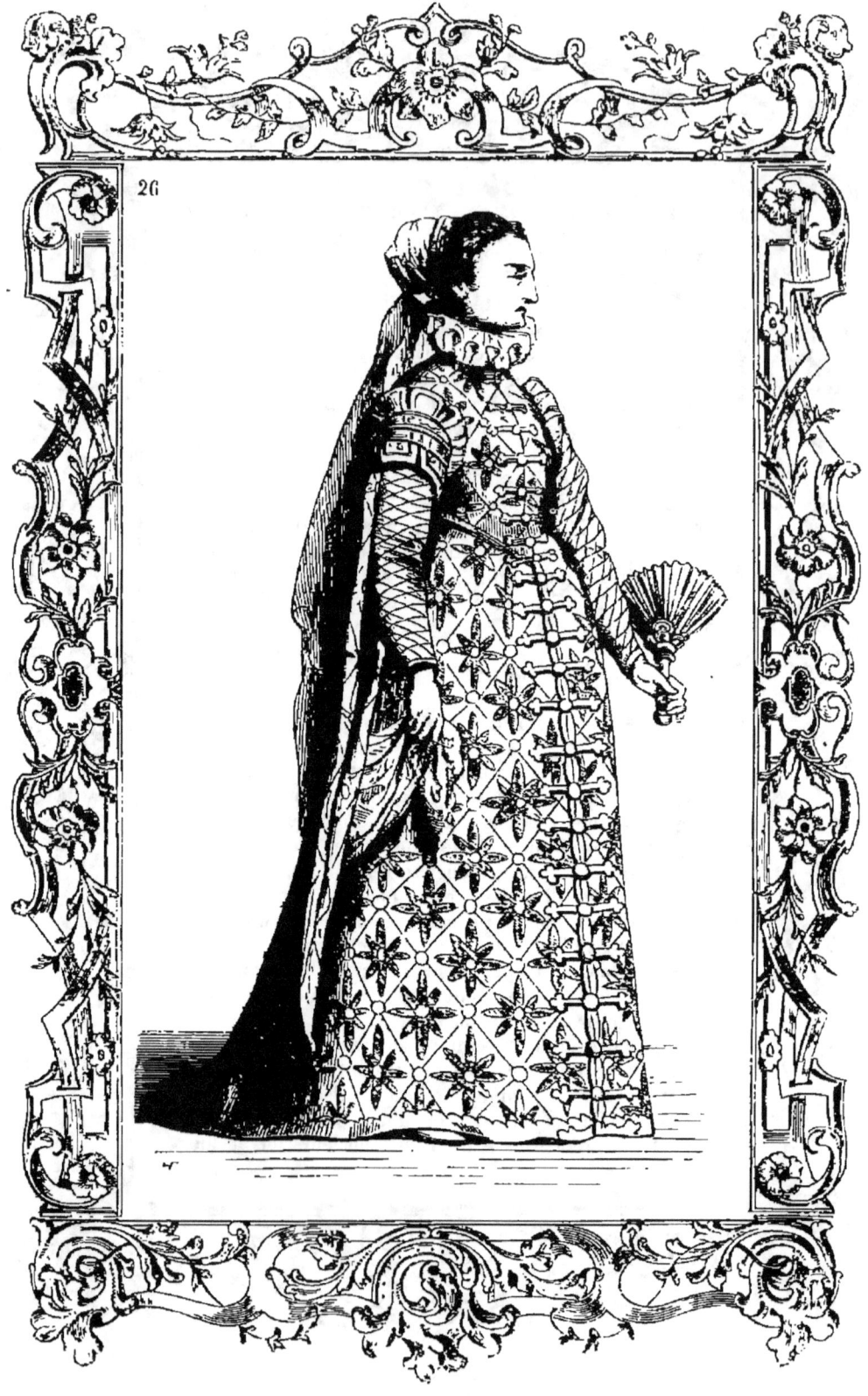

DELLE FANCIULLE ET DONZELLE NOBILI FUORI DI CASA.

E donzelle nobili romane, quando vanno fuori di casa, caminano assai modestamente, mostrando le buonissime loro creanze, sebene rade volte vanno fuori di casa et si lasciano vedere. Portano per tanto una veste di damasco ò broccato di seta fatta à stellette ò ad altre opere, tutta bottonata davanti con bottoni et cappiette d'oro, et è assai lunga con strascino di mezzo braccio, et con maniche lunghe aperte et strette; dalle cui aperture vengono fuori le braccia vestite di broccatello del giuppone che portano di sotto. Tengono serrati i capegli sotto un sottilissimo velo, quale lasciano pendere sopra le spalle con bella leggiadria.

JEUNES FILLES NOBLES HORS DE LEUR MAISON.

ES jeunes filles nobles romaines, lorsqu'elles sortent de leur maison, ont une tenue modeste qui témoigne de leur excellente éducation, bien qu'on les trouve rarement dehors et qu'il soit difficile de les voir. Leur vêtement, de damas ou de brocart, orné d'étoiles ou d'autres dessins, se boutonne par devant avec des ganses d'or; il est très-long, avec une queue d'une demi-coudée et des manches longues, étroites, ouvertes; par l'ouverture sortent les bras vêtus de brocatelle, étoffe dont est faite la jupe qu'elles portent dessous. Les cheveux sont enveloppés dans un voile très-fin, qu'elles laissent pendre sur les épaules avec beaucoup d'élégance.

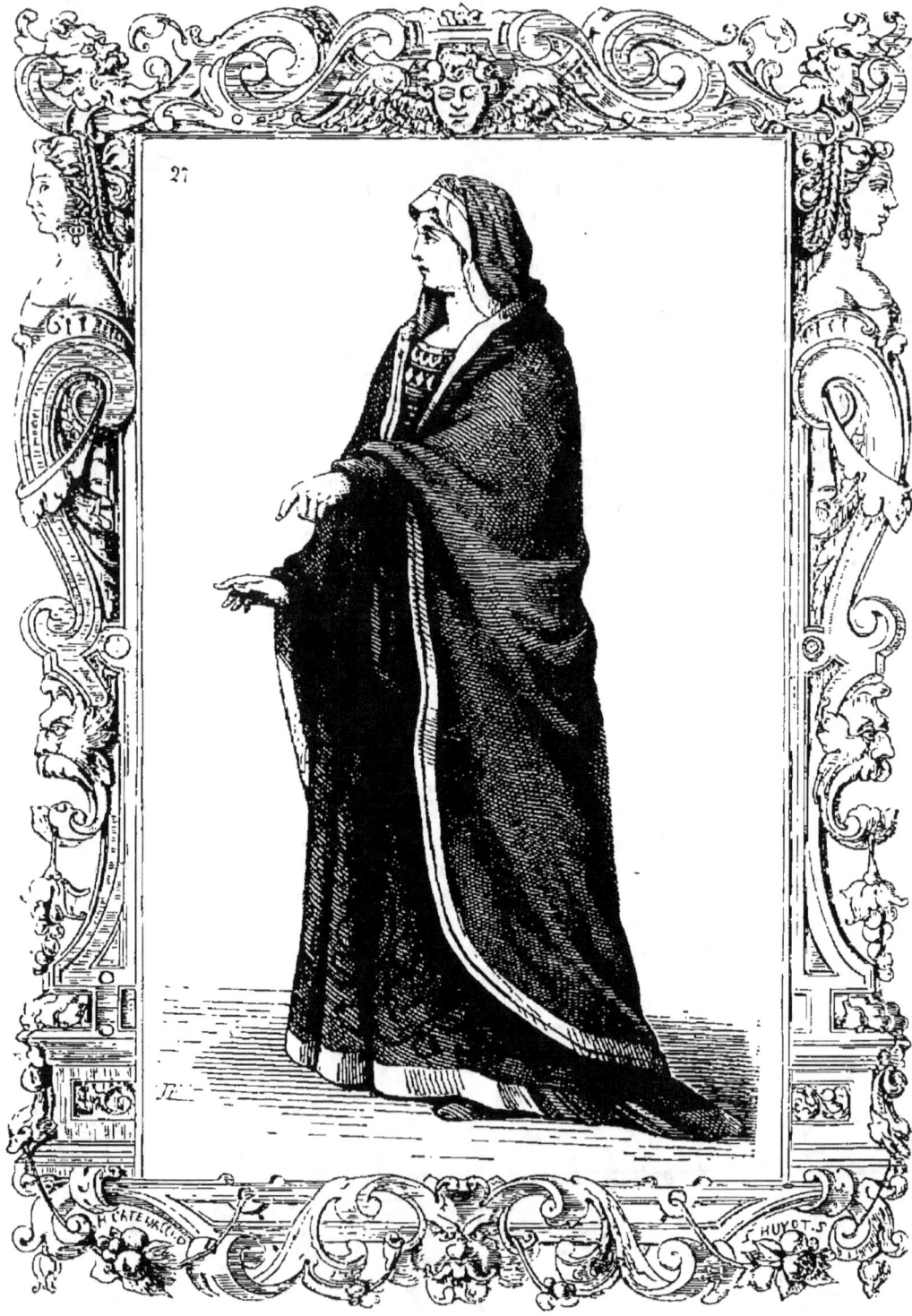

DELLE MATRONE VEDOVE ROMANE MODERNE.

LE vedove romane de' tempi nostri portano una veste di rascia fiorentina di color negro con una benda davanti di cortina bianca stolata, con un pannicello gialletto sopra le spalle; ma le più nobili portano il manto di buratto, che dalle spalle loro scende fino in terra. In capo, sotto il velo, portano una scuffia di cortina bianca, che non lascia veder loro i capelli. Finalmente, rappresentano in questo habito una grandissima honestà, et mestitia de' mariti loro morti, in modo che, à chi lo considera bene, pare più tosto un' habito di religiosa che di secolare.

VEUVES ROMAINES DES TEMPS MODERNES.

LES veuves romaines de notre époque portent un vêtement de serge florentine de couleur noire, avec un voile blanc d'un tissu en forme d'étole, et un morceau d'étoffe jaunâtre sur les épaules; mais les plus nobles ont le manteau d'étamine, qui descend des épaules jusqu'à terre. Sous le voile est une coiffe de gaze blanche qui cache leurs cheveux. Finalement, elles ont un grand air d'honnêteté sous ce costume, qui sert aussi pour exprimer leurs regrets de leurs maris défunts; de telle sorte qu'à les bien considérer, on prendrait leur vêtement pour celui de religieuses plutôt que de personnes séculières.

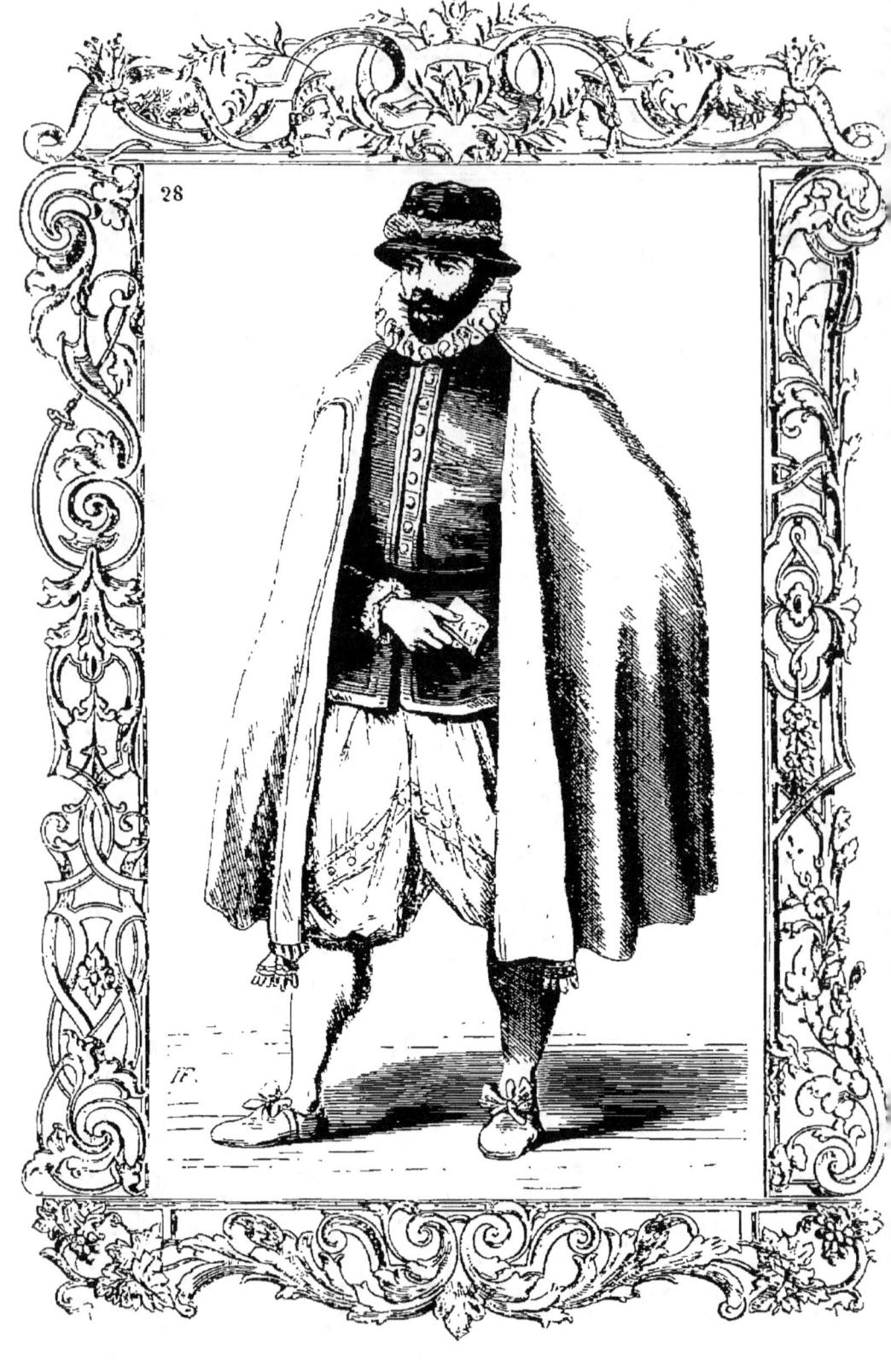

DE' MERCANTI ROMANI.

UASI tutti i mercanti italiani, ma principalmente i romani, usano questo modo di vestirsi; cioè un saio, ò vero vestina abbottonata, et cinta con un centurino di velluto. I calzoni sono ampli, legati sopra del ginocchio et attraversati con bottoni. Le calzette sono di seta, fatte à aco. Il ferraiuolo è ò di panno, ò di rascia, ò di seta, si come anco gli altri vestimenti, secondo la stagione. Le berrette sono per lo più di canovaccia di seta, et adornate di un bellissimo velo.

MARCHANDS ROMAINS.

RESQUE tous les marchands italiens, mais principalement les romains, portent ce costume : justaucorps ou veste boutonnée, avec une ceinture de velours; culottes amples, attachées au-dessous du genou, et garnies d'une rangée diagonale de boutons de soie faits à l'aiguille; manteau de drap, de serge ou de soie, comme le reste du vêtement, selon la saison. Le bonnet, en canevas de soie le plus souvent, est orné d'un très-beau voile enroulé.

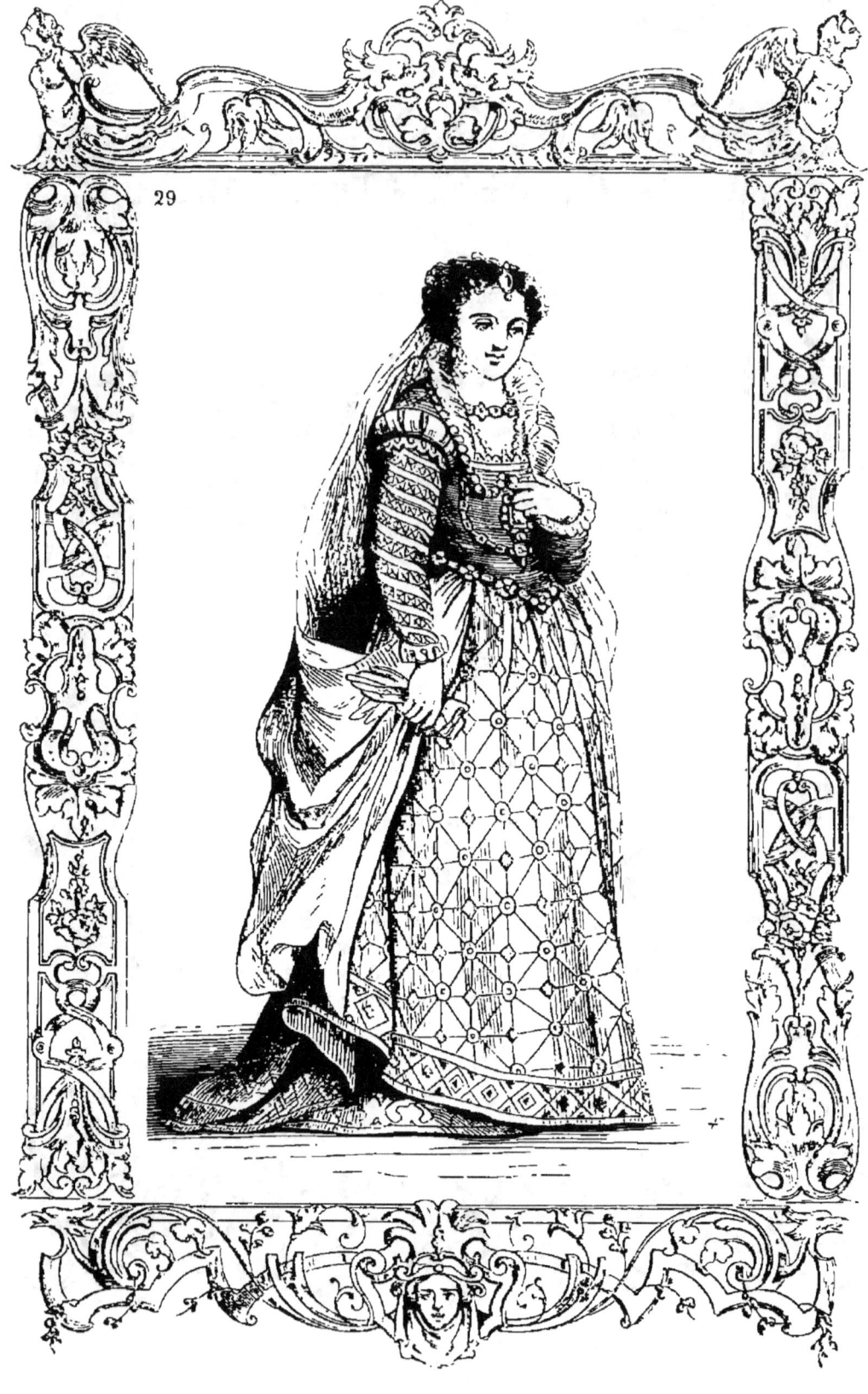

DONNA CITTADINA, O MOGLIE DI MERCANTE ROMANO.

Le cittadine, ò moglie de' mercanti romani, vanno molto sontuose et pompose; portando alcune vesti sboccate nel busto, che lasciano vedere tutto il petto ornato di assai collane d'oro massiccio di più doppie, con alcuni gioielli, che da quelle pendono. Le sopravesti loro sono di damasco ò brocatello ad opera, assai belle et lunghe fino in terra, attorno le quali sono alcune belle liste di broccato d'oro. Di sotto portano alcune sottane di ormisino ò canevaccia di seta; et coprono le braccia con alcune maniche di rete di seta, sotto la quale rete si vede la teletta d'oro ò d'argento. Si fanno i capelli ricci attorno la fronte, et il resto tengono in assetto sotto con un velo lungo, quale cuscendosi sopra i capelli, fanno scender fino in terra. Cosi vanno fuor di casa con damigelle, et anco con i figliuolini, che gli vanno avanti.

FEMME DE MARCHAND ROMAIN.

Les bourgeoises, ou femmes de marchands romains, s'habillent avec beaucoup de luxe et de somptuosité. Elles portent un vêtement a corsage décolleté, qui laisse voir toute la poitrine ornée d'une chaîne en or massif à plusieurs tours, d'où pendent quelques bijoux. Le vêtement de dessus, de damas ou de brocatelle, à dessins très-beaux, descend jusqu'à terre, et se trouve garni de jolies bandes de brocart d'or. Par-dessous, elles portent des robes de moire antique ou d'autre étoffe de soie. Leurs bras sont couverts de manches à filet de soie, sous lequel on aperçoit un tissu d'or ou d'argent. Elles bouclent les cheveux autour du front, et disposent le reste sous un long voile qui s'attache au chignon et descend jusqu'à terre. C'est ainsi qu'elles sortent de leur maison, accompagnées de suivantes, et parfois de leurs enfants qui les précèdent.

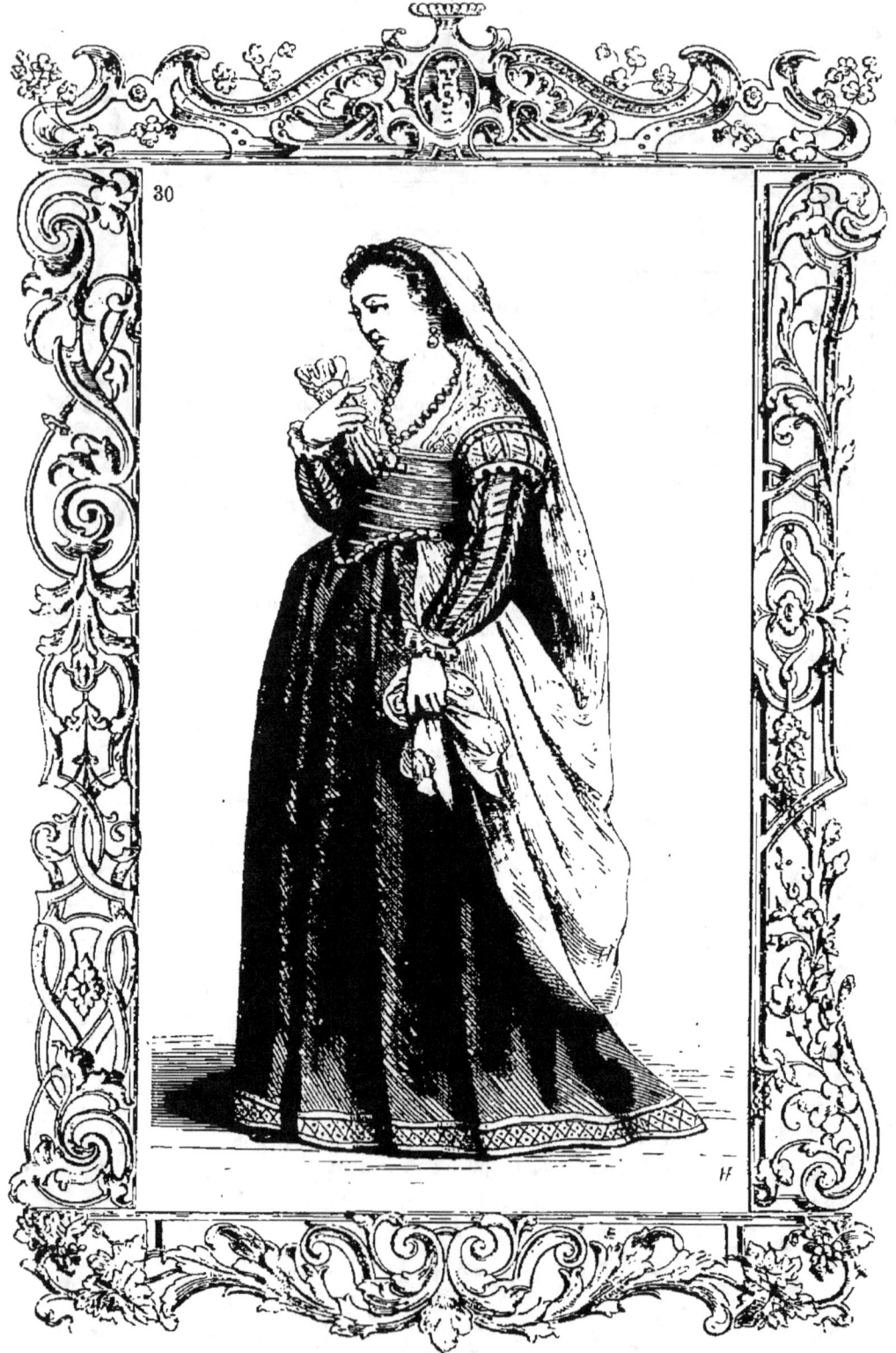

DELLE DONNE ARTIGIANE ET PLEBEE ROMANE.

Portano le artigiane alcune vesti di panno di colore, lunghe fino in terra, con busto scollato, et attraversato da passamani di seta, et cinto da qualche collana d'oro. Si ornano il collo di qualche filza di coralli con qualche gioiello, e con alcune lattughette di camicia assai bianche. Usano ricci attorno la fronte, et un velo di seta che appuntano sopra i capegli, et che lasciano pender fino in terra, legando i capi di essi alla cintura d'oro.

FEMMES DES ARTISANS ROMAINS, OU PLÉBÉIENNES.

Les femmes des artisans portent un vêtement de drap de couleur, décolleté et long jusqu'à terre; le corsage est entouré de passements de soie, avec une chaîne en or sur la ceinture. Elles ornent leur cou d'un collier en corail avec quelques bijoux, et des plis très-blancs formés par la chemise. Des frisons entourent leur front, et la tête est couverte d'un voile qu'elles attachent au-dessus des cheveux et laissent pendre jusqu'à terre; elles nouent les bouts du voile à leur ceinture d'or.

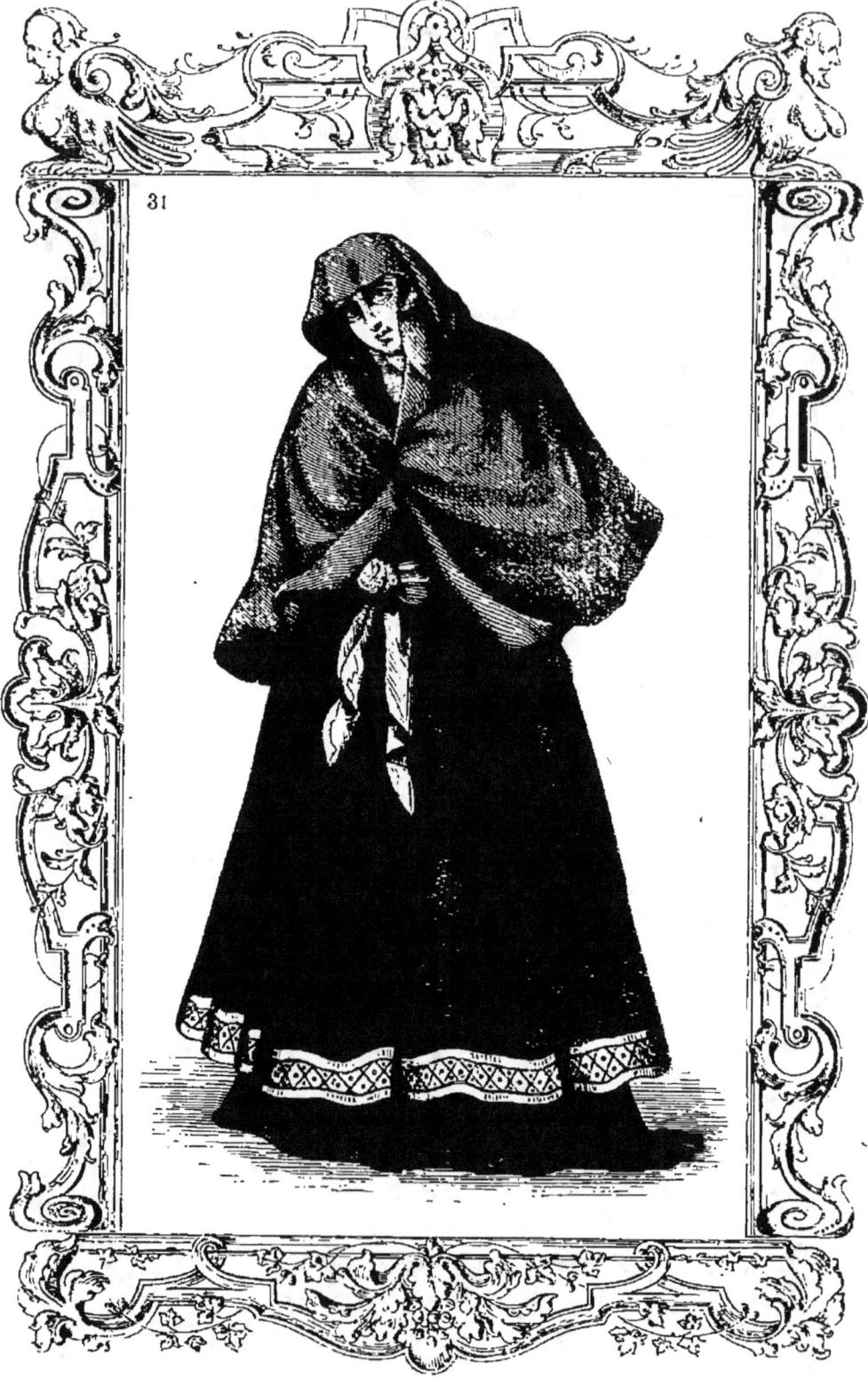

DELLE CORTIGIANE CONOSCIUTE ALL' HABITO AL TEMPO DI PIO QUINTO.

Le meretrici ò cortigiane di Roma, al tempo del pontificato della felice memoria di Pio Quinto, acciò fossero conosciute dalle donne di honore, portavano sotto alcune sottane di seta lunghe fino in terra, sopra le quali era loro lecito portare una zimarra mezzo braccio più corta della veste di sotto, la quale zimarra fosse di rascia negra simile all' habito vedovile, et fosse allacciata à traverso con una banda di cortina bianca. In testa portavano un mezzo velo bianco di cambrai acconcio con la falda, il quale sporgeva tanto in fuori sopra la testa, che copriva tutta la fronte.

COURTISANES DU TEMPS DE PIE V, RECONNAISSABLES A LEUR COSTUME.

Les courtisanes de Rome, au temps du pontificat, d'heureuse mémoire, de Pie V, afin qu'on pût les distinguer des femmes honnêtes, portaient des robes de soie longues jusqu'à terre, sur lesquelles il leur était permis d'avoir une *simarre* plus courte d'une demi-coudée que le vêtement de dessous; cette *simarre* devait être de serge noire, semblable à l'habit des veuves, et s'attacher autour du corps avec une bande de toile blanche. Elles avaient un demi-voile blanc de batiste, en rapport avec la jupe, qui s'avançait assez sur la tête pour couvrir le front.

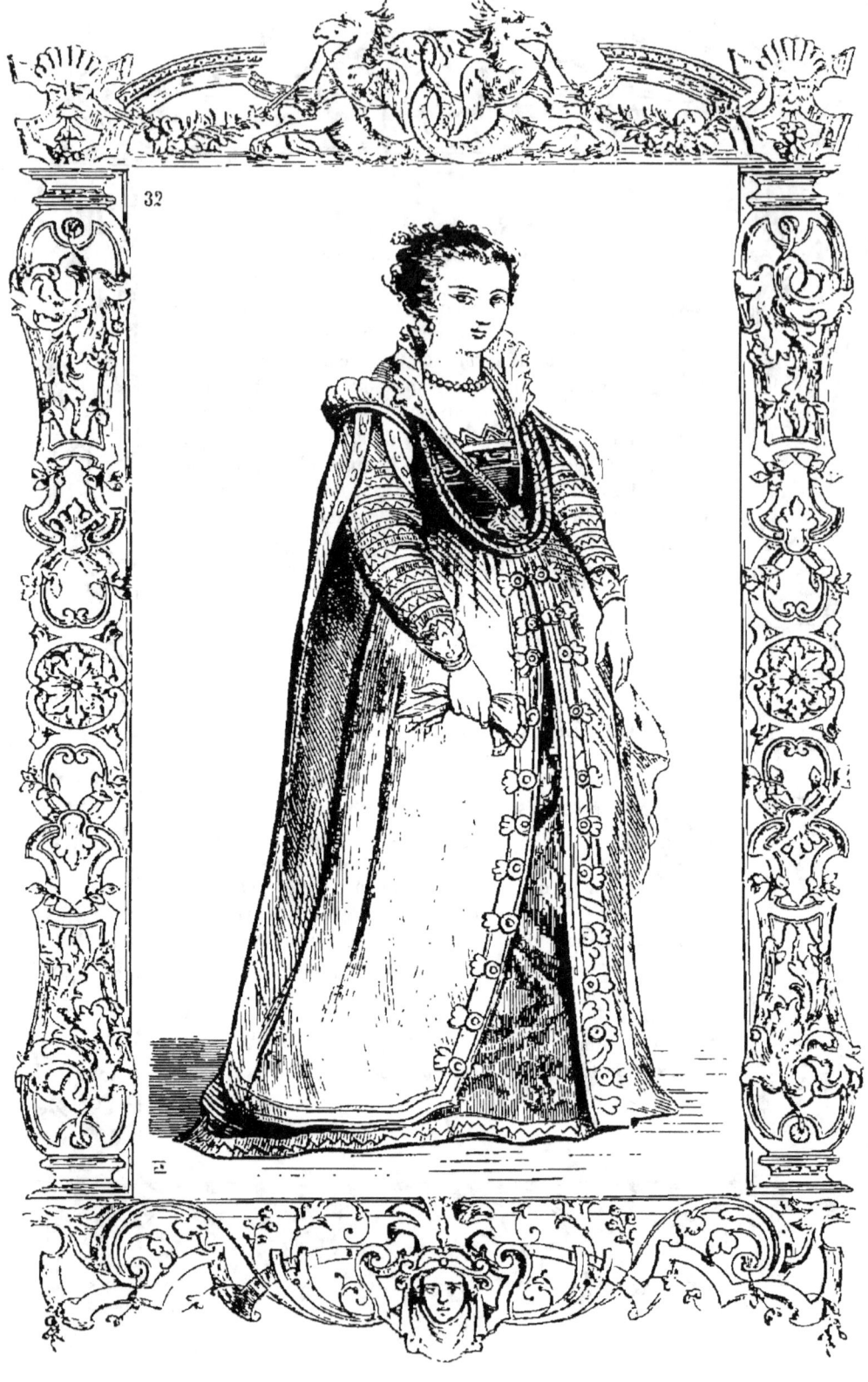

DELLE CORTIGIANE ET MERETRICI ROMANE MODERNE.

Le moderne cortigiane romane vanno tanto bene all' ordine di vestiti, che da pochi sono conosciute dalle nobili donne di quella cità. Portano alcune sottane di raso ò ormisino lunghe fino in terra, sopra le quali si vestono alcune sopravesti ò zimarre di velluto, tutte ornate di bottoni d' oro, con busti scollati che lasciano vedere tutto il petto, et il collo ornato di belle perle et collane d' oro, et di belle lattughe di camicia bianchissime. Le sopravesti hanno le maniche strette, et lunghe quanto esse vesti, ma aperte; per le cui aperture vengono fuori le braccia, vestite dalle maniche della sottana. Usano farsi i capegli biondi artificialmente, et ricci, et serrarli con alcune cordelline di seta entro una rete d' oro, con bello ornamento di gioie et di perle.

COURTISANES ET PROSTITUÉES ROMAINES MODERNES.

Les modernes courtisanes romaines s'habillent avec tant d'élégance que peu de personnes les distinguent des nobles dames de Rome. Pardessus leurs robes de satin ou de moire tabisée, et longues jusqu'à terre, elles portent des *simarres* de velours, tout ornées de boutons et si décolletées qu'elles laissent voir toute la poitrine. Leur cou est orné de belles perles, de colliers d'or et de belles fraises à tuyaux en toile blanche. Le vêtement de dessus a les manches étroites et longues, mais ouvertes; par cette ouverture sortent les bras avec les manches de la robe. Elles ont coutume de donner à leurs cheveux une teinte blonde artificielle, de les boucler et de les enfermer, attachés avec des cordonnets en soie, dans un filet d'or orné de perles et de bijoux.

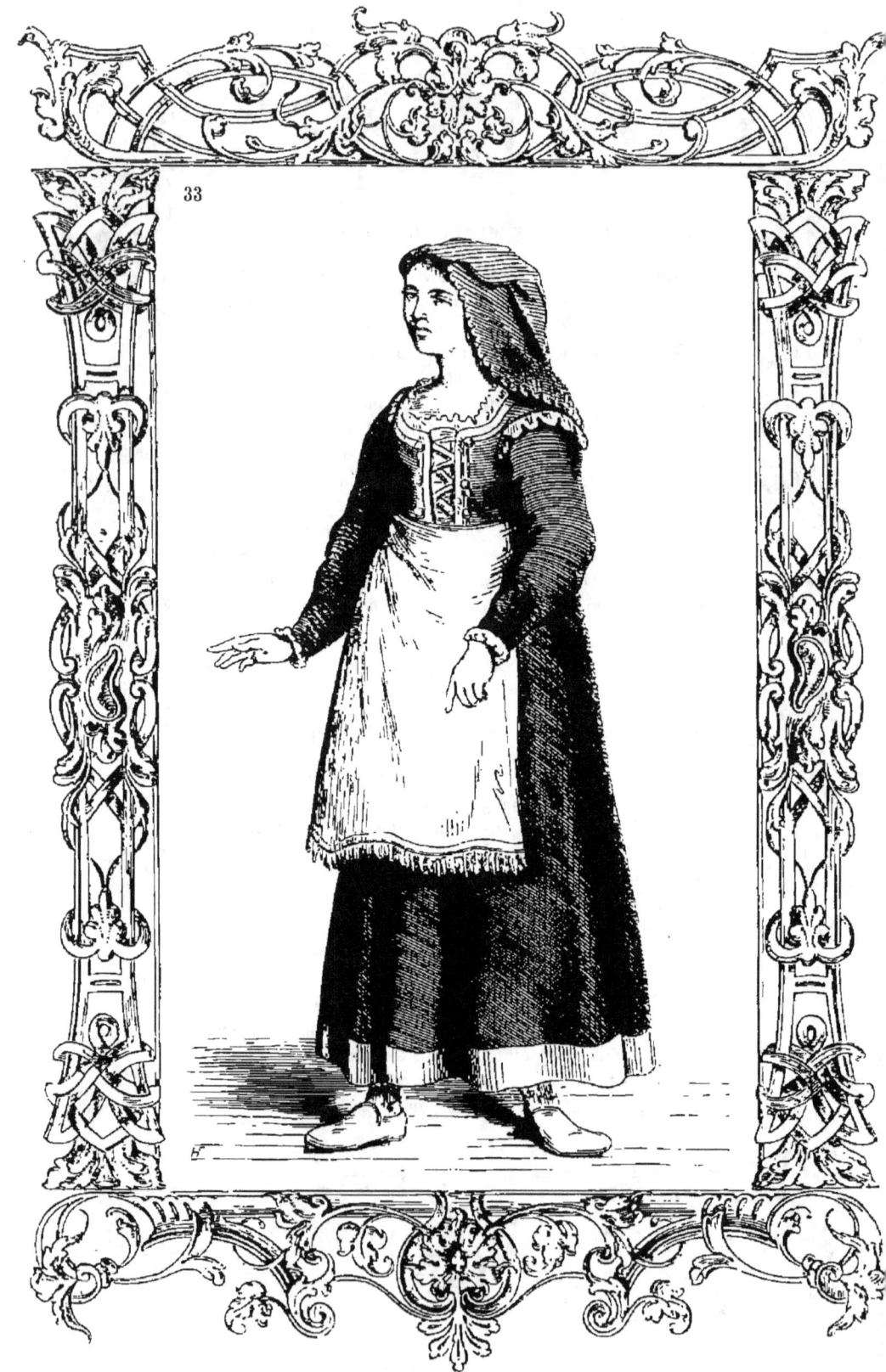

DELLE CONTADINE DEL TERRITORIO ROMANO.

Ne i villaggi et castelli di Roma et in tutti i luoghi soggetti a' signori et baroni romani, la maggior parte delle donne portano una veste di panno turchino ò verde, lunga fino sopra i piedi, listata con una lista di velluto attorno, et con busti scollati che lasciano il collo nudo, i quali busti ornandoli di alcune brocche di argento allacciano alquanto larghi. Si cingono un grembiale di tela di lino con frange da' piedi, et si calzano una certa sorte di scarpe simili alli stivaletti ò mezzi bolzacchini, che si allacciano con le stringhe di dentro delle gambe. In testa portano un panno di lino rivolto in dietro.

PAYSANNES DU TERRITOIRE ROMAIN.

Dans les villages et châtellenies de Rome, comme dans tous les lieux soumis à des seigneurs et à des barons romains, la plupart des femmes portent un habillement en drap bleu de ciel ou vert, bordé d'une bande de velours, et tombant à la cheville. La robe est décolletée, le cou nu, et quelques boutons d'argent parent le corsage, peu serré. Elles ont un tablier en toile de lin, frangé dans le bas, et une espèce de souliers semblables à des brodequins, qui se lacent en dedans des jambes. Leur coiffure se compose d'un morceau d'étoffe de lin rejeté en arrière.

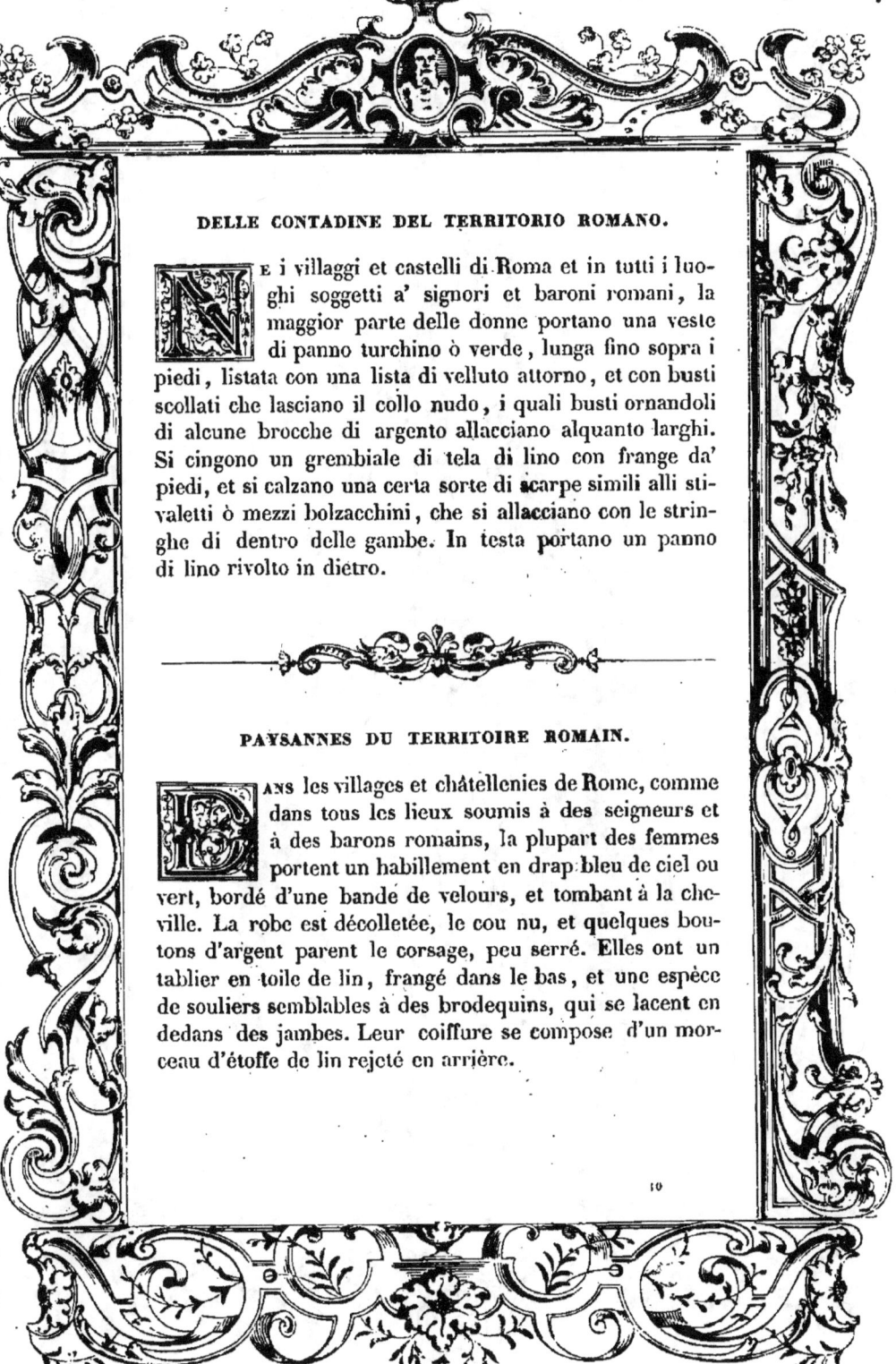

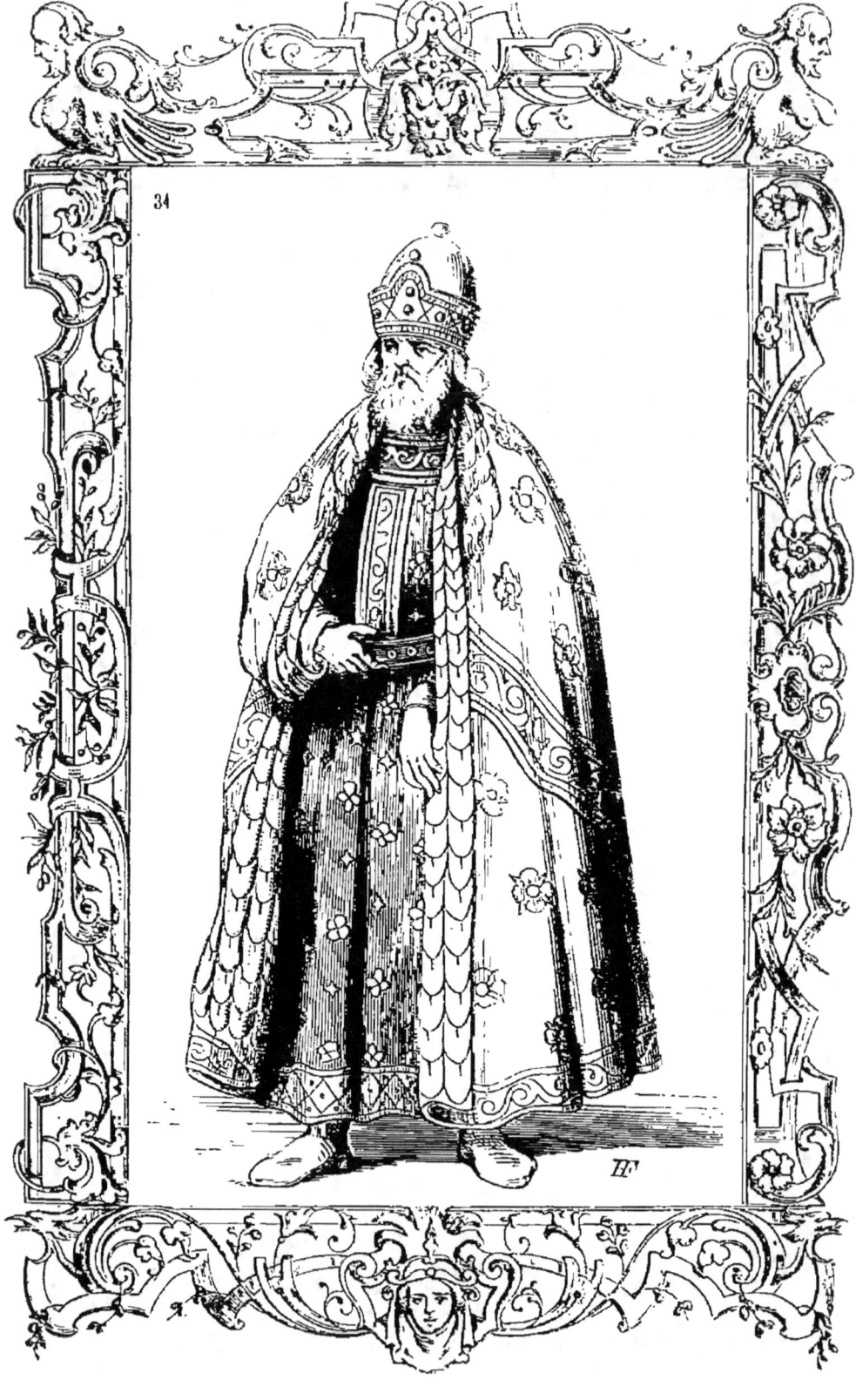

DEL PRIMO PRENCIPE O DOGE DI VENETIA ANTICO.

Se bene i dogi di Venetia moderni usano uno dopò l'altro i medesimi habiti et ornamenti de' precessori loro, nondimeno non fu cosi ne' prencipi de gli antichi tempi di questa republica, ne' quali si vede diversità nel portar gli habiti tra loro. Onde nella chiesa di S. Marco, sopra la porta del thesoro, si vede ritratto in musaico un prencipe accompagnato da molti nobili et dal clero, il quale rappresenta che con gran divotione accompagnavano a riporre il santissimo corpo del glorioso S. Marco, loro protettore, sopra un luogo honorato; et, secondo che ho potuto havere da esso ritratto, tal prencipe usava portar il suo habito più tosto simile alla natione greca che ad altra maniera di vestire. Questo habito usò anco Ordelafo Faliero doge, huomo prudente nel governo della republica. Il corno era simile à quello usato da alcuni imperatori greci, cerchiato di gioie et oro, et le veste arrichite di fregi d'oro, et sotto pelle finissime.

LE PRINCE OU ANCIEN DOGE DE VENISE.

Les princes modernes de Venise portent les mêmes habits et les mêmes ornements que leurs prédécesseurs; mais il n'en fut pas de même pour les doges des anciens temps de cette république, chez lesquels on trouve diversité de costumes. Dans l'église de Saint-Marc, au-dessus de la porte du Trésor, on voit une mosaïque représentant un prince entouré de plusieurs nobles et du clergé, allant déposer le très-saint corps du glorieux saint Marc, ce protecteur de Venise, dans un lieu vénéré. Autant qu'il m'a été possible d'en juger par cette figure, le costume du doge ressemblait plutôt à celui de la nation grecque qu'à tout autre. Ce vêtement fut encore porté par le doge Ordelafo Faliero, homme prudent dans le gouvernement de la république. Le bonnet ducal (*il corno*), entouré d'or et de pierres précieuses, avait la forme de celui de quelques empereurs grecs. Le vêtement, enrichi d'ornements d'or, était doublé de fourrures très-fines.

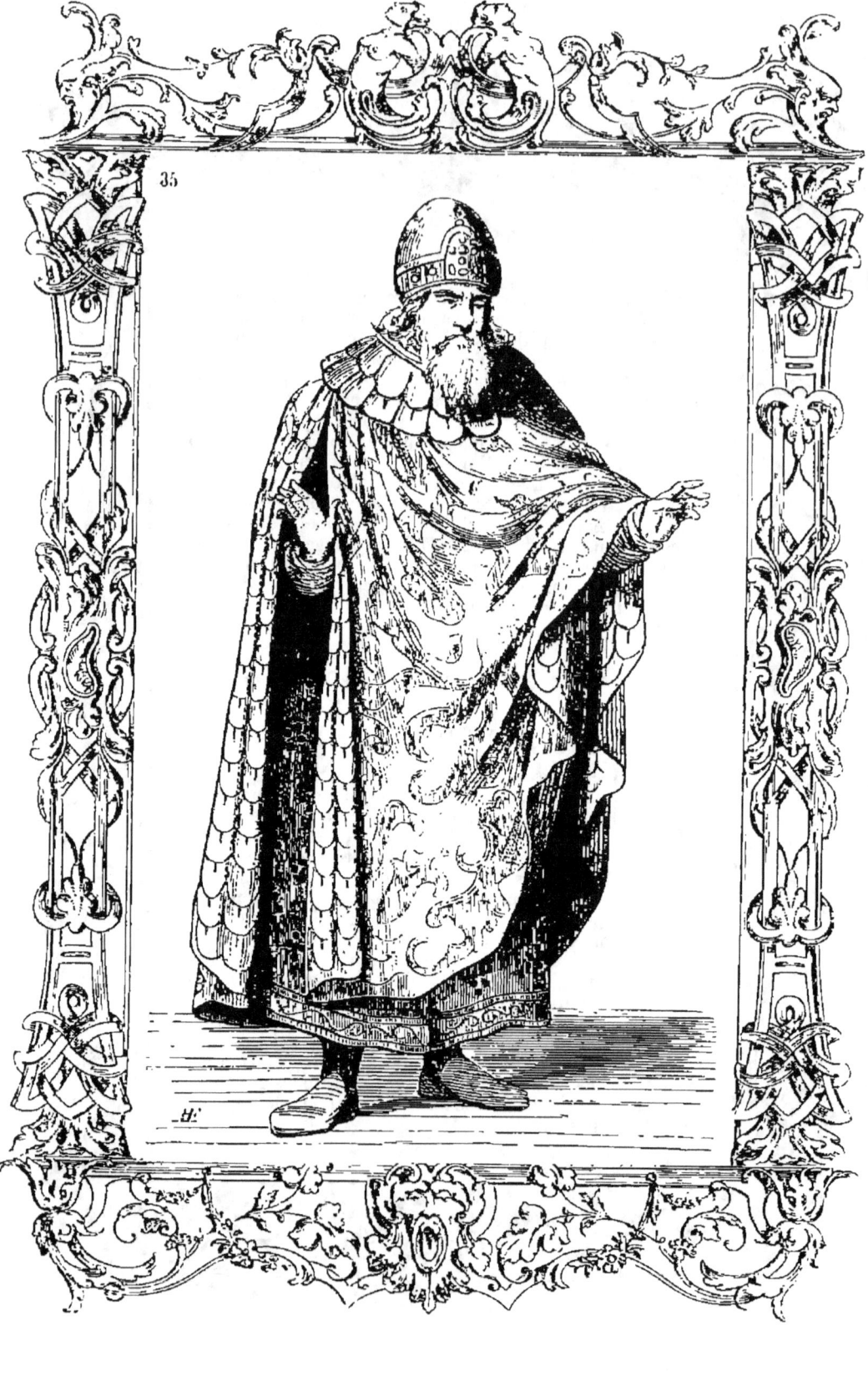

HABITO DI UN' ALTRO DOGE ANTICO.

Fuori della chiesa di S. Marco, nella sua ricca et bella faccia, sopra le porte, dove ancora è figurata la vita dell' evangelista S. Marco, si veggono due altre maniere di habiti usati già da' serenissimi prencipi di Venetia. In questa facciata si rappresenta à musaico il santo corpo di questo evangelista, portato et accompagnato dal clero; vi si vede, fra l' altre cose, un doge del sopraposto habito molto differente dal primo, il quale ha un manto che gli pende da una spalla, legato et fermato con un bottone sopra essa spalla, aperto da man destra, et nel resto tutto chiuso; et per quanto si può comprendere, ha un bavaro di pelle d' armellini, simile à quelli che usano i dogi de' nostri tempi.

COSTUME D'UN AUTRE DOGE ANCIEN.

Sur la belle et riche façade de l'église de Saint-Marc, au-dessus des portes, où est encore représentée la vie de cet évangéliste, on voit deux autres espèces de costumes portés autrefois par les sérénissimes princes de Venise. Sur cette façade se trouve représenté en mosaïque le saint corps de cet évangéliste, porté et accompagné par le clergé; on y voit, entre autres choses, un doge avec un vêtement qui diffère beaucoup du précédent. Son manteau, qui lui tombe d'une épaule, sur laquelle il est fixé par un bouton, n'a qu'une ouverture par où passe la main; tout le reste est fermé. Autant qu'on peut le comprendre, il a un collet en hermine, semblable à ceux que les doges portent aujourd'hui.

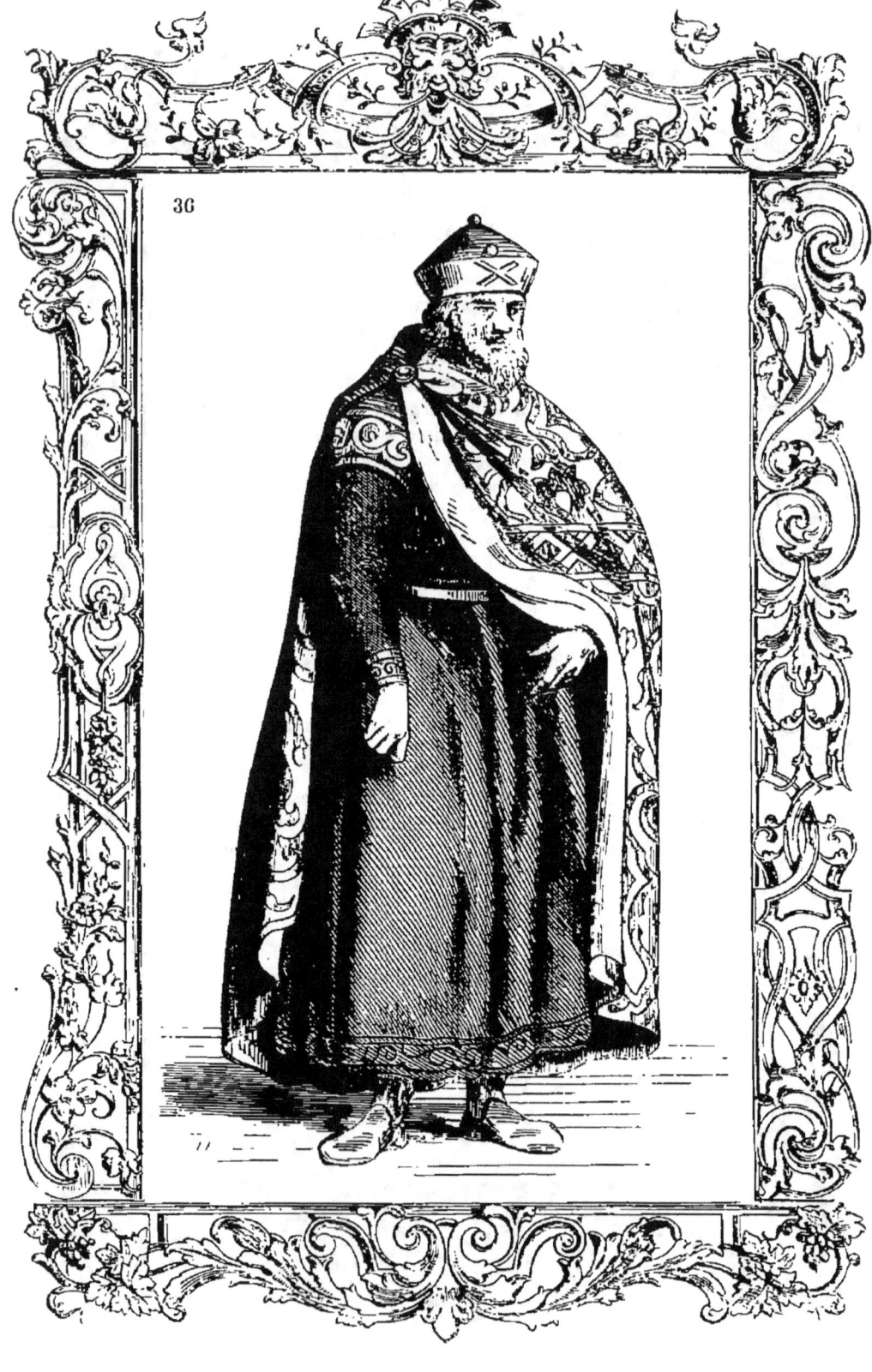

HUOMO NOBILE ANTICO DI VENETIA.

Cosa veramente degna di meraviglia la gran modestia del vestire usata da quei primi padri fondatori di questa inclita città, alla qual modestia era aggiunta una grandezza non minore di essa. Vedesi nel presente disegno che, in quei primi principij, i nobili imitavano il prencipe loro nell' habito et ne' costumi ancora; se bene, à differenza de' loro prencipi, tali nobili non portavano il corno, il quale si serbava per supremo segno della sola persona del prencipe. Portava per tanto la nobiltà un berettino tondo molto simile alla beretta che usano i nobili moderni di questa città, se non che quello antico faceva una certa punta di sopra, alquanto tonda; dinanzi ad esso berettino appariva non sò che belle cordelle di seta che formavano una croce, et questo era segno di quelli che erano in dignità grande. Usavano li capelli et barbe longhe. Le vesti, si come si vede nel ritratto, havevano del grave et del pomposo.

ANCIEN NOBLE DE VENISE.

La grande simplicité dans le vêtement des premiers fondateurs de cette illustre cité, simplicité à laquelle se joignait une noblesse non moindre, est chose vraiment digne d'admiration. Le présent dessin nous montre que, dans ces commencements, les nobles imitaient leur prince dans le costume; seulement ils s'abstenaient de porter le *corno*, réservé à la seule personne du doge, comme marque suprême de son autorité. La noblesse faisait usage d'un petit bonnet rond (*berrettino*), ressemblant beaucoup à la *berretta* qui coiffe les nobles modernes de Venise, avec cette différence que le premier se terminait par une pointe un peu ronde. Sur le devant de ce bonnet, on voyait certaines cordelettes de soie qui formaient une croix, marque distinctive des personnes élevées à une haute dignité. Ils portaient la barbe et les cheveux longs, et le costume était celui que représente la gravure, costume grave et pompeux.

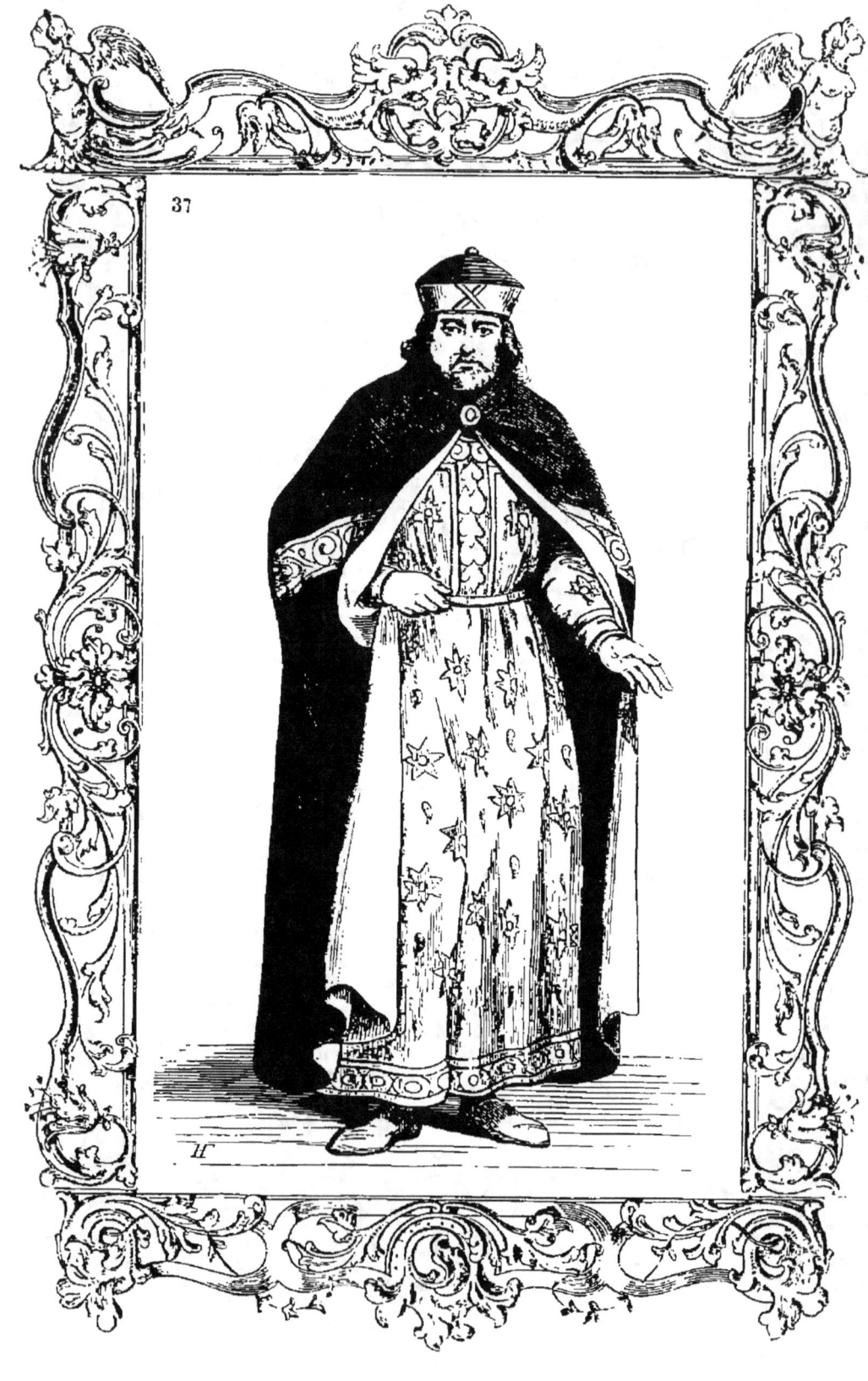

UN' ALTRO HABITO DI NOBILE VENETIANO ANTICO.

L' Habito del sopraposto nobile venetiano antico non è differente in altro dal soprascritto, eccetto che questo porta allacciato bottonato il manto, per mezzo il petto, con una brocca d'oro, et l'altro sopra la spalla, et nel berettino di questo non è la punta à piramide, ma simplice. L' altro sopraposto prossimamente portava il manto riccamato et la sottana schietta; et questo presente porta la sottana riccamata et il manto schietto, et cosi di tempo in tempo sono venuti variando gli habiti.

AUTRE COSTUME D'ANCIEN NOBLE VÉNITIEN.

Le costume de ces anciens nobles de Venise ne diffère pas de celui que nous avons décrit plus haut; seulement le manteau, au lieu d'être retenu sur l'épaule, s'attache au milieu de la poitrine avec une agrafe d'or, et le bonnet n'a pas la pointe à pyramide, mais simple. Le manteau du précédent est brodé, et la soutanelle simple; celui-ci, au contraire, porte la tunique brodée et le manteau simple. C'est ainsi que les costumes ont varié d'époque en époque.

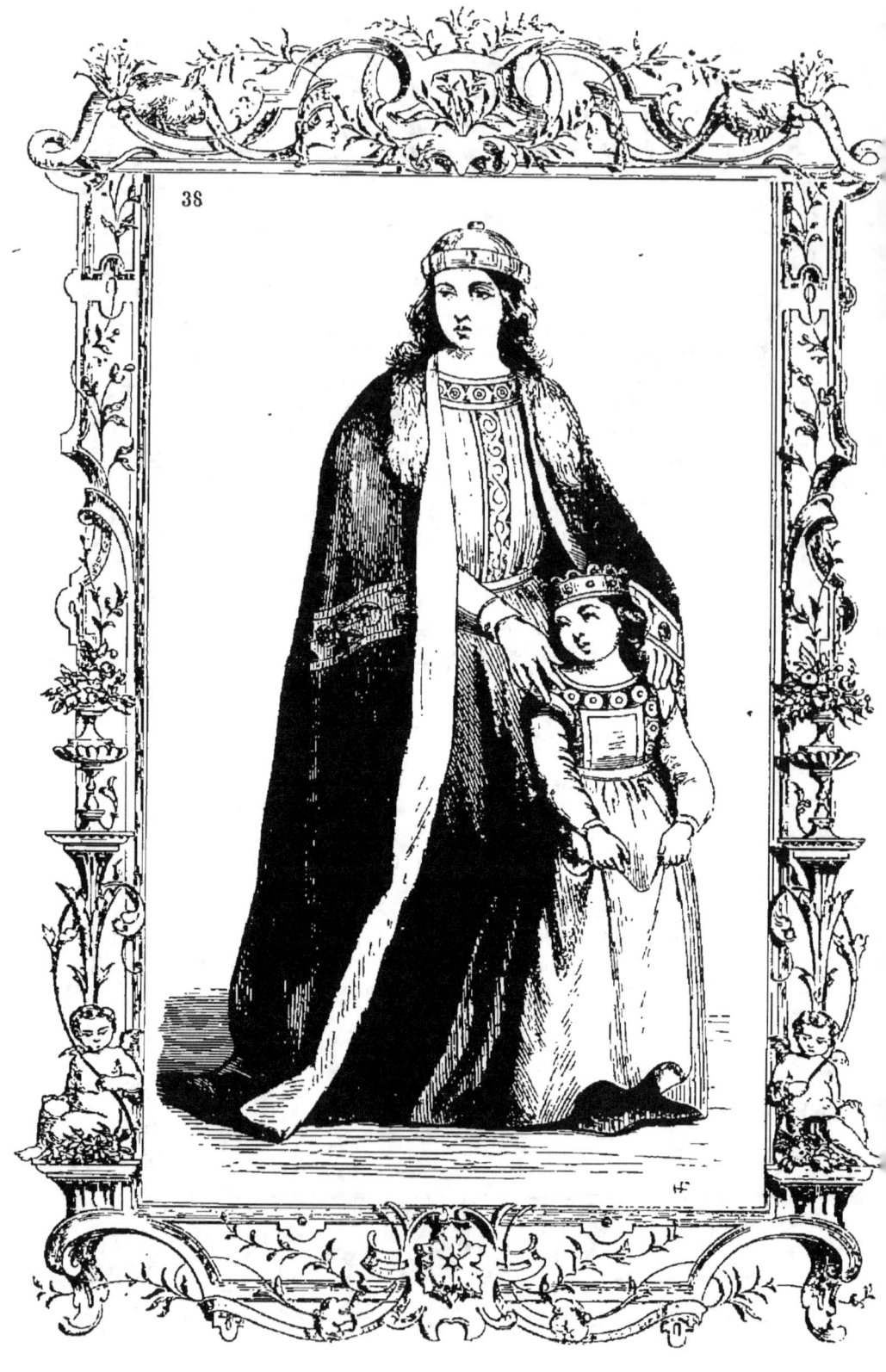

DONNA NOBILE MATRONA VENETIANA ANTICA.

L' Habito di queste matrone era che portavano coperti i capi loro con una certa beretta quartata d' un fregio d' oro, chiusa di sopra à modo di berettino, sotto la quale pendevano poi le lunghe chiome crespe sopra le spalle. Portavano alcune sottane scollate di seta lunghe fino in terra, et chiuse tutte, et assettate alle carni con qualche bello riccamo davanti, et di sopra havevano un manto lungo fino in terra con un poco di strascino, et era attraversato da belle liste di riccamo d' oro ò di seta, con due pelli di zibellini che pendevano davanti esso manto, come per bavaro ò collare. Nell' andare alle devotioni poi ò altrove, solevano menar con loro le loro figliuoline vestite d' una semplice sottana di seta, riccamata in luogo di busto et cinta con una cordellina di seta, con certa acconciatura di testa fatta con una lama d' oro à guisa di corona ducale. Et tal' habito credo io fosse delle mogli de' dogi antichi.

ANCIENNE NOBLE MATRONE DE VENISE.

CES matrones portaient une espèce de bonnet divisé en carrés par des ornements d'or, et la partie supérieure façonnée en calotte; de cette coiffure tombaient sur les épaules de longs cheveux bouclés. La robe de soie, décolletée, sans aucune ouverture, et longue jusqu'à terre, est ornée par devant de belles broderies qui s'harmonisent avec les chairs. Pardessus elles jetaient un manteau descendant jusqu'à terre, avec une petite queue, et le milieu était coupé par une jolie bande brodée en or ou en soie; de chaque épaule pendait une fourrure de zibeline en guise de collet ou de collier. Lorsqu'elles sortaient pour accomplir des actes de dévotion ou toute autre chose, elles avaient coutume d'emmener avec elles leurs petites filles vêtues d'une simple robe de soie, brodée au corsage et serrée à la ceinture par une cordelette de soie; la coiffure de ces enfants, faite d'une lame d'or, avait la forme d'une couronne ducale. Je crois que le costume de cette matrone était celui des femmes des doges anciens.

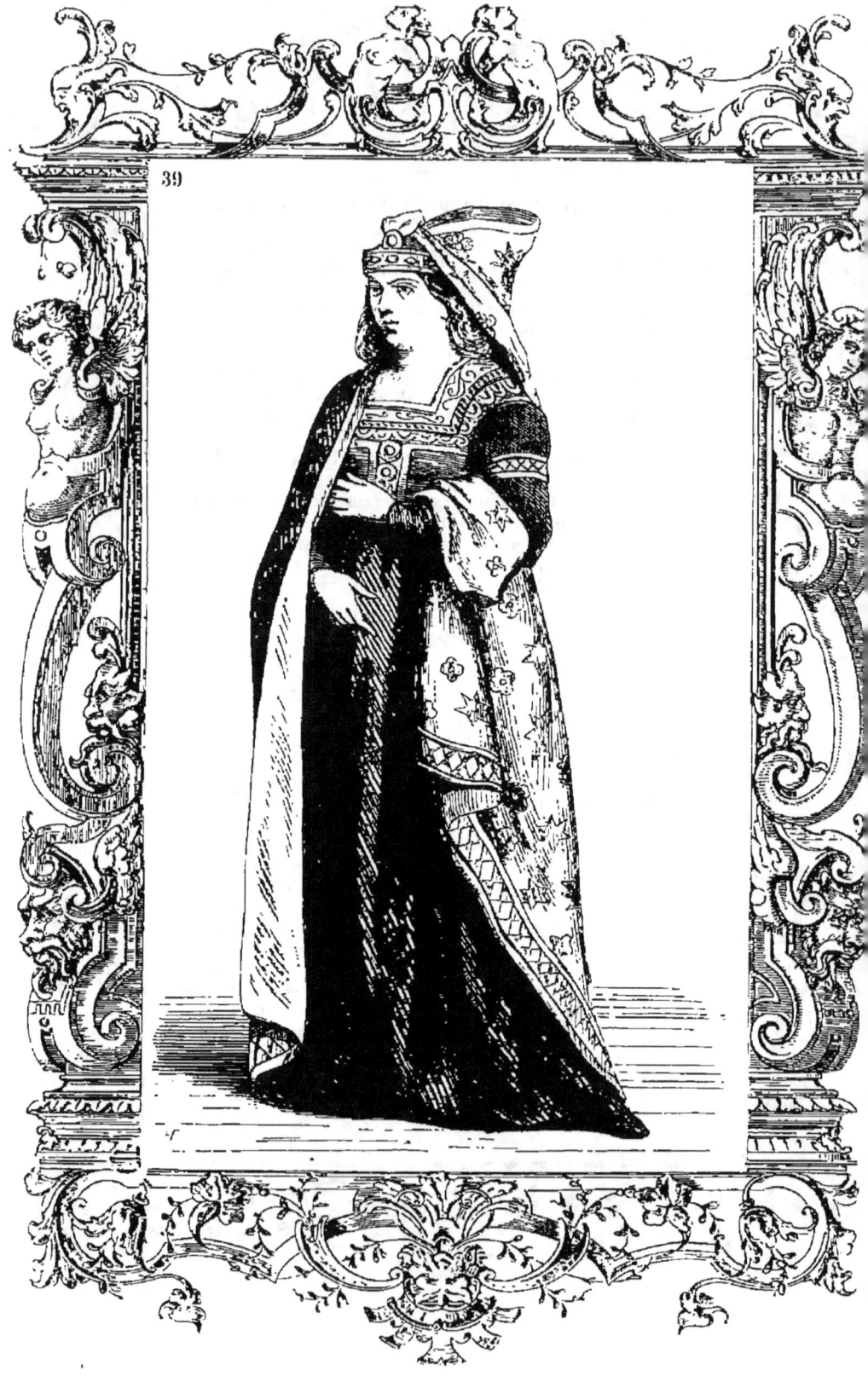

DONNA NOBILE ORNATA ET HONESTA VENETIANA ANTICA.

Il presente habito è molto differente dall' altro, ma è gratioso et ben fatto, et era habito delle gentildonne nobili, quando si ornavano per comparire à feste et devotioni publiche. Portavano sopra la testa un cerchio d'oro in forma di corona, con lavoro fatto per mezzo la fronte in esso cerchio à guisa di medaglia tonda, entro la quale legavano qualche bella gioia. Detto cerchio era tutto lavorato, et fatto à bellissime opere attorno attorno, sotto del quale pendevano sopra le spalle le bionde et crespe chiome. Si legavano poi sopra la testa un manto assai largo, il quale per la sua larghezza faceva un gonfio di bella vista, et era di seta ricamato à stellette d'oro et lungo fino in terra, attorno del quale similmente era attraversata una lista d'oro, et era sostenuto dal braccio sinistro, attorno del quale avvolgevano un capo di esso manto, et il resto lasciando pender sopra la spalla destra fino in terra. Sotto il manto costumavano portar una sottana scollata et tutta listata, ne gli assettati busti, di fregi d'oro.

DAME NOBLE PARÉE, ANCIEN COSTUME DES HONNÊTES FEMMES DE VENISE.

Le présent costume, très-différent de l'autre, mais bien fait et gracieux, était celui des nobles dames lorsqu'elles se paraient pour assister à des fêtes et à des cérémonies religieuses. Elles portaient sur la tête un cercle d'or en forme de couronne, et surmonté, au-dessus du front, d'un médaillon au milieu duquel elles plaçaient un riche bijou; de dessous ce cercle, orné partout d'une belle ciselure, s'échappaient leurs cheveux blonds et bouclés pour tomber sur les épaules. En outre, elles attachaient sur la tête un manteau fort large, dont l'ampleur formait un gonflement qui produisait un bel effet; ce manteau de soie, brodé d'étoiles d'or, long jusqu'à terre, entouré d'une bande d'or, était soutenu par le bras gauche, autour duquel un bout s'enroulait, et le reste, jeté sur l'épaule gauche, pendait jusqu'à terre. Par-dessous, elles portaient une robe décolletée, et dont le corsage, bien ajusté, était orné de galons d'or.

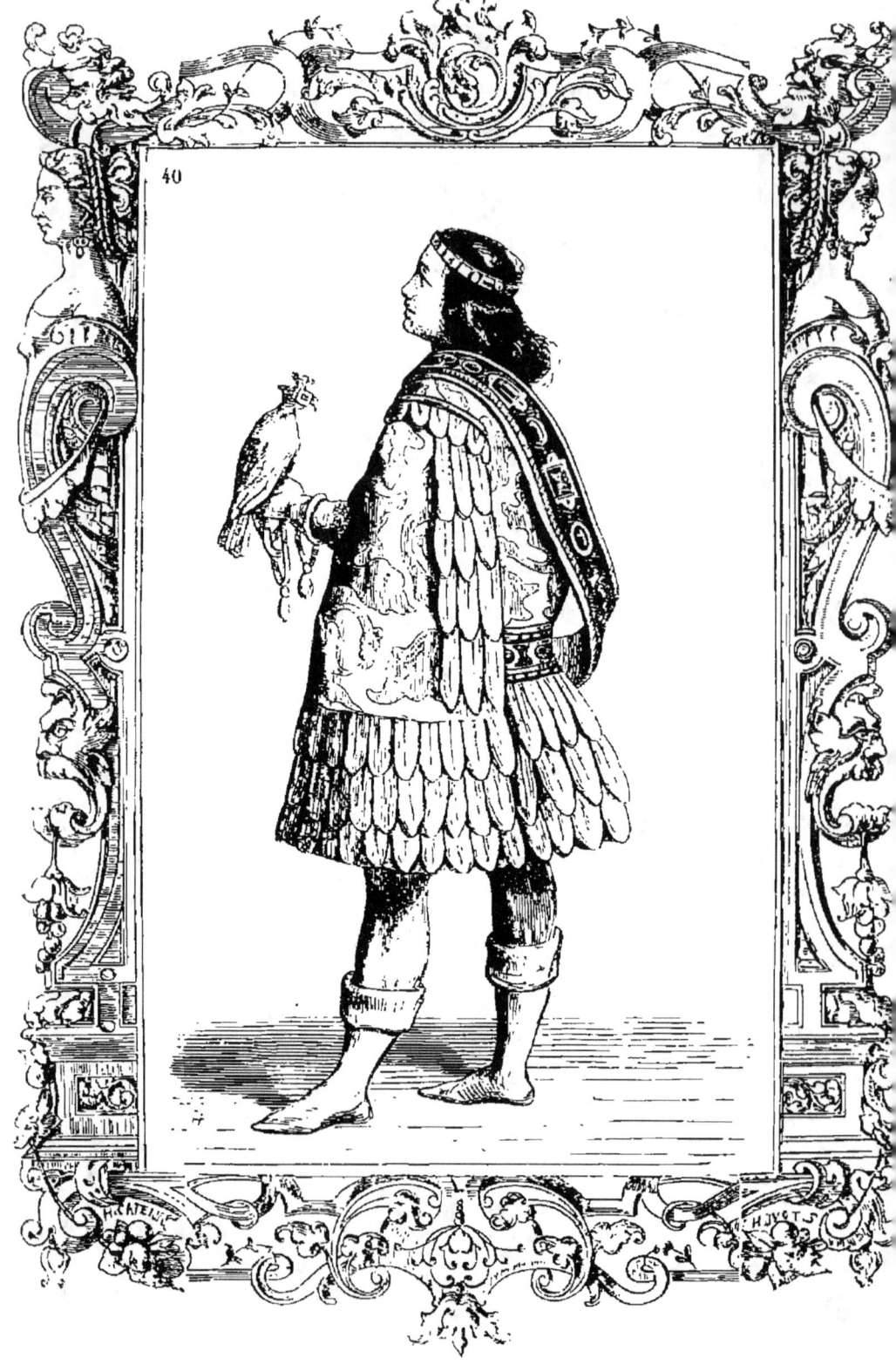

HABITO D' UN BARONE ANTICO PER VENETIA ET TUTTA ITALIA.

Se bene l'atto che fa questo barone et signore antico pare che sia di caccia, per portar in mano lo sparaviero, nondimeno, quanto all' habito è quel medesimo che usavano di portar dentro della città di Venetia, quando venivano à diporto, et similmente in altri luoghi d'Italia, si come ne fanno fede le sepolture di Venetia, et molte famose pitture che si vedono nella città di Padova, con l'iscrittione che questo era in uso del mille et cento. E ben vero che si usava più dalla nobiltà di grado di terra ferma che di Venetia. La vesta era tutta di panno d'oro con diverse belle opere, et contesta da' piedi et dalle bande di piastrette d'argento ò d'oro, à guisa di corazza, le quali piastrette erano messe à guisa di piume d'uccelli, che facevano, essendo percosse dal sole, una bellissima vista. A la sopradetta veste si metteva una fascia coperta di varie gioie, che traversava, con una cinta assai larga; il resto, come appar nel disegno.

ANCIEN COSTUME DE BARON A VENISE ET DANS TOUTE L'ITALIE.

L'attitude de cet ancien seigneur, qui tient un épervier sur le poing, on pourrait croire qu'il porte un costume de chasse; néanmoins ce vêtement ne diffère pas de celui qui était en usage, non-seulement parmi les nobles, lorsqu'ils venaient a Venise pour s'amuser, mais encore dans d'autres villes d'Italie. Les tombeaux de Venise et grand nombre de peintures fameuses qu'on voit dans la cité de Padoue, attestent que ce costume était d'un usage général en 1100. Il est vrai, cependant, qu'il était porté par la noblesse de haut rang de terre ferme plutôt que par celle de Venise. L'habit, tout de drap d'or, avec de beaux dessins, était couvert dans le bas et sur les côtés de lames d'argent ou d'or, à la manière d'une cuirasse, et disposées comme des plumes d'oiseaux; ces lames, quand le soleil les frappait, produisaient un effet magnifique. On mettait par-dessus un baudrier orné de pierreries, et une ceinture très-large, comme l'indique le dessin, entourait le corps.

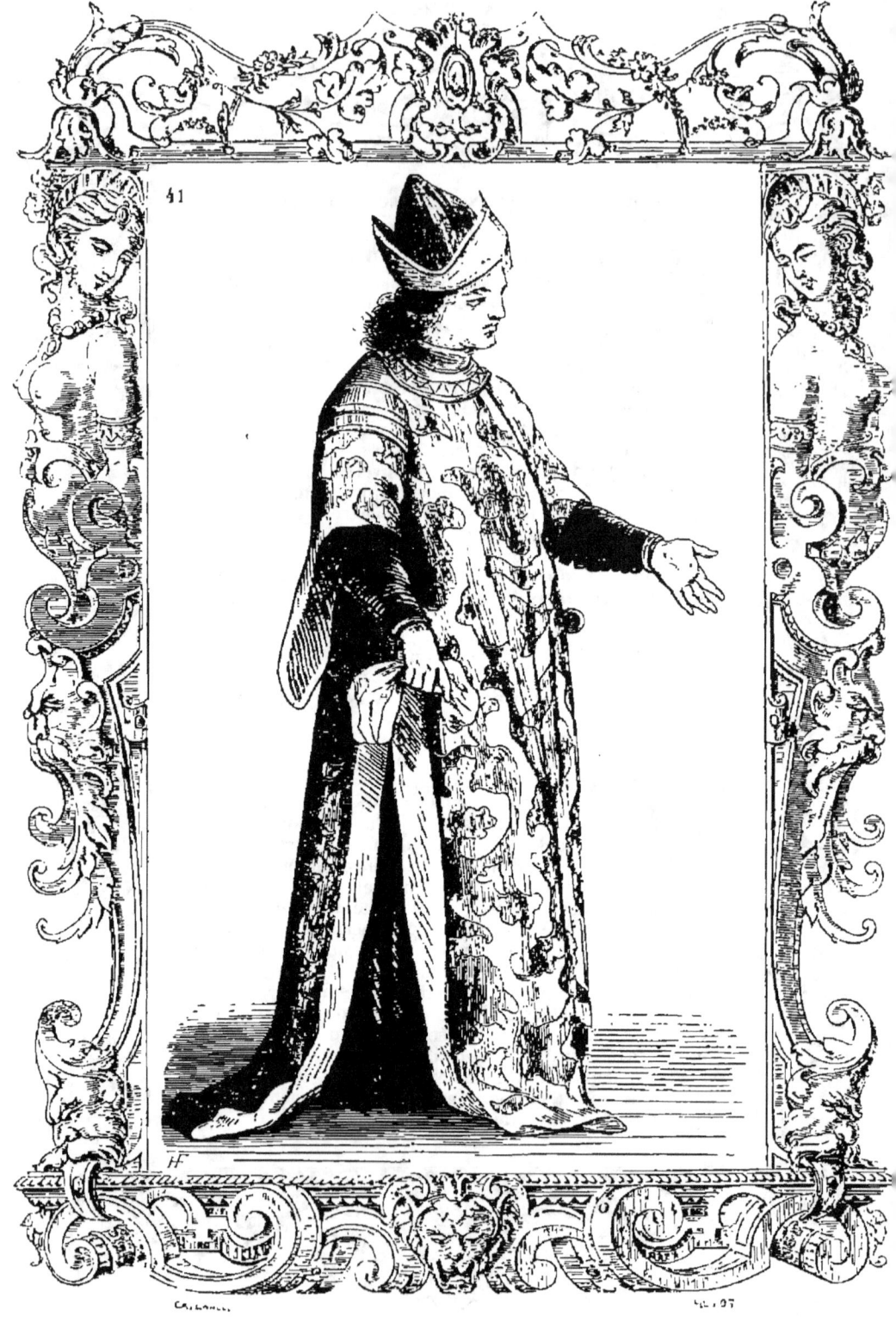

DE' SIGNORI DI CASTELLI ANTICHI NELLO STATO VENETIANO ET DI TUTTA ITALIA.

Signori di castelli antichi dello Stato Venetiano et ancora di tutta Italia vestivano molto gravemente, di modo che ne gli habiti loro mostravano il maturo intelletto et giudicio che possedevano. Portavano per tanto in capo un cappello di ormisino rosso, aguzzo et puntito, con un riverso molto alto rimboccato per insuso di dietro, et dinanzi con due punte che arrivavano fino à più di mezzo di detto cappello, il riverso del quale era fodrato di un' altro ormisino ò velluto bianco. Sotto poi pendevano i capelli fino sopra le spalle. Si mettevano una toga di broccato di seta et d' oro lunga fino in terra, et aperta nelli fianchi, per le cui aperture mostravano le sottane di raso ò velluto, che portavano di sotto, con le maniche, che coprivano le braccia, bottonate fino à i gombiti.

SEIGNEURS CHATELAINS DE L'ÉTAT DE VENISE ET DE TOUTE L'ITALIE.

Les anciens seigneurs châtelains de l'État de Venise, et même de toute l'Italie, avaient un costume très-grave, qui révélait en quelque sorte la maturité de leur intelligence et de leur jugement. Ils portaient un chapeau de moire antique, rouge et pointu, avec un rebord très-haut, qui, devant et derrière, se relevait en pointes arrivant jusqu'au milieu de la forme ; le revers de ce chapeau était encore doublé de moire ou de velours blanc, et les cheveux tombaient sur les épaules. Leur toge, en brocart d'or et longue jusqu'à terre, avait sur les côtés une ouverture par laquelle on voyait la tunique de satin ou de velours, avec les manches, qui couvraient les bras et se boutonnaient jusqu'aux coudes.

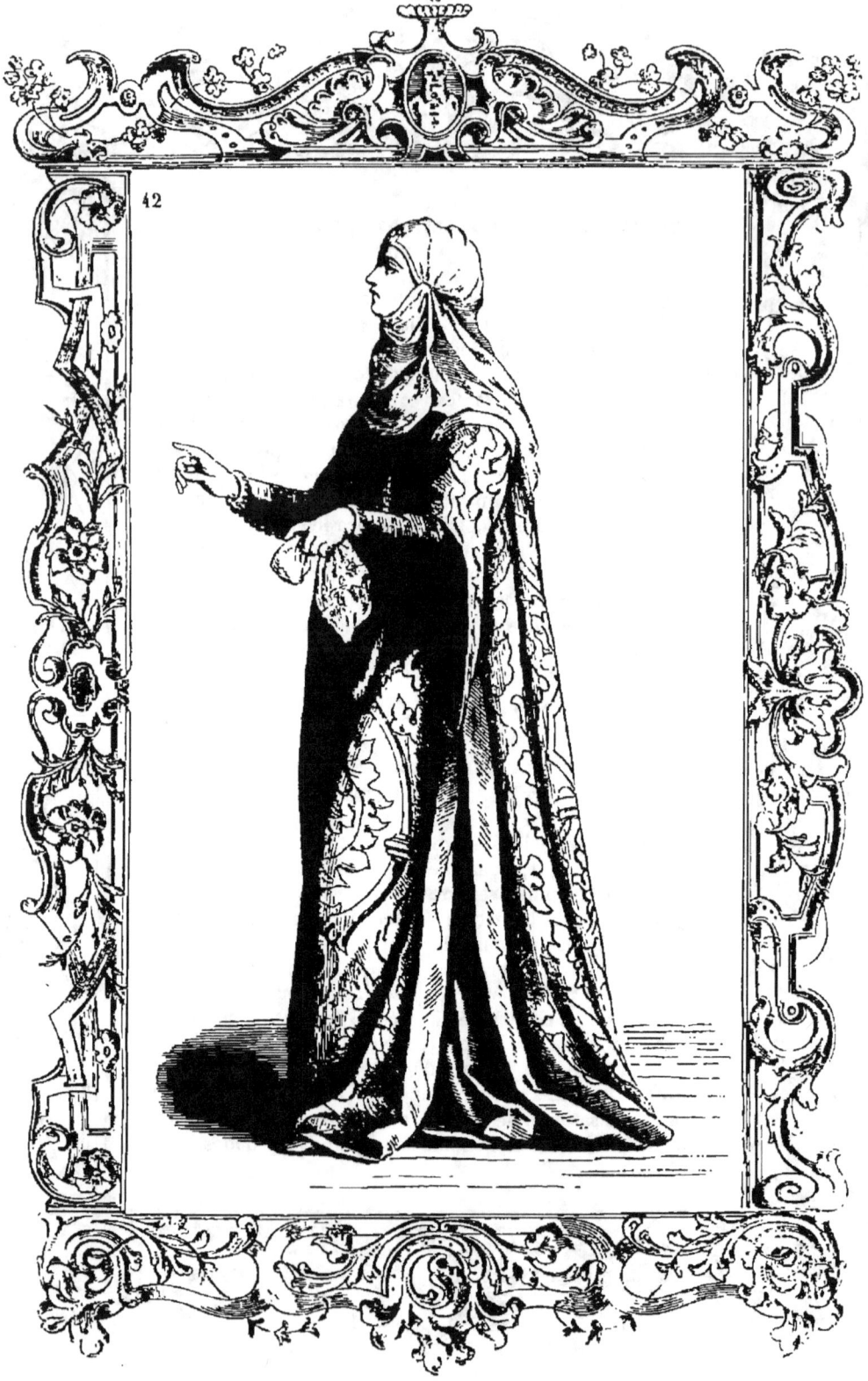

HABITO DELLE MOGLI DE' SIGNORI DI CASTELLI ANTICHI DELLO STATO VENETIANO ET DI TUTTA ITALIA.

L' Habito delle mogli de' signori di castelli di tutta Italia era quasi simile al sopra posto, che si usava da' loro mariti. Portavano per tanto una acconciatura di testa fatta di un sottil velo di seta avvolto intorno al capo senza alcuno altro ornamento. Usavano una toga lunga fino in terra, di color di porpora ò ghiacinto, figurata tutta et aperta alle bande, con mezze maniche che vestivano il braccio, et mezze altre lasciate pender aperte, servandosi delle maniche bottonate fino a i gombiti delle sottane di seta, che portavano, per quanto si è potuto vedere nel medesimo luogo dipinto antico, dal quale è stato cavato l' habito prossimo sopra posto de' signori di castelli antichi.

FEMMES D'ANCIENS CHATELAINS DE L'ÉTAT DE VENISE ET DE TOUTE L'ITALIE.

Le costume des femmes des châtelains de toute l'Italie ressemblait presque à celui de leurs maris, dont nous venons de faire la description. Leur coiffure se composait d'un voile fin en soie, dont elles s'enveloppaient la tête sans aucun autre ornement. Elles portaient une toge, longue jusqu'à terre, de couleur pourpre ou hyacinthe, ornée partout de dessins, fendue sur les côtés, avec des demi-manches qui couvraient les bras, et d'autres demi-manches ouvertes et tombantes. Autant qu'il est possible d'en juger d'après les peintures anciennes qui nous ont fourni le costume des châtelaines, elles portaient des robes en soie, dont les manches étaient boutonnées jusqu'aux coudes.

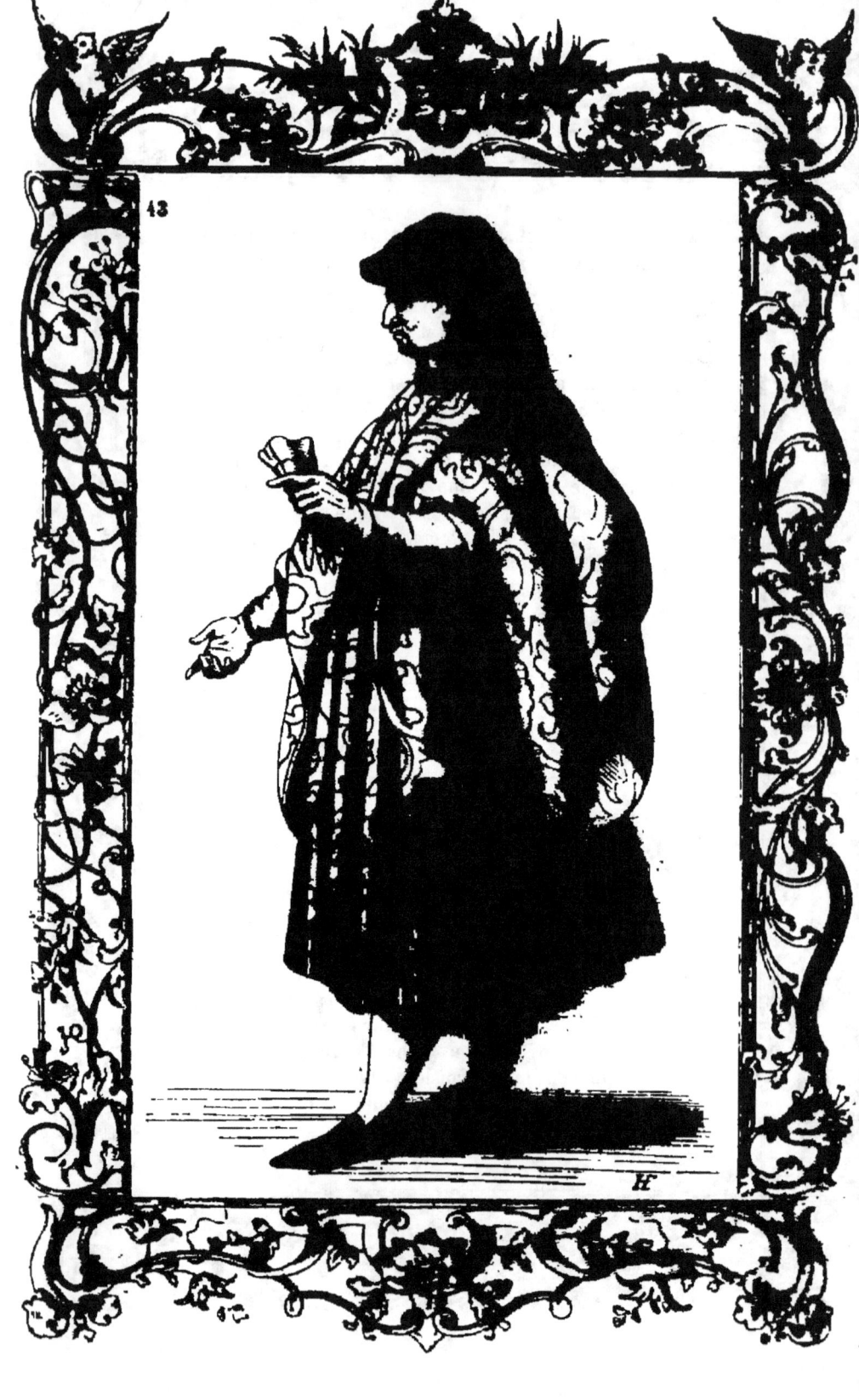

HABITO ALLA DOGALINA ANTICO.

NELLA chiesa di S. Helena posta in una dell' isolette intorno à Venetia, dove habitano i reverendissimi monaci di Monte Oliveto, et dove si dice esser' il corpo di questa gloriosa imperatrice madre di Costantino imperatore, si veggono alcune pitture antiche in una tavola d' un' altare, le quali hanno gli habiti alla Greca, et la santa è vestita d' una robba lunga fino in terra, ma scinta, et sono le maniche della prima veste tagliate fin' al gombito, scendendo tutt' il rimanente fino a' piedi fodrato di pelli d' armellini. Tra molti habiti ch' io vidi, elessi questo per che mi parve haver del grave, con il panno rosso rivolto in capo, et pendente dietro della veste pavonazza listata, et fodrata di pelle con le maniche larghe voltate sopra le spalle.

COSTUME ANCIEN A LA DOGALINE.

DANS l'église de Sainte-Hélène, bâtie sur un des îlots qui entourent Venise, résidence des moines de Monte-Oliveto, et qui renferme, dit-on, le corps de la glorieuse impératrice, mère de l'empereur Constantin, on voit d'anciennes peintures sur le devant d'un autel, avec des costumes à la forme grecque. La sainte est vêtue d'une robe traînante, mais sans ceinture; les manches du premier vêtement étaient tailladées jusqu'au coude, et le reste, doublé de fourrure d'hermine, descendait sur les pieds. Parmi beaucoup d'autres costumes que j'ai vus, j'ai choisi celui-ci parce qu'il m'a paru grave : de drap rouge, il est retroussé sur la tête et retombe derrière la soutanelle, violette, galonnée et doublée de fourrure avec les manches larges et relevées sur les épaules.

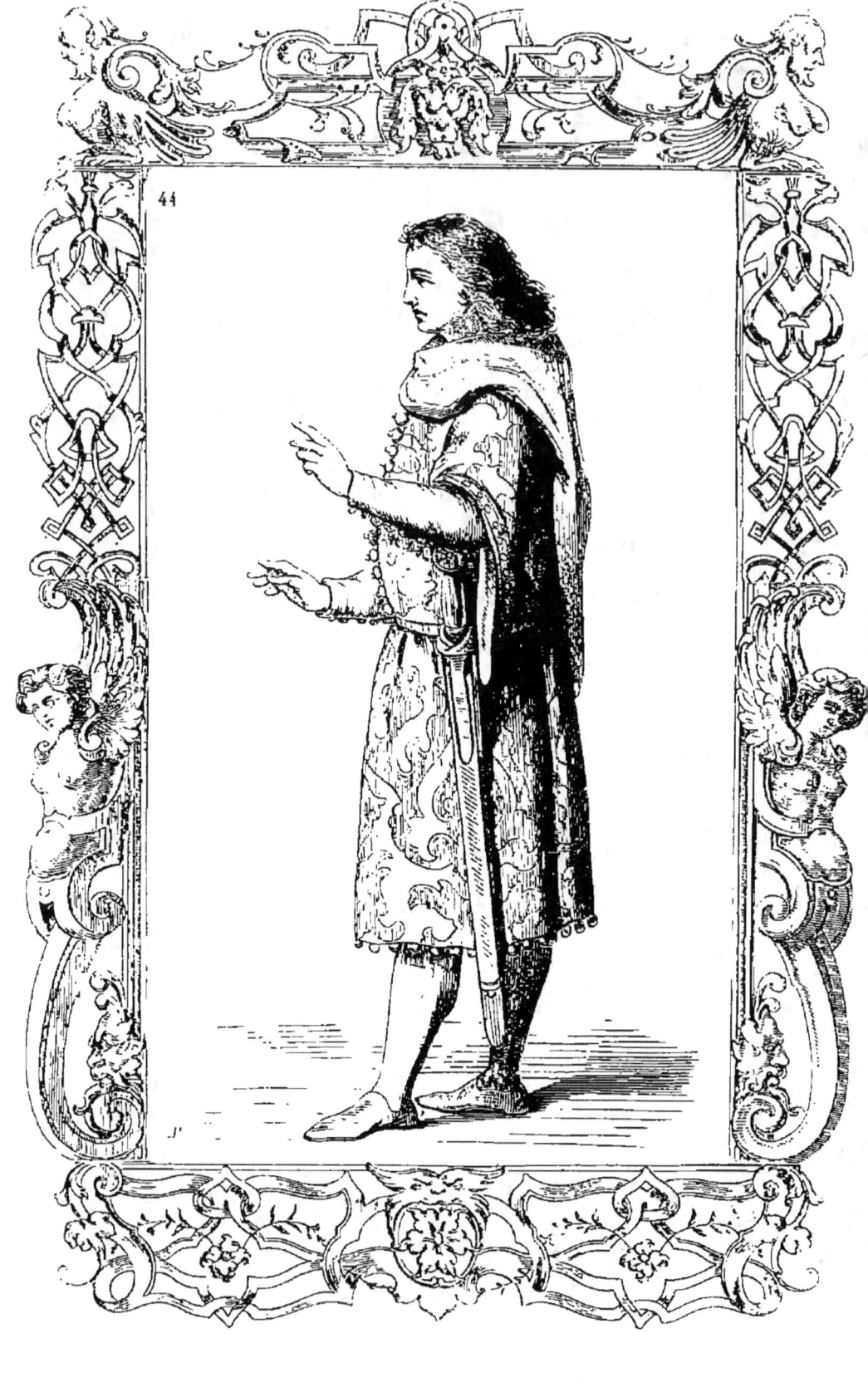

HABITO ANTICO DI GIOVANE NOBILE ORNATO PER FAR L' AMORE.

Usavano i giovani anticamente di farsi qualche riccetto in mezzo la fronte, et il resto de' capegli portarli crespi giù per le spalle, et poi si mettevano una veste di broccato di seta ò d' oro con diversi fioroni, lunga fino à mezza gamba, tutta bottonata di bottoni d' oro sino alla cintura, laquale cingeano di una cinta di seta, dalla quale restava attaccata una spada al gallone sinistro; detta veste era tutta ornata di merli intorno à gli orli dell' estremità di quella, et haveva un capuccio del medesimo assai lungo, che passava la cintura, il quale pendeva di dietro, et serviva in tempo di pioggia per non portar coperto il capo di altra cosa : haveano le maniche della sopra veste che coprivano fin al gombito, ma il restante era aperto et pendeva da dette mezze maniche. Portavano calzette di panno rosso, et scarpe basse appuntate.

ANCIEN COSTUME DE JEUNE NOBLE PARÉ POUR FAIRE LA COUR AUX DAMES.

Autrefois les jeunes gens avaient coutume de se friser les cheveux sur le front, et de laisser tomber sur les épaules le reste de la chevelure bouclée. Leur vêtement, en brocart de soie ou d'or, avec divers fleurons et long jusqu'à mi-jambes, était fermé par une rangée de boutons dans toute la longueur du buste; ils portaient une ceinture à laquelle, du côté gauche, était suspendue une épée. La dentelle ornait toutes les bordures de ce vêtement, auquel se rattachait un très-long capuce de la même étoffe, qui tombait entre les épaules, dépassait la ceinture et dispensait, en temps de pluie, de porter autre chose sur la tête. Les manches du vêtement de dessus couvraient les bras jusqu'aux coudes, mais le reste était ouvert et pendait des demi-manches. Ils portaient des bas de drap rouge et de petits souliers pointus.

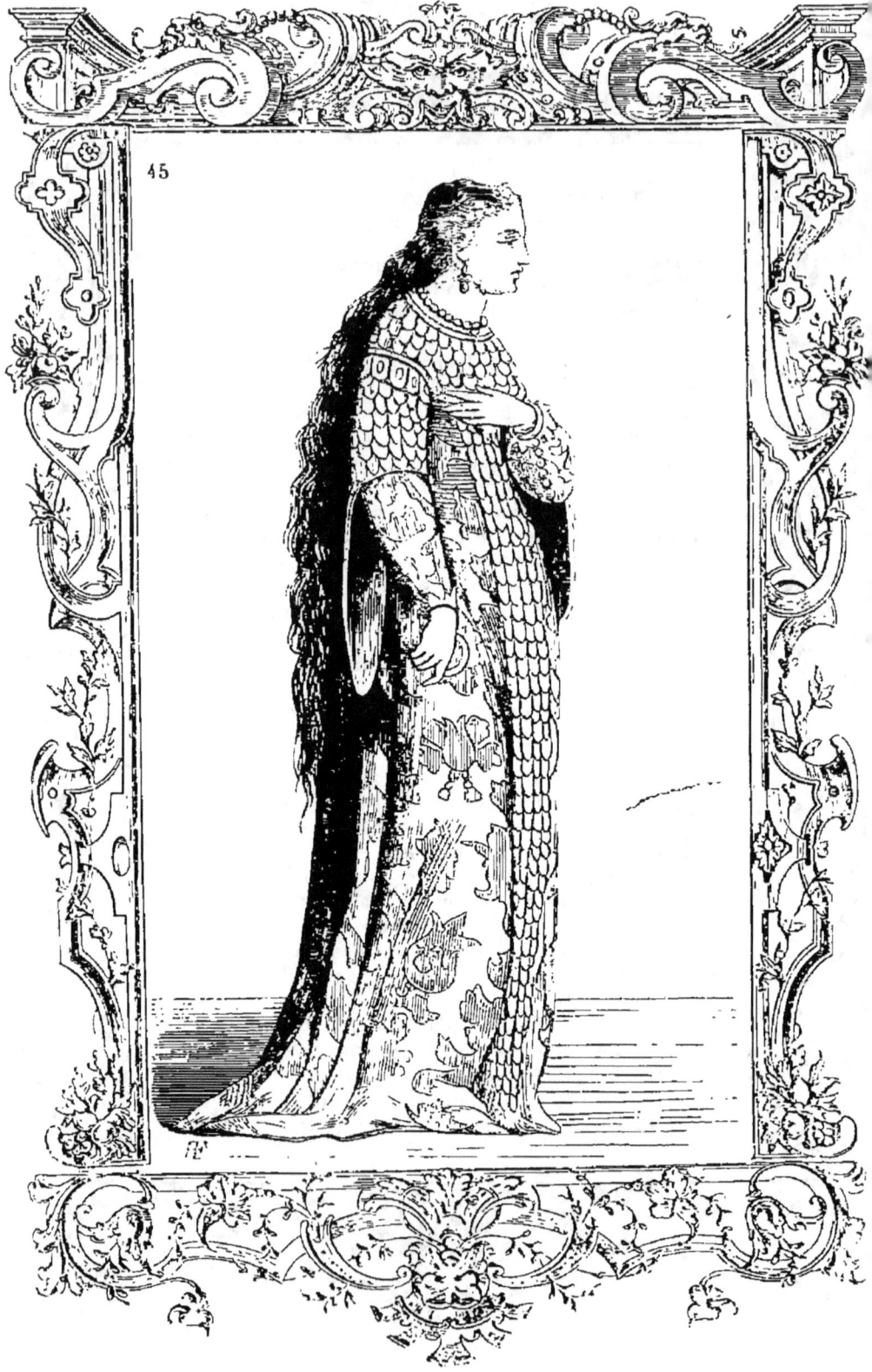

HABITO DI DONZELLA INNAMORATA ANTICA.

IL sopraposto habito di giovine nobile innamorata è stato cavato dal medesimo luogo, et è molto bello. Usavano per tanto farsi alcuni ricci modesti intorno alla fronte, et lasciarsi pender i capegli giù per le spalle assai lunghi; portavano orecchini d'oro con qualche bella fattura, et al collo un fil di perle. Havevano una veste tutta assettata senza busto et non molto larga, ma molto ornata attorno il petto, le maniche, et davanti vicino alle aperture, di brocche d'oro ò di argento tanto ben messe che rassembravano piume di uccelli per l'ordine che tenevano assai bello et pomposo.

COSTUME ANCIEN DE JEUNE FILLE A MARIER.

J'AI tiré du même tableau ce costume de jeune fille à marier, qui est très-beau. Ces jeunes filles avaient coutume de se faire sur le front une modeste frisure, et de laisser tomber sur les épaules, flottants et très-longs, le reste des cheveux; elles portaient de jolies boucles d'oreilles en or et un collier de perles. Leur vêtement, sans corsage, était peu large, mais chargé autour de la poitrine, aux manches et sur le devant, près des ouvertures, de bulles d'or ou d'argent si bien arrangées qu'elles imitaient des plumes d'oiseau dans leur disposition très-belle et somptueuse.

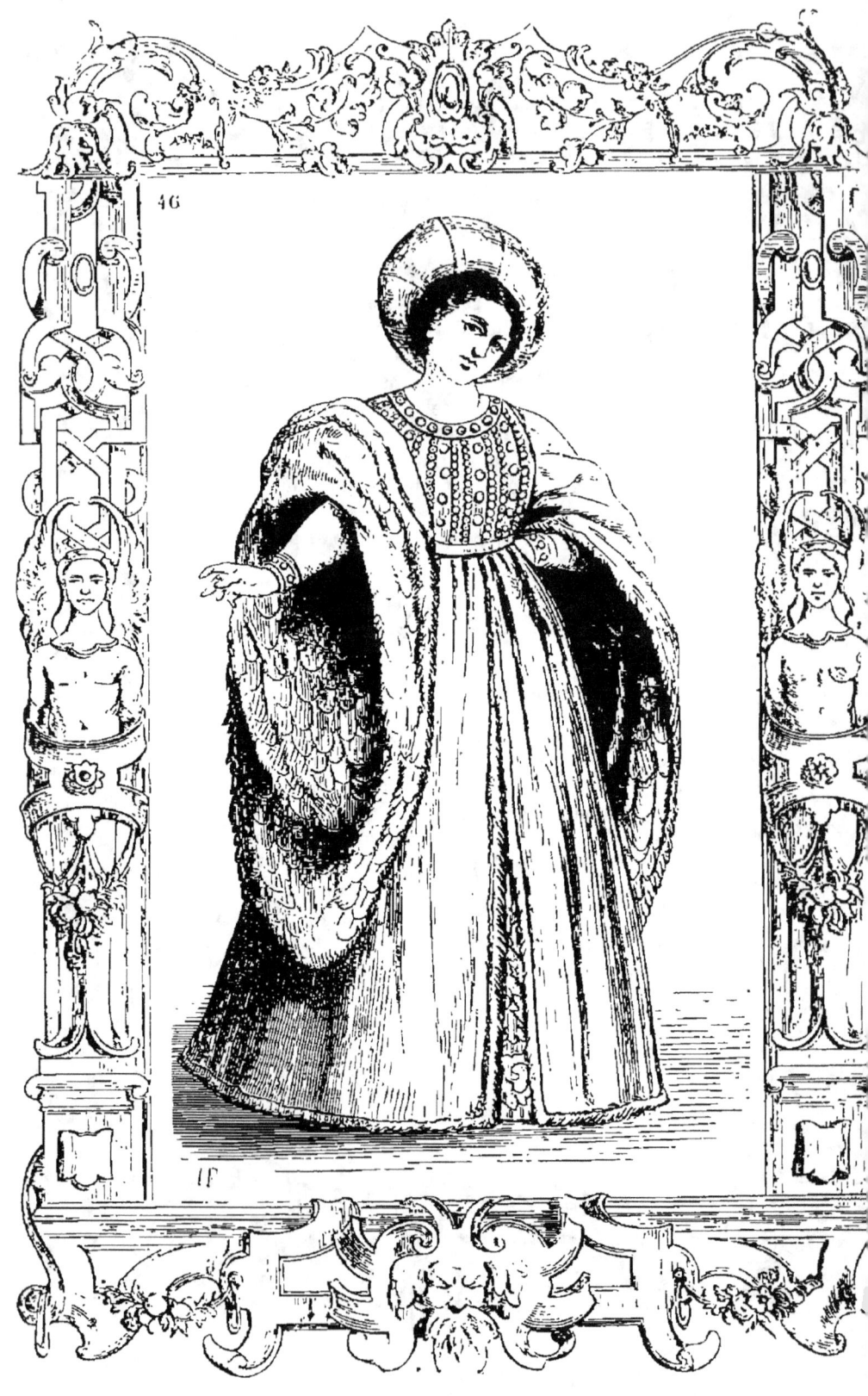

HABITO DI GENTILDONNE ANTICHE ALLA DOGALINA FUOR DI CASA.

Le donne antiche havevano in capo un balzo fatto di fila d'oro a modo di una ghirlanda tonda; il collo rimaneva in tutto scoperto senza veruno ornamento, dove cominciava il busto della vestura, che si cigneva poi sopra i fianchi con un cinto d' oro massiccio, et era fornito di gemme. La maggior parte di esse portava questo busto coperto d' oro, et il rimanente della veste di panno di seta pavonazzo ò cremesino; havevano le maniche delle dette vesti aperte et lunghe fino à mezza gamba, et ordinariamente le portavano riversate ò rivolte sopra le spalle, come ben spesso facevano ancora di quelle delle camicie, lasciando vedere le braccia ignude, la cui bellezza era aiutata da monili d' oro bellissimi, che solevano portare alle mani, le quali artificiosamente facevano bianche et delicate. La veste era di seta con le carpette sotto riccamate. Si usò quest' habito del 1303.

COSTUME ANCIEN A LA DOGALINE, DAMES NOBLES HORS DE LEUR MAISON.

Ces dames portaient autrefois sur la tête une toque (*balzo*) en filet d'or imitant une guirlande ronde. Le cou restait découvert, sans aucun ornement; le corsage était garni de pierres précieuses, et la robe, serrée par une ceinture d'or massif. La plupart d'entre elles avaient le corsage chargé d'or; le reste du vêtement était d'étoffe de soie violette ou cramoisie, avec les manches ouvertes et longues jusqu'à mi-jambes, mais ordinairement renversées ou relevées sur les épaules. Souvent encore elles portaient ainsi les manches de chemise, laissant voir leurs bras nus, dont la beauté était rehaussée par de magnifiques bracelets. A force de soins, elles rendaient leurs mains blanches et délicates. La robe était de soie et la jupe ornée de broderies. Ce costume fut en usage en 1303.

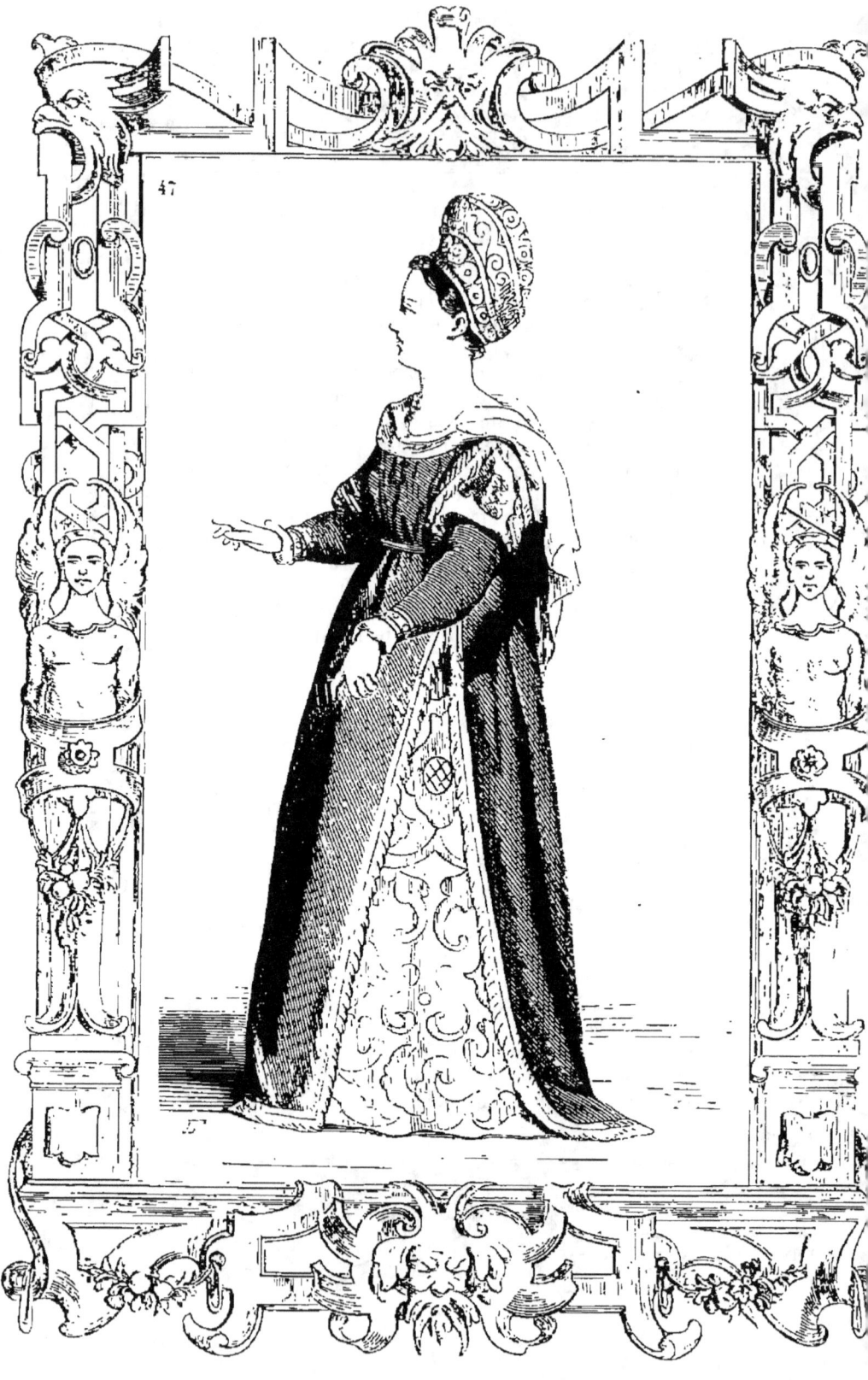

GENTILDONNE VENETIANE ANTICHE PER CASA.

Le gentildonne venetiane antiche per casa, posta giù la dogalina, portavano una acconciatura fatta à guisa di beretta, ò sbalzo di rame coperto di una scuffia lavorata di seta et oro, di opera assai bella. Pòi si mettevano, sopra le carpette riccamate che portavano, una sottanella scollata di ormisino ò altra sorte, aperta dà' fianchi fino alle spalle, la quale era cinta et frangiata tutta attorno attorno. Sopra il collo si avvolgevano un velo sottile, gli estremi del quale facevano pender giù per la schena, et così agili et preste attendevano alle faccende di casa con somma diligentia, et cura a' figliuoli et mariti, et à gara si mostravano nemiche dell' otio.

ANCIENNES FEMMES NOBLES DE VENISE DANS LEUR MAISON.

Les anciennes nobles dames de Venise, après avoir quitté la *dogaline,* portaient chez elles une coiffure en forme de *berretto;* c'était un *balzo* à lames de cuivre, recouvert d'une coiffe ornée de magnifiques dessins en or et en soie. Puis elles mettaient sur la jupe brodée une robe décolletée, de moire antique ou d'autre étoffe, ouverte sur les côtés jusque sous les aisselles, et serrée par une ceinture garnie de franges tout autour. Elles enroulaient autour du cou un voile fin, dont les extrémités retombaient sur le dos; ainsi agiles et lestes, elles s'occupaient avec une extrême diligence des affaires du ménage, soignaient leurs enfants, leurs maris, et se montraient à l'envi ennemies de l'oisiveté.

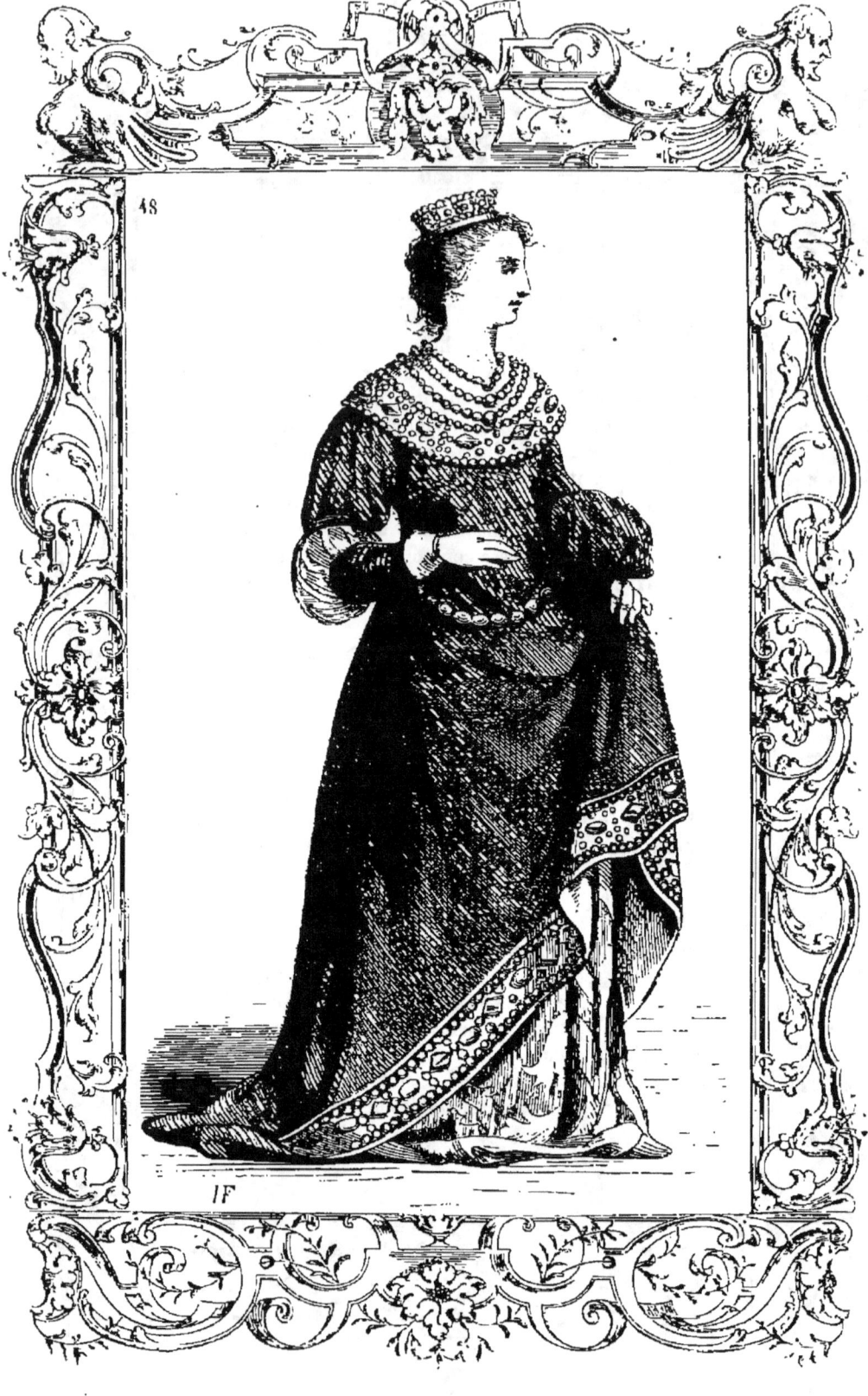

VENETIANE NOBILI ANTICHE.

Avendo il senato, per le grandi spese nel vestire delle donne fatto una pregmatica, le donne, tralasciata la dogalina, cominciarono ad usare alcuni altri ornamenti. In questo medesimo tempo fu trovato un' altro modo d' acconciar la testa, intrecciando i capelli, et stringendoli à una certa coronetta d' oro alla ducale. Al collo portavano filze di coralli ò di bottoni d' argento, et bene spesso una fascia d' oro, chi buono et chi falso. La sopravesta si vede ch' era senza busto, ma acconciata d' oro molto bene. Le maniche non passavano il gombito, rimanendo il braccio da indi in giù non coperto da altro che dalla camicia. Haveva anco da piedi un superbo riccamo et un longo strascino.

ANCIENNES FEMMES NOBLES DE VENISE.

Le sénat, afin d'empêcher les trop grandes dépenses que faisaient les dames pour leurs vêtements, ayant publié une loi contre le luxe, les femmes renoncèrent à la *dogaline* et commencèrent à faire usage d'autres ornements. A cette même époque, on trouve une nouvelle manière d'arranger la coiffure; les cheveux furent tressés et noués sous une petite couronne a la *ducale*. Les femmes portaient des colliers de corail ou de boules d'argent, et bien souvent une bande d'or, vrai ou faux. La robe n'avait pas de corsage, mais la partie supérieure qui ceignait la poitrine était chargée de jolis ornements d'or. Les manches ne dépassaient pas le coude, et le reste du bras, jusqu'au poignet, n'était couvert que par la chemise; une riche garniture brodée ornait le bas de cette robe, qui avait encore une longue queue.

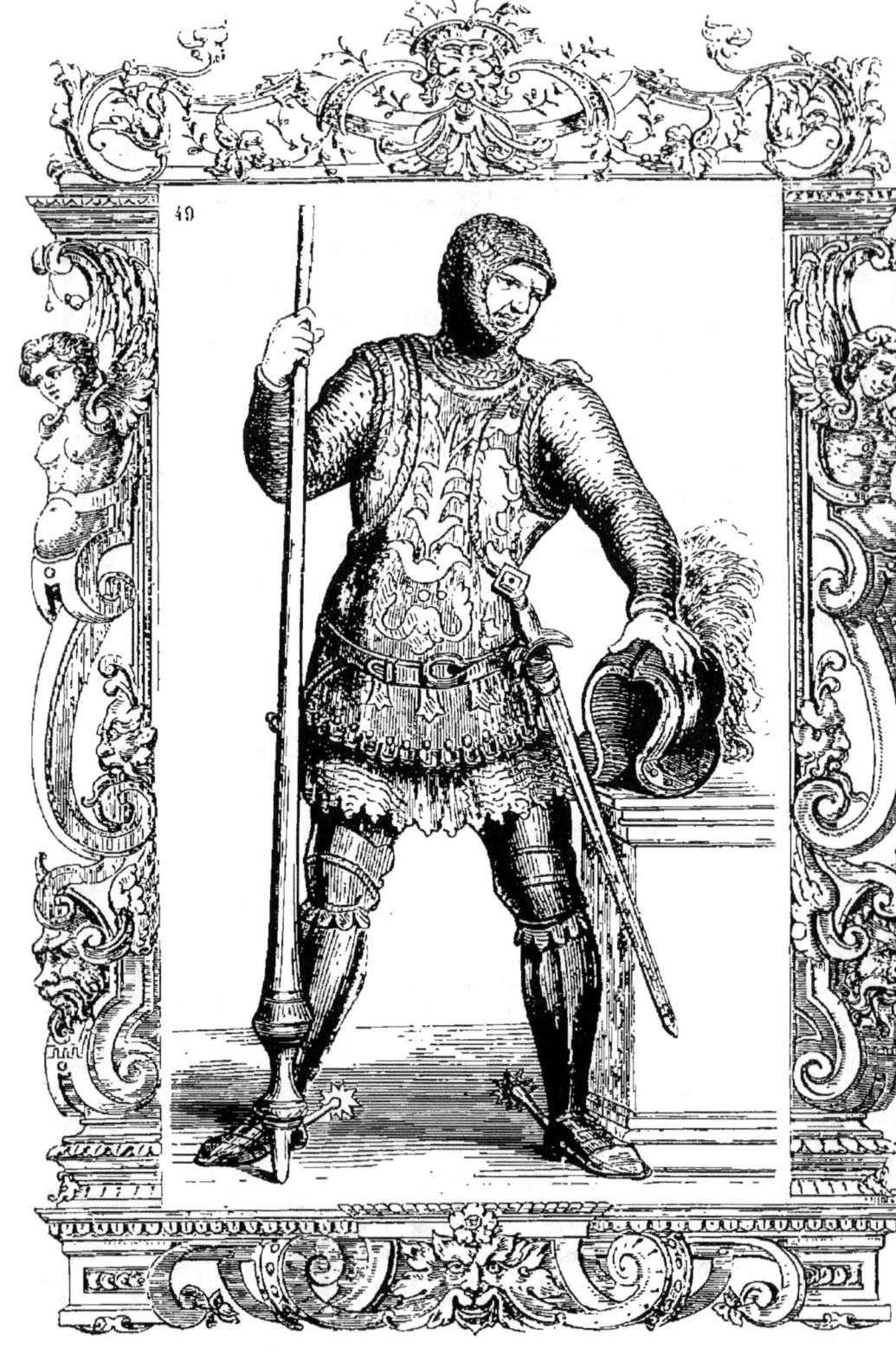

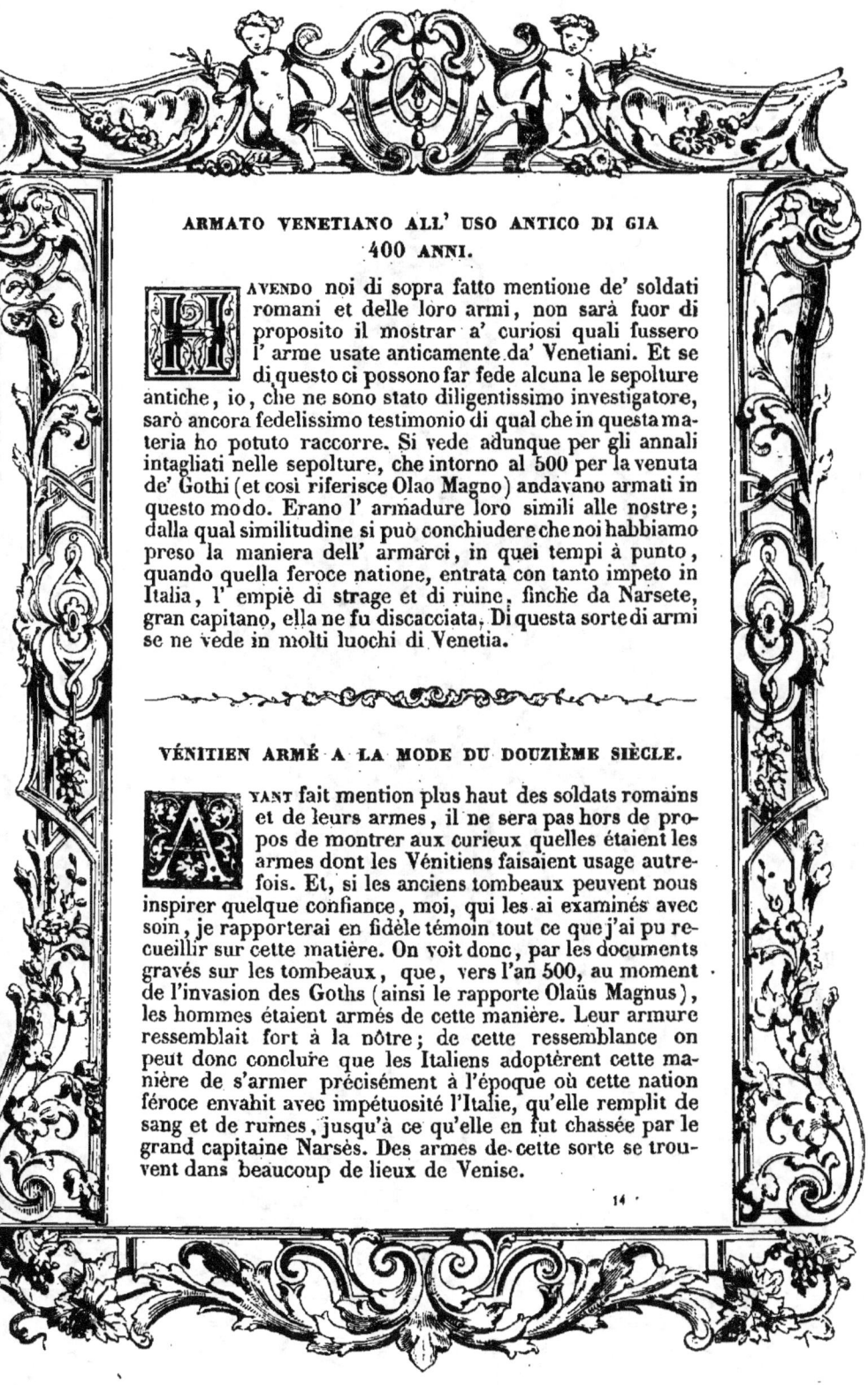

ARMATO VENETIANO ALL' USO ANTICO DI GIA 400 ANNI.

Avendo noi di sopra fatto mentione de' soldati romani et delle loro armi, non sarà fuor di proposito il mostrar a' curiosi quali fussero l'arme usate anticamente da' Venetiani. Et se di questo ci possono far fede alcuna le sepolture antiche, io, che ne sono stato diligentissimo investigatore, sarò ancora fedelissimo testimonio di qual che in questa materia ho potuto raccorre. Si vede adunque per gli annali intagliati nelle sepolture, che intorno al 500 per la venuta de' Gothi (et così riferisce Olao Magno) andavano armati in questo modo. Erano l'armadure loro simili alle nostre; dalla qual similitudine si può conchiudere che noi habbiamo preso la maniera dell' armarci, in quei tempi à punto, quando quella feroce natione, entrata con tanto impeto in Italia, l'empiè di strage et di ruine, finchè da Narsete, gran capitano, ella ne fu discacciata. Di questa sorte di armi se ne vede in molti luochi di Venetia.

VÉNITIEN ARMÉ A LA MODE DU DOUZIÈME SIÈCLE.

Ayant fait mention plus haut des soldats romains et de leurs armes, il ne sera pas hors de propos de montrer aux curieux quelles étaient les armes dont les Vénitiens faisaient usage autrefois. Et, si les anciens tombeaux peuvent nous inspirer quelque confiance, moi, qui les ai examinés avec soin, je rapporterai en fidèle témoin tout ce que j'ai pu recueillir sur cette matière. On voit donc, par les documents gravés sur les tombeaux, que, vers l'an 500, au moment de l'invasion des Goths (ainsi le rapporte Olaüs Magnus), les hommes étaient armés de cette manière. Leur armure ressemblait fort à la nôtre; de cette ressemblance on peut donc conclure que les Italiens adoptèrent cette manière de s'armer précisément à l'époque où cette nation féroce envahit avec impétuosité l'Italie, qu'elle remplit de sang et de ruines, jusqu'à ce qu'elle en fut chassée par le grand capitaine Narsès. Des armes de cette sorte se trouvent dans beaucoup de lieux de Venise.

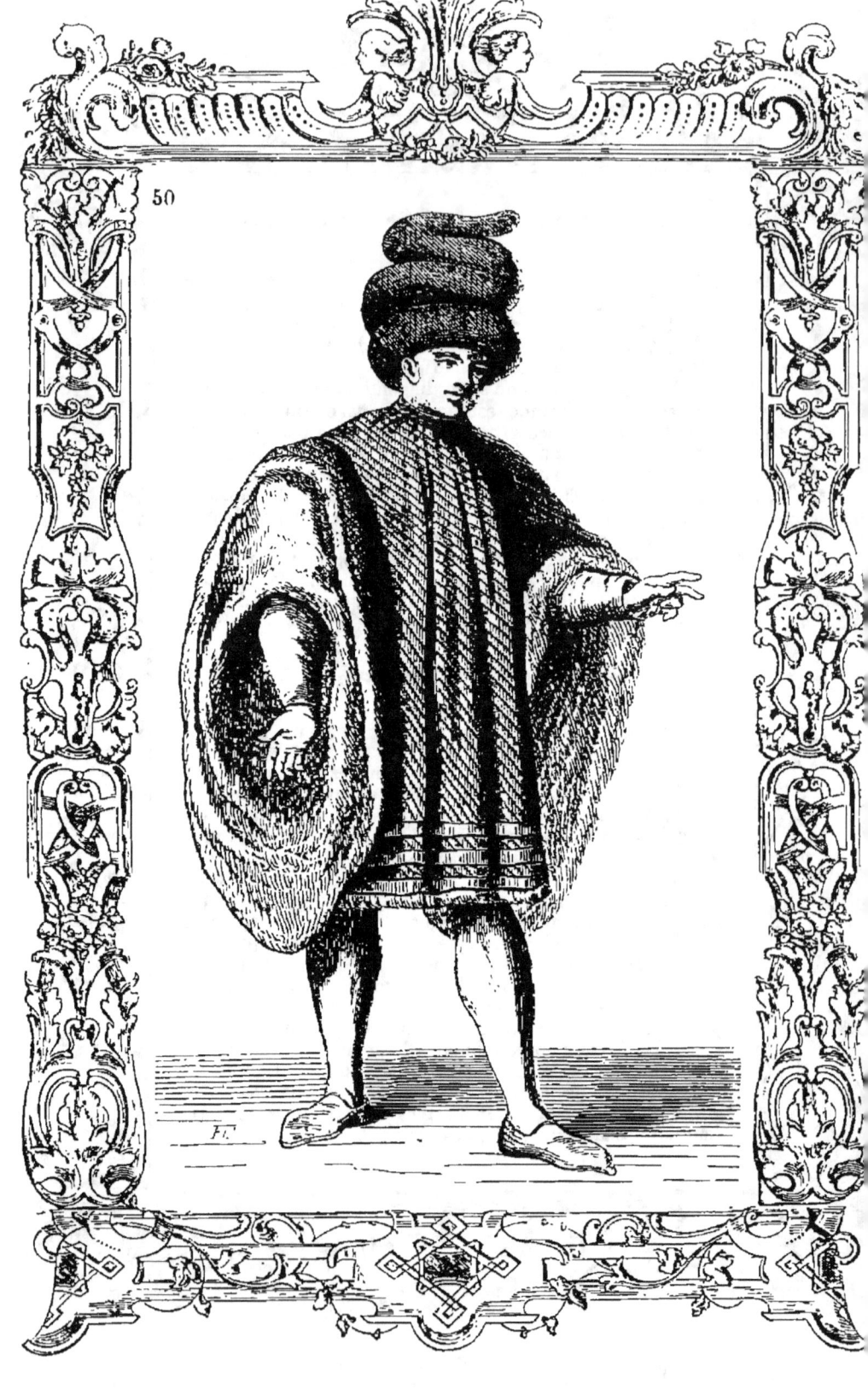

DOGALINA ANTICA, OVERO MANICHE APERTE USATE IN VENETIA ET IN ALTRE CITTA.

Nell' investigare l' origine et l' uso delle maniche aperte, overo della veste che si chiama dogalina, trovo ch' ella fu usata più tosto da giovani nobili che da altra età ò qualità di persone, et che nel portarla vi fu qualche varietà. Et le donne di quei tempi procuravano d' imitargli; onde portavano le maniche aperte, come qui poco di sotto se ne porrà il ritratto. Hora questo che vi si rappresenta, si mostra diverso da gli altri, et io l' ho ritrovato dipinto in una tavola d' un' altare, nel monasterio di S. Domenico di Venetia.

DOGALINE ANCIENNE, OU MANCHES OUVERTES EN USAGE A VENISE ET DANS D'AUTRES VILLES.

Après des recherches sur l'origine et l'usage des manches ouvertes, ou du vêtement qu'on appelle *dogaline*, je trouve qu'il fut porté par de jeunes nobles plutôt que par les personnes d'un autre âge et de condition différente, et que, d'ailleurs, la forme varie quelque peu. Les femmes de cette époque cherchaient à l'imiter, et c'est pourquoi elles portaient les manches ouvertes, comme on le verra bientôt dans un dessin. Le vêtement que je donne ici diffère des autres, et je l'ai trouvé peint sur le devant d'un autel qui se voit au monastère de Saint-Dominique à Venise.

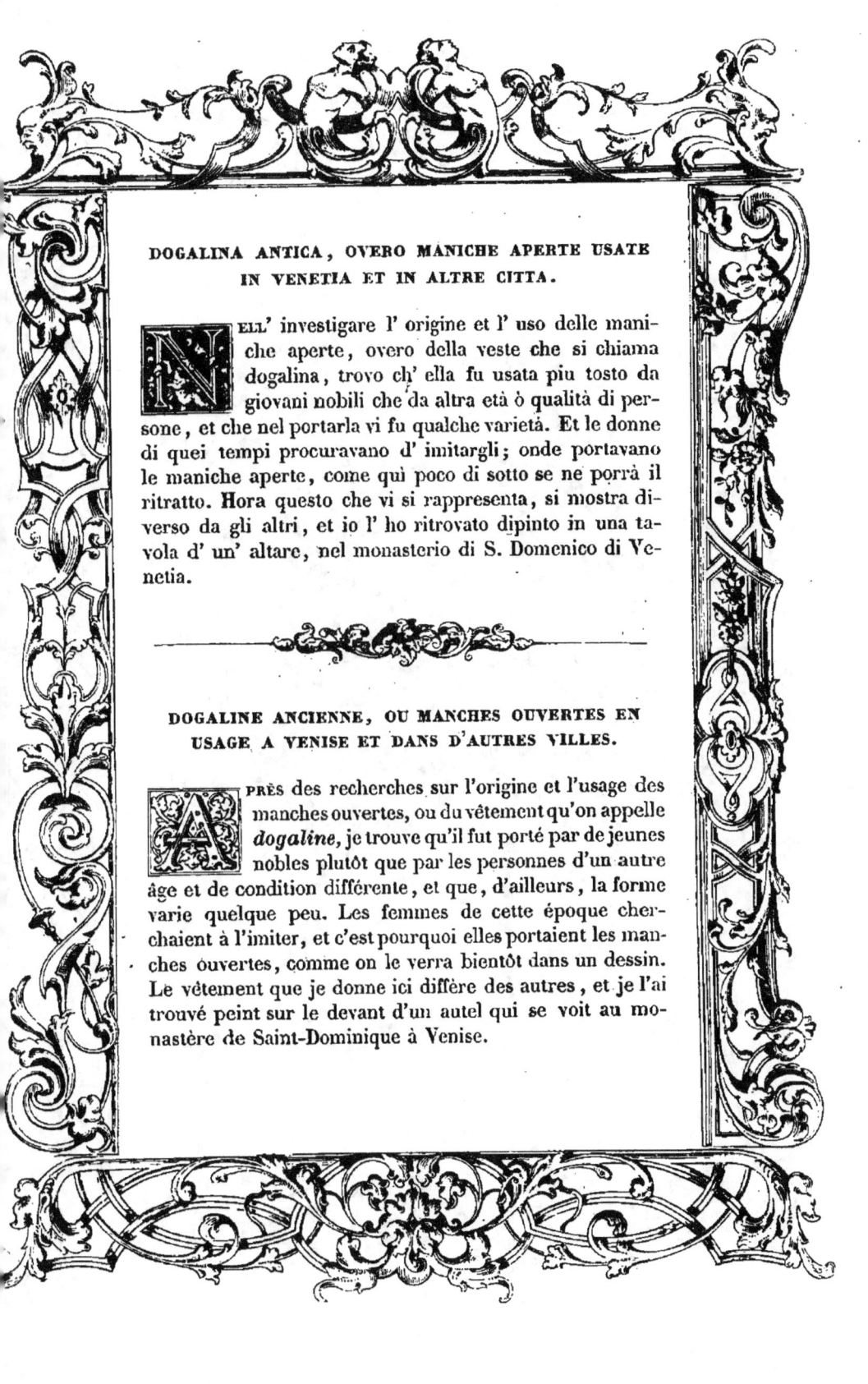

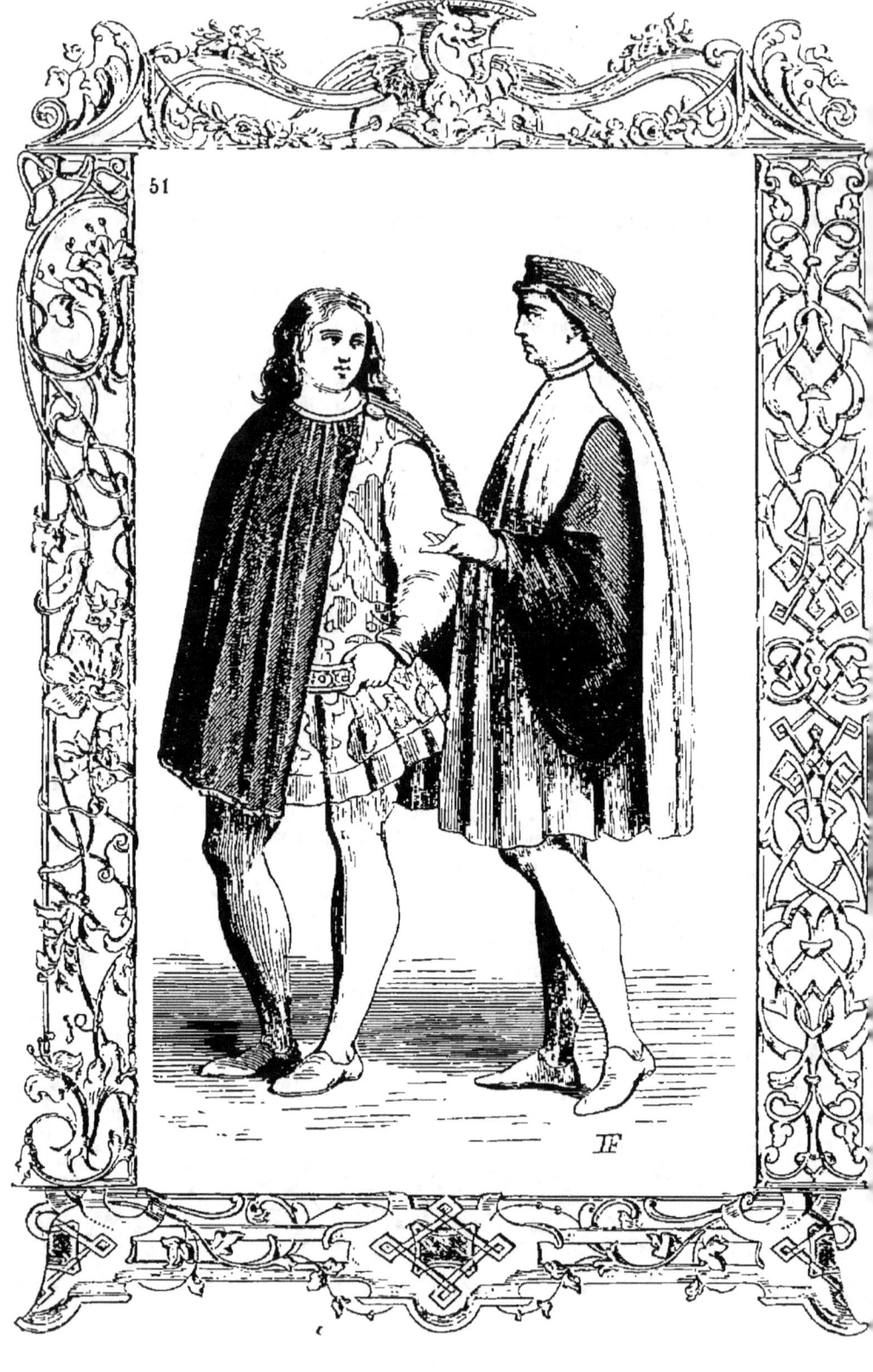

HABITO ANTICO DI VENETIA ET ALTRE CITTA D'ITALIA.

L' Habito presente è stato da me veduto dipinto non solo in Venetia, ma in altre città famose ancora, et quanto all' origine sua, ardirei affermare ch' ella fosse nata da quell' habito che si chiama giornea. Quest' habito così chiamato si vede più che chiaramente in questa figura, vestita di quel mantello tanto crespo, et sottana con tante falde, cinta con quella cintura così al basso. Et avvenga che le giornee siano diverse, nondimeno convengono, et sono simili à questo in assai cose. Erano in quel tempo assai in uso le calze intiere, che durarono ancora molti anni dapoi, come di tutto ci sono testimonio le pitture antiche. Cominciarono poi à tagliarsi i capelli, et usar le vesti con le maniche larghe et strette da mano, et questa piacque alla città per le sue commodità, et pur ancora si conserva.

COSTUME ANCIEN DE VENISE ET D'AUTRES VILLES D'ITALIE.

J'ai vu cet habit peint non-seulement à Venise, mais encore dans d'autres villes fameuses; quant à son origine, j'ose affirmer qu'il dérive du vêtement qu'on appelle *giornea* (sorte de manteau), et qu'on voit plus clairement dans le dessin : le manteau est à plis nombreux, et la tunique, serrée très-bas par une ceinture, se fait aussi remarquer par beaucoup de plis bouillonnés. Bien que diverses, les *giornee* conservent une forme commune et ressemblent à ce costume en plusieurs points. A cette époque, on portait les chausses, dont la mode dura longtemps après, comme le témoignent les peintures anciennes. Plus tard, on commença à couper les cheveux et à faire usage de vêtements avec des manches larges, mais étroites au poignet; cette mode plut à la ville par sa commodité, et se conserve encore.

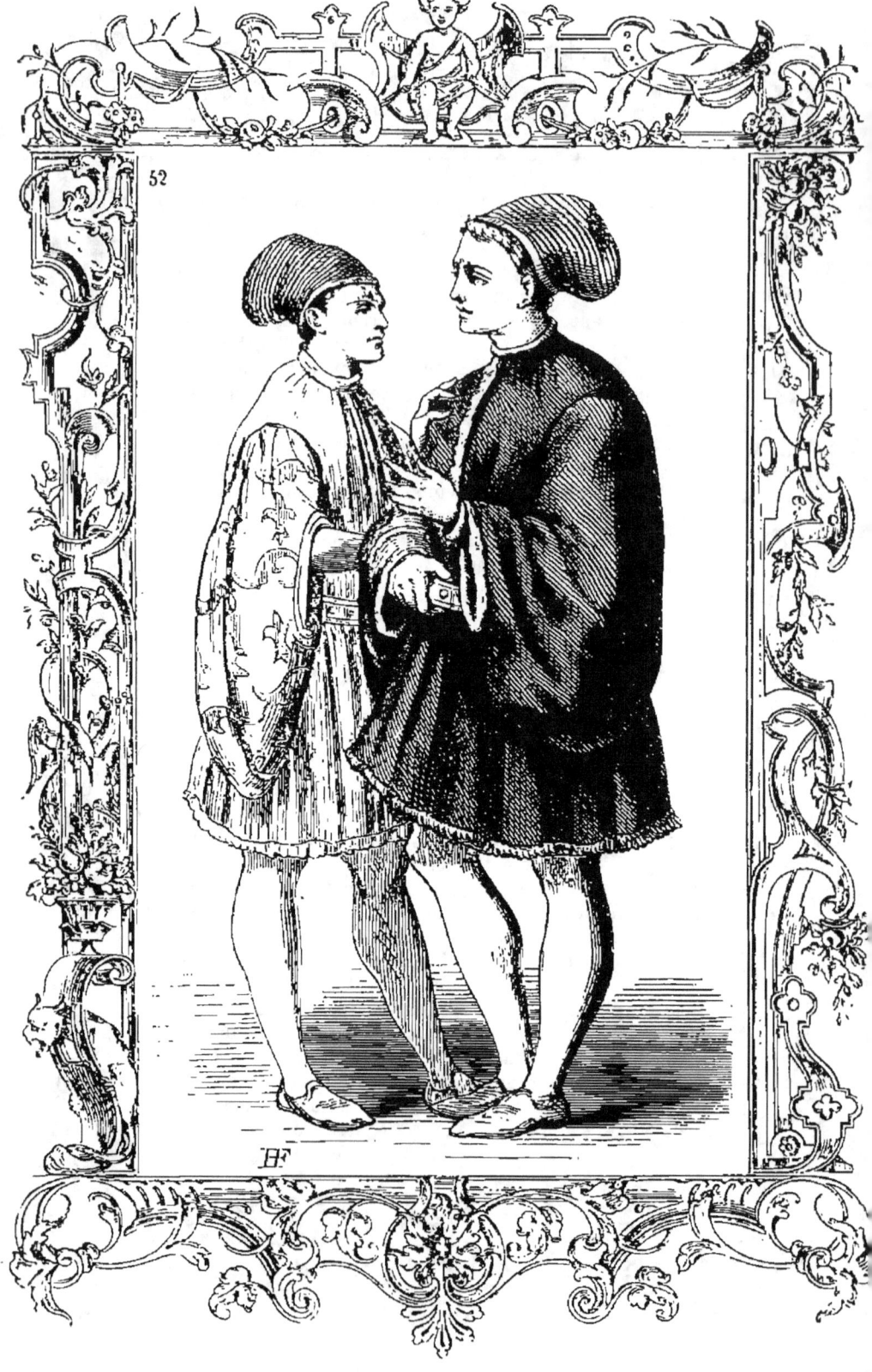

HABITO DI VENETIA ET PRINCIPIO DELLE MANICHE A COMEO.

Sono andato assai considerando quando et dove quest' habito potesse haver havuto origine, il quale si vede assai più assettato, benche fosse di lana; et così anco quando fosse dismessa la mantellina, che così fu chiamata per l'adietro. Nè mi posso persuadere che tal mutatione d'habito procedesse d'altro che dalla gravezza delle vesti faldate. Parmi nondimeno haver avvertito che sempre le persone di qualche credito habbiano usato la vesta lunga à guisa di toga, ma diversa da queste moderne. Onde io entrato in pensiero di tal mutatione, come molti ancora, trovo sopra di ciò esser stati fatti diversi discorsi, per investigar l'origine di questa sorte di vestire. Alcuni dicono che venghino da' Romani et altri da Francesi, et rendono diversi testimonj con molto indicio. Ma come unque si sia, io credo che da questo habito habbia havuto origine la toga et veste à manica à comeo, che hora si usa in Venetia.

COSTUME DE VENISE ET COMMENCEMENT DES MANCHES A COUDE.

J'ai fait beaucoup de recherches pour savoir à quelle époque et dans quelle ville avait pris naissance ce costume, fort élégant bien que de laine; j'ai voulu encore savoir quand fut abandonné le mantelet (*mantellino*), qui fut ainsi appelé autrefois. Et je ne puis me persuader que ce changement ait eu une autre cause que l'incommodité des manteaux à plis. Néanmoins il me semble avoir remarqué que les personnes de quelque importance ont toujours porté un vêtement long en guise de toge, mais différent du costume moderne. Ainsi, ayant réfléchi sur ce changement comme sur beaucoup d'autres, je trouve qu'il a donné lieu à des dissertations diverses de la part de ceux qui ont fait des recherches relatives à cette sorte de vêtement. Quelques-uns prétendent qu'il vient des Romains, d'autres des Français, et tous fournissent des témoignages de quelque valeur. Quoi qu'il en soit, je crois que de ce costume est venue la toge, ainsi que les manches à coude, comme on les porte aujourd'hui à Venise.

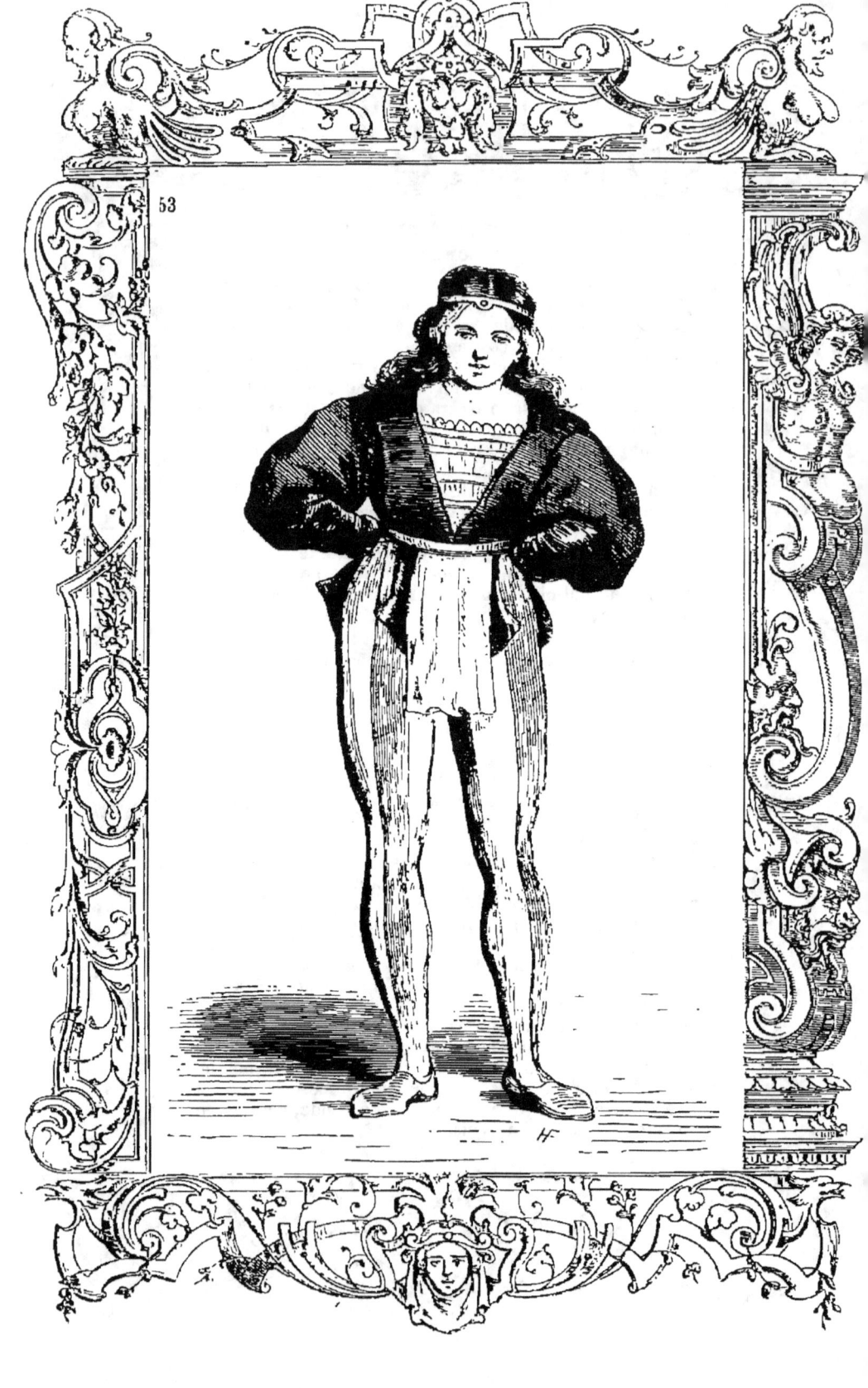

DE GLI HABITI DELLA GIOVENTU ANTICA.

Questo habito, in cui si scorge una certa purità et simplicità, era molto simile à quello de' fanciulli dell' età nostra. Et veramente, che la gioventù di quei tempi era tanto honesta, et lontana da ogni malitia, che si conservavano fino a' trent' anni lontani da ogni piacer carnale, et (per quel che si può credere) puri et incorrotti; poiche dall' habito, che portavano, non si può fare altro giudicio che questo. Imperoche portavano i capelli lunghi, quanto potevano crescere, et ponevano ogni cura in conservargli belli et rilucenti; ma più tosto imitando in ciò la santità et la schiettezza de' religiosi, che la vanità et la leggierezza delle donne. Era questo il suo modo, et costume di giubbone, et calze intiere, divise in diversi colori, et si vedeva l' apertura al petto, et ligatura simile à quelle à tempi nostri delle donne, il qual' habito ci hà lasciato l' origine de' *barbachieppi* ò *mataccini*.

COSTUME DE LA JEUNESSE D'AUTREFOIS.

Ce costume, qui révèle une chaste simplicité, ressemble beaucoup à celui des jeunes gens de notre âge. Et véritablement, la jeunesse de cette époque était si honnête et si éloignée de toute malice, qu'elle restait jusqu'à trente ans étrangère à tout plaisir charnel, et pure d'ailleurs de tout autre vice secret; d'après sa manière de se vêtir, on ne saurait porter un autre jugement. Les jeunes gens laissaient croître leurs cheveux autant qu'ils pouvaient, et mettaient un grand soin à les conserver beaux et luisants; mais en cela ils imitaient plutôt la candeur et la sainteté des religieux que la variété et la légèreté des femmes. Ce costume se composait donc du pourpoint, des chausses de couleurs diverses dans la longeur, et s'ouvrait à la poitrine avec des attaches semblables à celles qu'on voit aux femmes de notre temps. Les *barbachieppi* ou *mataccini*, matassins, tirent leur origine de ce costume.

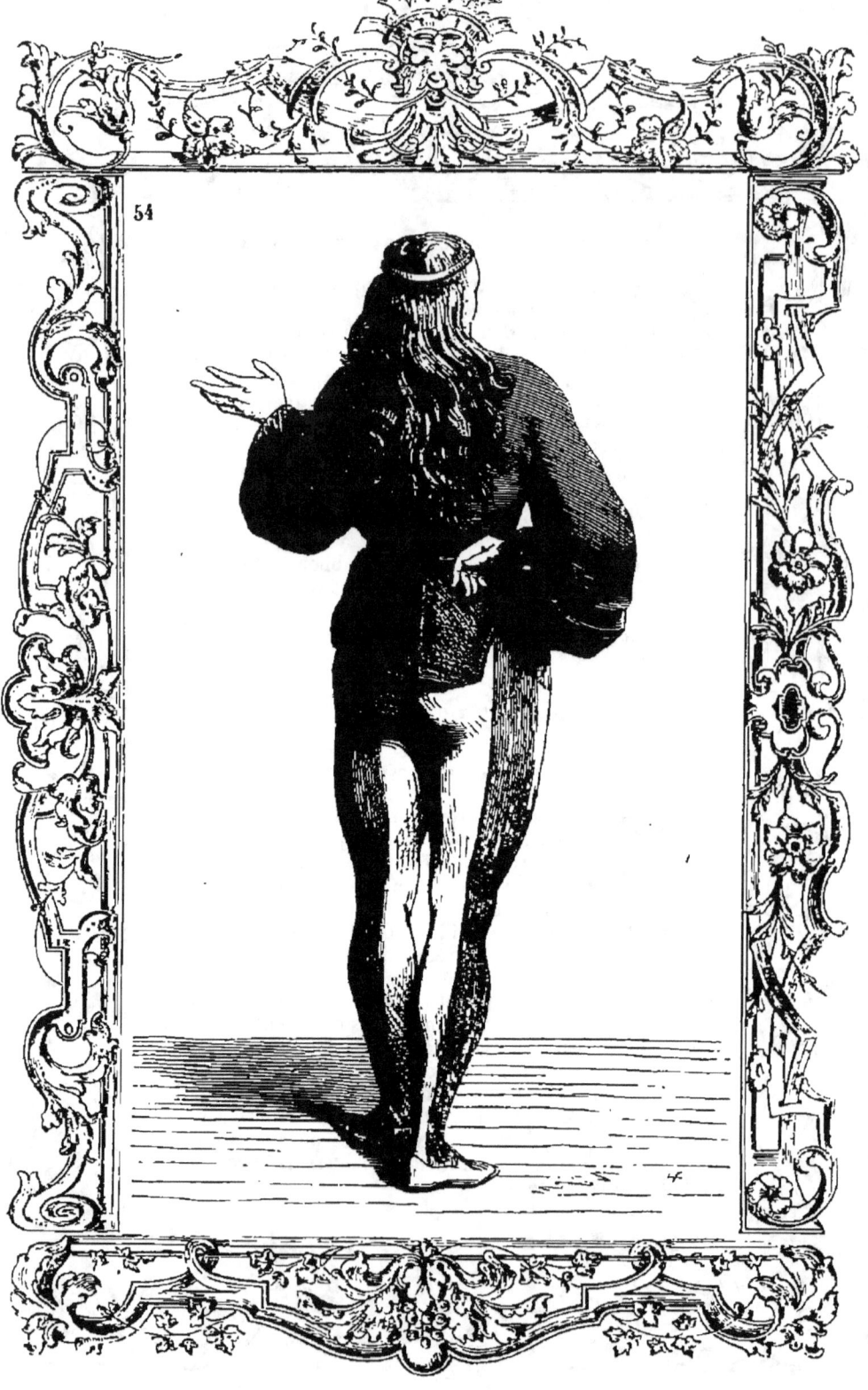

HABITO DI GIOVANE ANTICO.

Quasi in questo medesimo tempo, fu in uso appo la gioventù un' altr' habito non molto diverso da questo, perche le calze sono della medesima forma, se non che nella divisa non si vede varietà di più che di due colori. Di sopra poi portavano una vesta curta ò gavardina, che s' allacciava dinanzi con certi nastri, et havevano le maniche alquanto più aperte, et con due faldette divise à due colori coprivano alquanto la parte di dietro. Portavano i capelli lunghi, et custoditi con quella diligenza che s' è detto di sopra.

COSTUME DE JEUNE HOMME D'AUTREFOIS.

Presque dans le même temps, la jeunesse porta un autre vêtement qui ressemblait beaucoup à celui-ci, parce que les chausses sont de la même forme, avec la différence qu'elles n'ont que deux couleurs. Par-dessus, ils portaient une veste courte ou *gavardina*, qui s'attachait par devant avec des rubans; les manches étaient un peu plus ouvertes que dans le costume précédent, et deux petits pans de couleur diverse couvraient un peu la partie postérieure du corps. Leurs cheveux étaient longs et entretenus avec le soin dont nous avons parlé plus haut.

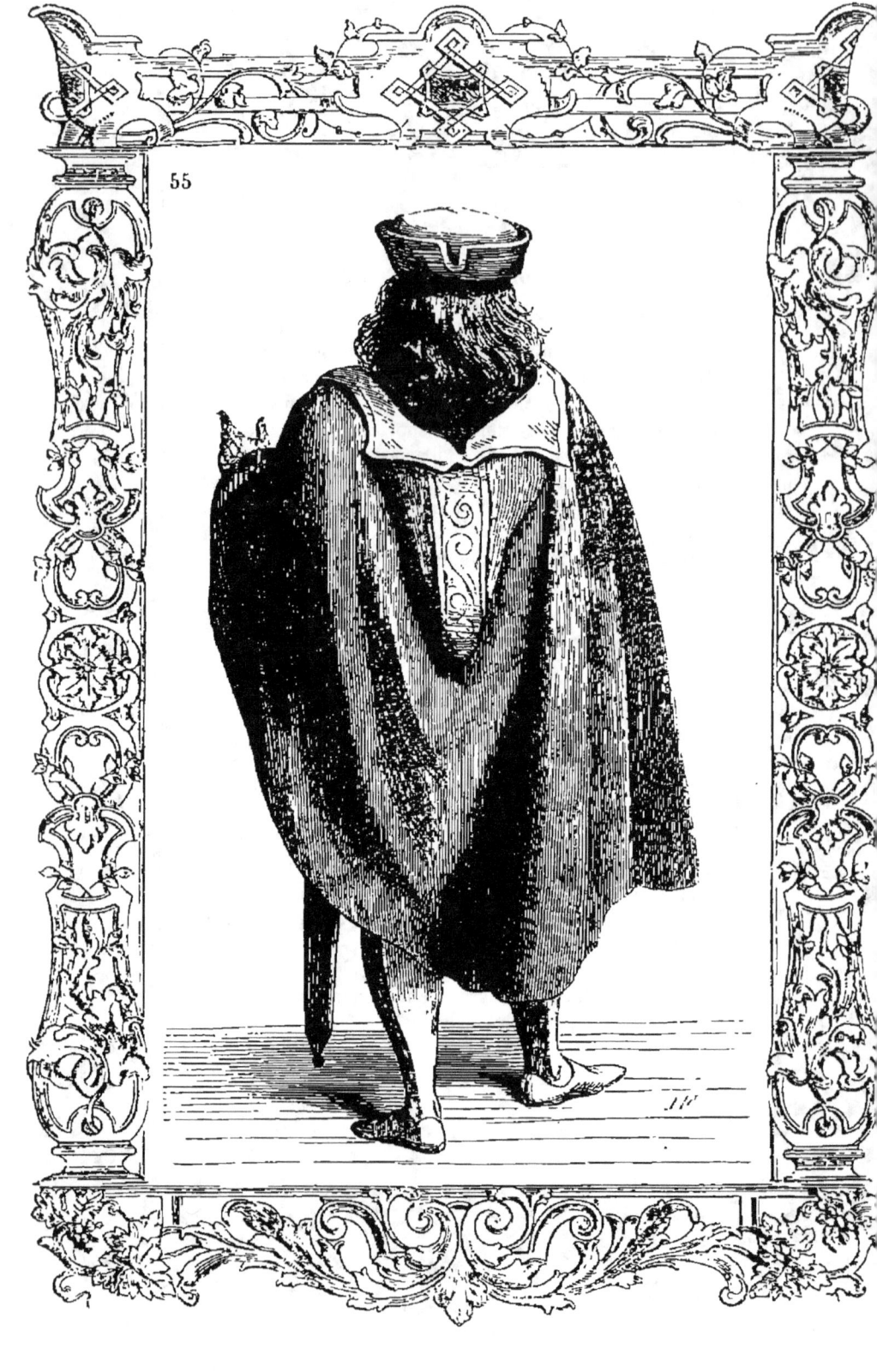

SOLDATI ET BRAVI ANTICHI.

Poi che la gioventù hebbe dismesso alcuni essercitij di ballare, saltare et schermire, cominciò à darsi à gli essercitij militari, così per mare come per terra. Portavano questi le calze intere di diversi colori; il giubbone era simile à quello del primo giovane che s'è posto di sopra; ma quella apertura era serrata da un bavaro, che scendeva à mezo il petto, et dall'una et dall'altra parte si legava con due nastri attraverso sotto l'ascelle, ancor' egli di diversi colori: haveva quest' habito molta similitudine con quello de' Tedeschi et de gli Suizzeri, con le maniche lunghe fino al gombito. Havevano la beretta rossa, la capa lunga, et il capuccio della maniera che si rappresenta qui in disegno. Portavano cinta al fianco una spada larga con una tasca davanti, presso alla quale havevano ancora il pugnale. Questi erano molto essercitati nell' arte dello schermire et della lotta, et pero erano stimati per huomini molto bravi.

SOLDATS ET BRAVI ANCIENS.

Dès que les jeunes gens eurent renoncé à la danse, au saut et autres distractions, ils commencèrent à s'adonner aux exercices militaires de terre et de mer. Les *bravi* portaient les chausses de couleurs diverses, et leur pourpoint ressemblait à celui du jeune homme que nous avons représenté plus haut; mais l'ouverture de l'habit était fermée par un collet qui descendait jusqu'au milieu de la poitrine, et s'attachait des deux côtés sous les bras, avec des rubans de couleurs variées. Ce vêtement, à manches longues jusqu'aux coudes, avait une grande ressemblance avec celui des Allemands et des Suisses. Le bonnet était rouge, la cape était longue, et le capuce avait la forme que l'on voit ici. A leur flanc était suspendu un large glaive, avec une poche par devant, près de laquelle on voyait encore le poignard. Ces individus étaient très-exercés dans l'art de l'escrime et de la lutte; aussi les estimait-on pour des hommes très-braves.

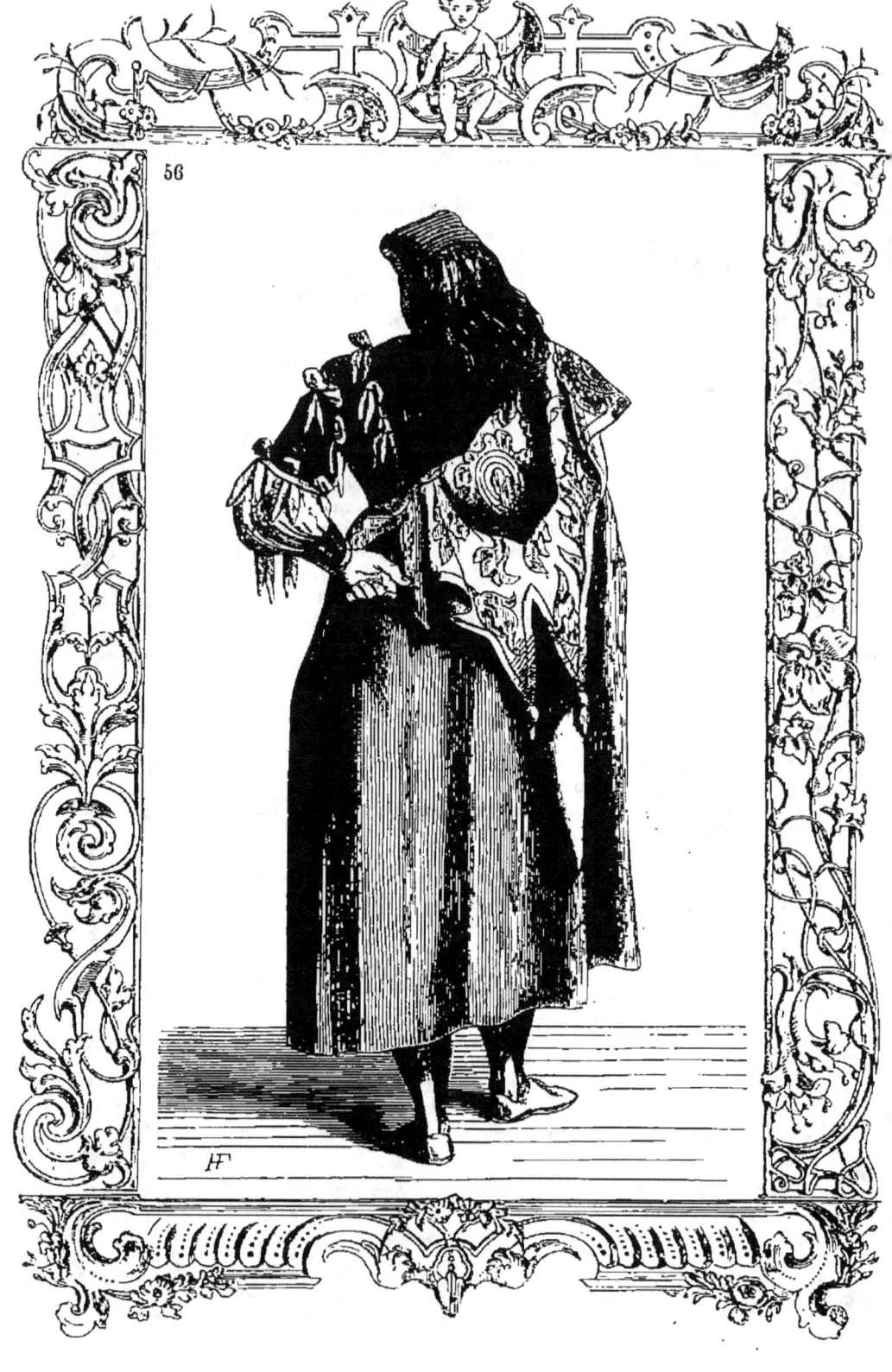

HABITO DELLA COMPAGNIA DELLA CALZA.

IN diversi tempi furono fatte diverse compagnie di calze; l'ultima fu di molta spesa, che fu à tempi nostri. L'habito, che quivi si vede, haveva nel rovescio del capuccio lungo, et appuntito dalla parte di dietro, la loro impresa con ricami d'oro e di seta: e tutti gli scritti nel numero de' compagni portavano un berettino rosso ò nero tagliato, pendente dalla banda dell'orecchia, et i capelli legati con una cordella di seta, conservandogli lunghi, et folti quanto più potevano. Usavano i giubboni di velluto, ò d'altro drappo di seta, ò d'oro. Le maniche erano allacciate con stringhe assai spesse di seta ò d'oro, con puntali d'oro massiccio: et erano scavezzate nel mezo, et per qual taglio usciva alquanto fuora la camicia. Erano le calze divisate per lungo di varij colori, et una d'esse ricamata di perle et d'altre gioie fino a meza gamba.

COSTUME DES COMPAGNONS DE LA CALZA
(DES CHAUSSES).

IL y eut à différentes époques diverses compagnies de la *calza*, et la dernière, de notre temps, imposait de grandes dépenses. Le vêtement que l'on voit ici avait dans le revers d'un long capuce, et juste à la partie de derrière, leur devise avec des broderies en or et en soie. La coiffure (*berrettino*) de tous les compagnons était rouge ou noire, tailladée et penchée du côté de l'oreille; leurs cheveux, qu'ils portaient longs et aussi touffus que possible, étaient attachés avec une cordelette de soie. Ils faisaient usage de pourpoints de velours, ou d'autre étoffe en soie ou d'or; les manches étaient lacées avec des aiguillettes très-souvent de soie ou d'or, avec des ferrets d'or massif; une ouverture, pratiquée dans le milieu, laissait sortir un peu la chemise. Les bas, dans la longueur, avaient des raies de couleurs diverses, et l'un d'eux était parsemé de perles et d'autres pierres précieuses jusqu'à mi-jambe.

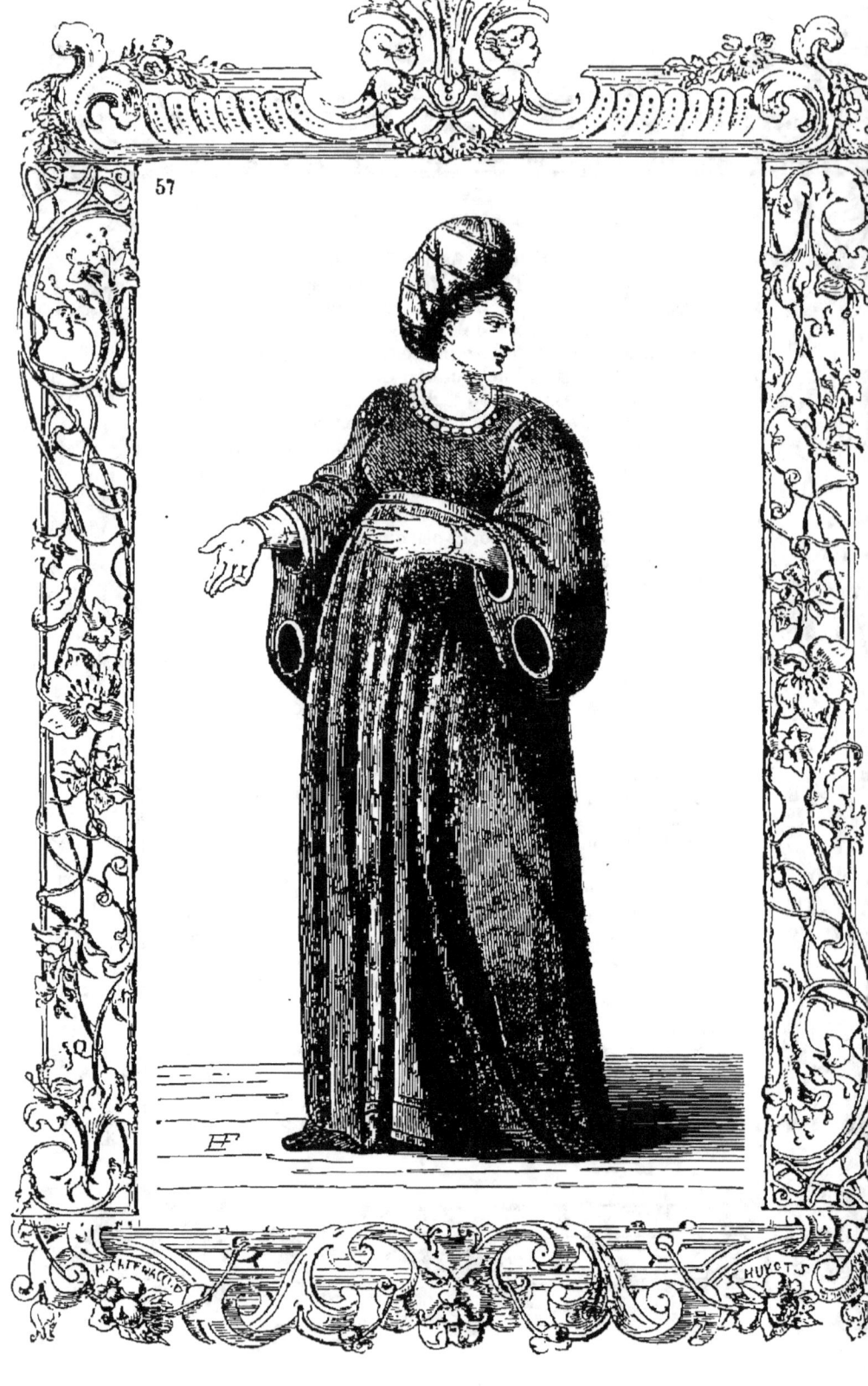

HABITI FORESTIERI ET DELLA CITTA DI VENETIA.

Le nuove maniere di vestire, quasi per la maggior parte, sono in ogni tempo uscite, tanto di maschi, quanto di femine, da' principi. Et io mi ricordo haver veduto un' habito dipinto da buona mano nella chiesa di S. Maria di Cividal di Belluno et in altre città, et è questo, che io vi rappresento, cavato da una gran diversità d'altri habiti, che io vidi nel medesimo luogo. Il conciero è alto, con una veste cinta, et maniche larghe, con certe aperture per commodità di portar diverse cose. Erano gli colori giacinto, et purpura la più parte, ma molto modesto et grato à vedere.

COSTUMES ÉTRANGERS ET DE LA VILLE DE VENISE.

Dans tous les temps, les nouvelles manières de se vêtir, pour les hommes aussi bien que pour les femmes, sont venues des princes en grande partie. Je me rappelle avoir vu un costume peint par une main habile, dans l'église de Sainte-Marie de Bellune et autres villes; c'est celui que je donne ici, et que j'ai choisi parmi d'autres très-divers dont j'ai vu le modèle au même lieu. La coiffure est haute, et la robe, serrée par une ceinture, a de larges manches avec des ouvertures pour y mettre diverses choses. Ce costume, simple et agréable à la vue, était de couleur hyacinthe, et rouge le plus souvent.

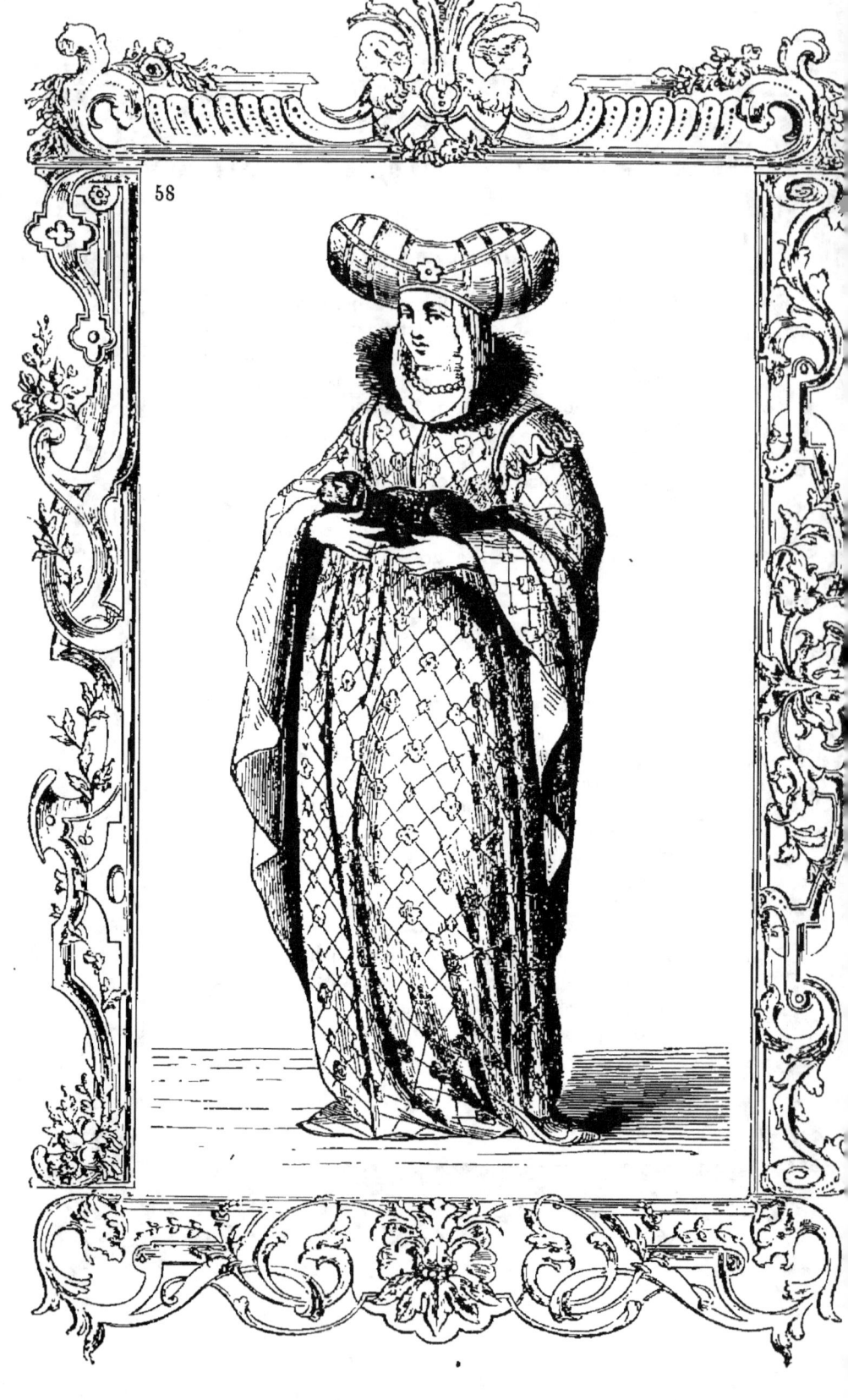

HABITO ANTICO DI VENETIA ET ALTRE CITTA D' ITALIA.

SE bene io hò veduto molti dissimili habiti in Venetia et in molti altri luoghi, et particolarmente in Cividal di Belluno, dove si veggono questi ritratti, in qualche cosa un poco differenti; nondimeno m' è parso di rappresentarvi questo, ch' è d' una donna, la quale al cagnuolo c' ha in braccio, all' antichità et ricchezza de gli ornamenti, et alla grata presenza ch' ella dimostra, si può giudicar donna di gran conditione. L' ornamento della testa era d' un velo bianco, intorniato d' alcune strisce tutte di seta rossa, et un' altro velo poi gli scendeva fin su'l collo. La vesta era ampia, aperta da' fianchi, et cinta dalla parte dinanzi, et nel ritratto si può facilmente il tutto comprender; l' habito hà del grave et del modesto.

ANCIEN COSTUME DE VENISE ET D'AUTRES VILLES D'ITALIE.

PARMI beaucoup de costumes divers que j'ai vus à Venise et ailleurs, et surtout à Bellune, où se trouvent ces portraits, un peu différents entre eux, il m'a semblé convenable de reproduire celui-ci. Par le petit chien que cette femme porte sur les bras, par la richesse et l'antiquité des ornements, aussi bien que par sa belle prestance, on peut juger que c'était une dame de grande condition. L'ornement de la tête se composait d'un voile blanc rayé de quelques bandes toutes en soie rouge, et un autre voile lui descendait sur le cou. La robe était ample et fendue sur les côtés. Le portrait suffit pour faire comprendre tous les détails du costume, qui est grave et modeste.

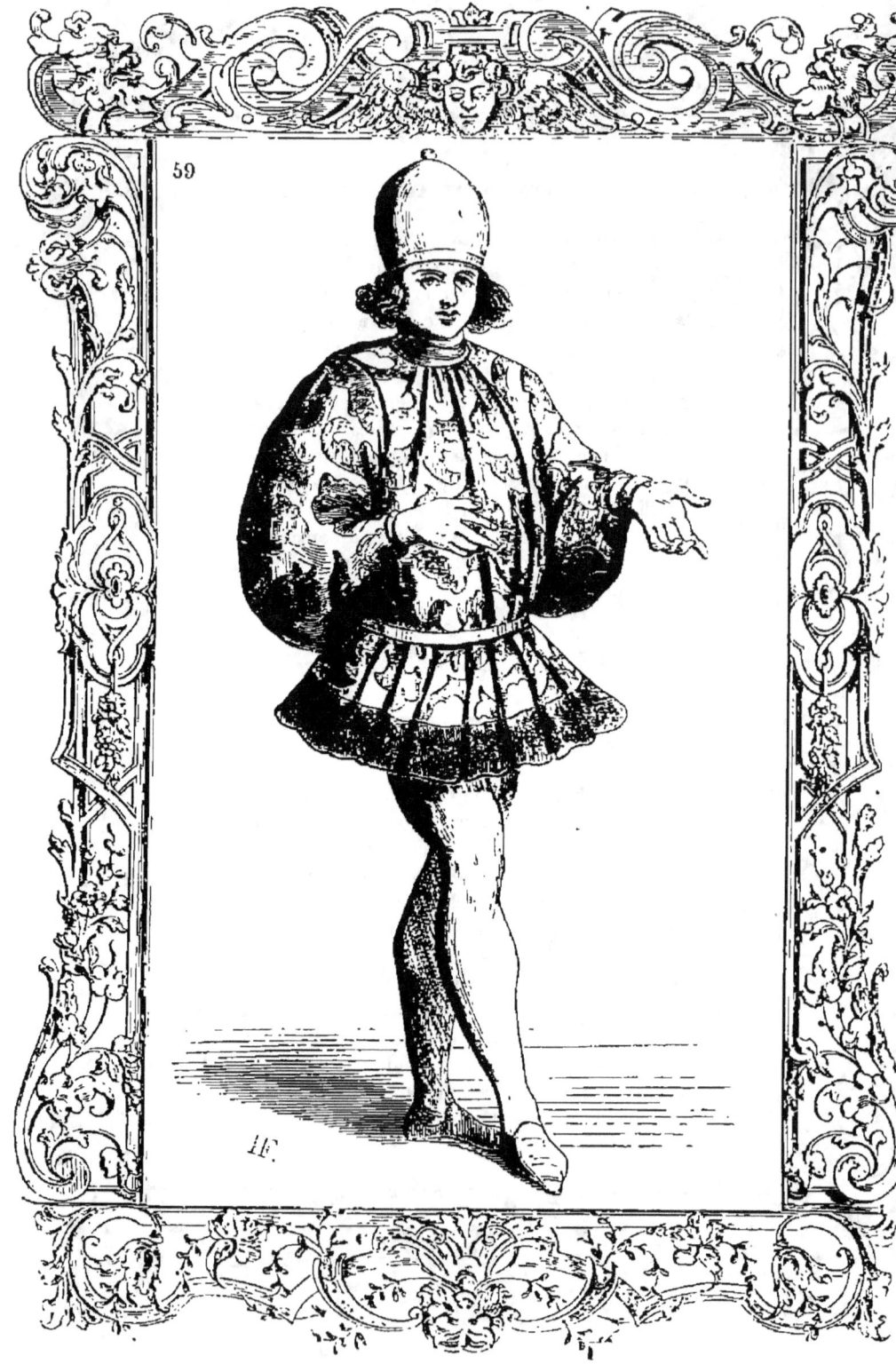

HABITI ANTICHI DI GIOVANI ET ALTRE SORTI DI MEDIOCRE ETA.

Molti et diverse sorte di habiti ricordomi haver trovati in diverse città d'Italia, aiutato da molti amici che desideravano compiacermi; dove, tra molti, nè ho visto con certi capelli alti un braccio, rivolti in sù le ali di dietro, et alcune berrette fatte à pieghe una sopra l'altra tagliate, et erano di color diverse : la qual maniera di vestimento è dipinta sopra certe arche, nelle quali solevano portarsi le robbe delle spose. Et questo, che qui si vede, era il ritratto d'uno sposo con una di quelle berrette rosse. Haveva la veste di damasco maniche à gomito, come qui si vede.

COSTUMES ANCIENS DE JEUNES GENS ET AUTRES D'AGE MOYEN.

Avec l'aide de plusieurs amis qui désiraient me complaire, je me rappelle avoir trouvé diverses espèces de costumes dans différentes villes ; entre autres, j'ai vu un portrait avec des cheveux longs d'une coudée, et formant sur les côtés des ailes enroulées en dessous. Il y avait des bonnets faits à plis coupés l'un sur l'autre et de couleurs diverses. Ces vêtements sont peints sur des bahuts dans lesquels on avait coutume de renfermer tous les objets qui composaient la toilette des épouses. Le portrait qu'on voit ici est celui d'un homme marié, avec un des bonnets dont je viens de parler. Son habit, de damas, avait, comme on le voit, des manches à coude.

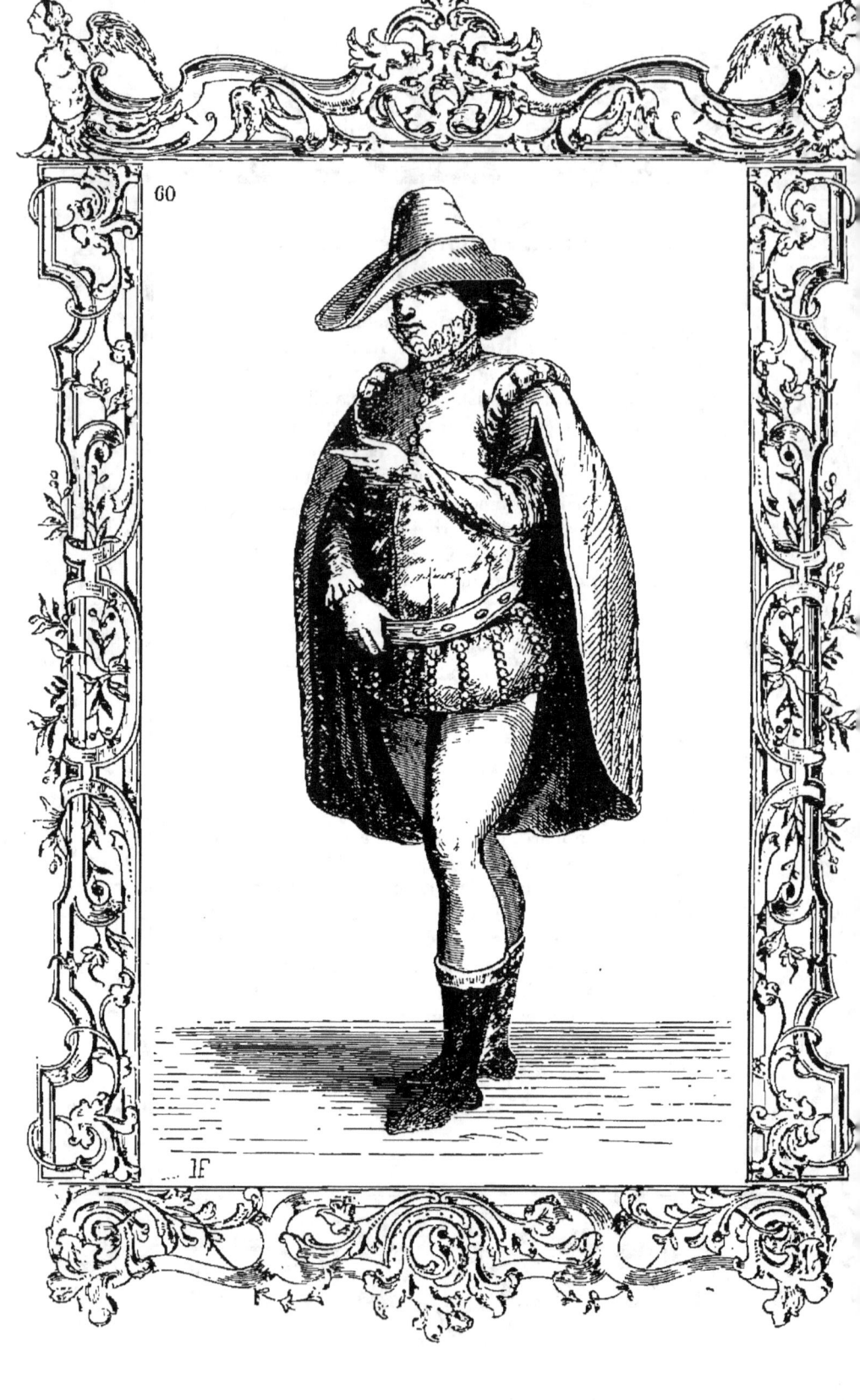

HABITO DELLA GIOVENTU ANTICA D' ITALIA.

Questo habito si usava dalli giovani in Italia nel tempo del tiranno Ezzelino, regnando Ottone imperatore, et per esser molto diverso dalli nostri che hora si usano, mi ha parso degno di rappresentare. Era l'istesso habito di panni di color diverso come rosso, pavonazzo et altro, con scarpe pontite, et certi cappelli diversi; oltre di questo usavano certi bragoni, come nel ritratto si vede, con cintura assai lunga, et molto bassa nella estremità del corpo.

COSTUME DE L'ANCIENNE JEUNESSE D'ITALIE.

Ce costume était porté en Italie à l'époque du tyran Ezzelin, Othon étant empereur; c'est parce qu'il diffère beaucoup du vêtement actuel que j'ai cru devoir le représenter. On employait pour ces habits des draps de couleurs diverses, rouge, violette et autres; on portait des souliers pointus, des chapeaux de formes différentes, et une espèce de justaucorps, comme on le voit dans le portrait, avec une ceinture large et très-basse.

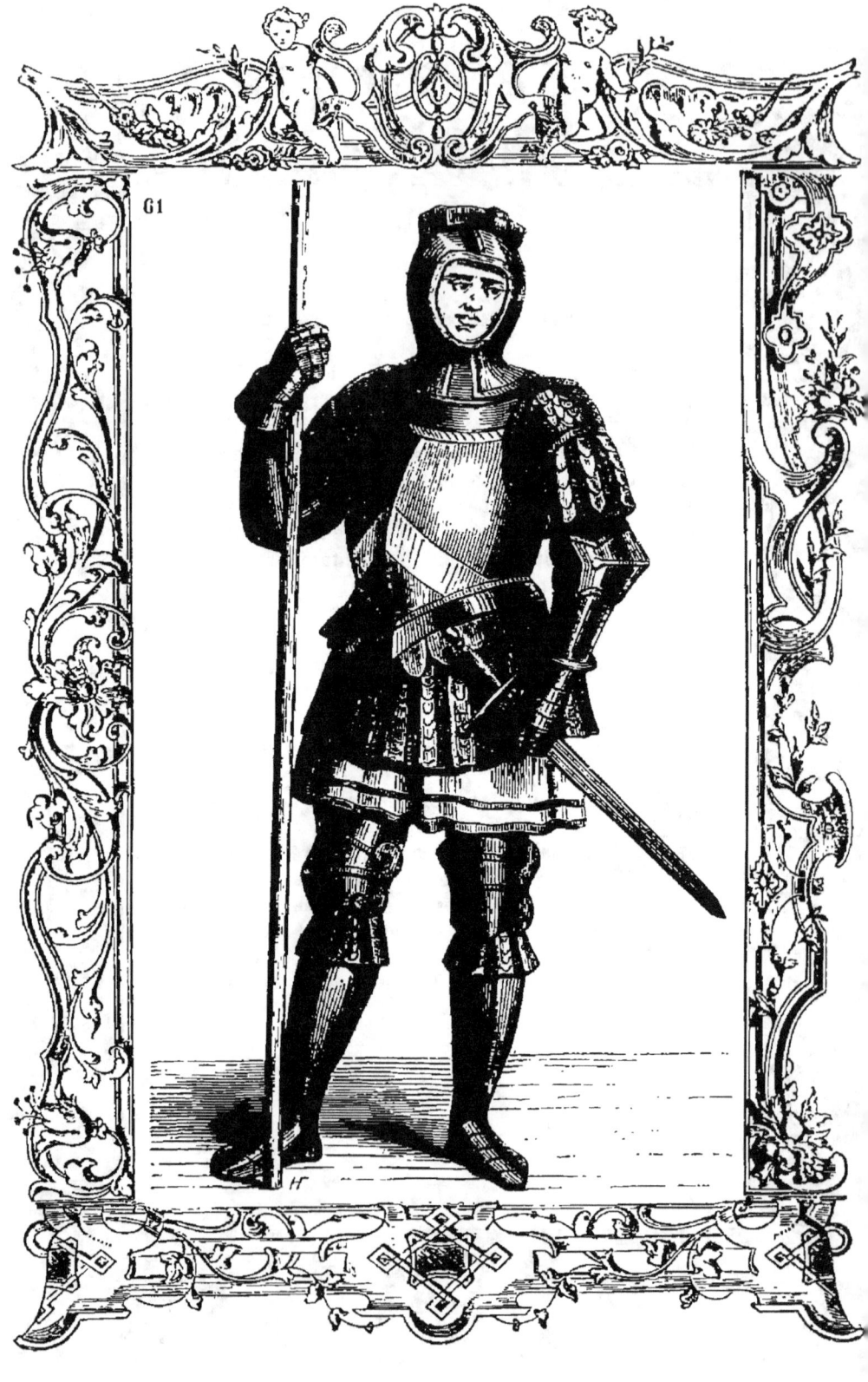

SOLDATI ET HUOMINI D'ARME NEL TEMPO DI RIDOLFO IMPERATORE.

Io ho notato et ritrovato l'arme de' soldati, come gli habiti dell'altre genti, essere stati soggetti alla mutatione; perche alcuni si veggono con le camicie di maglia fino al ginocchio, et un capuccio pur di maglia, et sopra esso un' elmo assai grave con la panciera, et gli schinieri di ferro, et con certi cosciali d'un pezzo di lama sopra la gamba attaccati con una fibbia à mezo la coscia. Alcuni altri trovo armati solamente di corsaletto et di camicia di maglia cadente fino al ginocchio. Delche tutto ho ragionato altrove, et perciò mi basterà qui soggiungere, che nelle guerre maritime s'usavano molto le corazze come armature più commode, come per essempio sono quelle che si conservano nell' arsenale di Venetia et nella camera del consiglio di Dieci: questa sorte di armature è stata usata in Venetia et in altri luoghi, come si vede à S. Helena di due fratelli Loredani, di dove ho cavato questo disegno.

SOLDATS ET HOMMES D'ARMES AU TEMPS DE L'EMPEREUR RODOLPHE.

J'ai remarqué que l'armure des soldats, comme les vêtements des autres personnes, était sujette au changement. On en voit quelques-uns couverts d'une chemise de mailles descendant jusqu'aux genoux, et d'un capuce, également de mailles, surmonté d'un heaume très-lourd; ils portaient la cuirasse, des grèves de fer et des espèces de cuissards faits d'un morceau de lame de fer qui s'attachait à mi-jambe avec une boucle. D'autres ne portaient que le corselet et la chemise de mailles jusqu'aux genoux. J'ai parlé de tout cela ailleurs; il me suffira donc d'ajouter que, dans les guerres maritimes, on faisait un grand usage des cuirasses, comme armure plus commode. Ainsi, par exemple, sont celles que l'on conserve dans l'arsenal de Venise et à la chambre du conseil des Dix. Ces armures étaient d'usage à Venise et autres lieux, comme on le voit à Sainte-Hélène, où les portraits des deux frères Loredani m'ont fourni ce dessin.

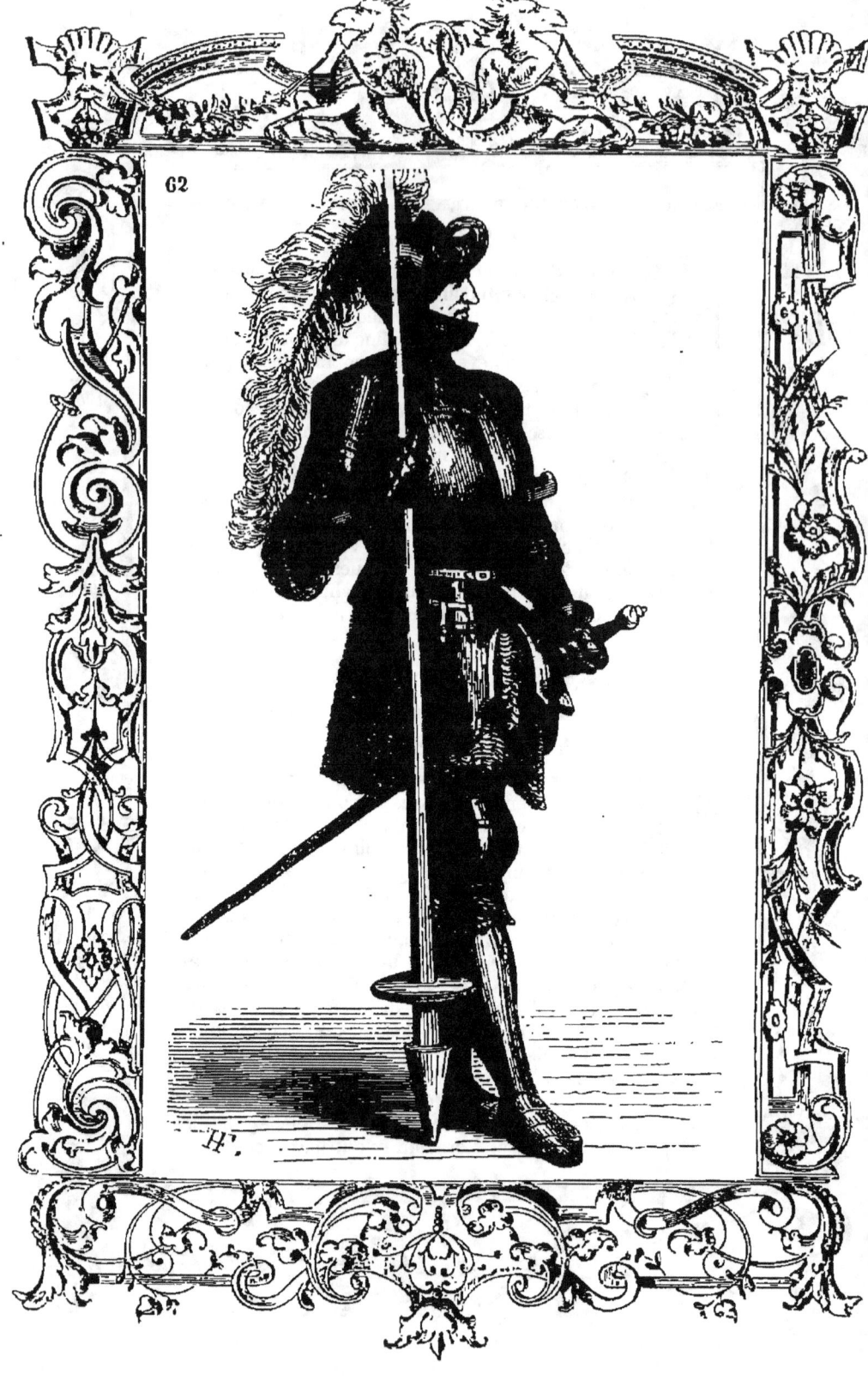

HABITO D' UN' ARMATO DIPINTO DEL NATURALE.

Quest' habito del presente armato è cavato da una tavola, dove è dipinto al naturale di mano di Luigi Vivarino. Et è il ritratto d' un certo Giorgio, che all' armatura mostra l' usanza antica di già dugento anni. Sotto quest' armatura portavano anticamente una camicia di maglia finissima et minuta, pendente fino al ginocchio; ma il suo finimento era d' una piccatura di maglia, che di bellezza et finezza pareggiava quelle che usavano tanto i pedoni quanto i cavallieri romani.

COSTUME D'UN HOMME ARMÉ PEINT AU NATUREL.

J'ai tiré ce costume d'un tableau, où il est peint au naturel par Luigi Vivarino. C'est le portrait d'un certain Giorgio, dont l'armure, par sa forme antique, remonte à deux cents ans. Sous cette armure on portait autrefois une chemise de mailles très-fines, qui descendait jusqu'aux genoux; mais l'extrémité de ce tissu, par sa délicatesse et sa beauté, rivalisait avec ceux du même genre que portaient les fantassins et les cavaliers romains.

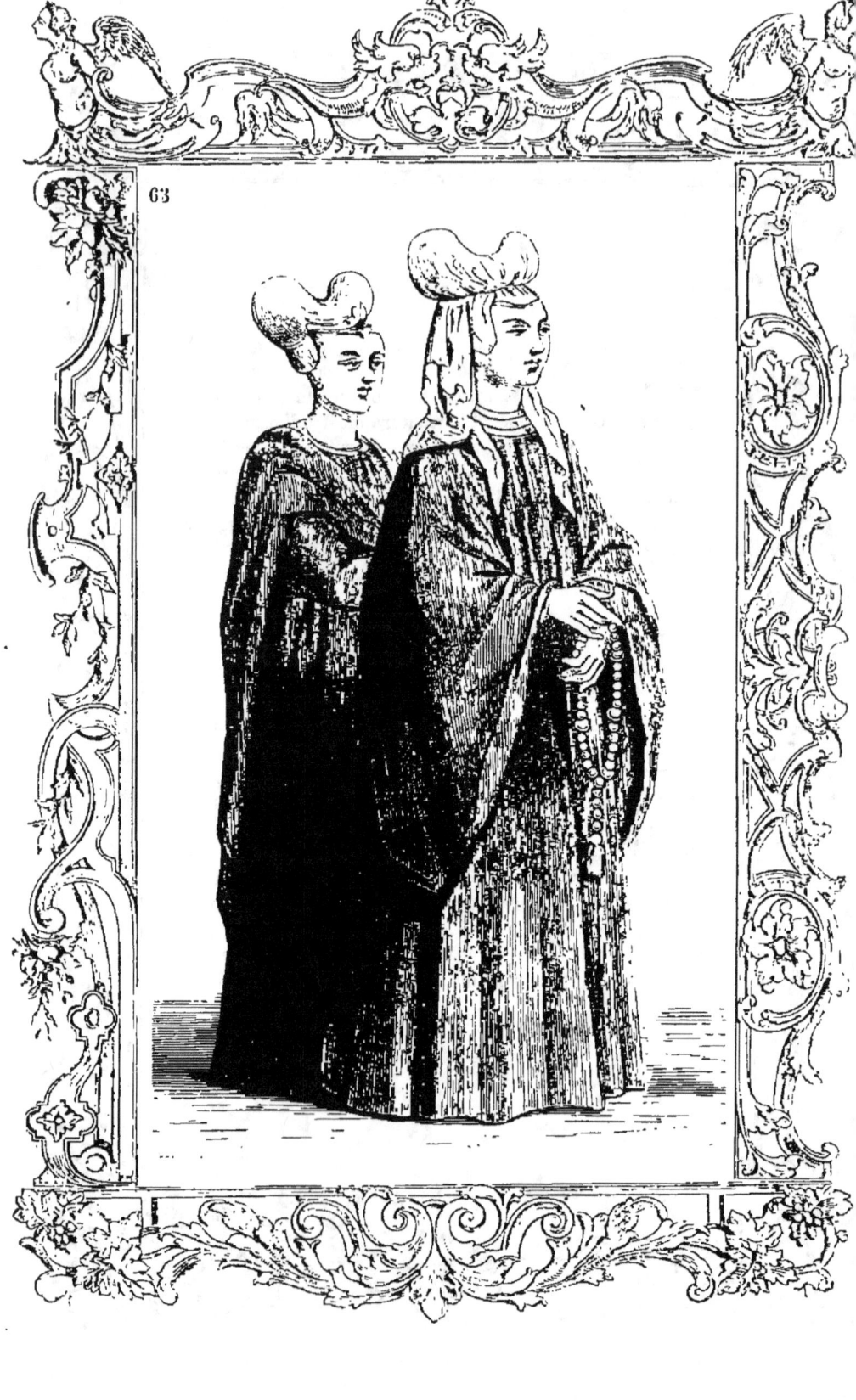

HABITO ANTICO D' ALCUNE VENETIANE.

Io ho trovato quest' habito per tutto simile, benche diverso ne gli ornamenti della testa. Ho trovato dunque nella chiesa del Carmine in Venetia, nella tavola d' un' altare, et nel monasterio di S. Catherina della medesima città, quest' habito, ch' io vi rappresento, il quale più tosto è da religiosa che da donna mondana. Confesso bene di non haver trovato habito simile appresso veruno scrittore. La testa è acconcia in forma di corna, et questa acconciatura di testa cade poi fino all' orecchie. Alcune ve ne sono, c' hanno la testa coperta d' un velo sottilissimo, et hanno una veste lunga fino in terra con le maniche aperte alla dogalina, et per quanto si può ritrarre, di color nero. Alcune altre si veggono con un mantelletto stretto, rivolto sopra le spalle, con le maniche strette, ma la sottana di colore.

ANCIEN COSTUME DE QUELQUES VÉNITIENNES.

J'ai trouvé ce vêtement partout semblable, bien que différent par les ornements de la tête. C'est le devant d'un autel dans l'église *del Carmine* à Venise et dans le monastère de Sainte-Catherine de la même ville, qui m'a fourni ce costume, appartenant plutôt à une religieuse qu'à une femme du monde. J'avoue néanmoins que je n'ai trouvé dans aucun écrivain un vêtement semblable. La coiffure, qui a la forme d'un croissant, descend jusqu'aux oreilles. Quelques femmes ont la tête couverte d'un voile très-fin, et leur robe tombant à terre, avec les manches à la *dogaline*, est de couleur noire autant qu'on peut en juger. Quelques autres portent un petit manteau étroit, relevé sur les épaules, avec les manches étroites; mais la jupe est de couleur.

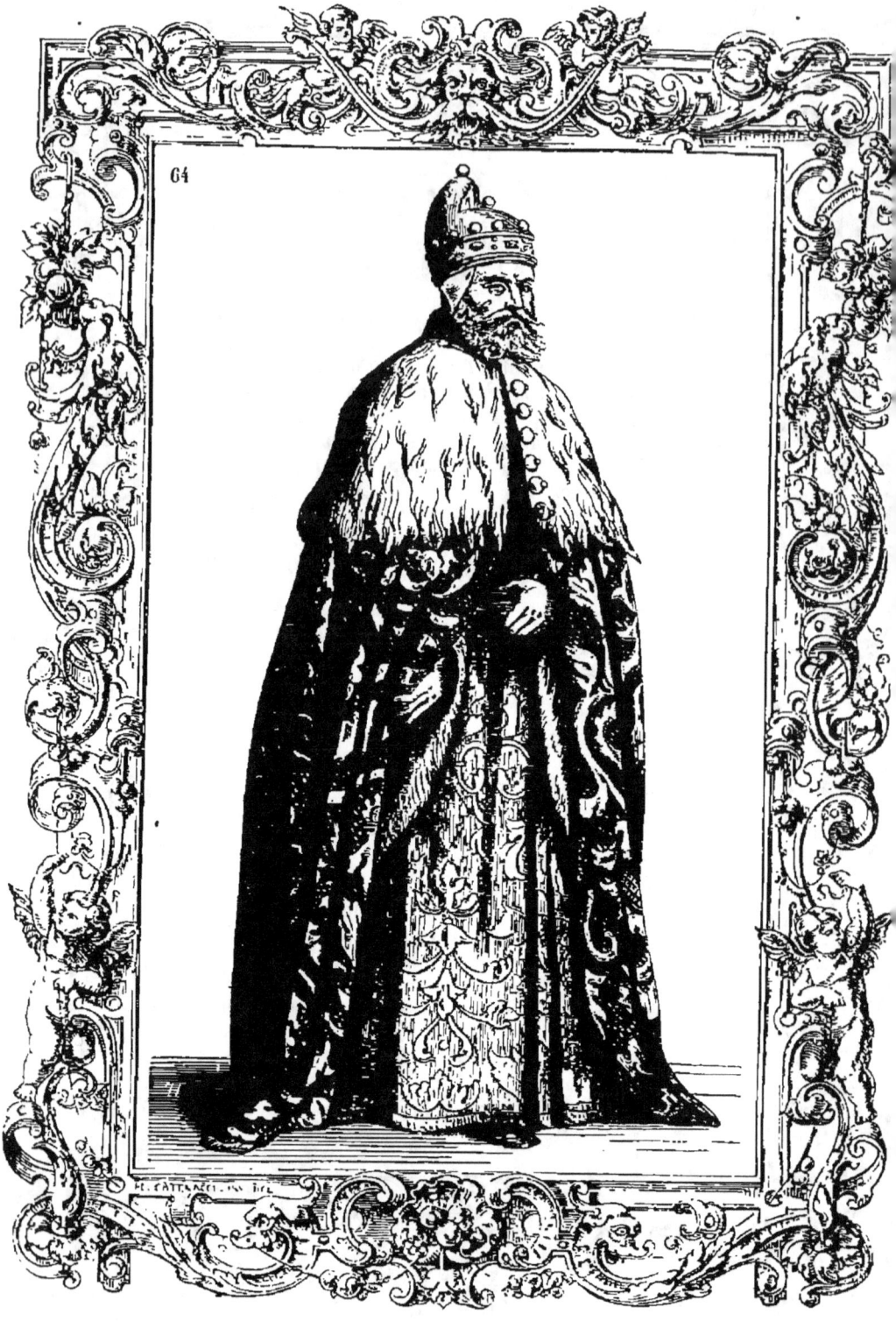

PRINCIPE O DOGE DI VENETIA.

L' Habito usato al presente da' principi si messe in uso fino al tempo del doge Ziani, quando Alessandro Terzo ritrovandosi in Venetia l'anno 1176, et insieme Federigo imperatore, fu instituito che i dogi di Venetia portassero il manto lungo fino à terra, et insieme la sottana della medesima lunghezza, et con lo strascino. Et tanto il manto quanto la sottana e'l corno erano di velluto rosso; ma nondimeno chi volesse saper l'intera verità dell' origine di questo vestire et habito loro, legga il Sansovino nella sua Nova Venetia. Il primo che alterasse il corno et lo riducesse à questa forma col fregio à guisa di corona fu, secondo alcuni, Reniero Zeno del 1249. Avvertiscasi nondimeno che questo è l' habito che il principe porta fuor di casa; perche in casa poi tiene in dosso la dogalina, et in capo una berretta à tagliere, usata ancora da gli ambasciatori che vanno a' principi grandi, et dal bailo che risiede in Costantinopoli, et alle volte usano anco la mozzetta di pelli che copre loro le spalle, affibbiata davanti con bottoni d' oro.

PRINCE OU DOGE DE VENISE.

Le costume actuel des princes remonte au temps du doge Ziani; à cette époque, 1176, le pape Alexandre III se trouvant à Venise avec l'empereur Frédéric, il fut établi que les doges porteraient la tunique et le manteau traînant, avec la queue. Le manteau, la tunique et le *corno* étaient de velours ; néanmoins, si l'on veut savoir l'entière vérité sur l'origine de ce costume et sur sa forme, il faut lire la *Nouvelle Venise* de Sansovino. Le premier qui altéra le corno, et lui donna cette forme avec une garniture imitant la couronne, fut, selon quelques-uns, Reniero Zeno, en 1249. Il est bon de remarquer cependant que le costume est celui que le prince porte dehors; car il a dans le palais la *dogaline*, et sur la tête un bonnet à tailloir (*tagliere*) dont se servent encore les ambassadeurs qui sont envoyés auprès des grands princes, et le baile qui réside à Constantinople. Les doges quelquefois portent aussi la palatine de fourrure, qui couvre leurs épaules et s'agrafe par devant avec des boutons d'or.

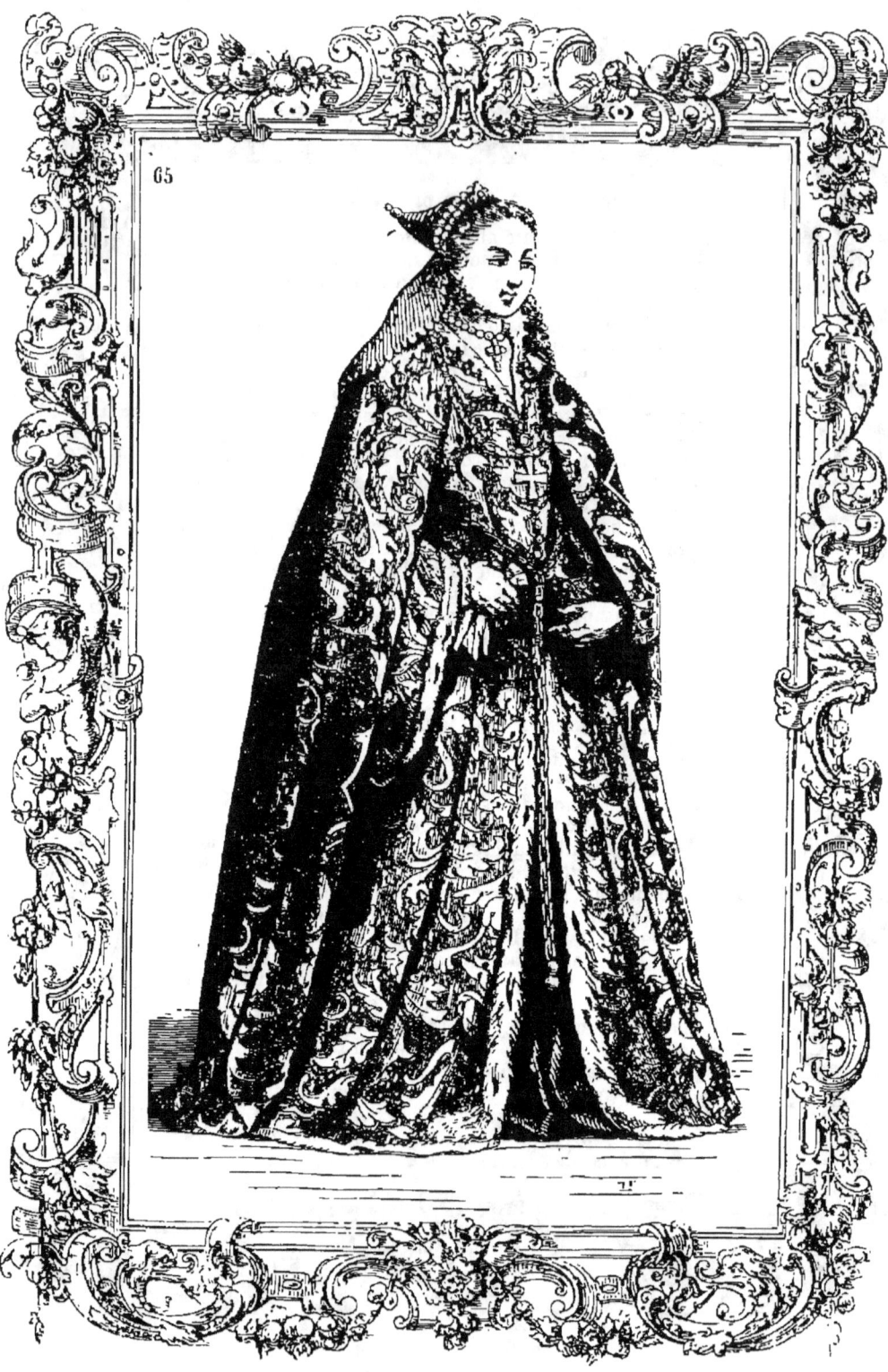

HABITO DELLA PRINCIPESSA O DOGARESSA DI VENETIA.

LA principessa va vestita alla ducale, con una veste di broccato d'oro fino, sopra la quale porta il manto lungo fino in terra, con uno strascino assai largo et lungo. Il corno ch'ella tiene in capo è tempestato d'assai gemme, et accompagnato da un sottilissimo velo di seta che tutto trasparente non contende all'occhio altrui cosa veruna ch'egli coprisse. Al collo sogliono portare perle di grandissima valuta, con collane tramezate di molte altre gioie. Il cinto è in forma d'una catena, il quale, aggirato prima intorno al busto, scende fino a i piedi. La veste è aperta dinanzi fino in terra et tutta foderata d'armellini. L'habito poi che portano queste principesse in privato et per casa è d'una dogalina di velluto ò di raso cremesino, come più loro aggrada, sotto la quale portano una rubba simile; e'l corno in testa pur del medesimo, ma intorniato da una fascia d'oro.

COSTUME DE LA PRINCESSE OU DOGARESSE DE VENISE.

LA princesse est revêtue à la *ducale*, avec une robe de brocart d'or fin, sur laquelle elle porte un manteau qui tombe à terre, et dont la queue est très-ample et très-longue. Le corno qui couvre sa tête, orné d'un grand nombre de pierres précieuses, pose sur un voile de soie très-fin; telle est la transparence de ce voile qu'il ne dérobe aux regards rien de ce qu'il enveloppe. Les dogaresses ont coutume de porter au cou des perles de grande valeur, avec un collier en pierres précieuses. La ceinture, qui a la forme d'une chaîne, descend jusqu'aux pieds. La robe est ouverte sur le devant dans toute sa longueur et toute fourrée d'hermine. Le vêtement ordinaire de ces princesses est une *dogaline* de velours ou de satin cramoisi, selon leur goût, sous laquelle elles portent une robe semblable. La coiffure est de la même étoffe, mais avec un galon d'or.

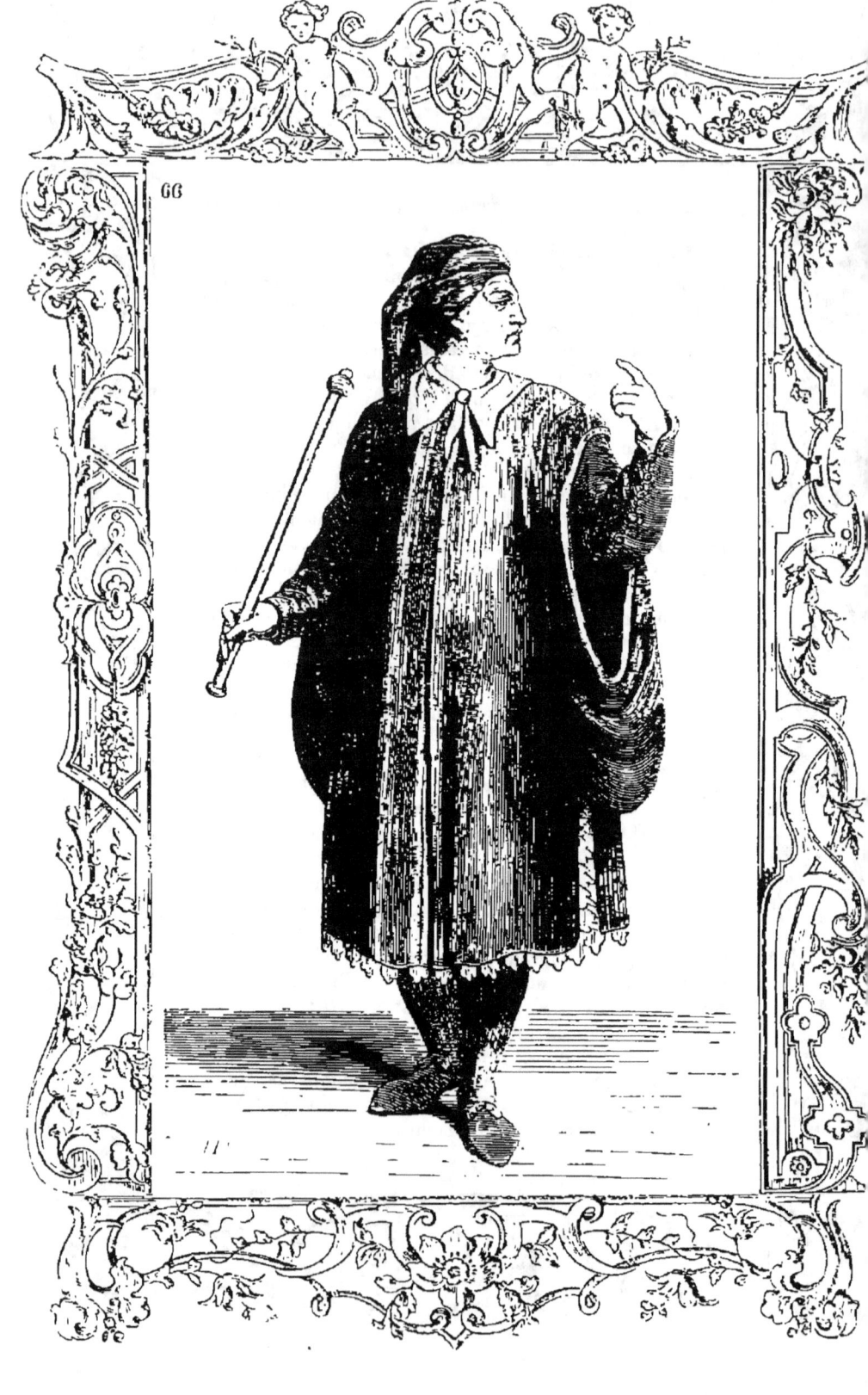

HABITO ANTICO USATO DA' SIGNORI DI CARRARA ET DA ALTRI PERSONAGGI D'ITALIA.

Perche in molti luoghi, così in muri come in tavole, ho veduto dipinto l'habito qui sopraposto, ho voluto in questo luogo rappresentarlo, et farne mostra insieme con gli altri. Al che fare mi movo tanto più volontieri, poi che ritrovo esser d'uno della famiglia di Carrara, signori di Padova, per quanto si può cavare da alcuni ritratti di lui. Il manto era longo fino à mezza gamba, aperto ne' fianchi, et circondati gli orli da alcuni merletti. Le berrette erano nel modo che si vede, et più tosto possono chiamarsi acconciatura di testa che berrette. Queste medesime vesti pare che usasse Ezzelino, ancora nominato per le molte crudeltà usate da lui.

ANCIEN COSTUME DES SEIGNEURS DE CARRARE ET D'AUTRES PERSONNAGES D'ITALIE.

Comme j'ai vu en divers lieux, peint sur les murs ou dans les tableaux, le costume ci-joint, j'ai voulu le donner aussi. Je le fais d'autant plus volontiers qu'il représente un des membres de la famille des Carrara, seigneurs de Padoue, autant qu'il est possible d'en juger d'après quelques portraits de ce personnage. Le manteau, long jusqu'à mi-jambe, ouvert sur les côtés, avait les rebords garnis de dentelle. Le bonnet avait la forme que l'on voit; mais c'était plutôt un ornement de tête qu'un *berretto*. Il paraît qu'Ezzelin, si renommé pour ses nombreuses cruautés, portait le même costume.

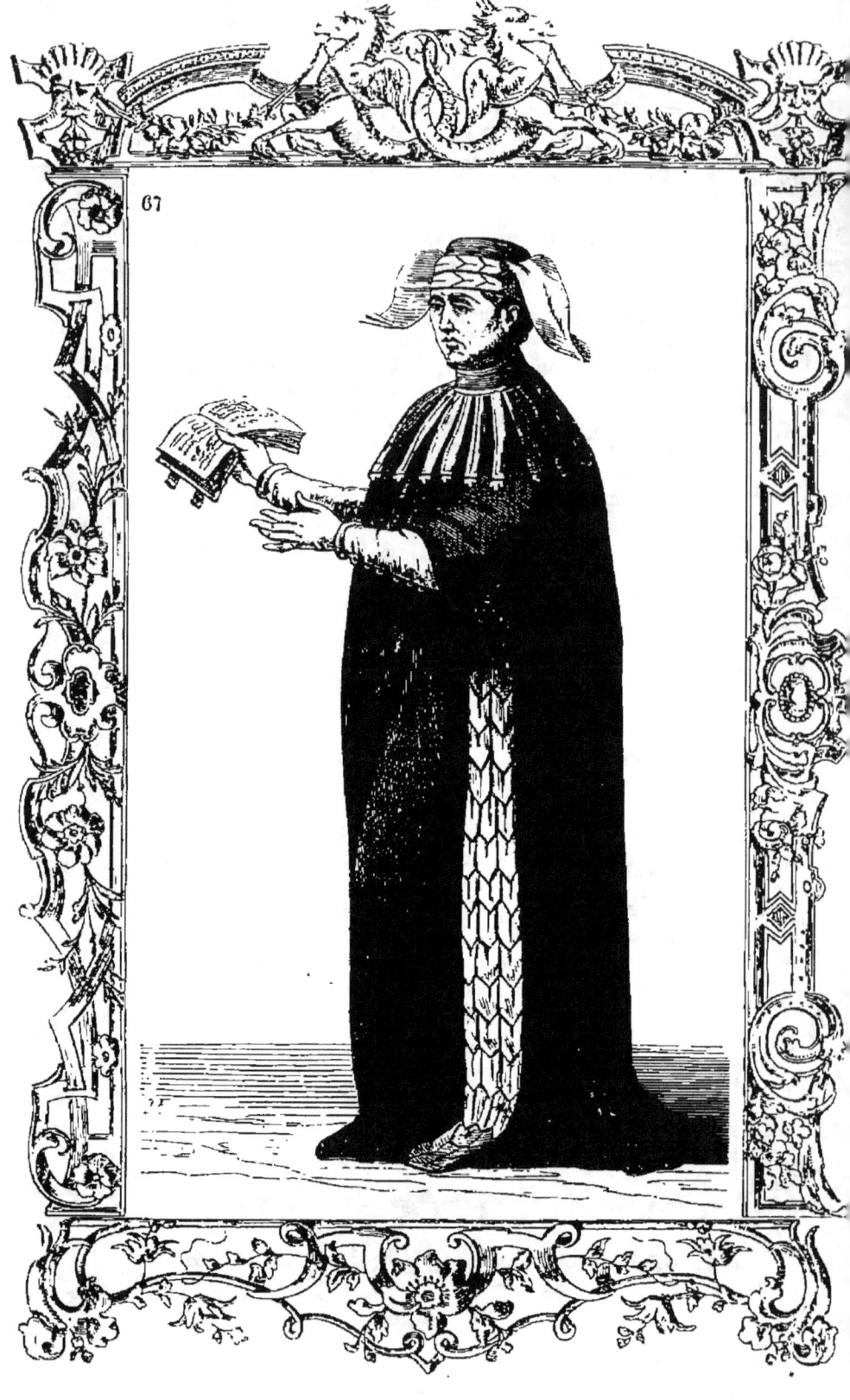

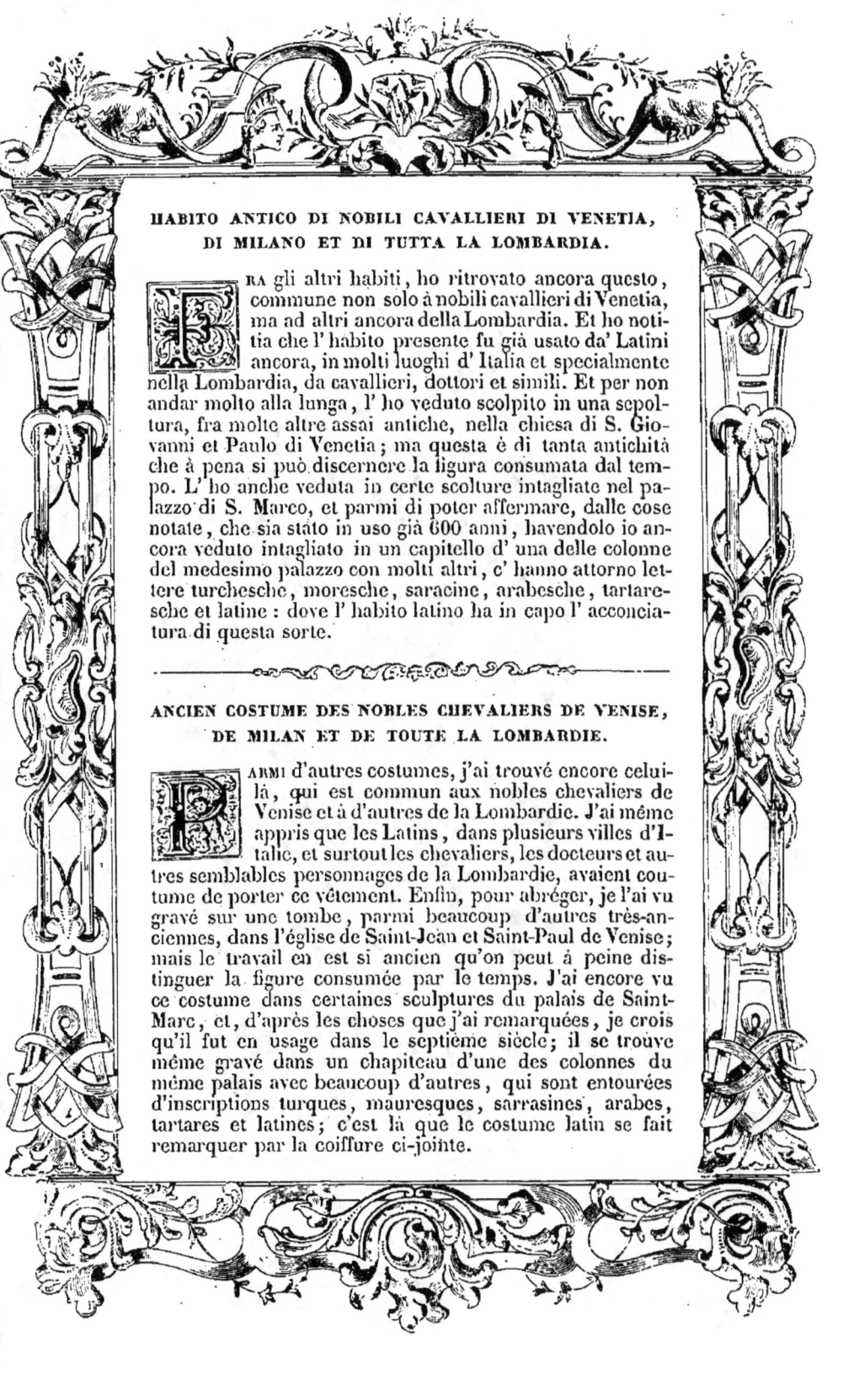

HABITO ANTICO DI NOBILI CAVALLIERI DI VENETIA, DI MILANO ET DI TUTTA LA LOMBARDIA.

Fra gli altri habiti, ho ritrovato ancora questo, commune non solo à nobili cavallieri di Venetia, ma ad altri ancora della Lombardia. Et ho notitia che l'habito presente fu già usato da' Latini ancora, in molti luoghi d'Italia et specialmente nella Lombardia, da cavallieri, dottori et simili. Et per non andar molto alla lunga, l'ho veduto scolpito in una sepoltura, fra molte altre assai antiche, nella chiesa di S. Giovanni et Paulo di Venetia; ma questa è di tanta antichità che à pena si può discernere la figura consumata dal tempo. L'ho anche veduta in certe scolture intagliate nel palazzo di S. Marco, et parmi di poter affermare, dalle cose notate, che sia stato in uso già 600 anni, havendolo io ancora veduto intagliato in un capitello d'una delle colonne del medesimo palazzo con molti altri, c'hanno attorno lettere turchesche, moresche, saracine, arabesche, tartaresche et latine : dove l'habito latino ha in capo l'acconciatura di questa sorte.

ANCIEN COSTUME DES NOBLES CHEVALIERS DE VENISE, DE MILAN ET DE TOUTE LA LOMBARDIE.

Parmi d'autres costumes, j'ai trouvé encore celui-là, qui est commun aux nobles chevaliers de Venise et à d'autres de la Lombardie. J'ai même appris que les Latins, dans plusieurs villes d'Italie, et surtout les chevaliers, les docteurs et autres semblables personnages de la Lombardie, avaient coutume de porter ce vêtement. Enfin, pour abréger, je l'ai vu gravé sur une tombe, parmi beaucoup d'autres très-anciennes, dans l'église de Saint-Jean et Saint-Paul de Venise; mais le travail en est si ancien qu'on peut à peine distinguer la figure consumée par le temps. J'ai encore vu ce costume dans certaines sculptures du palais de Saint-Marc, et, d'après les choses que j'ai remarquées, je crois qu'il fut en usage dans le septième siècle; il se trouve même gravé dans un chapiteau d'une des colonnes du même palais avec beaucoup d'autres, qui sont entourées d'inscriptions turques, mauresques, sarrasines, arabes, tartares et latines; c'est là que le costume latin se fait remarquer par la coiffure ci-jointe.

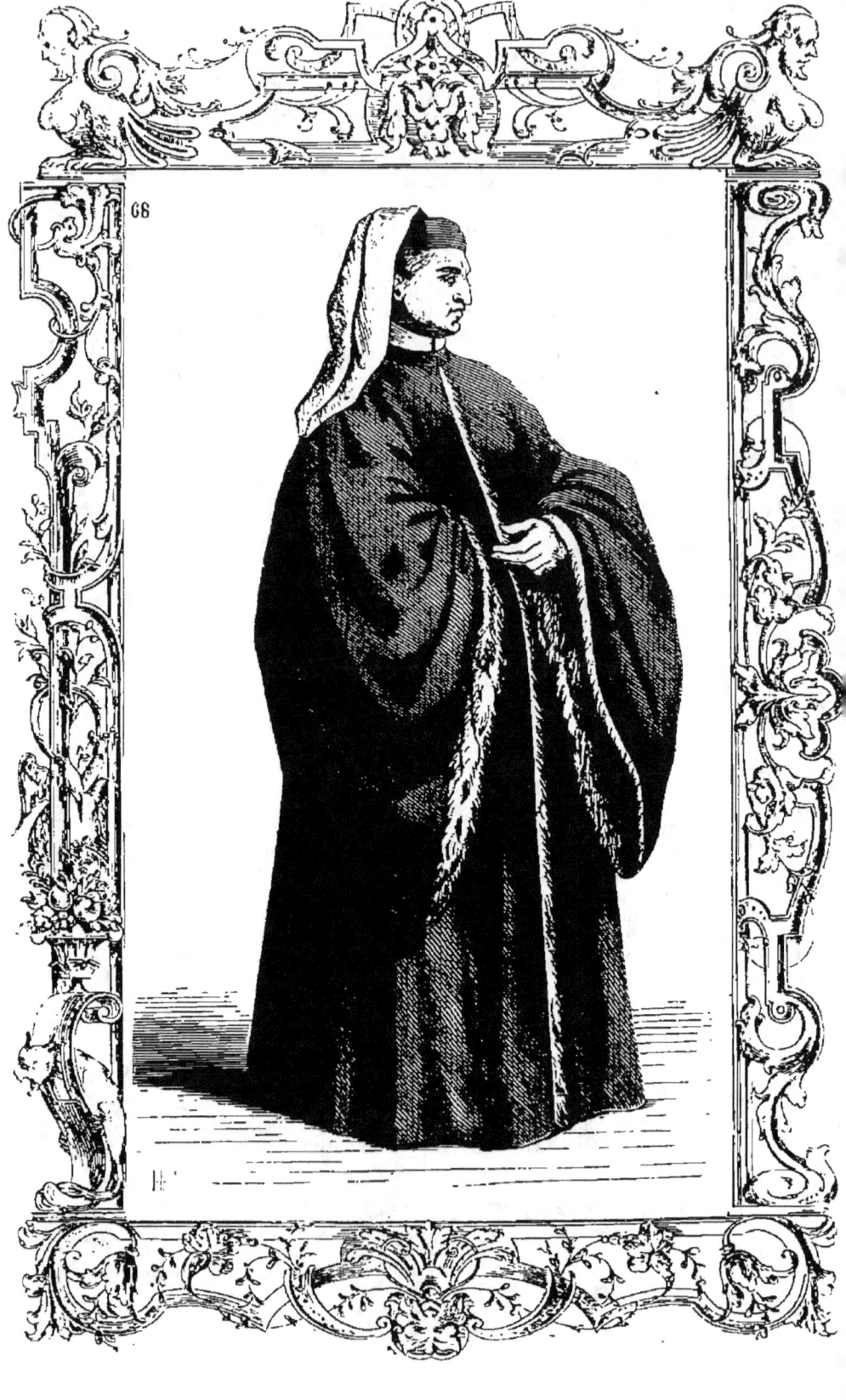

HABITO ANTICO DI SENATORI VENETIANI.

Già più di dugent' anni à dietro vestivano i senatori di Venetia l' habito presente, il quale è di vesti lunghe à guisa di toga, ma non già tanto con le maniche larghe alla ducale come hora. Dicono alcuni che i dottori soli portavano quella berretta con quel panno in capo; i quali, secondo me, s' ingannano. In capo portavano una berretta con un panno attaccato, et forse avvolto à essa berretta, il quale li calava sino sù le spalle; ma essendo sopravenuta in quel tempo una certa infermità di occhi, della quale i medici davano la colpa à questo panno, fu tagliato et disusato come cosa superflua, et in quel cambio si portava sopra una spalla in quel modo che hoggi s' usa nella medesima città di Venetia la stola; gli colori ordinariamente erano di gravità.

ANCIEN COSTUME DES SÉNATEURS VÉNITIENS.

Il y a plus de deux cents ans que les sénateurs de Venise portaient ce vêtement, qui a la forme d'une toge; mais les manches à la *ducale* n'étaient pas aussi larges qu'aujourd'hui. Quelques-uns prétendent que les docteurs seuls portaient ce bonnet avec le drap qui pend de la tête; mais ils se trompent, selon moi. Le drap était attaché au bonnet, autour duquel il s'enroulait peut-être, et retombait sur les épaules; mais une certaine maladie d'yeux étant survenue en ce temps-là, maladie que les médecins attribuaient à cet appendice, il fut coupé et mis hors d'usage comme chose superflue. Alors on porta l'étoffe sur l'épaule, comme on le fait aujourd'hui à Venise pour la stole; les couleurs étaient ordinairement sombres.

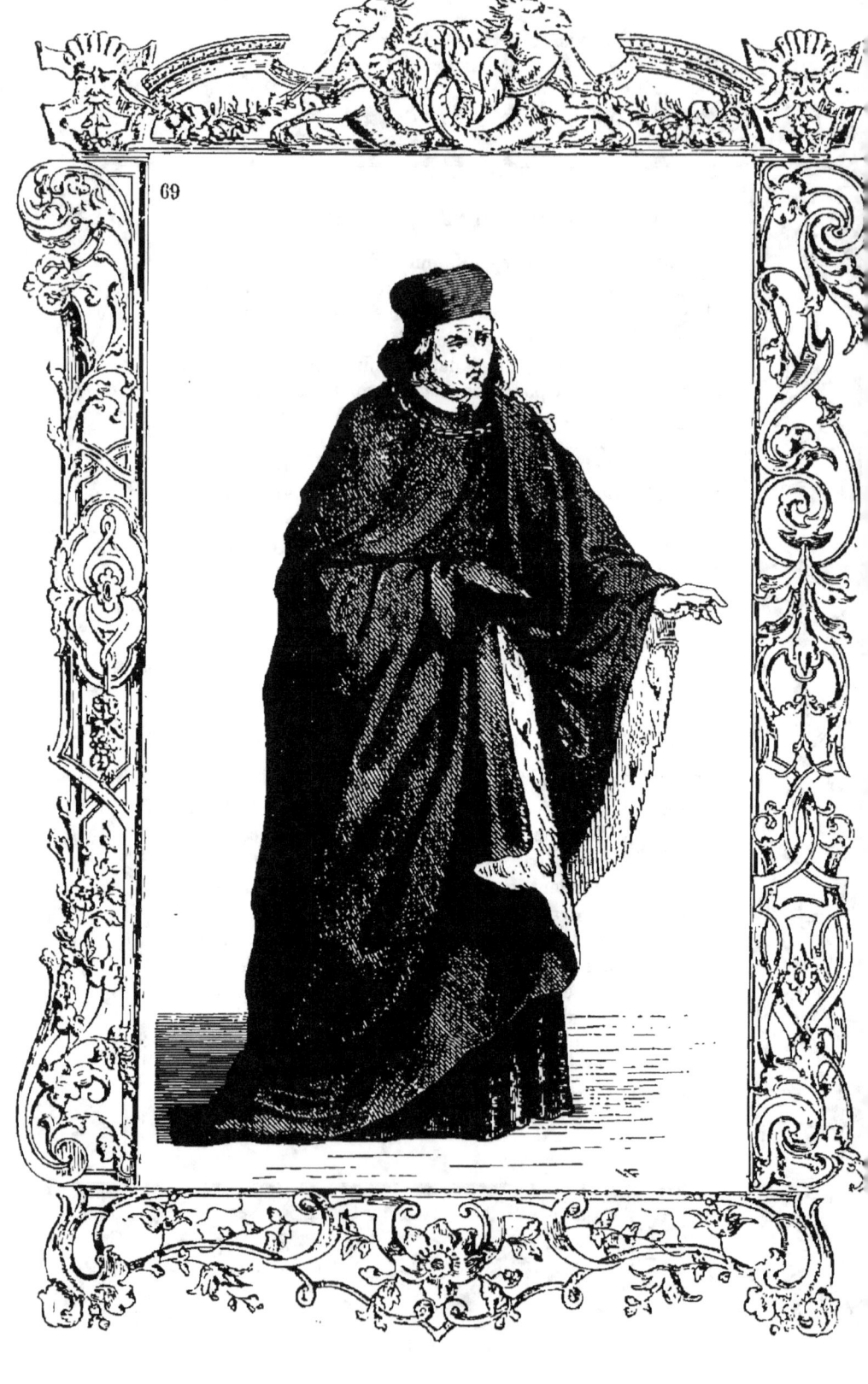

AMBASCIATORI ET CONSOLI MANDATI IN SORIA ET IN ALTRE PARTI.

Questi signori portavano un manto largo affibbiato sopra le spalle d' alcuni bottoni d' oro, et dalla parte sinistra aperto fino in terra, con una collana d' oro al collo, ma ricca di molte gioie. Sotto il manto poi haveva una sottana da senatore con le maniche aperte, et massime quando egli doveva parlare col Gran Signore. Tale in quei tempi fu l' habito de gli ambasciatori di quella republica, usato da' generali, i quali portavano di più la berretta ducale, come si vederà nell' habito del general moderno.

AMBASSADEURS ET CONSULS ENVOYÉS EN SYRIE ET AUTRES LIEUX.

Ces personnages portaient un manteau attaché sur les épaules avec des boutons d'or, et fendu sur le côté gauche jusqu'à terre; ils avaient au cou un collier d'or orné de pierres précieuses. Le manteau recouvrait une tunique de sénateur avec les manches ouvertes; ce costume était surtout de rigueur lorsqu'ils devaient s'entretenir avec le Grand Seigneur. Tel fut, à cette époque, le vêtement des ambassadeurs de la république, et même des généraux, qui de plus portaient le bonnet ducal, comme on le verra dans le costume du général moderne.

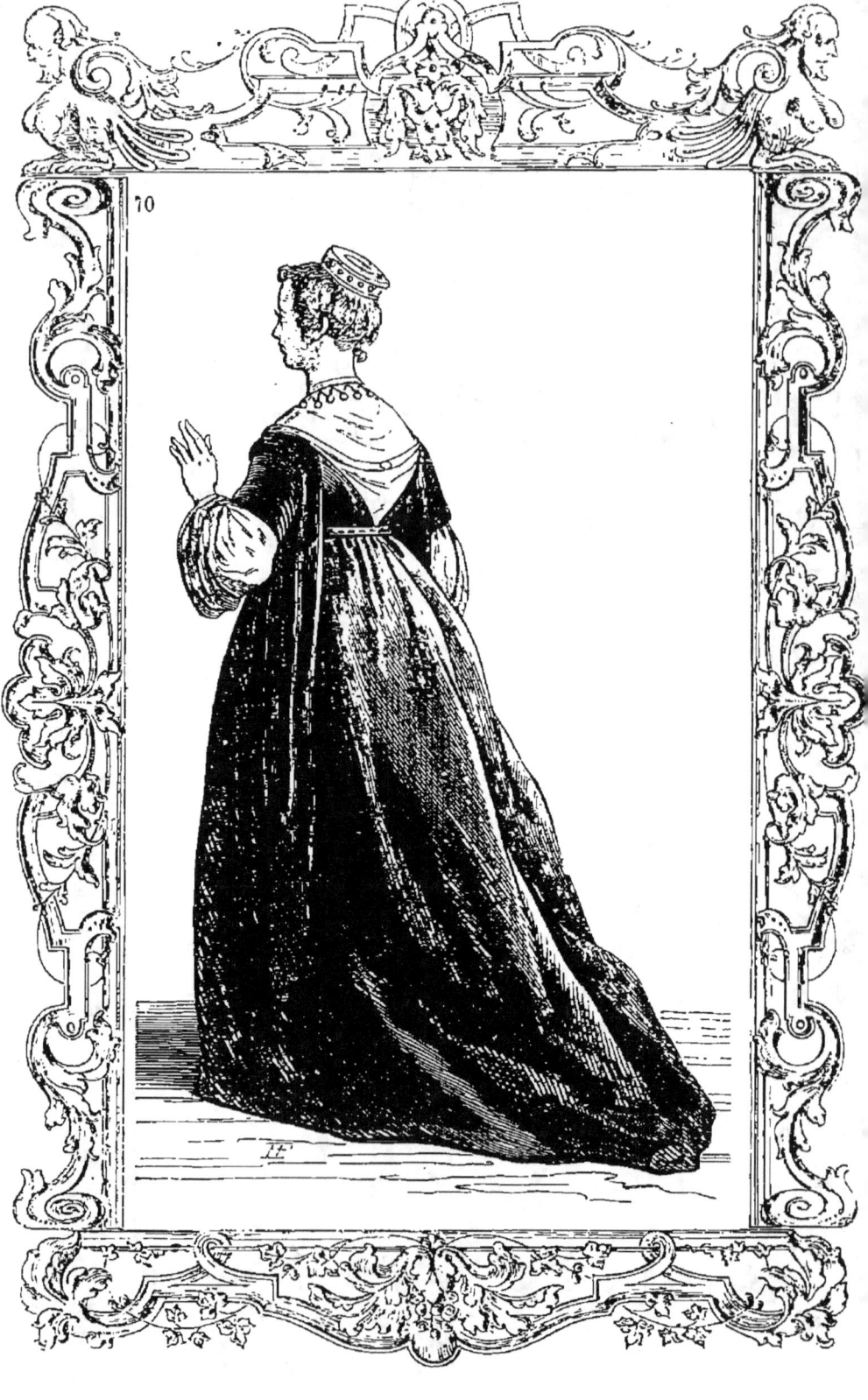

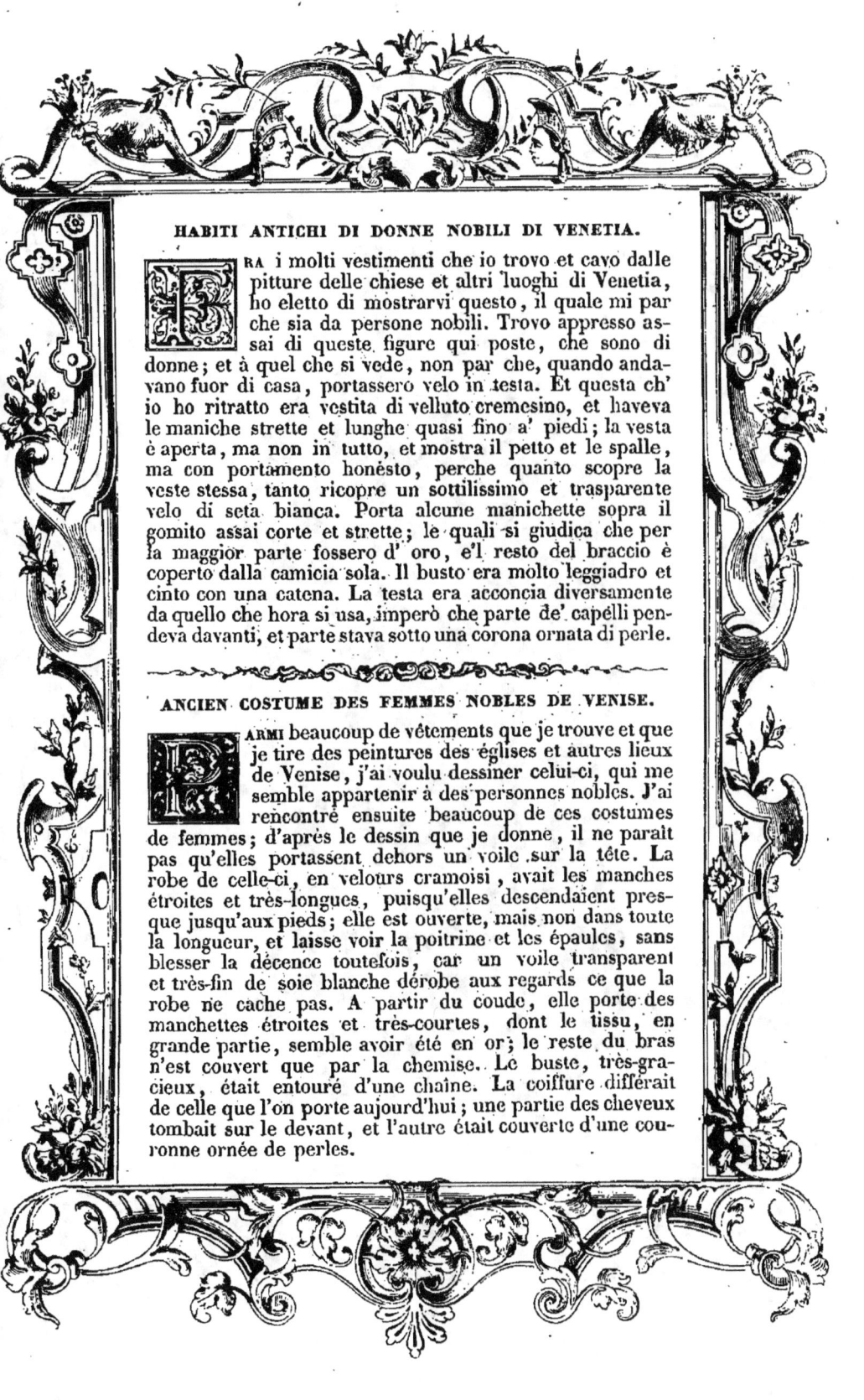

HABITI ANTICHI DI DONNE NOBILI DI VENETIA.

Fra i molti vestimenti che io trovo et cavo dalle pitture delle chiese et altri luoghi di Venetia, ho eletto di mostrarvi questo, il quale mi par che sia da persone nobili. Trovo appresso assai di queste figure qui poste, che sono di donne; et à quel che si vede, non par che, quando andavano fuor di casa, portassero velo in testa. Et questa ch' io ho ritratto era vestita di velluto cremesino, et haveva le maniche strette et lunghe quasi fino a' piedi; la vesta è aperta, ma non in tutto, et mostra il petto et le spalle, ma con portamento honesto, perche quanto scopre la veste stessa, tanto ricopre un sottilissimo et trasparente velo di seta bianca. Porta alcune manichette sopra il gomito assai corte et strette; le quali si giudica che per la maggior parte fossero d' oro, e'l resto del braccio è coperto dalla camicia sola. Il busto era molto leggiadro et cinto con una catena. La testa era acconcia diversamente da quello che hora si usa, imperò che parte de' capelli pendeva davanti, et parte stava sotto una corona ornata di perle.

ANCIEN COSTUME DES FEMMES NOBLES DE VENISE.

Parmi beaucoup de vêtements que je trouve et que je tire des peintures des églises et autres lieux de Venise, j'ai voulu dessiner celui-ci, qui me semble appartenir à des personnes nobles. J'ai rencontré ensuite beaucoup de ces costumes de femmes; d'après le dessin que je donne, il ne paraît pas qu'elles portassent dehors un voile sur la tête. La robe de celle-ci, en velours cramoisi, avait les manches étroites et très-longues, puisqu'elles descendaient presque jusqu'aux pieds; elle est ouverte, mais non dans toute la longueur, et laisse voir la poitrine et les épaules, sans blesser la décence toutefois, car un voile transparent et très-fin de soie blanche dérobe aux regards ce que la robe ne cache pas. A partir du coude, elle porte des manchettes étroites et très-courtes, dont le tissu, en grande partie, semble avoir été en or; le reste du bras n'est couvert que par la chemise. Le buste, très-gracieux, était entouré d'une chaîne. La coiffure différait de celle que l'on porte aujourd'hui; une partie des cheveux tombait sur le devant, et l'autre était couverte d'une couronne ornée de perles.

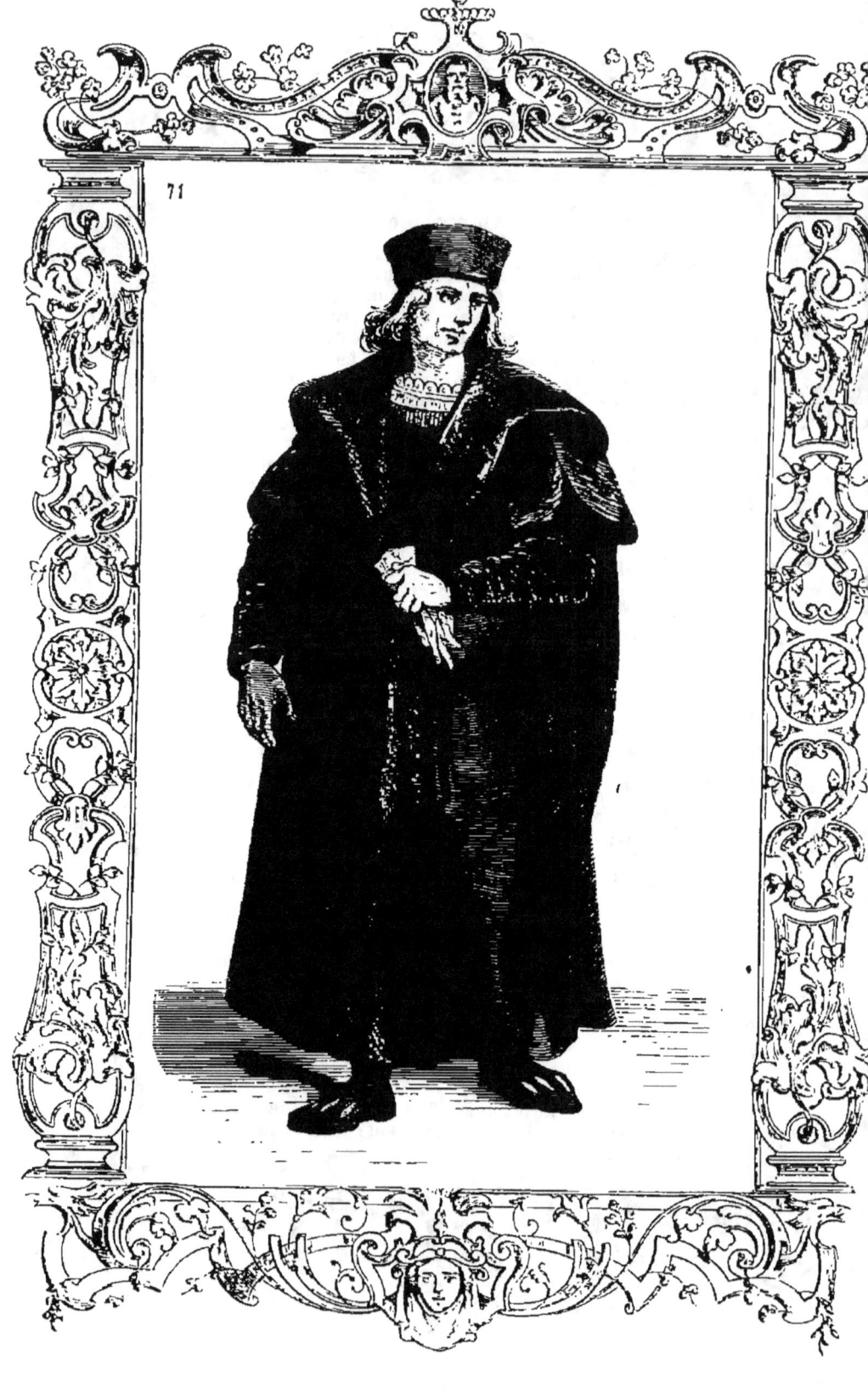

CITTADINI O MERCANTI VENETIANI IN SORIA.

SOLEVANO anticamente nella Soria et ne' luoghi vicini dar più opera i cittadini di Venetia al traffico delle mercantie che al presente non fanno, et quasi tutti andavano vestiti d'un giubbone di velluto ò di raso cremesino, tutto listato di colori et senza collare. Portavano le calze rosse, ò nere, ò pavonazze, con le scarpe di velluto. La veste era con le maniche lunghe, foderata di velluto ò di raso, senza collare, ma con un pettorale che capiva l'apertura et si legava sotto il braccio con le stringhe di seta. Portavano una camicia increspata, l'uso della quale rimase poi per molto tempo in Italia. Fiorì in questo tempo l'uso delle calze alla martingalla, et sotto la veste si portava una cintura con fornimenti d'argento, et coltelli attaccati ad essa con certe catenelle pur d'argento.

CITOYENS OU MARCHANDS VÉNITIENS EN SYRIE.

LES citoyens de Venise s'occupaient autrefois plus qu'aujourd'hui de leur commerce avec la Syrie et les autres pays voisins. Presque tous portaient un pourpoint de velours ou de satin cramoisi, tout bigarré de couleurs et sans collet. Leurs bas étaient rouges, noirs ou violets, et leurs souliers, de velours. Leur vêtement, à longues manches, était doublé de velours ou de satin, et n'avait pas de collet, mais un pectoral qui couvrait l'ouverture et s'attachait sous le bras avec des lacets de soie. Ils portaient une chemise plissée, dont l'usage se conserva longtemps en Italie. A cette époque, les bas à la martingale furent en grande vogue; on portait encore sous le vêtement une ceinture garnie d'argent, à laquelle on attachait des poignards avec des chaînettes d'argent.

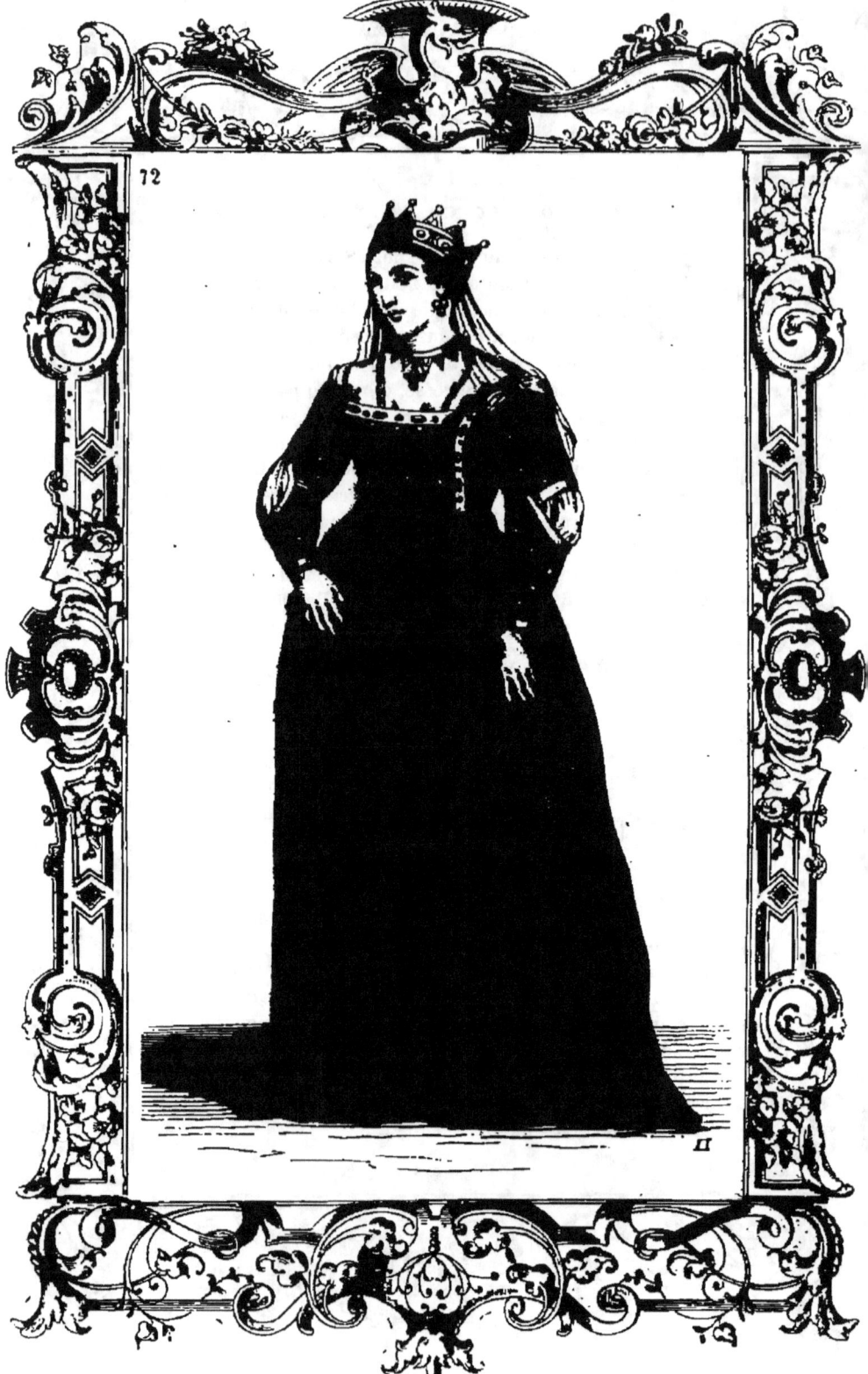

HABITI ET USANZE DELLE SPOSE ANTICHE VENETIANE.

Usavano queste spose una corona in testa à modo di regina, carica di perle et di gioie, sotto la quale s'attacca et scende su le spalle un velo sottile et trasparente, co' capelli non ricci, ma distesi, et parte d'essi cadenti presso all'orecchie, dove fanno bello ornamento. All'orecchie portavano pendenti di tre perle l'uno, congegnate insieme et legate in oro; et al collo un'ornamento di gemme et d'oro, con certi merletti, che facevano molto bella veduta. Il petto et le spalle erano scoperte: da quell'ornamento d'oro pendeva una picciola catena gioiellata, che cadeva et si nascondeva fin dentro al petto frà l'una et l'altra mammella, le quali si coprivano con un pettorale di panno d'oro, il quale mettevano sopra il busto della veste, et à questo medesimo pettorale, tutto riccamato di perle et ornato nel mezzo d'altre gioie, stavano unite le maniche aperte nel gomito.

COSTUMES ET MODES DES ANCIENNES FEMMES MARIÉES DE VENISE.

Ces femmes portaient, à l'exemple des reines, une couronne chargée de perles et de pierres précieuses. Un voile fin et transparent s'attache sous cette couronne; les cheveux ne sont pas frisés, mais tissés, et une partie tombe près des oreilles, où ils forment un bel ornement. Elles avaient aux oreilles des pendants de trois perles chacun, formant un groupe et enchâssées dans de l'or; au cou, une parure de pierres précieuses et d'or avec de la dentelle, ce qui faisait un très-bel effet. De cette parure pendait une chaînette enrichie de pierres précieuses, qui tombait et se cachait entre les deux seins; la gorge était couverte d'un pectoral en drap d'or, qu'on mettait sur le corsage de la robe; c'est à ce pectoral, tout enrichi de perles et orné au milieu d'autres pierres précieuses, que s'attachaient les manches ouvertes au coude.

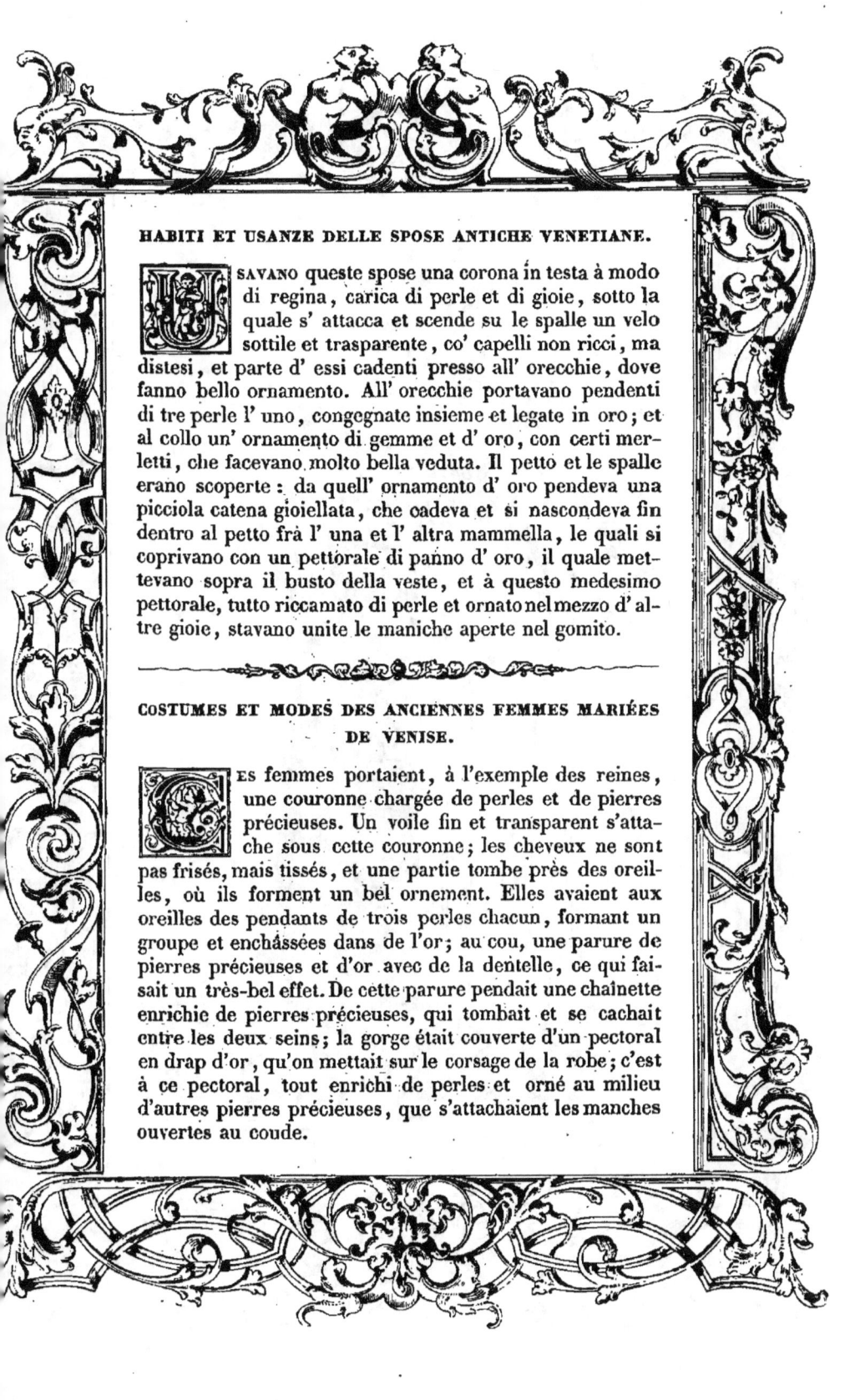

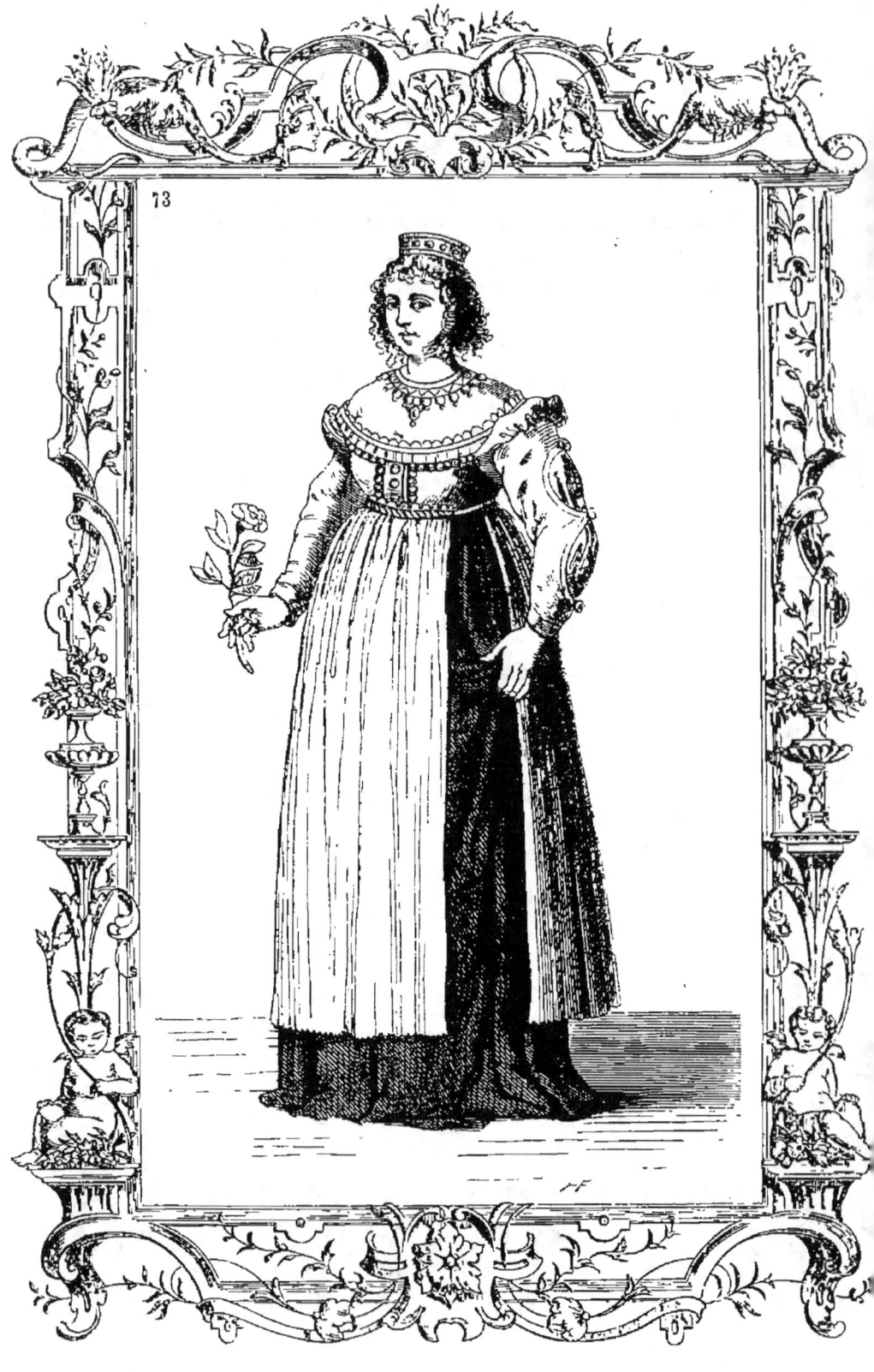

DONZELLA ANTICA DA MARITARE.

HA questa donzella un busto assai corto, che à pena le copre la più bella parte del petto, fuor del quale escono all' intorno i merli della camicia: portamento che rendeva le spalle assai belle, et massime di donna formata et piena di carne. Il busto è fregiato intorno da una lista di tela d' oro; et un' altra lista simile, ma più lunga, tramezava il busto. Usavano le maniche variate, et mi ricordo haverne vedute con maniche d' oro, et busti con assai perle; et queste maniche erano aperte dietro, ricamate, et affibbiate con bottoni d' oro, et frà quelle aperture usciva la camicia. Le vesti erano lunghe fino in terra, et di quel colore che più loro piaceva. Questa ch' io vi rappresento haveva un rocchetto di seta bianca, crespa et trasparente, diviso in due parti, il quale si legava alla cintura, et era fatto à opera, onde faceva un bellissimo et allegro vedere.

ANCIENNE DEMOISELLE A MARIER.

CETTE jeune fille a un corsage très-court, qui couvre à peine la plus belle partie de la poitrine, sur laquelle on voit la dentelle qui garnit la chemise. Cette mode embellissait beaucoup les épaules, surtout celles d'une femme déjà formée et grasse. Une bande d'étoffe d'or entourait le buste, dont le milieu était coupé par une autre bande semblable, mais plus large. Elles portaient des manches de formes diverses, et je me rappelle en avoir vu avec des manches d'étoffe d'or et avec des corsages chargés de perles. Ces manches étaient ouvertes par derrière, brodées et attachées avec des boutons d'or; la chemise sortait par les ouvertures. La couleur des robes, qui tombaient jusqu'à terre, n'était déterminée que par le goût. Le costume que je représente avait une espèce de rochet de soie blanche, crêpée et transparente; divisé en deux parties, il s'attachait à la ceinture, et, comme il était ouvré, il produisait un effet magnifique.

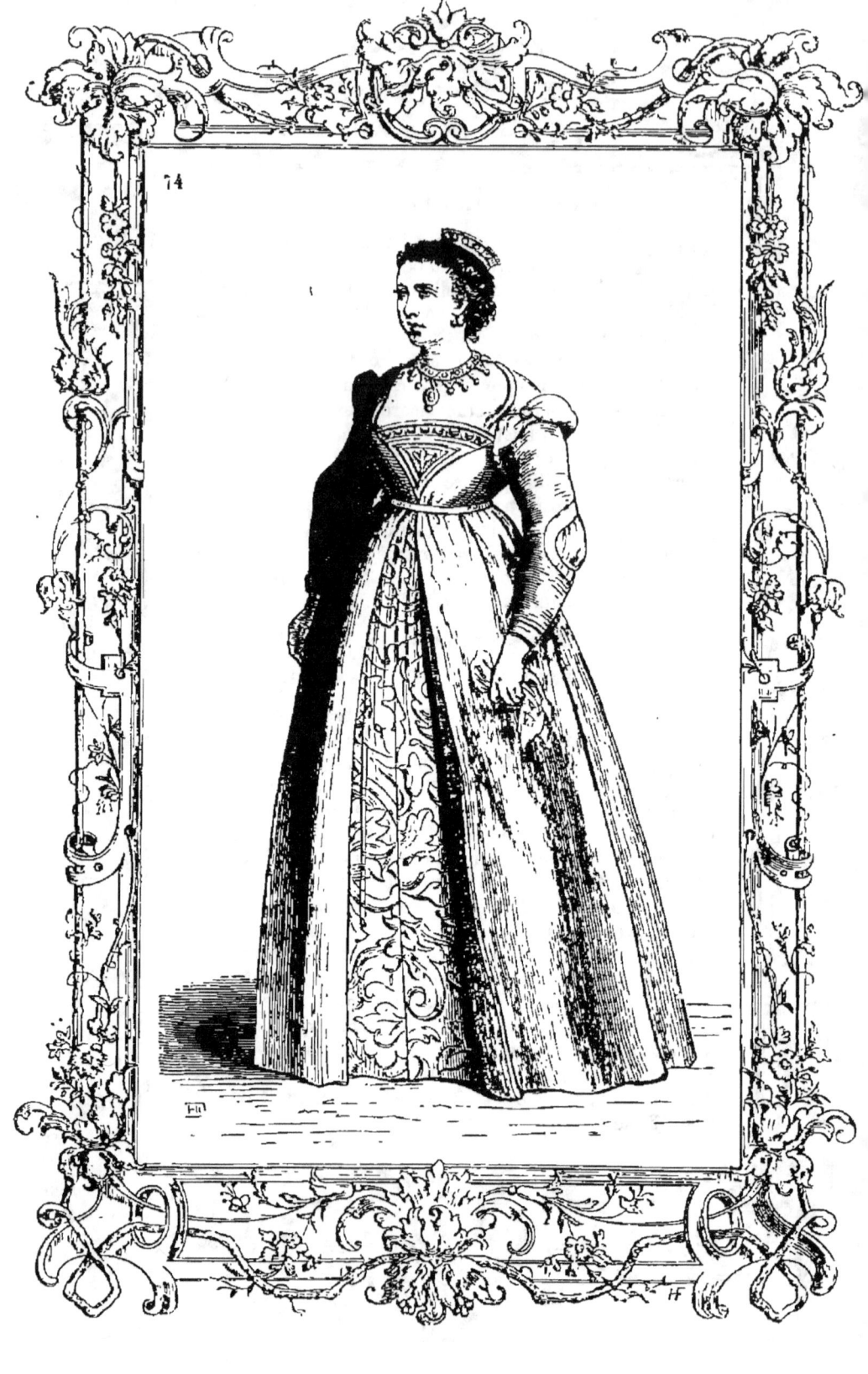

UN' ALTRA DONZELLA VARIATA D' HABITO.

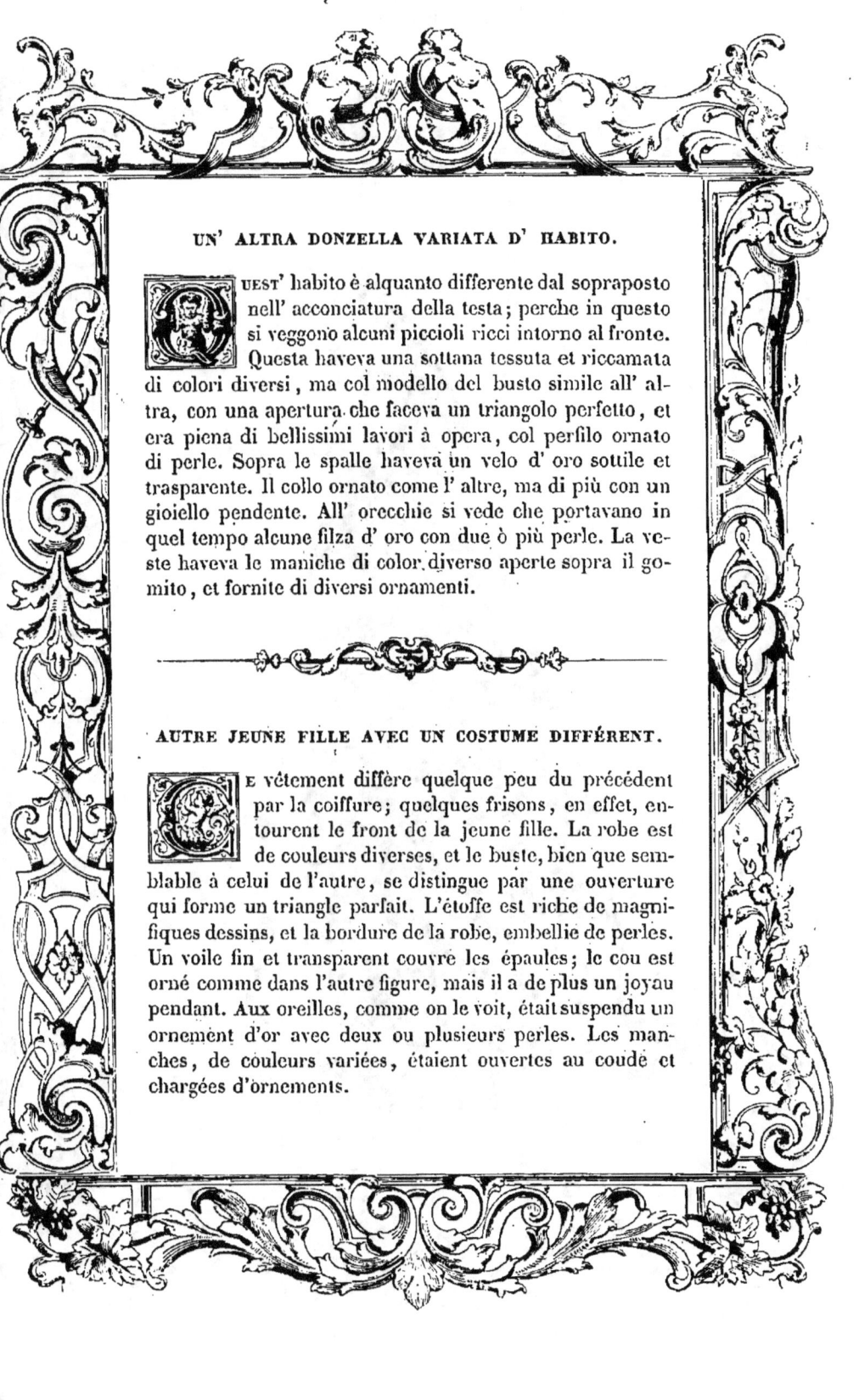

Quest' habito è alquanto differente dal sopraposto nell' acconciatura della testa; perche in questo si veggono alcuni piccioli ricci intorno al fronte. Questa haveva una sottana tessuta et riccamata di colori diversi, ma col modello del busto simile all' altra, con una apertura che faceva un triangolo perfetto, et era piena di bellissimi lavori à opera, col perfilo ornato di perle. Sopra le spalle haveva un velo d' oro sottile et trasparente. Il collo ornato come l' altre, ma di più con un gioiello pendente. All' orecchie si vede che portavano in quel tempo alcune filza d' oro con due ò più perle. La veste haveva le maniche di color diverso aperte sopra il gomito, et fornite di diversi ornamenti.

AUTRE JEUNE FILLE AVEC UN COSTUME DIFFÉRENT.

Ce vêtement diffère quelque peu du précédent par la coiffure; quelques frisons, en effet, entourent le front de la jeune fille. La robe est de couleurs diverses, et le buste, bien que semblable à celui de l'autre, se distingue par une ouverture qui forme un triangle parfait. L'étoffe est riche de magnifiques dessins, et la bordure de la robe, embellie de perles. Un voile fin et transparent couvre les épaules; le cou est orné comme dans l'autre figure, mais il a de plus un joyau pendant. Aux oreilles, comme on le voit, était suspendu un ornement d'or avec deux ou plusieurs perles. Les manches, de couleurs variées, étaient ouvertes au coude et chargées d'ornements.

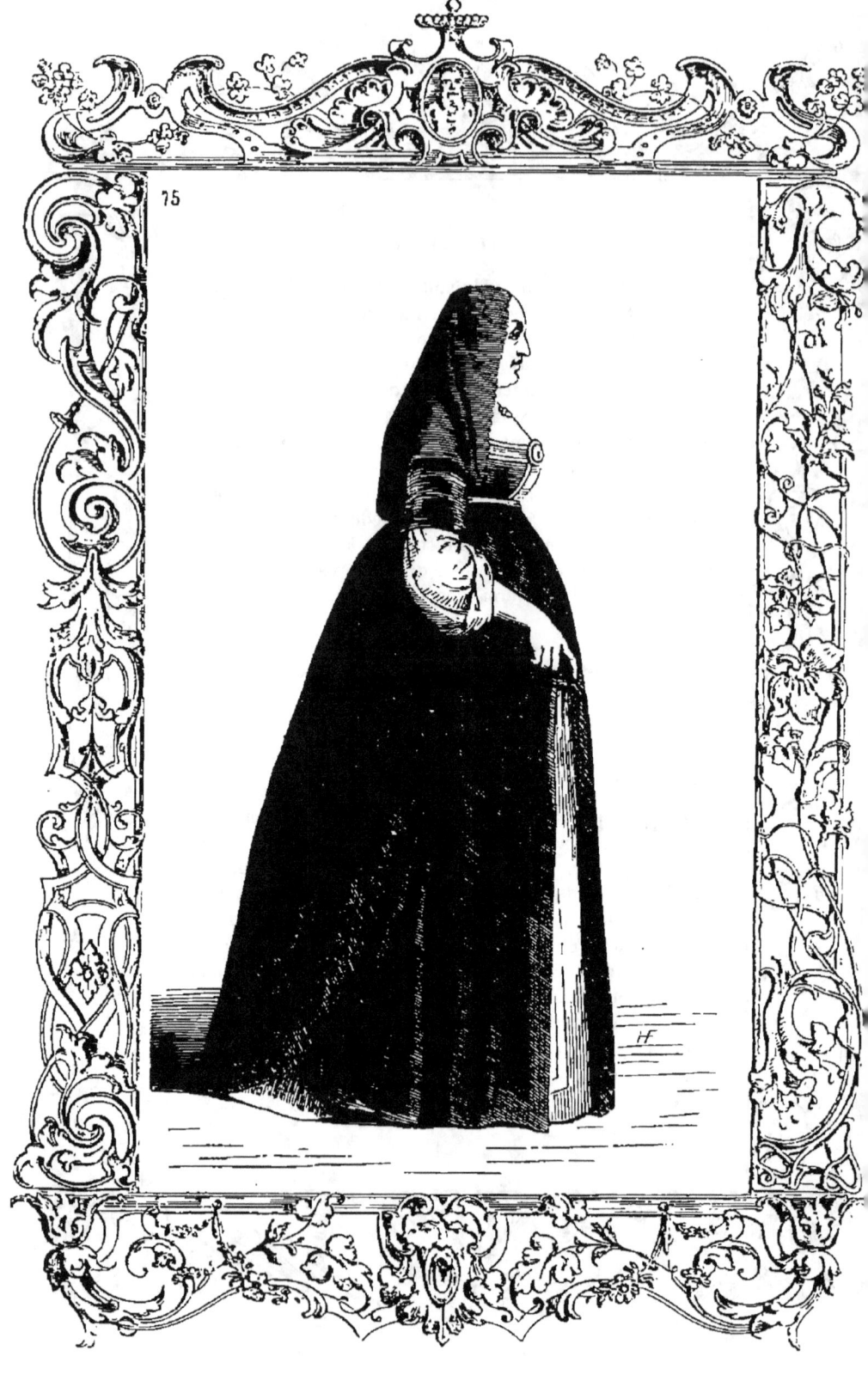

HABITO RIFORMATO ET PIU MODESTO.

Io mi ricordo haver già veduto un ritratto, il quale haveva coperti i capelli et la testa con un velo nero, il quale cadeva poi di dietro fin sotto le spalle. Il busto era assai corto con alcune meze maniche di colore di velluto, ò di raso, ò d'altro panno di seta; benche alcune le portassero di tela d'oro, essendo il rimanente della veste d'altra materia, ma pur di colore. La sopraveste era nera; vedesi nondimeno ch'ella era aperta davanti, et da quella apertura si vedeva la sottana, la quale era senza busto, ma con uno strascino grande che s'usava di portar alzato et attaccato alla cintura.

COSTUME SIMPLE ET PLUS MODESTE.

Je me rappelle avoir vu un portrait dont la tête et les cheveux étaient couverts d'un voile noir, qui tombait par derrière et se relevait sous les épaules. Le corsage est très-court, avec des manches moyennes de couleur, en velours, en satin ou en toute autre étoffe de soie; quelques femmes néanmoins les portaient en tissu d'or. Le reste du vêtement était d'une matière différente, mais toujours de couleur. La jupe de dessus, de couleur noire, était fendue sur le devant, et par cette ouverture on voyait la robe, qui n'avait pas de corsage, mais une grande queue qu'on relevait en l'attachant à la ceinture.

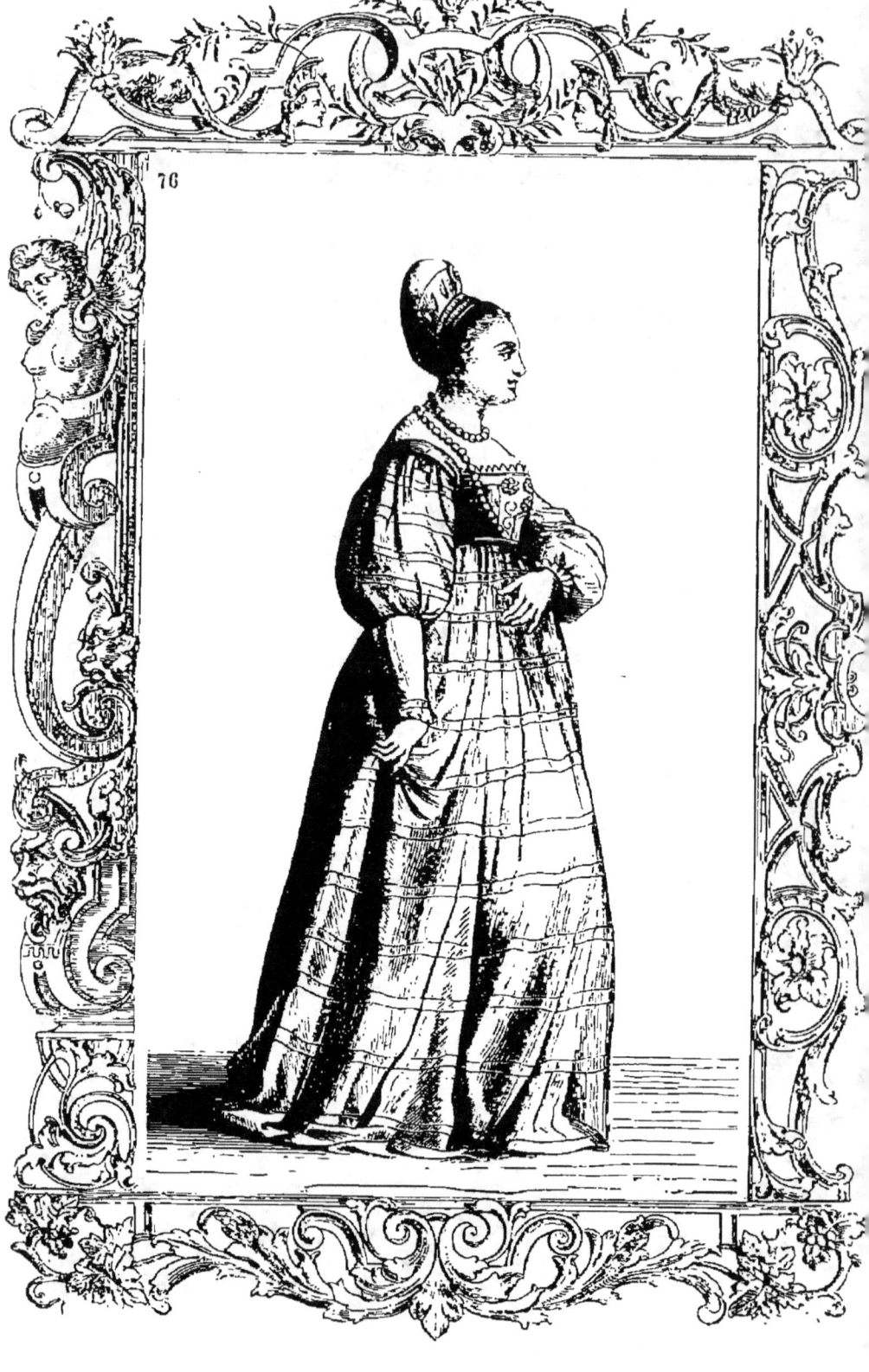

HABITI VENETIANI ANTICHI DI CENT' ANNI SOLAMENTE O POCO PIU.

Gia cent' anni sono, usavano le donne questo habito, il quale, se bene hà il busto corto, è nondimeno più commodo di questo che si usa al presente; et questa usanza de' busti già si ridusse à tale che bisognò che 'l magistrato sopra le pompe vi provedesse; conciosia che s' usavano fuor di modo lunghi et larghi, et con certe lame di ferro dentro, à fin che la vita stesse più intera; et perche fu avvertito esser cagione di molti abusi nelle donne gravide, si rivolsero poi in questo modo di vestire con vesti di seta frangiate, et con tal conciero di testa, et ornamenti di perle et ori molto commodi alla vita, ma con strascino qual si tenivano con mano ò allacciavano alla cintura.

COSTUMES VÉNITIENS QUI NE REMONTENT QU'A UN SIÈCLE OU GUÈRE PLUS.

Il y a cent ans que les femmes portaient ce costume, qui, bien qu'il ait le corsage court, est plus commode que le vêtement actuel. La mode des corsages étroits devint telle qu'il fallut que le magistrat chargé de veiller à l'exécution des lois somptuaires prit des mesures pour empêcher l'excès. Ce vêtement, long et large outre mesure, était maintenu en dedans par des lames de fer afin de donner plus d'ampleur à la toilette; mais, comme on s'aperçut qu'il en résultait beaucoup d'inconvénients pour les femmes enceintes, on adopta le costume et la coiffure qu'on voit ici. Les robes étaient de soie et frangées, avec des ornements de perles et d'or très-favorables à la taille, outre une queue qu'on tenait à la main ou qui s'attachait à la ceinture.

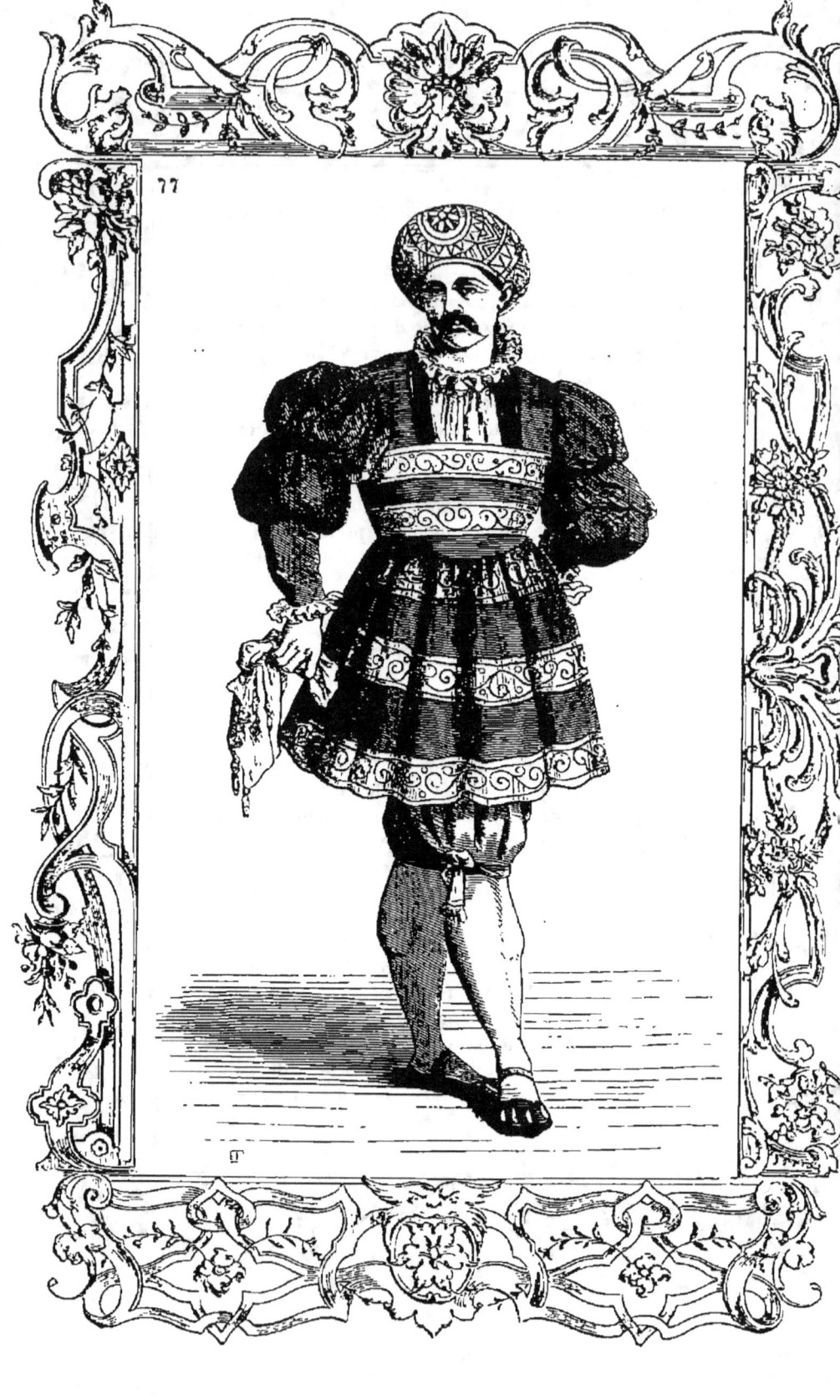

HABITO USATO IN VENETIA ET PER L' ITALIA.

Per lo passato gli huomini portavano in capo un balzo, come quello delle donne, fatto di rame, et rotondo à guisa di diadema; et sopra questo mettevano una cuffia tessuta d' oro et di seta. Usavano ancora la camicia increspata, ma bassa di collare, et con le lattughe picciole. In dosso portavano certe casacchette ò saioni simili à quei de' Tedeschi di busto corto, et con le falde fino al ginocchio : et questi havevano certi maniconi che passavano il gomito, et da indi in giù rimaneva il braccio coperto dalla camiccia sola con le lattughe da mano. Il fornimento di questi saioni era d' alcune liste larghe di color diverso dal saione, et di panno d' oro ò di velluto, secondo le richezze di ciascuno. Et pur della stessa robba era il pettorale et il giubbone di diversi colori. Le scarpe, di veluto, erano simili à quelle de' Tedeschi.

COSTUME EN USAGE A VENISE ET DANS L'ITALIE.

Les hommes portaient autrefois sur la tête un *balzo* semblable à celui des femmes, fait en cuivre et rond comme un diadème; par-dessus, ils portaient une coiffure dont le tissu était d'or et de soie. La chemise, plissée, avait le collet bas et à petites fraises. On leur voyait des espèces de jaquettes ou sayons semblables à ceux des Allemands, au corsage court, et dont la jupe descendait jusqu'aux genoux; les manches étaient grandes et dépassaient le coude; la chemise, avec des manchettes au poignet, couvrait le reste du bras. Les jaquettes avaient pour garniture de larges bandes de couleur différentes de l'étoffe, et de drap d'or et de velours, selon la richesse de chacun. Le pectoral était de la même étoffe, et le pourpoint, de couleurs variées; les souliers, de velours, ressemblaient à ceux des Allemands.

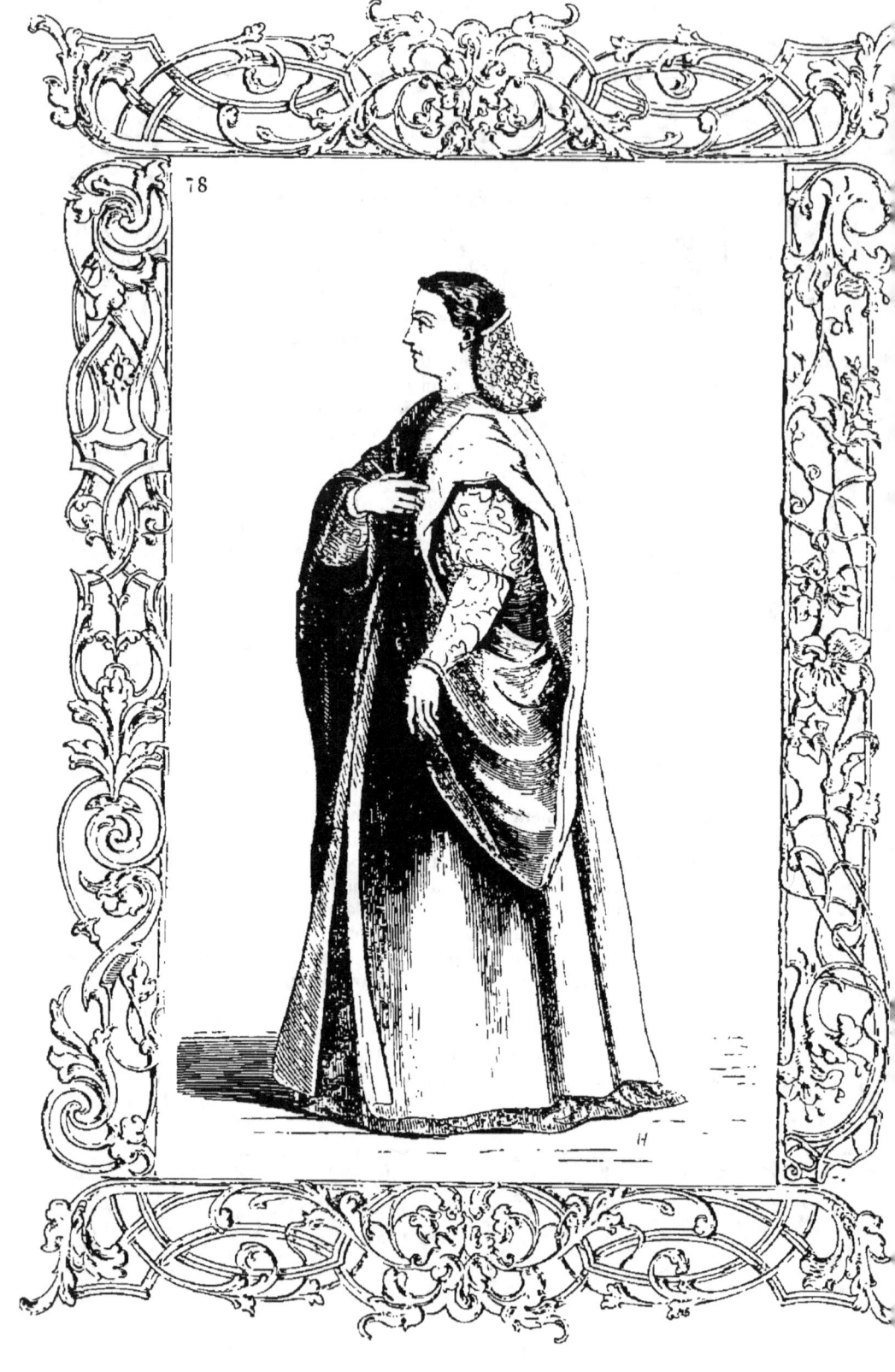

HABITO ANTICO DI DONNE ET DI SPOSE.

CIRCA il 1100, le spose et donne di quel tempo usavano le maniche alla dogalina lunghe quasi fino in terra, riversate sopra le spalle, et alcune di color pavonazzo, et le vesti cinte con cintura d'oro ò d'argento, foderata di qualche cosa leggiera et del colore stesso della veste. La sottana era secondo l'uso che si mostra di sopra, et par quasi che si ritragga, che elle portassero le falde; nel busto et al collo havevano grandi ornamenti di gioie. Ma quanto alla veste, era aperta davanti, stretta in cintura, et sboccata di maniera che lasciava vedere il petto. Havevano dunque (come hò detto) le donne di quei tempi i capelli pendenti, ma rinchiusi dentro una rete d'oro di molta valuta, la quale cadeva fino à gli orecchi; et non si vede che usassero molto strascino, essendovi in quel tempo la prohibitione del senato.

ANCIEN COSTUME DE FEMMES MARIÉES OU NON.

VERS l'an 1100, les femmes mariées et les autres portaient les manches à la dogaline, longues jusqu'à terre, relevées sur les épaules, et quelques-unes de couleur violette; les robes étaient serrées par une ceinture d'or ou d'argent, doublée d'une étoffe légère et de la même couleur que les robes. La jupe avait la forme que l'on voit; il paraît même que les basques étaient d'usage pour les femmes. De grands ornements de pierres précieuses brillaient à leur cou et sur leur buste. Quant à la robe, elle était ouverte sur le devant, serrée par une ceinture, et tellement décolletée qu'elle laissait voir la poitrine. Les femmes, comme je l'ai dit, portaient les cheveux pendants, mais renfermés dans un filet d'or de grand prix, qui tombait sur les oreilles; il ne semble pas qu'on fît usage d'une longue queue, le sénat l'ayant prohibée en ce temps.

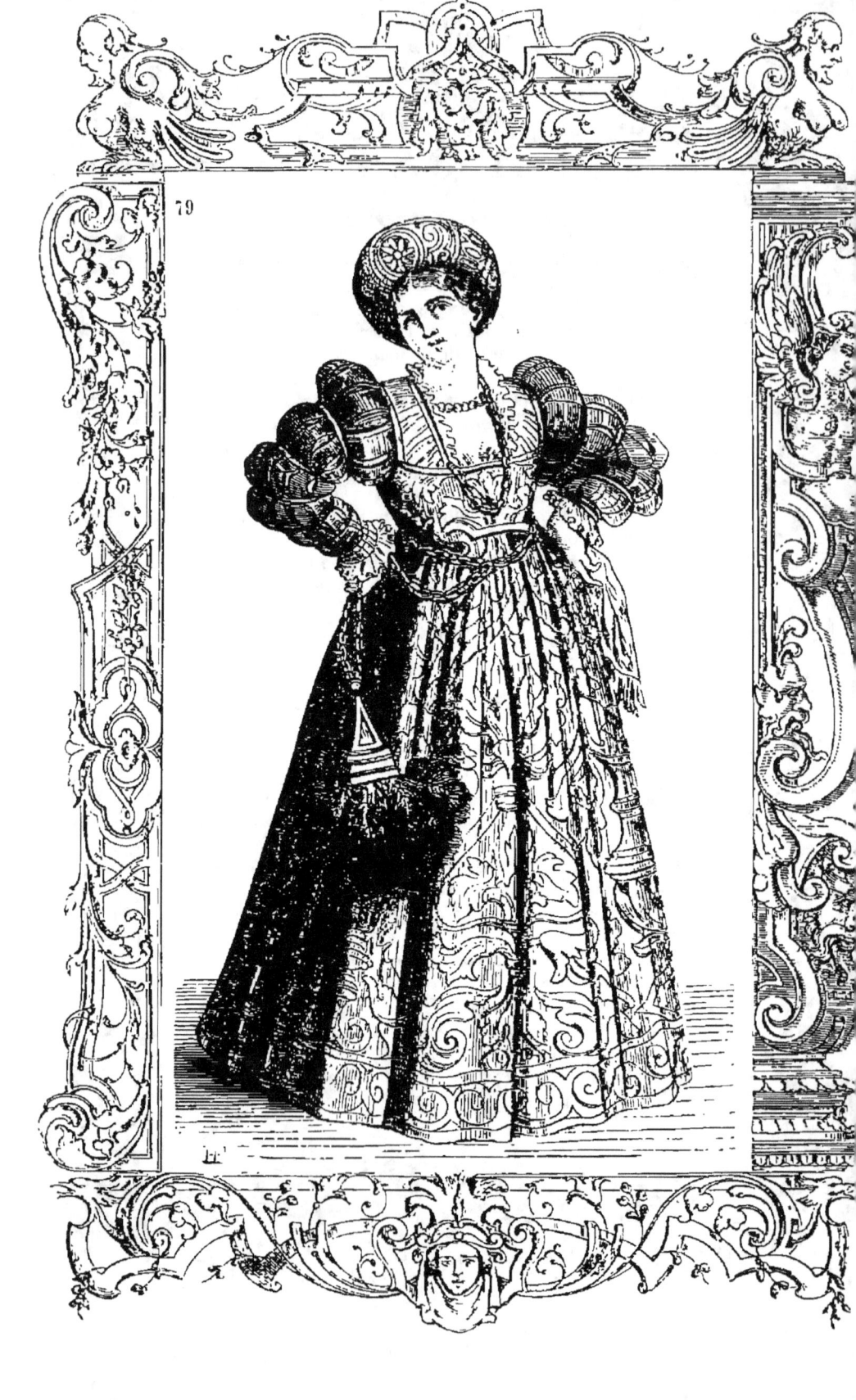

HABITI DI VENETIA ET D' ALTRI LUOGHI D' ITALIA.

Queste donne portavano il balzo in testa, molto variato di colori; et era a opera, tessuto d' oro et di seta con fogliami di rose et altri lavori. Portavano in oltre catene d' oro et cinti di grandissimo prezzo, e'l ventaglio col manico d' oro molto ben lavorato. Sopra le spalle, in vece di velo, portavano un bavero di tela di lensa ò di cambrai, il quale era increspato. Le vesti erano per la maggior parte di damasco, di colore cremesino ò pavonazzo, con un fregio da' piedi largo un quarto d' un braccio; et nelle maniche portavano tagli assai grandi, da' quali si vedeva la camicia. Le maniche erano di velluto ò d' altro, con picciole lattughe, et in somma tali che accompagnavano il bavero. Il busto era alquanto più lungo del solito, ma d' oro.

COSTUMES DE VENISE ET D'AUTRES LIEUX D'ITALIE.

Les femmes de ces pays portaient le *balzo* (coiffure en forme de boule) de couleurs différentes, tissu d'or et de soie, avec des ramages de roses et d'autres dessins. En outre, elles avaient des chaînes en or, des ceintures de grand prix et l'éventail avec un manche bien travaillé. Sur les épaules, au lieu de voile, on leur voyait une collerette en toile de lin ou de batiste avec des plis. Les robes, en général, étaient en damas de couleur cramoisie ou violette, avec une garniture au bas, longue de six pouces. Les manches, à grands crevés, par où sortait la chemise, étaient de velours ou de toute autre étoffe, avec des bouillons, et faites pour assortir la collerette. Le corsage, en tissu d'or, dépassait la longueur ordinaire.

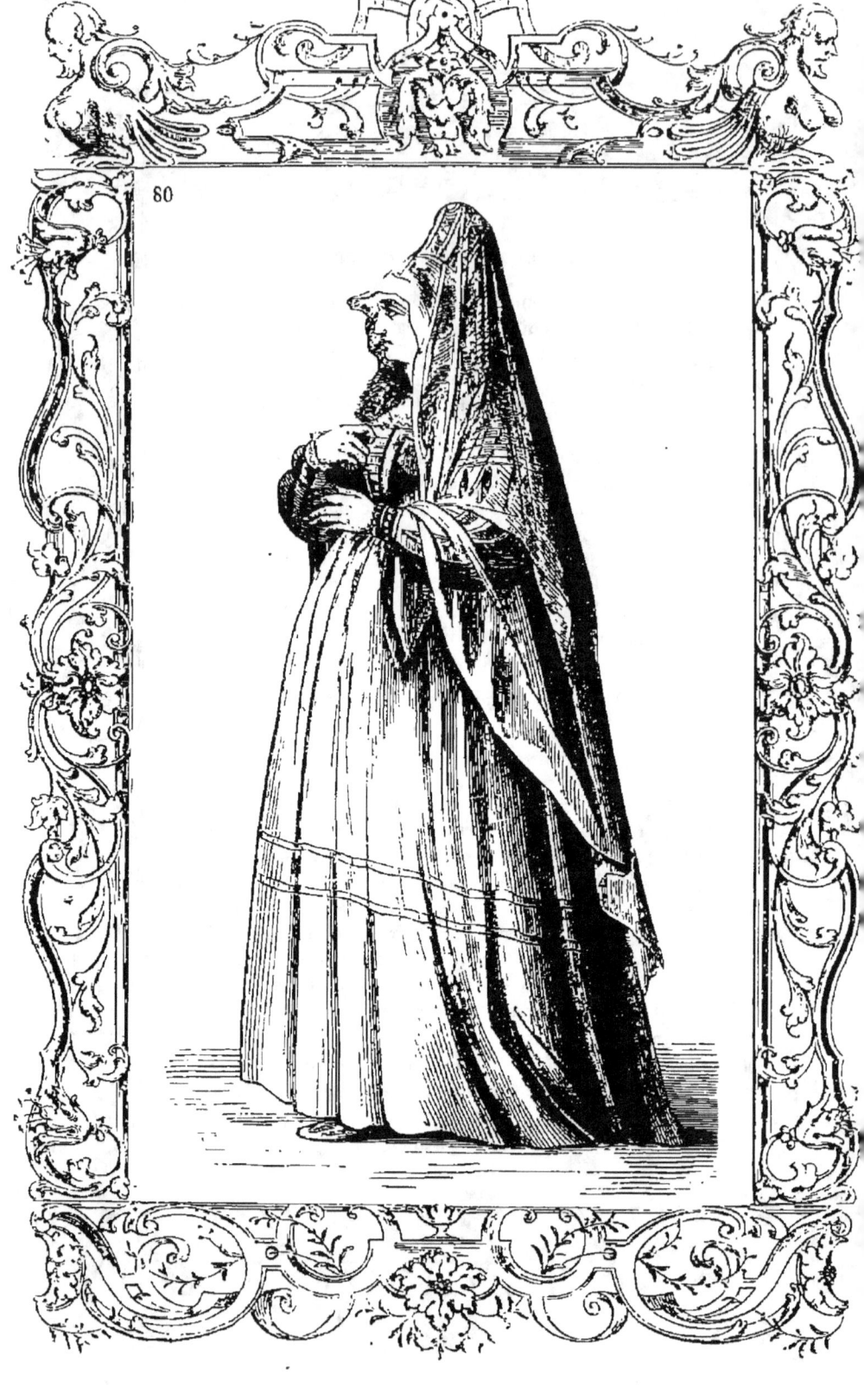

DONNA VENETIANA DA SESSANT' ANNI A DIETRO.

Sono intorno à sessant' anni che le Venetiane cominciarono à rinovar l' uso delle gabbie di rame, et coperte di scuffie fatte à rete d' oro, ornate con varij et ricchi ornamenti di perle et d' altre gioie. Il busto veniva sopra i fianchi, commodo et senza durezza. È ben vero che in quei tempi non haveva la nobiltà venetiana tanto gran quantità di perle quanto al presente; ma arricchivano i busti et le vesti con fregi d' oro. Le vesti dalla parte dinanzi non arrivavano fino in terra, ma da quella di dietro facevano alquanto di strascino. Portavano una pelle di zibellino attaccata ad una catena d' oro, et questa si mettevano attorno alle spalle, essendo le maniche di color diverso dalla veste, longhe, larghe et trinciate. In testa portavano un velo nero di seta trasparente, che copriva loro la fronte.

DAME VÉNITIENNE IL Y A SOIXANTE ANS.

Il y a environ soixante ans que les Vénitiennes renouvelèrent l'usage des cages (*gabbie*) en lames de cuivre et couvertes de coiffes à filets d'or avec une grande variété de riches ornements de perles et de pierres précieuses. Le corsage, commode et flexible, tombait sur les flancs. Il est bien vrai qu'à cette époque la noblesse vénitienne n'avait pas autant de perles qu'aujourd'hui; mais alors on couvrait le buste et les robes d'ornements d'or. Les robes, sur le devant, n'arrivaient pas à terre, mais elles traînaient un peu sur le derrière. Les dames portaient une fourrure de zibeline attachée à une chaîne en or, qui se mettait sur les épaules. Les manches, longues, larges et tailladées, n'étaient pas de la même couleur que la robe. Elles portaient sur la tête un voile noir, de soie transparente, qui couvrait le front.

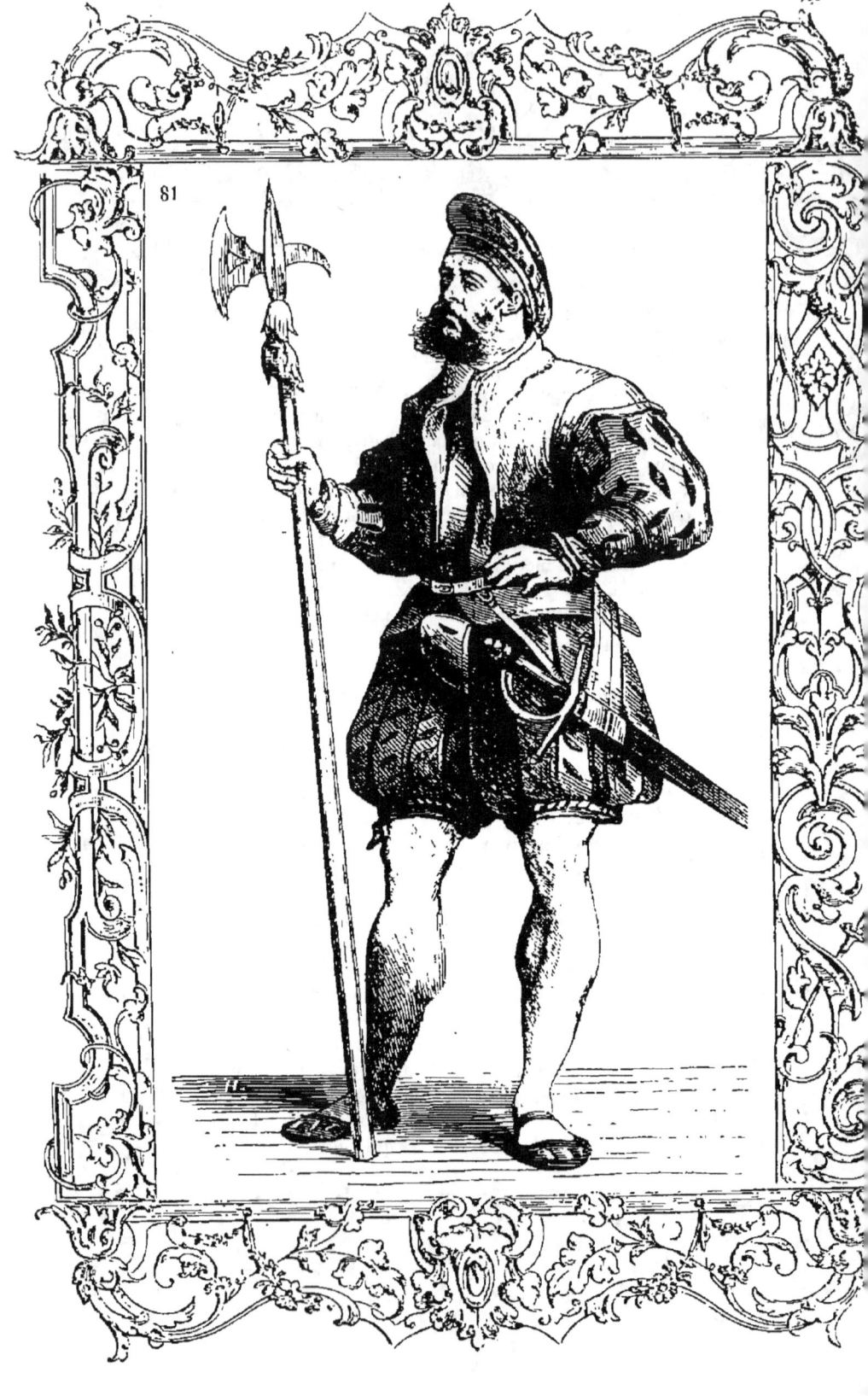

SOLDATO DISARMATO IN GUARNIGIONE.

AL tempo di Carlo Quinto, i soldati usavano di portare un colletto con maniche di colore, et con tagli assai grandi; i calzoni ancora havevano tagli grandi, et per la maggior parte erano di scarlatto, foderati d' ormesino con una brachetta molto grande legata di quà et di là con due et con quattro stringhe. Le calze si legavano sopra il ginocchio, et quasi tutti usavano le cappe; usavano alcuni berrettini, che coprivano à pena la testa, et gli adornavano di pennacchi coloriti di punte di christallo ò di picciole punte d' oro. Cominciarono molto tempo dapoi à usar le berrette rosse ò d' altro colore assai maggiori, et tanto grandi che quasi ricadevano sopra le spalle.

SOLDAT SANS ARMES EN GARNISON.

Au temps de Charles-Quint, les soldats portaient un collet, avec des manches de couleur et tailladées. La jupe, à larges taillades, était le plus souvent d'écarlate et doublée de moire antique, avec une grande brayette attachée des deux côtés par deux et quatre aiguillettes. Les chausses s'attachaient au-dessus du genou, et presque tous faisaient usage du manteau. Quelques-uns portaient des bonnets qui couvraient à peine la tête, ornés de panaches semés d'aiguilles de verre ou de petites pointes d'or. Longtemps après, ils commencèrent à faire usage de bonnets rouges ou d'autre couleur, mais si grands qu'ils retombaient presque sur les épaules.

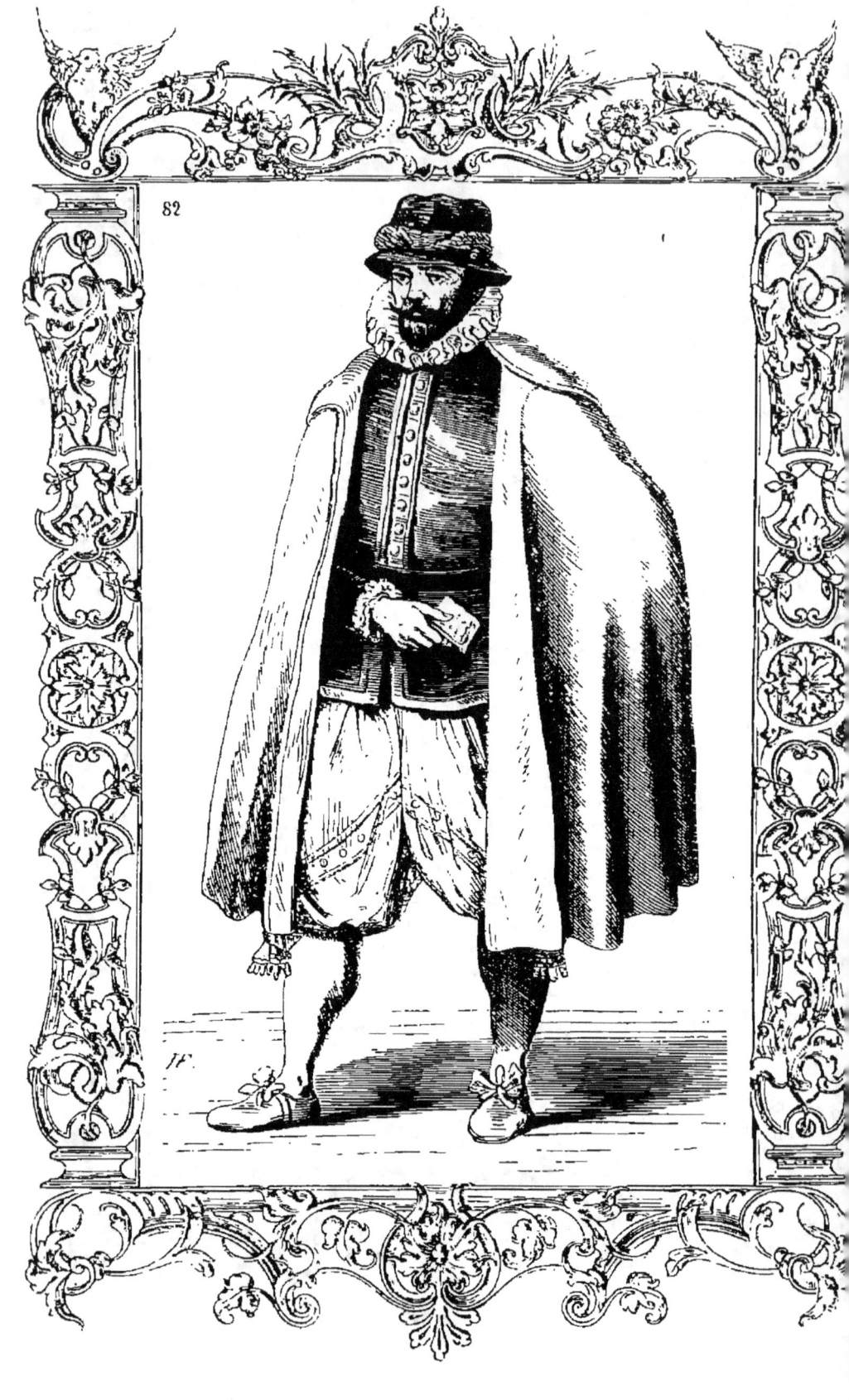

HABITI DE MERCANTI D' ITALIA MODERNI.

Principali mercanti costumano quasi per tutta Italia usar per lo più i sai, calzoni larghi di seta et legati sopra del ginocchio; calzette di seta; un ferraiuolo di panno fino ò rascia fiorentina nel tempo d' inverno. L' istate poi usano il medesimo modo di vestire, ma di panni di seta più leggieri, portando in capo berrette ò capelli secondo che la stagione richiede.

COSTUMES MODERNES DES MARCHANDS D'ITALIE.

Dans presque toute l'Italie, la plupart des marchands portaient de larges culottes de soie qui s'attachaient au-dessus du genou, des bas de soie, et, dans l'hiver, un manteau de drap fin ou de serge florentine. Dans l'été, ils s'habillaient de la même manière, mais ils employaient des étoffes plus légères; ils portaient des bonnets ou des chapeaux selon la saison.

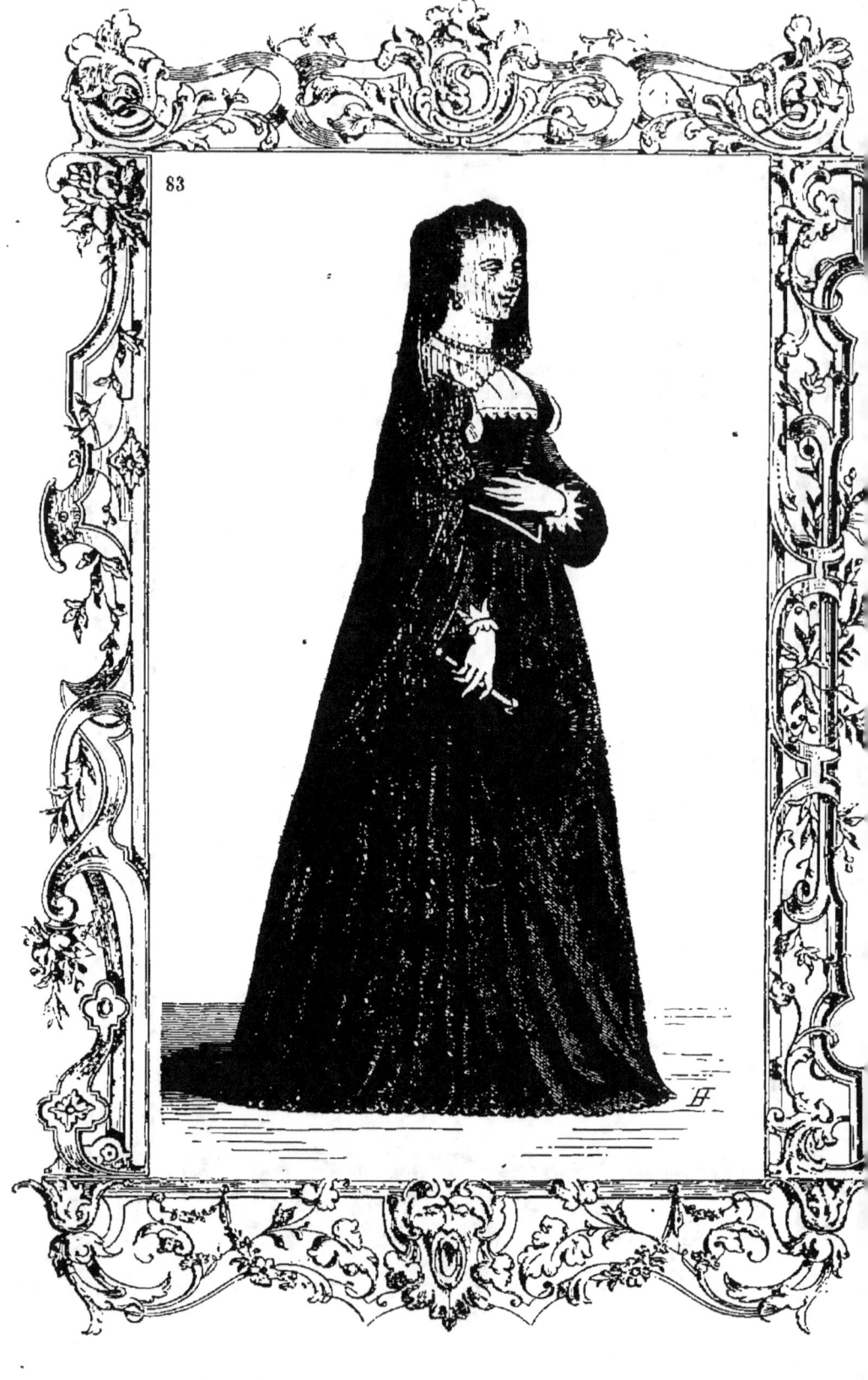

GENTILDONNA DI VENETIA DA LUTTO, 1550.

Quasi nell' istesso tempo diedero mano le donne non solo à belletti, et cominciarono ad usare i ricci maggiori, ma ancora molti altri ornamenti di bellissimi lavori, et quest' usanza durò per lo spatio di vent' anni continui. Ma essendo alle volte necessario, per la morte di qualche parente, il tralasciarli, si mettevano sopra una veste nera, et quella di sotto rovana, et alle volte ancora portando sopra la veste di damasco, ò di velluto, ò di raso nero, sotto portavano le vesti colorate; et all' hora con un velo si ricoprivano la testa et la faccia.

NOBLE DAME DE VENISE EN DEUIL, 1550.

Les femmes, presque dans le même temps, commencèrent à se farder, à porter de longues boucles de cheveux, à faire usage, en un mot, d'ornements d'une grande beauté, et cette mode dura pendant vingt ans; mais, comme la mort de quelque parent les obligeait à les déposer, elles jetaient par-dessus une robe noire, et celle de dessous était couleur puce. Parfois encore elles portaient sous des robes de damas, de velours ou de satin noir, un vêtement de couleur; elles couvraient aussi d'un voile leur tête et leur visage.

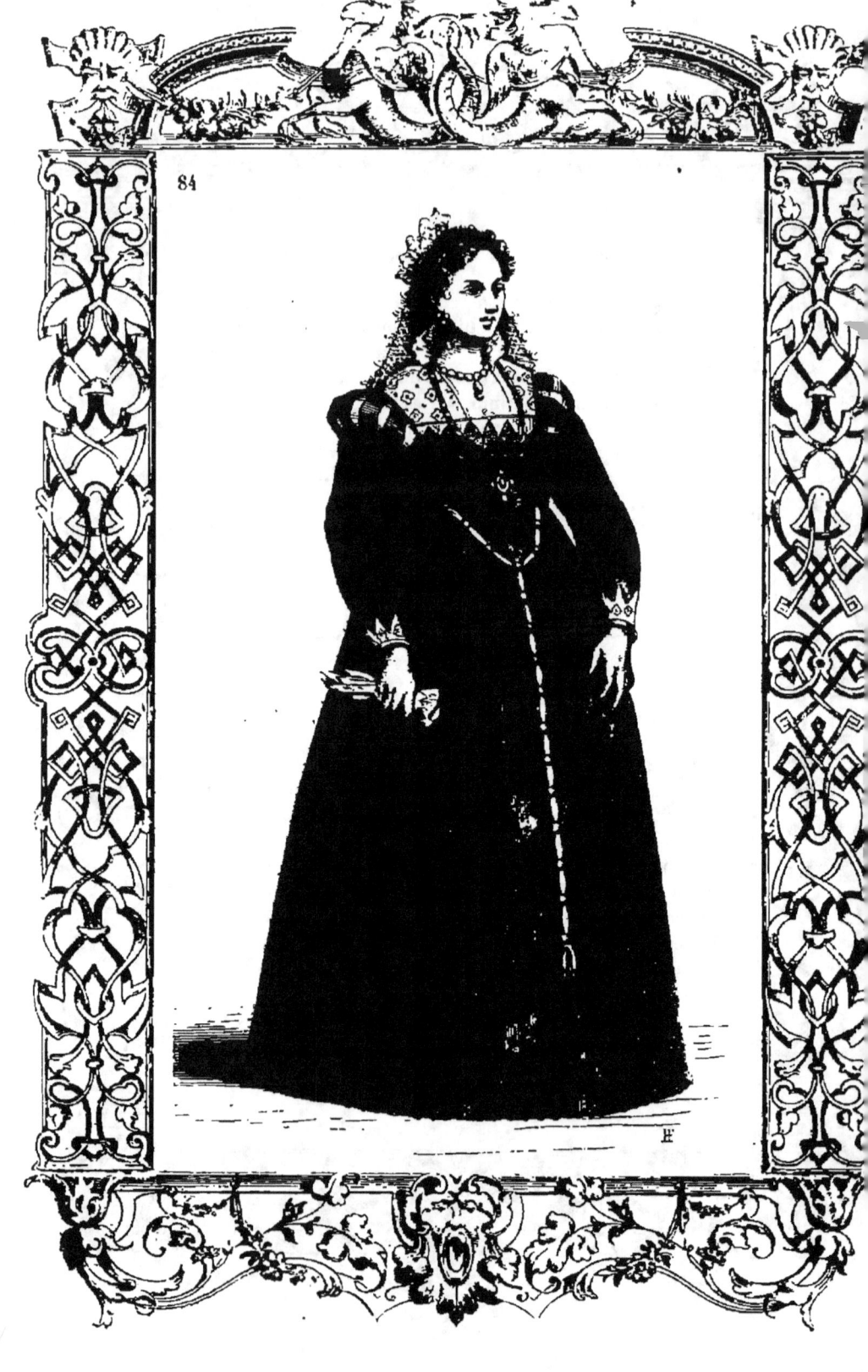

HABITI USATI DALLE DONNE DI VENETIA DEL 1550.

In quel tempo cominciarono le donne à farsi i ricci, cominciando dall' orecchie, et seguendo con ordine diritto fino in cima della fronte, coprendo poi d' alcune scuffiette quella parte de' capelli, che s' intrecciava. Parve loro che tale acconciatura rendesse il viso molto bello : onde, bramose d' accrescer poi la lor bellezza, misero in uso ancora le bionde, facendo ogni loro sforzo di ridurre i capelli al color dell' oro. Indi successe l' industria delle picciole corone d' oro ò d' argento, intorniate da gigli et da altri diversi fiori, oltre alle gioie, che vi si cingevano con cinti d' oro che pendevano fino in terra. L' habito loro era senza strascino; il velo di testa, nero trasparente, et certi braccialetti alle maniche, tagliati, che ne usciva la camiscia. I bavari lavorati, tempestati di rose d' oro con gioie.

COSTUME DES DAMES DE VENISE EN 1550.

En ce temps, les femmes commencèrent à faire des boucles qui partaient des oreilles et remontaient tout droit jusqu'à la partie la plus élevée du front; elles couvraient de petites coiffes les cheveux qu'elles frisaient. Il paraît qu'elles jugèrent cette coiffure très-propre à relever la beauté du visage; aussi, désireuses d'accroître leurs charmes, elles mirent à la mode les chevelures blondes, et firent tous leurs efforts pour donner aux cheveux la couleur d'or. De là vint l'usage des petites couronnes d'or ou d'argent entourées de lis et d'autres fleurs, outre les pierres précieuses qu'on y enroulait au moyen de galons d'or qui pendaient jusqu'à terre. Voile noir et transparent; manches avec de petites bouffantes tailladées qui laissaient voir la chemise; collerettes à dessins, garnies d'or et de pierres précieuses.

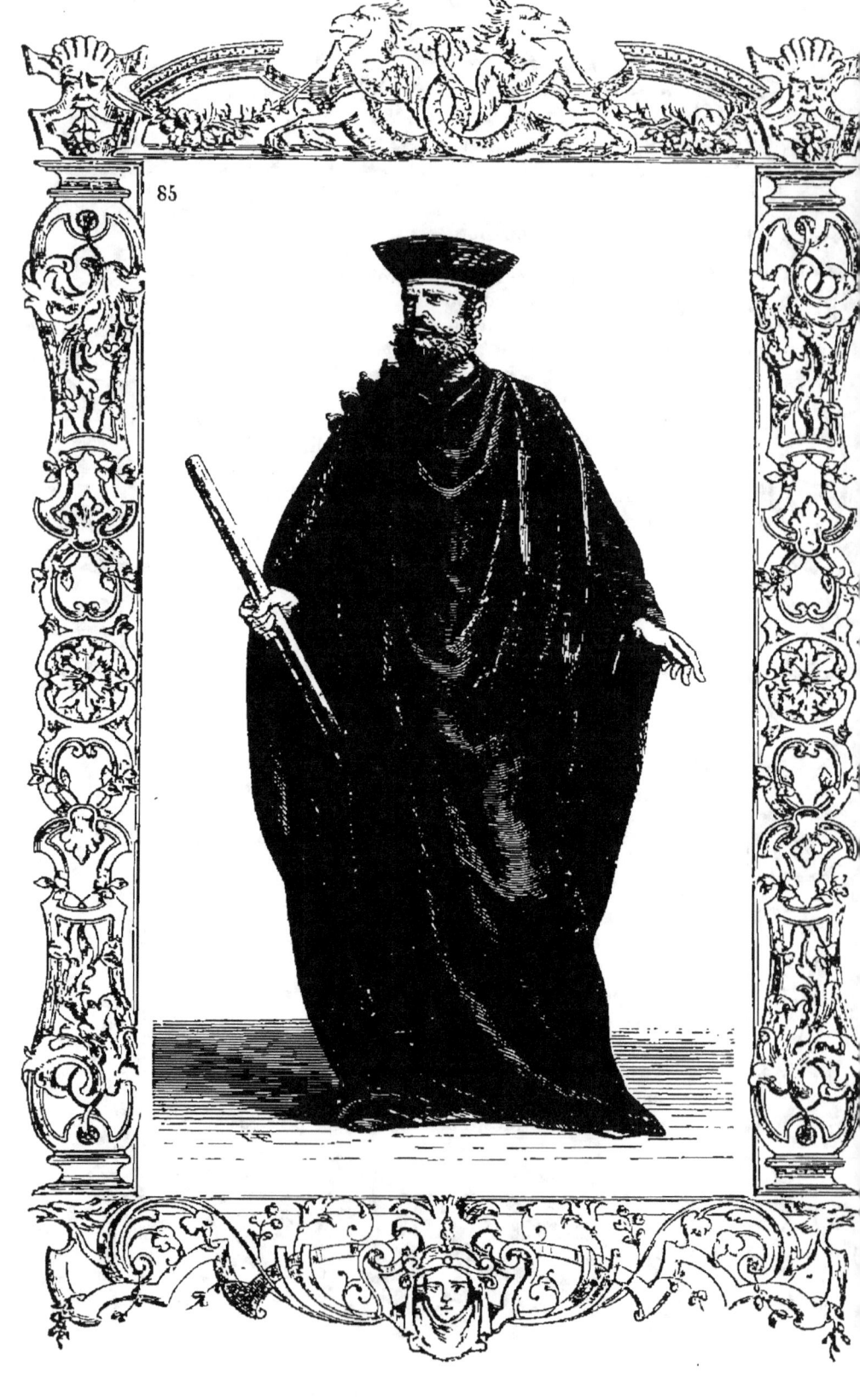

GENERALE DI VENETIA IN TEMPO DI GUERRA.

IL generale de' signori venetiani và vestito tutto di velluto cremesino; in testa hà la berretta ducale, et indosso il manto d'oro, che è il vero paludamento, allacciato sopra la spalla destra con alcuni bottoni d'oro massiccio.

GÉNÉRAL DE VENISE EN TEMPS DE GUERRE.

LE général de Venise porte un vêtement tout de velours cramoisi, avec le bonnet ducal et le manteau d'or, qui est le véritable *paludamentum*, attaché sur l'épaule gauche par des boutons d'or.

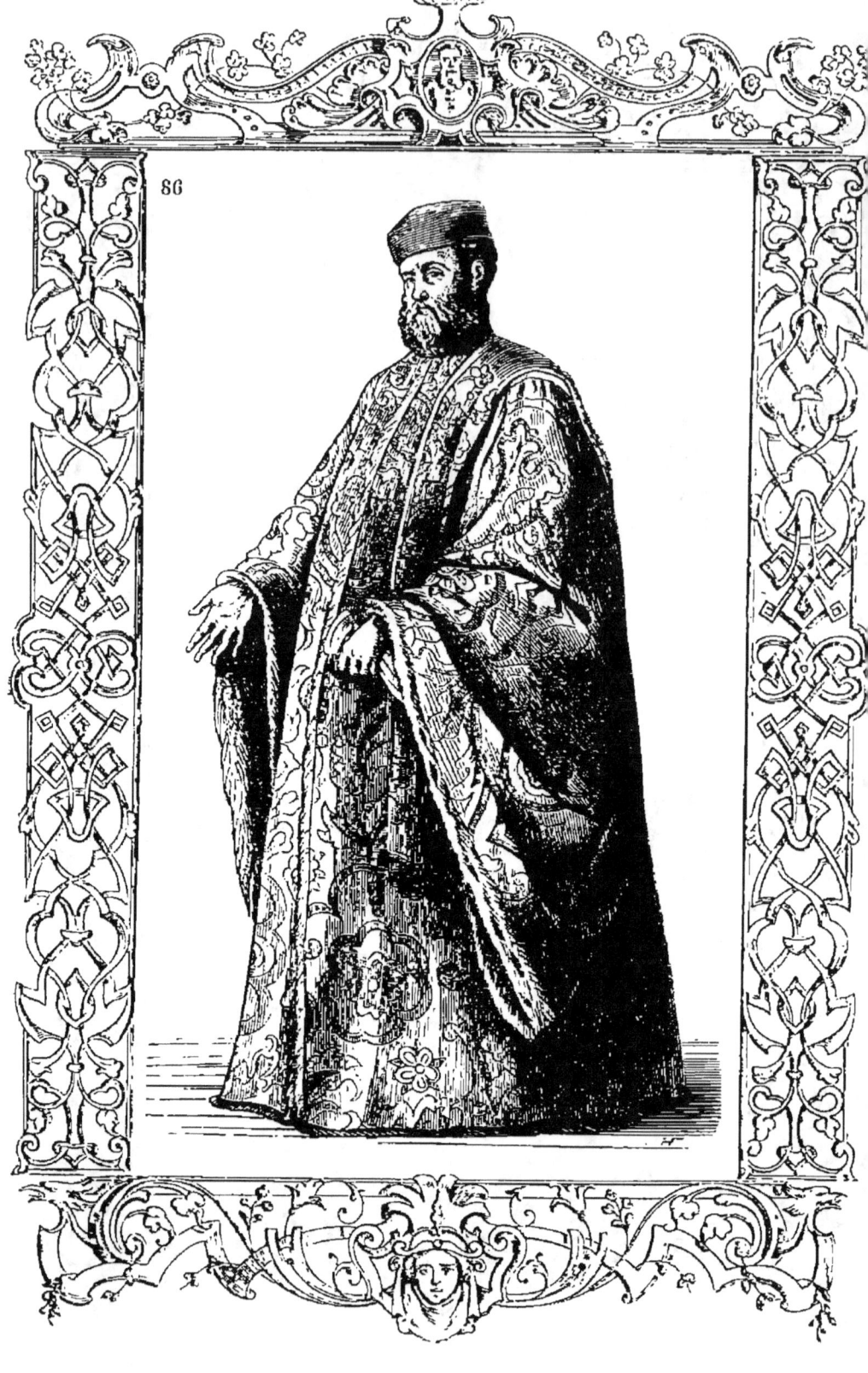

SENATORI MODERNI ET CAVALLIERI DELLA CITTA DI VENETIA.

Portano i senatori et cavallieri de' nostri tempi la veste ducale con le maniche grandi et aperte. Non usano già portarla d'oro, per mostrare una certa riverenza verso il principe : ma bene in alcune occasioni portano la stola di broccato d'oro ; le calze et le pianelle sono rosse. Nel tempo del verno le vesti sono foderate di finissime pelli et di gran prezzo, come di martori, zibellini, lupi cervieri et simili, usando poi la state le vesti della medesima forma di robba più leggiera ; et questa medesima veste cosi ampia è ancora usata da quei che si trovano di tempo in tempo in certi magistrati, per tutto il tempo che durano in essi. Ma quei che la portano di continuo sono solamente i cavallieri, i procuratori, et quegli che sono stati savij grandi et consiglieri. Fra questi s'usa ordinariamente il color pavonazzo.

SÉNATEURS ROMAINS ET CHEVALIERS DE LA VILLE DE VENISE.

Les sénateurs et les nobles d'aujourd'hui portent le vêtement ducal avec des manches grandes et ouvertes, mais pas d'or, par respect pour le prince. Néanmoins, dans quelques occasions, leur tunique est de brocart d'or. Bas et sandales de couleur rouge. Dans l'hiver, les vêtements sont doublés de fourrures très-fines et de grand prix, martres, zibelines, loups cerviers et autres ; ils restent les mêmes pour l'été, mais l'étoffe en est plus légère. Les personnes chargées de quelques magistratures portent, tant que durent leurs fonctions, l'ample habillement ci-joint ; mais il n'est d'usage continuel que pour les sénateurs, les nobles, les procurateurs, et pour ceux qui ont été des hommes illustres et conseillers. Le violet est leur couleur ordinaire.

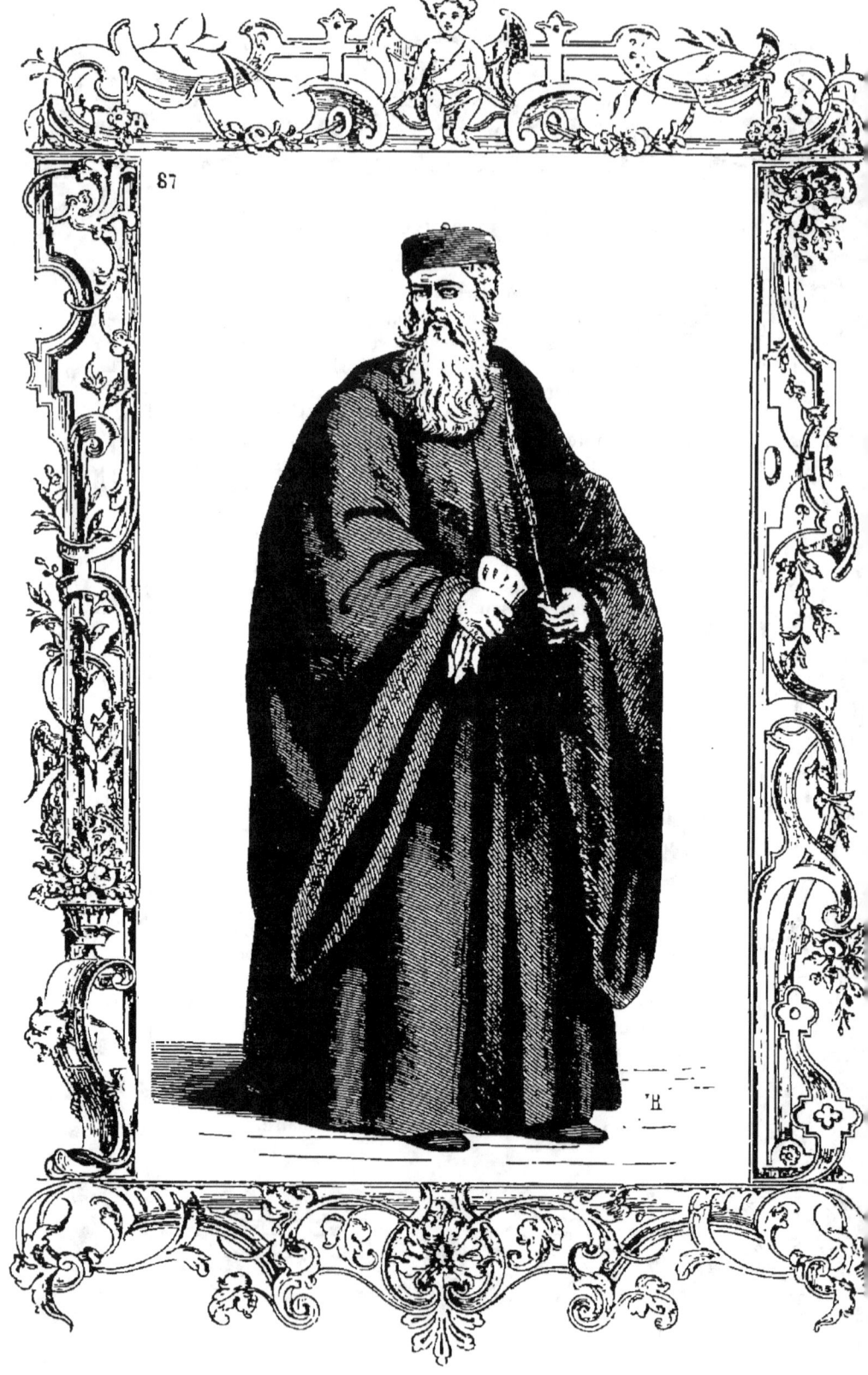

MAGISTRATI DI VENETIA.

L' Habito che qui si vede è de' capi del consiglio de' Diece, che sono tre, et si mutano ogni mese, et s' eleggono per sorte, et è magistrato di grandissima auttorità, anzi tremenda. Questi dunque portano alle volte la veste rossa; il che similmente si dice de gli avogadori, ufficio ancor esso molto honorevole et d' auttorità, et del cancellier grande, che dura in vita, et il suo carico è di molta riputatione.

MAGISTRATS DE VENISE.

Ce costume que l'on voit est celui des chefs du conseil des Dix; ils sont au nombre de trois, changés tous les mois, élus au sort, et forment une magistrature de grande et redoutable autorité. Ces magistrats portaient quelquefois le vêtement rouge, qui était aussi celui des *avogadori*, emploi très-honorable et très-important, et du grand chancelier, nommé à vie, dont la charge avait aussi beaucoup d'importance.

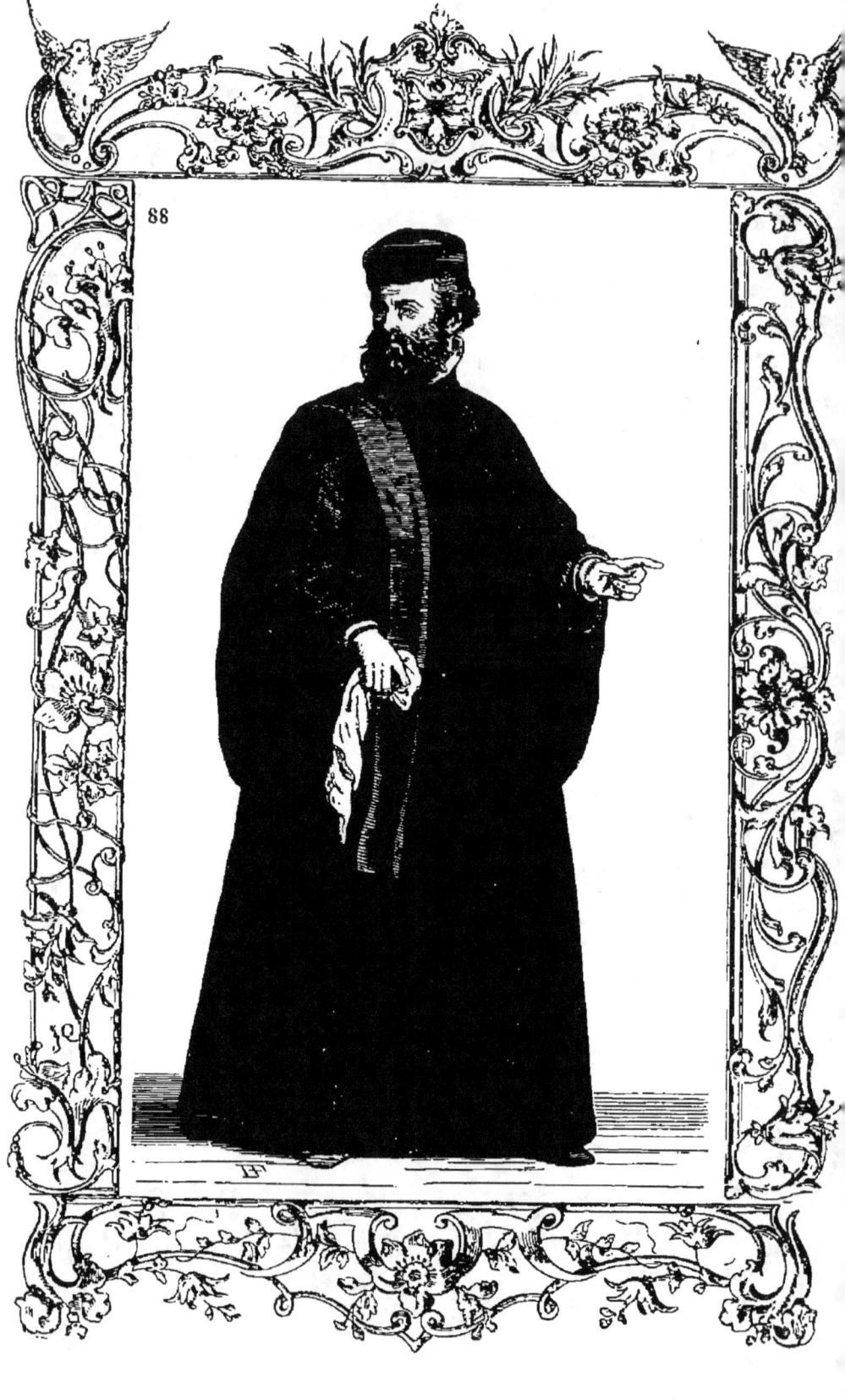

HABITO ORDINARIO ET COMMUNE A TUTTA LA NOBILTA VENETIANA.

L' Habito presente è quello che s' usa la state, et è durato sempre in uno stesso modo, cioè longo, et di color nero di panno ò di rascia foderata d' ormesino. Questo non si cigne, ma s' affibbia solamente sotto la gola con alcune magliette di ferro, ancorche alcuni l' usino d' argento, et quivi si vede il collare della camiscia bene accommodato. Sotto la veste usano braghesse d' ormesino ò di raso, e'l simile si dice del giubbone. Et questo è l' habito usato non solamente dalla nobiltà, ma da' cittadini, da medici, avvocati et mercanti.

COSTUME ORDINAIRE ET COMMUN A TOUTE LA NOBLESSE VÉNITIENNE.

Ce vêtement se porte dans l'été, et sa forme s'est conservée longtemps avec la même longueur; il est de drap noir ou de serge doublée de moire antique. Pas de ceinture; seulement il s'attache sous le cou avec des agrafes de fer, ou d'argent quelquefois, et le col de la chemise en sort bien arrangé. On portait sous la tunique des culottes de moire ou de satin, et le pourpoint, dit-on, était de la même étoffe. Ce costume était celui non-seulement de la noblesse, mais des citoyens, des médecins, des avocats et des marchands.

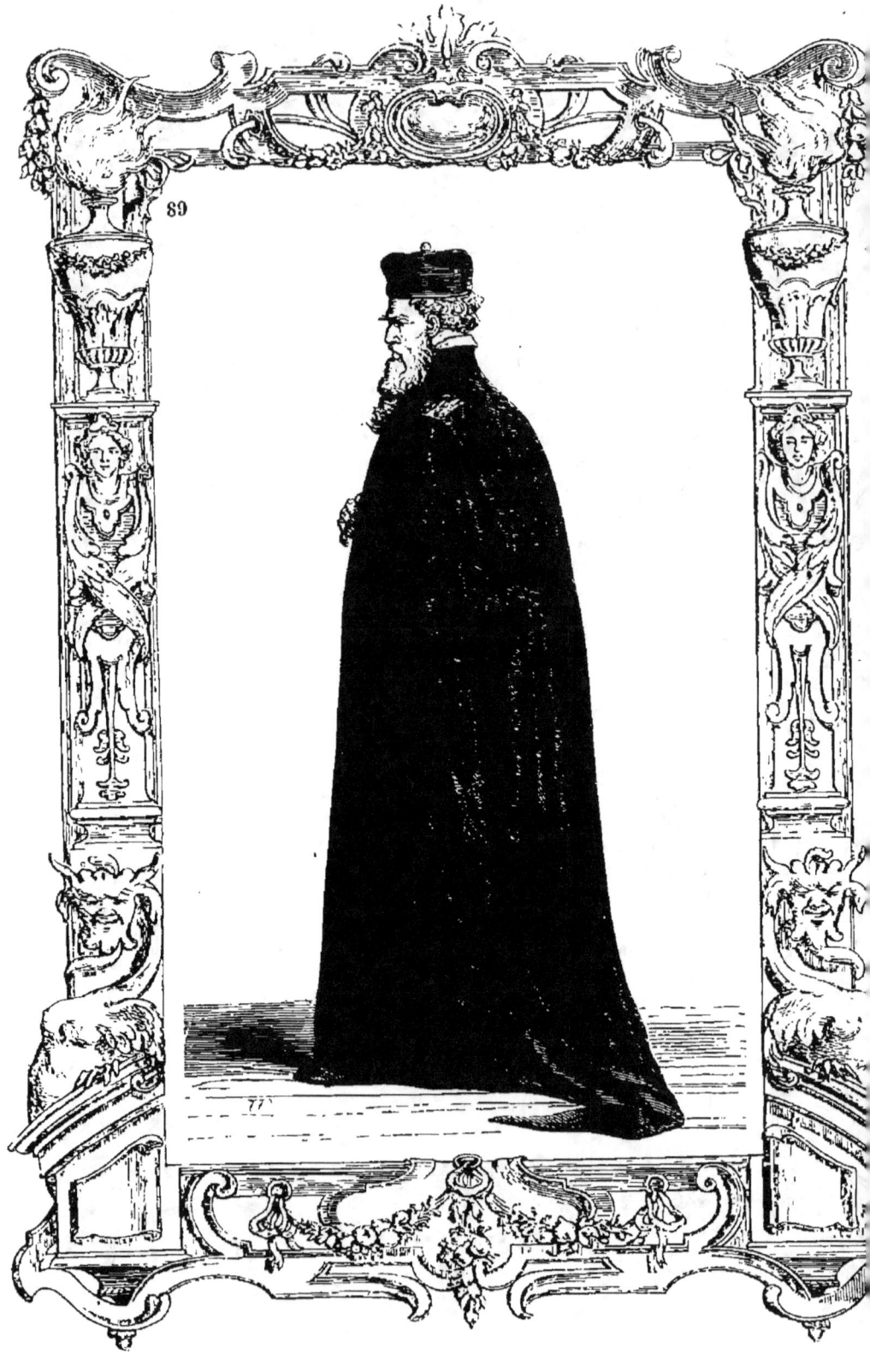

HABITO FUNERALE DE' NOBILI ET D' ALTRI DELLA CITTA DI VENETIA.

Due ò tre giorni dopò i funerali, che si fanno con eccessive spese, i parenti del morto escono di casa vestiti d' un manto lungo fino in terra affibbiato sotto la gola, et con un longo strascino, il quale strascinano per terra, ancora che sia gran fango, et dopò qualche giorno portano il detto strascino alzato in sù dalla parte di dentro, et legato : et finalmente poi lo tagliano, portando poi lungo tempo il detto mantello senza strascino. Finito poi il tempo di por giù l' habito à bruno, ripigliano la solita veste à maniche à gomito, et, come per una reliquia et un vestigio dell' habito, portano per qualche tempo di più la cintura di cuoio in vece di quella di velluto, con le pianelle.

COSTUME DE DEUIL DES NOBLES ET D'AUTRES CITOYENS DE VENISE.

Deux ou trois jours après les funérailles, qui occasionnent de grandes dépenses, les parents du défunt sortent de chez eux vêtus d'un manteau tombant sur les pieds; ils l'attachent sous le cou, et traînent sa longue queue par terre, alors même qu'il y a beaucoup de boue. Quelques jours après, ils relèvent la queue et l'attachent; puis ils la coupent, et portent longtemps le manteau sans cet appendice. Lorsque le temps du deuil est expiré, ils reprennent le vêtement ordinaire avec des manches à coude; mais, comme souvenir ou vestige du deuil, ils portent quelque temps la ceinture de cuir a la place de celle de velours, et les sandales.

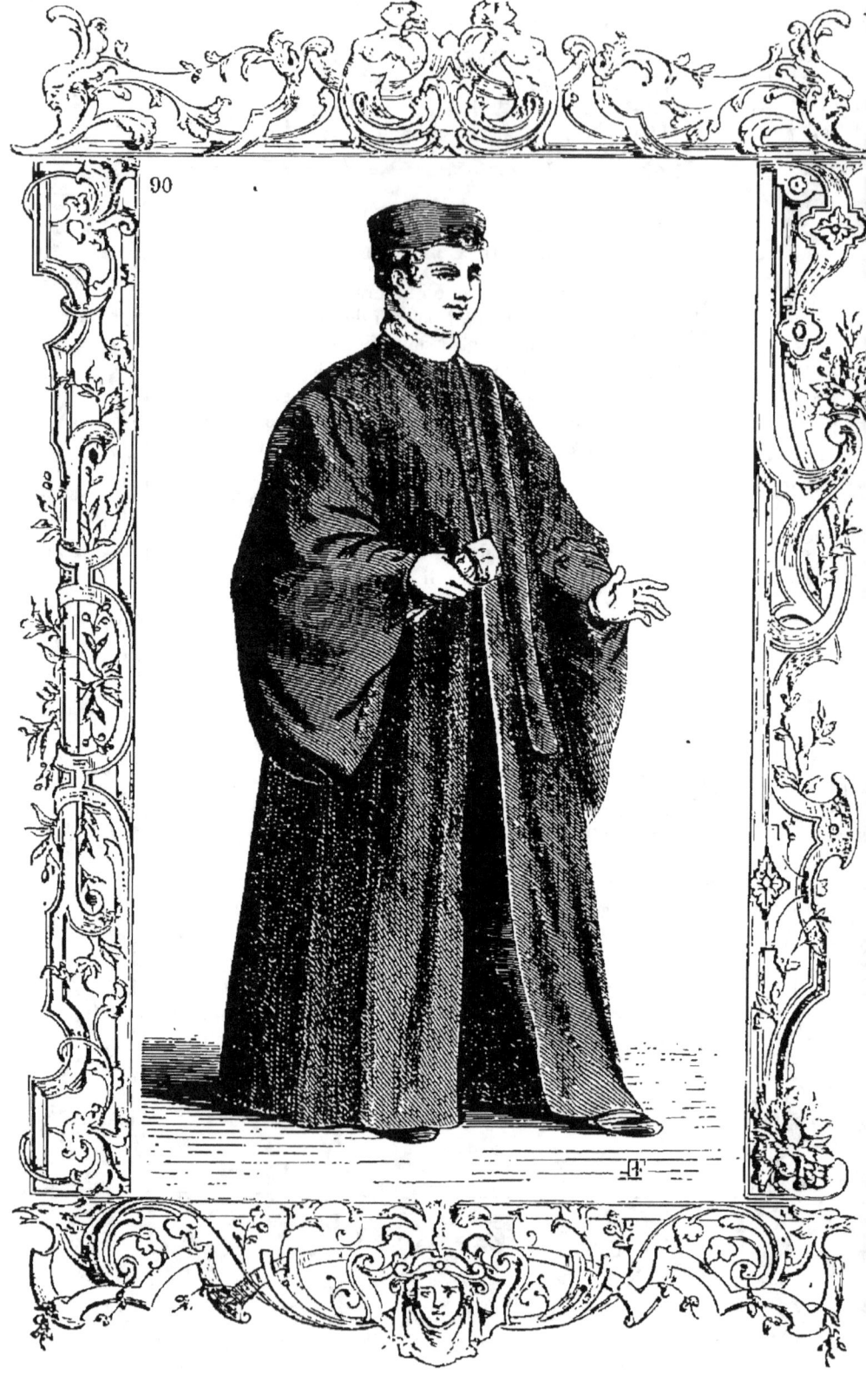

GIOVANI NOBILI VENETIANI.

Giovanetti nobili venetiani, fino all' età di quindici et di vent' anni, portano l' habito corto, vestendo poi l' habito lungo con le maniche à gomito, perche la toga reprime assai la fierezza giovenile, et induce la gravità et la modestia. Ma perche di sopra s' è detto che quest' habito lungo de' nobili è usato ancora da' cittadini, da' dottori, da' mercanti et da altri, non lascerò d' avertire che, quando il principe và fuor di palazzo, i secretarij che l' accompagnano lo portano di color pavonazzo, ma con la stola nera.

JEUNES NOBLES VÉNITIENS.

Les jeunes nobles vénitiens, jusqu'à l'âge de quinze et vingt ans, portent l'habit court; ce n'est qu'ensuite qu'ils prennent le vêtement long, parce que la toge réprime beaucoup la fierté juvénile, pour inspirer des sentiments graves et modestes. Mais, comme l'habit long des nobles est encore d'usage, ainsi que je l'ai dit ailleurs, parmi les citoyens, les docteurs, les marchands et autres, je ferai observer que, lorsque le prince sort de son palais, les secrétaires qui l'accompagnent le portent de couleur violette, mais avec la tunique noire.

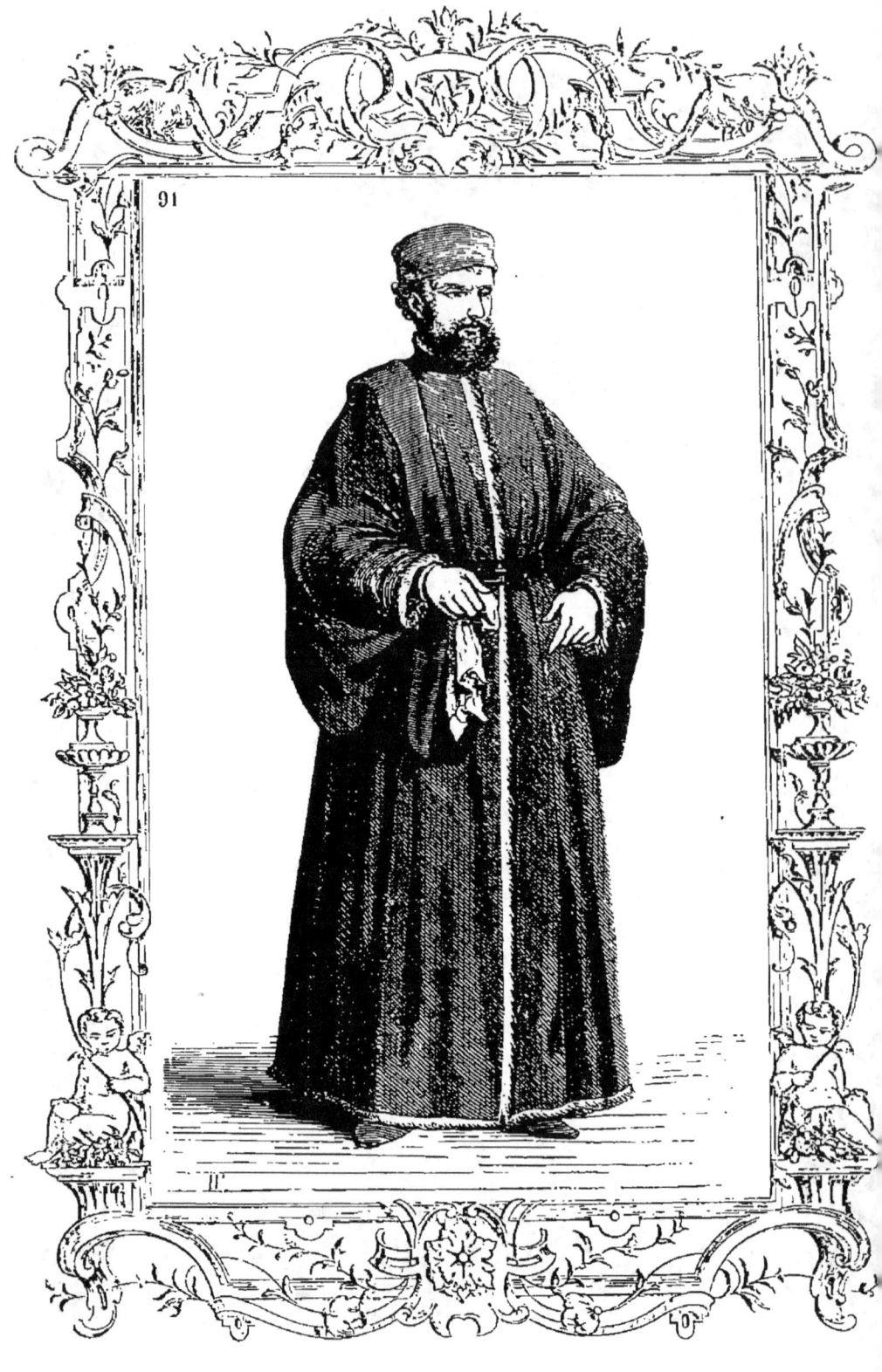

HABITO DE' NOBILI NEL TEMPO DELL' INVERNO.

Subito che l' aria comincia à rinfrescare, i vecchi mettono giù la veste foderata d' ormesino, che si porta sciolta, et vestono la foderata di pelli di vari, che si cigne con la cintura di velluto. Ma, perche queste pelli sono assai leggieri, quando poi cresce il freddo, in cambio di vari, foderano le vesti di dossi, che sono pelli più gravi et da tener più caldo. Queste vesti, le quali si portano fuor di casa, vanno allacciate sotto la gola, ma quelle che portano per casa nò, et sono chiamate romane.

COSTUME DES NOBLES PENDANT L'HIVER.

Aussitôt que l'air commence à se rafraîchir, les vieillards quittent le vêtement doublé de moire, qui se porte sans attaches, pour endosser la tunique doublée de fourrures diverses, avec une ceinture de velours. Mais, comme ces fourrures sont très-légères, lorsque le froid augmente, ils doublent les vêtements de vair, fourrure plus épaisse et qui tient plus chaud. Cette tunique, qui est d'usage hors de la maison, s'attache sous le cou, mais non celle que l'on porte dans l'intérieur, et qui s'appelle romaine.

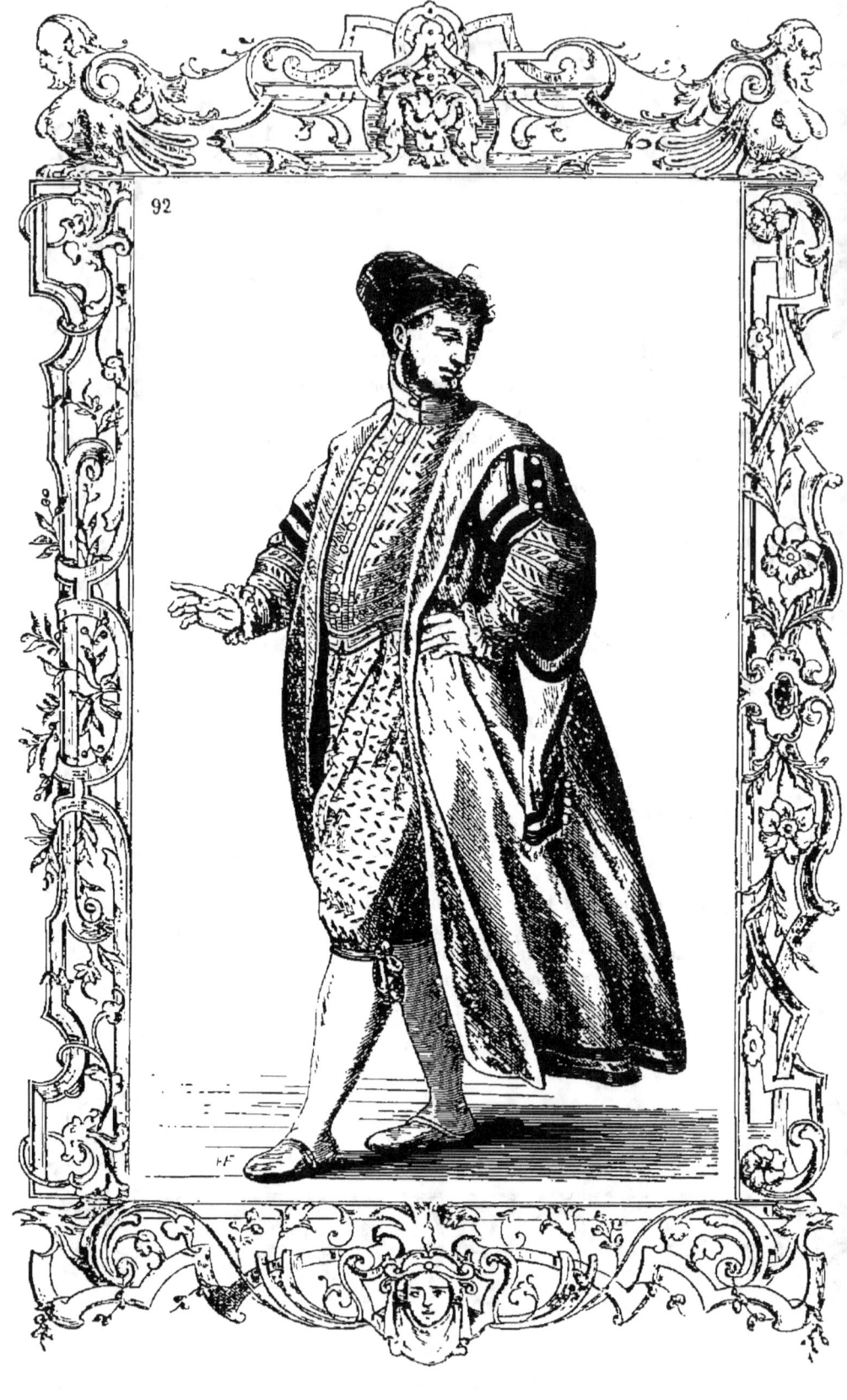

NOBILI ET ALTRE PERSONE COMMODE NELL' HABITO PER CASA.

I Nobili venetiani, giunti à casa, si cavano la toga, et prendono la zimarra foderata, conforme alla stagione, di seta ò di pelli : questa è longa in fino in terra, et alcuni usano le pretine affibbiate fino alla cintura. In testa portano poi berrettini di velluto ò di ormesino.

NOBLES ET AUTRES PERSONNES RICHES AVEC LE COSTUME DE LA MAISON.

Les nobles vénitiens, rentrés dans leur maison, déposent la tunique et prennent la simarre doublée, selon la saison, de soie ou de fourrures. Cette robe de chambre descend jusqu'à terre. Quelques-uns portent une espèce de veste (*pretina*) avec des boutons jusqu'à la ceinture. Les bonnets sont de velours ou de moire.

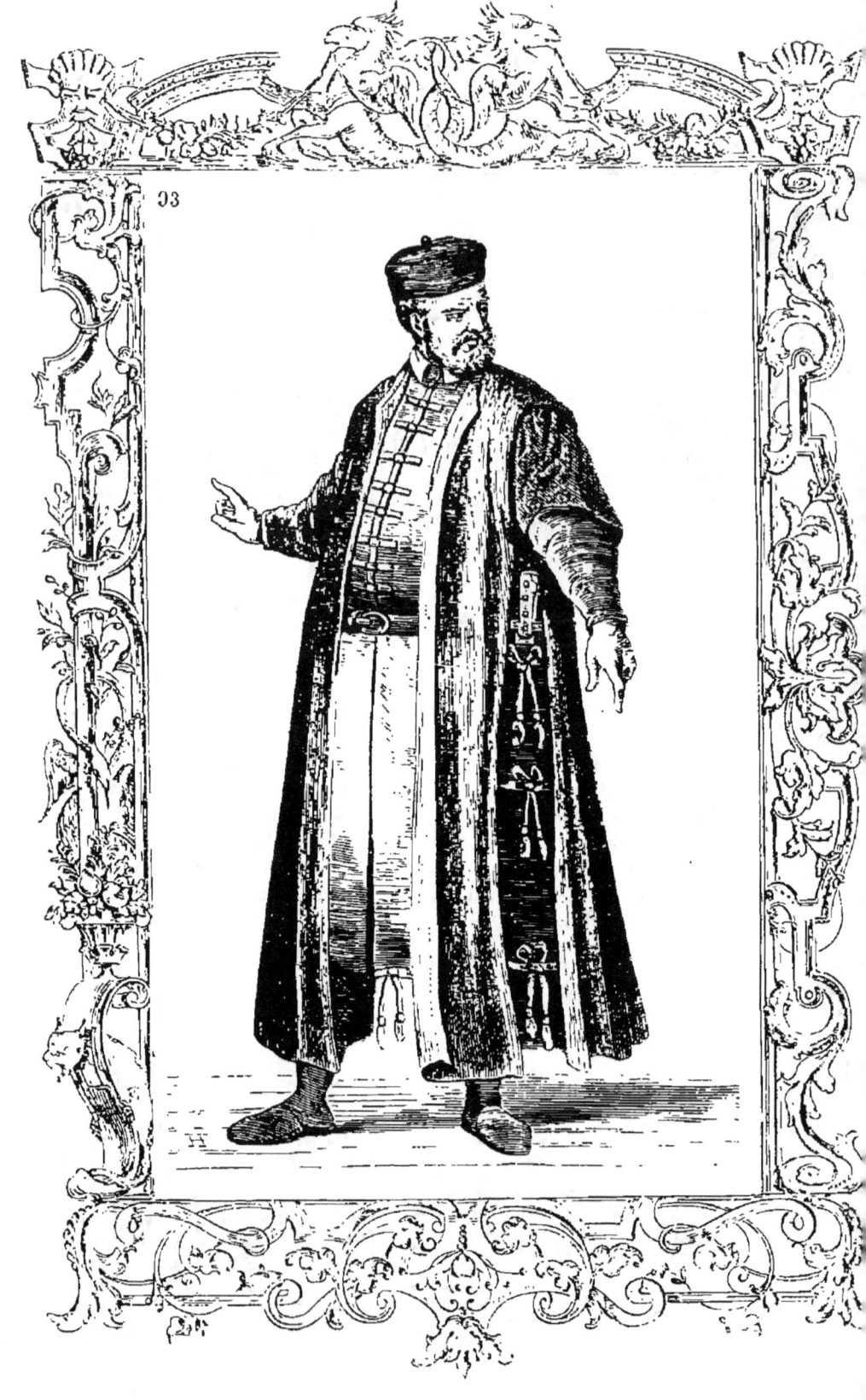

CAPITANO GRANDE.

'Habito di questo capitano riesce molto vago et bello. Il carico di questo capitano, che per questa auttorità di commandare à gli altri si chiama il grande, è di ordinare à tutti gli altri quanto gli pare, proveder, star vigilante, et riparare a i disordini. Egli và vestito tutto di velluto ò di raso cremesino, et questo è l'habito ch'egli porta ordinariamente; ma porta il manto pavonazzo, aperto dinanzi et da' lati, il quale và legato di quà et di là con cordoni di seta, in cima de' quali sono bellissimi fiocchi pur di seta. Cingesi la sottana con una cintura di velluto con le fibbie d'argento, et da essa pende una più tosto semitarra che spada, lunga quanto è lunga la veste stessa. Usa le calze et le pianelle del medesimo color della sottana, et porta la berretta nera.

GRAND CAPITAINE.

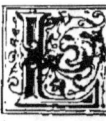e costume de ce capitaine est très-gracieux et très-beau. Ce militaire, à qui le droit de commander aux autres a fait donner le nom de grand, a pour mission de faire exécuter par les autres toutes les mesures qu'il juge nécessaires, de veiller à tout et de prévenir les désordres. Son vêtement ordinaire est tout de velours ou de satin cramoisi; son manteau, de couleur violette, est ouvert par devant et sur les côtés, où l'attachent des cordons de soie, au bout desquels on voit de jolis glands de la même étoffe. La tunique est serrée par une ceinture de velours avec la boule d'argent; une arme, qui ressemble plutôt à un cimeterre qu'à une épée, et dont la pointe atteint le bas de la tunique, est suspendue à cette ceinture. Les bas et les sandales sont de la même couleur que la tunique, et il porte le bonnet noir.

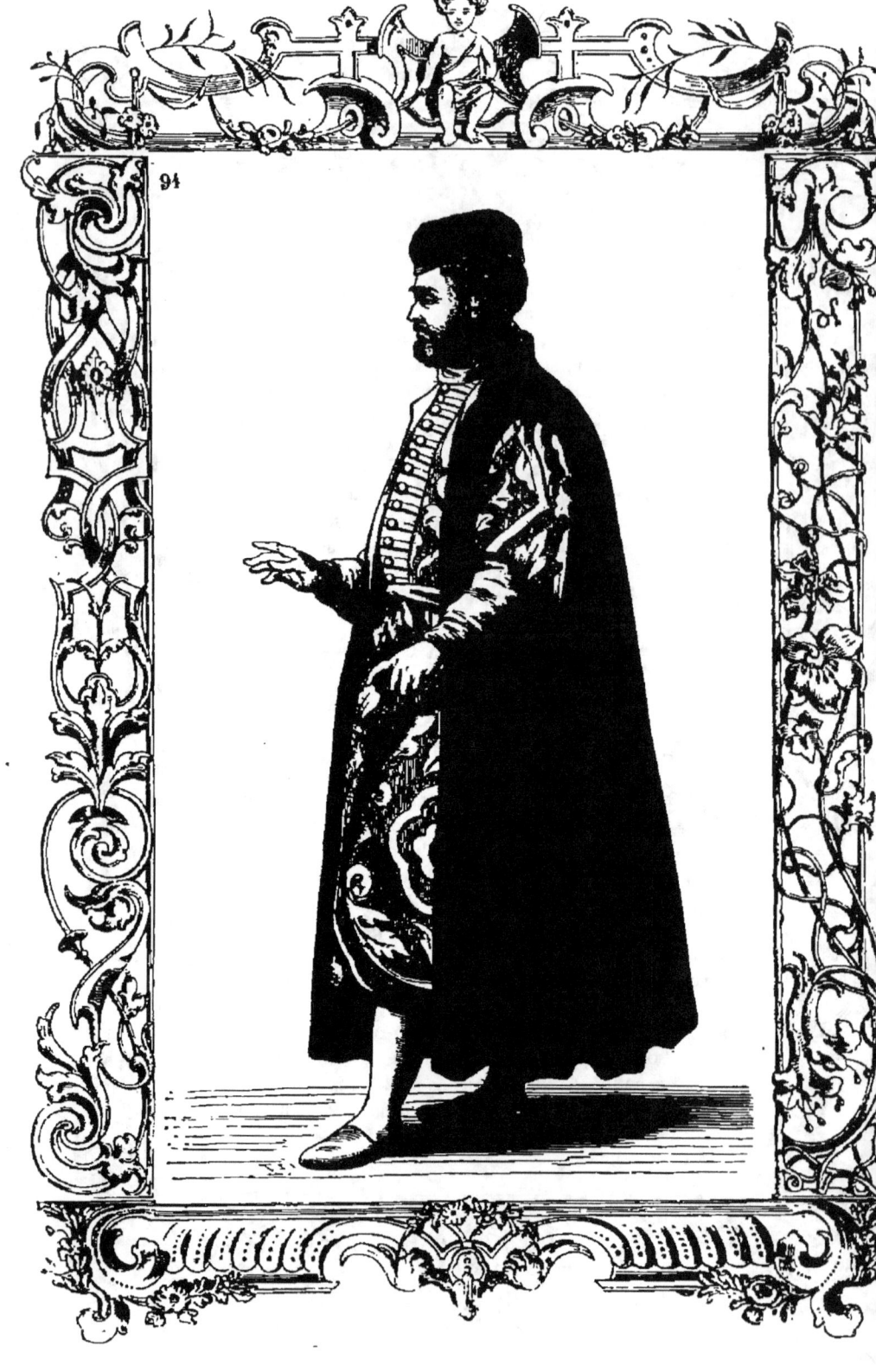

ALTRI CAPITANI MINORI, MINISTRI DELLA GIUSTITIA.

Questi capitani minori sono coadiutori del capitano grande, i quali hanno obligo di procurare che la città stia netta da gli huomini scelerati et scandalosi; et hanno ciascuno d'essi un certo numero d'huomini, i quali in Venetia si chiamano zaffi et altrove sono chiamati sbirri. Questi vestono tutti un' habito stesso, cioè una vesta rossa di sotto, et di sopra un manto pavonazzo; et questi, oltre al carico già detto, caminano innanzi al principe ogni volta ch' egli esce fuor di palazzo con solennità. Nell' andar poi la notte fuora per le strade di Venetia à cercare de' malfattori, hanno tutti un certo numero seco, che gli accompagnano.

AUTRES CAPITAINES INFÉRIEURS, CHARGÉS DE LA POLICE.

Ces capitaines inférieurs sont les aides du grand capitaine, et ont pour mission de purger la ville des scélérats et des hommes aux habitudes scandaleuses. Chacun d'eux a sous ses ordres un certain nombre d'agents qui s'appellent à Venise *zaffi*, et ailleurs *sbirri*, sbires. Tous portent le même costume, c'est-à-dire une tunique rouge, et par-dessus un manteau violet. Ces fonctionnaires sont encore tenus, lorsque le prince sort du palais, de marcher devant lui avec solennité; la nuit, accompagnés de quelques hommes, ils parcourent les rues de Venise à la recherche des malfaiteurs.

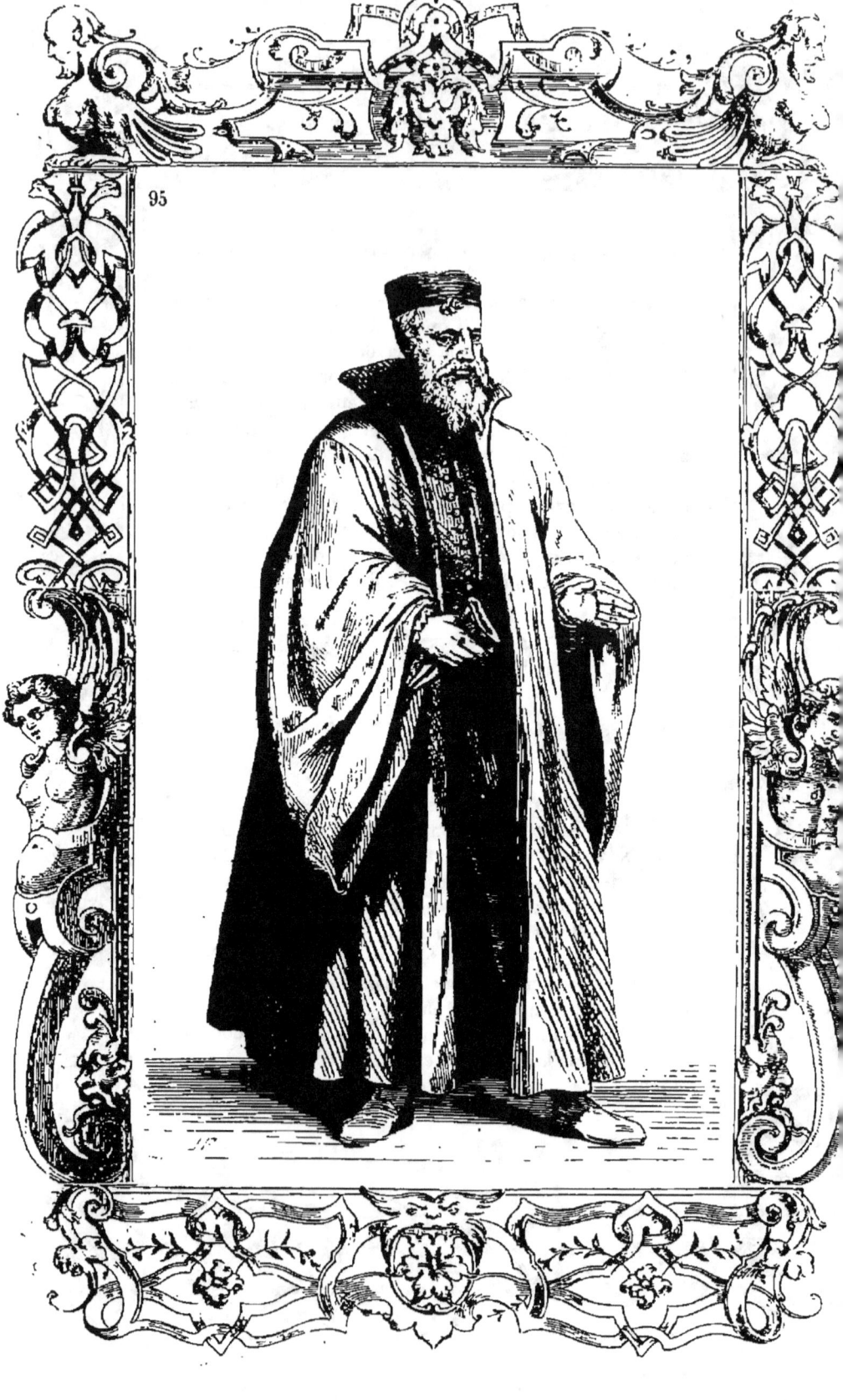

HABITO DEL CAVALIER DEL PRINCIPE.

Il cavalier del principe stà di continuo appresso alla persona del suo signore per esser pronto alli suoi bisogni, et serve bene spesso al principe per appoggio, quando nell' andar a' consigli sale et scende le scale di palazzo, et và vestito di raso, velluto, ò zendado cremesino, con le maniche della veste aperte, ma non tanto larghe quanto quelle de' senatori; se ben la sua veste à guisa della loro è aperta dinanzi, ma non allacciata sotto la gola, come quelle de' nobili. Usano poi giubboni, calzoni et altri vestimenti di simil colore di cremesino ò scarlatto, et portano in piedi le pianelle di simil colore; et questo habito usano anche i senatori del principe, ma solo quando accompagnano il principe ne' giorni solenni.

COSTUME DU CHEVALIER DU PRINCE.

Le chevalier du prince se tient continuellement auprès de la personne de Sa Seigneurie pour satisfaire à tous ses besoins; souvent même il lui sert d'appui lorsqu'elle se rend aux conseils et descend l'escalier du palais. Son vêtement est de satin, de velours ou de taffetas cramoisi, avec les manches ouvertes, mais non pas aussi longues que celles des sénateurs, bien qu'il ait la même ouverture par devant; néanmoins il ne s'attache pas sous le cou comme celui des nobles. Ces officiers font usage de pourpoints, de culottes et autres effets de couleur cramoisie ou écarlate, et portent des sandales de la même couleur. Les sénateurs du doge ont le même costume, mais seulement lorsqu'ils l'accompagnent dans les jours solennels.

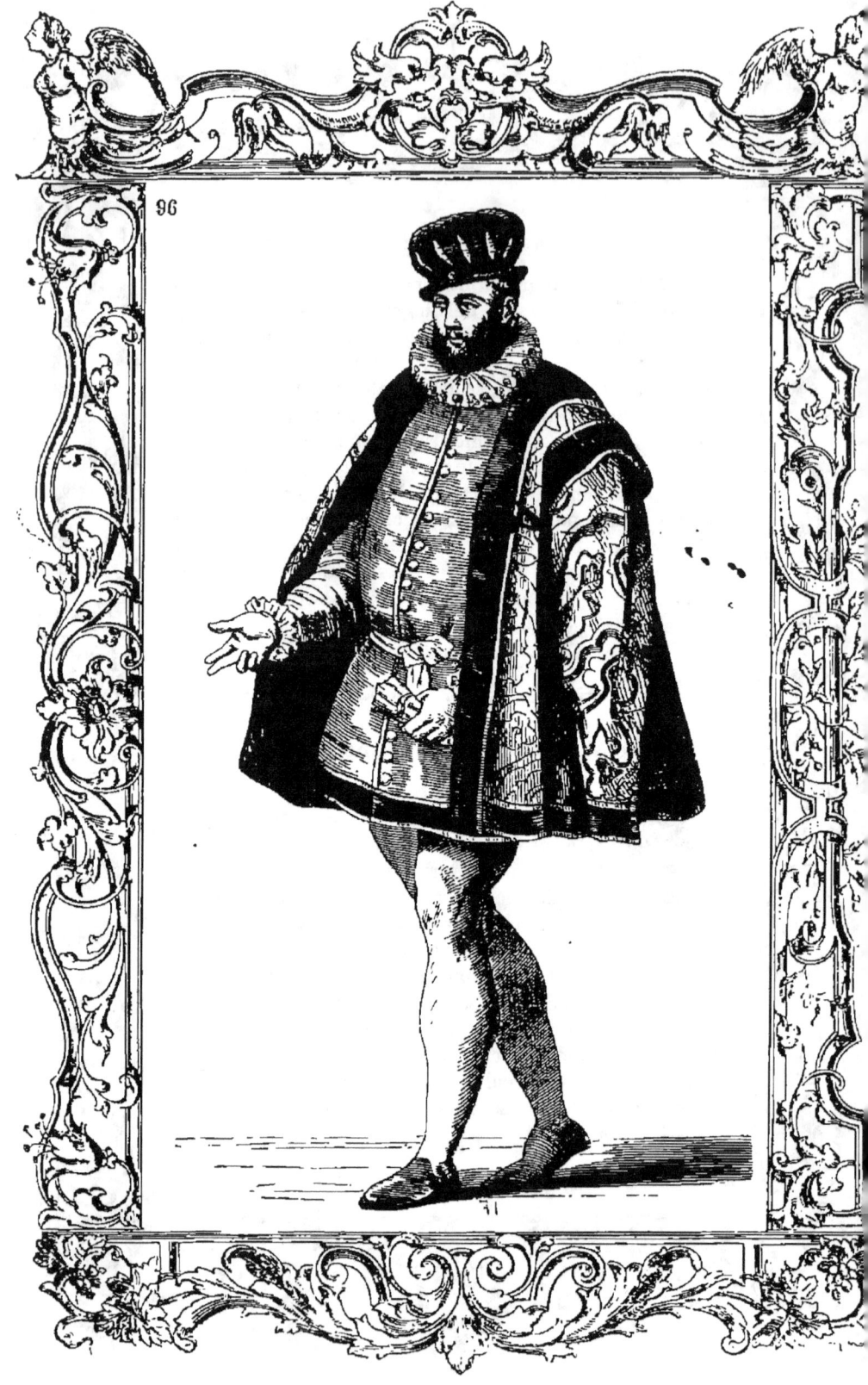

SCUDIERI DEL PRINCIPE DI VENETIA.

IENE il serenissimo principe ordinariamente sedici scudieri, deputati al servitio della sua persona, quasi tutti huomini d'età et di qualche riputatione. L'obligo de' quali è di ritrovarsi ogni mattina in palazzo, et accompagnare il principe; per il che sono salariati dalla republica. Vanno vestiti con tabarri di velluto nero, et portano braconi et pianelle ò scarpe di velluto. Si cingono con la cintura di seta, et portano la berretta all' usanza commune di terra ferma, di velluto ò d' altro, secondo le stagioni et le volontà diverse. Questo ufficio è dato loro in vita, nè il principe suol mai cassarne veruno, ancor ch' egli potesse.

ÉCUYERS DU PRINCE DE VENISE.

RDINAIREMENT le doge a seize écuyers consacrés au service de sa personne, presque tous d'un âge avancé et de quelque réputation. Ils ont pour devoir de se trouver tous les matins au palais et d'accompagner le prince; la république, pour cette fonction, leur assigne un traitement. Ils portent des manteaux de velours noir, de grandes culottes et des sandales ou souliers de velours. La ceinture est de soie, et leur bonnet, de velours ou d'autre étoffe, selon la saison ou le goût de chacun, ressemble à celui que l'on porte sur la terre ferme. L'emploi de l'écuyer est à vie, et le prince n'en destitue jamais aucun, bien qu'il en ait le droit.

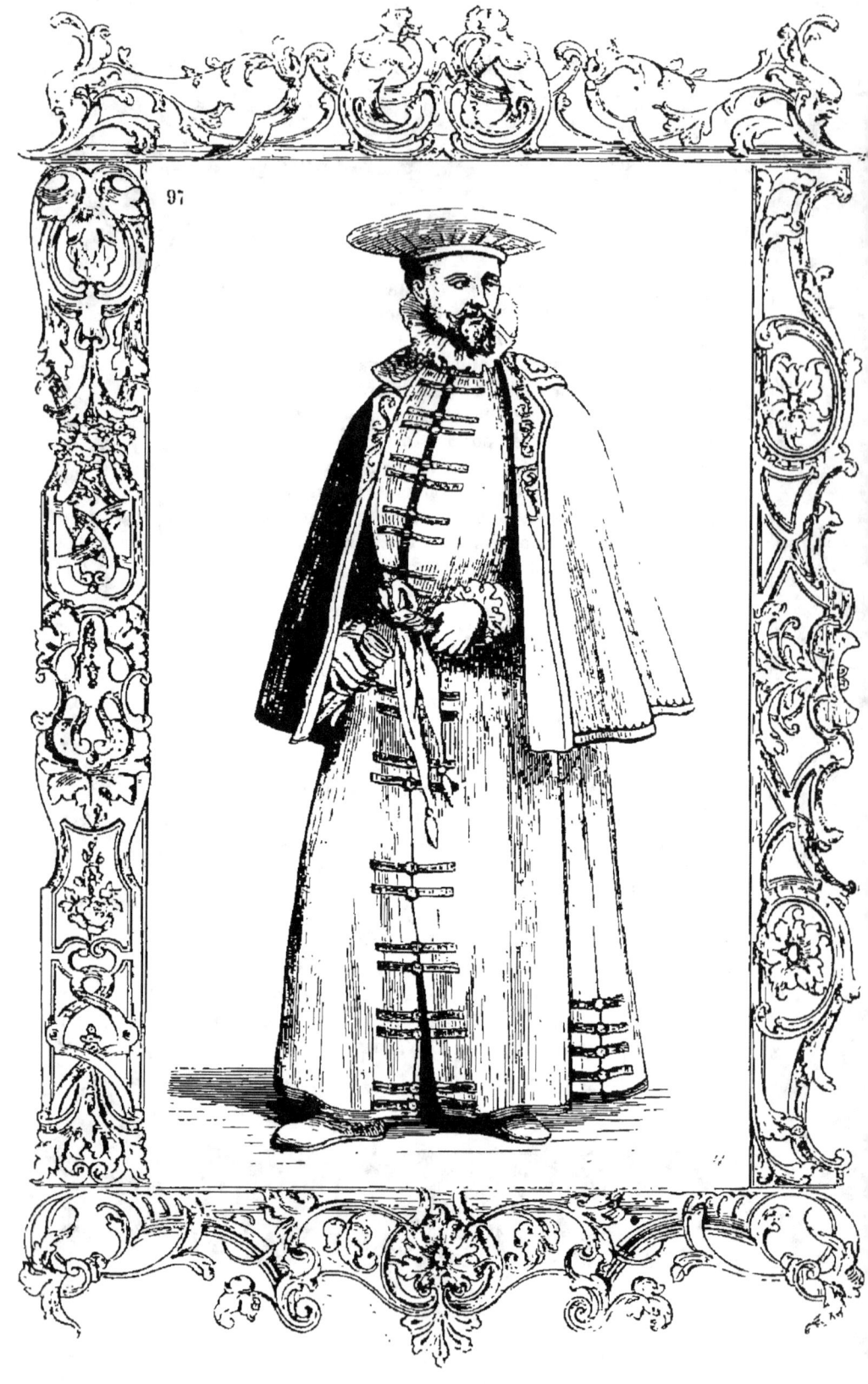

MERCANTI ET BOTTEGAI DI VENETIA.

Molti de' mercanti et bottegai commodi della città di Venetia vestono la veste à maniche à gomito, ma la più parte usano l' habito corto del ferraiuolo di rascia, di panno, di ciambellotto, di canevaccia, di seta et d' altre materie più gravi et più leggiere, secondo le stagioni. Et questi portano le berrette alte, et alcuni l' usano anche à tagliere, con una piega assai stretta, et col suo velo attorno; ma questa è berretta più da persone riposate et mature, et quella da giovani. Usano similmente le persone di tempo, benche non tutti, portar sotto al ferraiuolo le vesti lunghe fino in terra, affibbiate, et cinte con una posta di seta.

MARCHANDS ET BOUTIQUIERS DE VENISE.

Un grand nombre de marchands et de boutiquiers aisés de la ville de Venise portent la tunique avec des manches à coude; mais le vêtement de la plupart est le manteau court de serge, de drap, de camelot, de soie et d'autres étoffes plus lourdes ou plus légères, selon les saisons. Les jeunes gens portent le bonnet haut, et les personnes tranquilles et d'un âge mûr la même coiffure à tailloir, avec un pli fort étroit et un voile autour. Les personnes âgées, mais pas toutes, ont encore l'habitude de porter sous le manteau une tunique traînante, avec des agrafes et une ceinture de soie.

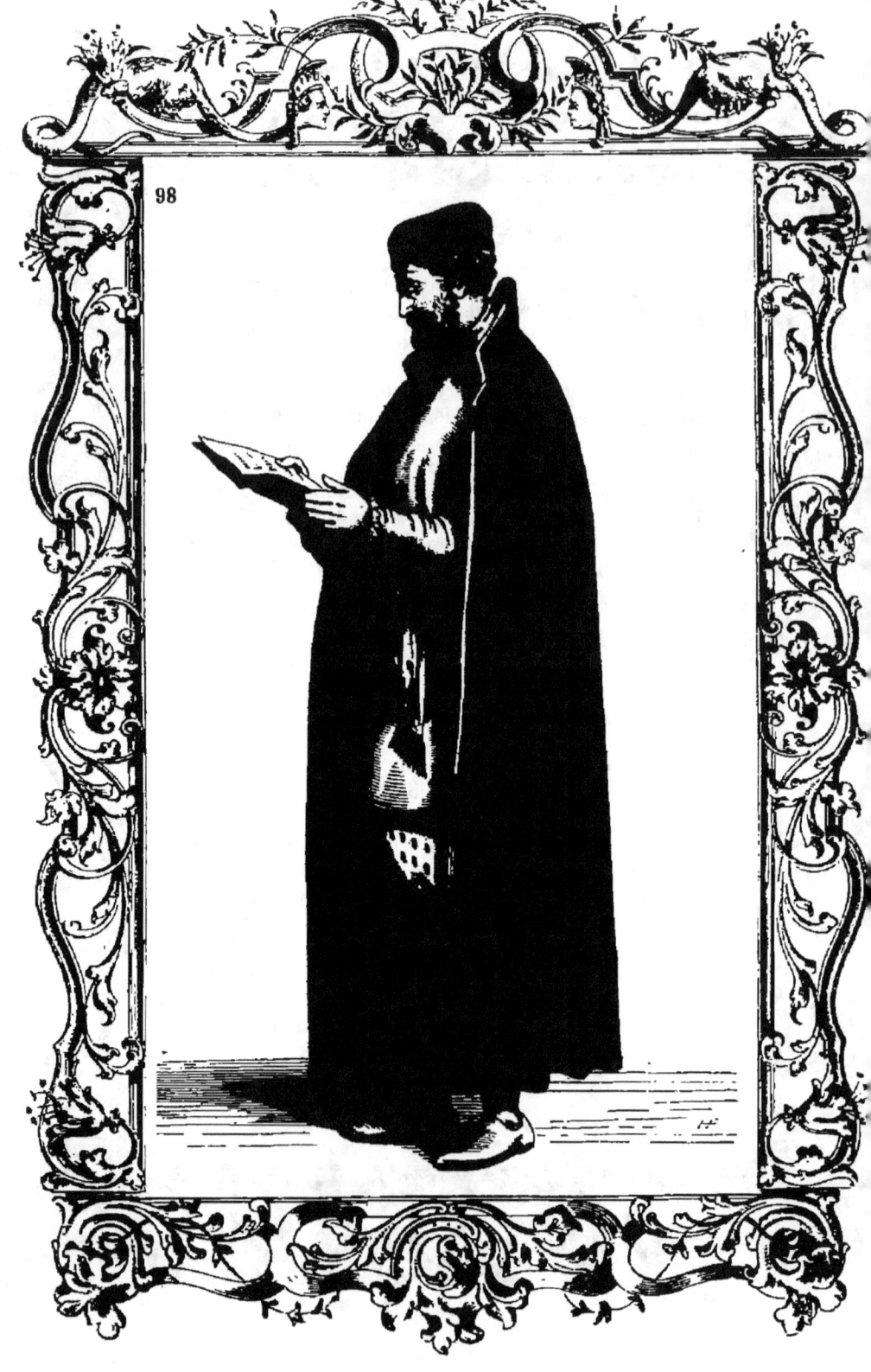

COMANDATORI O BANDITORI.

Comandatori ò banditori deputati particolarmente al servitio di diversi magistrati sono fino al numero di cinquanta, et hanno diversi carichi, tanto dentro quanto fuori della città. Il principe è quello che gli elegge, et vestono un manto lungo fino in terra, di color turchino, et in testa portano una berretta della forma stessa di quella de' nobili et cittadini, ma di color rosso, alla quale portano attaccata una medaglia d'oro con l'impronto di san Marco. Quando il principe et la Signoria và fuora, sono essi i primi che caminano inanzi à tutti gli altri, à due à due, et parte di loro portano gli stendardi soliti portarsi innanzi al principe.

HUISSIERS OU CRIEURS PUBLICS.

Les huissiers ou crieurs publics, placés sous les ordres de divers magistrats, sont au nombre de cinquante, et remplissent différentes fonctions tant au dedans qu'au dehors de la ville. C'est le doge qui les choisit; ils portent un manteau long jusqu'à terre, de couleur bleue, et un bonnet semblable à celui des nobles et des citoyens, mais rouge, auquel est attachée l'image de saint Marc.

Lorsque le prince et la Seigneurie sortent, ils les précèdent immédiatement deux à deux, et quelques-uns d'entre eux portent les étendards qu'on a coutume de déployer devant le doge.

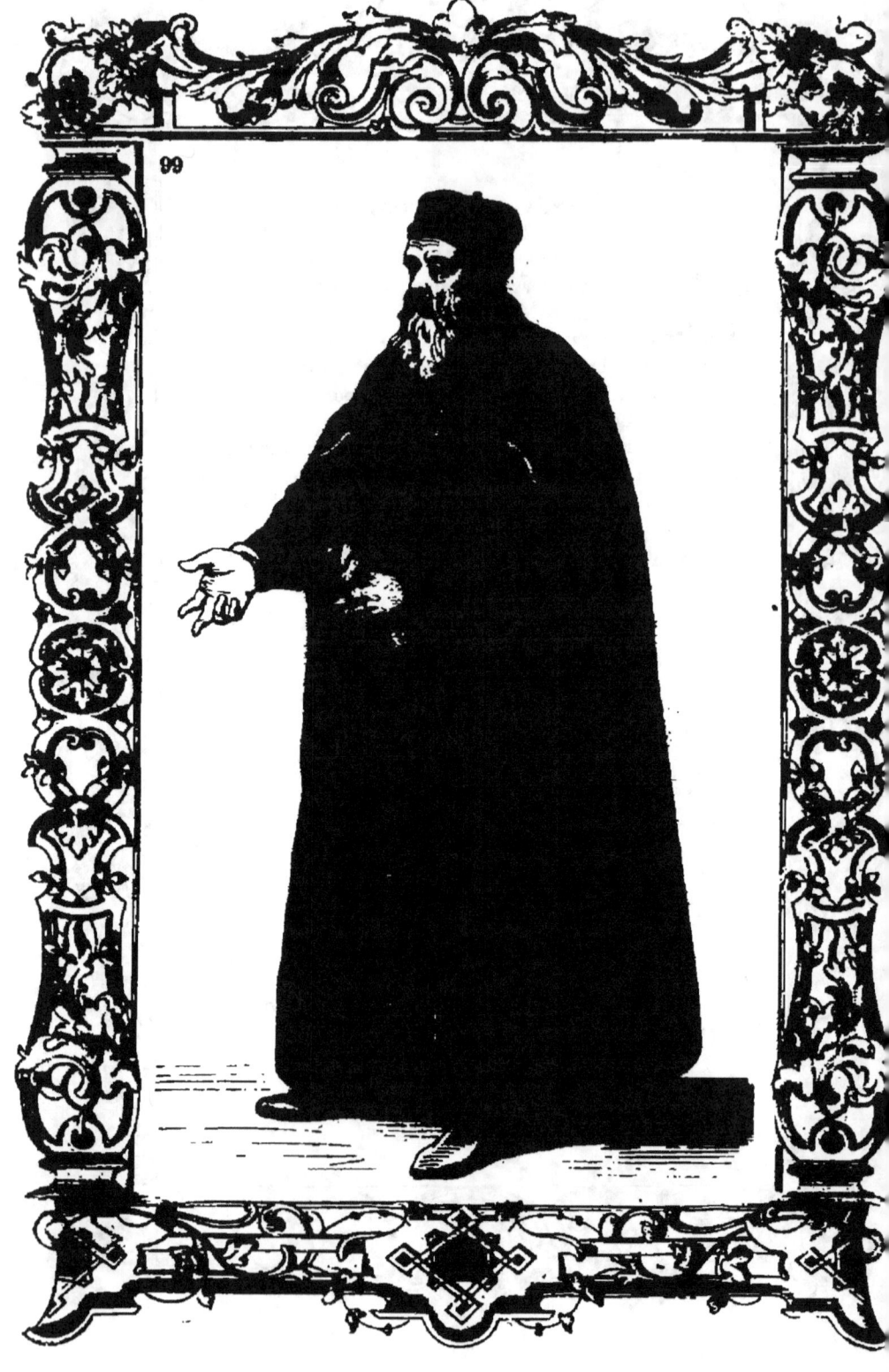

HABITO DELL' AMMIRAGLIO.

Questo ammiraglio porta una veste pavonazza di panno larga et lunga fino à terra, con le maniche similmente lunghe fino à terra, le quali, nella parte superiore, sono strette, et quelle stretture hanno una fessura per la quale cavano fuora le braccia. Porta una sottana del medesimo colore, et alle volte rossa à beneplacito suo, lunga ancor essa fino in terra, la quale si cinge con una cintura di velluto con le fibbie d'argento. In capo usa la berretta stessa che portano i nobili, et in gamba le calze di scarlatto.

COSTUME DE L'AMIRAL.

Cet amiral porte un vêtement en drap violet, large, traînant, avec les manches qui tombent également à terre ; ces manches, étroites dans la partie supérieure, ont une ouverture qui donne passage au bras. La tunique, de la même couleur, et rouge quelquefois, selon qu'il lui plaît, descend aussi jusqu'à terre ; elle est serrée par une ceinture de velours avec une boucle d'argent. Il porte le même bonnet que les nobles, et des bas d'écarlate.

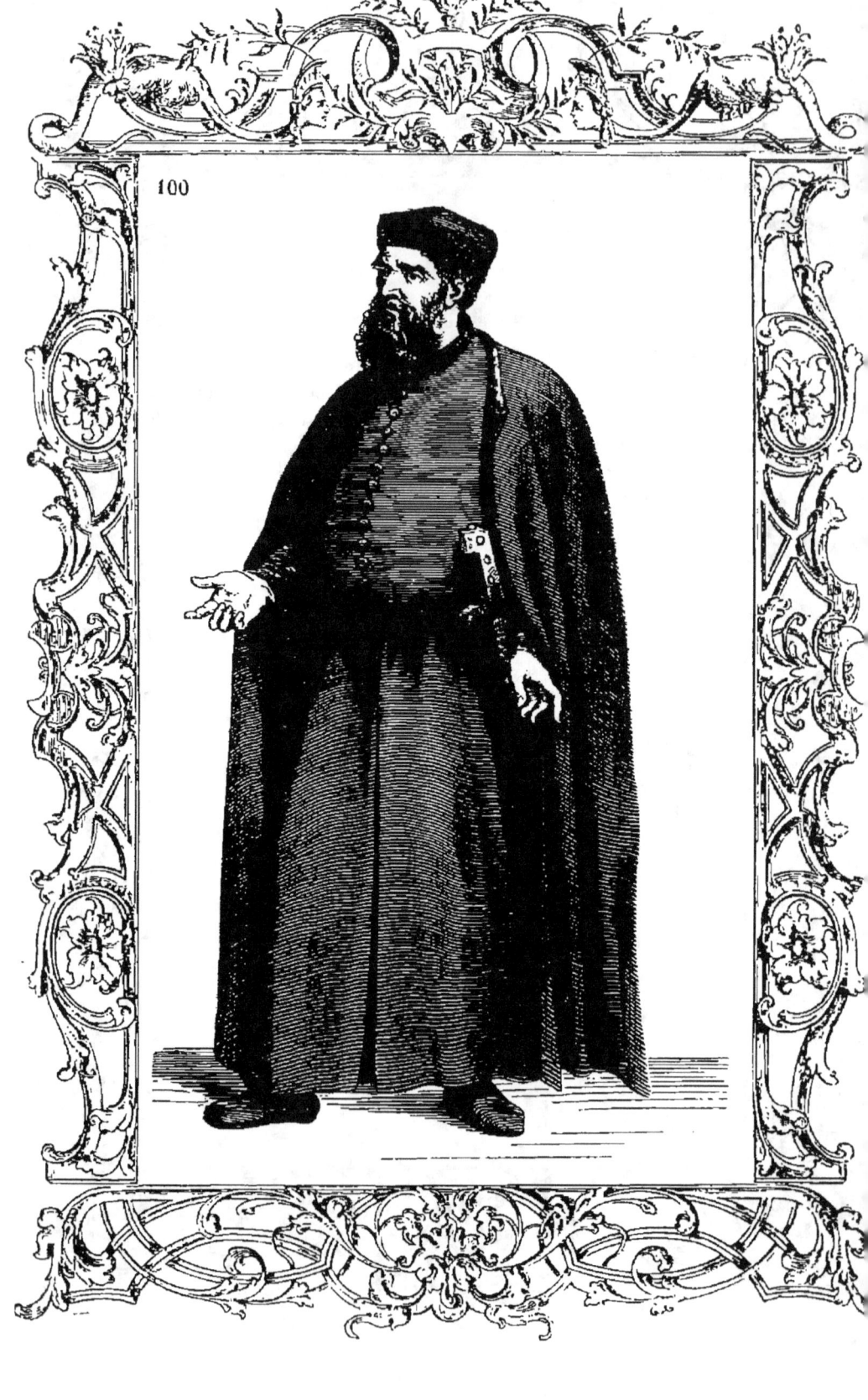

HABITO DELLA MAESTRANZA DELL' ARSENALE.

Questo habito è da noi chiamato alla soriana, et s'usa in Venetia da' marinari et anche da' Greci, ma propriamente è de' capi delle maestranze, che in Venetia si chiamano proti, quasi che sieno i primi d'ingegno et di valore frà gli altri della loro professione. La veste è di color nero, lunga, et con le maniche lunghe fino in terra, sotto la quale alcuni portano la sottana pavonazza, ma la più parte nera, et la berretta alla venetiana. Questi usano di portar à canto una spada corta con fornimenti d'argento, et sono molto fedeli al prencipe, et servono per guardia della città.

COSTUME DE LA MAISTRANCE (MAESTRANZA) DE L'ARSENAL.

Ce costume, que nous appelons *à la syrienne*, est porté à Venise par les marins et même par les Grecs; mais il appartient plus particulièrement aux chefs de la maistrance, nommés *protes* à Venise, comme étant les premiers, par le savoir et le courage, parmi ceux de leur profession. Leur vêtement, de couleur noire, est long, avec des manches qui descendent jusqu'à terre; au-dessous, quelques-uns portent la tunique violette, mais noire le plus souvent. Leur bonnet est à la vénitienne; une épée courte, avec garniture d'argent, est suspendue à leur côté; ils sont très-fidèles au prince, et servent pour la garde de la ville.

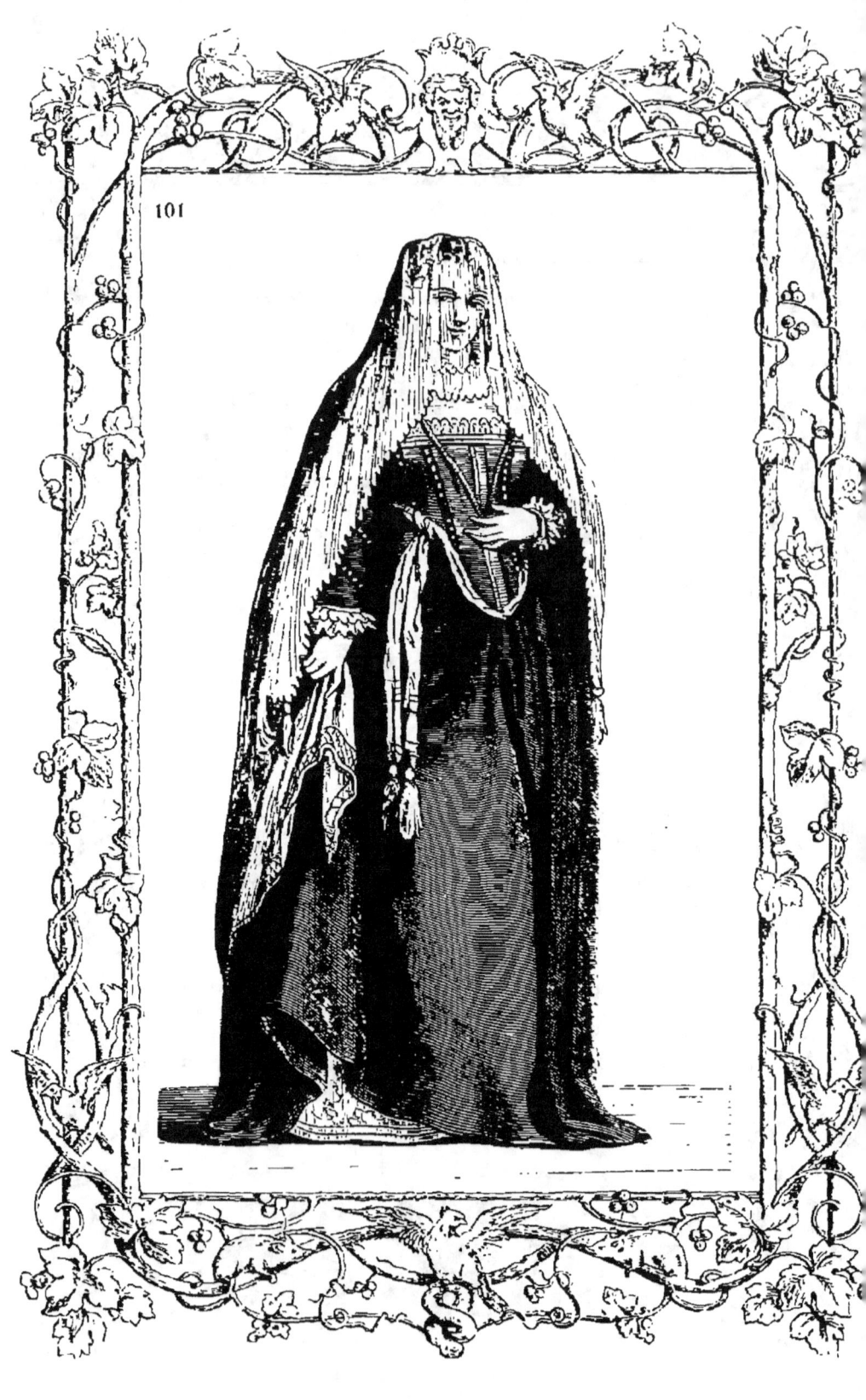

DONZELLA VENETIANA.

Di somma et notabile honestà l'uso et l'instituto d'allevar le donzelle nobili in Venetia; perche sono cosi ben guardate et custodite nelle case paterne, che bene spesso nè anche i più stretti parenti le veggono. Queste, nella fanciullezza loro, quando escono fuori di casa, il che accade di rado, portano in testa un velo di seta bianca, ch'esse chiamano fazzuolo, d'assai ampia larghezza, et con esso si coprono il viso e'l petto. Portano in questo tempo pochi ornamenti di perle, et qualche picciola collana d'oro di poca valuta. Le sopravesti di queste sono la maggior parte di color rovano ò nere, di lana leggiera, overo ciambellotto ò altra materia di poca valuta, benche sotto vadano vestite di colore, et vanno cinte d'uno di quei retini di seta ch'esse chiamano poste. Ma quando poi sono venute alla perfettione di grandezza, vanno vestite tutte di nero.

JEUNE FILLE VÉNITIENNE.

L'éducation que l'on donne aux jeunes filles nobles de Venise se distingue par un caractère de parfaite honnêteté. On les garde, on les surveille avec tant de soin dans la maison paternelle, que bien souvent les parents les plus proches ne peuvent pas les voir. Lorsque, dans leur enfance, elles sortent de la maison (ce qui arrive rarement), elles portent sur la tête un voile en soie blanche appelé mouchoir (*fazzuolo*), très-ample, et dont elles se couvrent le visage et la poitrine. Quelques perles, un petit collier d'or de peu de valeur, composent toute leur parure. Le vêtement de dessus, le plus souvent, est de couleur tannée ou noire, de laine légère, de camelot ou de toute autre étoffe de peu de valeur, bien que la robe soit de couleur; elles s'enveloppent d'un de ces filets de soie qu'elles appellent *poste;* mais, lorsque leurs formes ont atteint leur plein développement, elles s'habillent tout à fait de noir.

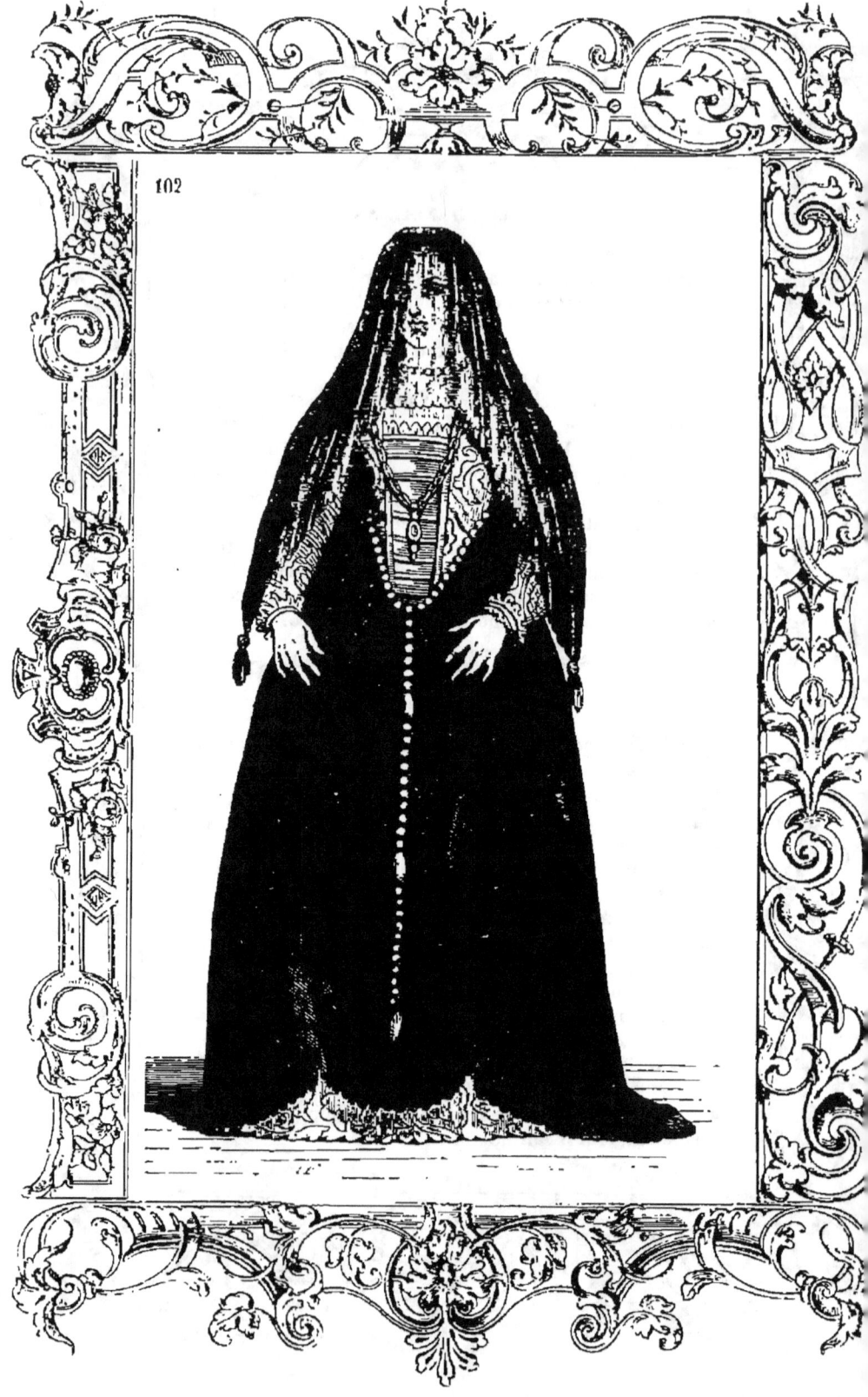

SPOSE NON SPOSATE A' TEMPI NOSTRI.

Da qualche tempo in quà sogliono le spose, prima che diano la fede ò ricevino l'anello dal marito, essere visitate un giorno da tutti gli amici et parenti, et un' altro dalle donne, et allhora vanno à qualche sollazzo ben accompagnate. Usano allhora di portar un *fazzuol* nero di seta, il quale è finissimo et copre loro il viso. In questa occasione vanno molto ornate di perle et d'oro, portano il busto et le maniche di colore, et per la maggior parte di seta bianca, et con l'apertura del busto allacciata con un cordone di seta alla larga, come qui nel ritratto si vede. Vanno cinte di cintura d'oro gioiellata fino à terra, et tutto il resto della veste è nero et lungo fino in terra, et con alquanto di strascino.

ÉPOUSÉES DE NOTRE ÉPOQUE.

Depuis quelque temps, les épouses, avant d'engager leur foi ou de recevoir l'anneau du mari, sont visitées un jour par tous leurs amis et parents, et un autre jour par les femmes; elles vont alors, bien accompagnées, à quelque partie de plaisir. Dans cette occasion, elles portent un *fazzuolo* noir en soie, très-fin, qui leur couvre le visage, beaucoup d'ornements de perles et d'or. Le corsage et les manches sont de couleur, et, le plus souvent, de soie blanche; l'ouverture du corsage est lacée, sans trop serrer, avec un cordon de soie, comme l'indique le portrait. Elles ont pour ceinture une chaîne d'or, ornée de pierres précieuses, qui tombe sur les pieds; la robe est noire et traînante, avec une petite queue.

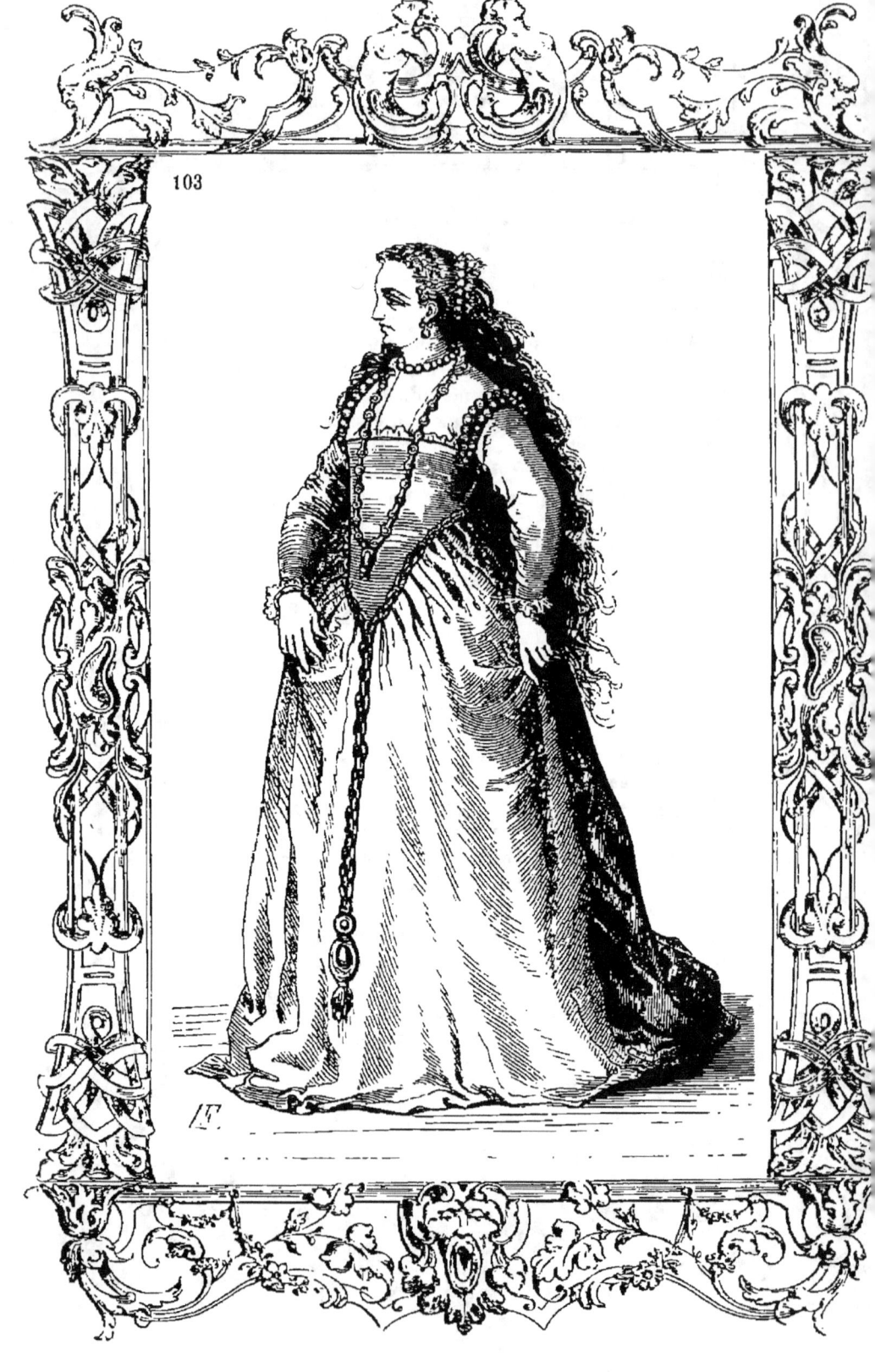

SPOSE FUOR DI CASA DOPO CHE SONO SPOSATE.

SOGLIONO queste spose essercitarsi nel ballare, et à questo effetto hanno alcuni maestri di ballo, de' quali si servono in quei giorni, et sono huomini attempati; et questi, nel tempo del parentado, sogliono menar le spose fuor della camera nel portico alla presenza de' parenti et di tutta l'altra brigata che ivi se ne stà à sedere; et così, al suono di diversi instromenti, fanno alcuni balletti, et ritornano in camera, dove sono molte donne che le guerniscono, et mutandole spesso di veste, le quali per lo più sono di raso ò d'altro, et bianche, ornate però di perle, d'oro et di gioie di gran valore. I capelli pendono giù per le spalle con alcuni fili d'oro, come nel ritratto si può vedere.

ÉPOUSÉES HORS DE CHEZ ELLES QUAND LE MARIAGE A ÉTÉ CONSOMMÉ.

CES épousées ont l'habitude de s'exercer à la danse, et prennent à cet effet des maîtres d'un âge avancé, qu'elles emploient jusqu'au jour où le mariage est accompli. Ces maîtres, au temps des visites de la famille, accompagnent les épousées lorsqu'elles se rendent de leur chambre dans le vestibule, où sont réunis les parents et d'autres personnes. Là, on se livre à la danse au son des instruments, et l'épousée est ensuite reconduite dans sa chambre, où se trouvent grand nombre de femmes qui la parent, et changent souvent ses vêtements, qui sont en général de satin ou d'autre étoffe, et blancs. Des perles, de l'or, des bijoux de grand prix, brillent sur le corps de la nouvelle mariée, dont les cheveux, mêlés de quelques fils d'or, tombent sur les épaules comme on le voit dans ce dessin.

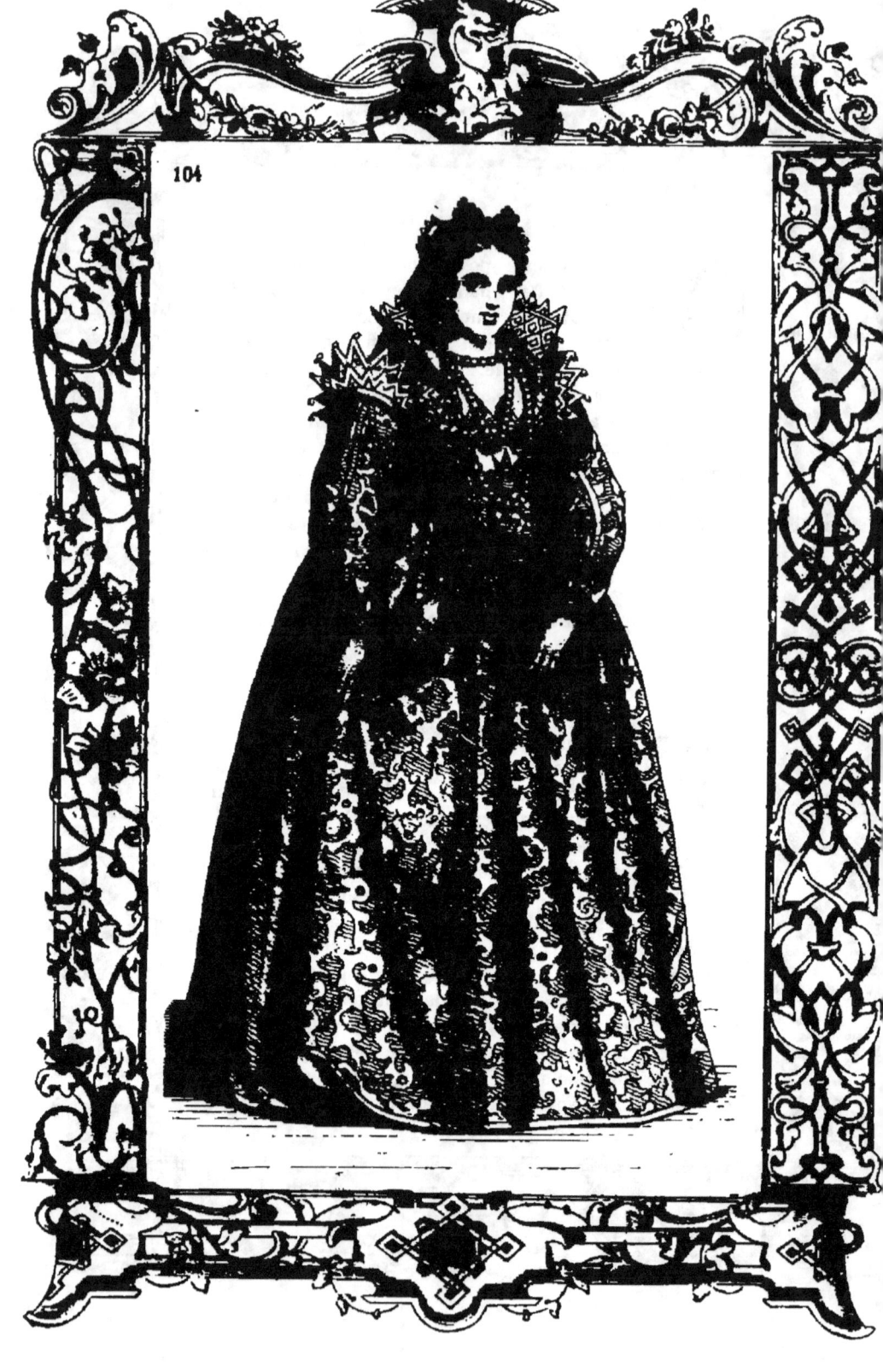

SPOSE NOBILI MODERNE.

In questa nostra età usano le spose non solo habiti superbissimi, ma ancora gran quantità di gioie, di perle et d'ori. Le vesti sono lunghe fino in terra con strascino, et con il busto così poco alto di bocca che quasi si vedono tutte le mammelle. L'acconciatura di testa è vaghissima formata davanti con capelli biondi in guisa di due corna. Si cingono con catene d'oro, et usano orecchini di perle, delle quali adornano anco abondantissimamente il collo.

ÉPOUSÉES NOBLES MODERNES.

Dans notre époque, les épousées portent non-seulement de magnifiques habits, mais encore beaucoup de perles, de pierres précieuses et de bijoux en or. Les robes, traînantes, avec une queue, sont si décolletées qu'on voit presque toute la gorge. Des cheveux blonds, tressés sur le devant à la manière de deux cornes, forment une très-belle coiffure. Elles s'entourent de chaînes d'or, et portent, avec des boucles d'oreilles, des perles et des colliers également de perles.

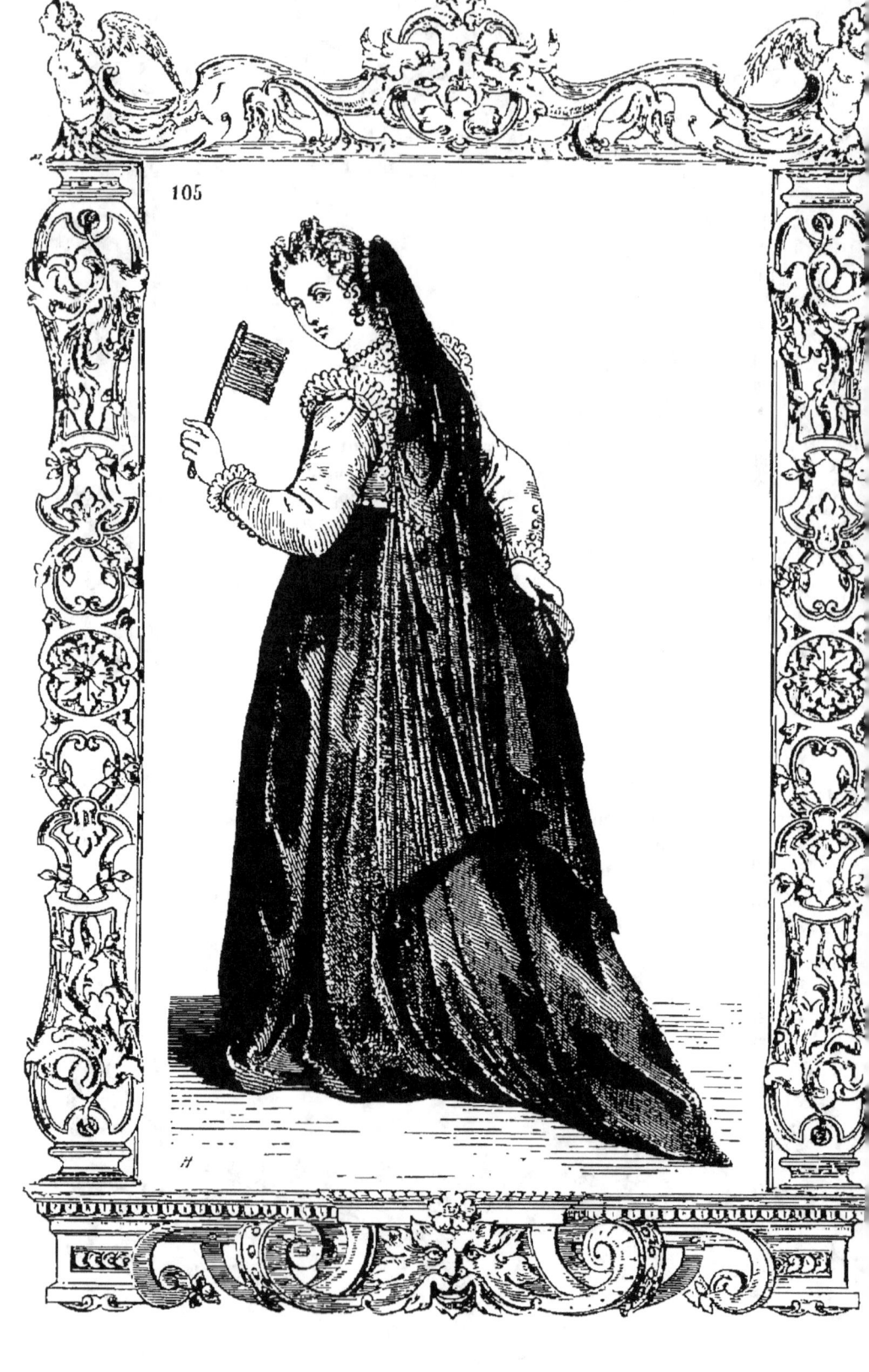

DELLE SPOSE NEL TEMPO DELL' ASCENSIONE, O SENSA, IN VENETIA.

SE in tempo veruno le spose di Venetia fanno sforzo di parer belle et comparir ornate riccamente, lo fanno più che mai quelle alle quali accade l' essere spose nel tempo dell' Ascensione, in quei quindici giorni che dura la fiera, et è nella città grandissimo concorso di diverse nationi. In quei giorni si spiegano le ricchezze delle più grosse perle et dell' altre più preciose gioie, delle quali rendono ornate l' orecchie, le trecce, e'l collo, e'l petto, risplendendo d' oro et di gemme fino a' baveri delle spalle, ornate de' più ricchi fregi che fra loro sieno in uso. Usano queste spose questo habito tutto nero, eccetto il busto et le maniche, che son della veste di sotto, di raso bianco simile al ritratto qui presente.

FEMMES QUI SE MARIENT AU TEMPS DE L'ASCENSION, OU SENSA, A VENISE.

SI jamais les épousées de Venise s'efforcent de paraître belles et de se montrer richement parées, c'est lorsqu'elles se marient au temps de l'Ascension, pendant les quinze jours que dure la fête, qui amène dans la ville un grand nombre de personnes de diverses nations. Dans le cours de cette fête, elles étalent les richesses des plus grosses perles et des pierres les plus précieuses, dont elles ornent leurs oreilles, les tresses de leurs cheveux, leur cou et leur poitrine. L'or et les pierreries brillent jusque sur les plis qui entourent le haut de leurs bras, qu'elles couvrent des plus beaux ornements en usage parmi elles. Les épousées portent le vêtement de dessus tout noir, excepté le corsage et les manches, lesquels, comme la robe, sont de satin blanc, ainsi que l'indique le dessin.

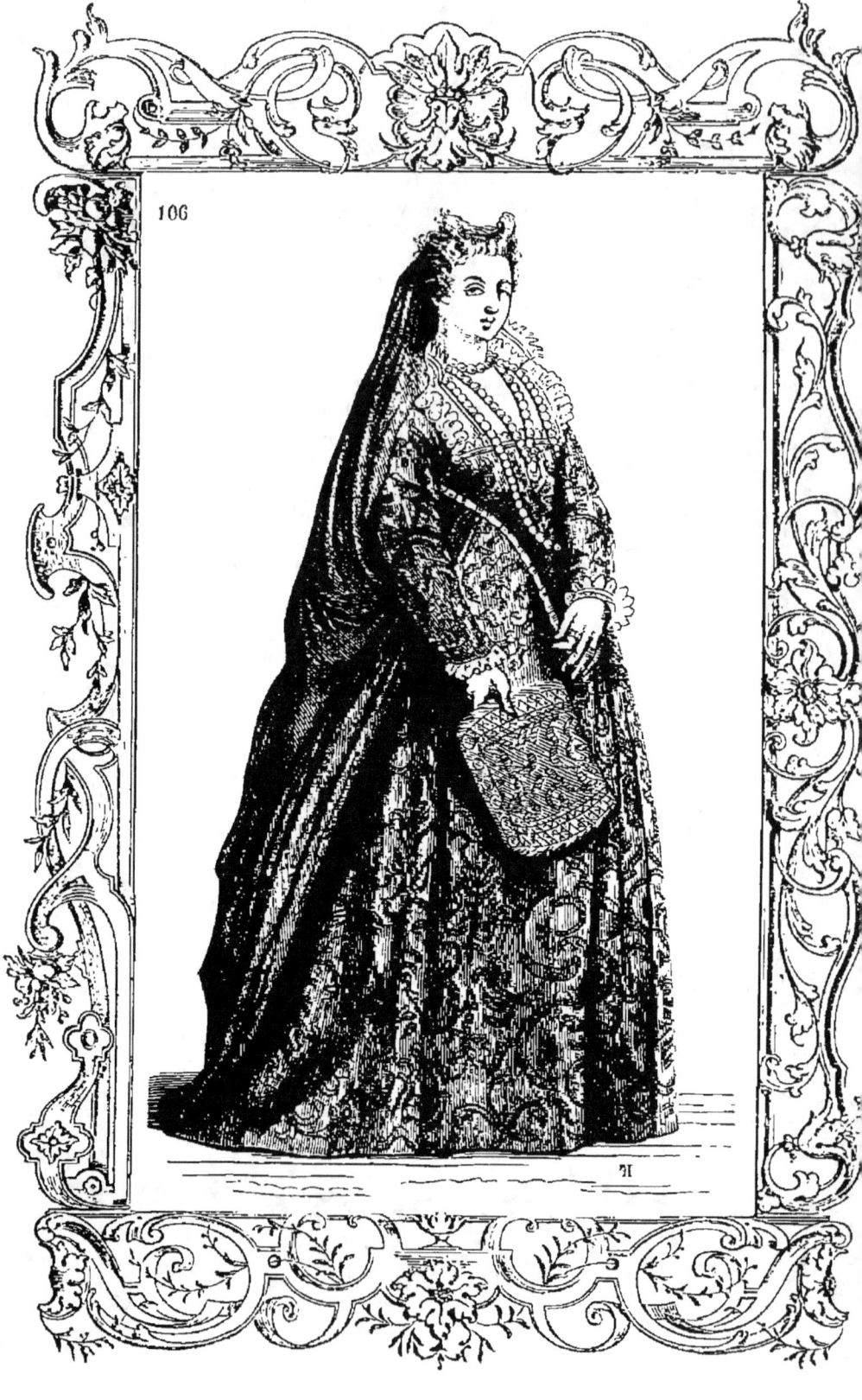

USANZA MODERNA DELLE DONNE VENETIANE NOBILI ET ALTRE RICCHE, IL VERNO.

Nell' habito che quì si mostra, vedesi quanto le donne venetiane habbiano in uso gli ornamenti d' oro preciosi, et ricchi di perle et d'altre gioie; et quanto studio et diligenza pongano ne gli ornamenti del capo, l' acconciatura del quale è accompagnata da certi ricchi che fanno la forma d' una mezza luna con le punte ò corna (che questo nome ancora hanno sortito) rivolte all' insù. Ornano superbissimamente il collo; et all' orecchie portano certi anelli legati ad alcune cordelle, et alcune vi portano perle et altre gioie di molta stima; usano anco li manili et altri ornamenti d' oro. Questo habito del verno è di velluto à opera con manize, et come al presente si vede.

COSTUME MODERNE DES FEMMES NOBLES DE VENISE ET D'AUTRES PERSONNES RICHES, PENDANT L'HIVER.

D'après le vêtement ci-joint, on voit combien les femmes de Venise font usage des ornements d'or enrichis de perles et de pierres précieuses, et quelle recherche étudiée elles apportent dans leur coiffure, remarquable par des frisons qui forment un croissant avec les pointes ou cornes (car elles ont encore inventé ce nom) relevées en haut. Des parures magnifiques ornent leur cou; aux oreilles elles suspendent des anneaux attachés à des cordelettes, et quelques-unes même des perles ou des pierres de grande valeur. Bien plus, elles font usage de bracelets et d'autres ornements d'or. Ce costume d'hiver est de velours ouvragé, avec manches, et tel enfin que je l'ai représenté.

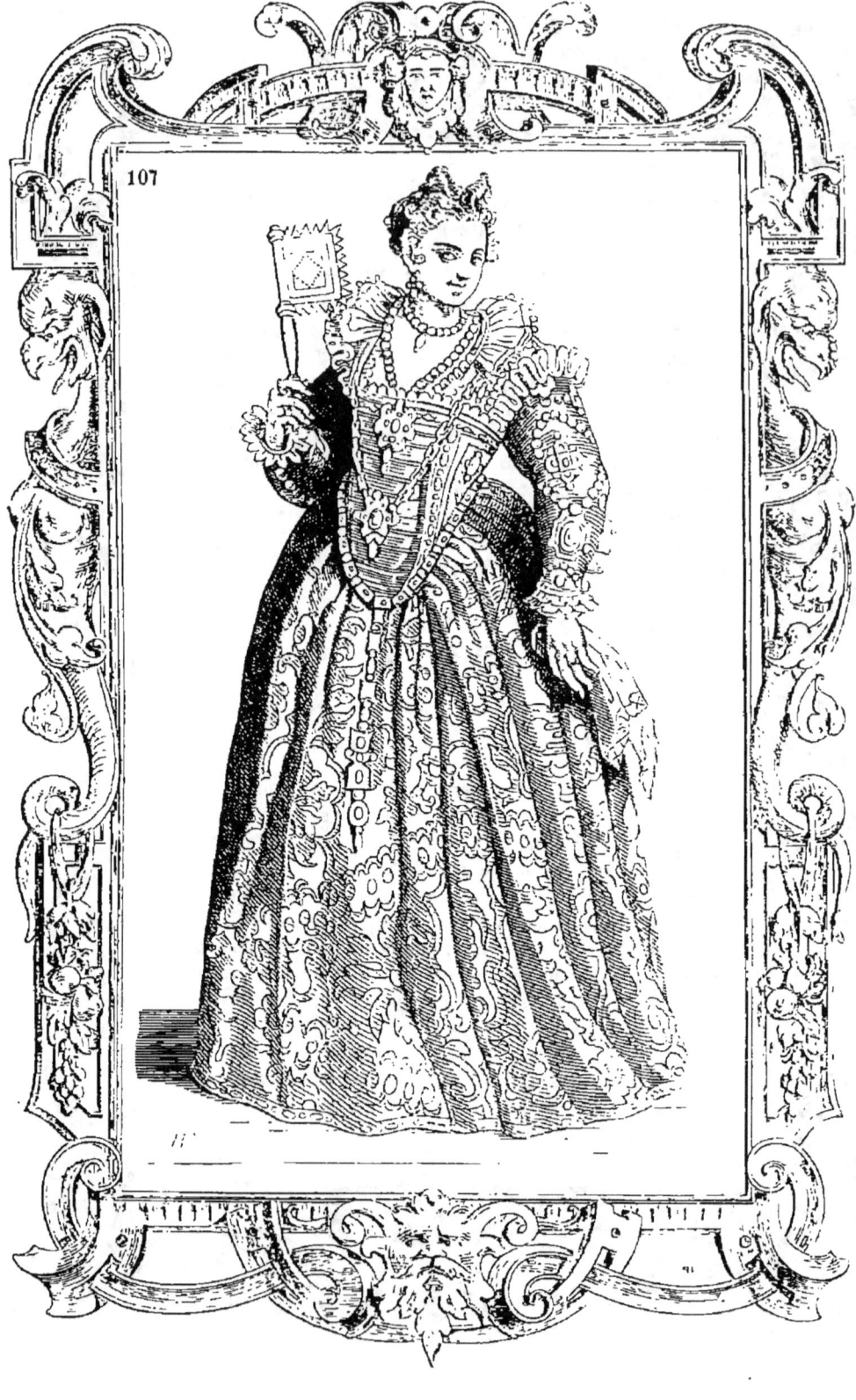

GENTILDONNE A FESTE PUBLICHE.

Le donne nobili che 'sono invitate à spettacoli dove intervenga qualche gran personaggio, come bene spesso accade in Venetia, si concede che possano addobbarsi et ornarsi come più loro piace, il che non posson fare in altro tempo. Et perciò, quando Arrigo III, rè di Francia, partito di Polonia, dove egli era rè, passò per Venetia, fu trattenuto (oltre à gli altri superbi et maravigliosi spettaccoli) con un grandissimo apparato ridotto nella sala del gran consiglio, di dugento gentildonne delle più belle et principali della città. Queste erano tutte vestite di bianco, et quivi comparsero in guisa tale et in cosi fatta vaghezza che'l rè, con tutta la sua comitiva, ne rimase attonito et stupefatto. Erano gl' ornamenti del capo, del petto et del collo di perle et gioie con l' oro, che fu giudicato il valor di 50,000 scudi à tal una di loro, essendo aperti i bavari, busti, maniche tutte di gioie, perle et oro.

FEMMES NOBLES DANS LES FÊTES PUBLIQUES.

Les femmes nobles qui sont invitées à des spectacles où figure quelque grand personnage, comme il arrive souvent à Venise, peuvent s'habiller et se parer selon leur goût, ce qui leur est défendu en toute autre circonstance. C'est pourquoi, lorsque Henri III, roi de France, passa, à son retour de Pologne où il était roi, par la ville de Venise, il fut récréé (outre les autres divertissements splendides et merveilleux) par le spectacle magnifique de deux cents femmes nobles des plus belles et des plus considérables de la ville, réunies dans la salle du grand conseil. Ces femmes, toutes vêtues de blanc, déployèrent tant de luxe et de charmes que le roi et tout son cortége en furent étonnés et stupéfaits. Les ornements de la tête, du cou et de la poitrine étaient de perles et de pierres précieuses avec de l'or, et l'on estima la parure d'une seule femme 50,000 écus. Les collerettes, le buste et les manches brillaient de pierreries, de perles et d'or.

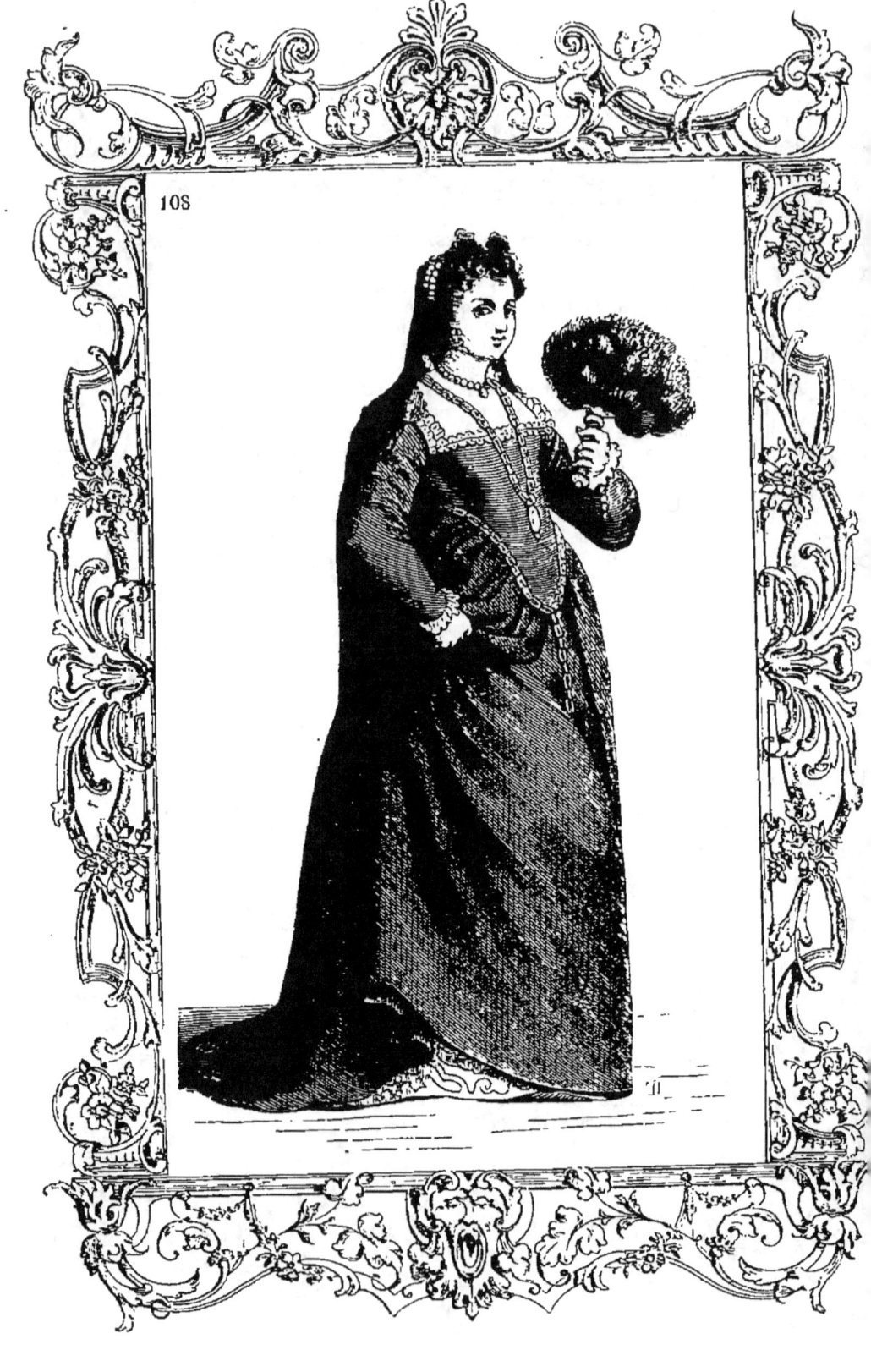

DELLE GENTILDONNE CHE VANNO A S. PIETRO DI CASTELLO, LA QUARESIMA, O AD ALTRE DEVOTIONI.

Le gentildonne et l' altre che sono di qualche riputatione, in andando al perdono à Castello, portano la veste nera, et per la maggior parte d' ormesino di Fiorenza; et alcune d' esse portano rasi, alcune ferrandine à opera; benche al presente quasi tutte l' usino di seta tessuta à opera. In questo tempo quasi tutte d' accordo (forse per riverenza di quei santi giorni) vanno poco ornate, benche non lascino alcuna sorte di bellissime perle, bellissimi orecchini et manili bottonati d' oro. Allhora coprono i capelli quasi tutti col fazzuolo, col quale sogliono ancora coprire il viso; ma hoggi lo riversano in dietro.

FEMMES NOBLES QUI VONT A SAINT-PIERRE DE CASTELLO PENDANT LE CARÊME, OU SE RENDENT A D'AUTRES ÉGLISES POUR FAIRE LEURS DÉVOTIONS.

Les femmes nobles et autres de quelque importance, quand elles vont faire leurs dévotions à Castello, sont vêtues de noir, et la plupart de moire de Florence; quelques-unes portent du satin, d'autres des ferrandines ouvragées, bien qu'habituellement presque toutes s'habillent de soie à dessins. Pendant le carême, le plus grand nombre d'entre elles (peut-être par respect pour ces saints jours) se parent modestement, quoiqu'elles ne renoncent point à quelques jolies perles, à de magnifiques boucles d'oreilles et à des bracelets avec des boutons d'or. Alors elles couvrent presque tous leurs cheveux d'un voile qui descend même sur le visage; mais ordinairement elles le rejettent par derrière.

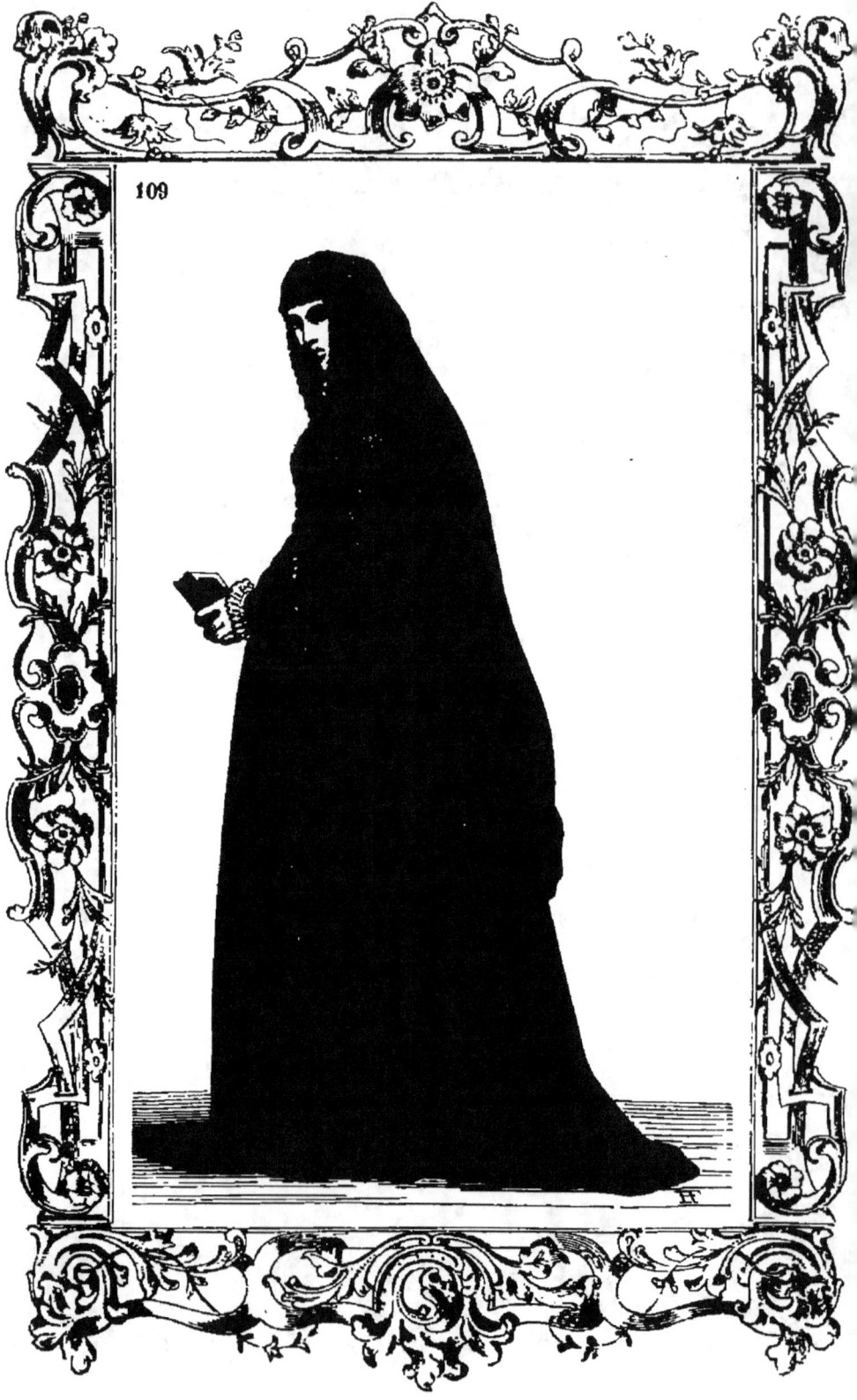

DELLE VEDOVE.

Le vedove di Venetia abbracciano, quanto à l'habito, con la morte del marito la morte di tutte le vanità et di tutti gli ornamenti; perche, oltre al vestir di nero, portano i capelli coperti, serrano il petto con un velo assai fisso, portano la capa fino sù la fronte, et se ne vanno per le strade meste et à capo chino. Quando hanno animo di vedovare, usano lo strascino, nè più si rivestono di colore per alcun tempo, se non vogliono rimaritarsi. Stando in casa, portano sopra i capelli una scuffietta che copre loro le trecce. Vestono sempre di nero, tanto in casa quanto fuori. Ma nondimeno, quando volessero rimaritarsi, è loro lecito usare senza biasimo alcuno qualche ornamento, ma di poca apparenza, et lasciare alquanto più scoperti i capelli, che tutto serve à chi le vede per segno della loro intentione.

VEUVES.

Les femmes de Venise, à la mort de leurs maris, renoncent à toutes les vanités et à tous les ornements; car, outre le vêtement noir, elles couvrent leurs cheveux, enveloppent la poitrine d'un voile serré, portent la cape jusque sur le front, et marchent dans les rues avec tristesse et la tête inclinée. Lorsqu'elles ont résolu de rester veuves, elles portent une queue, et renoncent pour quelque temps aux habits de couleur. Dans leur maison, elles mettent sur la tête une coiffe qui recouvre les cheveux, et sont toujours vêtues de noir dedans comme dehors; néanmoins, si elles veulent se remarier, elles peuvent, sans encourir de blâme, prendre quelques ornements, mais de peu d'apparence, et découvrir un peu leurs cheveux; car tout cela fait connaître leur intention à quiconque les voit.

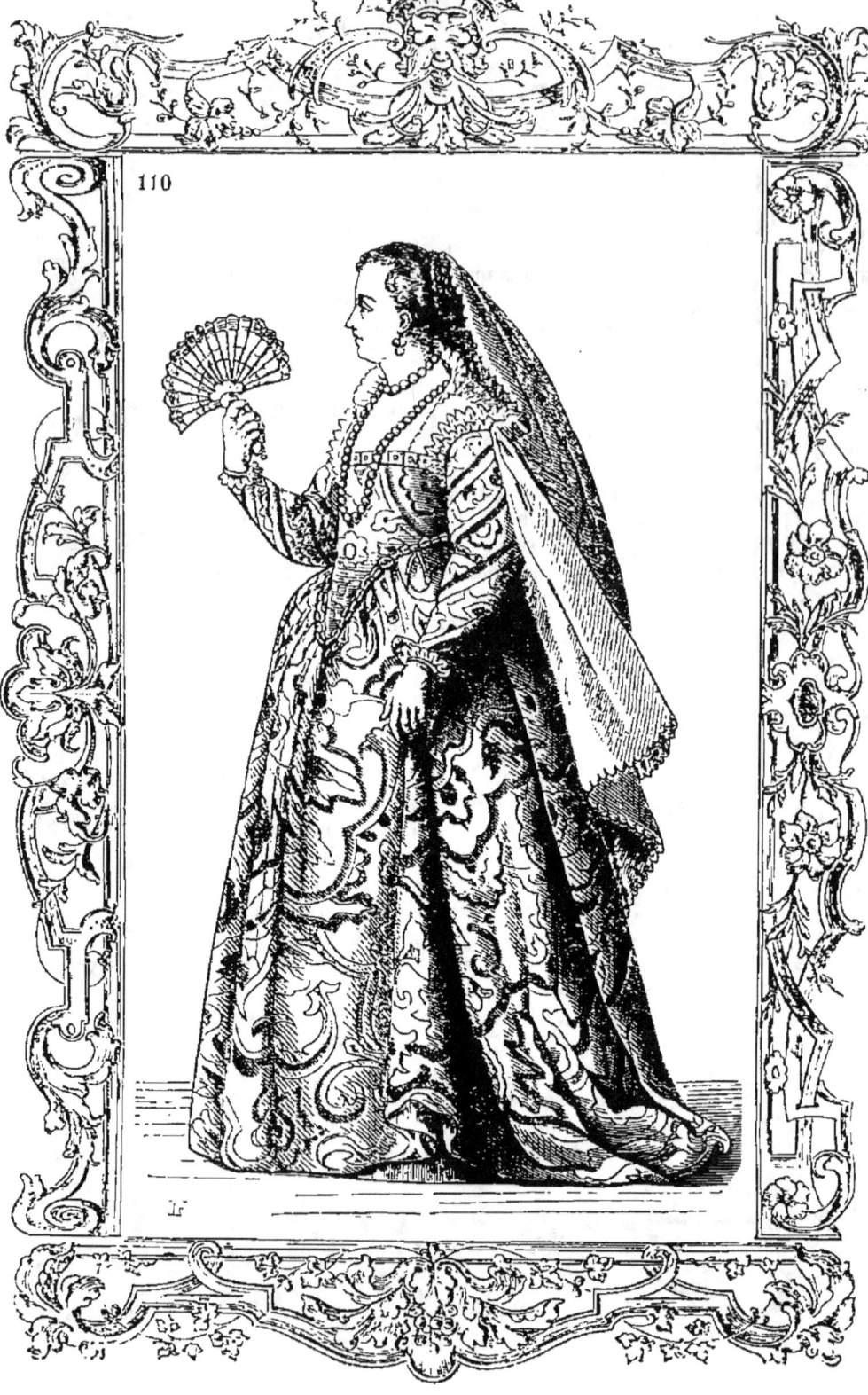

MOGLI DE' GENTIL'HUOMINI NE' REGIMENTI ET GOVERNI, DENTRO ET FUOR DI CASA.

Le mogli di quei gentil'huomini che sono mandati al governo di qualche città sortiscono il nome stesso de' mariti, et sono chiamate podestaresse, capitane et simili; et perciò queste vanno molto sontuose, et con habiti conformi a' titoli et a' gradi. Sono dunque assai gli ornamenti loro come io dimostro nel presente ritratto. Le vesti loro sono di colori diversi di broccati, di seta, d'oro et d'argento. L'acconciature della testa, sempre bionda, ò per natura ò per arte, sono ricchissime di perle et d'altre gioie; usano un velo di seta bianco con trine d'oro. Quando vanno di casa alle chiese ò altre devotioni, sono accompagnate da molte gentildonne di quella città et una moltitudine di serve.

FEMMES DE GENTILSHOMMES GOUVERNEURS DE VILLES, DANS LEUR MAISON ET DEHORS.

Les femmes de ces gentilshommes qu'on envoie gouverner quelque ville adoptent le nom public de leurs maris, et s'appellent *podestaresses, capitainesses* et autres titres semblables; c'est pourquoi elles ont des habits somptueux, conformes à ces mêmes titres et à leur rang, et se couvrent d'ornements tels que les montre la gravure. Leurs robes, de couleurs diverses, sont de brocart, de soie, d'or ou d'argent, et leur chevelure, toujours blonde, naturellement ou par le secours de l'art, se fait remarquer par la richesse des perles ou d'autres ornements, comme l'indique ce dessin; elles portent un voile en soie blanche, avec des crépines d'or. Quand elles sortent pour aller aux églises ou remplir d'autres dévotions, elles sont accompagnées d'un grand nombre de femmes nobles de cette ville et d'une multitude de suivantes.

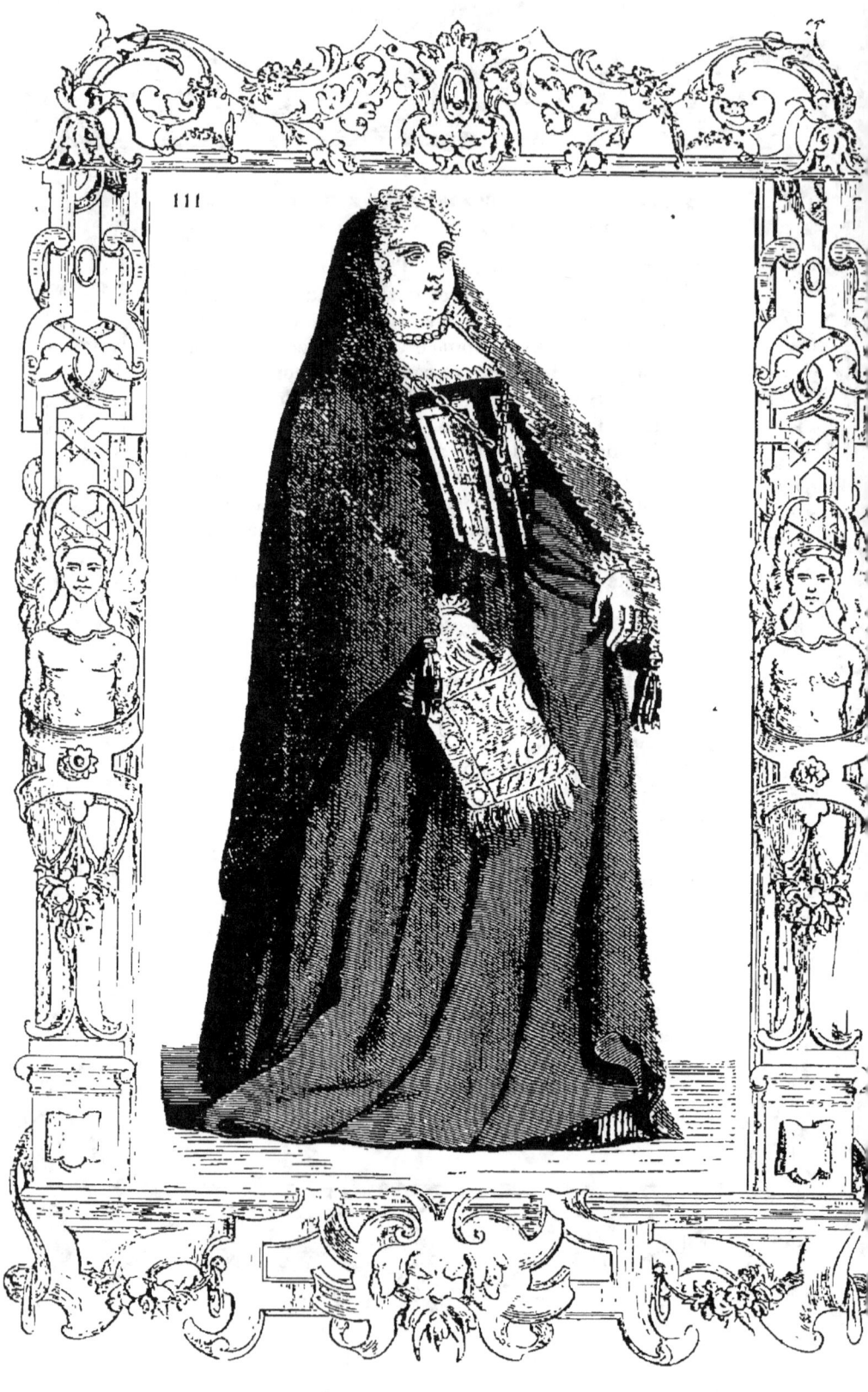

DONNE DI VENETIA ATTEMPATE ET DISMESSE.

Le maritate, pervenute che sono à una certa età, sogliono ordinariamente usar quest' habito, lontano per certo assai dalle pompe; et queste per lo più, allontanate dalle vanità del mondo, si danno alla vita spirituale. Usano per tanto una veste nera di ciambellotto ò d' altro, et in testa portano la cappa di maniera che lasciano alquanto scoperti i capelli, i quali accommodano similmente con ogni modestia. Alcune poi lasciano cader la cappa fino in terra, et altre v' attaccano da' piedi un certo nastro, col quale la legano alla cintura, di maniera che fa quasi un sacco dalla parte di dietro. Portano poco strascino, et le lor sottane sono per lo più di ciambellotti colorati.

FEMMES DE VENISE AGÉES, PEU RECHERCHÉES DANS LEUR COSTUME.

Les femmes mariées qui sont parvenues à un certain âge portent ordinairement ce vêtement, qui, certes, est loin de respirer le faste; la plupart d'entre elles, renonçant aux vanités du monde, se donnent à la dévotion. En conséquence, elles portent un vêtement noir de camelot ou d'autre étoffe, et la cape de manière à laisser un peu découverts les cheveux, qu'elles arrangent avec simplicité. Quelques-unes laissent tomber la cape jusqu'à terre, et d'autres cousent au bas un ruban, au moyen duquel elles l'attachent à la ceinture, de telle sorte qu'elle forme presque un sac par derrière. Leurs robes, presque toujours de camelot de couleur, n'ont qu'une petite queue.

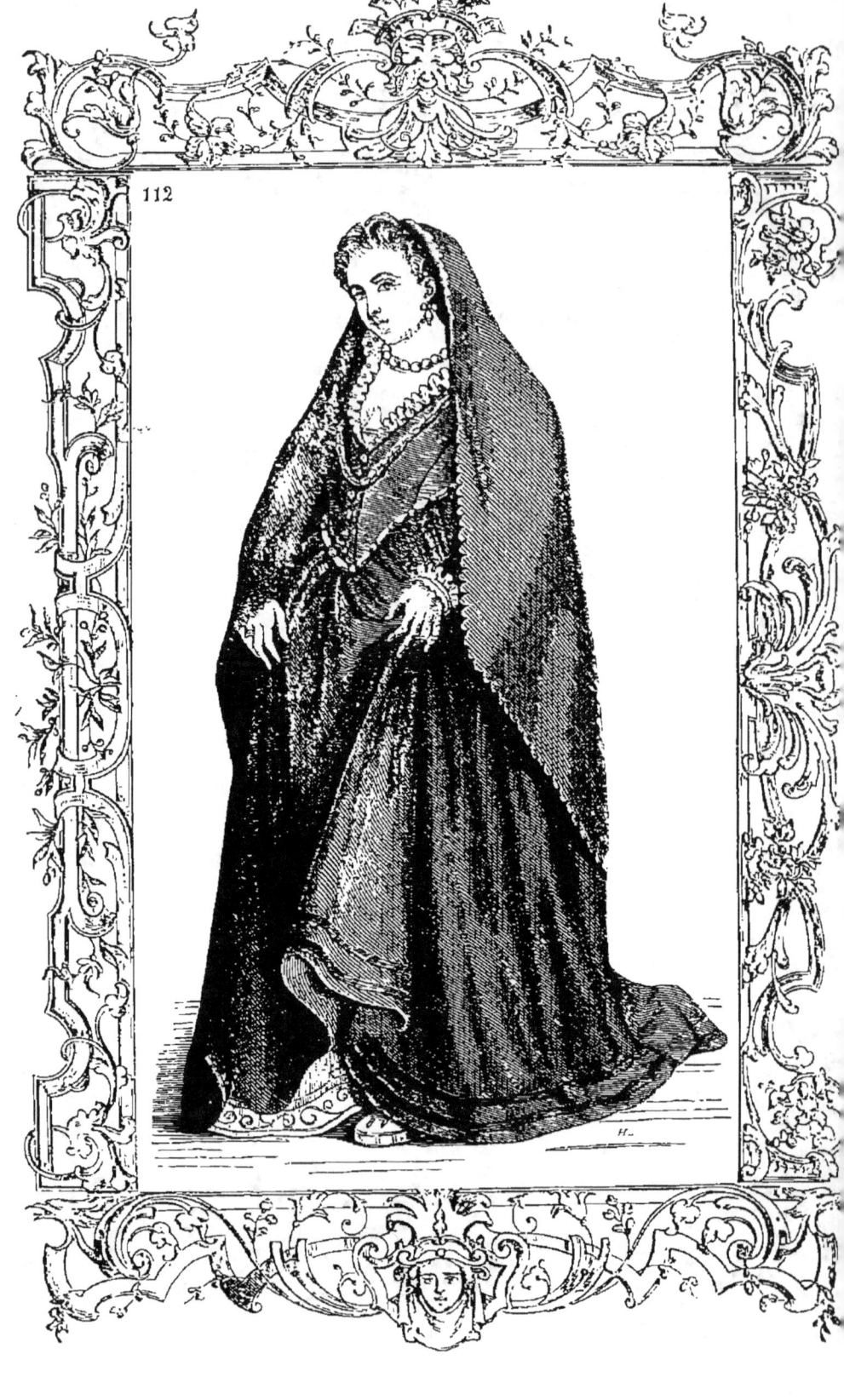

HABITI PARTICOLARI DI DIVERSE DONNE DI VENETIA.

Sono alcune che usano l' habito stesso, ma alquanto più aperto con qualche ornamento. Et queste sono quelle che, venute à Venetia d' altri luoghi, non possono così in un subito tralasciare l' usanza loro di vestire, ma lo fanno à poco à poco. Di qui è che alle volte le cortigiane e donne di partito rassembrano nell' habito le maritate, portando anche gli anelli in deto come le maritate fanno; et perciò chi non è più che prattico ne rimane ingannato. Nel ritratto presente è da notare il modo di vestire et di acconciare la testa. Portano molte volte in loco di perle certi tondini simili alle perle, per esser vietato à donne di partito.

COSTUMES PARTICULIERS DE DIVERSES FEMMES DE VENISE.

On voit quelques dames porter ce vêtement, mais un peu plus ouvert et relevé par certains ornements; ces femmes sont celles qui, venues à Venise d'autres lieux, ne peuvent pas renoncer tout à coup à leur manière de s'habiller, ce qu'elles font peu à peu. De là vient que les courtisanes, qui portent même aux doigts les anneaux comme les épouses, ressemblent quelquefois par le costume aux femmes mariées; et c'est pourquoi, à moins d'être un habile connaisseur, on est souvent trompé par ces apparences. Le portrait ci-joint offre une façon remarquable de se vêtir et d'arranger la coiffure. Au lieu de perles, qui leur sont interdites, les prostituées portent certains objets ronds ressemblant aux perles.

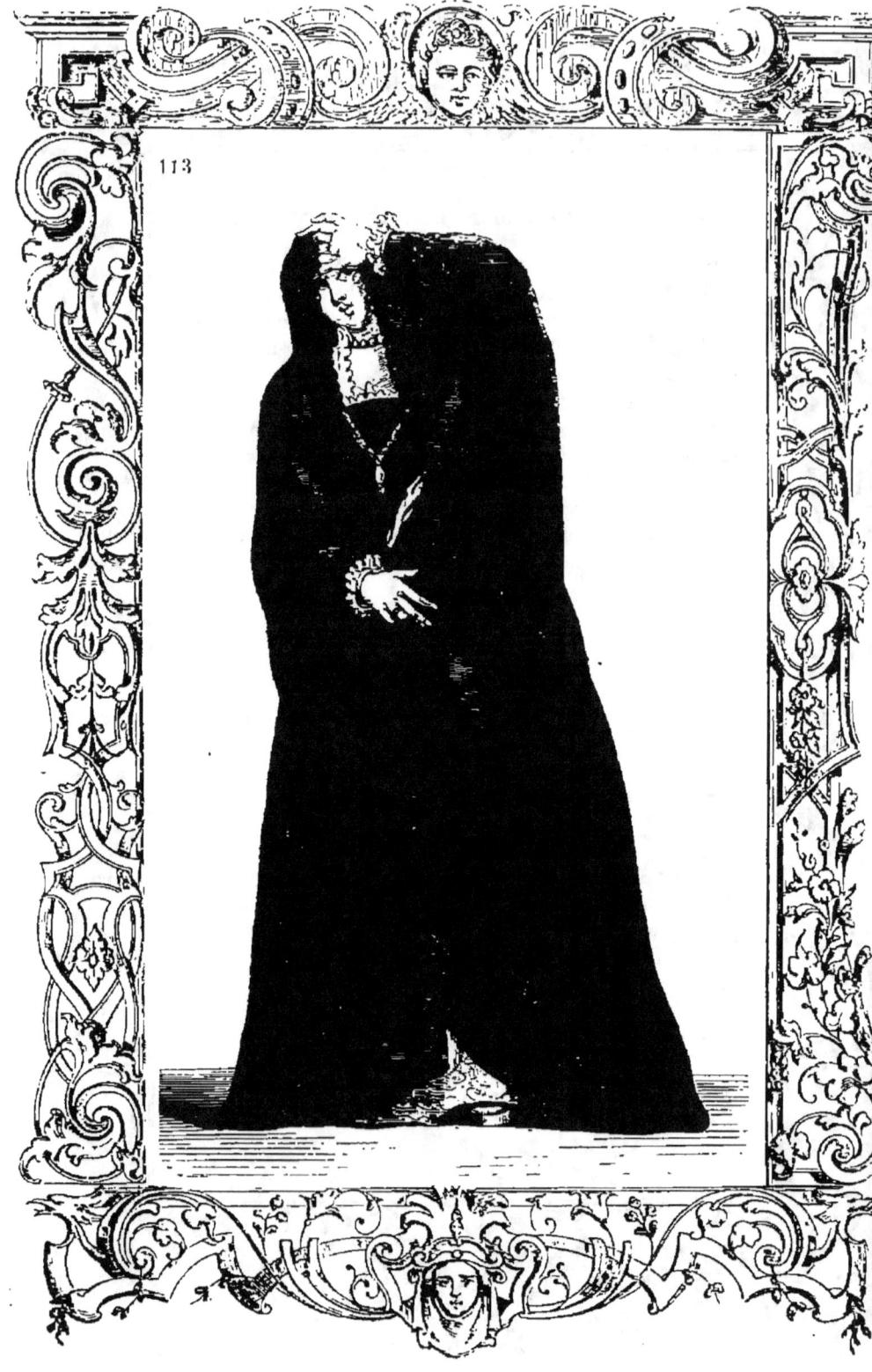

CORTIGIANE FUOR DI CASA.

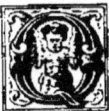QUELLE meretrici che vogliono acquistar credito col mezzo della finta honestà, si servono dell' habito vedovile et di quello ancora delle maritate. Già solevano la maggior parte d' esse andar in habito di donzelle, usanza non ancora dismessa affatto, benche usata con modestia maggiore: di maniera che, non potendo star sempre serrate et coperte con la cappa che portano, et non potendo d' altra parte esser vedute, sono finalmente sforzate scoprirsi alquanto, et è perciò impossibile ch' elle non sieno conosciute à qualche gesto. Et perche sono loro prohibite le perle, sono in particolare conosciute per tali, quando mostrano scoperto il collo. Vestono del resto pomposamente; sotto usano brocadelli di seta, come anco calze ricamate, cosi carpette et camicie.

COURTISANE HORS DE SA MAISON.

LES prostituées qui désirent se faire une bonne réputation en simulant l'honnêteté portent le vêtement des veuves et même des femmes mariées. La plupart d'entre elles s'habillaient autrefois comme les jeunes filles, usage qui n'est pas encore entièrement abandonné, mais qui se renferme dans des proportions plus modestes. Or, comme ces femmes ne peuvent rester continuellement cachées et enveloppées de la cape qu'elles portent, bien qu'il leur soit défendu de se laisser voir, elles sont, en définitive, obligées de se découvrir un peu, et c'est pourquoi il est impossible qu'on ne les reconnaisse pas à quelque geste. Bien plus, comme les perles leur sont interdites, on devine leur condition quand elles découvrent le cou. Du reste, elles s'habillent avec faste et portent des robes de brocart, des jupes, des bas et des chemises brodés.

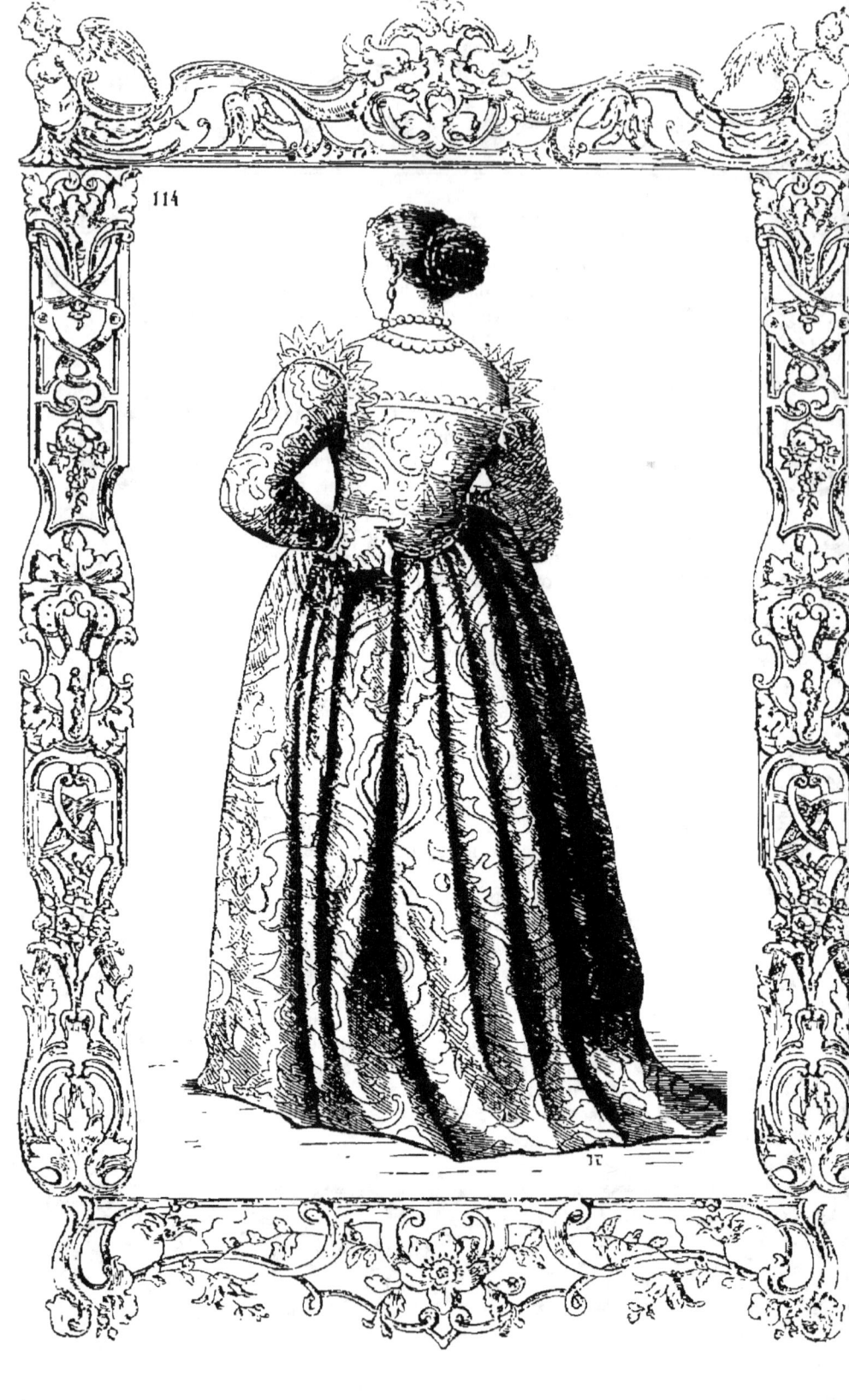

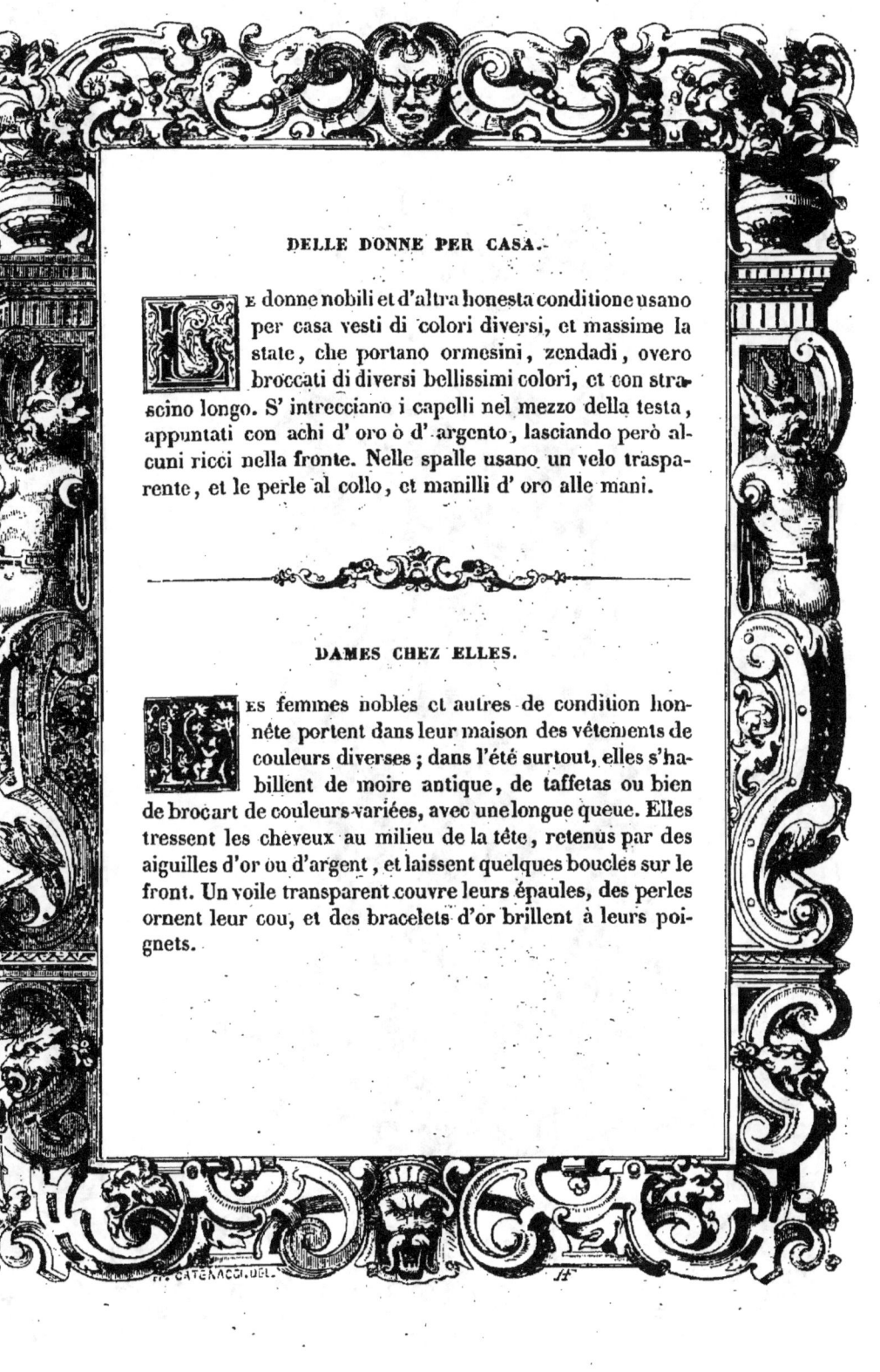

DELLE DONNE PER CASA.

Le donne nobili et d'altra honesta conditione usano per casa vesti di colori diversi, et massime la state, che portano ormesini, zendadi, overo broccati di diversi bellissimi colori, et con strascino longo. S'intrecciano i capelli nel mezzo della testa, appuntati con achi d'oro ò d'argento, lasciando però alcuni ricci nella fronte. Nelle spalle usano un velo trasparente, et le perle al collo, et manilli d'oro alle mani.

DAMES CHEZ ELLES.

Les femmes nobles et autres de condition honnéte portent dans leur maison des vêtements de couleurs diverses ; dans l'été surtout, elles s'habillent de moire antique, de taffetas ou bien de brocart de couleurs variées, avec une longue queue. Elles tressent les cheveux au milieu de la tête, retenus par des aiguilles d'or ou d'argent, et laissent quelques boucles sur le front. Un voile transparent couvre leurs épaules, des perles ornent leur cou, et des bracelets d'or brillent à leurs poignets.

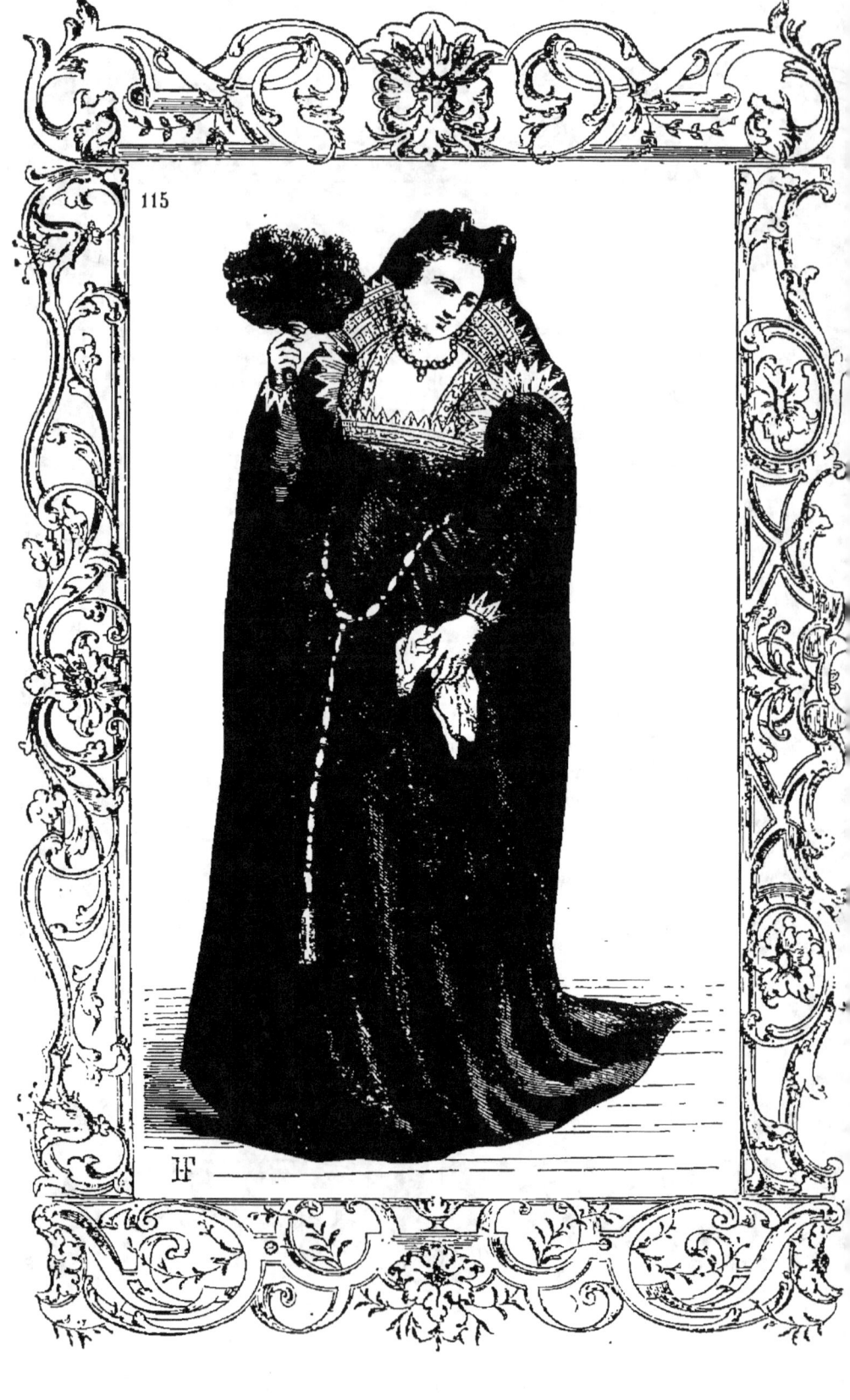

GENTILDONNA VENETIANA MODERNA.

Perche gli habiti donneschi sono molto soggetti alla mutatione et variabili più che le forme della luna, non è possibile in una sola descrittione metter tutto quello che se ne può dire. Era perciò mia intentione di non seguir più oltre intorno à gli habiti delle nobili venetiane, volendo che mi bastasse quel tanto che fin qui n' ho detto; ma finalmente non hò voluto lasciare di rappresentarvi in figura questo ancora, nel quale si veggono i ricci de' capelli in forma di corna tanto alte che par cosa troppo sconcia, ponendo esse tanto studio nel farsi biondi i capelli, con tanta arte, fatica et perdimento di tempo, ch' è uno stupore. I collari increspati sono tant' alti che quasi sopravanzano il capo, et portano un velo dietro, che li pende dal capo fino in terra, ricoprendoli quasi tutta la veste.

NOBLE DAME DE VENISE DANS NOTRE ÉPOQUE.

Comme le vêtement des femmes est fort sujet au changement et varie plus que les formes de la lune, il est impossible de mettre dans une seule description tout ce qu'on peut en dire. Aussi n'avais-je pas l'intention de continuer mes études sur le costume des nobles dames de Venise, persuadé que je devais me contenter des observations que j'avais faites jusqu'à présent; mais enfin je n'ai pas voulu négliger de représenter cette figure assez curieuse. Les cheveux sont bouclés de manière à former des cornes si hautes que l'aspect en paraît étrange; ces femmes, pour se faire des cheveux blonds, emploient tant de soins, d'art, de peine et de temps, qu'on est frappé de stupeur. La collerette plissée a tant de hauteur qu'elle dépasse presque la tête; elles attachent sur le derrière un voile qui tombe de la tête jusqu'aux pieds et couvre presque tout le vêtement.

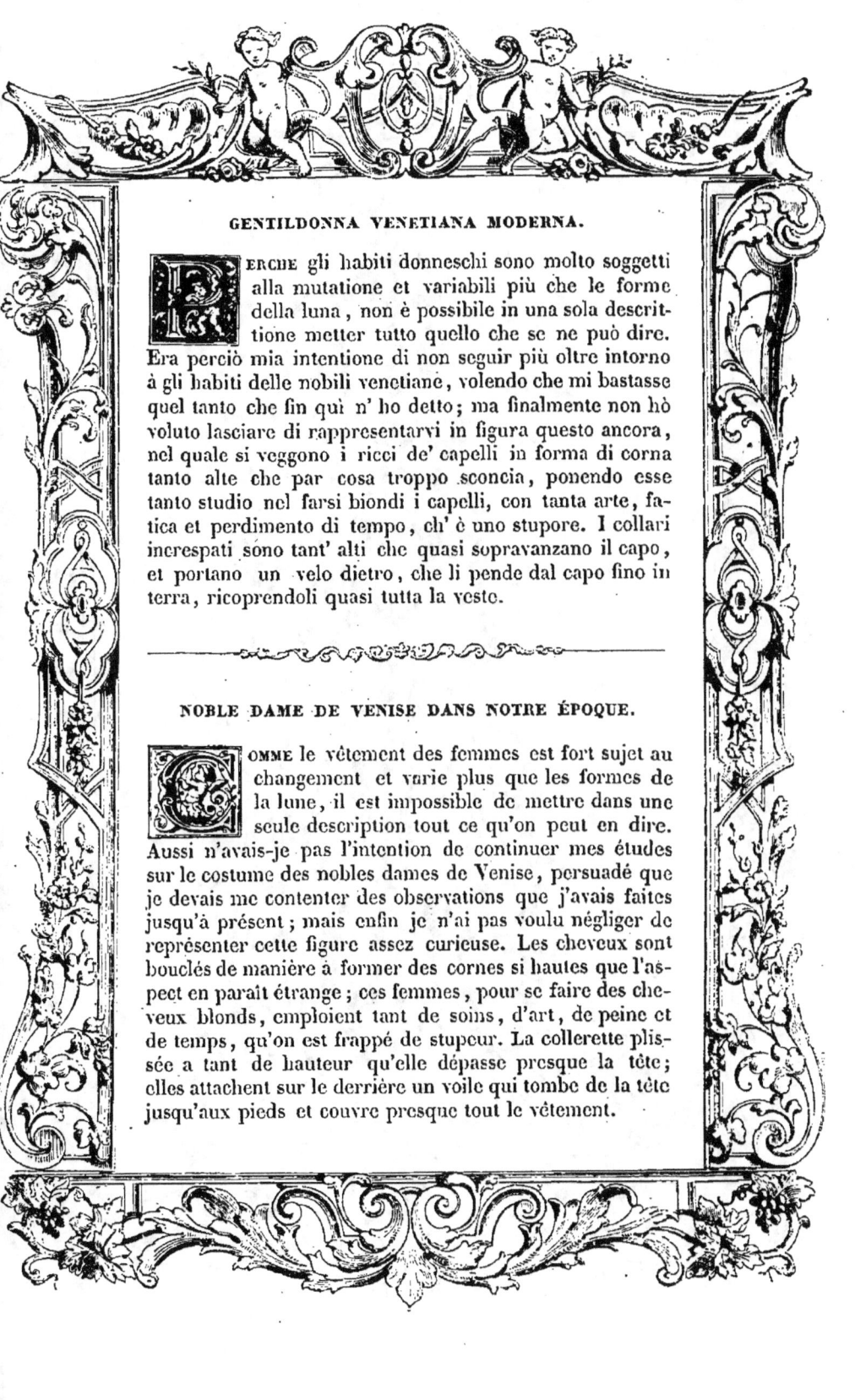

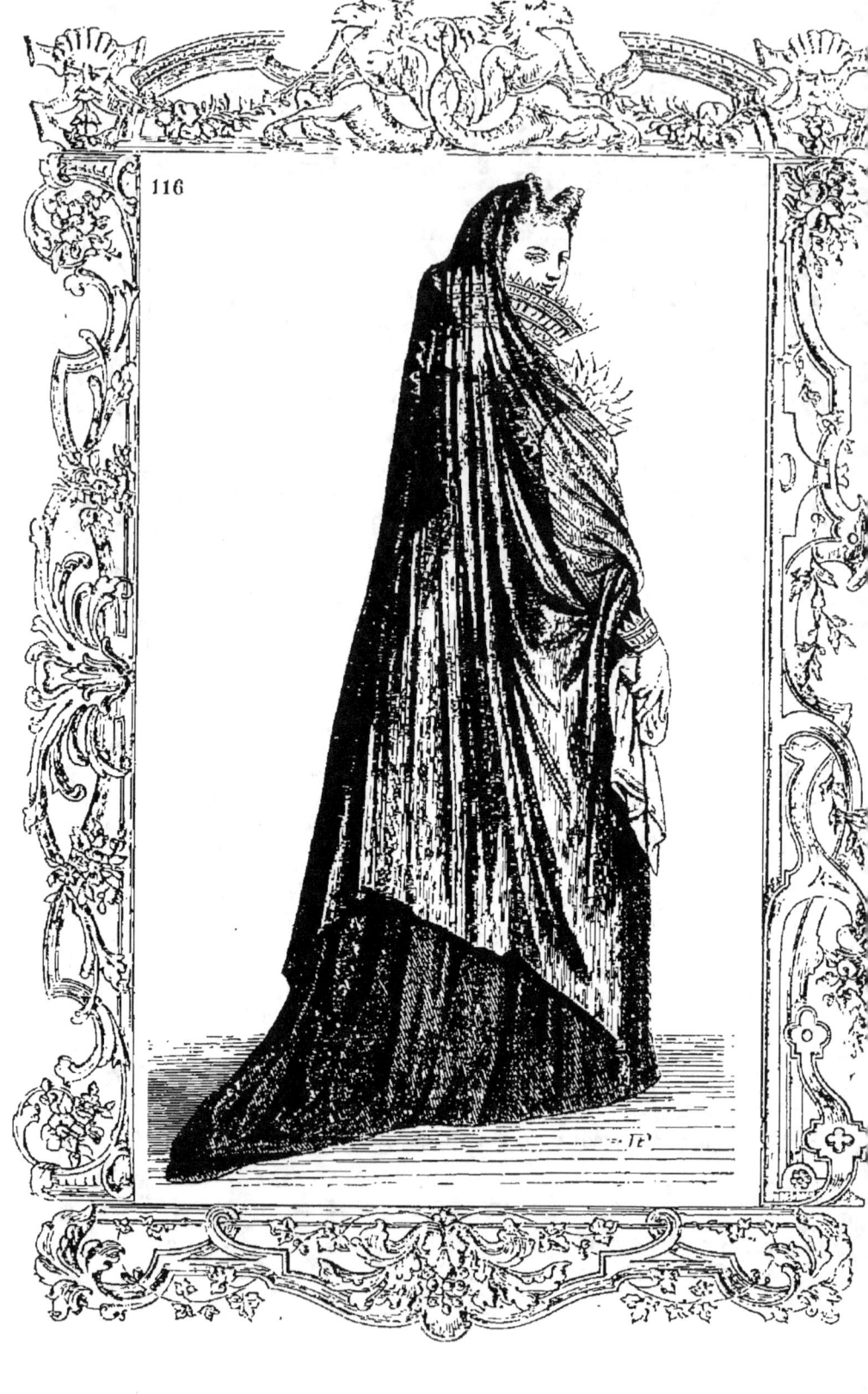

ALTRO HABITO SIMILE VENETIANO IN SCHENA.

Ho voluto metter quì anco questa figura, acciò che si possa vedere più commodamente lo strascino et l'ornamento del velo dalla parte di dietro. Le vesti sono simili à quelle di sopra, si come anco gli altri ornamenti della testa et di tutto il corpo.

AUTRE COSTUME SEMBLABLE DE VENISE, VU PAR DERRIÈRE.

J'ai voulu encore mettre ici cette figure, afin qu'on puisse mieux voir la queue et l'ornement du voile par derrière. Le vêtement, les ornements de la tête et de tout le corps ressemblent à ce qu'on a vu dans le dessin précédent.

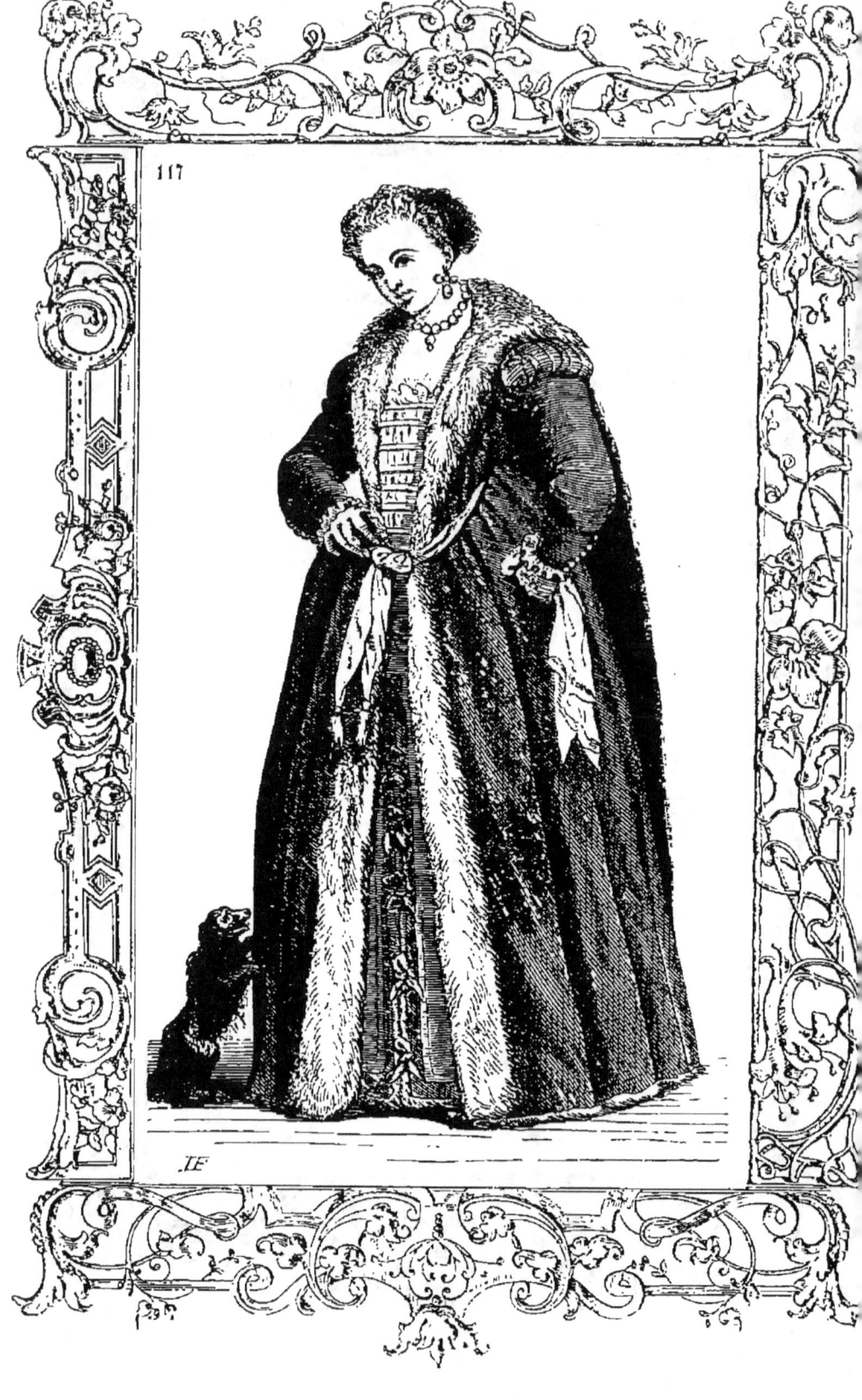

D' ALCUNE DONNE, LA VERNATA, ET MASSIME CORTIGIANE.

A vernata, le donne, in molte case della città, usano pellicce lunghe alla romana, le quali sono molto commode, et lasciano la persona libera per ogni sorte di facende. Molte di loro le portano coperte di raso, d'ormesino cangiante et d'altri drappi, et le fodere di martori, di fuine ò d'altre pelli di valuta. Alcune portano sotto queste vesti una carpetta di seta di colore foderata pur di pelli, et allacciata l'apertura dinanzi con cordelline, overo bottoni; queste carpette sogliono listarsi di diversi colori. Hora per tornare alla veste, ella ha le maniche lunghe fino à terra et strette, et si cingono con quei retini di seta, che esse chiamano poste, ò pure con veli di seta, et questo per lo più è habito di meretrici.

COSTUME D'HIVER DE QUELQUES FEMMES DE VENISE ET SURTOUT DES COURTISANES.

Pendant l'hiver, les femmes, dans beaucoup de maisons de la ville, portent des fourrures longues à la romaine, qui sont très-commodes, et laissent à la personne toute liberté pour les occupations du ménage. Plusieurs d'entre elles doublent le satin, la moire et autres étoffes, de martre, de fouine, ou d'autres fourrures de prix. Quelques-unes portent sous ce vêtement une jupe de soie de couleur, fourrée aussi, et dont l'ouverture de devant est attachée avec des cordelettes ou des boutons; cette jupe était d'ordinaire ornée de bandes de couleurs variées. Quant à la robe, elle a les manches étroites et longues jusqu'à terre; elles mettent pour ceinture de ces filets de soie qu'elles appellent *poste*, ou bien des voiles de soie. Ce costume, le plus souvent, est celui des courtisanes.

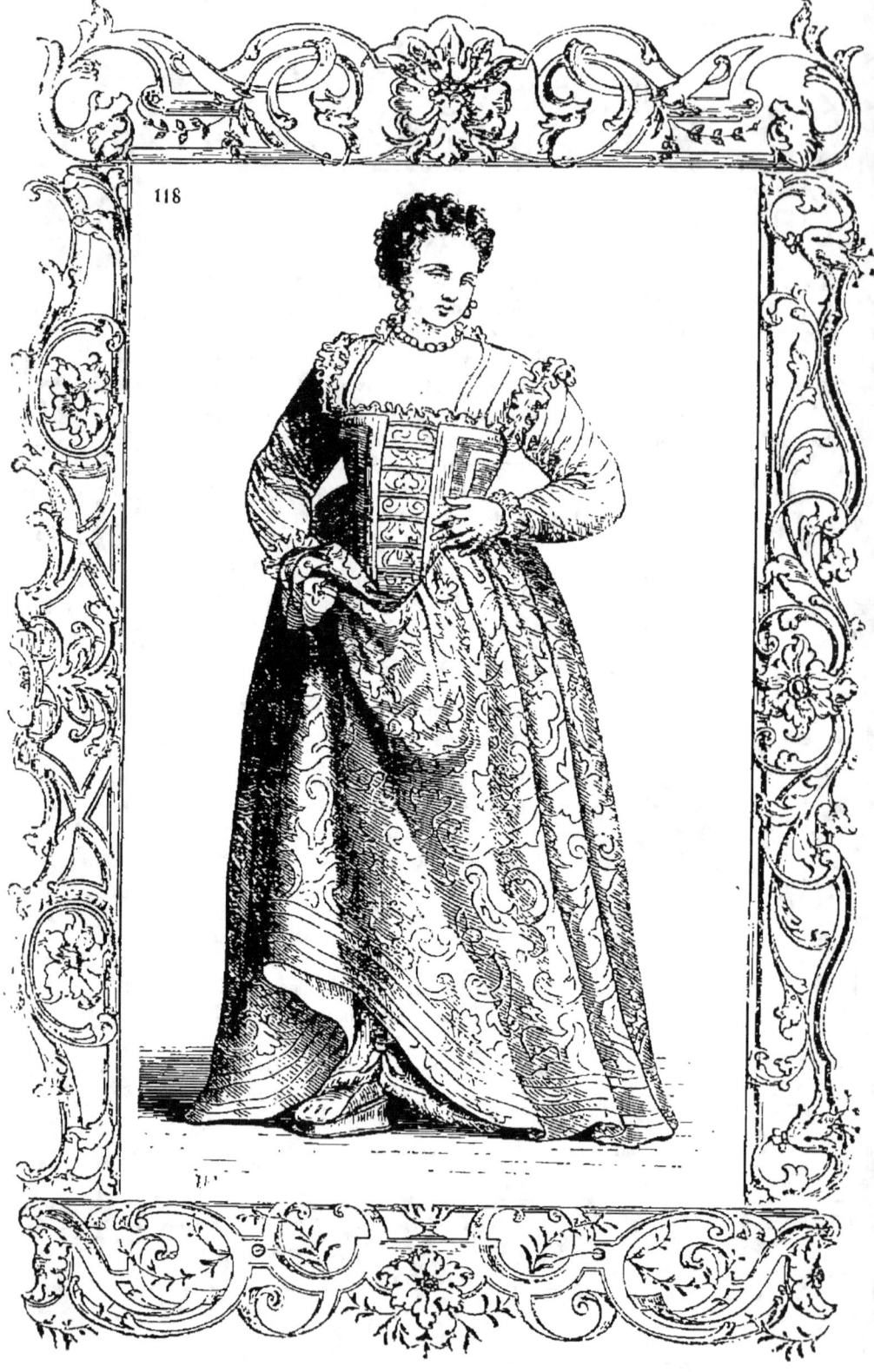

DELLE GENTILDONNE VENETIANE ET ALTRE, PER CASA ET FUORI DI CASA, LA VERNATA.

Le donne di qualche conditione, mentre stanno in casa, usano vestire di colori diversi di seta, et di broccati fatti a varie foggie. Usano ancora ornarsi di perle, di manili, d'anelli et d'altro. Ma assai più dell'altre compariscono per casa polite et ben addobbate le cortigiane, le quali, per accrescer vaghezza al viso, l'aiutano con l'artificio de' belletti et delle diverse acque et delle bionde. Conosconsi facilmente al proceder loro, perche si mostrano assai baldanzose, col far mostra non solo del volto, ma di gran parte del petto imbiaccato et dipinto.

FEMMES NOBLES DE VENISE ET AUTRES, CHEZ ELLES ET DEHORS, PENDANT L'HIVER.

Les femmes de condition portent chez elles des vêtements de couleurs diverses, en soie et en brocart, avec des formes variées ; elles font encore usage de perles, de bracelets, d'anneaux et autres ornements. Mais, bien plus que les autres, les courtisanes déploient dans leur maison l'élégance et le luxe; pour charmer les yeux, elles relèvent leurs attraits par l'emploi du fard, des parfums et de l'eau de lavande. On les connaît facilement a leurs procédés, car elles montrent beaucoup d'effronterie et laissent voir non-seulement leur visage, mais une grande partie de leur poitrine peinte avec du blanc.

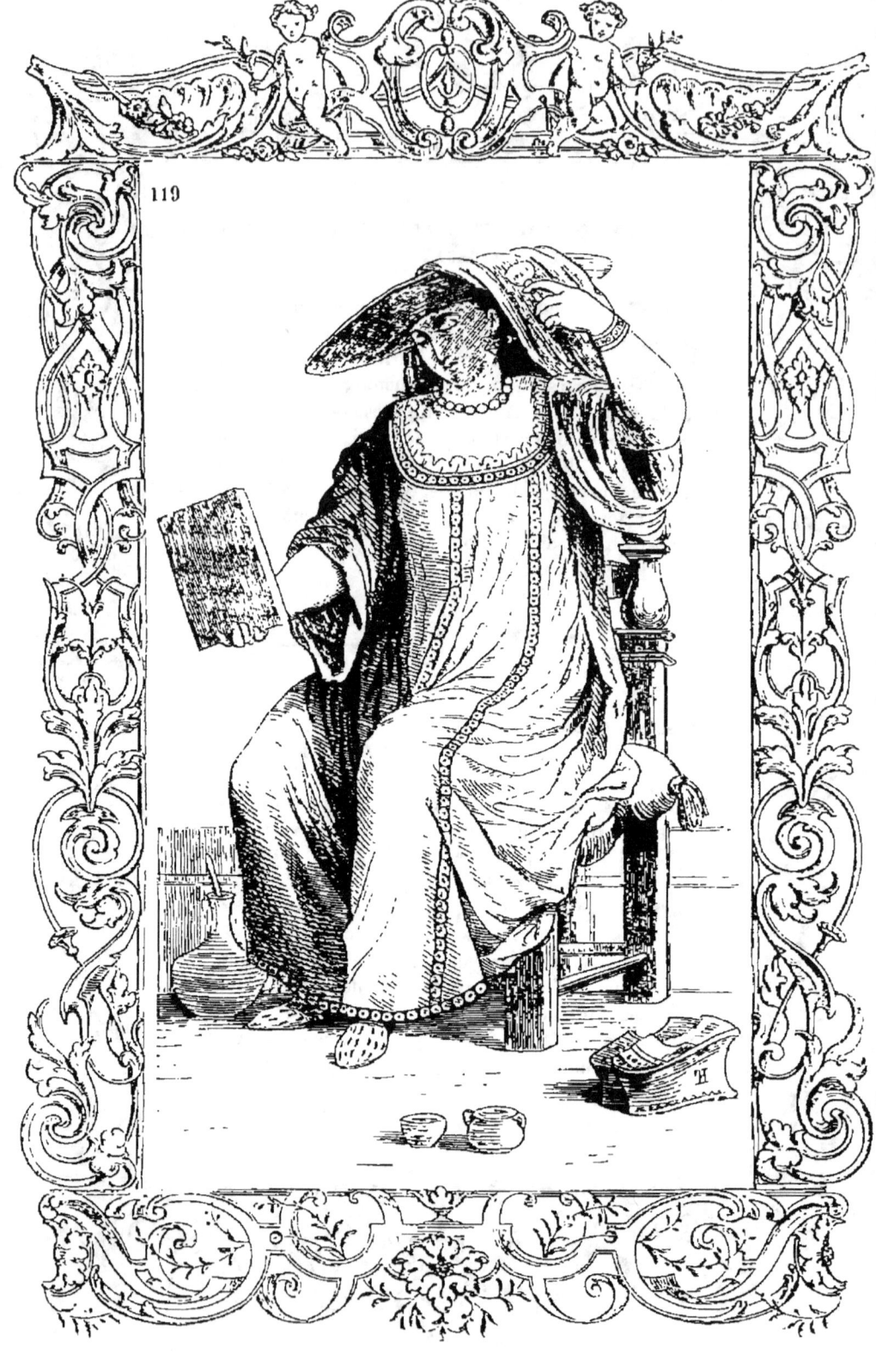

ALTRE DONNE DI VENETIA MENTRE SI FANNO BIONDI CAPELLI.

Usano in Venetia sopra i tetti delle case alcuni edificij di legno quadri, in forma di logge scoperte, chiamate altane, dove con molto artificio et assiduamente tutte ò la maggior parte delle donne di Venetia si fanno biondi li capelli con diverse sorti di acque ò liscie fatte à questa requisitione, et questo fanno sul colmo del gran calore del sole, sopportando molto per questo effetto. Stanno à sedere con una sponzetta ligata alla cima di un fuso et cosi si bagnano. Usano questo habito di seta ò tela leggiera chiamato schiavonetto, et in capo uno cappello di paglia fina, che le diffende dal sole, chiamato solana, con il suo specchio in mano.

AUTRES FEMMES DE VENISE PENDANT QU'ELLES RENDENT LEURS CHEVEUX BLONDS.

A Venise, on est dans l'usage de construire sur les toits des maisons certains édifices carrés en bois, en forme de terrasses découvertes, appelés belvédères, dans lesquels toutes les femmes, ou la plupart du moins, s'efforcent assidûment de rendre leurs cheveux blonds au moyen de diverses sortes d'eaux ou de compositions faites exprès; capables de tout supporter pour obtenir ce résultat, elles se livrent à cette occupation pendant les grandes ardeurs du soleil. Elles sont assises et se lavent les cheveux avec une petite éponge attachée au bout d'un fuseau. Ces femmes portent un *schiavonetto*, vêtement de soie ou de toile légère, et sur la tête, pour se défendre contre le soleil, un chapeau de paille fine qu'elles appellent *solana* ; elles tiennent leur miroir dans une main.

120.

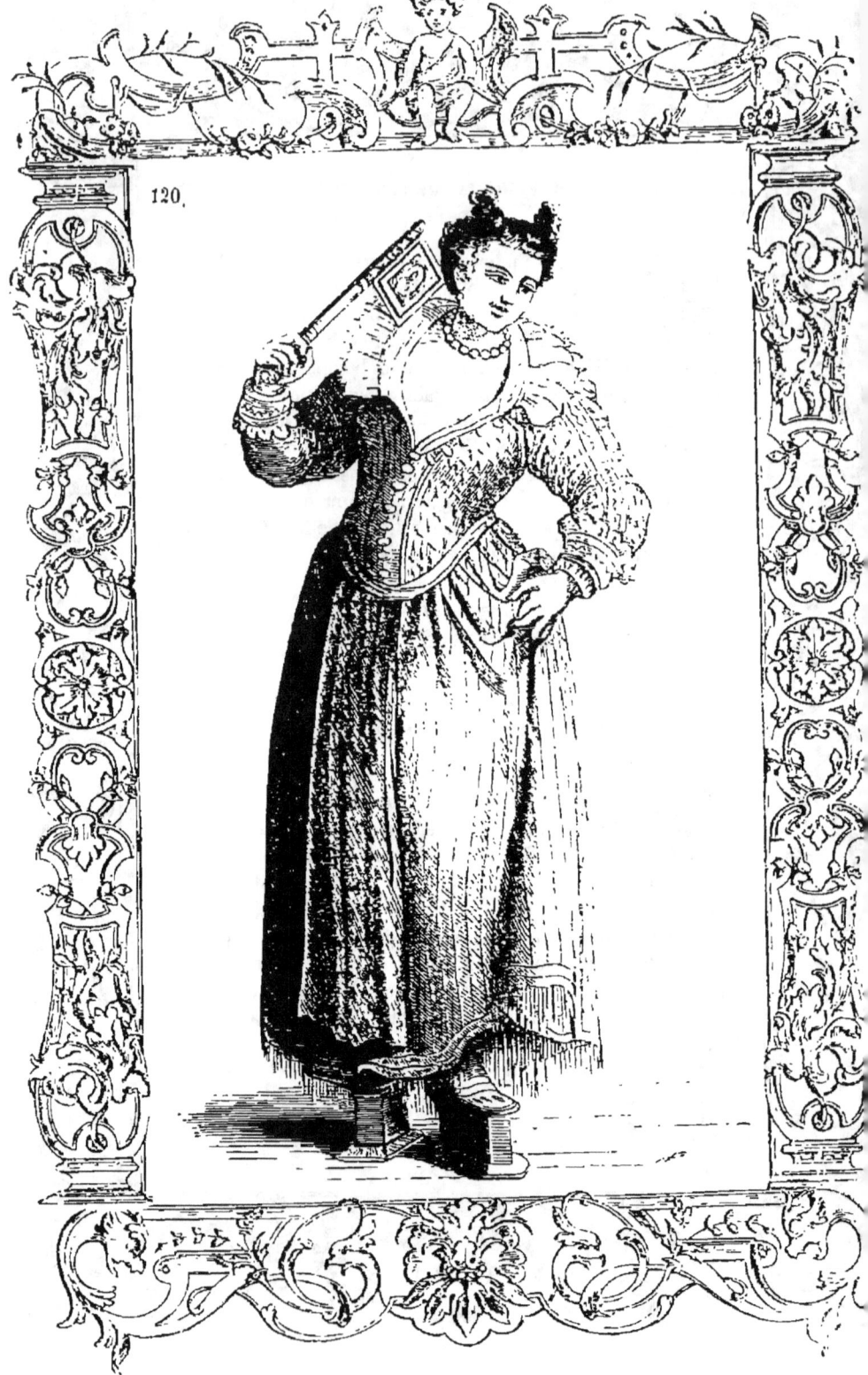

MERETRICI DE' LUOGHI PUBLICI.

Le publiche meretrici che stanno ne' luoghi infami non sono ne gli habiti loro uniformi; perche, se bene tutte sono d' un' essercitio medesimo, nondimeno l' inequalita della fortuna fa che non tutte vanno pompose ad un modo. Hanno con tutto ciò in uso un' habito che pende più tosto al virile, perche portano giubboni di seta ò di tela, et questi sono forniti con frange larghe; ma su le carni portano la camicia da huomo, sopra la quale camicia si cingono nelle stagioni calde una traversa ò grembiale di seta o di tela lunga fino a' piedi, et ne' tempi freddi una vesticciuola foderata di panno. Usano manili d' oro, tondini di argento al collo, et anco alcune braghesse come gl' huomini, con calzette di seta ò di panno ricamate.

PROSTITUÉES DES MAISONS PUBLIQUES.

Les prostituées qui vivent dans des lieux infâmes ne portent pas des vêtements uniformes; car, bien qu'elles exercent toutes la même profession, l'inégalité de fortune les empêche d'étaler le même luxe. Néanmoins elles ont un costume presque masculin, puisqu'on les voit avec des pourpoints de soie ou de toile, qui sont garnis de franges; mais elles font usage de la chemise d'homme qu'elles entourent, pendant l'été, d'un tablier de soie ou de toile qui tombe sur les pieds, et, dans les temps froids, d'une petite robe doublée de drap. Elles portent des bracelets d'or, des globules d'argent au cou, et même des espèces de culottes comme les hommes, avec des bas de soie ou de drap brodés.

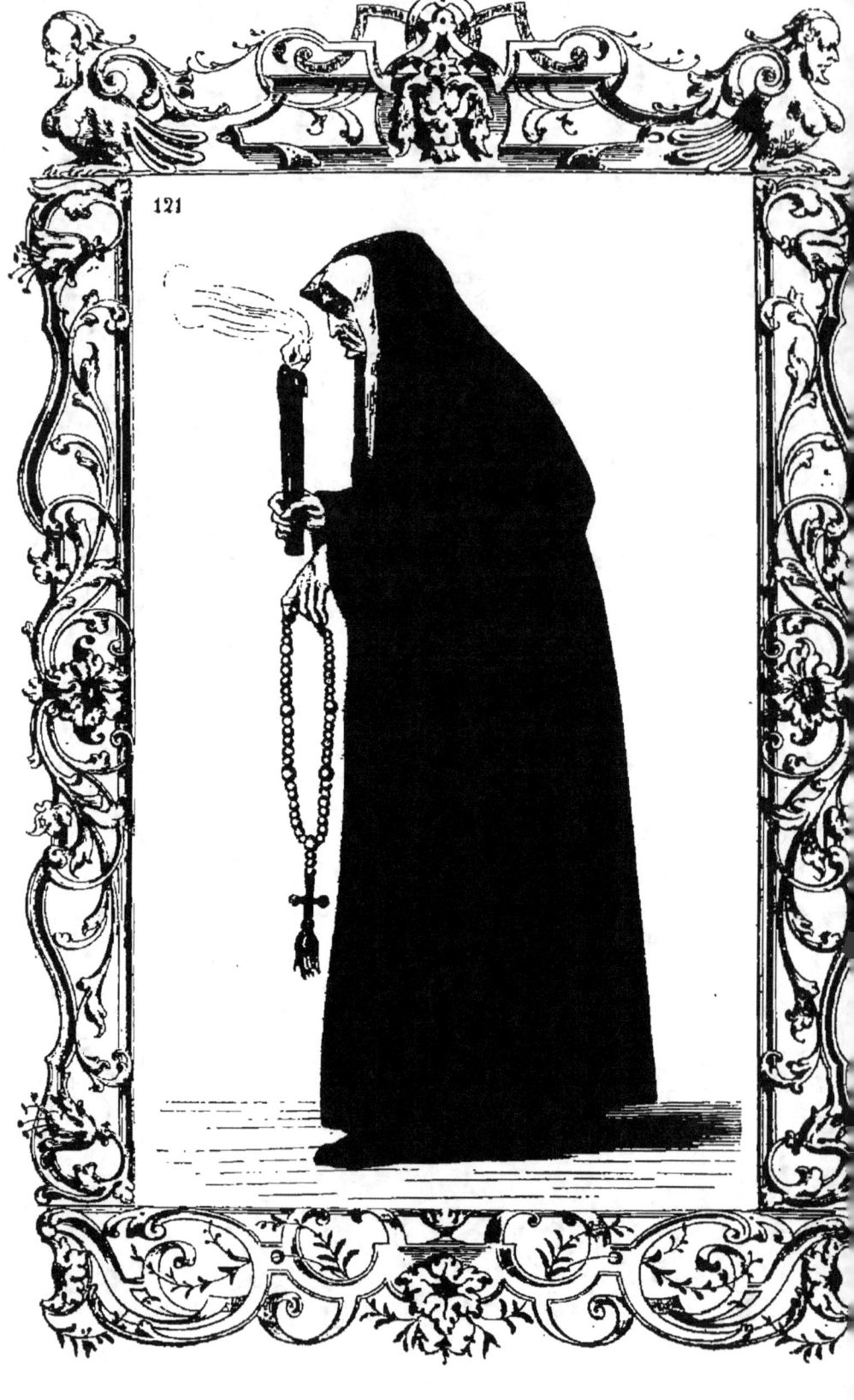

DELLE PIZZOCHERE.

Ono in Venetia tante differenze di pizzochere quante sono le religioni de' fratri mendicanti, alle quali elle si conformano almeno ne' colori. Et è questa una certa specie di donne la maggior parte vedove, le quali, ritirate dal mondo ò per devotione ò per necessità, si riducono in certi luoghi deputati à questo, et cosi ritirate vivono di limosine et di qualche loro honesto essercitio, stando soggette a' capi di quelle religioni delle quali vestono l'habito. Et queste, perche non osservano la strettezza de' chiostri, non possono veramente chiamarsi monache. L'offitio di queste è accompagnare i morti alla sepoltura, fare oratione et altre opere pie.

FEMMES MENANT LA VIE RELIGIEUSE (*PIZZOCHERE*).

N voit à Venise autant de variétés de *pizzochere* qu'il y en a parmi les frères mendiants, qu'elles imitent du moins quant à la couleur du costume. Ces femmes sont, en général, des veuves qui, retirées du monde par dévotion ou par nécessité, se réunissent dans certains lieux affectés à cet usage; dans ces retraites, elles vivent d'aumônes ou du produit de quelque emploi honnête, et sont soumises aux chefs des sociétés religieuses dont elles portent le costume. Mais, comme elles n'observent pas les règles des cloîtres, on ne peut pas véritablement les appeler religieuses; elles ont pour mission d'accompagner les morts au cimetière, de prier et d'accomplir d'autres actes pieux.

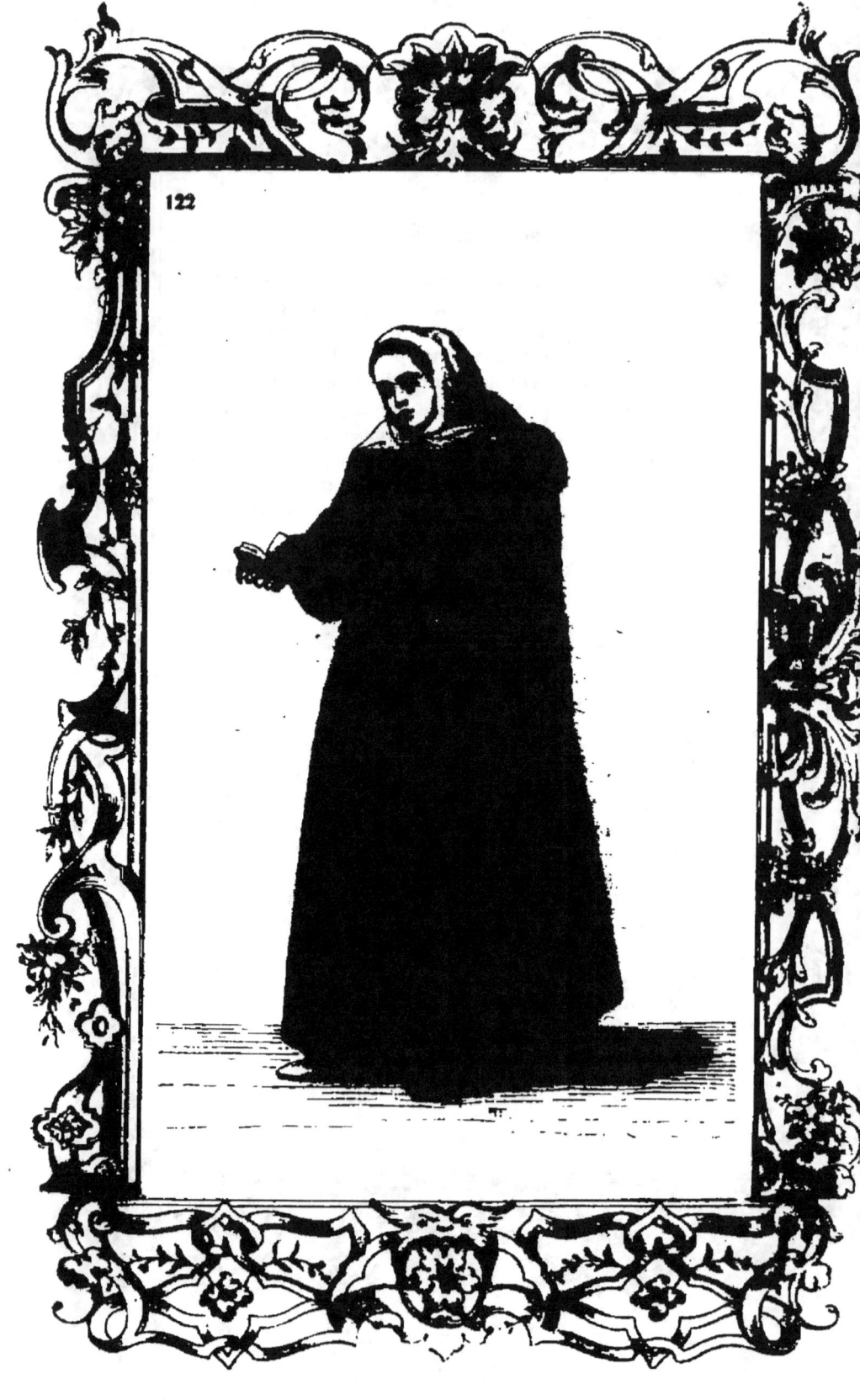

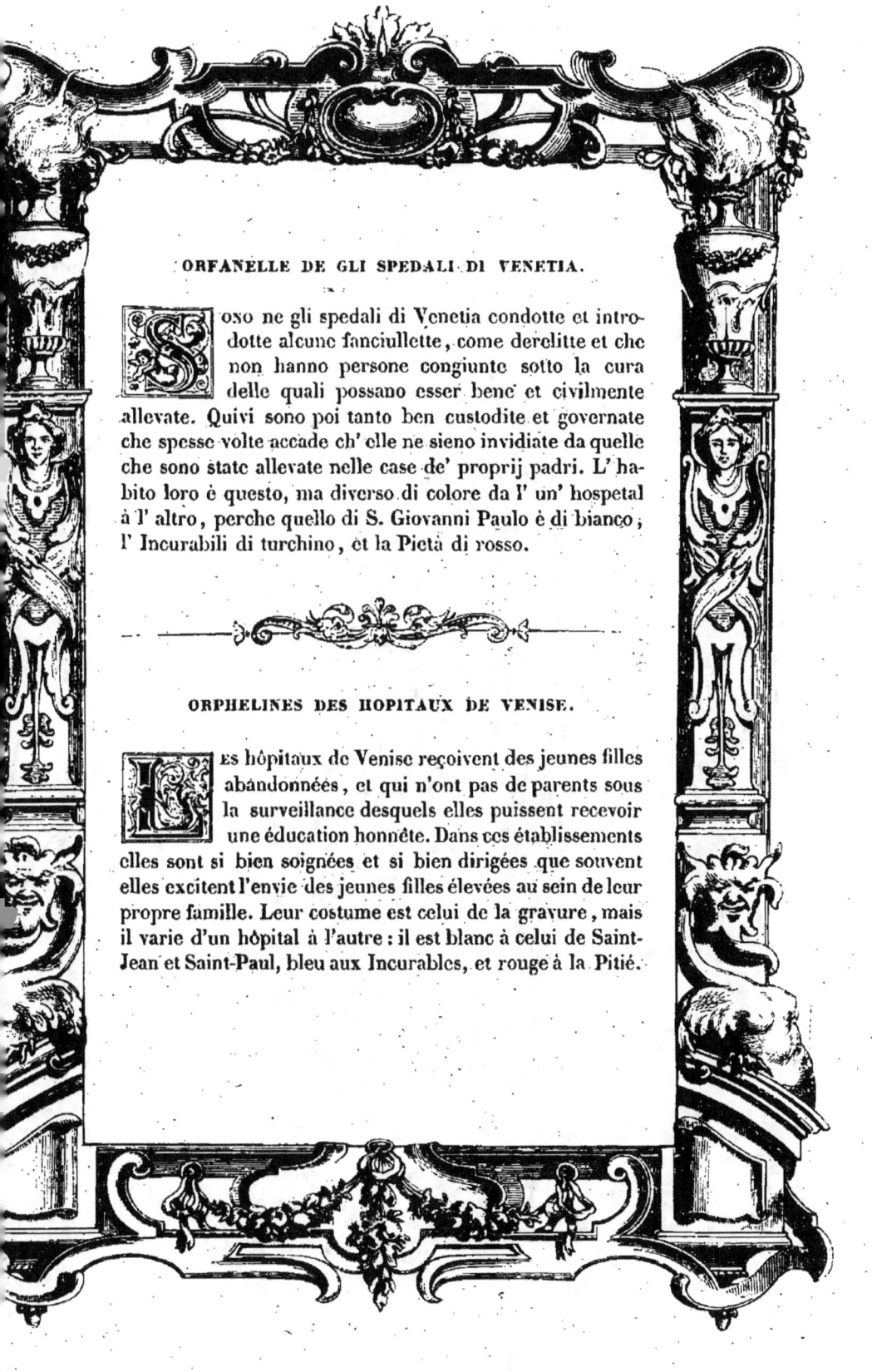

ORFANELLE DE GLI SPEDALI DI VENETIA.

Sono ne gli spedali di Venetia condotte et introdotte alcune fanciullette, come derelitte e che non hanno persone congiunte sotto la cura delle quali possano esser bene et civilmente allevate. Quivi sono poi tanto ben custodite et governate che spesse volte accade ch' elle ne sieno invidiate da quelle che sono state allevate nelle case de' proprij padri. L'habito loro è questo, ma diverso di colore da l'un' hospedal à l'altro, perche quello di S. Giovanni Paulo è di bianco; l'Incurabili di turchino, et la Pietà di rosso.

ORPHELINES DES HOPITAUX DE VENISE.

Les hôpitaux de Venise reçoivent des jeunes filles abandonnées, et qui n'ont pas de parents sous la surveillance desquels elles puissent recevoir une éducation honnête. Dans ces établissements elles sont si bien soignées et si bien dirigées que souvent elles excitent l'envie des jeunes filles élevées au sein de leur propre famille. Leur costume est celui de la gravure, mais il varie d'un hôpital à l'autre : il est blanc à celui de Saint-Jean et Saint-Paul, bleu aux Incurables, et rouge à la Pitié.

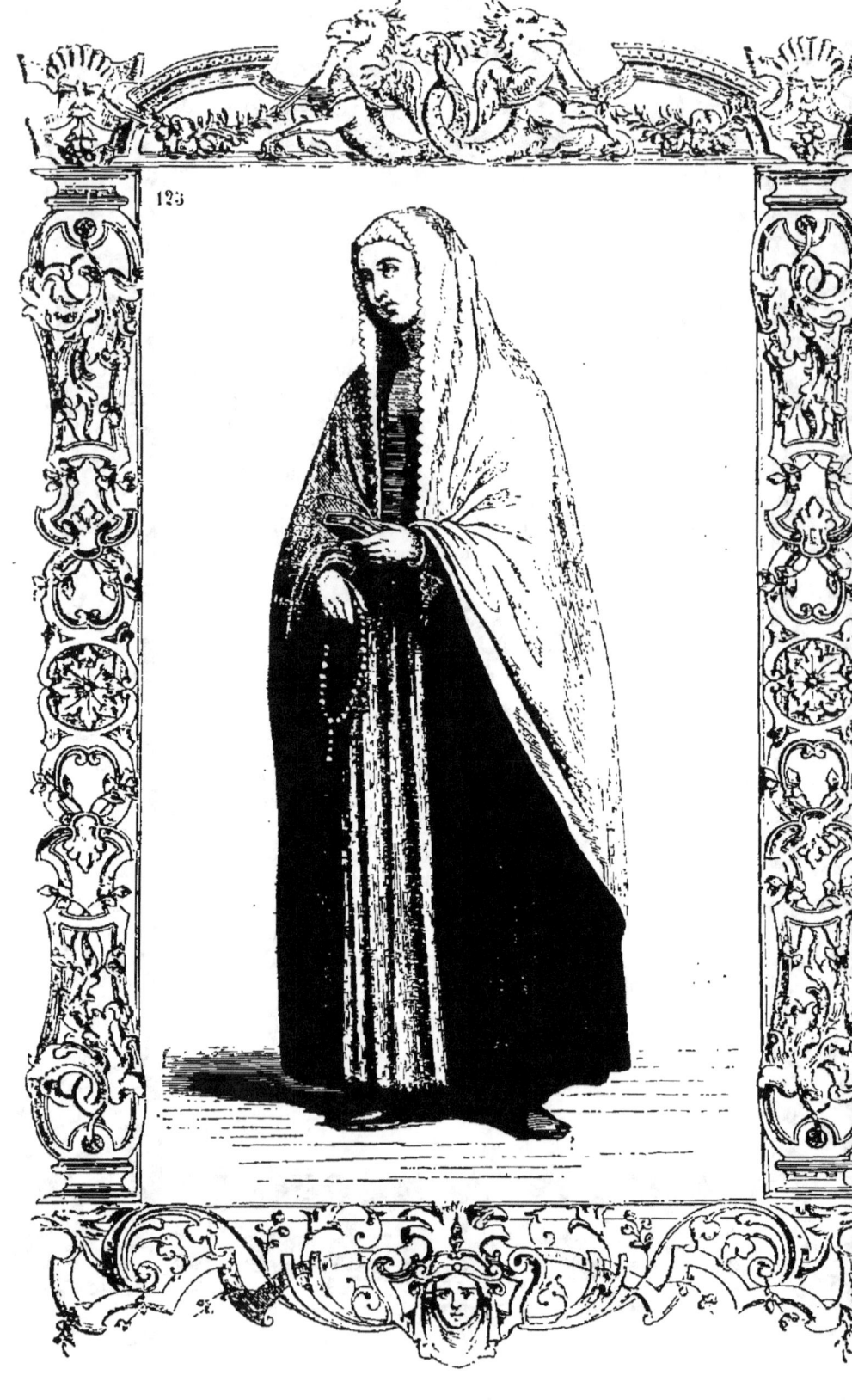

SERVE ET FANTESCHE O MASSARE DI VENETIA.

Hanno le serve nelle case di Venetia i suoi ufficij distinti ciascuna da per se; et perciò sono in maggiore ò minore stima appo le padrone, secondo che à più ò meno degni essercitij sono destinate. Vanno vestite ordinariamente di saia tanè ò lionata, che à Venetia si dice rovana, ò pure d'altro colore alquanto scuro, come pavonazzo od altro. Portano in testa un fazzuolo di seta bianca; quando vanno fuor di casa con le lor padrone alle chiese ò in altri luoghi, come da monache ò da' loro parenti, vanno modeste senza conciero ne ornamento.

SUIVANTES ET DOMESTIQUES DE VENISE.

Dans les maisons de Venise, les servantes ont leur tâche distincte; aussi jouissent-elles auprès de leurs maîtresses d'une considération plus ou moins grande, selon qu'elles remplissent des emplois plus ou moins relevés. Leur vêtement ordinaire est de serge de laine, couleur foncée ou fauve, qu'on appelle *rovana* à Venise, ou bien d'une autre couleur un peu obscure, comme violette ou autre. Un mouchoir de soie blanche couvre leur tête; lorsqu'elles sortent avec leurs maîtresses pour aller aux églises ou dans d'autres lieux, par exemple pour visiter des religieuses ou des parents, elles sont vêtues d'une manière modeste, sans recherche ni ornements.

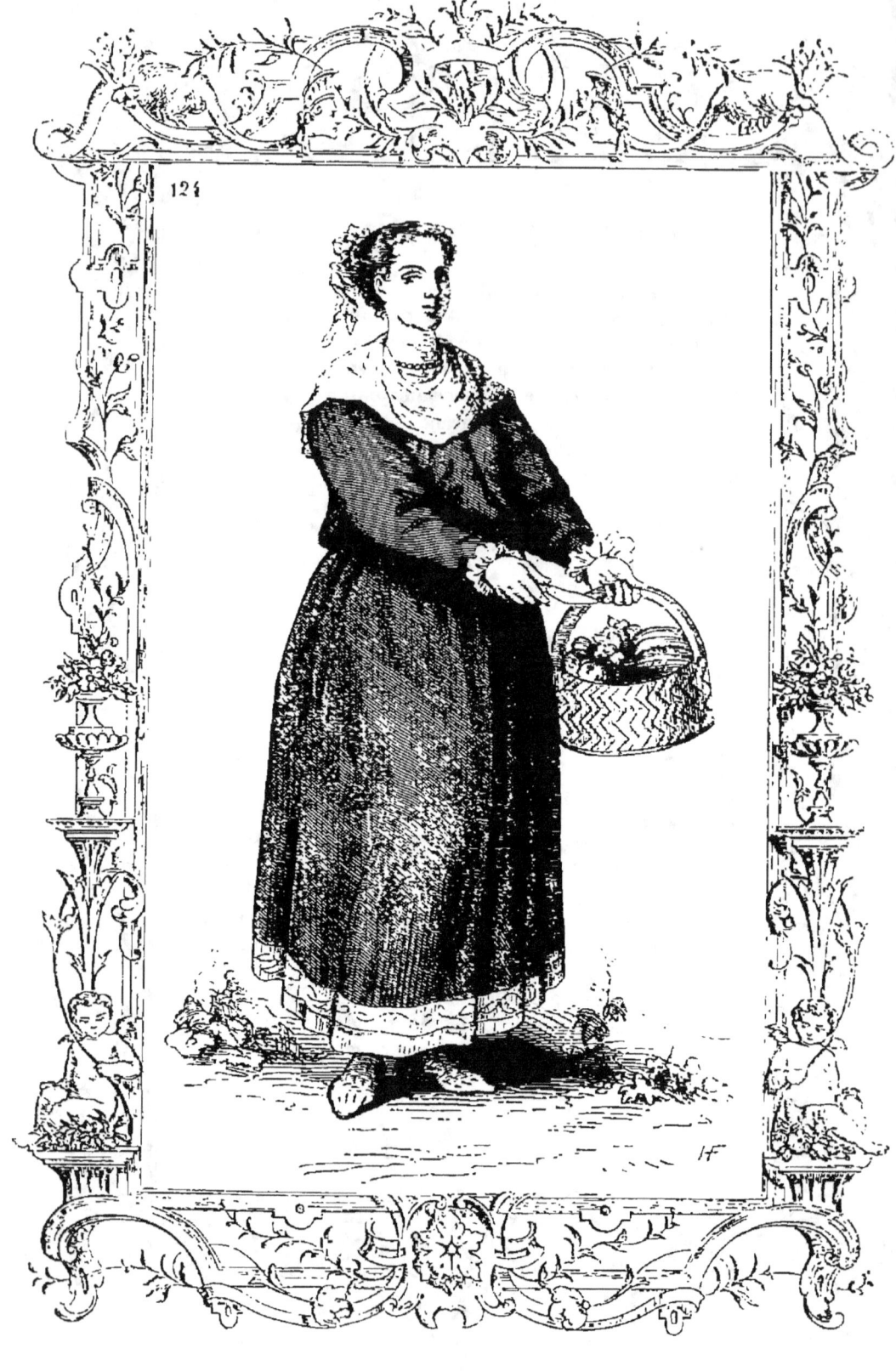

DELL' HORTOLANE DI CHIOGGIA.

Queste hortolane sono ò di Chioggia ò di Palestrina; si acconciano la testa con alcuni ricetti modesti intorno la fronte, ligando il resto delle chiome con cordelline di seta di varij colori. Si ornano il collo di bei coralli ò tondini d' argento, rivolgendosi un velo attorno il collo, che lor copre tutto il petto. Portano una veste di sotto di ciambellotto ò grograno lunga fino in terra, traversata da' piedi da una lista di velluto con qualche bello ricamo, sopra la quale si mettono una sopraveste di tela di color negro ò turchino, fatta à guisa di camicia ò schiavonetto amplo senza busto, et cinta con una cintura di seta ò altro, secondo loro più piace. Le scarpe sono bianche, et cosi con qualche bel dono di frutti compariscono avanti i loro amici et padroni.

JARDINIÈRES DE CHIOGGIA.

Les jardinières dont il s'agit sont de Chioggia ou de Palestrina; une modeste frisure entoure leur front, et le reste de leurs cheveux est attaché avec des cordelettes de soie de diverses couleurs. Elles ornent leur cou de jolis grains de corail ou d'argent, et enroulent autour d'elles un voile qui leur couvre toute la poitrine. Leur jupe de camelot, longue jusqu'à terre, est entourée au bas d'une bande de velours brodé; par-dessus elles mettent une robe en toile de couleur noire ou bleue, faite comme une chemise ou un *schiavonetto*, ample, sans corsage, et serrée par une ceinture de soie ou d'autre étoffe, selon leur goût. Leurs souliers sont blancs. Elles se présentent ainsi devant leurs amis et leurs patrons, avec un beau présent composé des fruits qu'elles récoltent.

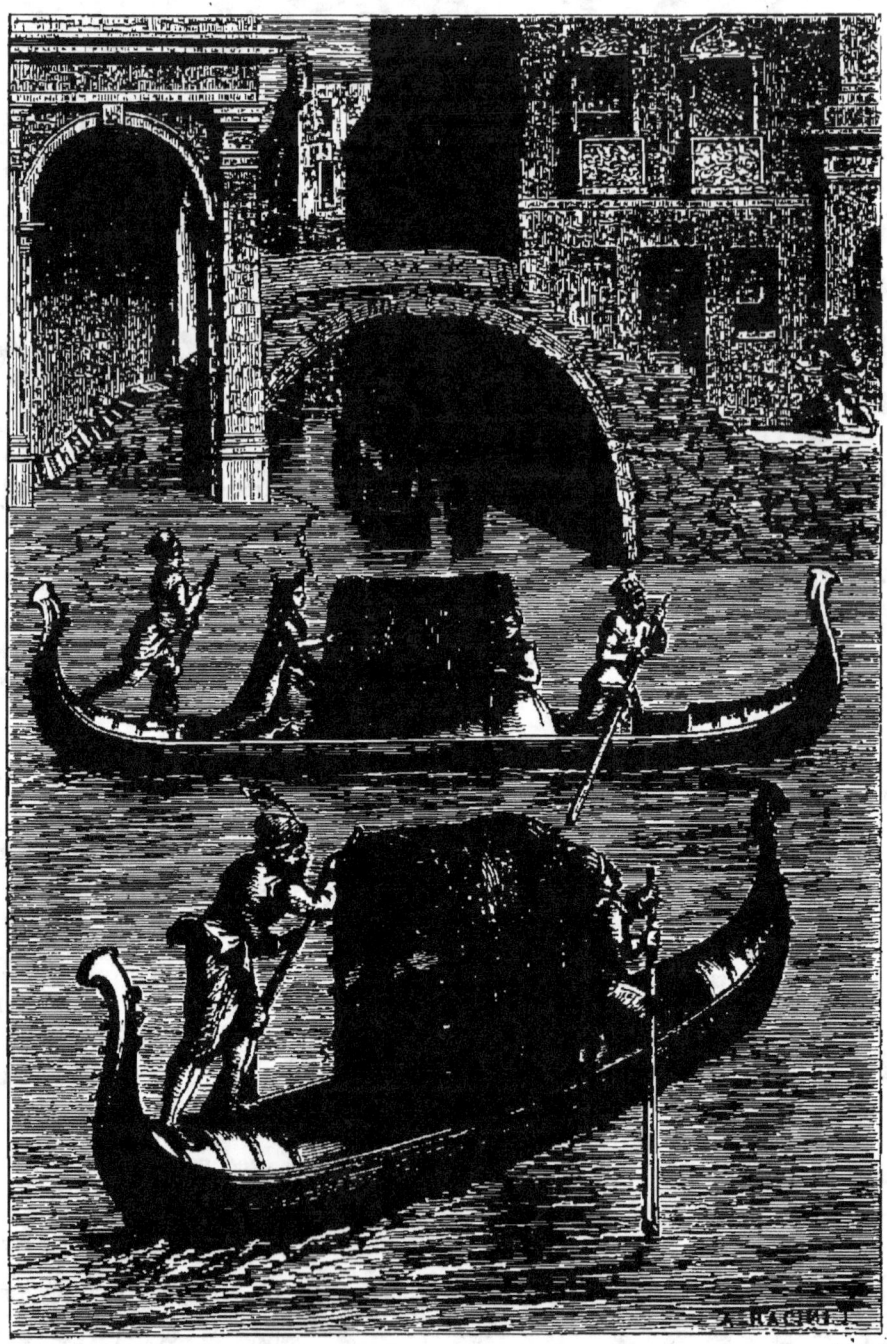

BARCHE DI VENETIA CHE VANNO PER LA CITTA.

Sono in Venetia le barche di tanta commodità che difficilmente la potrebbe credere chi non la prova. Sono in Venetia traghetti in grandissimo numero, et ciascuno d'essi ben fornito di barche, ciascuna con un' huomo in poppa apparecchiato à richiesta di chiunque vuol passar dall' altra parte del canale, overo andare in altro luogo. I nobili poi, et massime i più ricchi, tengono ancora essi ciascuno la sua barca à due remi con huomini salariati à questo effetto. Queste barche sono coperte di rascia nera, et le banche per sedere sono di legno, coperte per lo più di cuoio. L'habito de' barcaruoli si vede espresso nella figura.

BARQUES DE VENISE QUI PARCOURENT LA VILLE.

Les barques sont d'une si grande utilité à Venise qu'il est difficile de s'en faire une idée à moins d'avoir employé ce mode de communication. Les passages sont très-nombreux dans la ville, et tous bien pourvus de barques, à la poupe de chacune desquelles se trouve un homme prêt à l'appel de quiconque veut se rendre d'un bord du canal a l'autre, ou bien ailleurs. Les nobles, et surtout les plus riches, ont chacun leur barque à deux rames, avec des hommes salariés pour la conduire. Ces barques sont couvertes de serge noire, et le bois des bancs pour s'asseoir est recouvert de cuir. Le dessin représente le costume des bateliers.

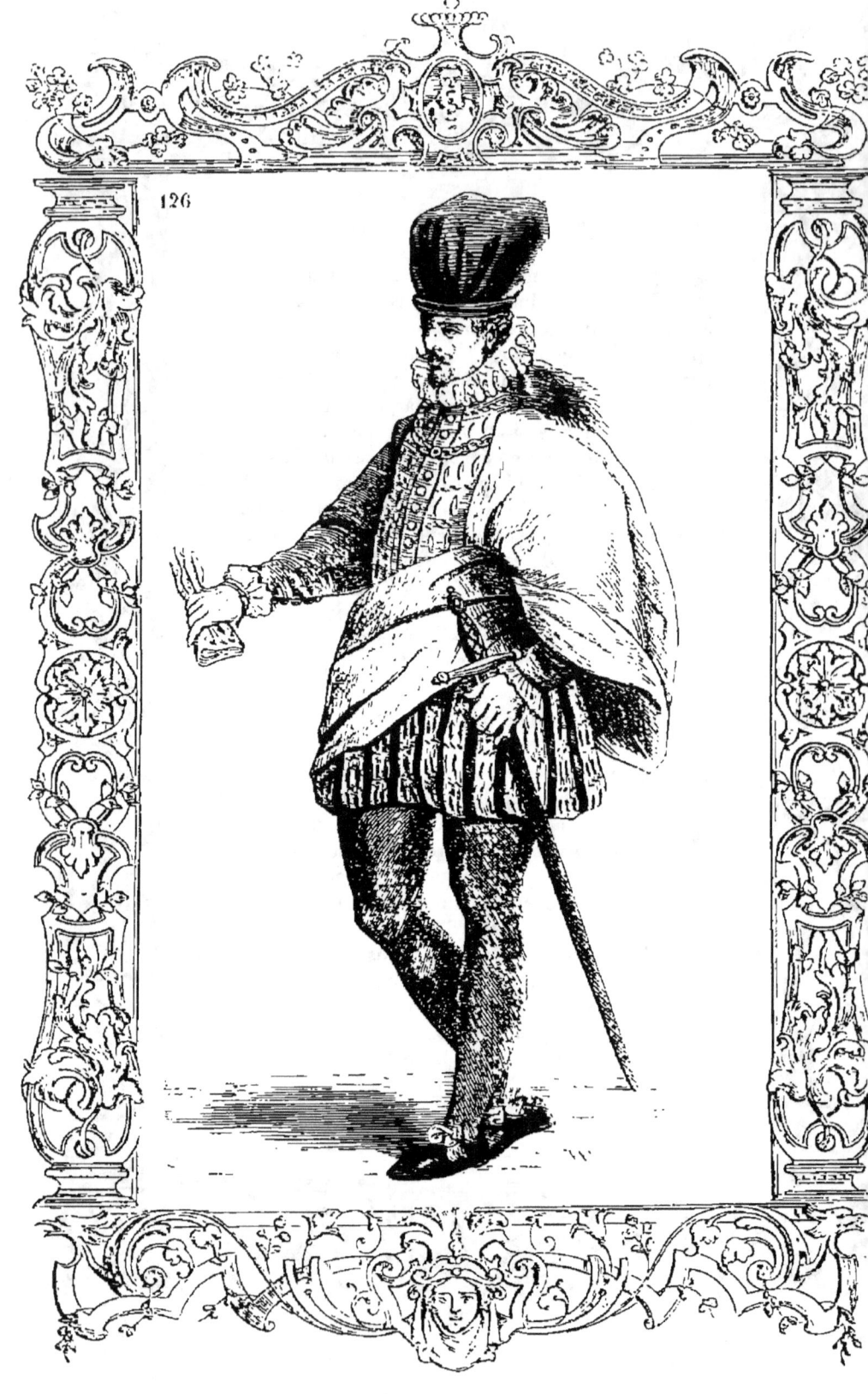

HABITI DI PRINCIPI, BARONI, O D' ALTRI PERSONAGGI FORESTIERI ET ALTRE CONDITIONI, CHE SI SOGLIONO VEDERE A VENETIA.

L' Habito dunque di questi principi ò baroni è che portano in testa una berretta di veluto, ornata con qualche ricca gioia ò medaglia; vestono giubboni di raso ò di seta bottonati con bottoni d'oro bellissimi, et ornati di bellissimi passamani similmente d'oro, con catene al collo, d'oro smaltate et lavorate con grandissima fattura, et arricchite con gioie di gran prezzo. Hanno certe sorte di calzoni, overo braconi di velluto, con molta fattura, et riccamati molto riccamente, le cui fodere sono di panno d'oro ò broccato, le quali se vedono per alcuni taglietti che detti calzoni et giubboni hanno, fatti con mirabile disegno. Si mettono calzette di seta sottilissime, fatte all'aco con bell' artificio di color negro, et a' piedi si pongono scarpe di cuoio, negre; et sopra di tutte le vesti usano ferraiuoli di canevaccia. Et questo habito usasi non molto dissimile per tutta l'Italia da' nobili et altre persone commode et ricche.

COSTUMES DES PRINCES, BARONS OU AUTRES PERSONNAGES DU DEHORS QUE L'ON VOIT A VENISE.

Ces princes ou barons portent un bonnet de velours orné de quelque médaillon ou d'un riche bijou. Les pourpoints, de satin ou de soie, sont fermés par des boutons d'or très-beaux, et relevés par des galons également d'or ; à leur cou pendent des chaînes émaillées d'or, d'un magnifique travail, et enrichies de pierres précieuses de grande valeur. Ils ont une espèce de culottes en velours façonnées avec élégance, brodées très-richement, dont la doublure, de drap d'or ou de brocart, se voit à travers les crevés, d'une forme admirable, qui parent lesdites culottes et le pourpoint. Leurs bas de soie, très-fins, sont faits à l'aiguille avec un mélange gracieux de couleur noire ; ils portent des souliers noirs en cuir. Un manteau de lin couvre l'habillement. Les nobles et autres personnes aisées ou riches font usage, dans toute l'Italie, d'un costume peu différent de celui-ci.

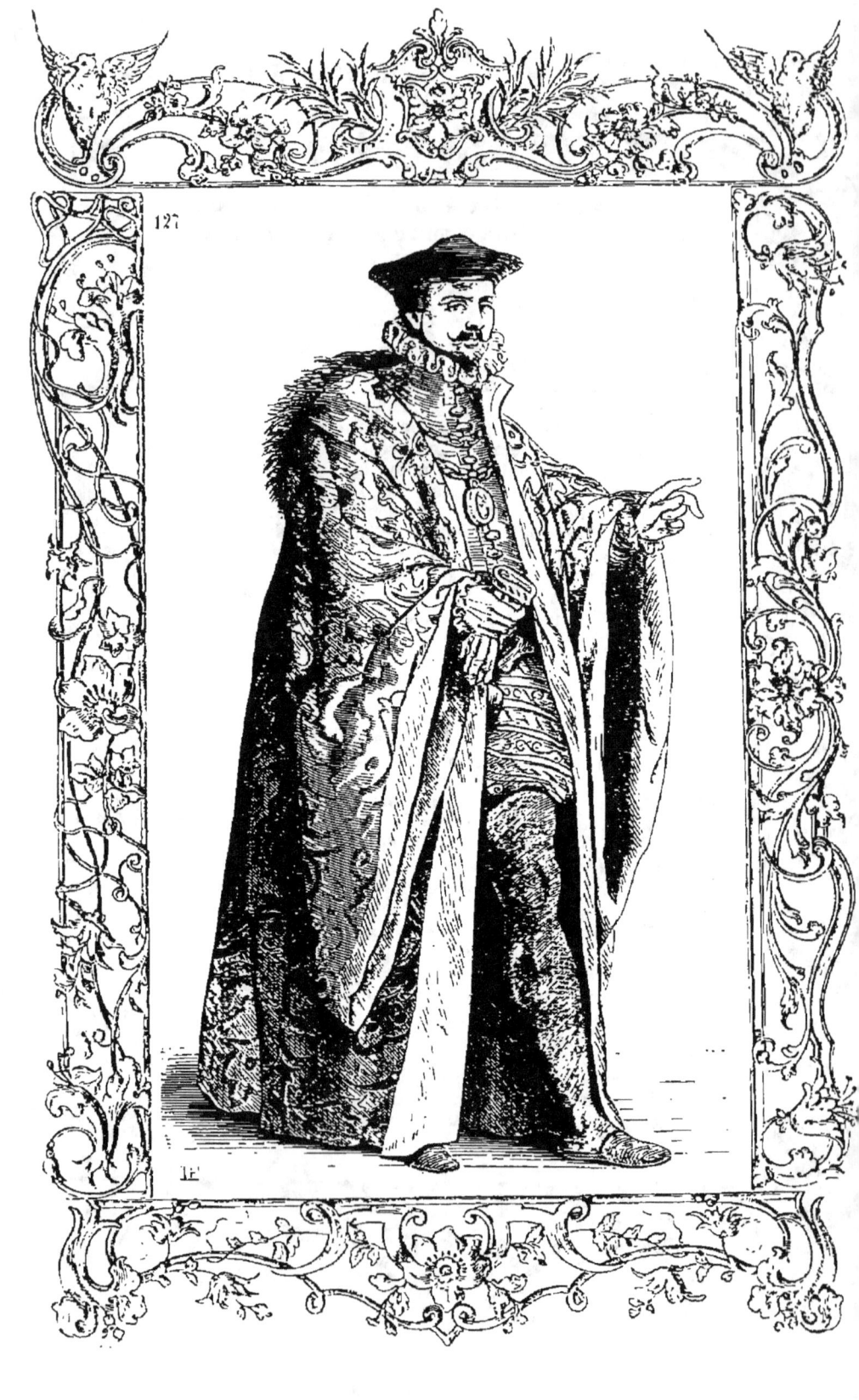

RETTORE DE' SCOLARI DELLO STUDIO DI PADOVA.

IL rettore dello studio di Padova si cuopre la testa con una berretta di velluto nero fatta à corni, simile à quella de' preti, la quale, dalla parte di dietro è un poco più lunga. La sua veste è di panno di broccato d' oro, con il cappuccio, che và sopra la spalla, il quale è foderato di pelle di martori. Sotto di essa veste porta un giubbone di raso ò altra seta cremesina, con ricami d' oro et passamani ò trine del medesimo; ha braconi del simile, et calzette di seta fatte all' aco, ma cremesine. Si calza poi di pianelle rosse, et nell' andar fuor di casa è accompagnato da molta quantità di scolari.

RECTEUR DE L'UNIVERSITÉ DE PADOUE.

LE recteur de l'université de Padoue couvre sa tête d'un bonnet noir, à cornes, semblable à celui des prêtres, et dont la partie de derrière est un peu plus longue. Son vêtement est en brocart d'or, avec un capuce tombant sur le dos et fourré de martre ; par-dessous il porte un pourpoint de satin ou d'autre étoffe de soie cramoisie, avec des broderies d'or et des galons ou des ganses également d'or ; il a des culottes de la même étoffe, et des bas de soie tricotés, mais cramoisis. Ses sandales sont rouges, et, lorsqu'il sort, un grand nombre d'écoliers l'accompagnent.

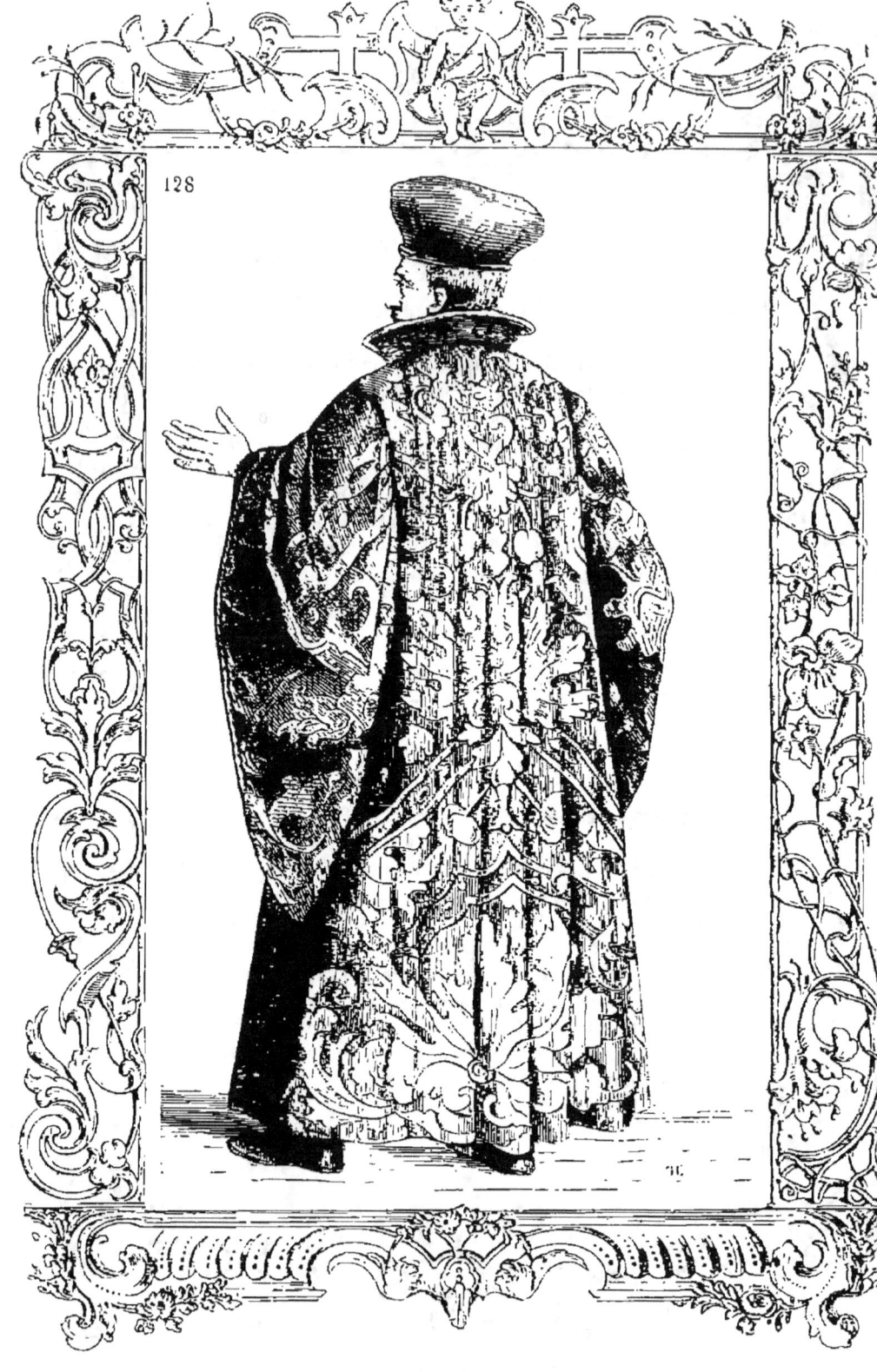

DOTTORI DI LEGGE ET MEDICI, PER TUTTA LA LOMBARDIA.

L'Habito de' dottori di legge ò medicina di tutta Lombardia è la toga lunga fino in terra con maniche aperte, et è negra; l' inverno, di panno ò damasco overo di velluto, et la state, di ormesino di Fiorenza bellissimo ò di ciambellotto. Sotto la qual toga tali dottori portano un' altra veste di seta cinta con cintura di velluto, con fibbie d' argento, overo con cinta di seta, la quale è lunga fino à mezza gamba. Si calzano poi calzette di panno nero sotto, overo di seta, et si mettono a' piedi pianelle di panno nero ò di velluto. In capo portano berrette di velluto riccio ò canevaccia di seta. Et tal' habito lor serve ne' reggimenti, nell' ambasciarie et ne' tribunali, per mostrar d' esser persone gravi et di maturo giudicio.

JURISCONSULTES ET MÉDECINS DANS TOUTE LA LOMBARDIE.

Les jurisconsultes et les médecins de toute la Lombardie portent la toge noire, traînante, avec des manches ouvertes. Dans l'hiver, elle est de drap, de velours ou de damas, et, dans l'été, de très-belle moire de Florence ou de camelot. Cette toge couvre un autre vêtement de soie serré par une ceinture de soie qui tombe jusqu'à mi-jambe. Ils ont des bas de drap noir ou de soie, et des sandales de drap noir ou de velours. Leur bonnet est en canevas de soie ou de velours frisé. Tel est le costume qu'ils portent dans les ambassades, dans les tribunaux, et lorsqu'ils sont chargés d'administrer les villes, pour montrer qu'ils sont des personnages graves et d'un jugement mûr.

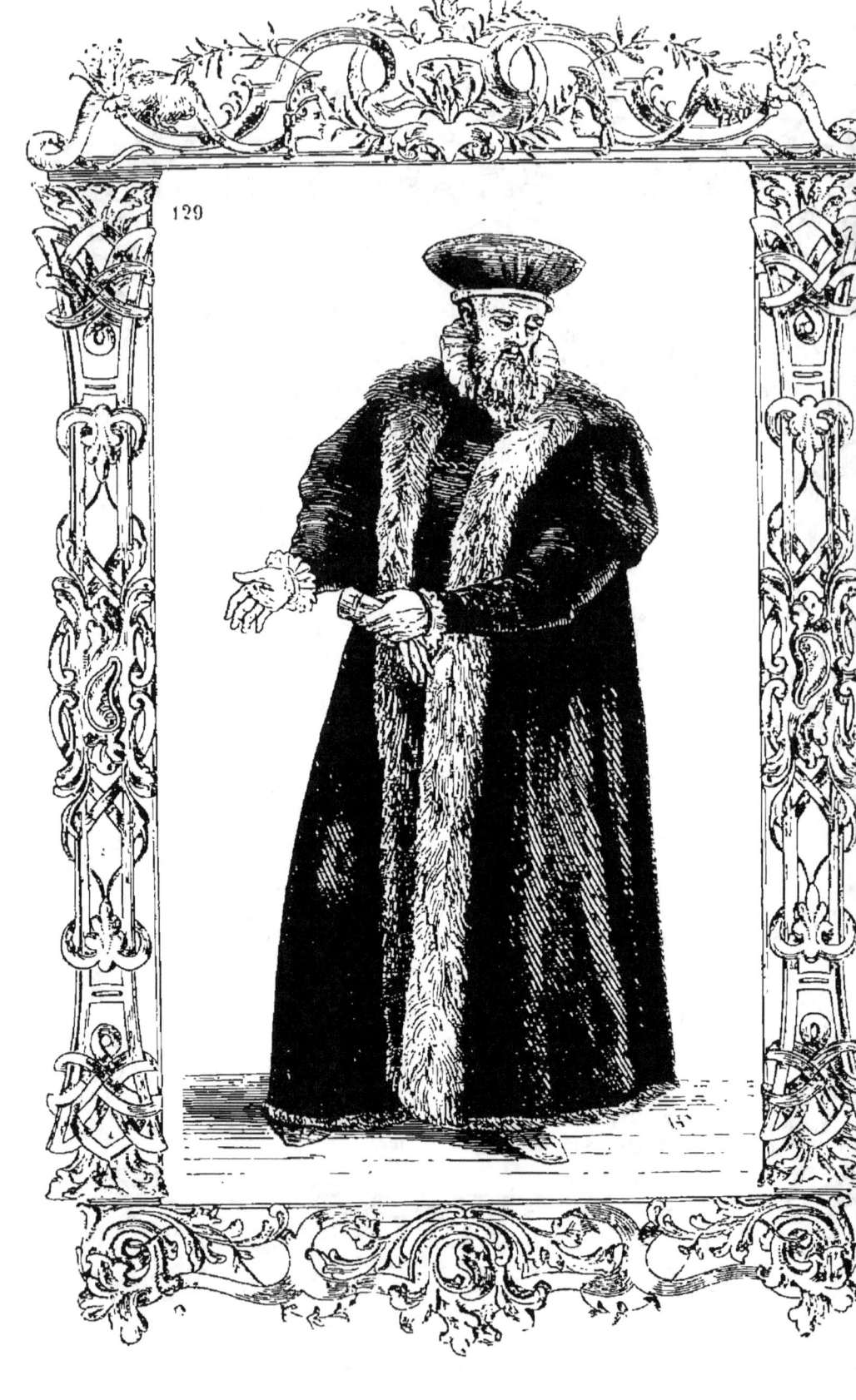

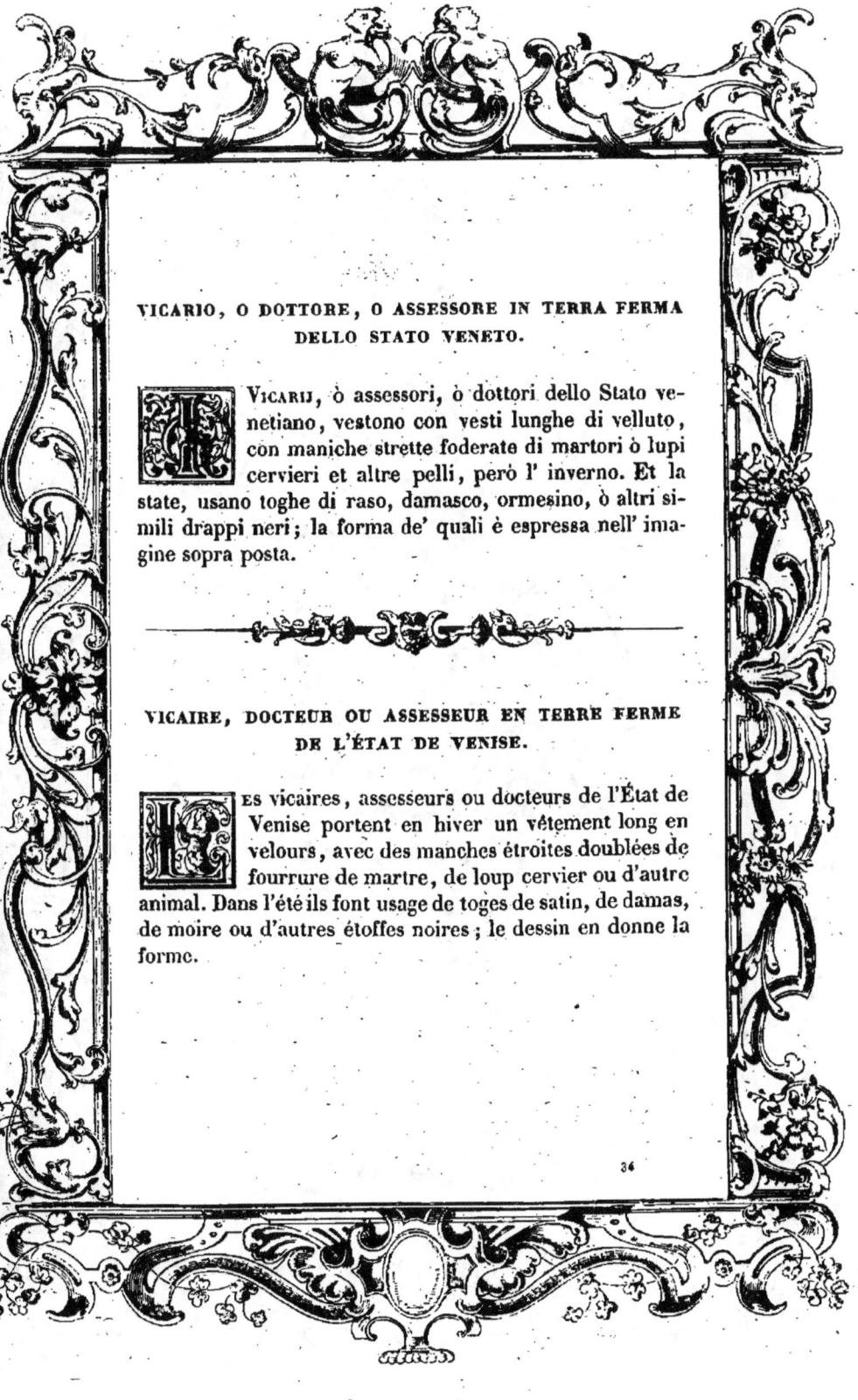

VICARIO, O DOTTORE, O ASSESSORE IN TERRA FERMA DELLO STATO VENETO.

Vicarij, ò assessori, ò dottori dello Stato venetiano, vestono con vesti lunghe di velluto, con maniche strette foderate di martori ò lupi cervieri et altre pelli, però l' inverno. Et la state, usano toghe di raso, damasco, ormesino, ò altri simili drappi neri; la forma de' quali è espressa nell' imagine sopra posta.

VICAIRE, DOCTEUR OU ASSESSEUR EN TERRE FERME DE L'ÉTAT DE VENISE.

Les vicaires, assesseurs ou docteurs de l'État de Venise portent en hiver un vêtement long en velours, avec des manches étroites doublées de fourrure de martre, de loup cervier ou d'autre animal. Dans l'été ils font usage de toges de satin, de damas, de moire ou d'autres étoffes noires ; le dessin en donne la forme.

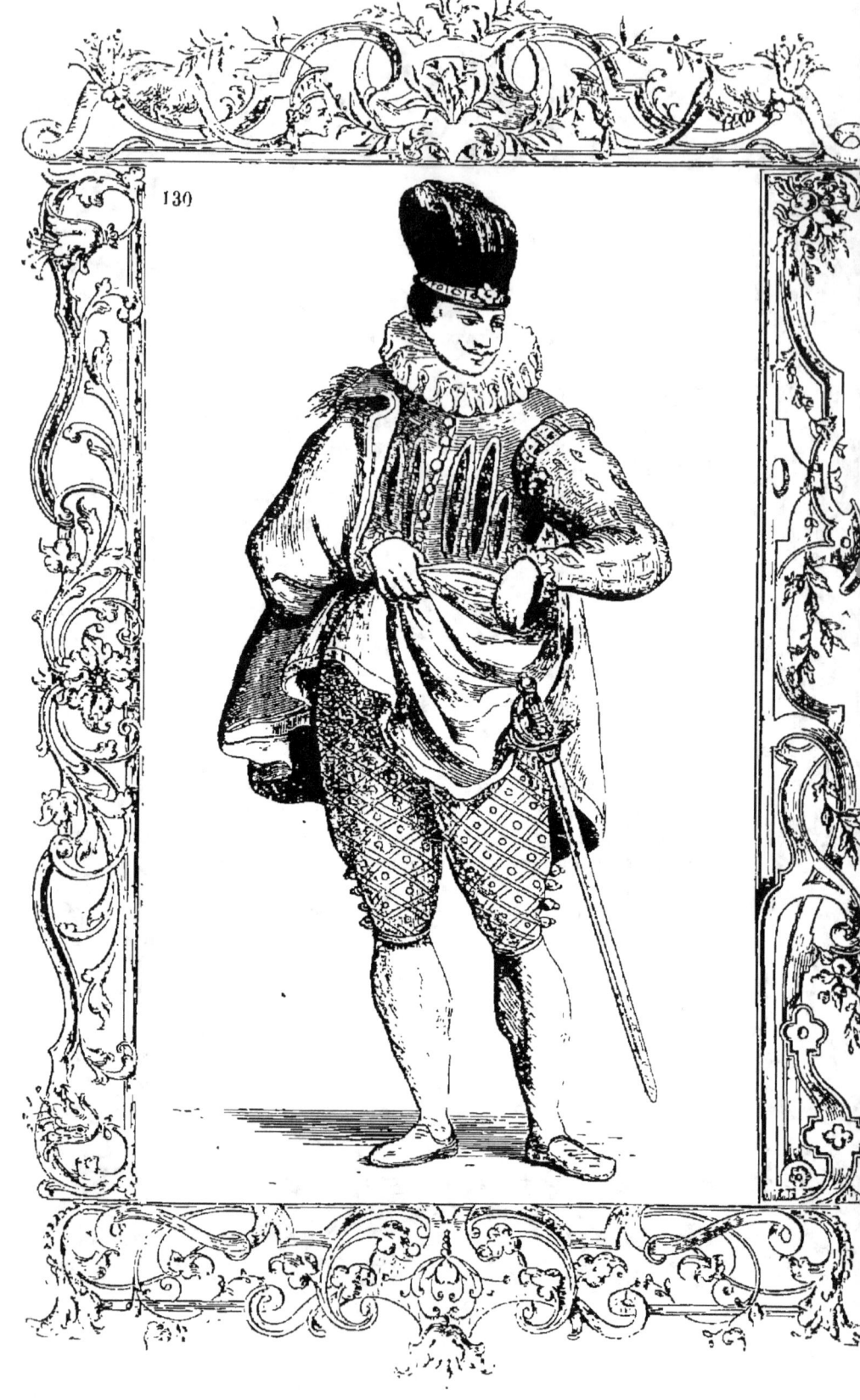

HABITO DI GIOVANETTI DELLA CITTA DI VENETIA ET DE' SCOLARI.

Scolari et giovani della città di Venetia portano in testa le berrette nere alte, dette à tozzo, di velluto riccio, l'inverno, et la state, di canevaccia di seta, ò tabino, ò pur ormesino, con le lor fodere di taffetano colorite; à torno delle quali hanno un velo cinto ò ghirlande di margaritine di bella vista, con qualche medaglia ò pietra pretiosa, et alcuni certe treccie d'oro tramezzate di perle ò cristalletti. Portano giubboni di seta, di raso, ò di canevaccia, ò tabini, con bottoni d'oro ò di seta, et similmente, con passamani et trine, si mettono al collo lattughe pulite, et ben' accomodate, et bianchissime; et portano calzoni del medesimo del giubbone, et tanto esso giubbone quanto essi calzoni trinciano ò intagliano con bel disegno, si come vi rappresento nel ritratto qui anteposto.

COSTUME DES JEUNES GENS DE VENISE ET DES ÉCOLIERS.

Les écoliers et les jeunes gens de Venise portent en hiver le bonnet haut, dit à *tozzo* (à tranches) de velours frisé, et, dans l'été, de soie, de tabis ou de moire, avec la doublure de taffetas de couleur. Ce bonnet est entouré d'un voile ou de guirlandes de marguerites avec un médaillon, ou bien une pierre précieuse, et des tresses d'or entremêlées de perles ou de petits morceaux de verre. Ils ont des pourpoints de soie, de satin, de toile ou de tabis, avec des boutons d'or ou de soie, des galons et des ganses. Leur cou est entouré d'une collerette à tuyaux, bien arrangée et très-blanche; ils ont des culottes de la même étoffe que le pourpoint, et les culottes comme le pourpoint sont tailladées d'une manière gracieuse, ainsi que l'indique le dessin.

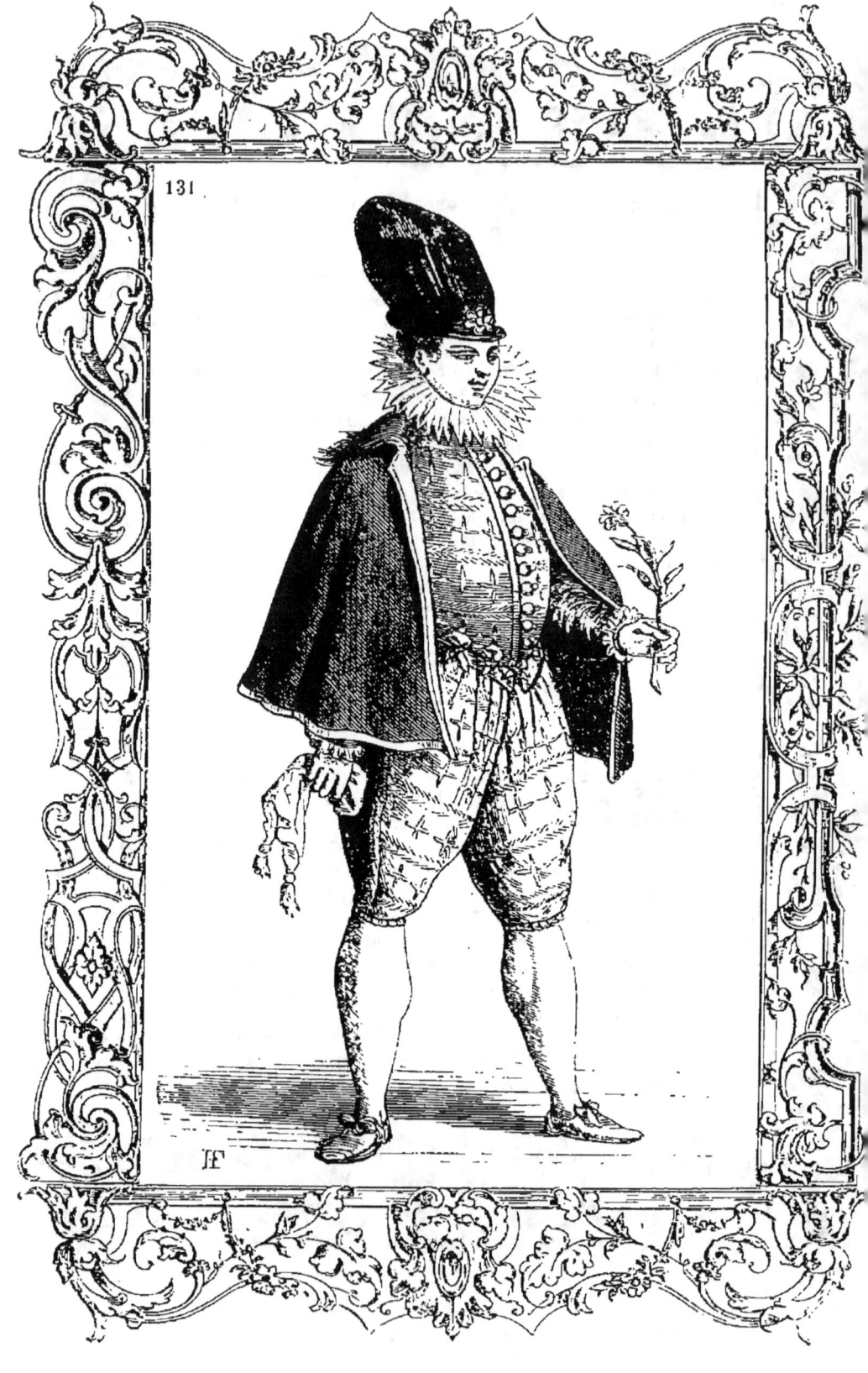

HABITO DE' GIOVANETTI VENETIANI ET D' ALTRI LUOGHI D' ITALIA.

Giovanetti innamorati vestono il più delle volte un giubbone di raso, ò tabino, ò altre sete, pontiggiato ò tagliato con varij disegni à forma di croce ò stelle, per i quali taglietti si vedono le fodere colorite di taffettano. Portano al detto giubbone bottoni d'oro, et al collo lattughe con merletti puliti, et in testa una berretta di velluto riccio ò canevaccia di seta con un velo intorno et ingroppato come una forma di rosa, dove sogliono metter qualche medaglietta. Hanno le braghesse quasi sempre del medesimo, et calzette di seta fatte all'acò con scarpe di marrocchini di Spagna, et sopra portano un cappotto di canevaccia di seta con un fiore in una mano, et nell'altra il fazzoletto et iguanti.

COSTUME DES JEUNES GENS DE VENISE ET D'AUTRES LIEUX.

Les jeunes galants portent en général un pourpoint de satin, de tabis ou d'autre étoffe de soie, pointillé ou tailladé de manière à former des dessins de croix ou d'étoiles; par ces crevés, on voit la doublure de couleur du taffetas. Ce pourpoint a des boutons d'or; ils portent une collerette plissée avec de la dentelle unie, et un bonnet de velours frisé ou de soie autour duquel s'enroule un voile qui forme une rose sur le devant, où ils mettent un petit médaillon. Ils ont des culottes de la même étoffe et des bas de soie faits à l'aiguille, des souliers de maroquin d'Espagne. Un petit manteau de soie couvre leurs épaules; ils tiennent une fleur dans une main, et, dans l'autre, le mouchoir avec les gants.

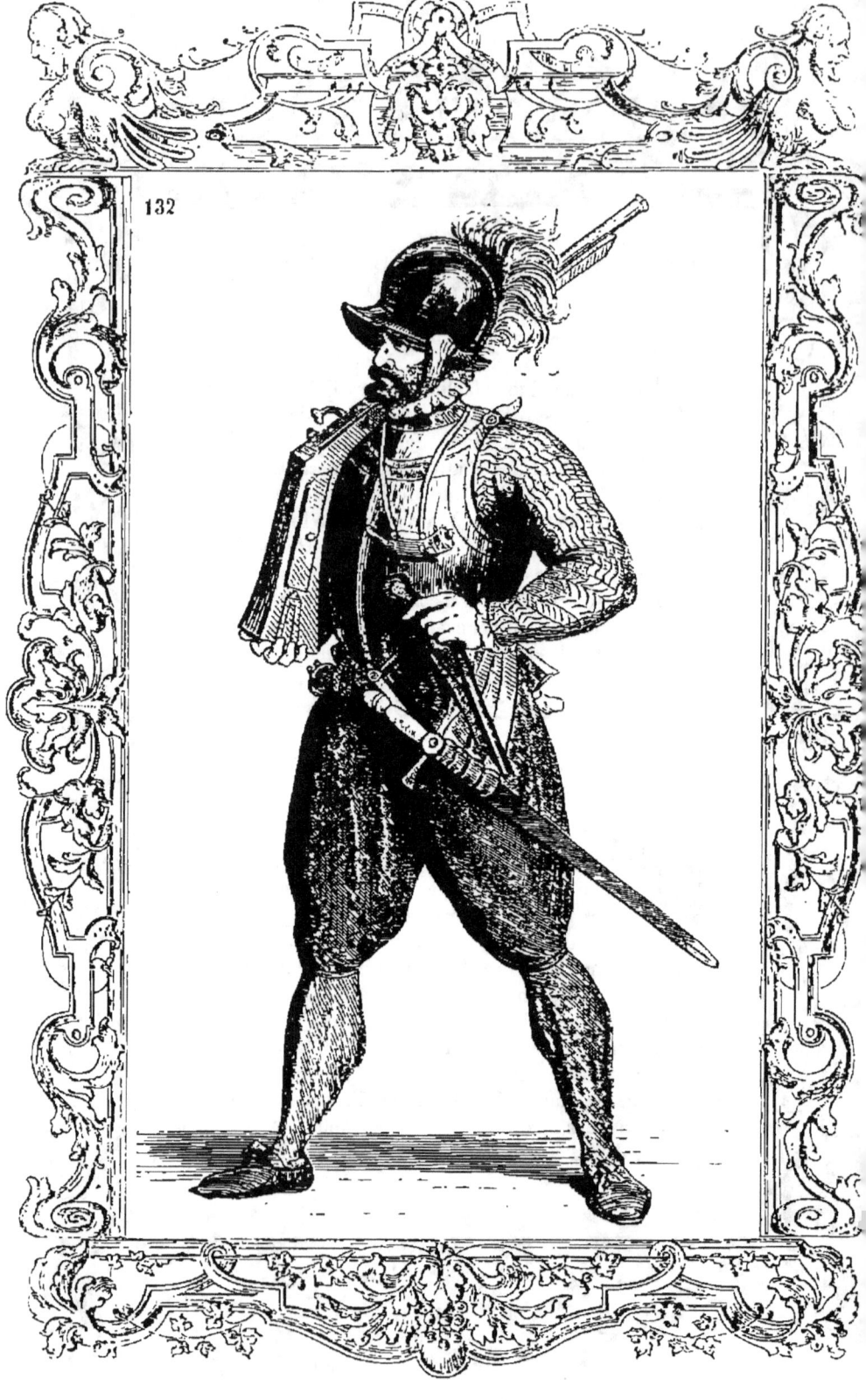

SOLDATO A PIEDI MODERNO AL TEMPO DI GUERRA.

Soldati italiani sono fortissimi, valorosi et bellicosi, si come si vide l'anno della vittoria contra Turchi, che fu del 1569, et si vede ogni giorno in varie imprese. L'habito si esprime nell'imagine, et per aventura non è stato già mai uno più agile et più accomodato di questo à soldati, i quali portano in spalla un' arcobugio lungo da fuoco, nel cui sparare et discaricare sono molto presti; et ne portano due ò tre altri per huomo da ruota attaccati alla cintura, acciò, stringendosi con nemici, possino offenderli più volte.

FANTASSIN MODERNE EN TEMPS DE GUERRE.

Les soldats italiens sont très-forts, braves et belliqueux, comme ils le prouvèrent en 1569, année de la victoire contre les Turcs, et comme on le voit tous les jours dans des entreprises diverses. La gravure indique leur costume, le plus léger peut-être qu'on ait jamais vu, et le mieux approprié aux soldats, qui portent sur l'épaule une longue arquebuse à feu, laquelle ils chargent et tirent avec une grande promptitude. Chaque homme porte deux ou trois pistolets à roue, attachés à la ceinture, afin de pouvoir, dans la mêlée, faire à l'ennemi le plus de mal possible.

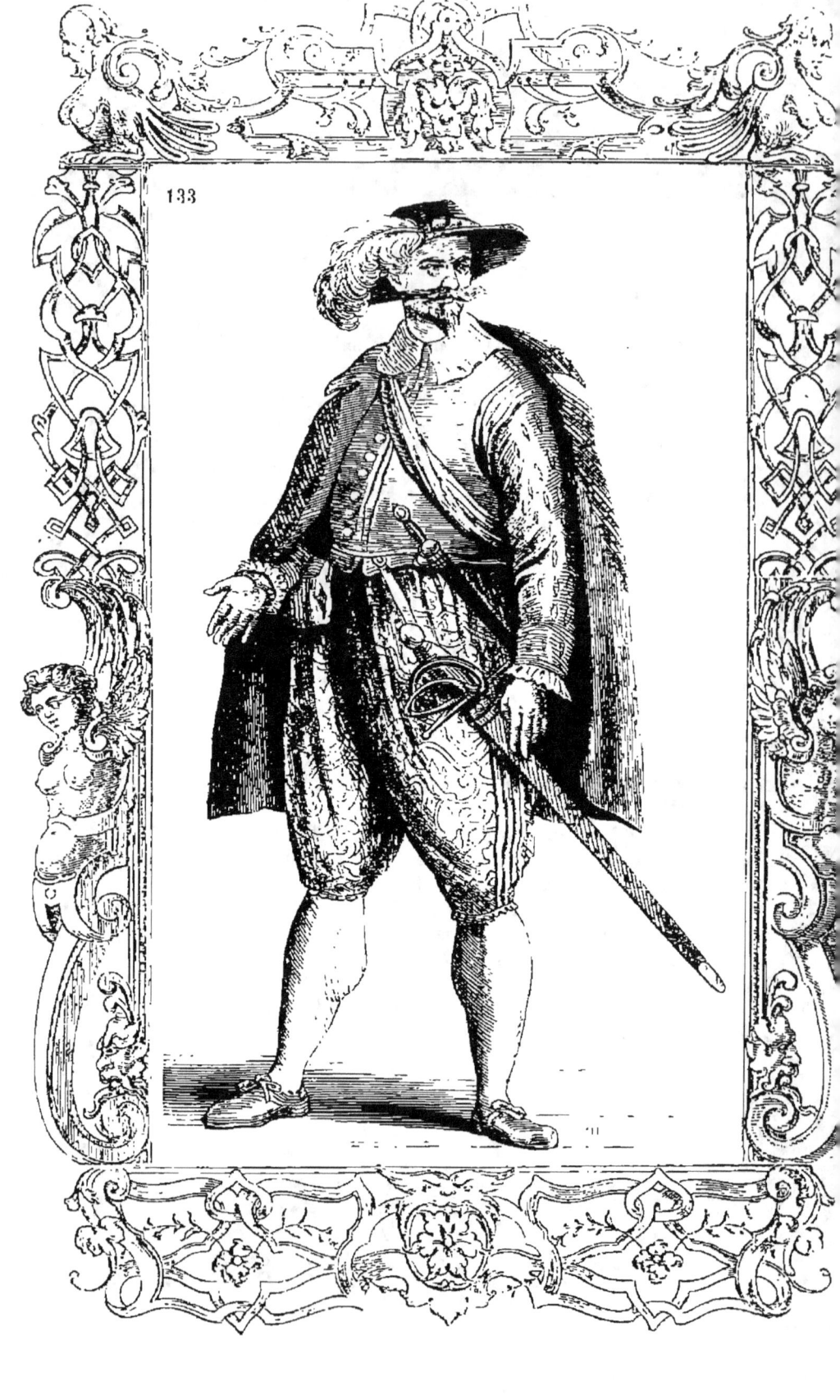

SOLDATO DISARMATO.

Questo habito è molto bello et agile, et fù portato in Italia da Vallonico, principe et duca di Savoia, quando, dopò l'impresa di Seghetto in Ungheria, venne in Venetia. L'habito dunque del sopradetto soldato disarmato è che in capo tali soldati portano un cappello non troppo alto ma ben largo, la maggior parte di color argentino con un pennacchio alla banda; di sopra hanno un colletto di cuoio bellissimo bottonato davanti con bottoni d'oro, di sotto hanno un giubbone di raso con maniche intagliate con bel disegno; al collo certi collari di camicia molto diversi dell'uso di hora. Il modo del suo vestire si comprende nel disegno presente.

SOLDAT DÉSARMÉ.

Ce costume, très-beau et léger, fut apporté en Italie par Vallonico, prince et duc de Savoie, lorsqu'il vint à Venise après l'expédition de Szeged en Hongrie. Le costume de ces soldats se composait donc d'un chapeau peu haut, mais bien large, très-souvent de couleur argentine, avec un panache sur le côté; d'un gilet de cuir très-beau fermé devant avec des boutons d'or, et, par-dessous, d'un pourpoint de satin avec des manches aux élégantes taillades. Le col de la chemise était rabattu, mais différait beaucoup de la mode actuelle. Le dessin représente le costume entier.

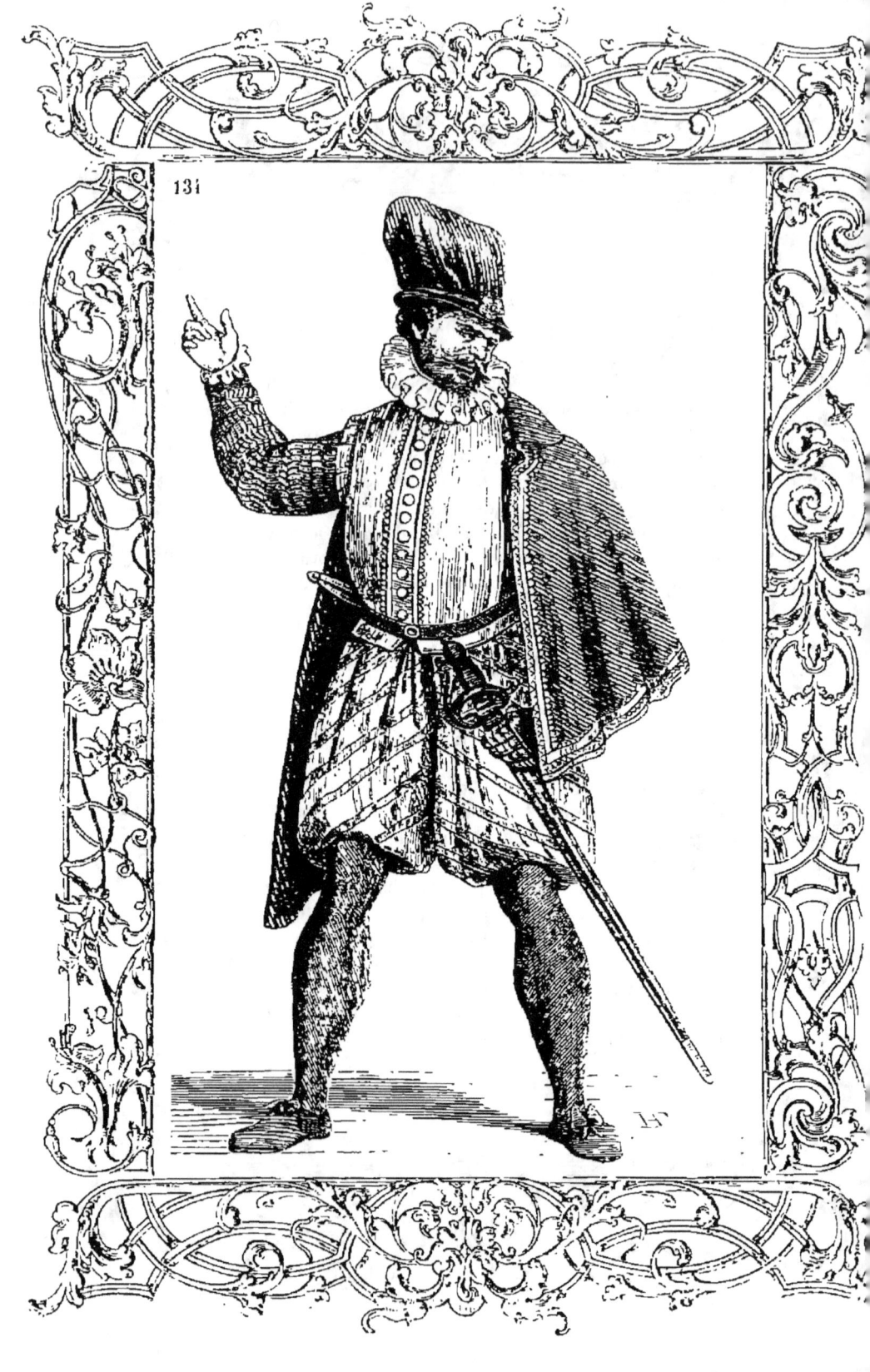

BRAVO VENETIANO ET D' ALTRE CITTA D' ITALIA.

Simil sorte di bravi erano chiamati anticamente gladiatori, et hoggidì bravi overo sbricchi, i quali per danari servono hor questo, hor quello, biastemando et bravando senza proposito, et commettendo varij scandali et homicidij. L' habito di questi tali è che portano in testa berrette alte di velluto et d' altra seta, la quale è fasciata intorno con un velo che nella fine si ingroppa à modo di rosa. Hanno al collo lattughe di renso, et un colletto di caprone, ò cerviotti, ò camozze, con giubboni sotto di tela di Fiandra, con maniche del giacco di maglia. Variano spesso ancor loro il vestire, et stanno di continuo su duelli, favoreggiando hor questa, hor quella costione.

BRAVO DE VENISE ET D'AUTRES VILLES D'ITALIE.

Ces hommes, anciennement, portaient le nom de gladiateurs; on les appelle aujourd'hui *bravi* ou *sbricchi* (brigands). Pour de l'argent, ils servent tantôt l'un, tantôt l'autre, blasphèment, provoquent sans motif et commettent divers scandales et des homicides. Leur haut bonnet de velours ou d'autre étoffe de soie est entouré d'un voile enroulé dont les bouts forment une rose sur le devant. Ils portent une collerette de linon, un gilet de peau de bouc, de cerf ou de chamois, et par-dessous un pourpoint de toile de Flandre avec des manches à mailles. Ces *bravi* changent souvent leur manière de se vêtir, et se trouvent continuellement dans les duels, favorisant tantôt un parti, tantôt l'autre.

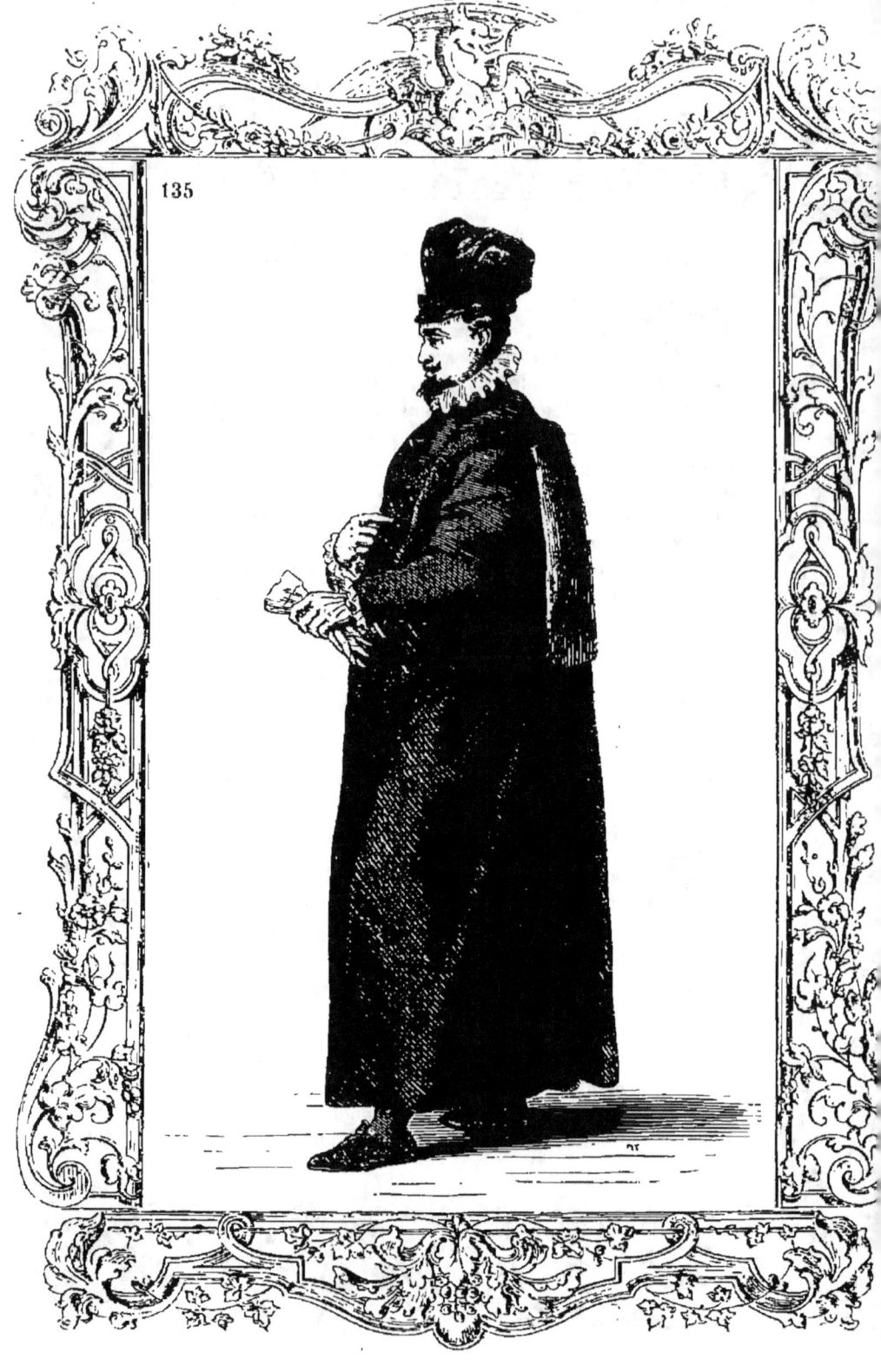

HABITÓ DA LUTTO FUORI DI VENETIA.

UELLI di conditione in terra ferma, i quali hanno havuto qualche dolore per la morte di qualche loro parente, portano habiti simili al sopraposto, ch'è una veste nera fino in terra, di panno cottonato peloso senza alcuno lavoro, ò seta, con un bavaro lungo à detta veste del medesimo. In testa portano una berretta arricciata di buratto, overo di canevaccia, attraversata da alquante fasce di velo nero.

COSTUME DE DEUIL HORS DE VENISE.

ES personnes de condition, habitant la terre ferme, qui ont été affligées par la mort de quelque parent, s'habillent comme l'indique le dessin : c'est un vêtement noir qui tombe jusqu'à terre, de drap de coton à long poil et tout uni, ou bien de soie avec un long collet de la même étoffe. Leur bonnet, d'étamine ou de toile, est entouré d'un voile noir enroulé.

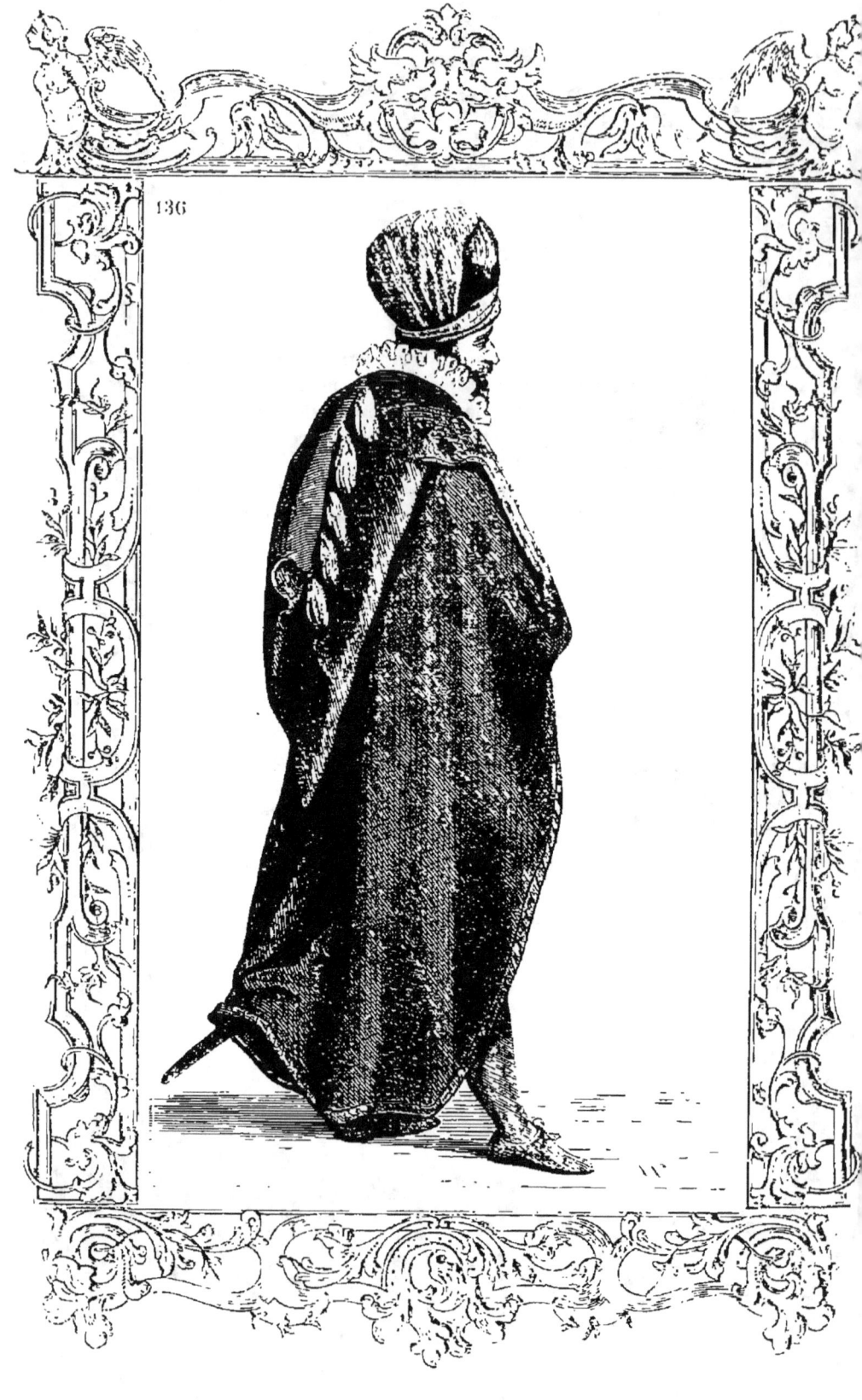

COLONELLO, CAVALIERO O CAPITANO D'ITALIA VESTITO DA LUTTO.

IL signor Scipio Costanzo, colonello di gran grado de' signori venetiani, essendogli venuta nuova della morte di un suo figliuolo, che passò da questa presente vita all'altra in Fiandra, si vestì tutto di negro con berretta alta di velluto, coperta di velo tutta; di sotto di panno, et di sopra haveva un mantello lungo fino a' piedi, di panno cotonato riccio, con un cappuccio lungo fino alla cintura, il quale era per il mezzo giù di esso cucito con alcune fasce di velo nero, et del simile haveva ornate le bande di esso mantello a modo di treccie. Et il simile habito portano molti altri d'Italia essendo in stato di lutto.

COLONEL, CHEVALIER OU CAPITAINE D'ITALIE, VÊTU DE DEUIL.

LE seigneur Scipio Costanzo, colonel d'un grand courage, au service de Venise, ayant appris la mort d'un de ses fils, décédé en Flandre, se vêtit entièrement de noir et porta un bonnet de velours enveloppé d'un voile. Sur le vêtement de dessous, qui était de drap, il mit un manteau traînant de drap de coton frisé, avec un capuce tombant jusqu'a la ceinture; au milieu de ce capuce, dans la longueur, étaient cousues des bandes de crêpe noir, et la même étoffe, sous forme de ganse, ornait les bords du manteau. Un grand nombre d'autres personnes d'Italie faisaient usage de ce costume quand elles se trouvaient en deuil.

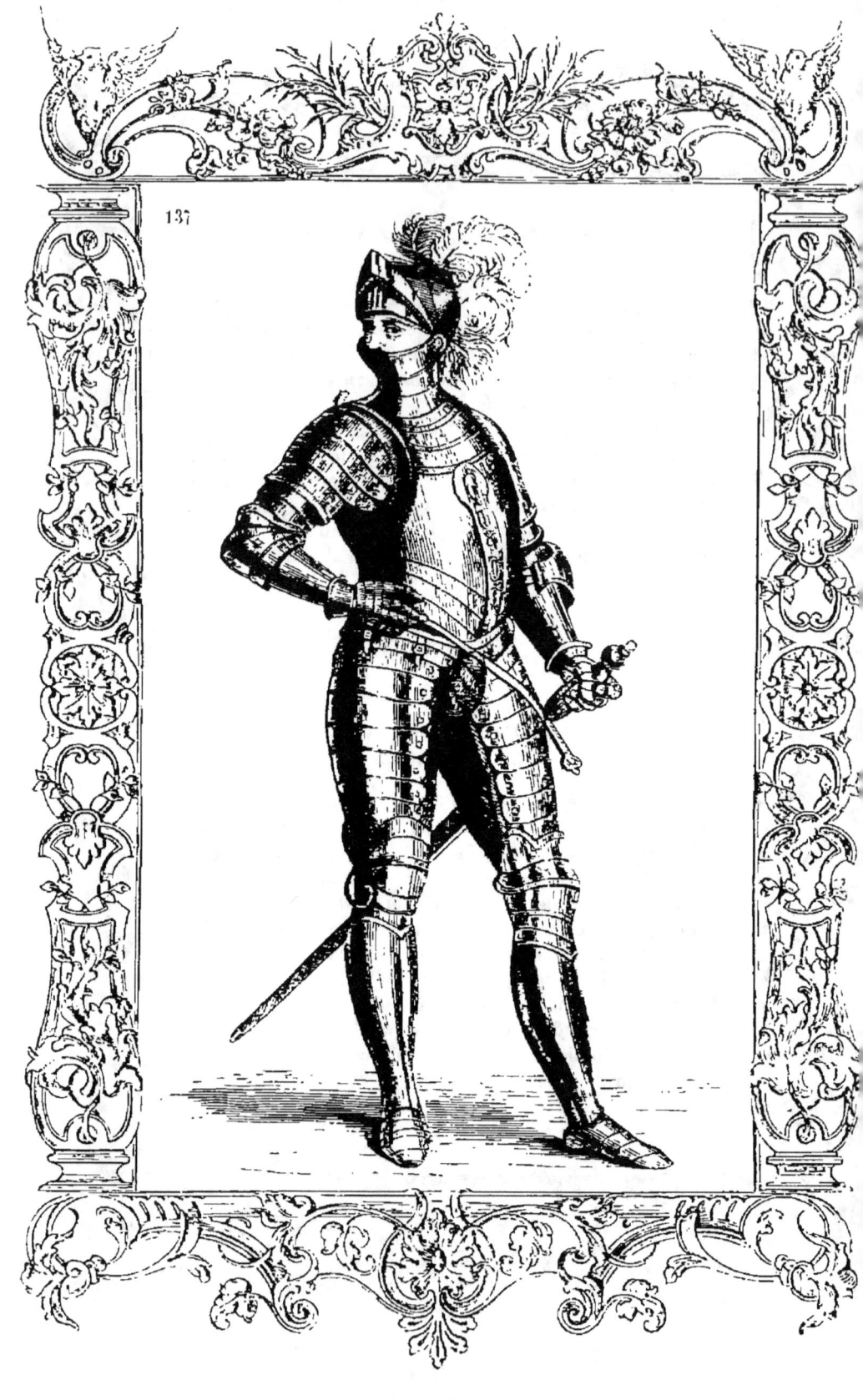

SOLDATO DI TUTTE ARMI ARMATO PER MONTAR A CAVALLO.

A sopraposta armatura è molto sicura et buona in tempo di guerra, perche venendo qualche tiro d'arcobugio, ò di freccia, ò d'altro alquanto lontano, non può tal' armato esser offeso; et è fatta di acciaio finissimo et lustro. In testa portano tali soldati certi celatoni di acciaio con pennachi bellissimi, et in dosso hanno alcuni corsaletti fatti del medesimo con bei lavori d'oro, con gambali similmente forti. Vanno armati di spade, et hanno coperte le mani di guanti da presa et forti. Ma questo soproposto armato si fa per mostrare un' armatura intiera moderna quanto sia differente dall' antica.

SOLDAT AVEC SON ARMURE COMPLÈTE PRÊT A MONTER A CHEVAL.

Cette armure, d'un acier très-fin et brillant, protége bien le corps; elle est très-bonne en temps de guerre, parce qu'un soldat ainsi couvert n'a rien à craindre de l'arquebuse ni de la flèche, ou de toute autre arme, si le projectile est lancé d'un peu loin. Ces guerriers portent des casques d'acier avec de superbes panaches, des corselets de même métal ornés de belles ciselures, des cuissards très-forts, de larges épées, et de solides gantelets couvrent leurs mains. Par ce dessin on peut voir combien une armure moderne complète diffère de l'ancienne.

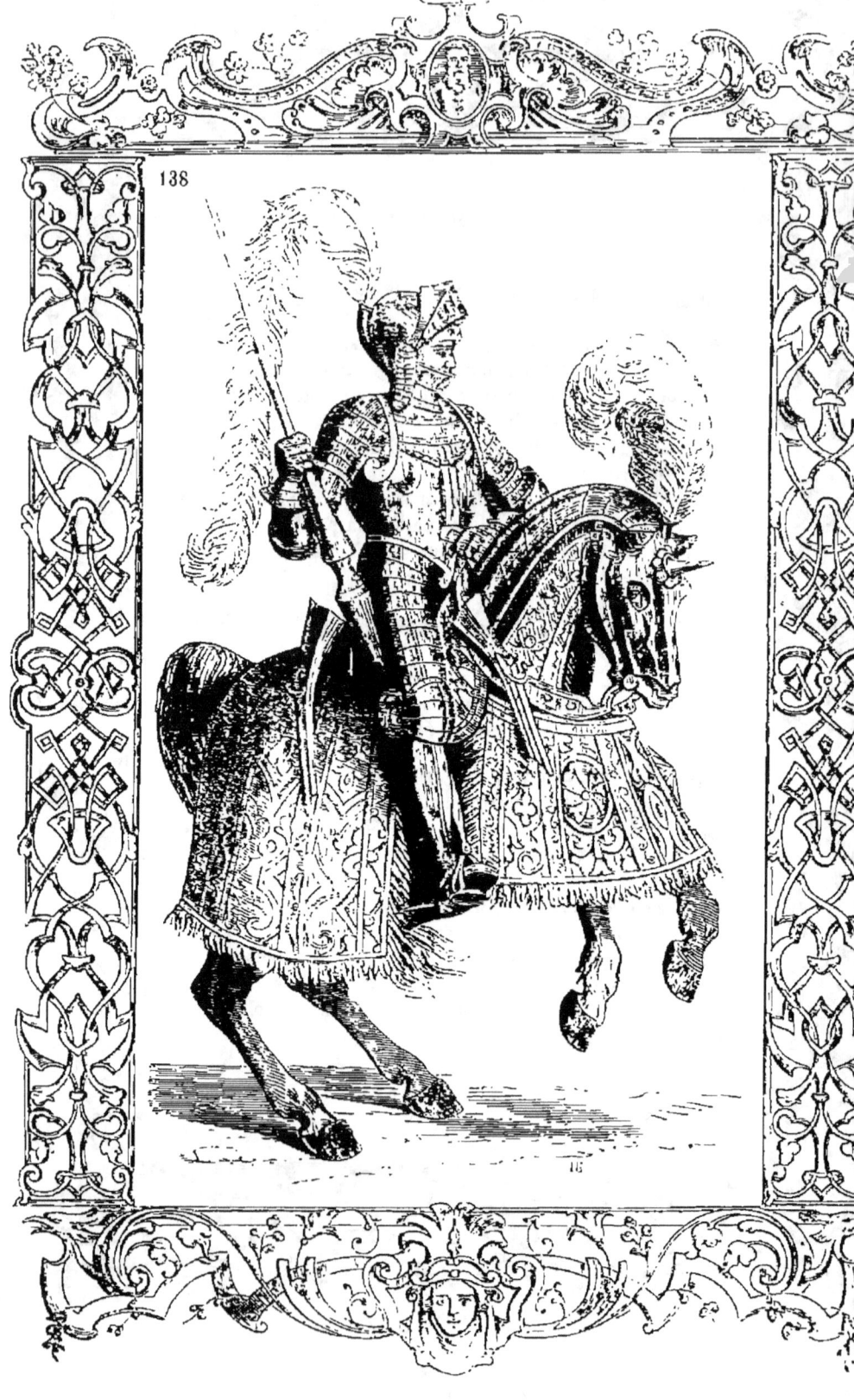

HUOMO D'ARME MODERNO A CAVALLO BARDATO.

Ancora i Romani havevano i cavalli d'huomini d'armi, ma molto differenti da' nostri; perche loro usavano la lancia et la mazza ferrata, ò le balestre, con le quali tiravano frezze di ferro; et i nostri usano portare una gran lancia in mano, et quattro ò cinque arcobugi attaccati alla cintura, i quali maneggiano cosi bene che mettono in fuga ogni grand' essercito. Portano alcuni belli pennacchioni attaccati al morrione ò celata, et alcuni altri alla testa del cavallo, di modo che fanno una bellissima vista, essendo tutto il cavallo coperto di lame di acciaio con la visiera; ma sopra dette lame ò barde il detto cavallo si copre di panno di seta ò broccato.

HOMME D'ARMES MODERNE A CHEVAL BARDÉ.

Les Romains avaient aussi des hommes d'armes à cheval, mais très-différents des nôtres; car les leurs faisaient usage de la lance et de la masse de fer, ou des arbalètes pour lancer des flèches de fer, tandis que les nôtres portent une lance à la main, et à la ceinture, quatre ou cinq petites arquebuses, dont ils se servent avec tant d'adresse qu'ils mettent en fuite toute grande armée. Quelques-uns ont d'énormes panaches attachés aux casques, et d'autres en parent la tête de leurs chevaux, de manière à produire un effet magnifique. Le cheval entier, sans excepter la tête, est couvert de lames d'acier; mais on met sur toutes ces lames ou bardes du drap de soie ou du brocart.

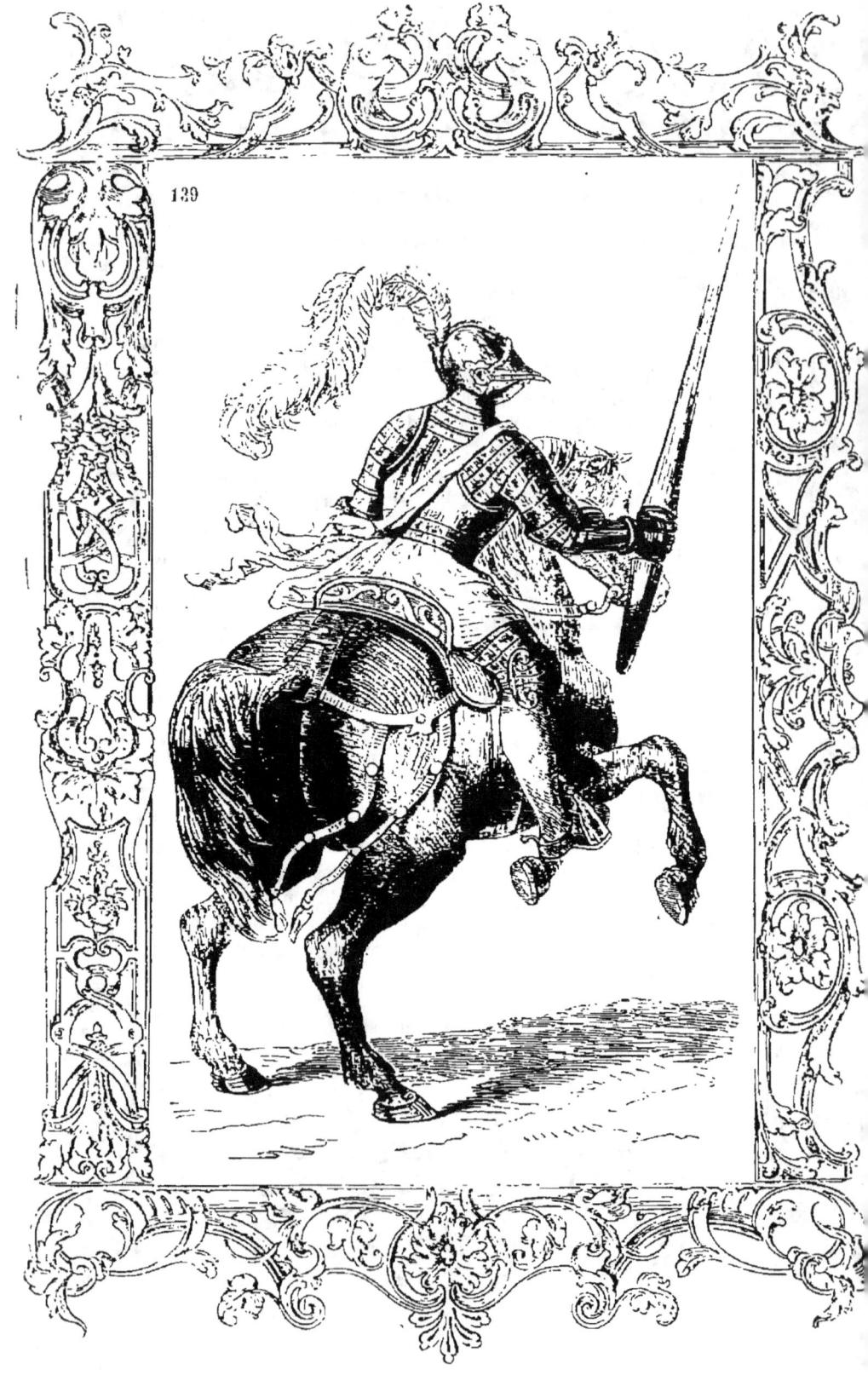

CAVALLO LEGGIERO ARMATO.

Sono assai migliori i nostri cavalli leggieri di quelli che erano quelli de' Romani; perche quelli combattevano con gli archi et lanciavano dardi, et i nostri, con lance et arcobugioni, i quali portano avanti de' cavalli. Gli huomini vanno ancora essi armati benissimo d'armi d'acciaio à modo di corsaletti, sopra de' quali portano una banda di ormesino di diversi colori, et sopra i morioni alcuni pennacchioni di penne lunghe.

CAVALIER ARMÉ A LA LÉGÈRE.

Nos cavaliers armés à la légère sont très-supérieurs à ceux des Romains; en effet, au lieu de se servir d'arcs et de lancer des dards, comme faisaient les Romains, les nòtres sont armés de lances et d'arquebuses, qu'ils portent sur le devant des chevaux, et se trouvent garantis par une armure d'acier en forme de corselet. Sur ce corselet ils jettent une écharpe de moire, et leurs morions sont surmontés de longs panaches.

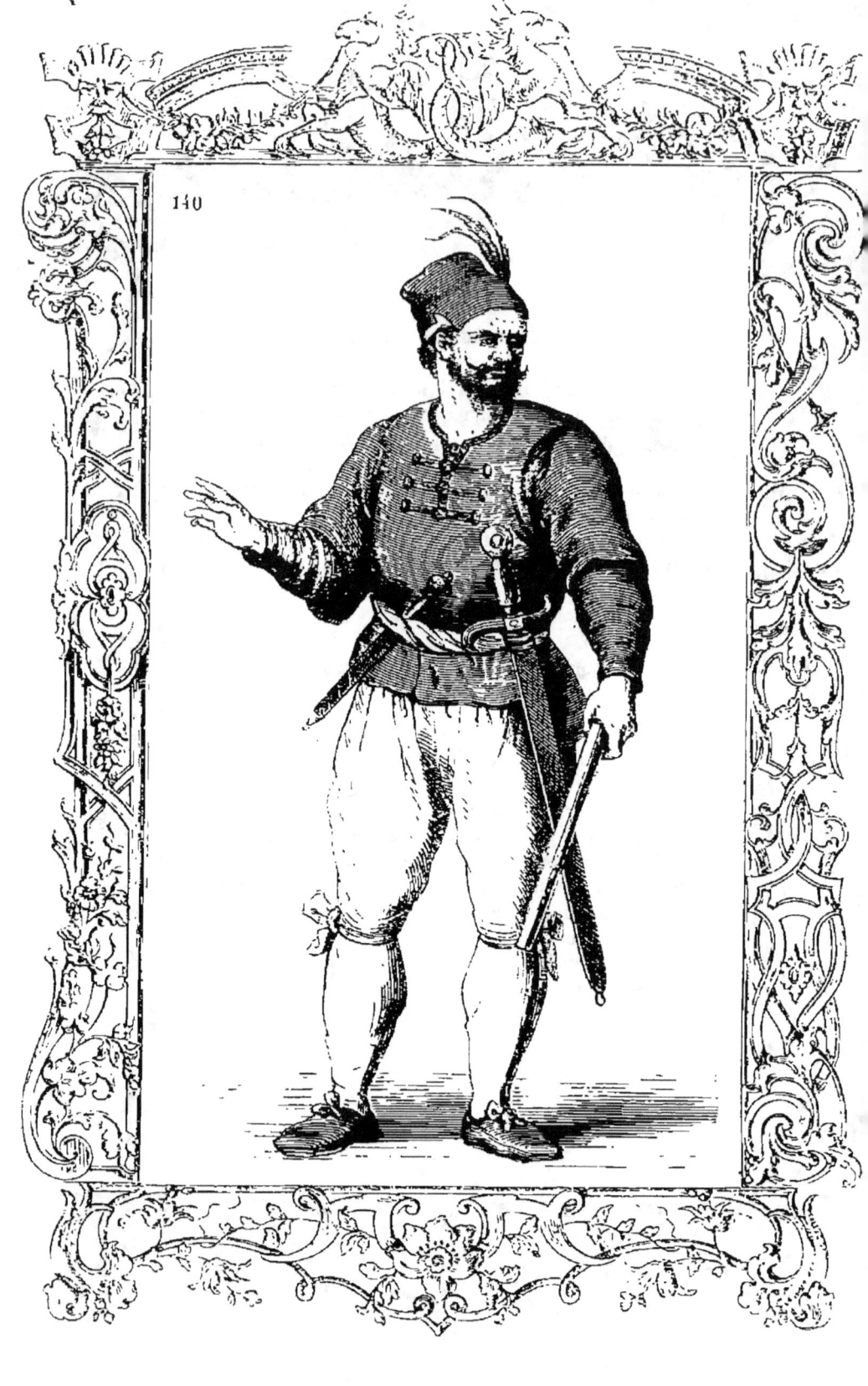

SOLDATI OVERO SCAPPOLI DEL DOMINIO VENETO, NELLE GALEE.

Si ritrovano alcune sorte di soldati che son usi al mare che è dello Stato venetiano, non scritti ma liberi, che servono nelle occasioni d'armare le galee di essi signori. Et questi sono per il più Schiavoni, ò Greci, ò simil natione, assueffatti di continuo in tale essercitio; huomini gagliardi, forti et di robusta natura. Questi tali portano un buricchietto con mezze maniche, biavo ò d'altro colore, di panno, scollato, bottonato nel petto, et cinto con alcune poste vergate di tela, ò di seta, ò panno vergato; sotto hanno alcune braghesse di tela di lino ò di panno fino, intere, di colore, alquanto larghe, cinte sotto il ginocchio; portano scarpe non molto grosse, et in testa un berrettino rosso di panno con un penacchietto. Usano alcune spade larghe et pugnali.

SOLDATS OU BIEN SCAPOLI DE L'ÉTAT DE VENISE, SUR LES GALÈRES.

L'ÉTAT de Venise emploie sur mer une sorte de soldats non enrôlés, mais libres, qui, dans les occasions, font le service des galères. Ces hommes, la plupart Esclavons, Grecs ou de nation semblable, sont des marins consommés, braves et robustes. Ils portent un *buricchietto* (espèce de jaquette) dont la couleur varie, avec des demi-manches de drap, sans collet, boutonné sur la poitrine et serré par une ceinture de toile, de soie ou de drap, à couleurs diverses. Leurs culottes, de couleur, sont en toile de lin ou en drap, un peu larges, et s'attachent au-dessus du genou; souliers peu gros, bonnet rouge de drap avec un petit panache, épée large et poignard, tel est le complément du costume.

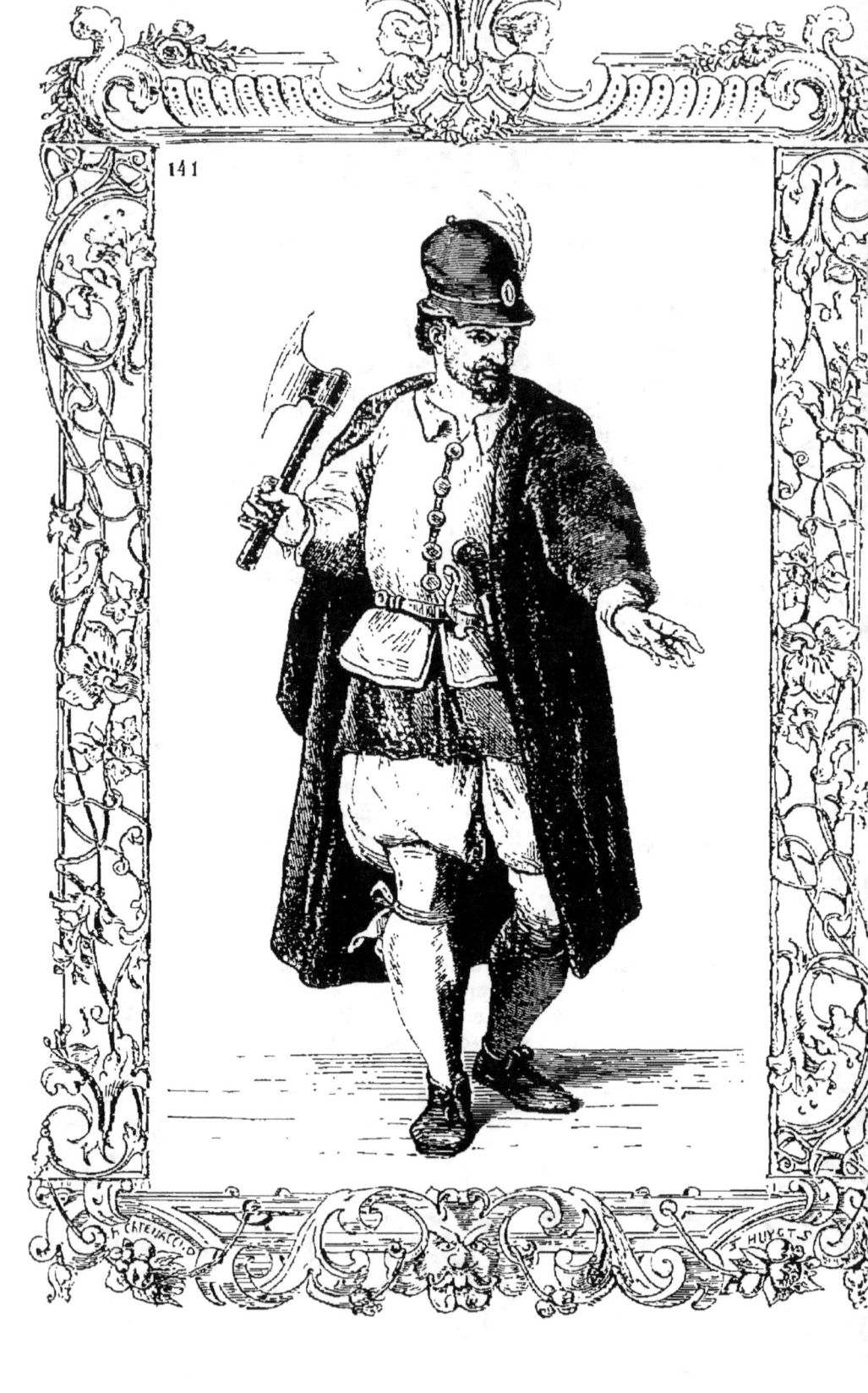

GALEOTTI, O FALILA CHIAMATI, SCRITTI PER IL DOMINIO VENETO A TEMPO DI GUERRA.

Questo habito è usato nelle galee venetiane da galeotti ordinarij: portano in testa un cappelletto di feltro che è di color rovano scuro con qualche penna, et un casacchino di panno del medesimo colore, ma grosso bottonato davanti, et cinto d'una correggia di cuoio, alla quale attaccano una coltella. Usano certi braconi grossi et malatti, con calzette di panno grosso legate sotto le ginocchia, et si calzano di scarpe grosse, et in mano hanno qualche secure, overo accetta. Questi sono huomini forti et anco robusti nelle fattioni; si coprono con un gabbano di griso rovano, lungo, qual' e atto à difenderli cosi da pioggie come anco dal freddo, et anco gli servono per coperta nel dormire.

RAMEURS, APPELÉS FALILA, QUE L'ÉTAT DE VENISE ENROLE EN TEMPS DE GUERRE.

Le costume des rameurs ordinaires sur les galères de Venise est tel qu'on va voir : petit chapeau de feutre de couleur tannée obscure, avec quelques plumes ; jaquette de drap de la même couleur, fermée sur le devant au moyen de gros boutons et serrée par une courroie à laquelle une dague est suspendue ; culottes d'étoffe commune, bas de drap grossier attachés au-dessous du genou, gros souliers. Ils tiennent une hache dans la main. Ces hommes sont forts et se battent avec courage ; ils portent un long caban de couleur tannée, qui les protége contre la pluie et le froid, et leur sert encore de couverture pour dormir.

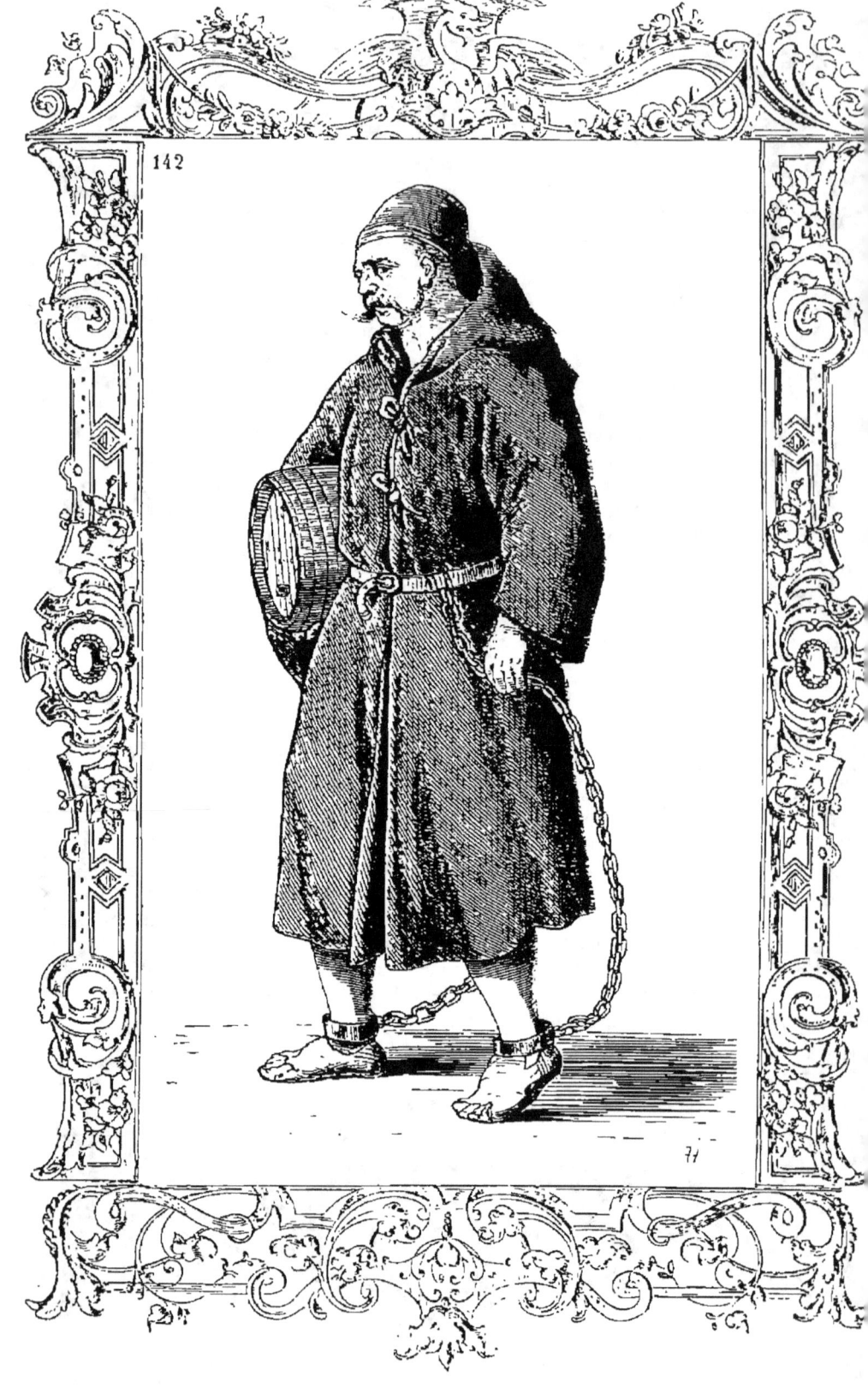

SCHIAVI SFORZATI DI GALEA.

Alcuni di questi sono incatenati con due catene a' piedi et fermati al banco dove hanno da vogare, et alcuni ne hanno una sola. Si radono le teste, et le barbe tutte da' mustacchi in fuori, et mettono loro una grossa camicia et una camiciola di griso, con un tabarro del medesimo lungo fino à mezza gamba, il quale ha un cappuccio di dietro à guisa di quelli de' frati. In testa gli pongono un berrettino rosso, et gli danno un passo di corda da cingersi esso gabbano, et cosi stanno à vogare, et vanno à portar acqua et legne per uso della galera, et per il dormire hanno una schiavina di poca valuta. Patiscono molti disagi per castigo de' loro misfatti.

ESCLAVES RAMEURS.

Quelques-uns de ces esclaves ont les deux pieds enchaînés, d'autres un seul, et tous sont attachés au banc où ils doivent ramer. Sauf la moustache, ils ont la barbe et les cheveux rasés; ils portent une chemise de toile grossière et une camisole grise, avec un tabard de la même étoffe, serré par une corde descendant jusqu'à mi-jambes, et dont le capuce ressemble à celui des moines; un bonnet rouge couvre leur tête. Tel est leur costume quand ils rament ou portent l'eau et le bois pour l'usage de la galère; on leur donne pour dormir une couverture de peu de valeur. Par châtiment de leurs méfaits, ils endurent beaucoup de souffrances.

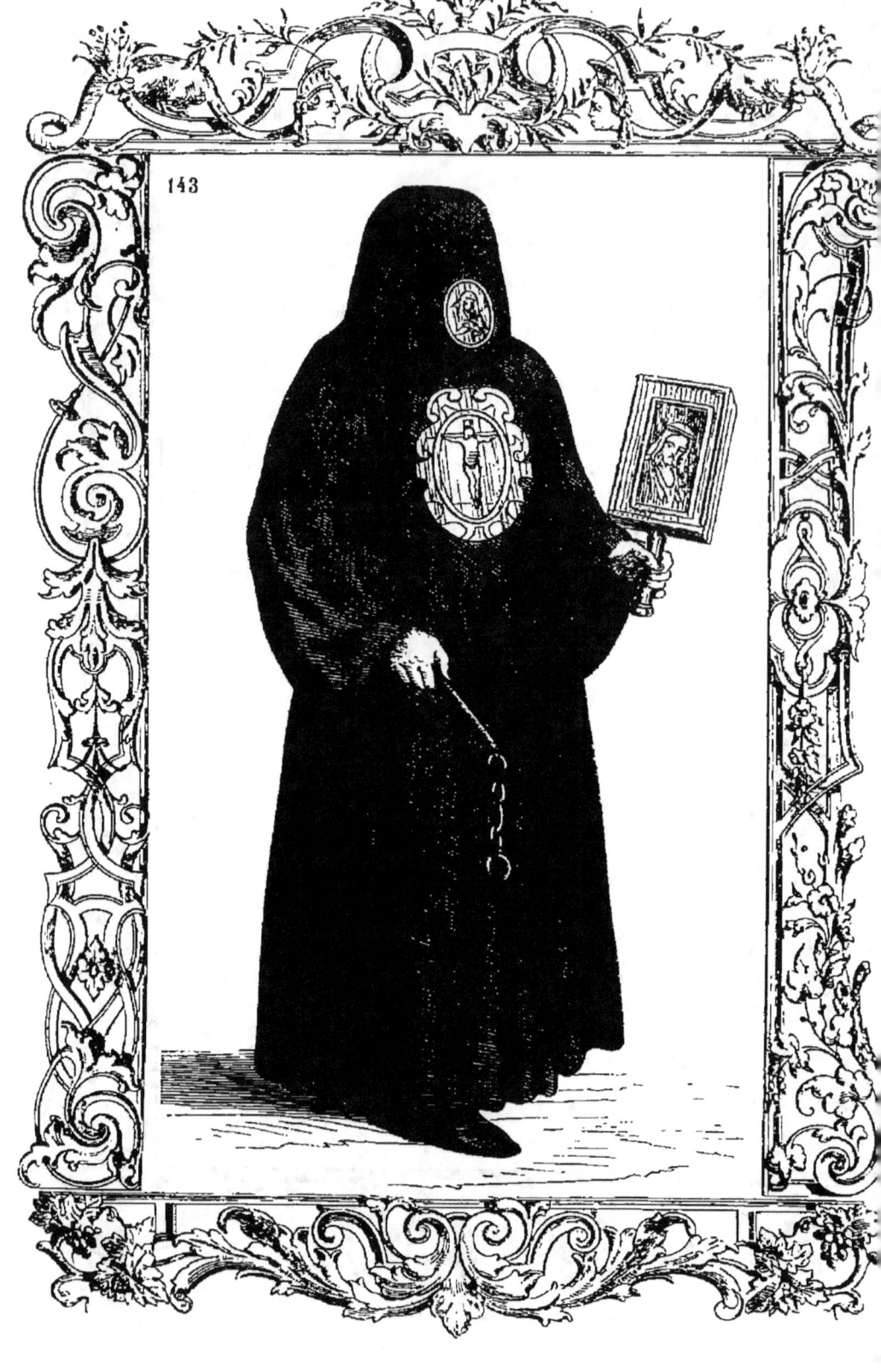

HABITO DELLA CONFRATERNITA DEPUTATA ALLA GIU-
STITIA, CHE ACCOMPAGNA I GIUSTITIATI DELLA
CITTA DI VENETIA.

L'Habito di questi è un sacco di tela nera lungo fino in terra, con un cappuccio quale lor si tirano in testa et si fanno coprir la faccia, et il resto scende giù per le spalle. In mezzo il petto hanno cucita à detto sacco un' imagine del santissimo crocifisso per segno di gran devotione. Vanno tutti cinti, et hanno alcune catene di ferro che, nel caminar che fanno, danno qualche romore.

COSTUME DES MEMBRES DE LA CONFRÉRIE CHARGÉE
D'ACCOMPAGNER LES CONDAMNÉS A MORT.

Ces hommes portent un sac de toile noire, long jusqu'à terre, avec un capuce qu'ils ramènent sur la tête et la figure; le reste tombe sur les épaules. A ce sac, au milieu de la poitrine, est cousue une image du crucifix, comme témoignage de grande dévotion. Tout leur corps est enveloppé; ils portent une petite chaîne de fer qui fait quelque bruit quand ils marchent.

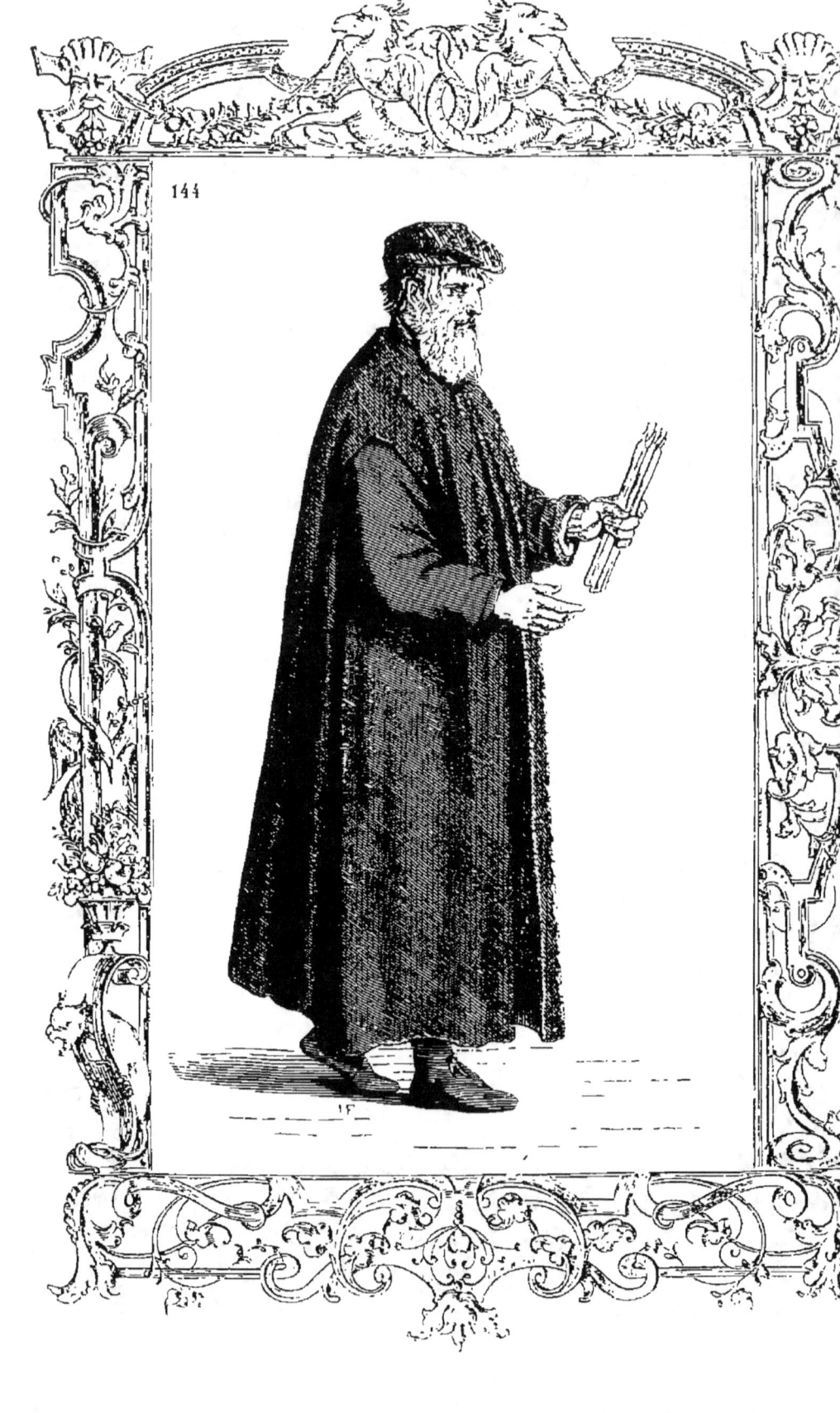

BECCAMORTI O PIZZICAMORTI DI VENETIA.

Nella città di Venetia sono alcune persone deputate da' superiori à vestire et portare alla sepoltura i morti, et far in questo tutto quello è necessario. L' habito di questi tali è un mantello assai ben lungo di color berrettino, bigio, ò fratesco, il quale è aperto davanti et di quà et di là dalle braccia. Sotto il quale portano un' altra veste lunga fino à mezza gamba, et in testa hanno un berrettino del medesimo colore della veste, et il simile è quello delle calze et delle scarpe.

CROQUE-MORTS DE VENISE.

Dans la ville de Venise on trouve des individus chargés par l'autorité d'habiller les morts, de les porter au cimetière et de faire tout ce qui est nécessaire à cette occasion. Les croque-morts ont un manteau assez long, de couleur cendrée, grise ou tannée, ouvert par devant et des deux côtés pour laisser passer les bras. Par-dessous ils portent un vêtement long jusqu'à mi-jambe; leur bonnet, leurs bas et leurs souliers sont de la même couleur que ce vêtement.

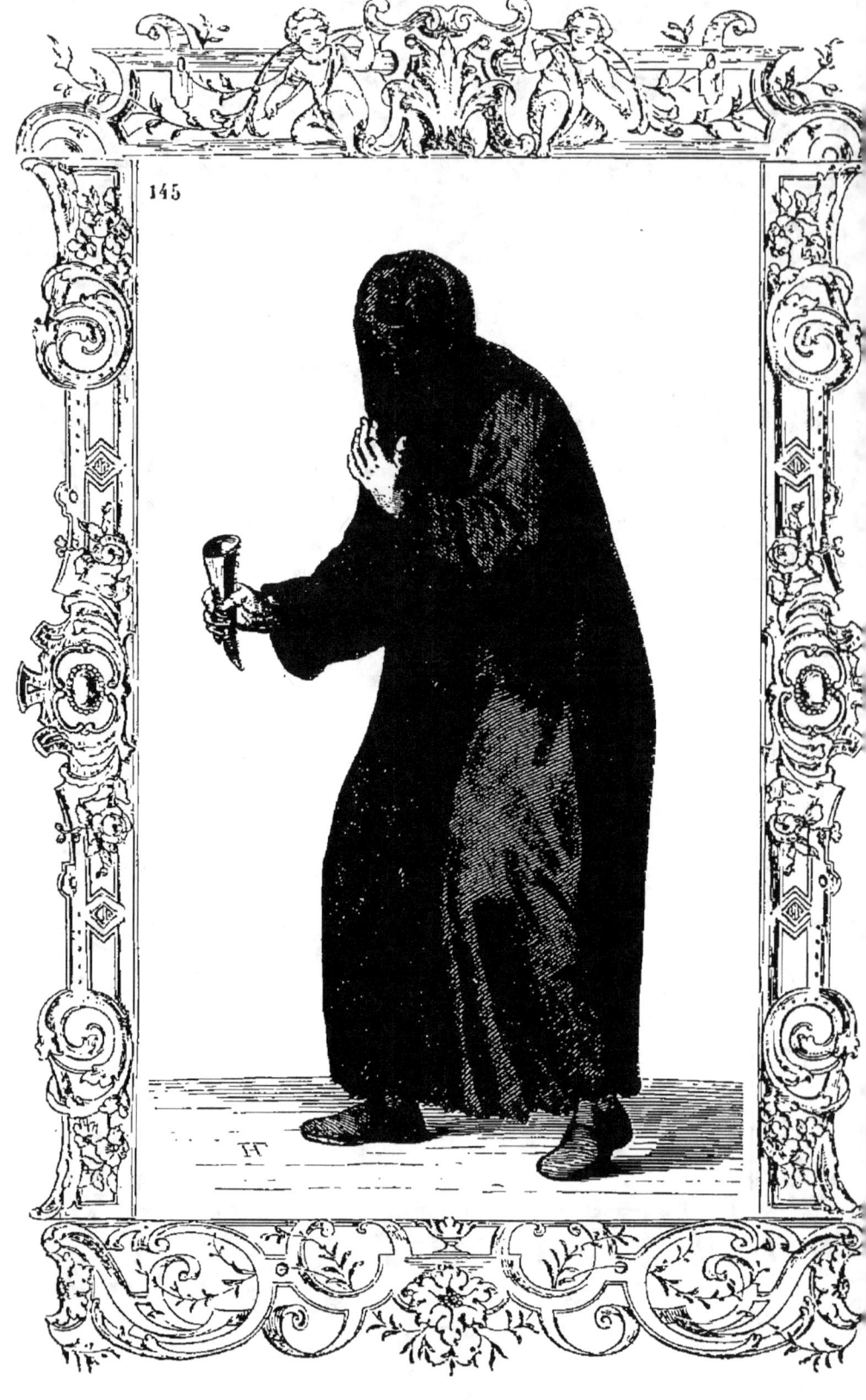

HABITO DE' POVERI VERGOGNOSI CHE CERCANO ELEMOSINE PER L'AMOR DI DIO NELLE CHIESE ET CANTONI DELLE STRADE DI VENETIA.

Quelle persone che si vestono del sopradetto habito co'l quale vanno limosinando, ordinariamente sono stati ricchi, et per il più sono cittadini che per qualche loro infortunio ò avversità di fortuna sono caduti in necessità, et non possono vestirsi di detto habito se non quelli i quali hanno licenza. L'habito loro è un sacco ò veste di tela nera, tutta rappezzata et vecchia, con la quale dimostrano la loro povertà, et è lunga fino in terra et ha un cappuccio, il quale si mettono in testa et lasciano scender giù per il viso, con due fori con i quali vedono et non sono veduti. Portano in mano un cartoccio da ricever le elemosine, le quali dimandano più tosto con i gesti che con le parole. Portano le calzette nere et le pianelle rotte.

COSTUME DES PAUVRES HONTEUX QUI DEMANDENT L'AUMONE POUR L'AMOUR DE DIEU DANS LES ÉGLISES ET AUX COINS DES RUES DE VENISE.

Les personnes qui portent ce vêtement pour demander l'aumône ont été riches en général; la plupart sont des citoyens que des malheurs ou des revers de fortune ont réduits à la misère. Du reste, il faut une autorisation spéciale pour vêtir ce costume, qui est un sac de toile noire, vieux et rapetassé, comme témoignage de pauvreté, long jusqu'à terre, avec un capuce ramené sur la tête et le visage, et percé de deux trous qui permettent de voir sans être vu. Les pauvres honteux tiennent à la main un cornet de papier destiné à recevoir les aumônes, qu'ils demandent par des gestes plutôt qu'au moyen de la parole. Leurs bas sont noirs, et leurs sandales déchirées.

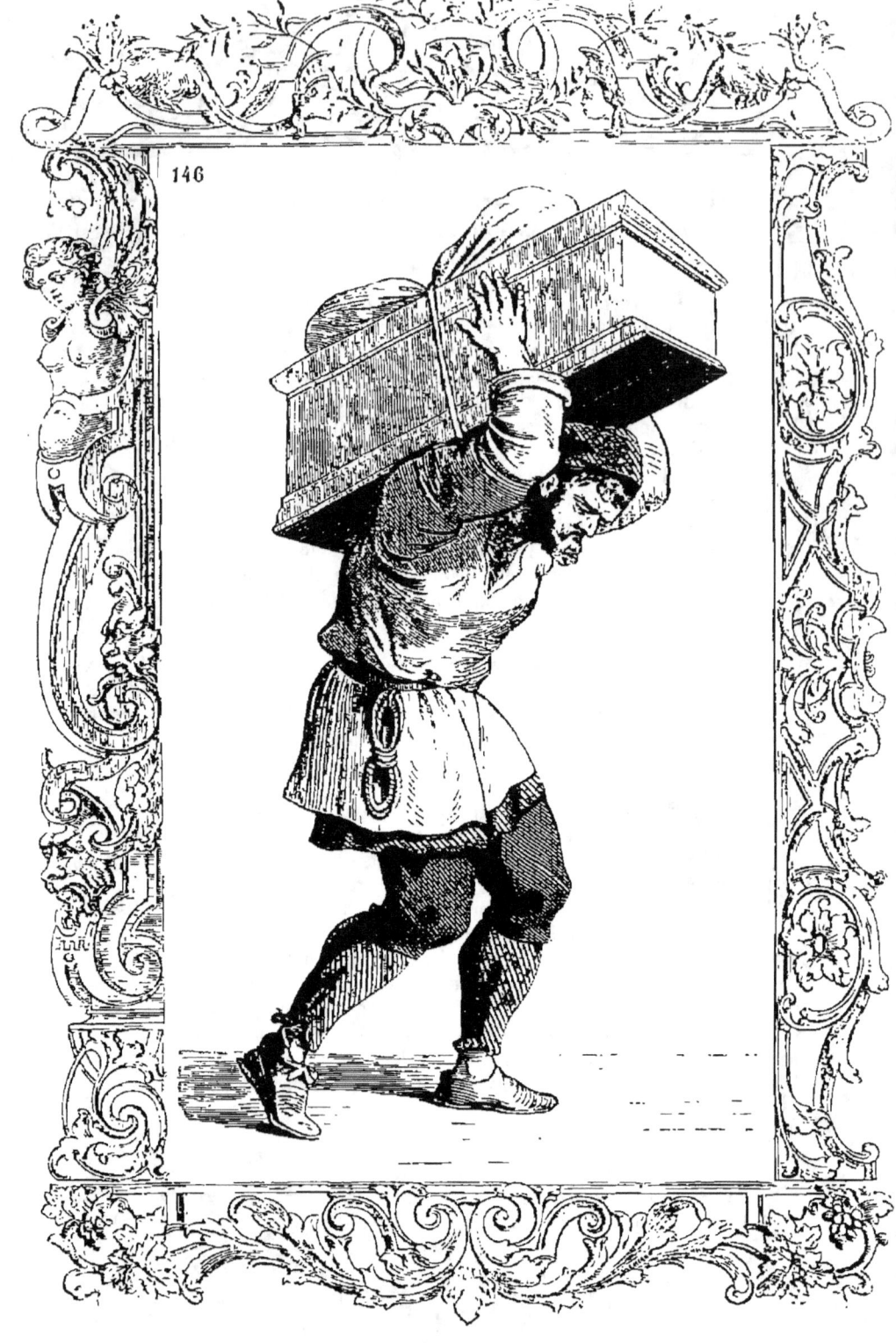

FACCHINI O BASTAGI DELLA CITTA DI VENETIA.

RITROVANSI in varij luoghi della città di Venetia alcuni huomini chiamati facchini, i quali per guadagno caricano et discaricano i navilij et barche, et portano le merci da un luogo all'altro sopra la schiena. Questi tali per il più sono Bergamaschi, da quelle vallate di Trento, et Bresciani. Questi per l'ordinario, il giorno di lavoro, portano sopra le spalle alcuni sacchi di tela grossa di lino, il quale gli serve per portar qualche peso greve, et l'accommodano à guisa di cappuccio sopra la testa, et sopra vi pongono il peso. Nel resto hanno alcuni gabbani, i quali portano di sopra et gli arrivano fino à mezza gamba, i quali si cingono con una corda, alla qual cinta pendono altri mazzi di corde. Hanno certe calzette larghe di griso, che arrivano sopra il piede, et si mettono scarpe grosse.

PORTEFAIX OU BASTAGI DE LA VILLE DE VENISE.

ON trouve dans divers lieux de Venise des hommes appelés portefaix, qui, pour de l'argent, chargent et déchargent les navires et les barques, ou portent sur le dos, d'un endroit à l'autre, les marchandises qu'on leur confie. La plupart de ces individus sont des Brescians ou des Bergamasques de la vallée de Trente. Pendant les jours de travail, ils portent ordinairement sur les épaules un sac de grosse toile de lin, destiné à soutenir les poids lourds, et qu'ils mettent sur la tête en guise de capuce. Pour vêtement de dessus, ils ont un gaban descendant jusqu'à mi-jambe, et qu'ils serrent avec une corde, de laquelle pend un paquet d'autres cordes. Leurs bas, larges et gris, tombent au-dessus du pied; ils portent de gros souliers.

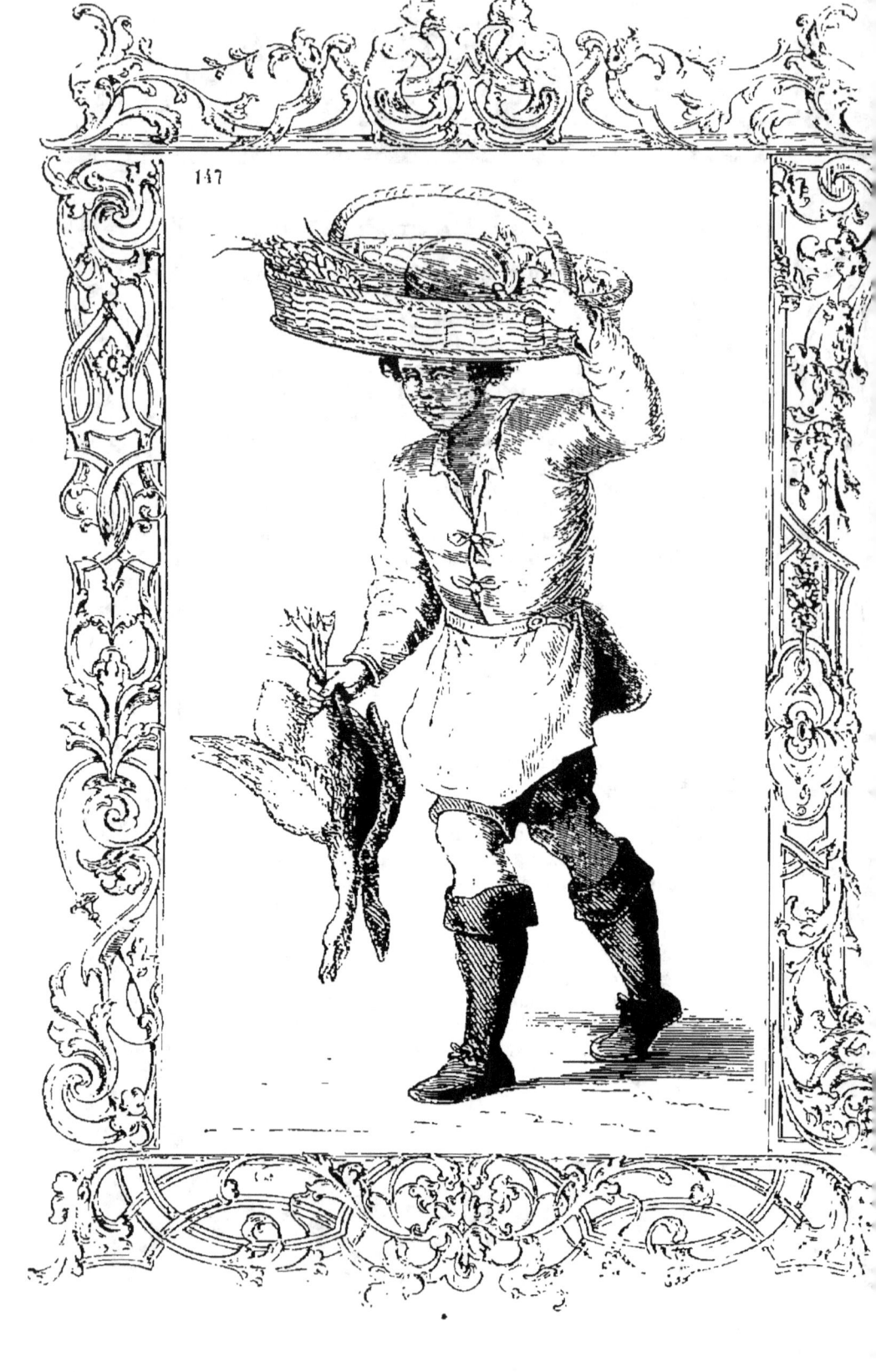

CESTARUOLI CHE ATTENDONO ALLE BECCARIE ET ALLE PESCARIE.

Sono alcuni facchini, i quali nella città di Venetia stanno in certi luoghi et cantoni della pescaria di S. Marco et in quella di Rialto, et parimente alle beccarie, i quali sono molto prattichi della città et fedelissimi; et questi, chiamati da quelli che vogliono mandar robbe mangiative à casa, si appresentano con certi loro cesti tondi con manico di sopra via, entro del quale tengono un sacco di tela grossa da coprir le robbe che vengono lor date da portar alle case. Questi ordinariamente sono per la maggior parte di loro Bresciani ò Bergamaschi, i quali portano alcuni cappelletti di feltro, overo berrette in testa di panno, et vestono con tele grosse di lino, con alcuni grembia li davanti, et calzette di panno grosso, et scarpe grosse da fanghi et da fattioni.

CESTARUOLI (PORTEURS DE PANIERS) QUI FONT LE SERVICE DES MARCHÉS.

Certains portefaix, hommes d'ailleurs très-fidèles et qui connaissent bien la ville, se tiennent à Venise dans divers lieux, aux coins des marchés, sur les poissonneries de Saint-Marc et du Rialto. Lorsqu'on les appelle pour les charger de commissions, ils se présentent avec un panier rond à anse, dans lequel se trouve un sac de toile grossière pour couvrir les provisions qu'ils doivent porter dans les maisons. La plupart de ces individus sont des Brescians ou des Bergamasques. Ils portent des chapeaux de feutre ou des bonnets de drap, un vêtement de toile grossière de lin, un tablier, des bas de drap grossier et de gros souliers propres à la boue comme à la fatigue.

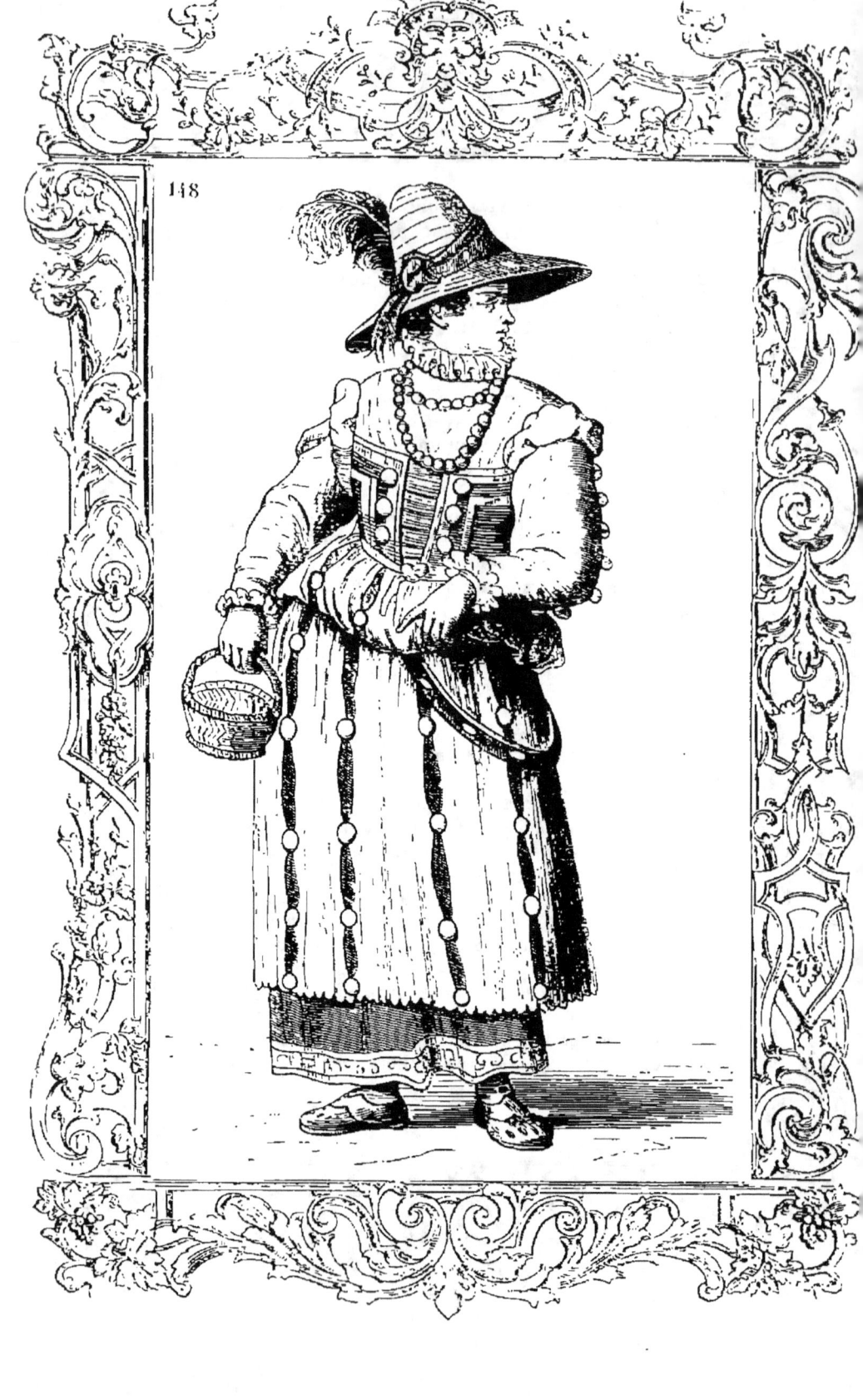

CONTADINE DI TERRE CIRCONVICINE A VENETIA, LE QUALI SI VEDONO IN VENETIA IL GIORNO DELL' ASCENSIONE DI NOSTRO SIGNORE.

Queste tali portano sopra delle loro teste alcuni capelli di paglia finissima fatti con bellissima arte et con penne di diversi colori, sotto de' quali hanno i lor capelli acconci benissimo sotto una rete di fili d' oro. Portano alcuni bavari crespi, et sopra un velo di seta ò altra tela sottile. Portano una veste ò di bambasina ò di lana di diversi colori con alcune brocche d' argento dorate sopra il busto, con liste di velluto ò altra sorte di seta, con coralli ò tondini d' argento à torno il collo ò petto, et cosi giù per le cuciture delle maniche. Sopra di essa veste portano una traversa tonda di seta ò altra sorte di tela molto sottile, accommodata con alcune legaccette à rosette fatte all' aco con cordelline di seta; son cinte con cintura di velluto cremesino ò nero; portano calzette lavorate con scarpe bianche lavorate, et poi le pianelle sopra; vanno molto all' ordine, et compariscono molto vaghe.

PAYSANNES DES ENVIRONS DE VENISE, QUI VIENNENT A VENISE LE JOUR DE L'ASCENSION DE N.-SEIGNEUR.

Ces femmes font usage de chapeaux de paille très-fins, d'une forme élégante, ornés de plumes de couleurs diverses, et qui couvre leurs cheveux bien arrangés sous un filet à mailles d'or. Elles portent des collerettes plissées, et, par-dessus, un voile de soie ou de toile fine. Leur vêtement, de basin ou de laine à couleurs variées, est orné, au corsage, de boutons d'argent doré, avec des bandes de velours ou d'autre étoffe en soie. Des colliers de corail ou des ronds d'argent entourent le cou et la poitrine, et ces ronds se reproduisent encore à la couture des manches. Sur la jupe, elles disposent de petits bouillons de soie ou d'autre étoffe très-fine, qu'elles relèvent par quelques attaches en forme de rosettes faites à l'aiguille avec des cordelettes de soie. Leur ceinture est de velours cramoisi ou noir; leurs bas sont ouvrés comme leur chaussure blanche, qu'elles mettent dans des sandales; elles montrent beaucoup d'activité, et paraissent très-gracieuses.

149

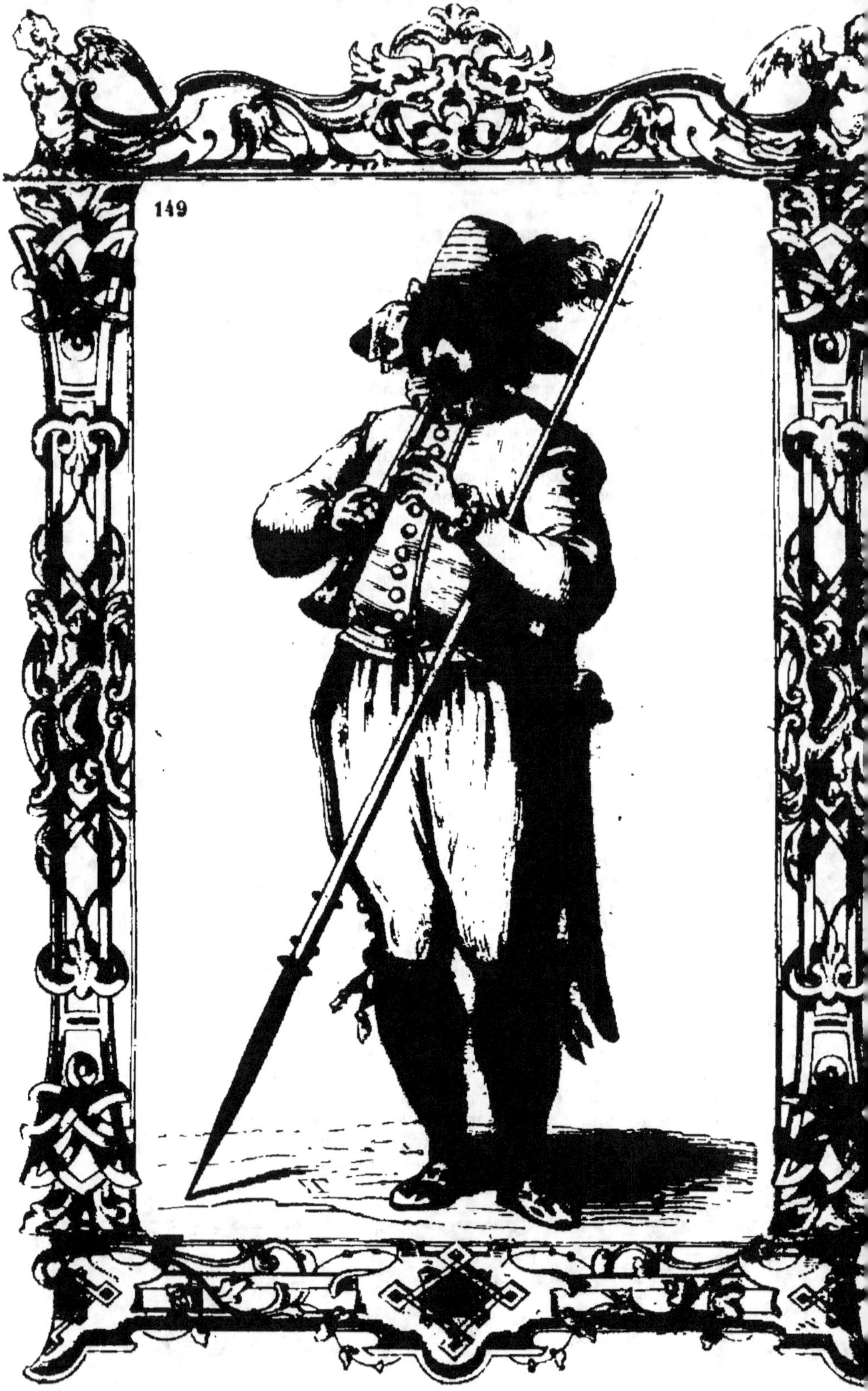

GIOVANE CONTADINO SPOSO, NELLE FESTE.

Questi tali portano in testa alcuni cappelli di paglia fini, cinti con poste di seta et con penne di diversi colori. Hanno alcune lattughette di camicia bianche, et portano giubboni di tela di lino sottile con brachesse di panno et calzette del medesimo. Portano scarpe di cordovano et vanno armati di corsesche et armi d'aste, et di alcune coltelle, le quali portano cinte, et adoperano delle volte in ferire i loro rivali in amore.

JEUNE PAYSAN QUI SE MARIE, DANS LES FÊTES.

Les jeunes gens de cette classe portent des chapeaux de paille fins, avec des rubans de soie et des plumes de couleurs diverses. La chemise fait des plis autour du cou, et le pourpoint est en fine toile de lin; les culottes et les bas sont de drap. Ils ont des souliers de cordouan, et vont armés de lances, de piques et même de dagues qu'ils suspendent à leur ceinture, afin de frapper leurs rivaux en amour.

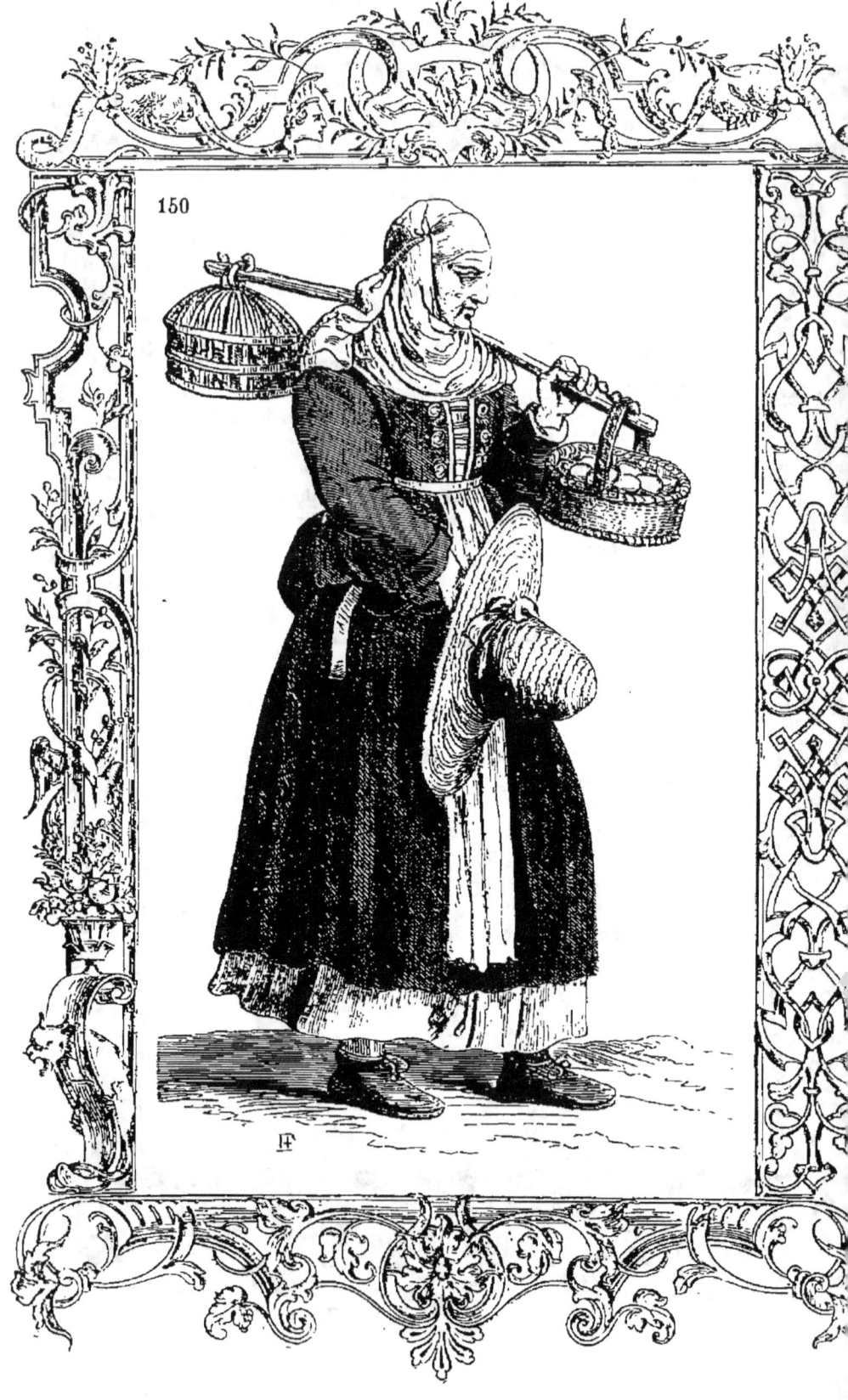

CONTADINE DELLA MARCA TREVISANA.

L' Habito qui sopra posto è di alcune contadine, le quali vengono in Venetia al mercato, il sabbato; quando entrano nella città, si cavano un grande et largo cappello, che di fuori portano in testa, et è fatto di grossa paglia. Portano una veste di sopra ad un' altra tela di color celeste ò biava, con un busto alquanto stretto, il quale allacciano con alcuni cordoncini di seta alquanto largo, acciò si veda la camicia di sotto bianca, sopra del qual busto hanno alcune brocchette d' argento indorate, et avvolto alla testa e al collo hanno un velo bianco di bambagia. Et perche vengono di fuora, dove sono assai fanghi, si legano alzata detta veste con una cintura di cuoio sopra un' altra che n' hanno di sotto; portano sopra e spalle due canestri con pollastri et galline in uno, et nell' altro fromaggi, ovi et frutti.

PAYSANNES DE LA MARCHE TRÉVISANE.

Tel est le costume de quelques paysannes qui viennent à Venise au marché du samedi. Lorsqu'elles entrent dans la ville, elles ôtent un grand et large chapeau fait de paille grossière, qu'elles mettent hors des murs. Par-dessus une jupe de toile d'un bleu céleste elles portent une robe au corsage un peu étroit, orné de quelques boutons d'argent doré, et qu'elles attachent, sans trop serrer, avec des cordonnets de soie, afin de laisser voir la chemise. La tête et le cou sont enveloppés d'un voile blanc de coton. Mais, comme elles viennent du dehors, où l'on trouve beaucoup de boue, elles relèvent leur robe, qu'elles attachent avec une ceinture de cuir sur la jupe. Elles portent sur les épaules deux paniers, dont l'un est rempli de poulets et de poules, et l'autre de fromage, d'œufs et de fruits.

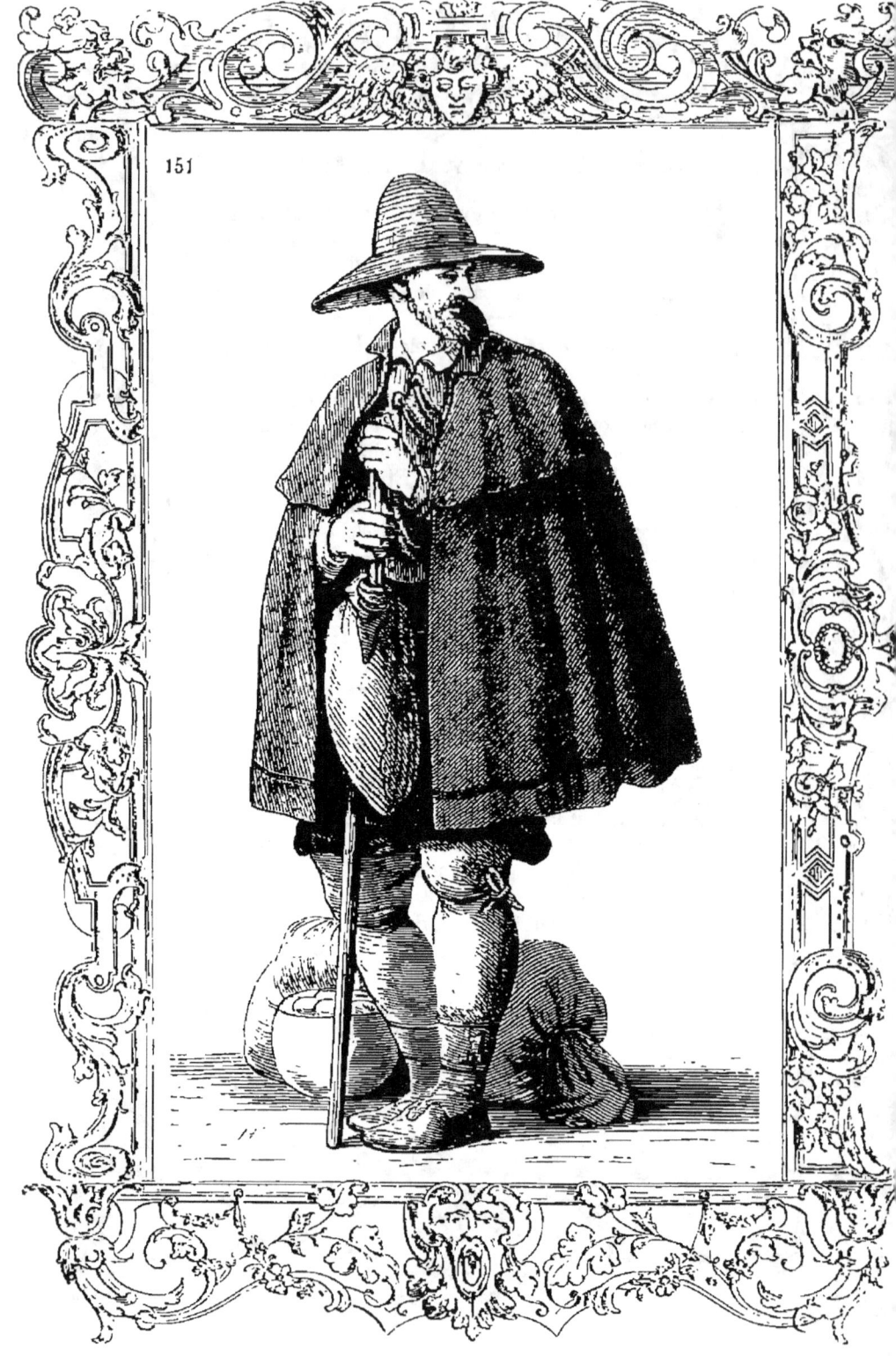

CONTADINO AL MERCATO DI VENETIA.

Contadini, i quali vengono à Venetia dal tempo d'ogni santi à vender oche, ovi et altre robbe da mangiare, portano il sopra posto habito, il quale è che in capo hanno un cappellaccio di paglia grossa, et una vestina lunga fino à mezza coscia, di panno rovano, ò berrettino, ò fratesco, et portano in piedi alcune scarpe da fango di corame grosso, et si legano alle gambe alcuni stivalacci di cuoio grandi; et sopra la vestina si mettono un ferraiuolo di panno rovano, ò berrettino grosso di poca valuta, con un bavero lungo che cade da esso ferraiuolo fino alle spalle; et come nell' imagine si vede, stanno appoggiati ad un loro bastone.

PAYSAN AU MARCHÉ DE VENISE.

Les paysans qui viennent, le samedi, à l'époque de la Toussaint, vendre au marché de Venise des oies, des œufs et autres denrées, portent le costume de la gravure, qui se compose d'un grand chapeau de paille grossière, d'une veste longue jusqu'à mi-cuisse, de drap de couleur tannée, cendrée ou grise, de souliers pour la boue, de gros cuir, et de grandes guêtres de cuir attachées aux jambes. De plus, ils mettent sur la veste un manteau de drap grossier, de peu de valeur et de couleur fauve ou cendrée, avec un long collet qui tombe sur les épaules; et, comme l'indique le dessin, ils s'appuient sur un bâton.

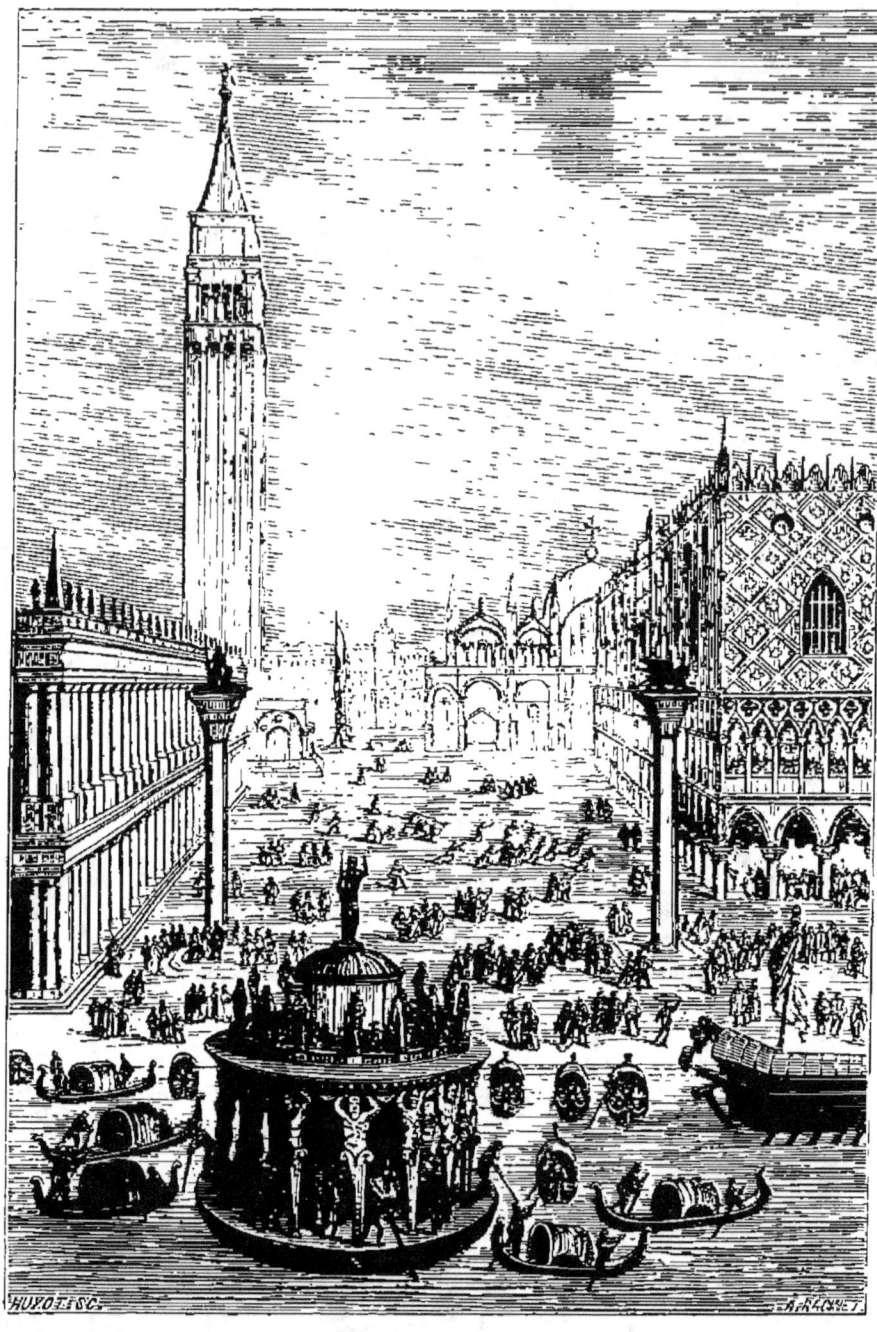

PRIMA PROSPETTIVA DELLA PIAZZA DI S. MARCO.

Sì comè la città di Venetia, à chi la considera, par maravigliosa, rispetto al sito, mirabile ne gli edificij et nelle altre cose, et ne' governi magnifica; così, se ella fosse stata in quei tempi che furono annoverati i sette miracoli del mondo, sarebbe stata posta per principale di tutti gli altri. Ma lasciando hora da parte la bellezza delle chiese et de gli altri edificij, et non faccendo punto mentione di tante spatiose et belle piazze che in tanta copia sono avanti le chiese principali, parlerò solamente della più famosa che vi sia, ch'è quella della chiesa di S. Marco, et per proceder con ordine, dividerò questa piazza in tre parti conforme alle tre prospettive. La prima è stando verso mezzo giorno appresso S. Giorgio Maggiore, di dove si vede il palazzo, la libraria, la chiesa, il campanile fino à l'horologio. In faccia alle due colonne è quell' edificio fatto per la compania della Calza. Questa parte della piazza fino all' horologio è lunga quattro cento piedi, et larga cento venti uno.

PREMIÈRE VUE DE LA PLACE SAINT-MARC.

A Venise, tout excite l'admiration : le site, les édifices, les autres choses, mais surtout son habile gouvernement ; aussi cette ville, si elle avait existé autrefois, aurait occupé le premier rang parmi les sept merveilles du monde. Mais pour le moment je ne parlerai ni de la beauté des églises ou des autres édifices, ni de cette foule de places spacieuses et très-belles qu'on voit devant les églises principales ; je ne ferai mention que de la plus fameuse, qui est celle de Saint-Marc, et, afin de procéder avec ordre, je la diviserai en trois parties selon ses trois points de vue. Le premier se trouve vers le midi, près de Saint-George Majeur, d'où l'on aperçoit le palais, la bibliothèque, l'église, le campanile jusqu'à l'horloge ; en face des deux colonnes est l'édifice construit par la compagnie de la *Calza*. Ce côté de la place jusqu'à l'horloge a 400 pieds de long sur 121 de large.

153

SECONDA PROSPETTIVA DELLA PIAZZA DI S. MARCO.

La seconda prospettiva della piazza di S. Marco da l' horologio risguarda verso S. Giorgio Maggiore in Oriente. Dalla banda sinistra è la chiesa di S. Marco, con quattro cavalli di bronzo sopra la porta. Dalla banda destra verso Occidente vi sono tre stendardi et il campanile. In capo della piazza si vedono due colonne in piedi di granito, così grosse che difficilmente ciascuna è da tre huomini con le braccia circondata. Dalla parte del campanile è la libraria et la zecca, dall' altra parte si vede la prospettiva del palazzo, la quale supera per avventura tutte l' altre di bellezza; et in questo luogo sogliono ogni mattina radunarsi i gentil'huomini. La chiesa di S. Marco è fatta tutta di marmo et adornata da varij ordini di colonne, che formano cinque archi grossissimi.

SECOND POINT DE VUE DE LA PLACE SAINT-MARC.

Le second point de vue de la place Saint-Marc est à l'horloge, d'où l'on aperçoit Saint-George-Majeur à l'orient. Sur le côté gauche se trouve l'église Saint-Marc avec quatre chevaux de bronze au-dessus de la porte; sur le côté droit, vers l'occident, sont trois étendards et le campanile. Au bout de la place on voit deux colonnes de granit, si grosses que trois hommes pourraient difficilement embrasser chacune d'elles. Du côté du campanile s'élèvent la bibliothèque et l'hôtel de la monnaie; de l'autre côté s'élève le palais, dont rien n'égale le grandiose coup d'œil: c'est là que les gentilshommes se réunissent tous les matins. L'église de Saint-Marc est toute de marbre, et ornée de divers ordres de colonnes, qui forment cinq grandes voûtes.

154

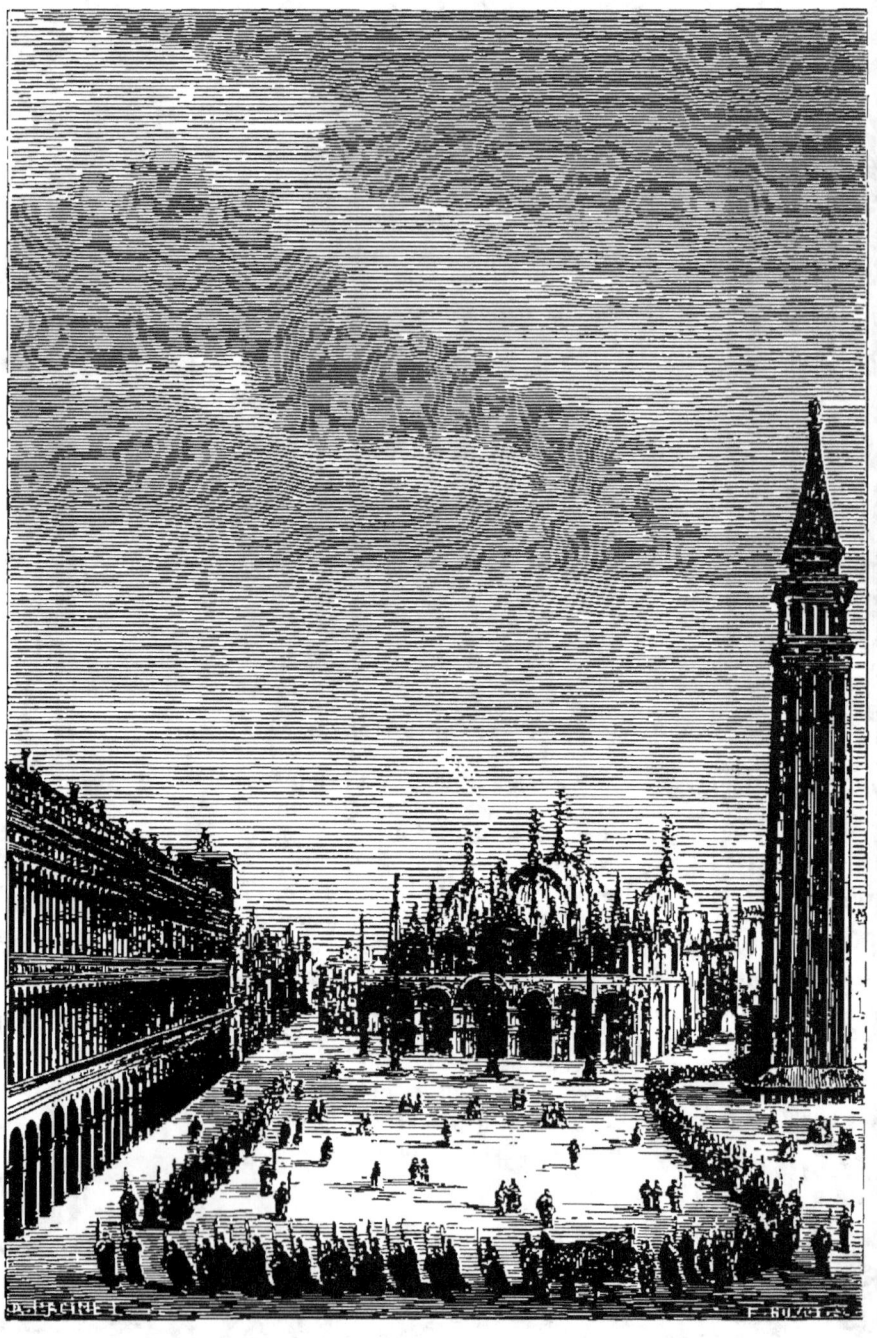

TERZA PROSPETTIVA DELLA PIAZZA DI S. MARCO.

In questa piazza si fanno tutte le più solenni processioni per le scuole maggiori et confraternità nelle solennità dell' anno, et tutti i funerali de' principi, cancellieri grandi, canonici, cavalieri et procuratori di S. Marco, à suono di campane, la qual cosa non si osserva per altri. In oltre, ogni sabbato qui si fa il mercato generale. Questa faccia è stando dalla chiesa di S. Geminiano, et rimirando verso la chiesa di S. Marco, qual fa una bellissima prospettiva. La sua longhezza è di piedi 470, divisa in 53 archi fino à l' horologio tanto famoso con la piazzetta di San Basso. Da l' altra banda è il campanile, che circonda 162 piedi, et è alto 332 fino alla prima cornice, 164 fino al principio della piramide, la quale è di 152 piedi, et sedici l' angelo, che vi è in cima.

TROISIÈME POINT DE VUE DE LA PLACE SAINT-MARC.

C'est dans cette place qu'ont lieu, aux grandes solennités de l'année, les processions des confréries et des corporations, les cérémonies funéraires des princes, des grands chanceliers, des chanoines, des chevaliers et des procurateurs de Saint-Marc, au son des cloches, ce qui ne se fait pas pour d'autres. En outre, c'est là que se tient tous les samedis le marché général. Ce côté, qui commence à l'église de Saint-Géminien, dans la direction de l'église de Saint-Marc, présente une belle perspective; sa longueur, de 470 pieds, se divise en 53 arcades jusqu'à l'horloge si fameuse avec la *piazzetta* de San-Basso. De l'autre côté se trouve le campanile, qui a 162 pieds de tour, 332 de haut jusqu'à la première corniche, et 164 jusqu'au point où commence la pyramide, qui s'élève à 152 pieds ; l'ange qui se dresse au sommet a 16 pieds de hauteur.

155

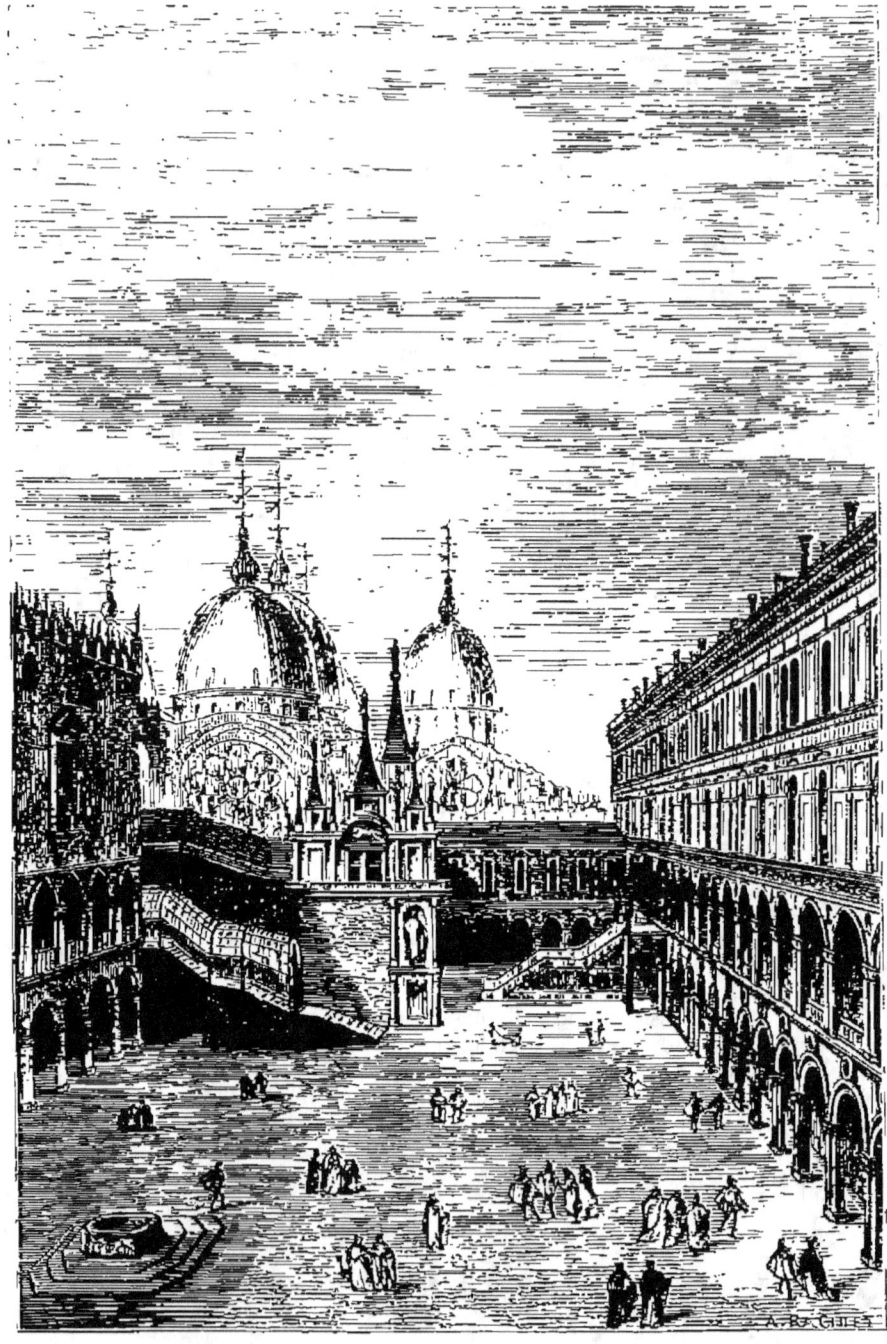

CORTE DEL PALAZZO DUCALE DI VENETIA.

Uole la nobiltà venetiana ogni mattina ridursi in questo luogo, dove stanno dall' hora di terza fino à sesta; trattando de' loro negotij, et facendo broglio per ottenere qualche magistrato. Per questo luogo si và in collegio, in consiglio et in senato. Ne' portici intorno sono i luoghi de' magistrati che tengono ragione; più in alto sono le camere del prencipe, et le sale tutte messe à oro et dipinte da più famosi pittori d'Italia. Questa corte è di forma quadra et però adornata anco di quattro scale di marmo fino. Verso mezzo dì sono molte prigioni, et in quella parte dove sono i due pozzi con li loro poggi di bronzo sogliono essere le camere de' scudieri del doge.

TOUR DU PALAIS DUCAL DE VENISE.

Es nobles de Venise se réunissent tous les matins dans ce lieu, où ils restent depuis la troisième heure jusqu'à la sixième, traitant de leurs affaires et briguant pour obtenir quelque magistrature. Par cette cour on se rend à l'assemblée, au conseil et au sénat. Dans les portiques qui l'entourent, siégent les magistrats pour rendre justice; au-dessus sont les appartements du prince et toutes les salles, ornées de dorures et peintes par les artistes les plus fameux de l'Italie. Cette cour, de forme carrée, est embellie par quatre escaliers en marbre fin. Les prisons se trouvent au midi, et les chambres des écuyers du doge dans la partie où l'on voit les deux puits avec leurs margelles de bronze.

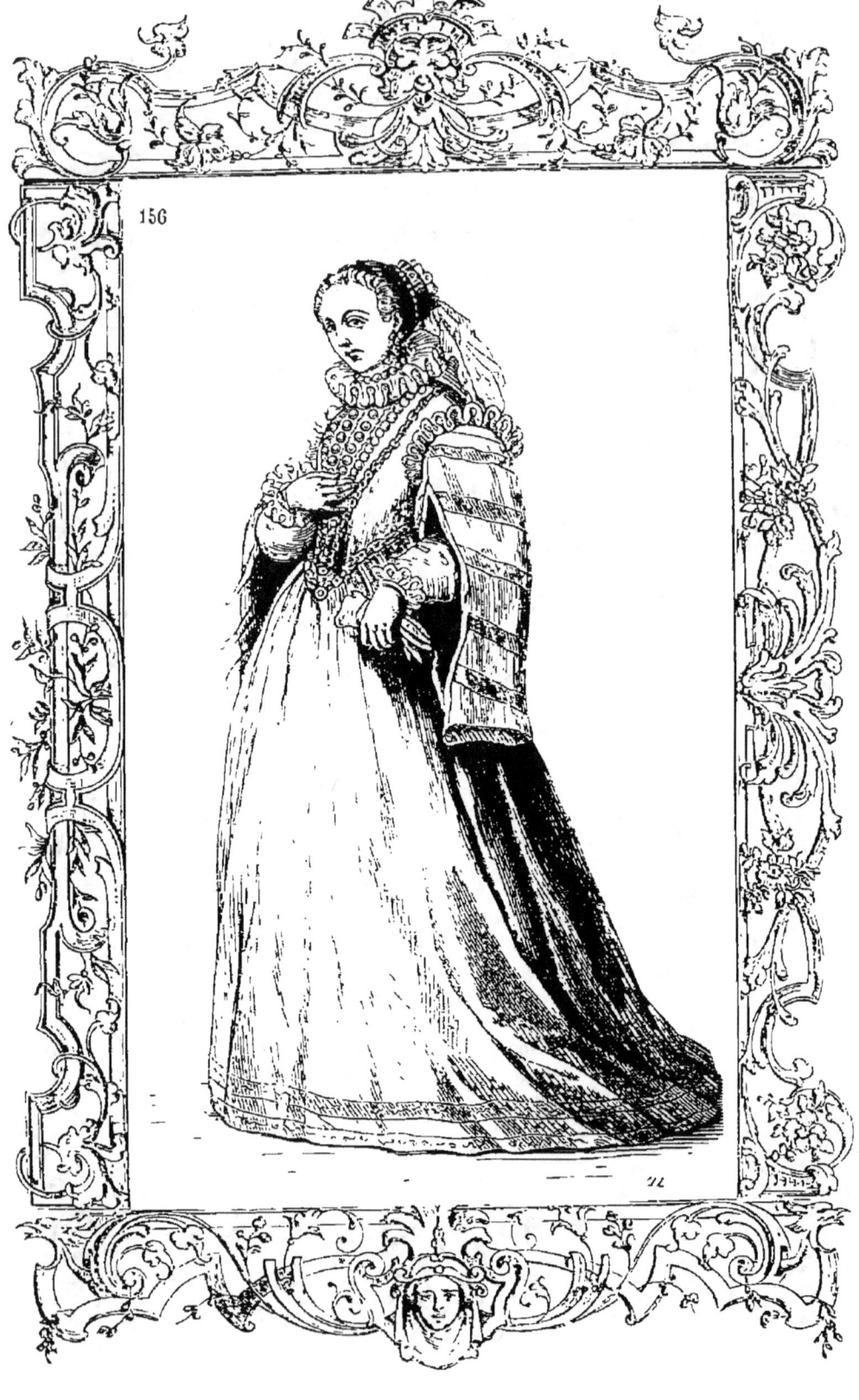

SPOSE DEL FRIULI.

L E spose del Friuli ornano le tempie e la fronte di molti ricchi, et gli altri capelli accolgono sotto una reticella d'oro carica di gioie et perle, con le quali ornano anco l'orecchie et il collo. Usano lattughe di renso molto ben fatte. Le vesti sono di raso bianco con busti bottonati d'oro et altro. Le maniche sono listate di broccato et aperte; per dove escono le braccia, vestite pure di raso bianco, ò di teletta d'argento ò d'oro.

ÉPOUSÉES DU FRIOUL.

L ES épousées du Frioul couvrent leur front et leurs tempes de frisons, et ramassent le reste des cheveux sous un filet d'or chargé de pierres précieuses et de perles, dont elles ornent encore leurs oreilles et leur cou. Elles portent d'élégantes collerettes de linon; leurs robes, de satin blanc, ont le corsage fermé par des boutons d'or. Les manches sont ouvertes et rayées de bandes de brocart; par l'ouverture sortent les bras, couverts aussi de satin blanc ou de toile d'or ou d'argent.

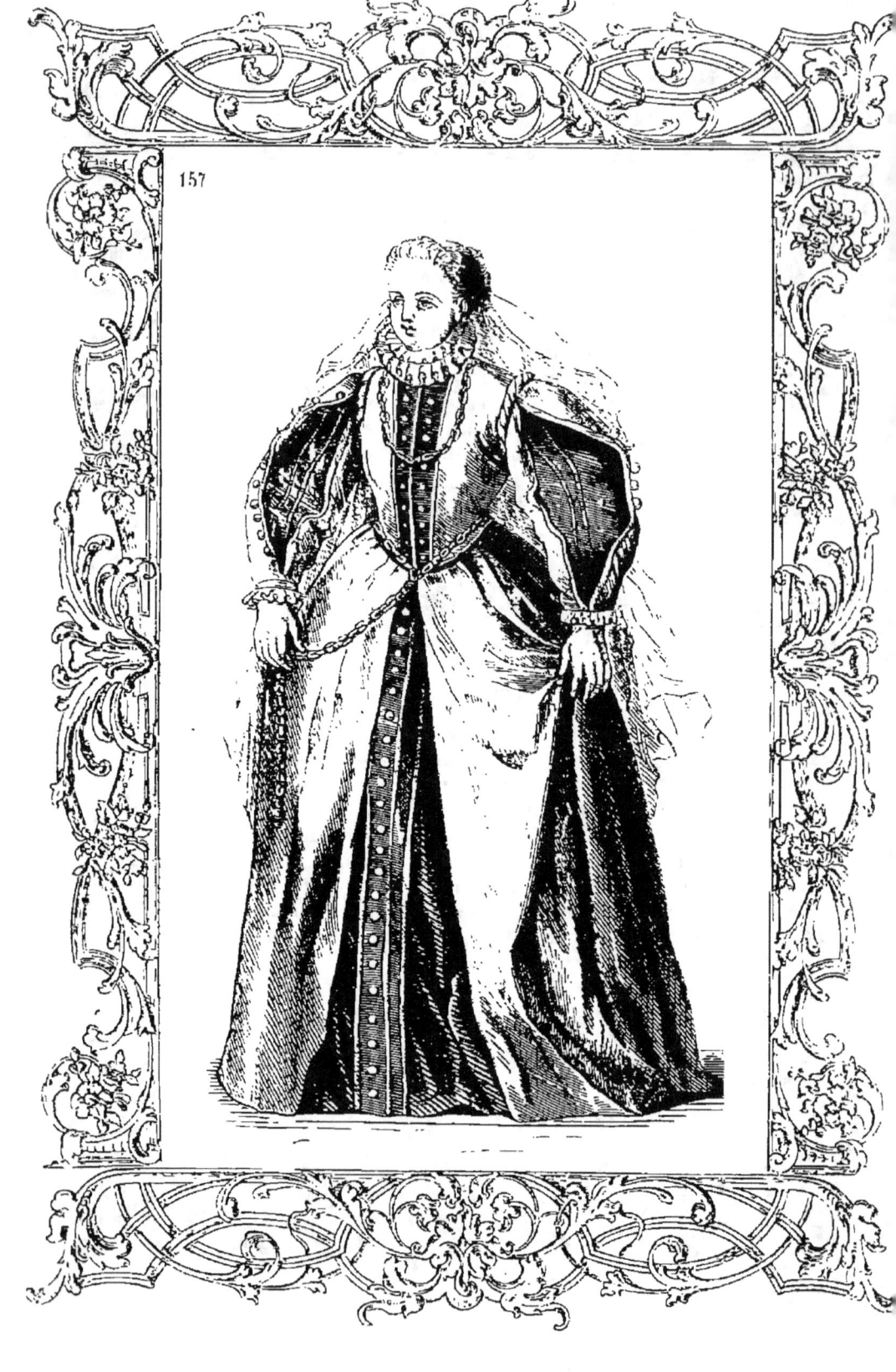

HABITO DI GENTILDONNA DI CIVIDAL DI BELLUNO.

CIVIDAL di Belluno, se bene è città picciola, nondimeno è molto bella di sito et antica, et è ornata di bellissimi edificij et di più piazze con fontane di acqua fresca. È posta vicino alla Piave, fiume rapido et precipitoso, ma commodo et ricco di ogni sorte di condotta per Venetia, et è abbellita da un' amenissimo territorio di fiorite colline, ombrosi boschi, dilettevoli valli. L' habito di queste signore si vede espresso nel disegno: la sopraveste per lo più nera, et le sottane di rasi, velluti, et broccati di diversi colori. Usano catene d' oro et perle; et in capo appuntano un velo che loro pende dietro la schiena.

COSTUME DE FEMME NOBLE DE CIVIDALE DE BELLUNE.

CIVIDALE de Bellune, bien qu'elle soit une petite ville, se fait remarquer par la beauté du site, par son antiquité, ses magnifiques édifices et ses places ornées de fontaines d'eau fraîche. Située près de la Piave, fleuve rapide, mais commode pour transporter à Venise toutes sortes de denrées, elle s'élève au milieu d'un territoire embelli de collines fleuries, de bois touffus et de vallées délicieuses. Le dessin reproduit le costume de ces dames. Le vêtement de dessus est presque toujours noir, et la robe, de satin, de velours, ou de brocart de couleurs variées. Elles font usage de chaînes d'or et de perles, et attachent à leur tête un voile qui tombe par derrière.

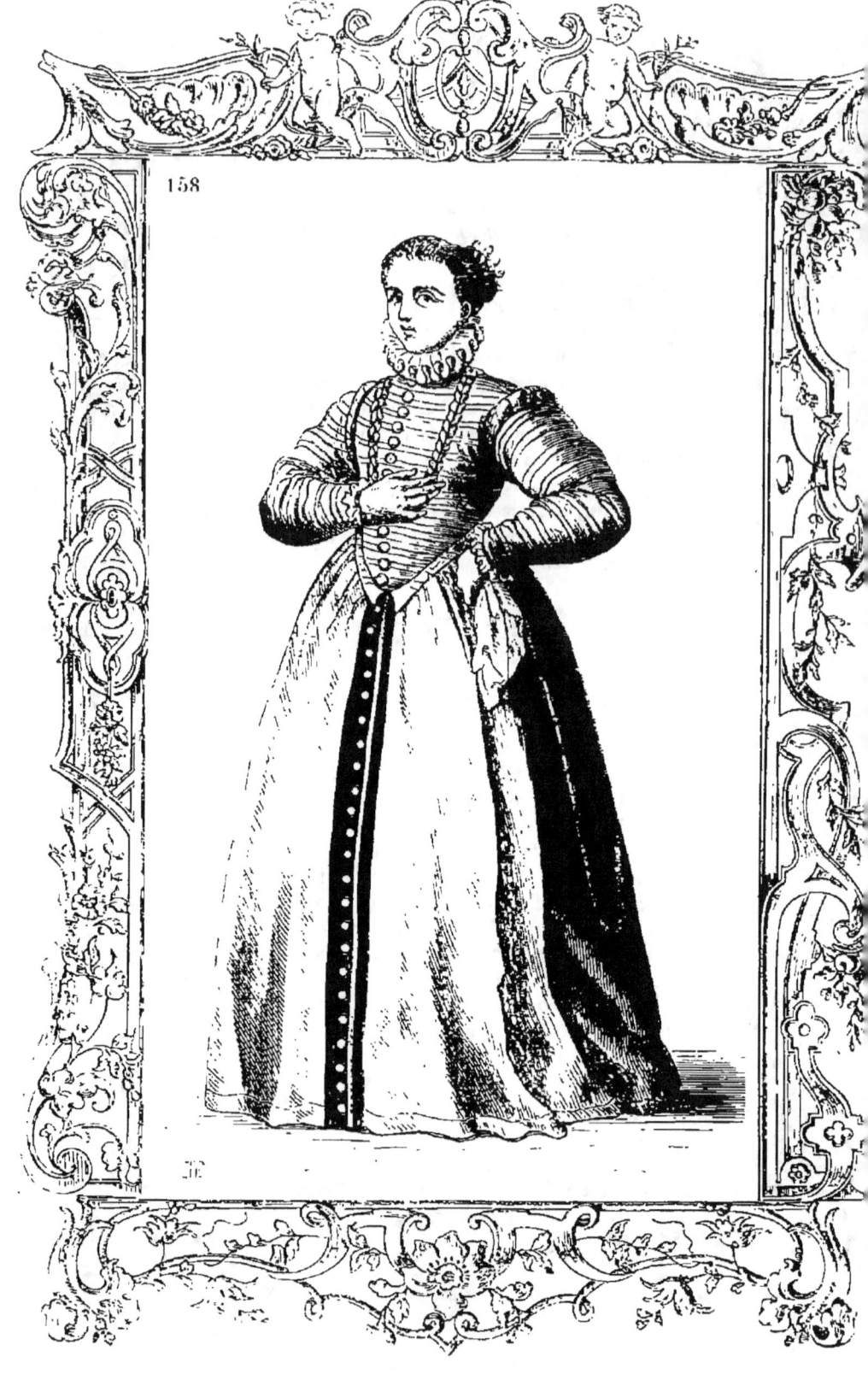

HABITO PER CASA DELLE NOBILI DONNE DI CIVIDAL DI BELLUNO.

Questa città felicissima, tra le altre case illustri che ha, ritiene ancora la Miara, molto nobile et antica, della quale vi è il signor cavaliero Miaro, la cui fama in queste parti vola non oscura dell' ottima liberalità sua. Questo ha l' illustrissima cavaliera sua consorte meritissima, la quale è nata della nobil famiglia Carpedona, cresciuta, allevata, ammaestrata et instituita di modo ch' egli non è inferiore à nessuna, ma superiore senza dubio a tutte l' altre. Vi è poi la Pillona, nobilissima famiglia, dove ne restarà sempre memoria dell' illustrissimo signor Odorico. L' habito presente era usato dalle matrone per casa et anco à feste publiche, con questi busti di tela di sotto vergata d' oro; il resto della veste, rasi, velluti di colori vaghi; ornate poi d' oro, manili et altre gioie.

COSTUME D'INTÉRIEUR DES NOBLES DAMES DE CIVIDALE DE BELLUNE.

Cette ville heureuse compte, entre autres maisons illustres, la famille Miara, très-noble et très-ancienne, à laquelle appartient le chevalier Miaro, dont la renommée proclame la magnifique libéralité. Sa très-illustre et très-digne compagne est de la noble famille Carpedona; et telles sont les brillantes qualités, les manières et le savoir qu'elle a puisés dans son éducation, qu'elle n'est inférieure à aucune femme, ou plutôt qu'elle l'emporte sur toutes les autres. La maison Pillona occupe le second rang, famille illustre qui brillera toujours par le souvenir du célèbre Odorico. Le présent costume était celui que portaient ces nobles dames chez elles, et même dans les fêtes, avec un corsage rayé d'or; le reste du vêtement était de satin ou de velours à belles couleurs. Des chaînes d'or et autres ornements de pierres précieuses complétaient leur parure.

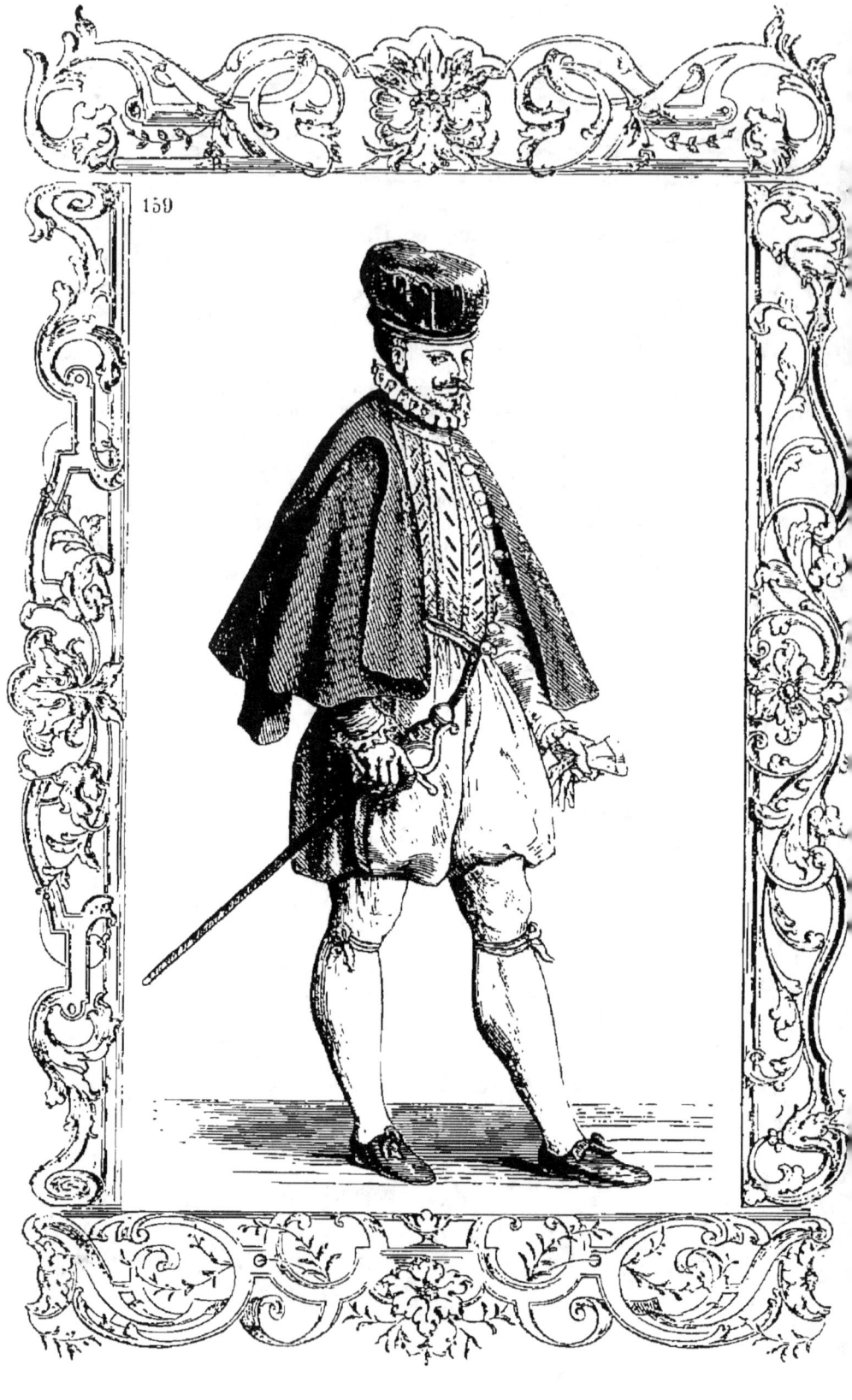

HABITO DE' CITTADINI DI CIVIDAL DI BELLUNO, DISMESSO, ET ANCO DI MOLTI LUOGHI D' ITALIA.

La gioventù d' Italia, già dal 76 in là, usava portar l' habito sopraposto. In testa haveva alcune berrette di velluto à tozzo, et alcuni ancora le portavano di tabini ò canevaccia di seta, come al presente; si metteva certe cappe di panno ò rascia, nere, corte, che gli arrivavano fino alla cintura, con certi cappucci lunghi fino alla lunghezza delle cappe. Si metteva alcuni calzoni larghi, ma non troppo lunghi, che non gli arrivavano se non alle ginocchia. Portava alcuni giubboni di seta tagliata con disegno, con bottoni di seta grossa; si calzava alcune calzette lunghe di panno ò rascia, le quali legava sotto le ginocchia; usava alcune scarpe di cordovano, nere ò bianche, et si cigneva la spada.

ANCIEN COSTUME DES CITOYENS DE CIVIDALE DE BELLUNE ET DE BEAUCOUP D'AUTRES LIEUX D'ITALIE.

La jeunesse d'Italie faisait usage autrefois, c'est-à-dire au delà de l'année 1576, du costume ci-joint. Le bonnet de velours était à *tozzo*, et quelques-uns même le portaient en canevas de soie comme aujourd'hui : capes de drap ou de serge, noires et courtes, qui arrivaient jusqu'à la ceinture, avec des capuces de la longueur des capes ; larges culottes, mais pas trop longues, qui ne dépassaient pas le genou ; pourpoint de soie à taillades élégantes, avec des boutons de grosse soie ; bas très-longs, de drap ou de serge, attachés au-dessous du genou ; souliers de cordouan, noirs ou blancs, épée à la ceinture.

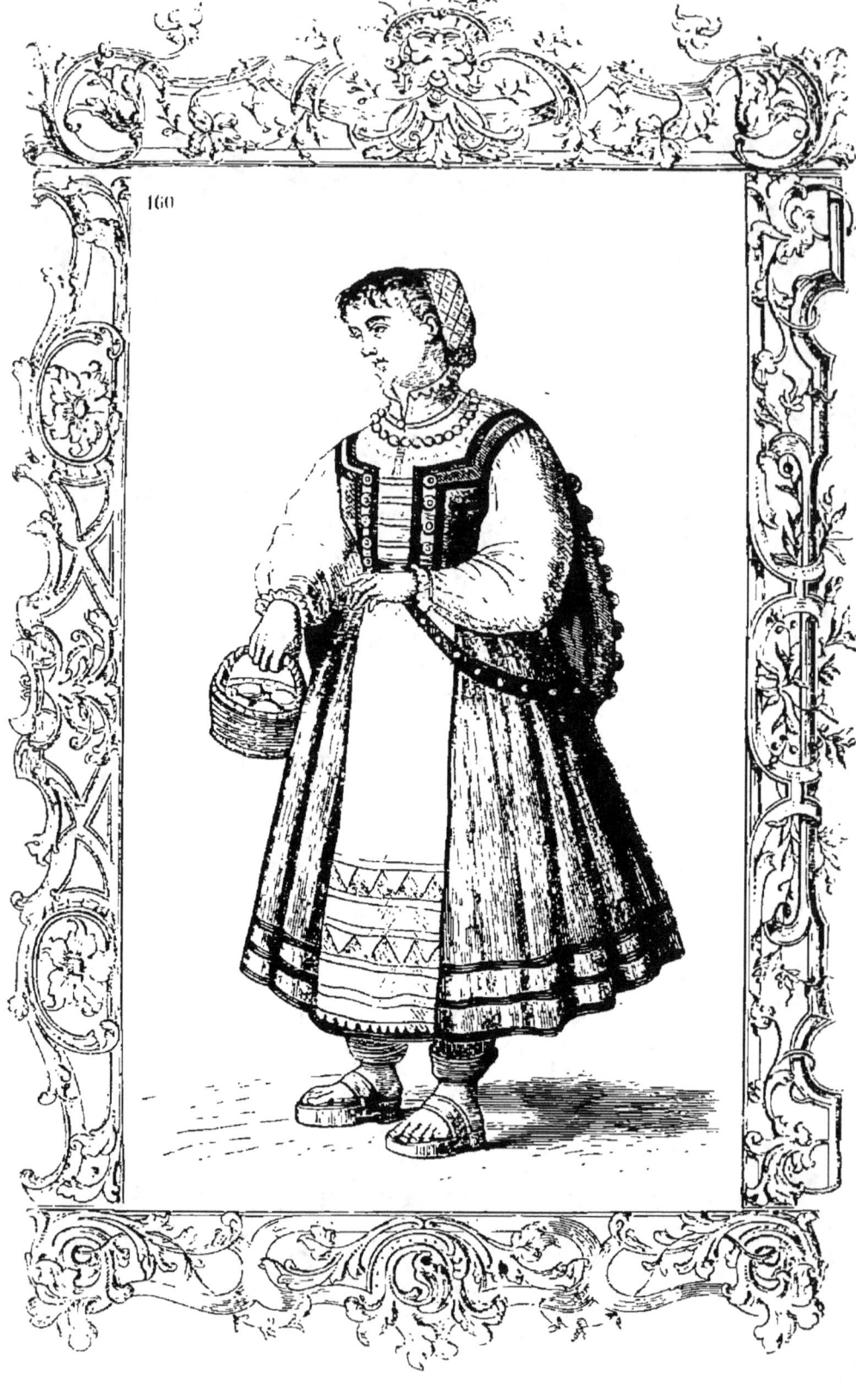

CONTADINE DI CIVIDAL DI BELLUNO.

Le contadine di questa città vanno vestite come le altre del Friuli. Usano attorno la faccia ricci mal fatti et sconci, con alcune reti di seta di colore, sotto le quali accolgono i capelli. Portano certe camicie di tela di lino, alquanto grossa, con lattughette picciole et alcune filze di coralli. Hanno una veste di panno pavonazzo con liste di velluto, et maniche di velluto con alcuni bottoni ò tondini d'argento dorati, et se ne vanno con maniche di camicie, lasciando che quelle di velluto pendano di dietro. Si cingono con una cinta di velluto nero; sogliono portar giù per i busti certe brocche d'argento dorate; molte usano portar le calzette senza scarpino, voltate al modo che si vede nel ritratto, con zoccoli a' piedi di legno, et un grembiale di tela listata di nero.

PAYSANNES DE CIVIDALE DE BELLUNE.

Les paysannes de cette ville s'habillent comme celles du Frioul. Elles entourent leur front d'une frisure mal faite et désordonnée, et ramassent le reste des cheveux dans une résille en soie de couleur. Leurs chemises, de toile de lin un peu grossière, ont un col à petits plis, et des colliers de corail ornent leur cou. La robe est de drap violet, avec des bandes de velours, et des manches de la même étoffe, relevées par des boutons ou des ronds d'argent doré; ces manches sont pendantes, et laissent voir celles de la chemise. Une ceinture de velours noir serre la robe, et le buste est orné de petites boules d'argent doré. Elles portent un tablier de toile rayée de bandes noires, et des bas retroussés, comme l'indique le dessin, avec des socques sans autre chaussure.

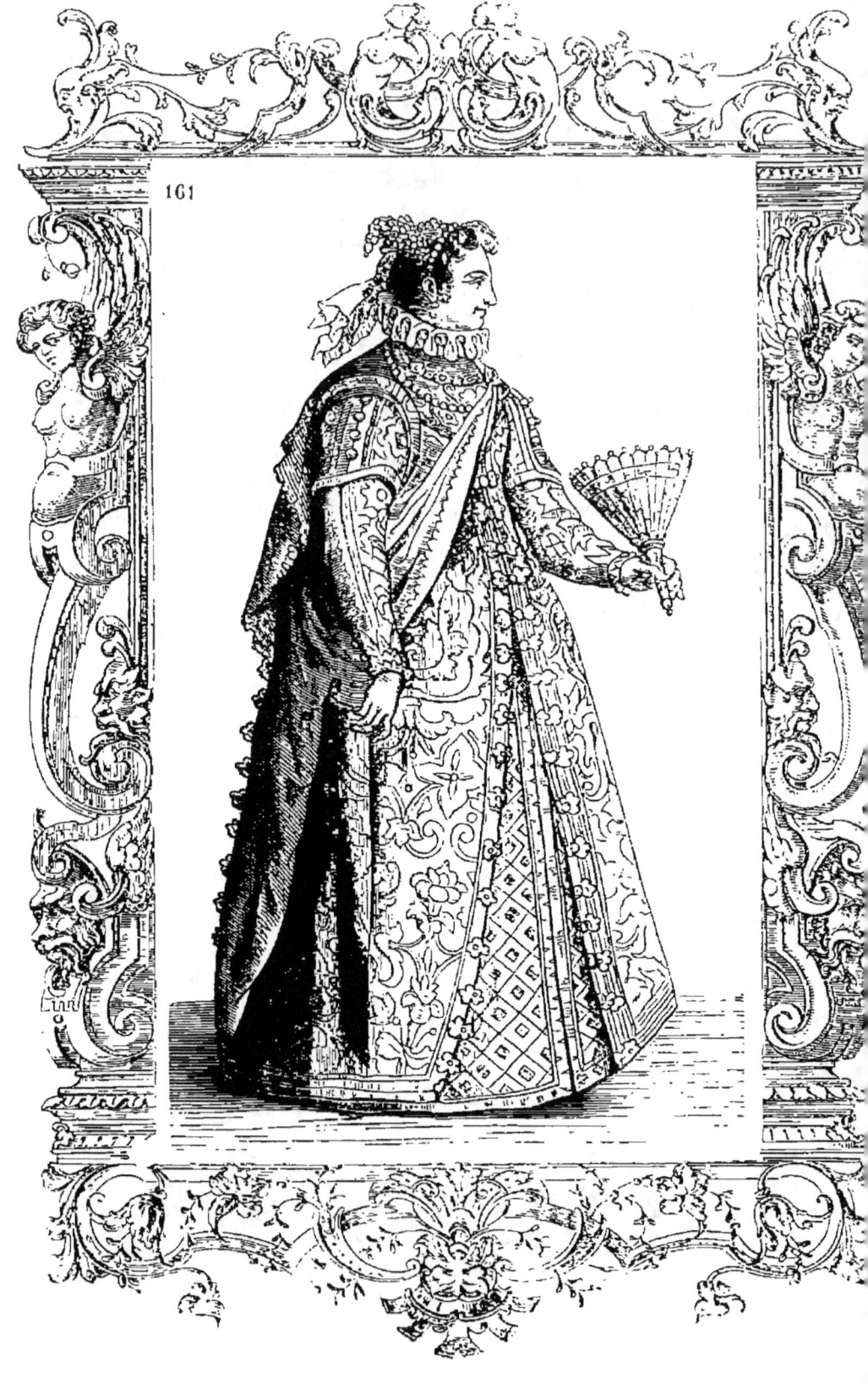

HABITO DI GENTILDONNA DI CONIGLIANO.

L' Habito della gentildonna di grado di questa nobilissima terra è che porta sopra le vesti una rubba serrata fino in terra, di velluto ò cremesino ò nero, et è tanto assettata sopra un giubbone, che portano di sotto di raso, che fa un bellissimo vedere al detto giubbone, che è listato di tabino ò broccatello. Questa rubba hà le maniche lunghe fino in terra, ma aperte, per le cui aperture vengono fuori le braccia, ornate di maniche di broccato et di manini d' oro. Si attaccano parimente alle spalle un manto di seta sottilissima, il quale lasciando pendere di dietro, l' attaccano poi per un capo di esso nella spalla sinistra. Usano il conciero del capo assai alto et fatto con le trecce ornate di bellissime perle, che gli vanno di dietro tremolando, sotto del quale poi attaccano un velo che lo lasciano pender fino sopra le spalle. Et questo è un' habito conforme et usato ancora da molte altre gentildonne di Lombardia et Trivigiano.

COSTUME DE NOBLE DAME DE CONIGLIANO.

La noble dame de cette terre illustre porte un habit de velours noir ou cramoisi, fermé jusqu'en bas et qui s'adapte gracieusement à un justaucorps de satin, rayé de bandes de tabis ou de brocatelle. Ce vêtement a les manches longues jusqu'à terre, mais avec une ouverture d'où sortent les bras, ornés de manches de brocart et de bracelets d'or. A leurs épaules est ajusté un manteau de soie très-fin, qu'elles laissent tomber par derrière, sauf à relever un bout qu'elles attachent sur l'épaule gauche. Leur coiffure, très-haute, est faite avec des tresses ornées de belles perles qui flottent par derrière; sous cette coiffure elles fixent un voile qui descend sur les épaules. Ce costume, d'un usage général, est encore porté par d'autres femmes nobles de la Lombardie et du Trévisan.

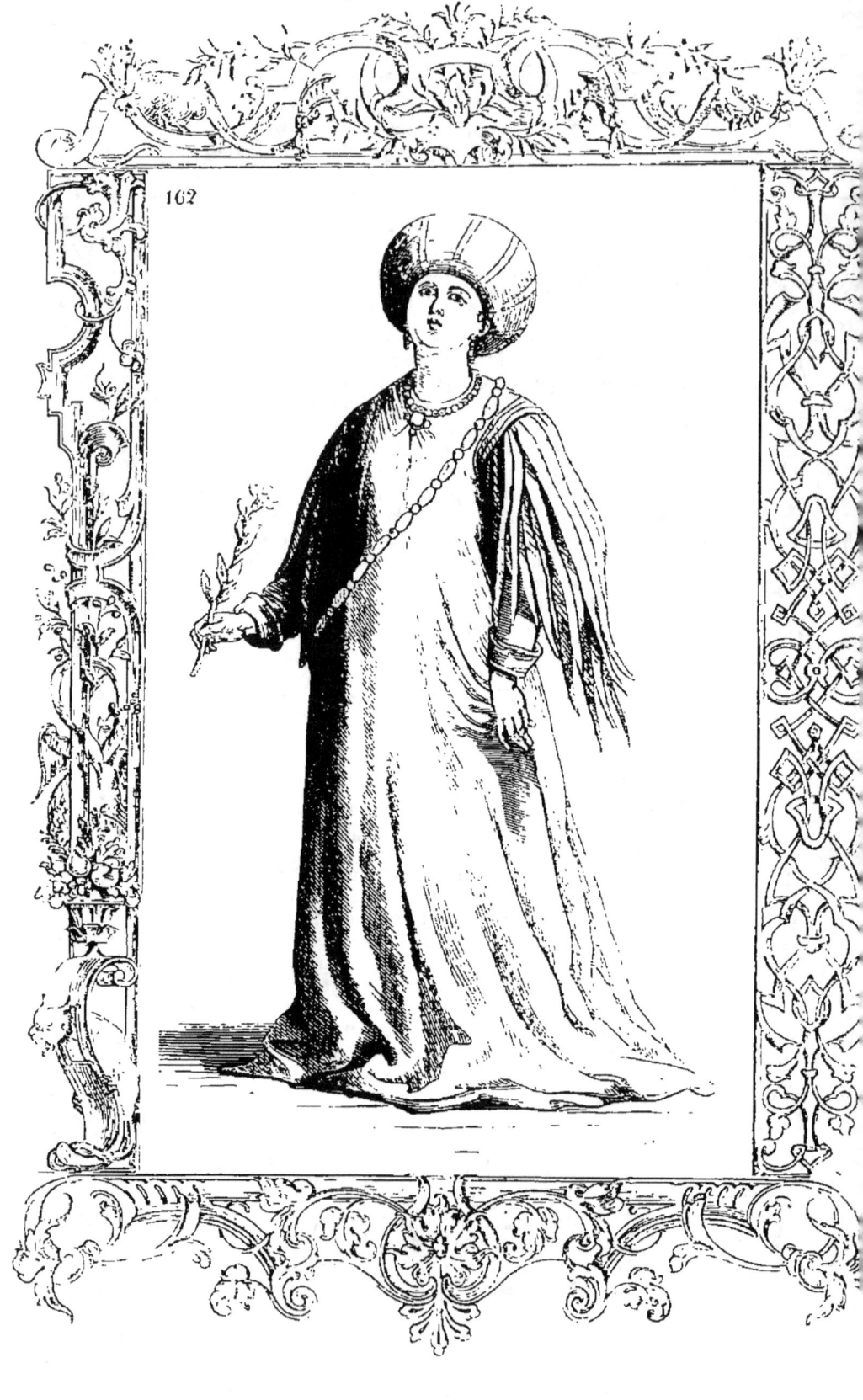

HABITI ANTICHI D' HUOMINI ET DONNE DI PADOVA.

ANTICAMENTE usavano gli huomini, nella città di Padova, di portare alcuni cappelli con una punta pelosa davanti, longa un braccio et riversciata in sù. Le vesti erano fino alle ginocchia longhe, et con falde, et da essi chiamavansi giornee. Portavano calze intere di diversi colori, et scarpe appuntate. Le donne, per lo più, usavano una sola veste scollata, rossa, con le maniche fino in terra et tagliate ne' gomiti. Attraversavano al petto catene d' oro tempestate di gioie et perle; la veste era cosi longa che ne strascinavano per terra un braccio. In testa usavano un balzo tondo et pendenti di perle bellissimi.

COSTUME ANCIEN D'HOMMES ET DE FEMMES DE PADOUE.

AUTREFOIS les hommes de la cité de Padoue faisaient usage de chapeaux avec une touffe de poils sur le devant, longue d'un bras et relevée en haut. Le vêtement, long jusqu'aux genoux, avec des basques, était appelé *giornea* (sorte de manteau). Ils portaient des chausses de couleurs diverses, avec des souliers pointus. La plupart des femmes s'habillaient d'une seule robe décolletée, rouge, avec les manches jusqu'à terre, et tailladée aux coudes. Des chaines d'or, enrichies de perles et de pierres précieuses, entouraient la poitrine. La robe était si longue qu'une grande partie trainait à terre. Leur tête était couverte d'un *balzo* rond, et des pendants de belles perles ornaient leurs oreilles.

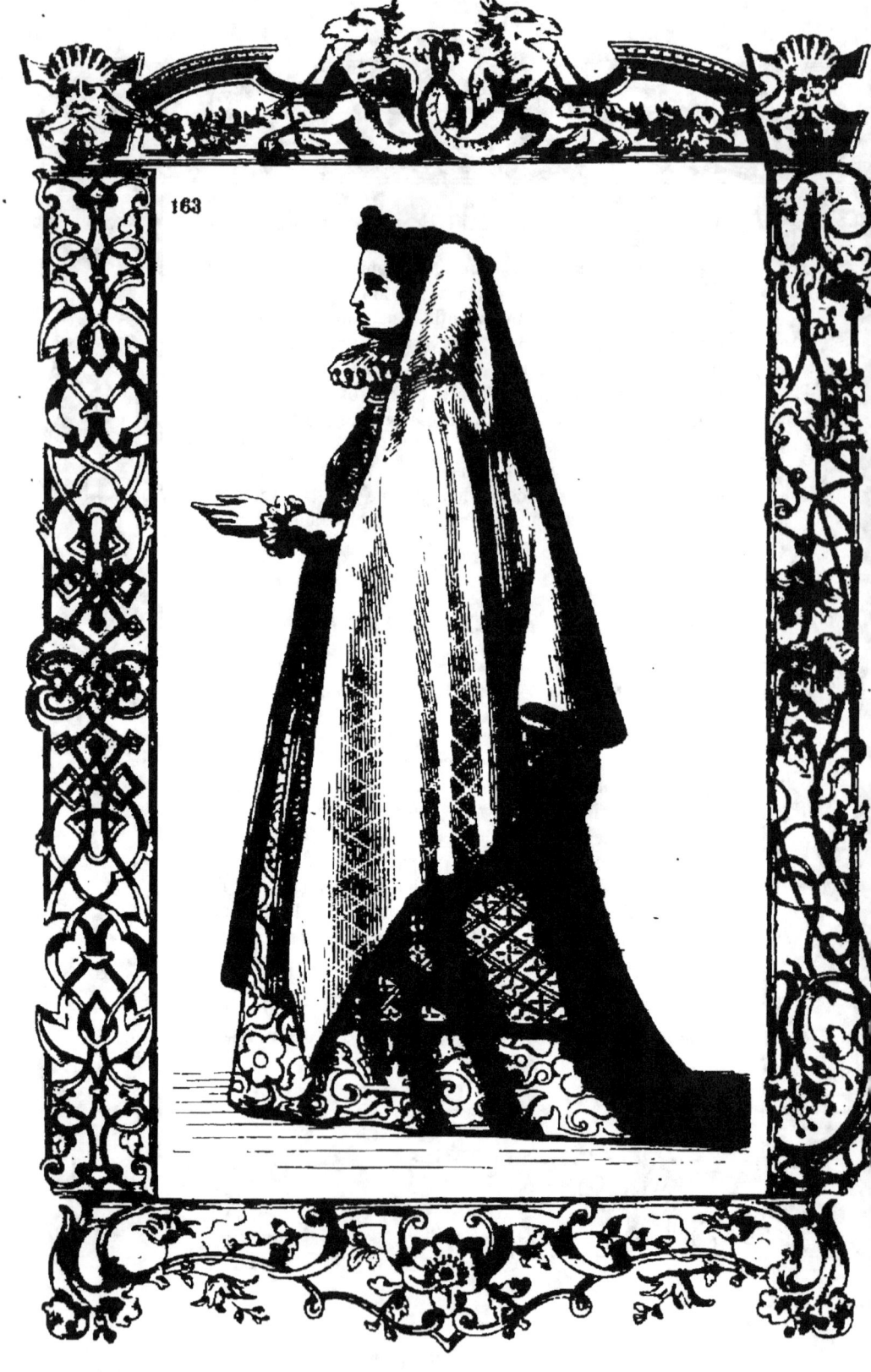

NOBILE PADOVANA MODERNA.

LE gentildonne padovane mutano spesso il modo del vestire; et al presente usano di accommodarsi la testa con le trezze, di maniera che fanno nella fronte un corno alquanto voltato in dietro, ornato di fiori fatti di seta, et con i naturali; oltre che vi aggiungono gioie, perle et oro. Le vesti sono di seta, broccati ò velluti superbissimi; et usano un' amplissimo velo circondato di trine d' oro d' ogni intorno.

FEMME NOBLE MODERNE DE PADOUE.

LES femmes nobles de Padoue changent souvent leur manière de se vêtir. Maintenant elles portent une coiffure avec des tresses arrangées de manière à produire sur le front une corne retournée en arrière; des fleurs naturelles et des fleurs artificielles en soie, des pierres précieuses, des perles et de l'or complètent cette coiffure. Les robes sont de soie, de velours ou de brocart très-riche; elles font usage d'un ample voile bordé d'une ganse d'or.

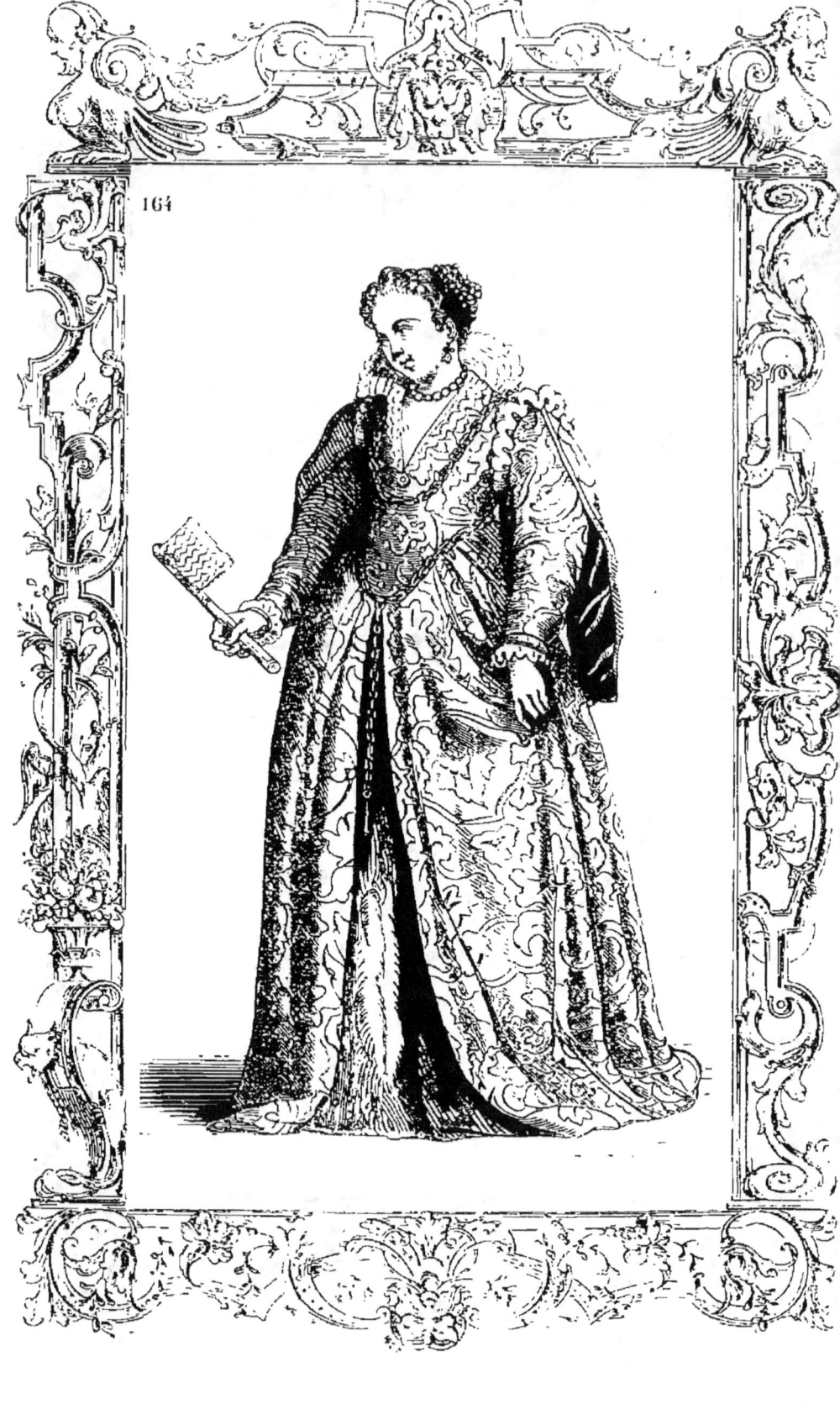

SPOSA DI PADOVA.

Nel tempo che il serenissimo re di Francia fu à Venetia, concorse gran numero di gente nella città per vedere i sontuosissimi apparecchi fatti per ricever quella Maestà, et le gran feste che per ciò qui si facevano, fra le quali vi vennero alcune bellissime spose di Padova, le quali mostravano gran vaghezza nelli loro habiti. Queste havevano ornato il capo con assai ricci piccioli et molto ben compartiti, et il resto de' capelli havevano fatto in trecce, et coperto di perle assai grosse, delle quali portavano un vezzo parimente à torno del bianco collo, il quale era ornato di un bellissimo baverò ben lavorato con lattughe sottilissime, sopra del quale bavero portavano una catena d'oro gioiellata di gran valuta oltra manili et centi di grossi anelli d'oro pendenti con un gebellino attaccato. Le vesti, di broccato, di rasi et velluti, secondo la stagione et uso si mutavano.

FEMME MARIÉE DE PADOUE.

A l'époque où le sérénissime roi de France vint à Venise, une foule de gens accoururent dans la ville, afin de voir les somptueux préparatifs faits pour recevoir cette Majesté et les fêtes magnifiques qu'on lui donnait. Parmi les curieux on vit de jolies femmes de Padoue, qui se faisaient remarquer par l'élégance de leur costume. De petits frisons bien distribués ornaient leur tête, et le reste des cheveux, arrangé en tresses, était couvert de grosses perles. On voyait une parure semblable à leur cou blanc, orné d'une collerette élégante avec des plis très-fins, sur laquelle s'étalait une chaîne d'or entremêlée de pierres précieuses de grande valeur; elles avaient avec cela des bracelets, outre des chaînes à gros anneaux d'or jetées sur une fourrure de zibeline. Les robes, de brocart, de satin ou de velours, changeaient selon la mode ou la saison.

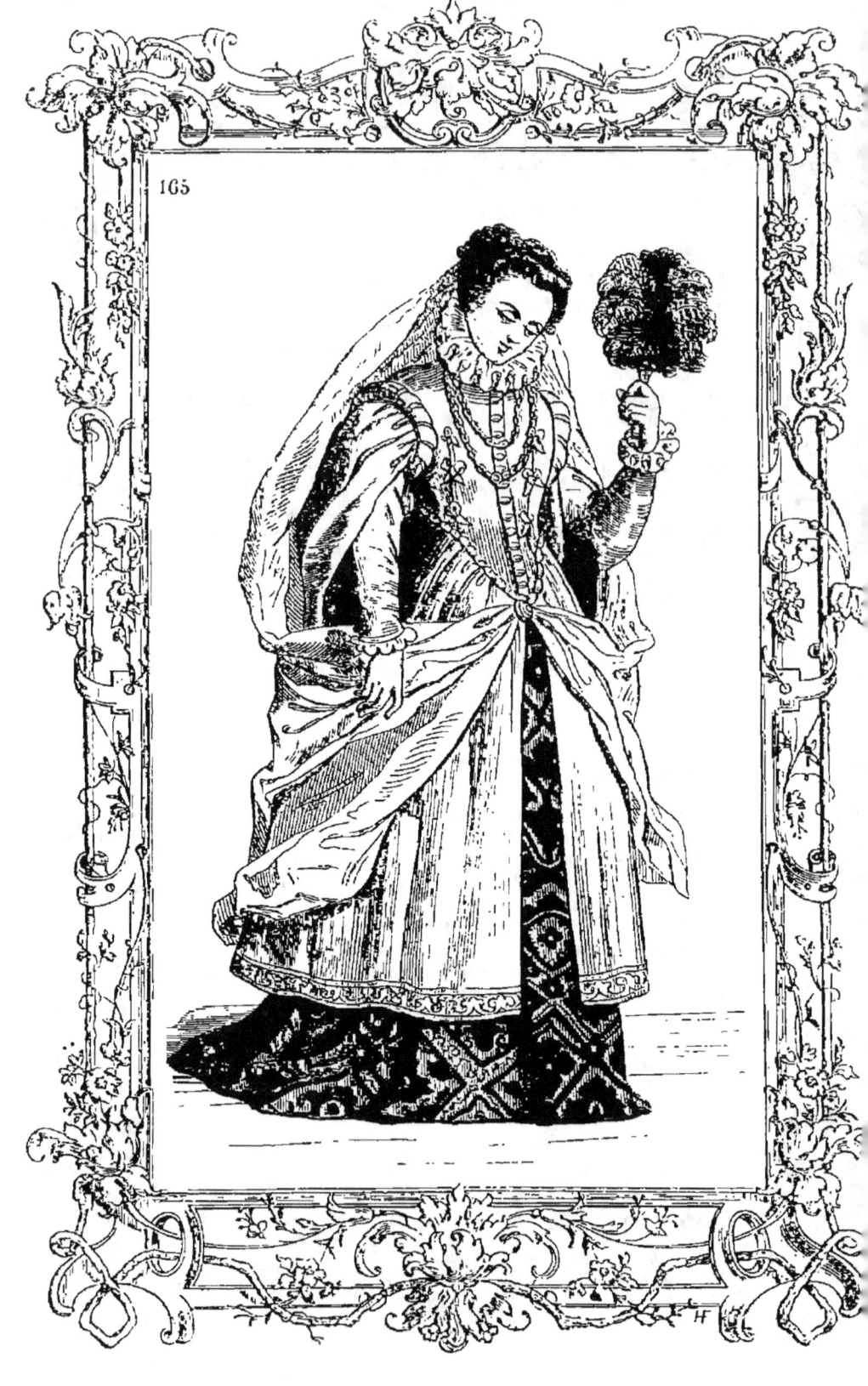

DELLE MATRONE PADOVANE.

QUESTE matrone padovane sogliono ancora, nel vestirsi, andar molto bene all' ordine. Il conciero della testa loro è che costumano farsi de' ricci intorno la fronte, et il resto de' capelli avvolgono in belle trecce et l' attorniano sopra la cima della testa, et sopra di esse vi appuntano qualche sottilissimo et bel velo di seta, il quale, molto grande, gli scende di dietro fino alla lunghezza della sopraveste; poi i capi di esso velo appuntano davanti nella cintura. Portano una sopraveste o zimarra di velluto negro, ma alquanto più corta della veste di sotto, et riccamata da basso con un bel fregio di broccato d' oro. Usano poi alcune sottovesti di broccato di seta, lunghe fino in terra, et molte volte sono di ormesino, et raso, et velluto di colori diversi. Si ornano il collo di bianche lattughe di tela sottilissima et di collane d' oro con più doppi. Si bottonano le vesti con bottoni d' oro, et se le cingono con catene d' oro assai grosse.

MATRONES PADOUANES.

LES matrones de Padoue ont aussi un costume fort élégant; elles frisent leurs cheveux autour du front, et le reste, façonné en tresses, est enroulé au-dessus de la tête. A ce chignon natté elles attachent un voile de soie, beau, fin et très-grand, qui descend jusqu'au bas du premier vêtement, et dont les deux bouts viennent se fixer à la ceinture sur le devant. La simarre, en velours noir, mais un peu plus courte que la robe, laisse voir au bas un bel ornement de brocart d'or avec broderies. Les jupes, de brocart, de moire, de satin ou de velours à couleurs variées, tombent jusqu'à terre. Elles portent de blanches collerettes plissées en toile fine, et des colliers d'or à plusieurs tours. Des boutons d'or ferment le vêtement de dessus, et de grosses chaînes d'or entourent la ceinture.

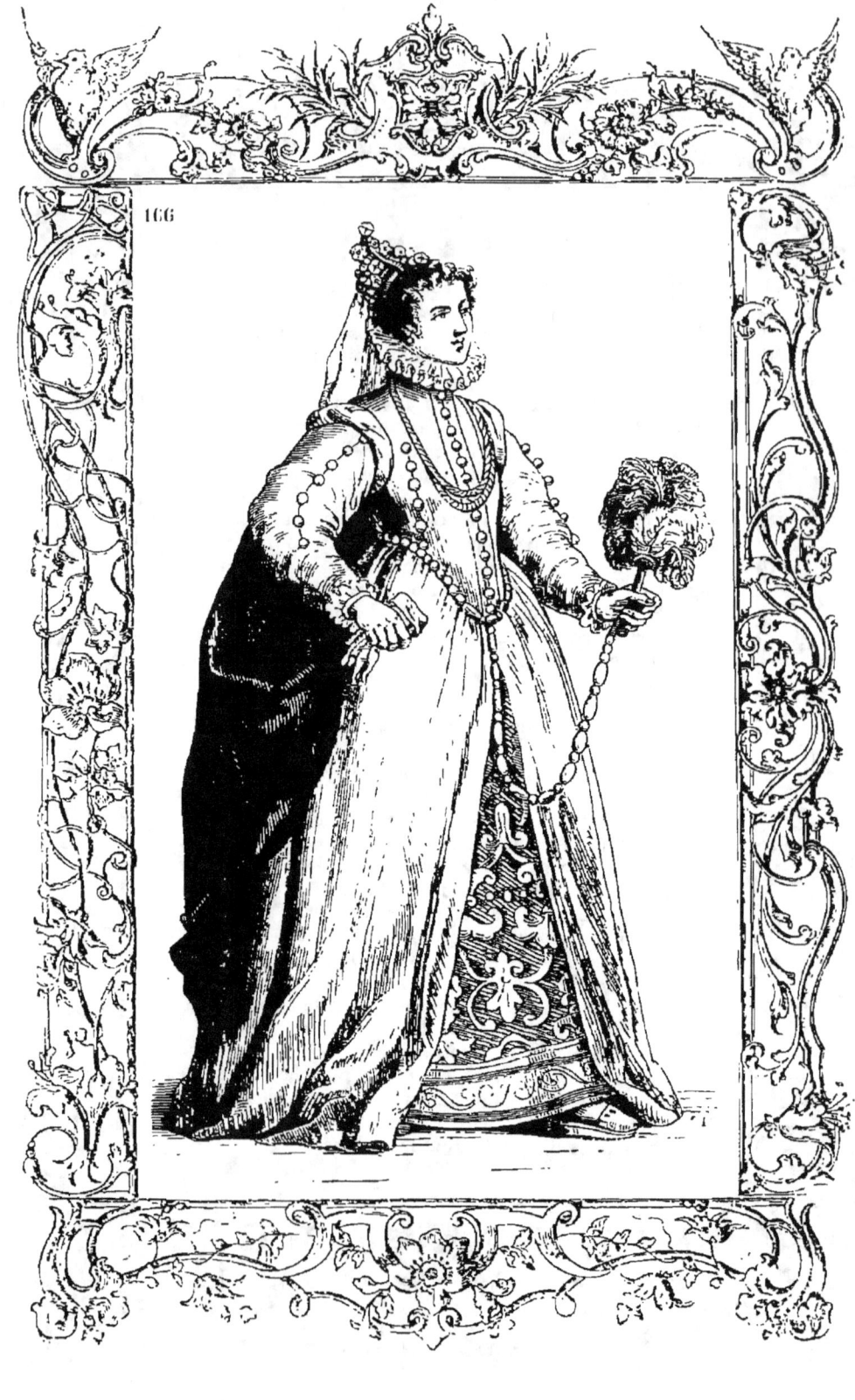

HABITO DI DONNA DI VICENZA.

L' Habito di queste donne è di diverse sorti. Portano i capelli molto bene accommodati con fiori di seta et d'oro, sopra de' quali è un velo appuntato di seta bianca, que pende giù per le spalle. Le vesti sono di raso et accollate. Usano ninfe lavorate, maniche larghe, aperte giù per il braccio et serrate con bottoni d'oro, si come anco i busti delle vesti, le quali sono longhe fino in terra et davanti aperte, per dove si vedono le sottane riccamate d'oro. Le calze sono di lana riccamate. Usano portar al collo collane d'oro, et haver per cinta alcune catene fatte di bottoni d'oro, con un capo delle quali legano i ventagli di piume bellissime, que portano in mano.

COSTUME DE FEMME DE VICENCE.

Le vêtement de ces femmes est de formes diverses. A leurs cheveux, dont le bel édifice est entremêlé de fleurs de soie et d'or, s'attache un voile de soie blanche, qui retombe derrière les épaules. Les robes, de satin et montantes, couvrent le cou. Elles portent des collerettes brodées, des manches larges fendues au-dessus et fermées avec des boutons d'or, disposition que reproduit le corsage de la robe, qui, longue jusqu'à terre, a sur le devant une ouverture par où l'on voit la jupe brodée d'or. Elles ont un collier d'or, et, pour ceinture, une chaîne en boutons d'or, à l'un des bouts de laquelle s'attache un éventail en jolies plumes, qu'elles tiennent à la main.

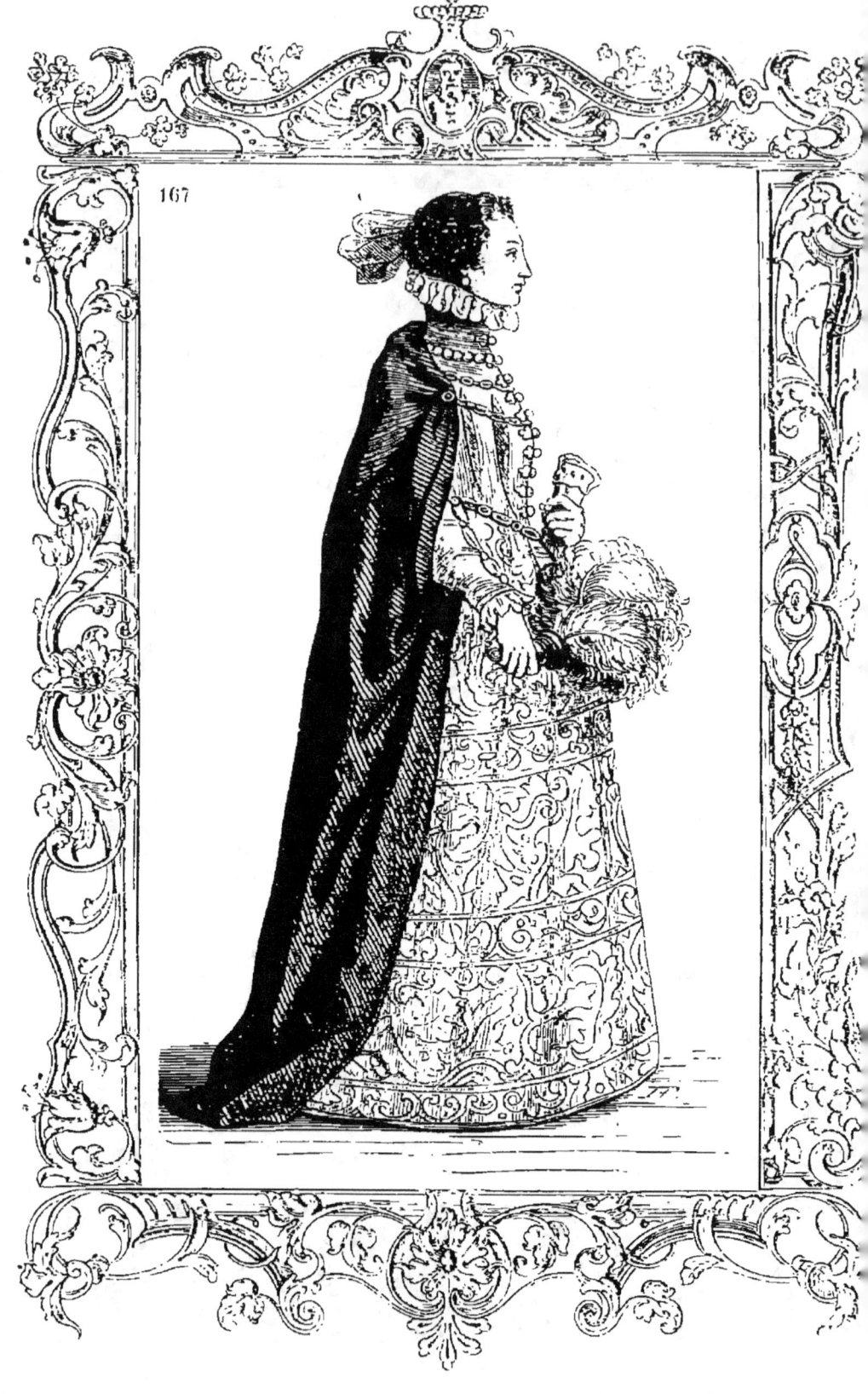

HABITI DI BRESCIA, VERONA ET ALTRE CITTA CIRCONVICINE DI LOMBARDIA.

L' Habito delle nobili veronesi è che si fanno una bella acconciatura di testa, con alcune trecce tanto ben fatte et cosi artificiosamente attorniate sopra la testa che rassembrano le rintorte delle lumache ò bovoli, sopra delle quali trecce accommodano un veletto appuntato con tanti doppi che, gonfiandosi dal vento, fanno come un cimiero con bellissimo garbo. Usano portar, di sopra, le vesti di seta di diverse sorti, con un busto à modo di colletto, con alcuni tagli, serrato con bottoni d'oro; poi un manto di ferrandina ò altra seta leggiera, tessuto à opera, raccommandato alle spalle con una rosetta d'oro, ornato poi di perle et oro riccamente, oltra il grosso cinto di molto oro, dove pende attaccato un ventaglio, si come si vi presenta nel ritratto.

COSTUME DE BRESCIA, DE VÉRONE ET D'AUTRES VILLES VOISINES DE LOMBARDIE.

Les femmes nobles de Vérone portent une coiffure dont les tresses sont disposées avec tant d'art sur la tête qu'elles imitent la forme du limaçon. A ces tresses est attachée une voilette à nœuds flottants qui, agités par le vent, produisent, à la manière d'un cimier, un effet très-gracieux. La robe est de soie, à couleurs variées, avec un corsage en forme de gilet, orné de taillades et fermé par des boutons d'or. Par-dessus elles mettent un manteau de ferrandine ou d'autre étoffe en soie légère, embelli de dessins, et qui s'attache aux épaules avec une rosette d'or entourée de perles. En outre elles ont une grosse ceinture d'or, d'où pend un éventail, comme l'indique le dessin.

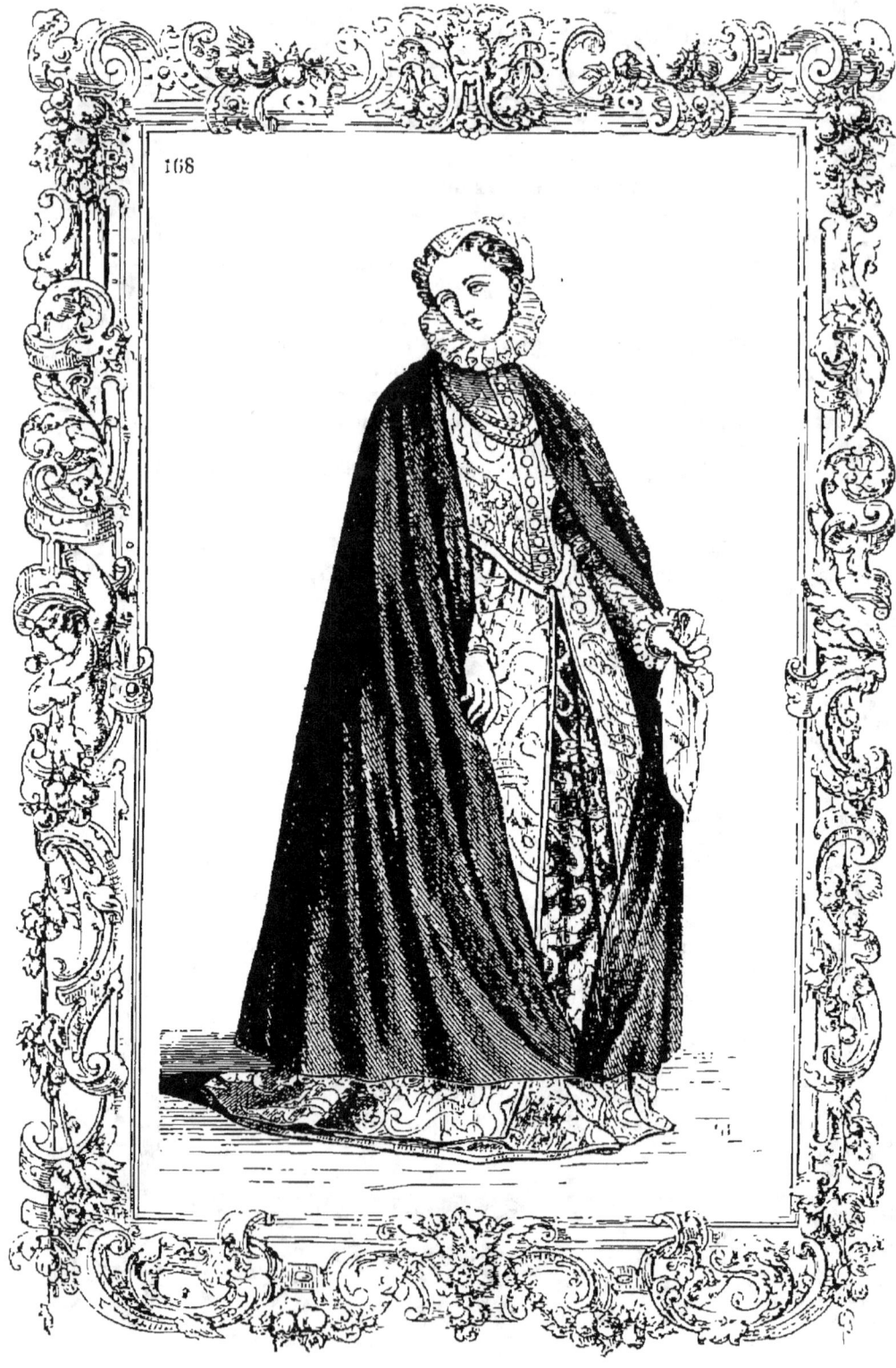

HABITO DI MATRONA VERONESE ET BRESCIANA.

Le matrone di Brescia et di Verona et d'altri luoghi circonvicini portano i loro capelli ricci à torno le tempie et la fronte, et il resto accolti in trecce cuoprono con un velo di seta gialletto, alquale fanno fare una bella punta in mezzo della fronte. Di sotto portano alcune vesti per il più di damasco giallo, et di sopra un' altra di raso nero con un busto fatto à modo di giuppone assai attillato al petto, et bottonato con bottoni d'oro, et è accollato assai nel collaro, sopra del quale escono alcune lattughe di camicia molto belle et ben lavorate. Portano al collo una catena d'oro con più doppi, et alla cinta una collana del medesimo. Sopra alle vesti hanno un manto di buratto di seta nera ò di ferrandina, il quale scendendo dalle spalle, le cuoprono tutte, perche l'appuntano davanti in piedi.

COSTUME DE MATRONE DE BRESCIA ET DE VÉRONE.

Les matrones de Brescia, de Vérone et d'autres lieux circonvoisins portent leurs cheveux frisés autour du front et des tempes; le reste de la chevelure forme des tresses qu'enveloppe un voile jaunâtre qui s'allonge en pointe gracieuse sur le milieu du front. La jupe est le plus souvent de damas jaune, et la robe, de satin noir; le corsage, en forme de justaucorps et très-élégant, se ferme par des boutons d'or et monte haut sur le cou, entouré d'une collerette à plis élégants. Elles portent au cou une chaîne à plusieurs tours, et une autre à la ceinture, de même métal. Un manteau d'étamine de soie ou de ferrandine descend des épaules, couvre tout le corps, et s'attache par devant, au-dessus des pieds.

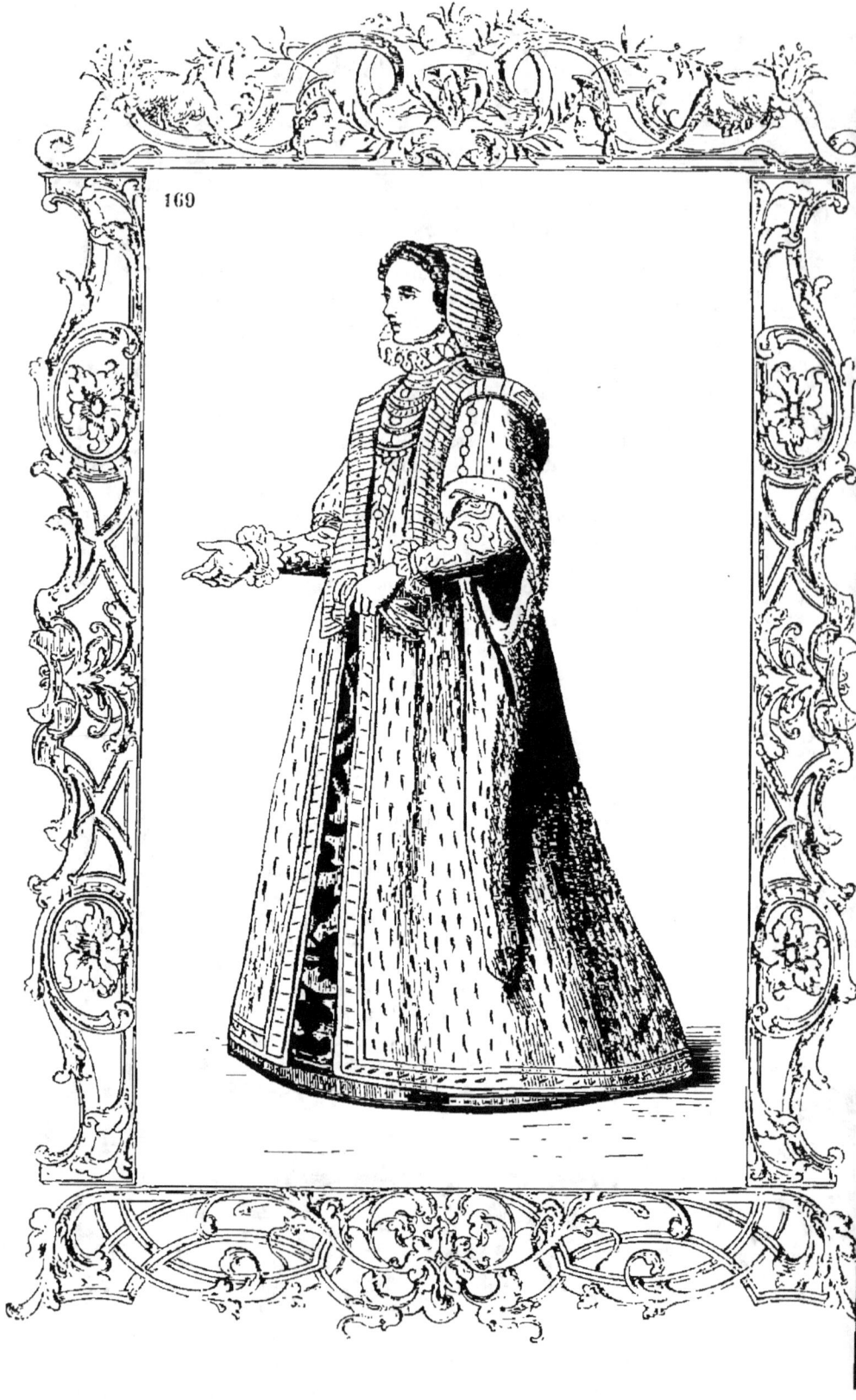

DONNA NOBILE BRESCIANA.

La maggior parte delle nobili bresciane costumano l'acconciatura della testa alta, simile quasi alle Spagnuole. Le vesti, di seta nera, hanno i busti alti; le camicie, lattughe molto grandi. Portano sopra un manto trasparente di seta a opera, attaccato alle spalle, il quale pende di dietro quasi fino in terra. Sopra la testa usano un veletto giallo. Le maniche sono di colore come anco le sottovesti.

NOBLE DAME DE BRESCIA.

La plupart des femmes nobles de Brescia portent la coiffure haute et presque semblable à celle des Espagnoles. Les robes sont de soie noire avec le corsage haut, et des collerettes à grands plis ornent le cou. Un manteau transparent de soie ouvragée s'attache aux épaules, et tombe par derrière jusqu'à terre. Une voilette jaune couvre la tête, et les manches sont de couleur, de même que les habits de dessous.

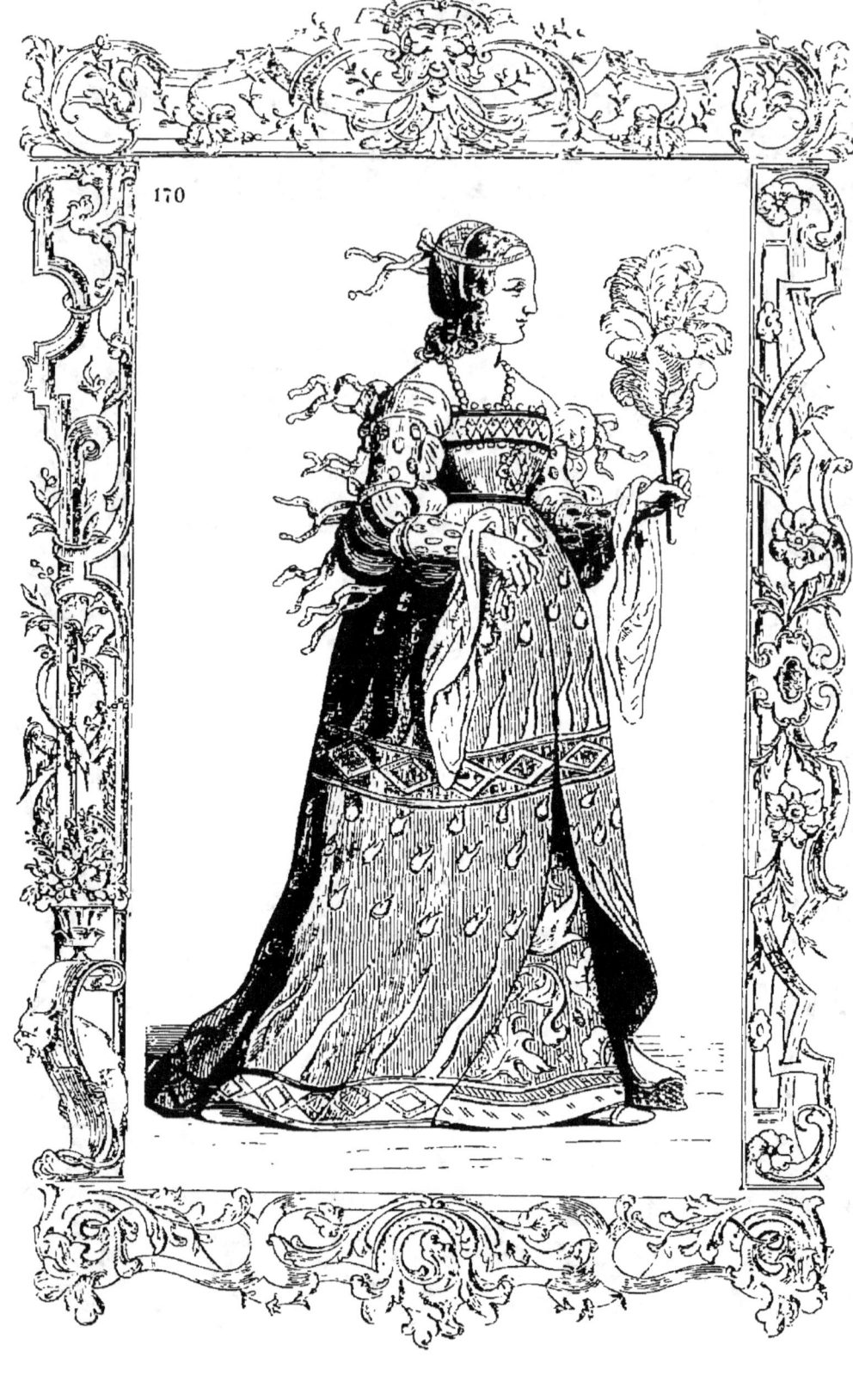

HABITO ANTICO DI MILANO DI LOMBARDIA.

Ali donne antiche serravano i loro capelli con una rete d'oro ò seta, lasciandosene però alcuni alle bande che lor pendevano giù per le tempie, la qual rete legavano con una cordellina di seta di colore, alquanto lunga, la quale, essendo annodata di dietro, sventolava nelle loro teste. Al collo usavano un filo di perle, ò tondini d'argento, ò coralli, secondo la loro qualità. Portavano di sopra una veste d'ormesino, con alcune fasce di ricamo d'oro nel petto, et appariva per tutta essa veste alcuni fioretti d'oro, e di dietro era un poco di strascino, et davanti aperta dal mezzo in giù, dalla quale apertura appariva una sottana di velluto ò damasco figurato con bella fattura. Alcune fasciette, con le quali adornavano le maniche, erano gratiosamente dal vento agitate.

COSTUME ANCIEN DE MILAN DANS LA LOMBARDIE.

Les femmes, autrefois, enfermaient leurs cheveux dans une résille d'or ou de soie, qu'elles attachaient avec une cordelette de soie de couleur, un peu longue, nouée par derrière, et qui flottait au vent; néanmoins elles laissaient des deux côtés de la tête quelques mèches, qui tombaient sur les tempes. Selon leur condition, elles portaient des colliers de perles, de ronds d'argent ou de corail. Le vêtement de dessus, a petite queue, était de moire antique, avec quelques bandes brodées d'or sur la poitrine, et des fleurs d'or partout. Sur le devant, a partir du milieu jusqu'au bas, il y avait une ouverture qui laissait voir la robe, de velours ou de damas, avec de beaux dessins. Quelques bandelettes, dont elles ornaient les manches, étaient gracieusement agitées par le vent.

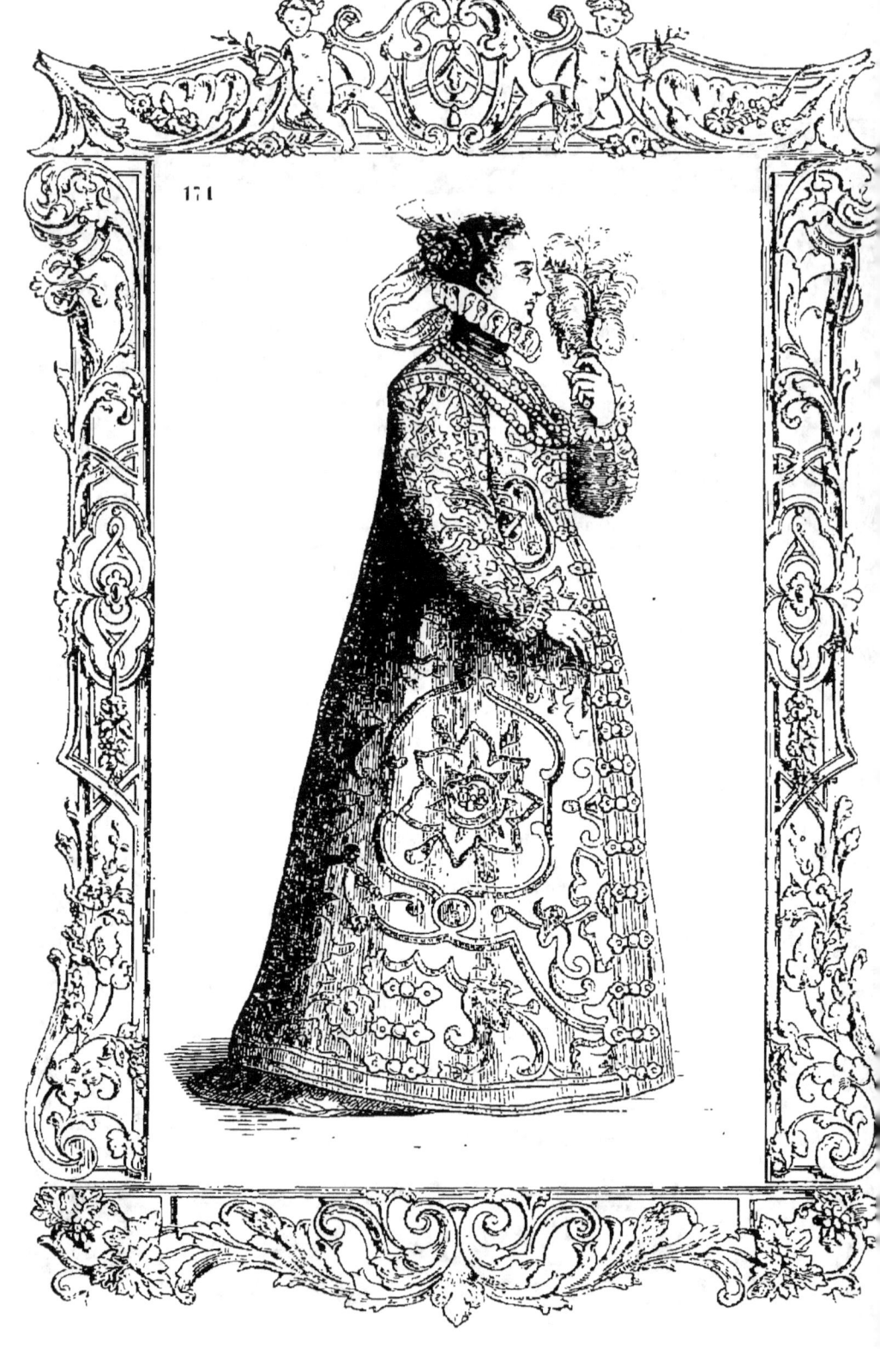

DELLE GENTILDONNE ET SIGNORE MILANESI ET D' ALTRE CITTA DI LOMBARDIA.

Le gentildonne et signore milanesi portavano in testa una acconciatura di capelli assai bella et leggiadra; attorno alla fronte havevano alcuni riccetti molto belli, et le trecce, ben crespe et inanellate, cadevano con belli attorniamenti nella superficie della testa, sopra le quali havevano appuntato un velo fatto à modo di giglio, che scendeva una bella punta verso la fronte, e il resto era appuntato al collare della veste di sopra, la quale era di damaschetto fatto ad opera con bei fioroni et rose, et era longa fino in terra, tutta bottonata davanti con alcuni bottoni d' oro molto politi. Portavano alcuni fili di belle perle al collo, et catene d' oro con lattughe pulite et belle; di dietro attacavano alle spalle alcuni veli di seta sottilissimi, i quali loro pendevano fino in terra. Et questo è il proprio habito signorile da donne milanesi.

FEMMES NOBLES DE MILAN ET D'AUTRES VILLES DE LA LOMBARDIE.

Les femmes nobles de Milan portaient une coiffure en cheveux, très-belle et très-gracieuse. Une jolie frisure entourait le front, et le reste des cheveux, dont elles formaient de belles tresses, dessinait sur la tête des replis élégants. Elles attachaient au chignon un voile disposé comme les feuilles du lis, et dont une pointe s'allongeait sur le front; le reste venait se fixer au collet de l'habit de dessus. Ce vêtement, de damasquette ornée de jolies fleurs et de roses, descendait jusqu'à terre et se fermait par des boutons d'or très-brillants. Elles portaient des colliers de perles, des chaines d'or et des collerettes agréables à voir. Aux épaules était attaché un voile de soie très-fin, qui tombait jusqu'à terre. Tel est le costume particulier aux femmes nobles du Milanais.

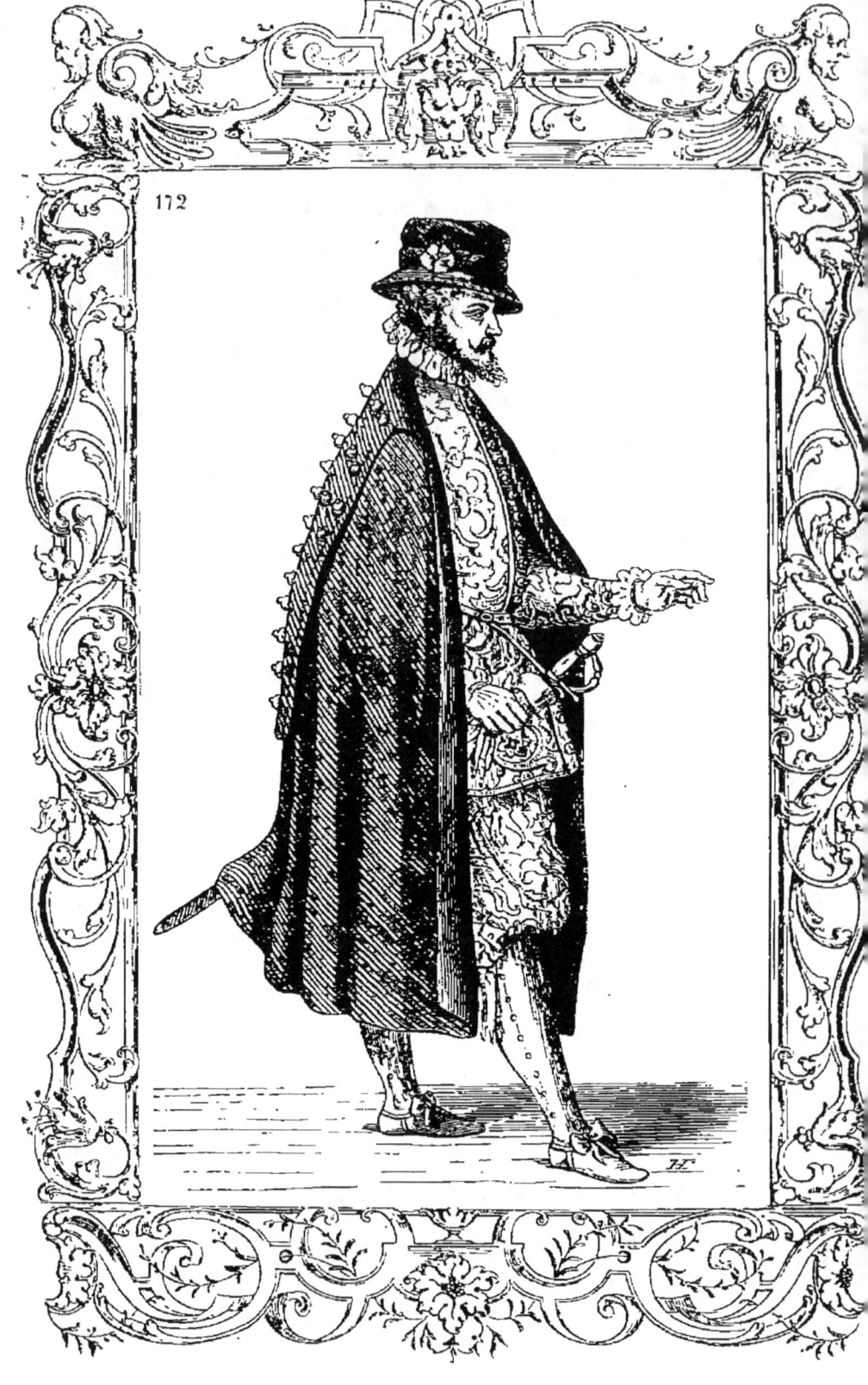

GENTIL' HUOMO MODERNO MILANESE.

Gentil'huomini moderni usano un cappello ò vero una berretta di seta. Per lo più, portano le cappe assai longhe, maniche strette, et braghesse alla sivigliana, molto grandi, di seta ò vero di panno conforme alla stagione. Le calzette sono di seta, et legate con poste molto grandi; i capi delle quali sono ornati ò di trine ò vero di bottoncini che pendono gratiosamente.

GENTILHOMME MODERNE DE MILAN.

Les gentilshommes modernes portent un chapeau ou bonnet de soie, et, le plus souvent, une cape très-longue avec des manches étroites. Leurs culottes a la sévillane, très-grandes, sont de soie ou bien de drap, selon la saison. Ils ont des bas de soie attachés avec des liens à rosette, et dont les bouts sont ornés de crépine ou bien de petites boules qui pendent gracieusement.

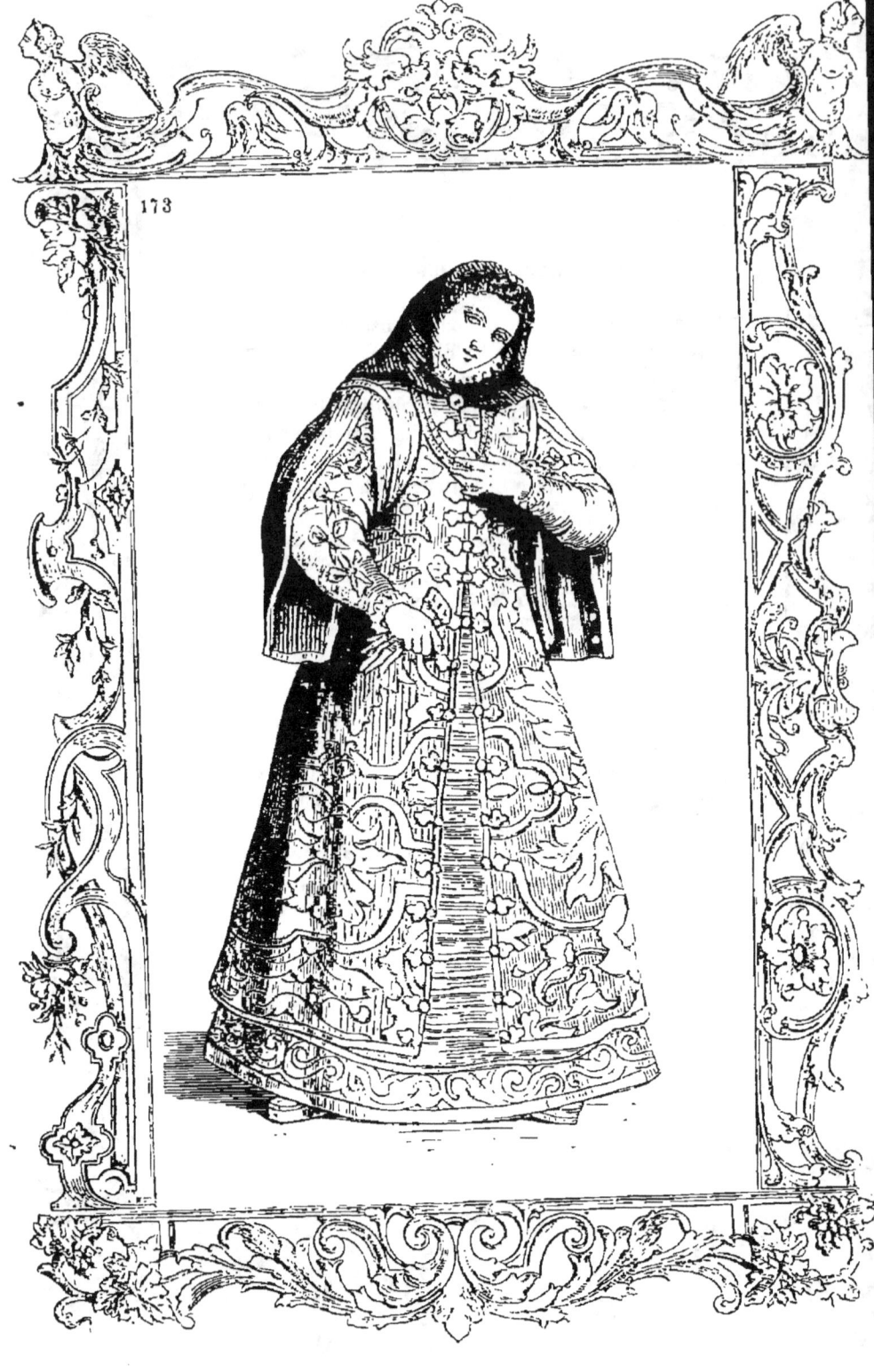

MATRONE NOBILI MILANESI ET D'ALTRI LUOGHI DI LOMBARDIA.

Portano le nobili matrone milanesi la testa coperta con ormesino di colore ò nero, secondo che à loro più piace, che non gli lascia veder altro che alcuni ricetti à torno la fronte et alcune lattughe al collo; usano alcune Romane lunghe una quarta sopra terra di damasco figurato ò velluto ad opera, le quali sono allacciate con bottoni d'oro fino alla cintura, et da quella fino a i piedi sono aperte, per le cui aperture si vedono sotto alcune sottane d'ormesino lunghe fino in terra con alcune fasce di velluto figurato, overo di broccato d'oro. Le zimarre di sopra hanno le maniche aperte et le braccia vestite con le maniche delle sottane; usano pianelle, ma non troppo alte, et così se ne vanno.

MATRONES NOBLES DE MILAN ET AUTRES LIEUX DE LOMBARDIE.

Les nobles matrones de Milan enveloppent leur tête de moire de couleur ou noire, selon leur goût, et ne laissent voir que de petites boucles de cheveux autour du front, et quelques plis au cou. Quelques-unes portent le vêtement à la romaine, tombant au-dessus des pieds, de damas ou de velours ouvragé, qu'elles attachent avec des boutons d'or fin jusqu'à la ceinture; à partir de là jusqu'en bas, il présente une ouverture qui laisse voir une robe de moire traînante, avec des bandes de velours ouvragé ou de brocart d'or. La simarre a les manches ouvertes, et les bras sont couverts des manches de la robe. Elles portent des sandales, mais pas trop hautes, et c'est ainsi qu'elles sortent.

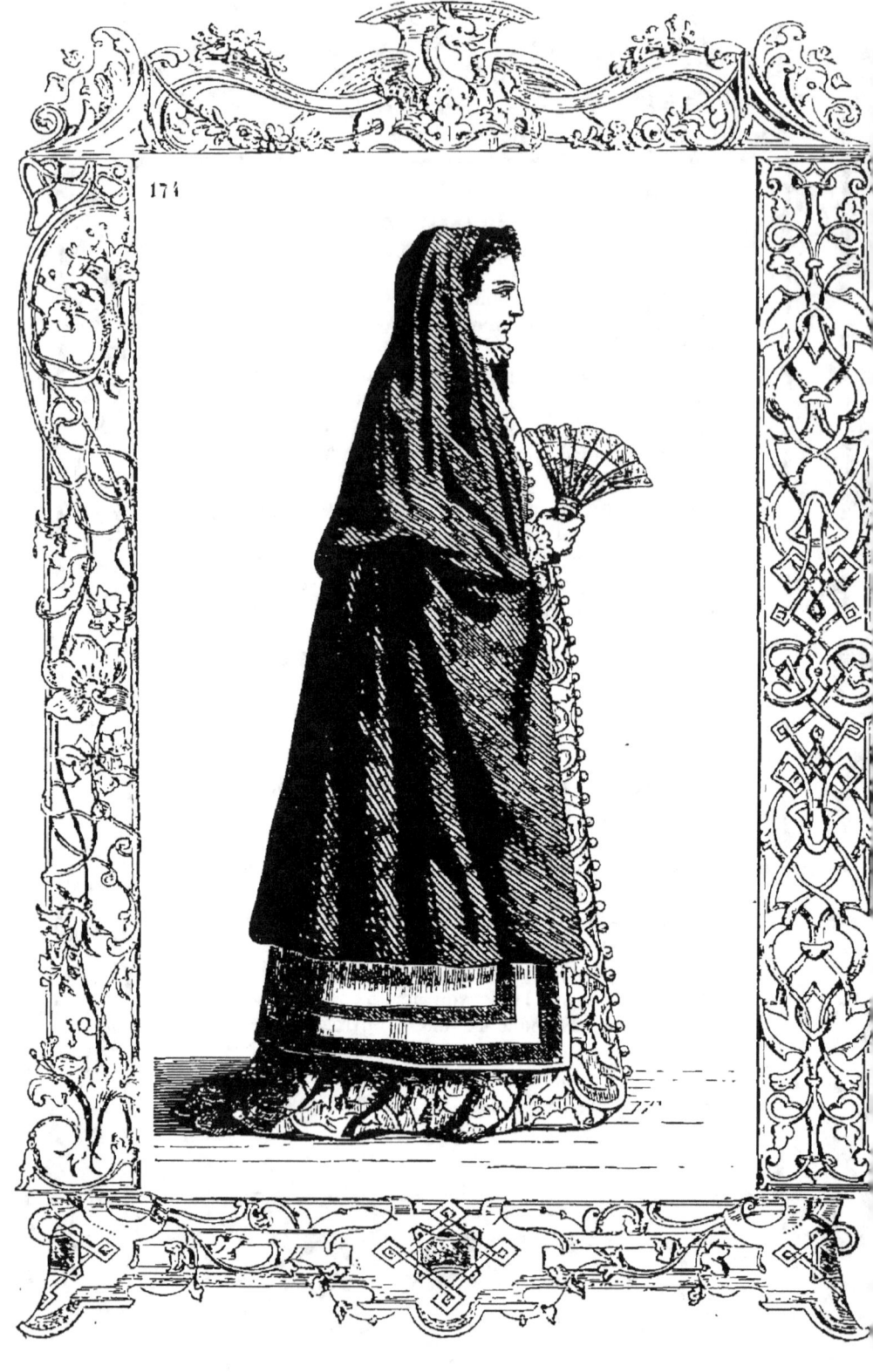

ALTRO HABITO DELLO STATO DI MILANO ET DI LOMBARDIA.

VI sono alcune donne che usano una sottana di broccatello di seta, serrata dinanzi con bottoni fino à terra, con busto alto, serrato, et accollato con belle et bianchissime lattughine fatte all' aco, al collo et alle mani. Portano una robba di seta di color nero, fregiata di velluto, aperta dinanzi, non di molta lunghezza, ornata al petto et al collo di una catena d' oro, et manili con pendenti à gli orecchi. L' acconciatura della testa è piena di pulitezza et honestà. Portano ancora un manto simile alle Venetiane (dalle quali è chiamato), cappa di seta fina stoccata nera; questo scendea dal capo fino à mezza gamba. In mano portano un ventaglio, et la veste è con alquanto di strascino.

AUTRE COSTUME DE L'ÉTAT DE MILAN ET DE LA LOMBARDIE.

QUELQUES femmes portent un vêtement de brocatelle de soie, attaché devant et jusqu'en bas par une rangée de boutons, avec le corsage haut et fermé; des plis beaux et blancs entourent le cou et les poignets. La robe est de soie, couleur noire, ornée de velours et ouverte un peu sur le devant. Elles ont au cou et sur la poitrine une chaîne d'or, des pendants aux oreilles et des bracelets aux poignets. Leur coiffure est élégante et modeste; elles portent encore un manteau, dit à la vénitienne, de soie fine et noire, qui descend de la tête jusqu'à mi-jambe. Elles tiennent un éventail à la main, et leur robe a une petite queue.

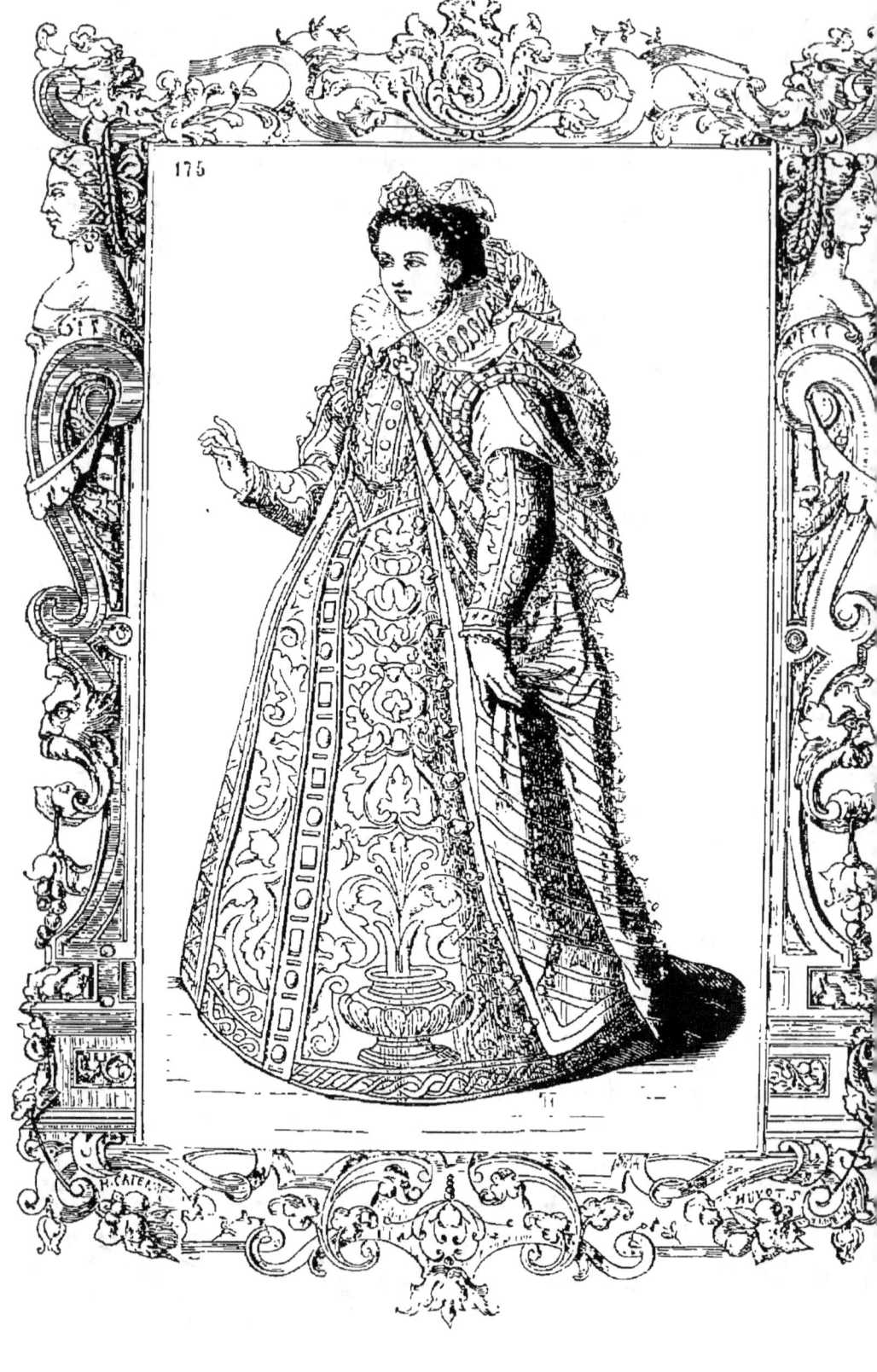

HABITO DELLE DUCHESSE DI PARMA O D'ALTRE SIGNORE DI TUTTA ITALIA.

Queste tali donne portano una acconciatura di testa con alcuni ricci, et le treccie molto ben accommodate à torno la fronte, con alcune gioie et fiori di seta lavorati sottilissimamente. Sopra essi capelli dalla parte di dietro appuntano un bel velo con bellissima garbatura di seta vergato d' oro, con trine pur d' oro attorniato, qual scende dal capo et cuopre tutta la zimarra ò sopraveste; et un capo di esso velo è tirato sotto il braccio sinistro et è attaccato sopra il petto. La zimarra ò sopraveste che portano è di rasetti vergati ò velluti stampati, ornata di passamani d' oro, et è lunga fino in terra. Usano molte gioie, bottoni d' oro et di perle, catene et faldiglie che tengono le vesti larghe. Quest' habito è anco usato quasi per tutta Italia.

COSTUME DES DUCHESSES DE PARME OU D'AUTRES GRANDES DAMES DE TOUTE L'ITALIE.

La coiffure de ces dames se compose de quelques boucles de cheveux et de tresses gracieusement disposées autour du front, avec quelques joyaux et des fleurs en soie très-bien faites. Par derrière elles attachent à cette coiffure un joli voile en soie, vergé d'or et bordé aussi de ganses d'or, qui tombe de la tête et couvre l'habit de dessus; un bout de ce voile, ramené sous le bras gauche, vient se fixer sur la poitrine. Le vêtement de dessus, de satin rayé ou de velours à dessins, est orné de galons d'or et descend jusqu'à terre. Elles font un grand usage de bijoux, de boutons d'or, de perles, de chaînes, et même de bouffantes, ce qui donne aux habits beaucoup d'ampleur. Ce costume est encore porté dans presque toute l'Italie.

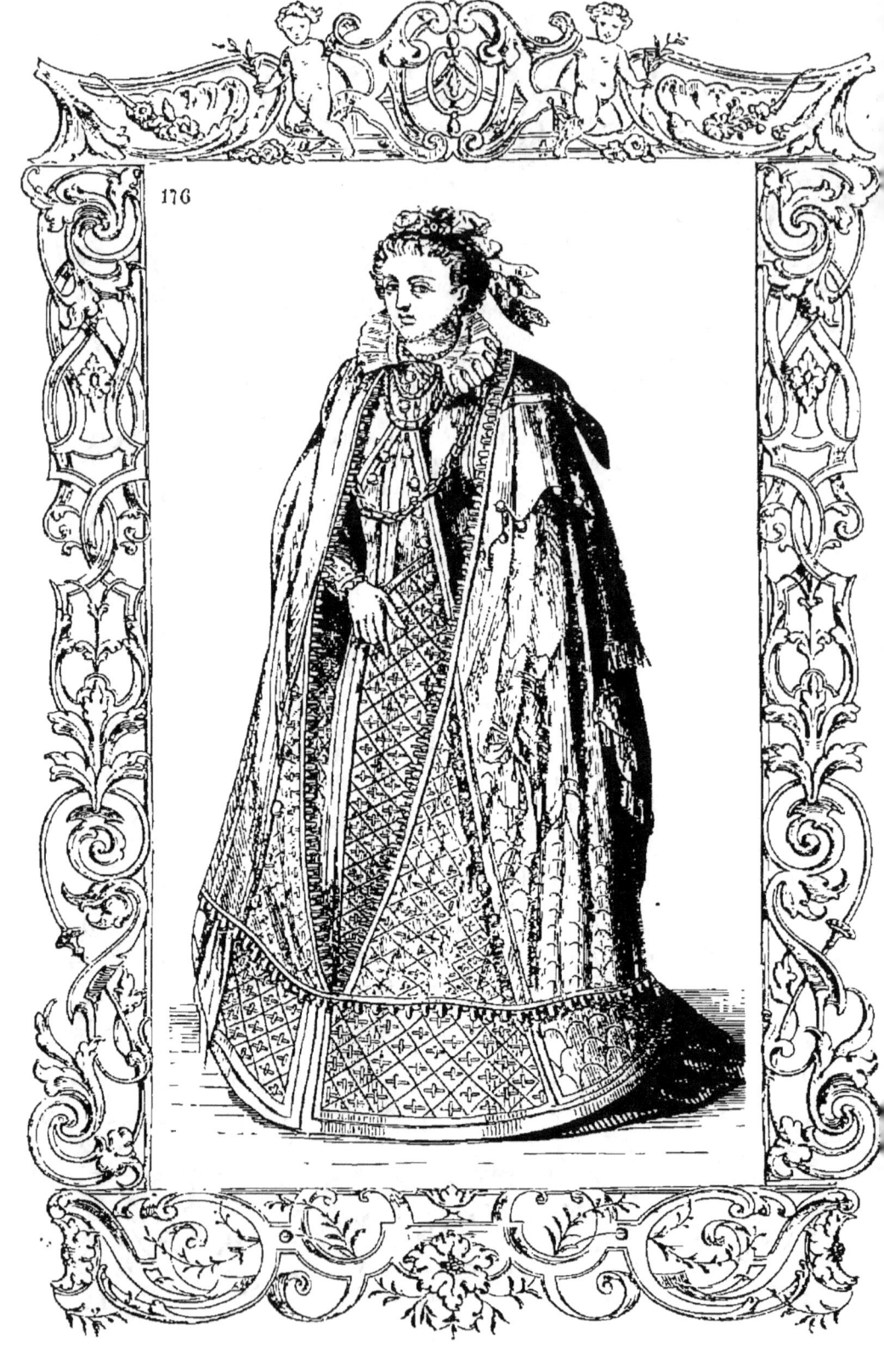

DELLE MATRONE ET SIGNORE PRINCIPALI PARMEGIANE.

Uesto habito del presente ritratto non è molto differente da quello prossimo sopraposto. Il conciero di testa di queste dunque è che si fanno alcuni ricci à torno alla fronte, et del resto de' capelli fanno treccie quali avvolgono con bel disegno à torno il capo ornandolo di cordelline di seta et oro, facendo à modo di una rosa i capelli della fronte; delle quali alcune ne lasciano pender con un veletto vergato d'oro con trine sventolando. Usano gli orecchini d'oro con gioie et perle à torno del collo, sopra de' quali cadono bellissime lattughe di camicia con bei lavori et merli d'aco, le quali sono arricchite da belle collane d'oro con gioie diverse, che scendono loro giù sopra il petto. Si vestono di zimarre di ormesino bianco ò d'altro colore, fatte con bellissima opera, le quali portano aperte dal petto in giù, et lunghe fino à terra, cariche di bottoni d'oro ò di cristallo.

MATRONES ET DAMES PRINCIPALES DE PERGAME.

Ce vêtement diffère peu de celui qui précède. Quelques cheveux sont frisés sur le front, et les autres forment des tresses qui dessinent de gracieux replis sur la tête, avec des cordelettes de soie et d'or qui donnent aux cheveux du front la disposition d'une rose. Elles laissent pendre quelques-unes de ces cordelettes avec une voilette flottante, vergée d'or et garnie de crépine. On leur voit des boucles d'oreilles d'or ornées de pierres précieuses, et des colliers sur lesquels se rabattent de la dentelle et une collerette d'un travail élégant; puis des chaînes d'or avec des pierres précieuses descendent sur la poitrine. La simarre, de moire blanche ou d'autre couleur, à jolis dessins, chargée de boutons d'or ou de verre, s'ouvre par devant à partir de la poitrine jusqu'en bas, et tombe à terre.

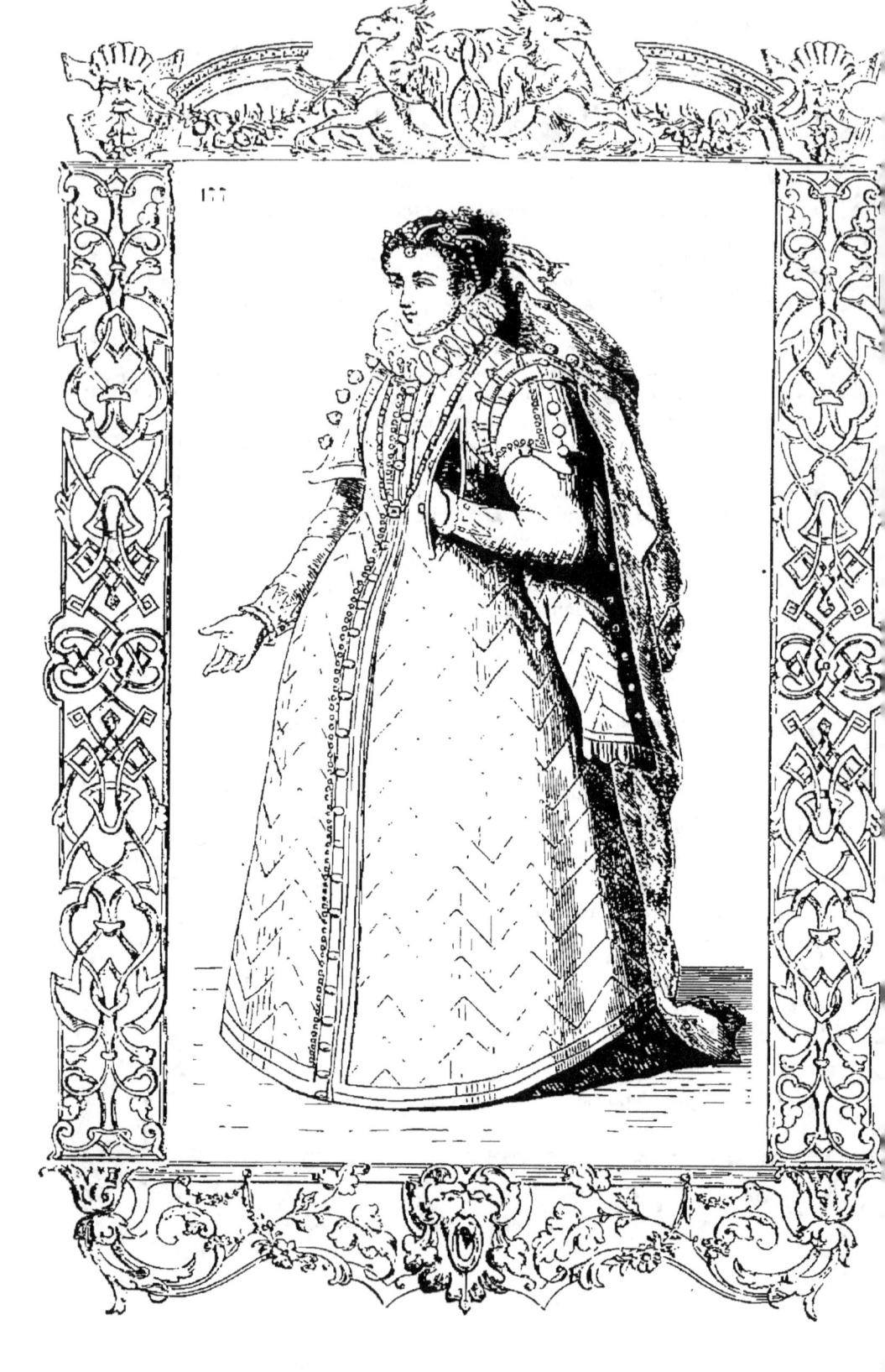

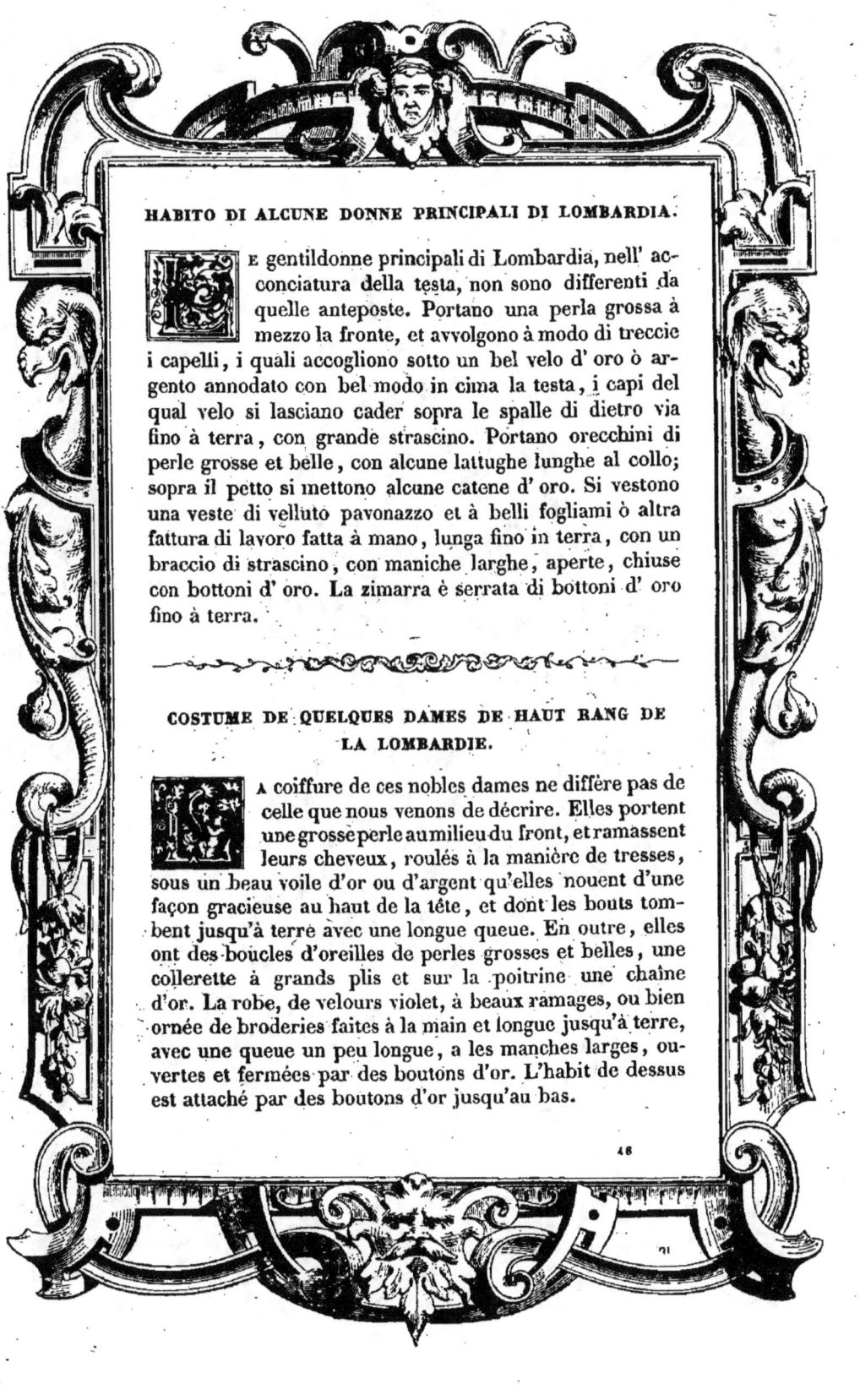

HABITO DI ALCUNE DONNE PRINCIPALI DI LOMBARDIA.

Le gentildonne principali di Lombardia, nell' acconciatura della testa, non sono differenti da quelle anteposte. Portano una perla grossa à mezzo la fronte, et avvolgono à modo di treccie i capelli, i quali accogliono sotto un bel velo d' oro ò argento annodato con bel modo in cima la testa, i capi del qual velo si lasciano cader sopra le spalle di dietro via fino à terra, con grande strascino. Portano orecchini di perle grosse et belle, con alcune lattughe lunghe al collo; sopra il petto si mettono alcune catene d' oro. Si vestono una veste di velluto pavonazzo et à belli fogliami ò altra fattura di lavoro fatta à mano, lunga fino in terra, con un braccio di strascino, con maniche larghe, aperte, chiuse con bottoni d' oro. La zimarra è serrata di bottoni d' oro fino à terra.

COSTUME DE QUELQUES DAMES DE HAUT RANG DE LA LOMBARDIE.

La coiffure de ces nobles dames ne diffère pas de celle que nous venons de décrire. Elles portent une grosse perle au milieu du front, et ramassent leurs cheveux, roulés à la manière de tresses, sous un beau voile d'or ou d'argent qu'elles nouent d'une façon gracieuse au haut de la tête, et dont les bouts tombent jusqu'à terre avec une longue queue. En outre, elles ont des boucles d'oreilles de perles grosses et belles, une collerette à grands plis et sur la poitrine une chaîne d'or. La robe, de velours violet, à beaux ramages, ou bien ornée de broderies faites à la main et longue jusqu'à terre, avec une queue un peu longue, a les manches larges, ouvertes et fermées par des boutons d'or. L'habit de dessus est attaché par des boutons d'or jusqu'au bas.

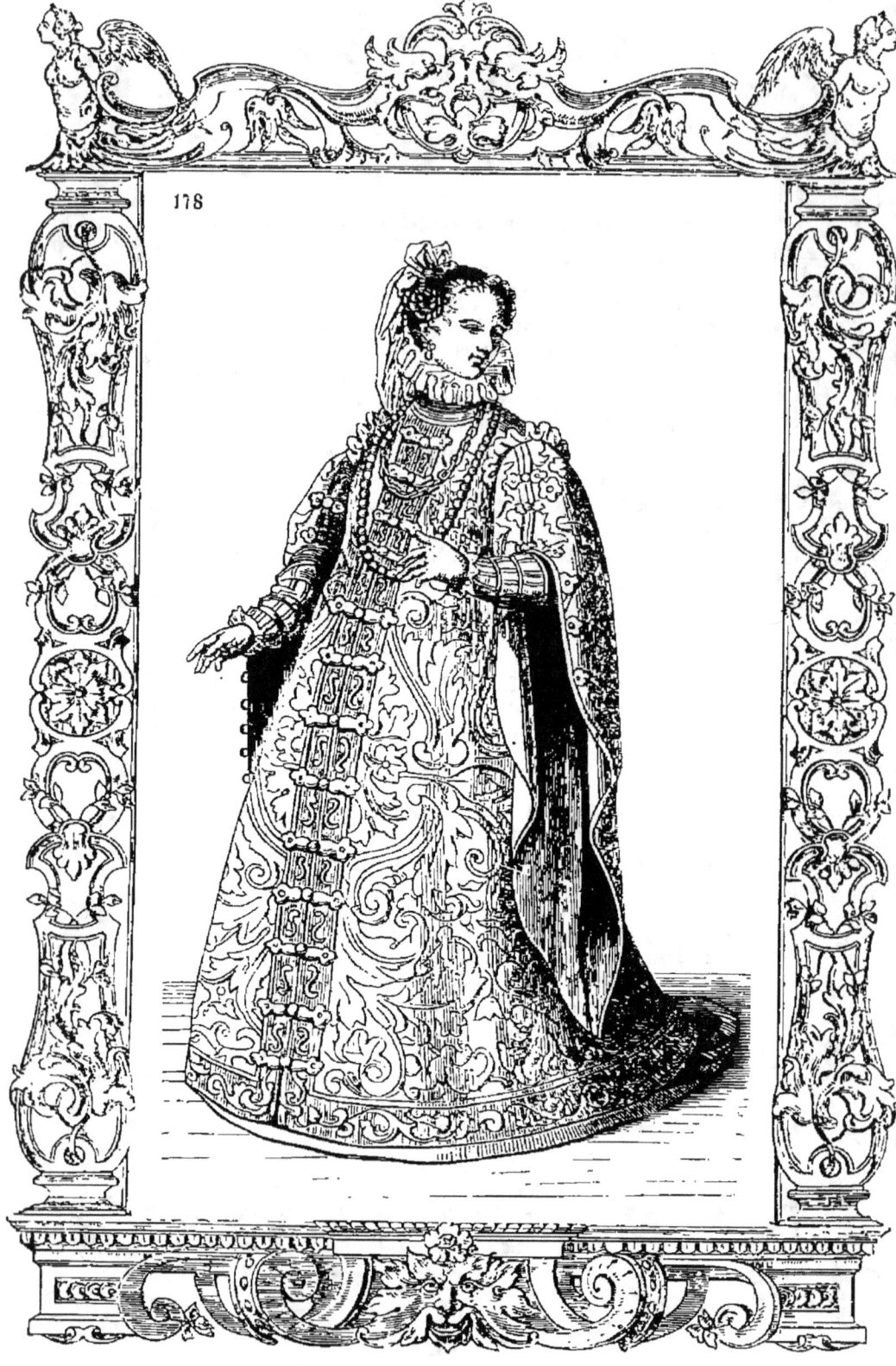

HABITO D' ALCUNE GENTILDONNE PRIVATE DI LOMBARDIA.

Queste gentildonne portano una acconciatura di testa molto pulita; si fanno alcuni riccetti attorno la fronte, et si accolgono le treccie attorno alla parte di dietro con bel disegno, con alcune rose finte di cordelle di seta; sopra poi accommodano un veletto qual scende loro dietro le spalle. Portano alcune lattughe di camicia al collo, molto belle, di tela di renso, bianchissime; la veste è di raso ò d'altro, lunga fino à terra, et con marizzo ad onda, et bottoni d'oro dal collo fino a' piedi, la qual veste ha maniche larghe aperte molto differenti da gli altri habiti, attaccate al busto con bottoni d'oro. Le braccia sono vestite del colore della sottana con alcuni taglietti molto puliti, et del resto sono molto ornate di catene et gioie, et di molto honesto strascino.

COSTUME DE QUELQUES FEMMES NOBLES DE LA LOMBARDIE.

La coiffure de ces dames est fort élégante; elles frisent les cheveux autour du front, et forment des tresses qu'elles disposent d'une façon gracieuse sur le derrière de la tête, sans oublier des roses artificielles faites avec des cordelettes de soie. Cette coiffure est complétée par une voilette qui tombe sur les épaules. Une belle collerette de linon entoure le cou. La robe, de satin ou d'autre étoffe, ondoyante et longue jusqu'à terre, est fermée par des boutons depuis le cou jusqu'au bas; les manches, longues, ouvertes et très-différentes de celles des autres habits, s'attachent au corsage par des boutons d'or. L'étoffe qui couvre les bras est de la même couleur que celle de la robe, et porte quelques jolis crevés. Du reste, ces femmes sont couvertes de chaînes et de joyaux; leur robe n'a qu'une queue très-courte.

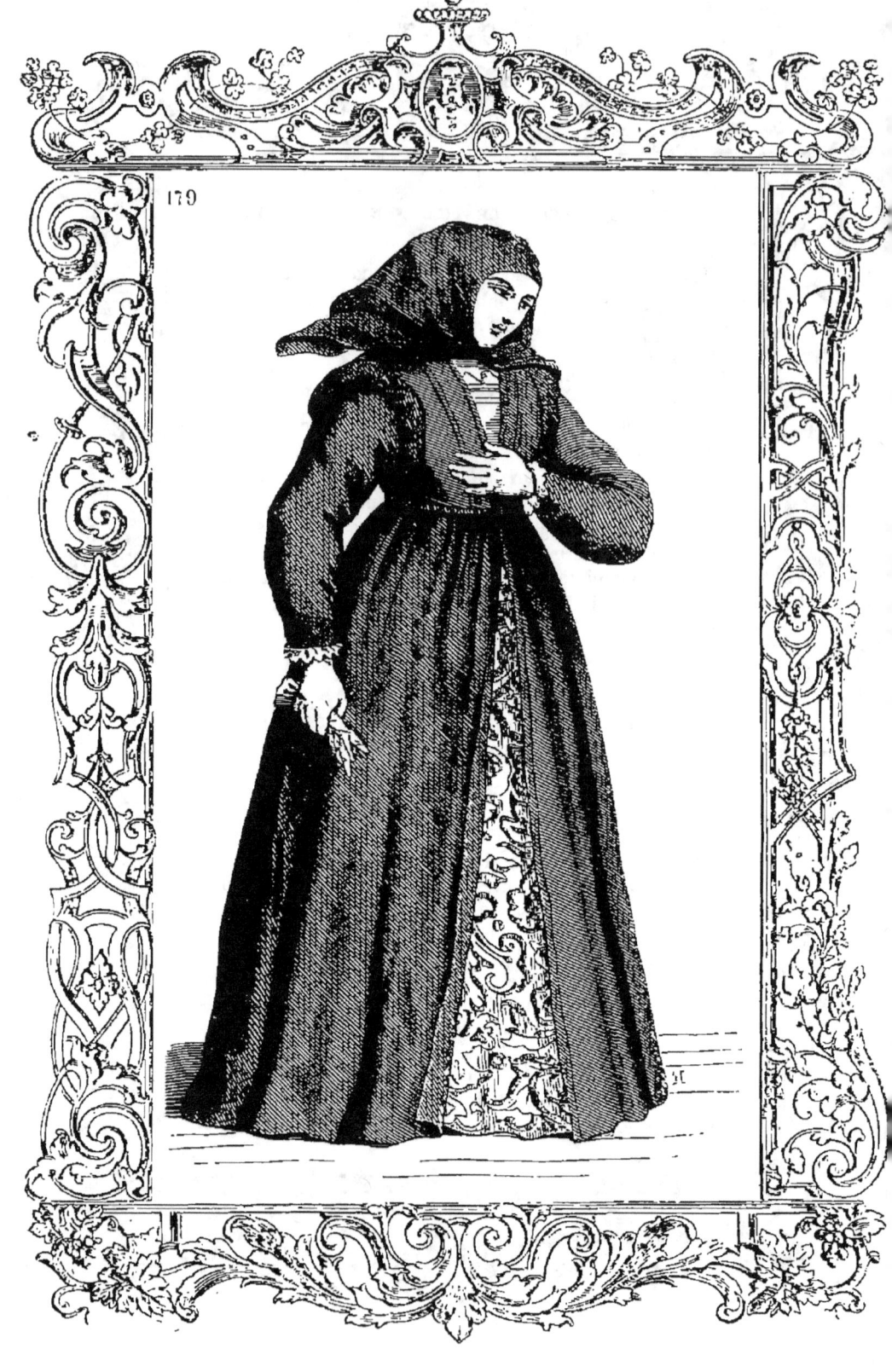

DELLE DONNE DI MEDIOCRE CONDITIONE.

Hanno per usanza queste donne di mediocre conditione di portar una veste longa fino a' piedi, negra, di seta, ò ciambellotto, ò pur di panno, cinta nella cintura con una bindella di seta, et aperta fino in terra; per la quale apertura si vede una sottana di panno riccamata di altro panno ò seta colorata. Portano in capo un pezzo d'ormesino negro legato sotto la gola, che cuopre tutto il capo à modo di capuccio, il quale lasciano pendere et raccomandano al vento.

FEMMES DE MÉDIOCRE CONDITION.

Ces femmes portent un vêtement de soie noire, de camelot ou de drap, long jusqu'à terre, ouvert jusqu'en bas, et qui a un ruban de soie pour ceinture. L'ouverture laisse voir une robe de drap brodée d'autre drap ou de soie rouge. Toute la tête est enveloppée d'un morceau de moire attaché sous le cou, qu'elles laissent pendre et flotter au vent.

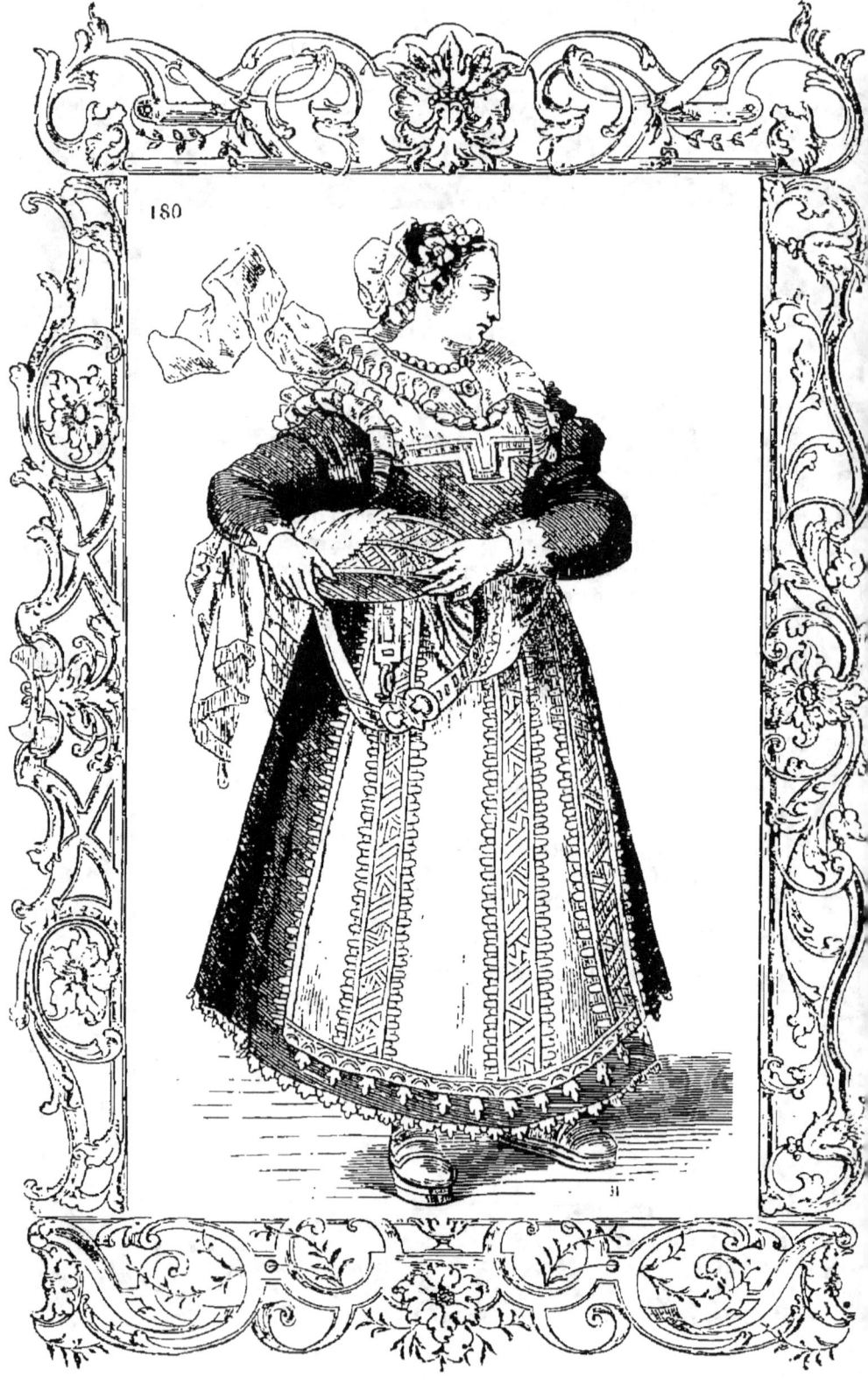

DELLE DONZELLE CONTADINE ET ARTIGIANE DI PARMA.

Le contadine ò artigiane di Parma et altri contorni di Lombardia si ornano il capo con alcune bindelle di seta di colore, le quali legano a' capelli, sopra i quali appuntano un bel velo che cuopre il resto de' capelli, et la fine di esso, essendo molto lungo, lasciano che penda raccomandandolo al vento. Portano al collo alcuni tondini d'argento ò coralli, et hanno camicia con lattughe, ma non troppo alte. Vestono un guarnello di tela di lino bianco et sottile, et lavorato di seta di colore à liste, con un busto duro et forte. Portano le maniche del medesimo con braccialetti con veli. Usano pianelle basse di colori diversi, ma per la maggior parte bianche, et alcune cinture di velluto con fibbie d'argento dorate.

JEUNES FILLES DE LA CAMPAGNE ET FEMMES D'ARTISANS DE PARME.

Les paysannes ou femmes d'artisans de Parme et d'autres lieux des environs de la Lombardie ornent leur tête de quelques rubans de soie de couleur, qu'elles attachent aux cheveux; en outre, elles couvrent le reste de la chevelure d'un voile dont le bout, très-long, flotte au vent. Des ronds d'argent ou de corail ornent leur cou, et la chemise forme des plis peu hauts. Elles portent un jupon de toile de lin blanche et fine, orné de dessins en soie de couleur à bandes, avec un corsage roide et fort. Les manches sont de la même étoffe. Elles portent encore des bracelets à voiles, des sandales basses de couleurs diverses, mais blanches le plus souvent, et des ceintures de velours avec des boucles d'argent doré.

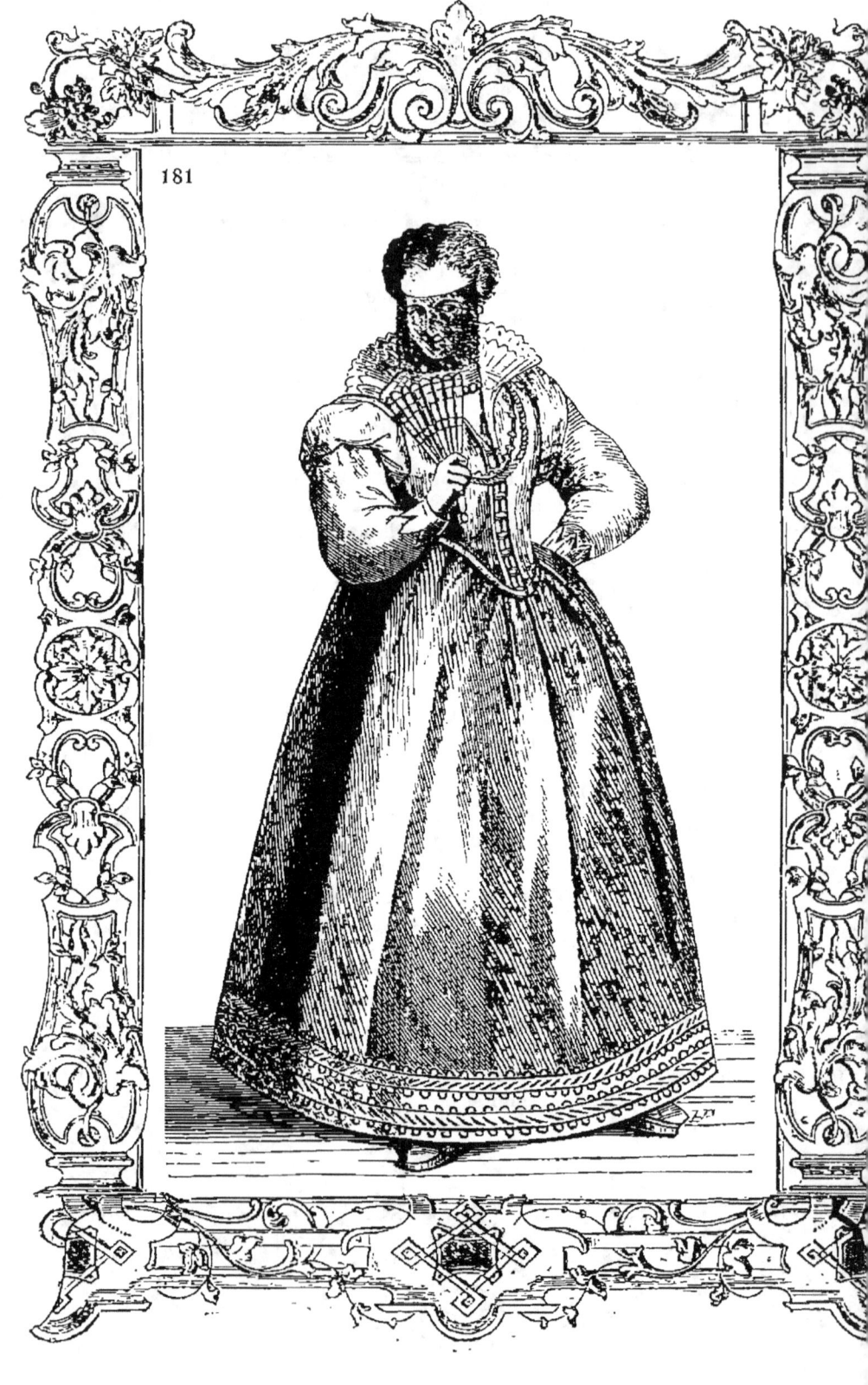

MATRONA DI PIEMONTE IN TURINO.

Le donne maritate di Turino, di qualche grado ò conditione, vestono manti di seta tessuti ad opere diverse, simili alle Spagnuole. Le sottovesti sono di broccato di seta di colori finissimi et di molta spesa. Si cuoprono la testa con un cappellone di paglia finissima et di valuta, lavorato con grandi lavori et molto sottili. I capelli poco si vedono, perche stanno serrati in una rete d'oro. I busti delle vesti sono alti. Tengono le maniche delle vesti di sopra aperte, et in fine di esse sono legate, et dentro vi mettono il fazzoletto. Il cinto loro è d'oro fatto à bella foggia et lungo. I collari delle camicie sono fatti à lattughe, et portano al collo perle et altri ornamenti.

MATRONE DE TURIN.

Les femmes mariées de Turin, d'une condition un peu relevée, portent un mantelet de soie à dessins divers et semblable a celui des Espagnoles. Les jupes sont de soie de belles couleurs et coûtent fort cher. Elles portent un grand chapeau de paille fine et chère, d'un travail élégant et délicat. Les cheveux se voient peu, enfermés qu'ils sont dans un filet d'or. Les corsages montent haut. Les manches de l'habit de dessus restent ouvertes et sont attachées aux extrémités pour servir a mettre le mouchoir. Leur ceinture, toute d'or et longue, est d'un riche travail. La partie supérieure de la chemise forme collerette. Elles portent des colliers de perles et d'autres ornements.

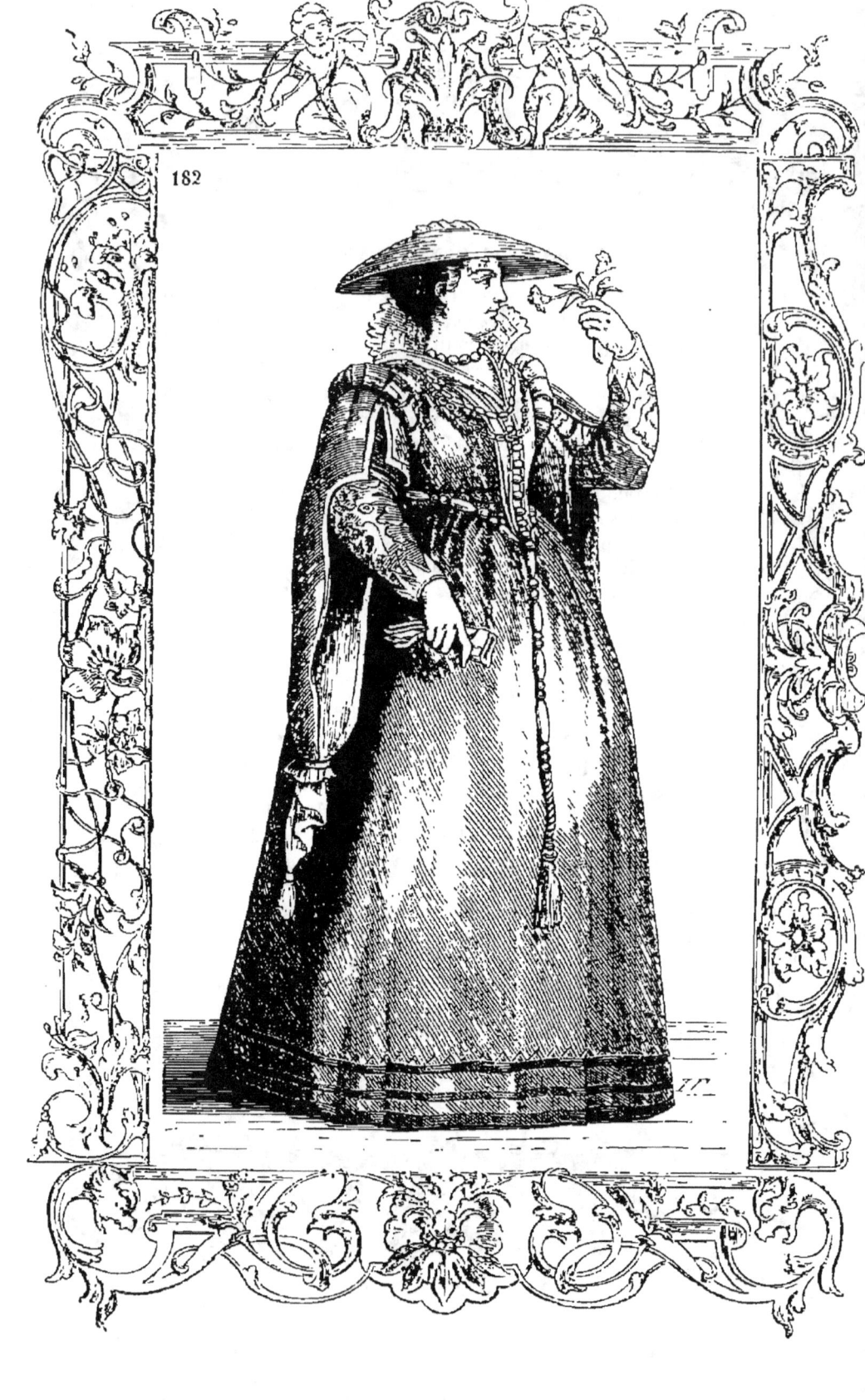

DONZELLE DI TURINO.

Le donzelle di Piemonte sono assai piacevoli e honeste, et vestono un' habito simile al milanese et al francese, quanto all' acconciatura della testa; ma i capelli sono di sua natura senza alcuna sorte d' artificio. Nell' andar fuori di casa si cuoprono la faccia con un pezzo d' ormesino, ò di velo, ò altra sorte di tela sottile, alla qual tela ò ormesino fanno due buchi à gl' occhi, et un' altro alla bocca et al naso, et per quelli vedono come fanno i mascherati. Vanno molto strette ne' fianchi et nella cintura, che rende stupore a i riguardanti. I busti che portano sono attillati et alti con un pizzo, ò punta, assai lungo verso l' ombelicolo. Le vesti sono rasi, ò velluti, ò canevaccie di seta et anco ciambellotto, lunghe fino a' piedi. Portano ancora ventagli in mano, et usano lisciarsi assai et farsi belle.

JEUNES FILLES DE TURIN.

Les jeunes filles du Piémont, très-gracieuses et fort honnêtes, ont une coiffure semblable à celle des Milanaises et des Françaises; mais leurs cheveux ne sont relevés par aucun ornement artificiel. Lorsqu'elles sortent de leur maison, elles couvrent leur visage d'un morceau de moire, d'un voile ou d'une étoffe très-fine, qui a, pour les yeux, le nez et la bouche, des ouvertures par lesquelles elles voient comme font les personnes masquées. Leurs habits sont très-étroits sur les côtés et à la ceinture, au point qu'ils étonnent ceux qui les voient. Les corsages, hauts, élégants, se terminent en bas par une pointe, et leurs robes, de velours, de satin, de soie ou de camelot, tombent sur les pieds. Elles tiennent un éventail à la main; du reste, elles aiment beaucoup le fard et les parures.

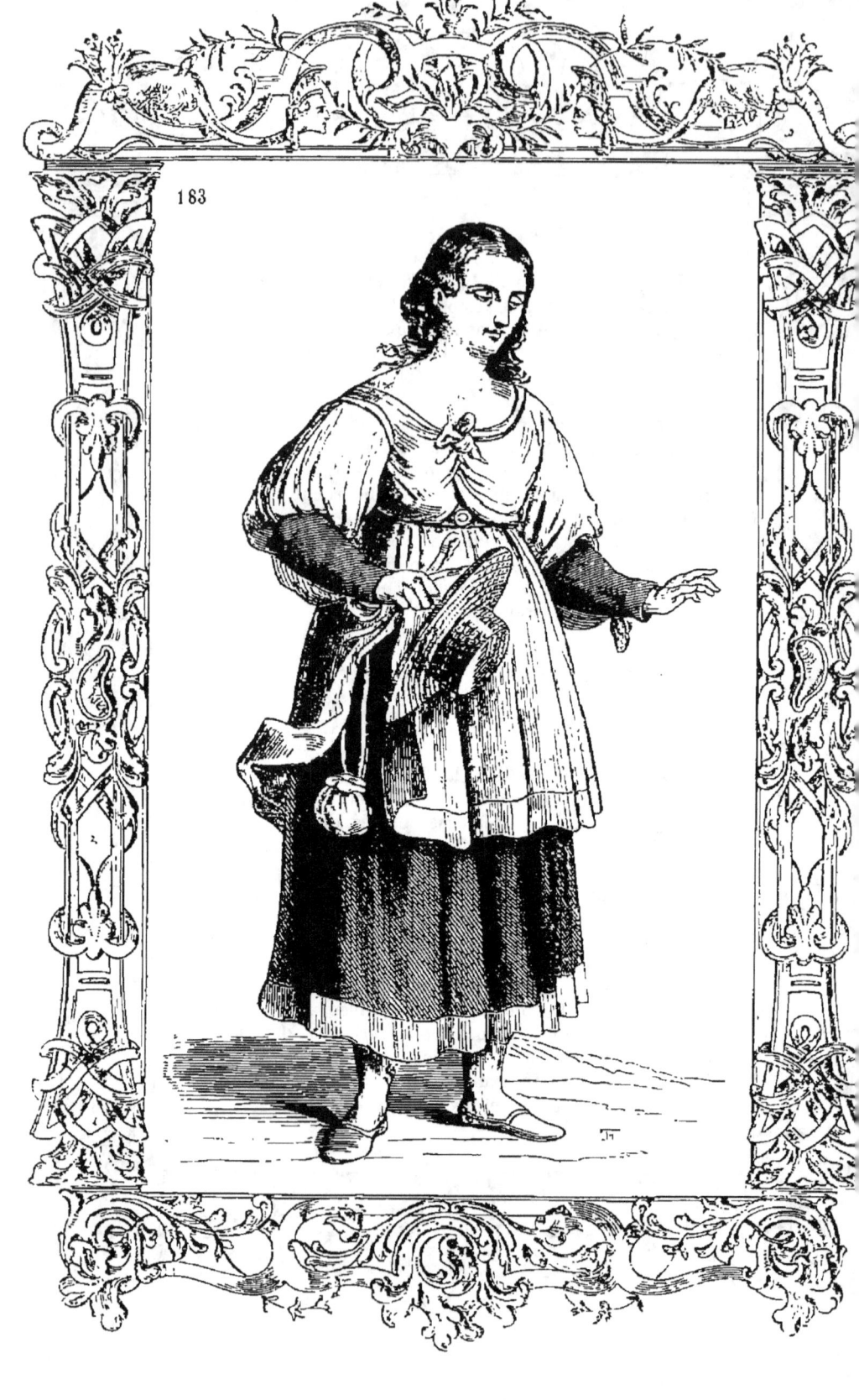

HABITO DI DONNA ANTICA GENOVESE.

L'Habito antico di Genova delle donne era che portavano due vesti, una delle quali era corta fino alle ginocchia, aperta da' fianchi, cinta sotto al petto; l'altra era più lunga, senza busto, di seta tutta listata di velluto di diversi colori. Usavano ancora alcune un grembiale davanti del medesimo ò di tela sottile, con altre liste simili. Le maniche delle vesti erano molte larghe et crespe fino al gomito, ma da quello in giù fino alla mano erano strette et aperte, dove pendevano le bianche maniche della camicia, che per esser tanto larghe facevano alcune crespe. Portavano i capelli sparsi giù per le spalle, ma pure alquanto involti et legati, che del tutto non cascavano alla distesa, et in mano un cappello per difendersi cosi alle volte dal sole come anco dalla pioggia. Gli pendeva una borsa dalla cintura, assai larga, entro la quale portavano danari da spendere, con alcune cosette molto necessarie alle donne.

ANCIEN COSTUME DES FEMMES DE GÊNES.

Les femmes de Gênes portaient autrefois deux habits : l'un, ouvert sur les côtés et serré par une ceinture au-dessous de la poitrine, descendait jusqu'aux genoux; l'autre, plus long, sans corsage, était en soie toute rayée de velours à couleurs diverses. Elles avaient encore un tablier de la même étoffe ou de toile fine, avec des bandes semblables. Les manches, très-larges et bouffantes jusqu'aux coudes, étaient, a partir de la jusqu'a la main, étroites et ouvertes; c'est par cette ouverture que sortaient les manches de la chemise, auxquelles, à cause de leur ampleur, on faisait quelques froncés. Elles portaient les cheveux épars sur les épaules, mais un peu roulés et retenus par des liens pour les empêcher de flotter entièrement; le chapeau, qu'elles tenaient a la main, servait à les protéger contre le soleil et la pluie. A leur ceinture pendait une grande bourse, dans laquelle elles mettaient l'argent qu'elles devaient dépenser et beaucoup de petites choses nécessaires aux femmes.

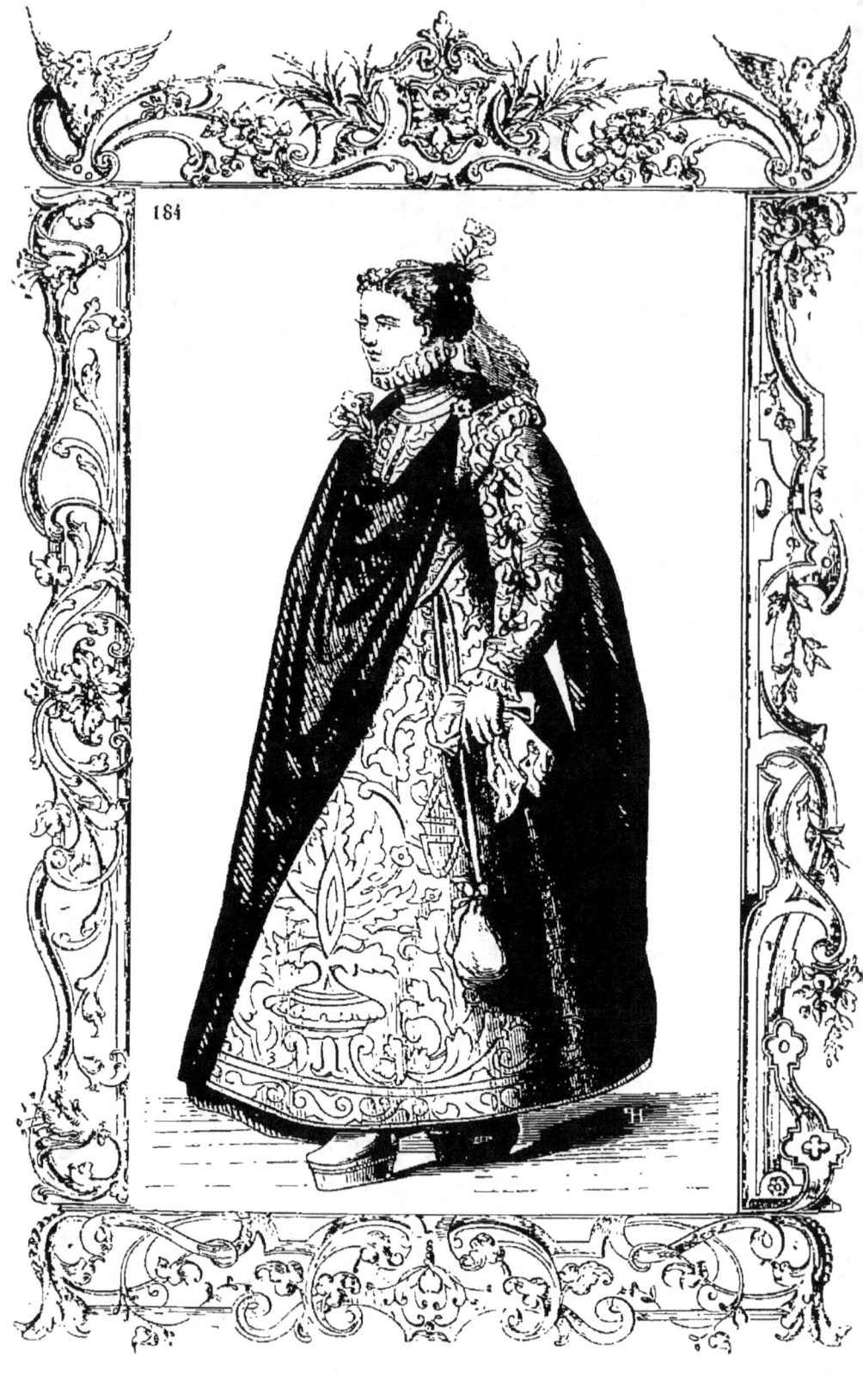

HABITO MODERNO DI DONNA NOBILE GENOVESE.

Le donne nobili di questa città usano quel conciero di testa con ornamenti di fiori, de' quali sempre abonda la città. In capo portano un velo vergato gialletto, che loro pende di dietro; la veste stà attaccata à un giuppone di seta bianca ò di finissima tela tessuta con oro. Usano le vesti senza faldiglia di sotto. I zoccoli ò pianelle non sono molto alti. Usano una borsa tutta riccamata con un agusello dell' istesso attaccato alla cintura. Sopra la veste portano una sbernia annodata con una brocca, et di colore diverso dalle loro vesti.

COSTUME MODERNE DES FEMMES NOBLES DE GÊNES.

La coiffure des nobles dames de Gênes se fait remarquer par des ornements de fleurs, dont cette ville abonde. Un voile jaunâtre et rayé tombe de la tête sur les épaules. La robe, moins le corsage, est de soie blanche ou de toile très-fine tissue d'or. Ces femmes ne font pas usage de jupes, et leurs sandales ou soques ne sont pas très-hautes; elles portent, suspendus à la ceinture, une bourse et un étui brodés. Sur la robe elles mettent une *sbernia* (sorte de mante attachée par une agrafe, et dont la couleur diffère de celle des autres habits.

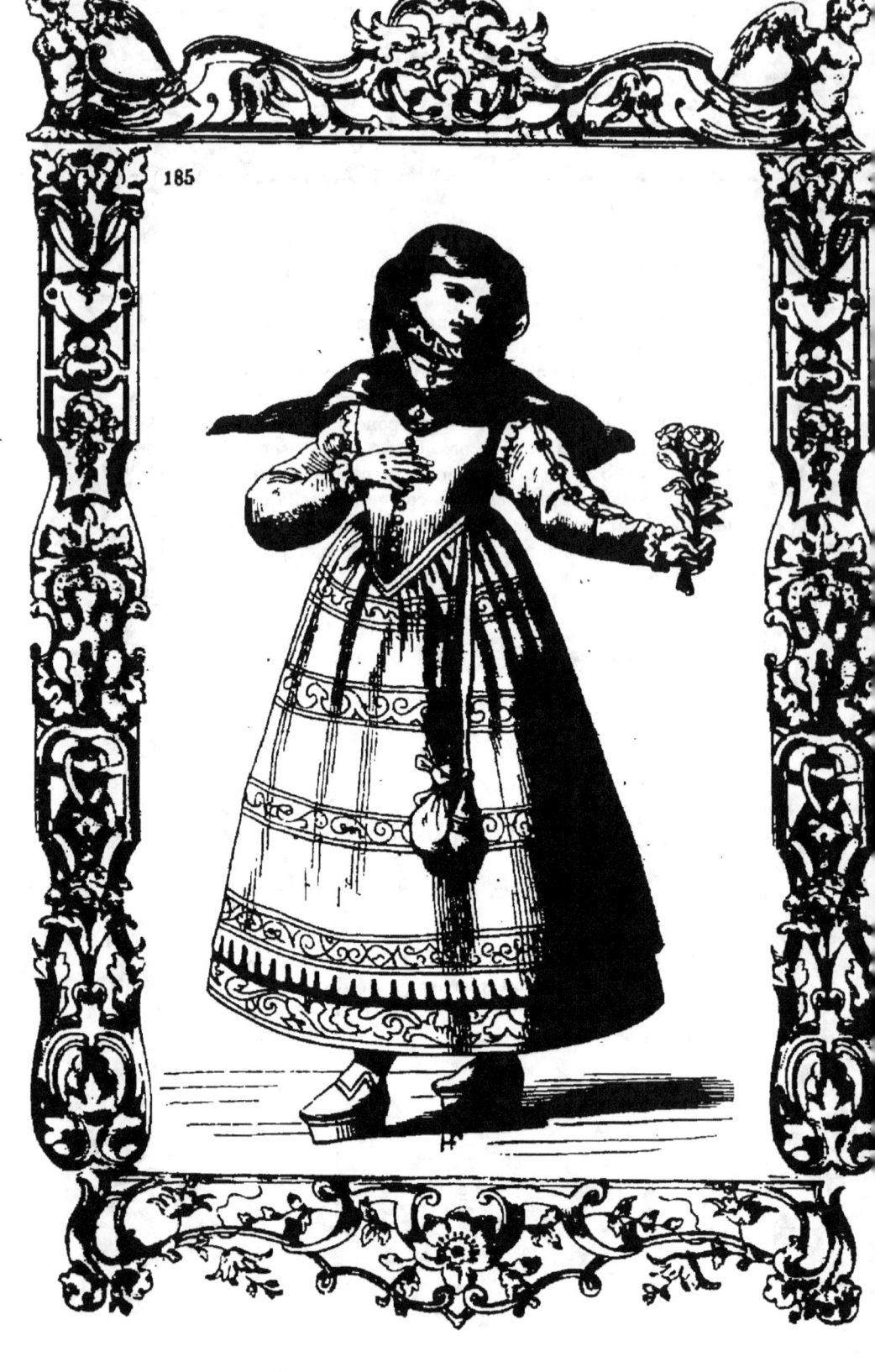

DONNE PLEBEE GENOVESI.

Le altre donne, tanto ignobili come povere et d'ogn'altra qualità, hanno la medesima maniera et proceder delle nobili, ma nel vestir sono alquanto differenti; perche hanno per usanza, andando fuori di casa, portar in capo un pezzo di panno di seta assai sottile, come ormesino ò taffetano di colori diversi, come à loro più piacciono, con il quale facendosi una punta in mezza la fronte, si cuoprono i capelli et le spalle. Si vestono poi un giubbone alto di collo, il quale, serrato sotto la gola, la quale ornano con alcune lattughette di camicia, fa loro bel vedere per l'abbottonatura di seta diversa et la pancetta attillata che si trova esso giubbone havere, le cui maniche sono aperte davanti, ma legate con alcune cordelline di seta diversa. La veste loro è lunga dalla cintura fino al collo de' piedi, in modo che loro si vedono le pianelle non più alte di quattro dita. Dalla cintura pende la borsa et un acoraiuolo, et in mano portano del continuo fiori.

FEMMES DU PEUPLE DE GÊNES.

Les femmes de Gênes, plébéiennes ou pauvres, ne se distinguent des nobles dames que par la manière de se vêtir. Hors de la maison, la classe inférieure porte sur la tête un morceau d'étoffe de soie très-fine, de moire ou de taffetas, à couleurs variées, qui s'allonge en pointe sur le front et couvre les cheveux et les épaules. Elles portent un corsage montant qui se boutonne sous le cou, et une petite collerette plissée. La rangée de boutons en soie diverse et le plastron bien ajusté de ce corsage produisent un bel effet; les manches sont ouvertes au-dessus, mais attachées par des cordelettes de soie à couleurs variées. La jupe tombe à la cheville, de manière à laisser voir leurs sandales, qui n'ont que quatre doigts de hauteur. Une bourse et un étui pendent à leur ceinture; elles tiennent continuellement un bouquet de fleurs à la main.

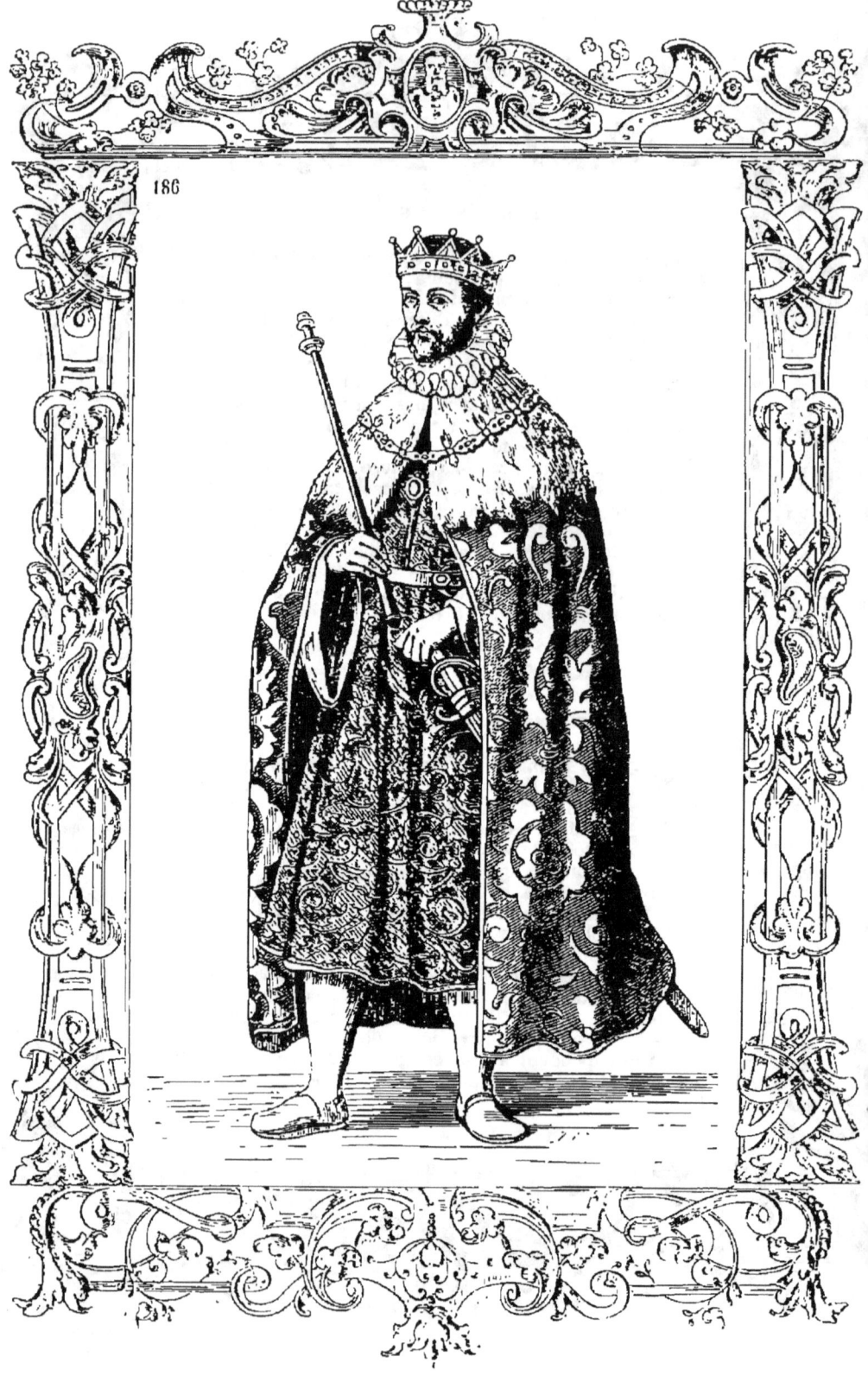

HABITO DEL GRAN DUCA DI TOSCANA.

L' Habito del gran duca di Toscana è differente da quello del prencipe di Venetia nell' ornamento della testa, perche uno porta il corno, et l' altro la corona; nel resto poi convengono quasi del tutto. L' habito ducale dunque di questo prencipe è una corona simile à quella de' rè, ma alquanto più bassa. Copre le spalle con una mozzetta d' armellini. Il manto et la veste di sotto sono di panno d' oro à opera. Tiene in mano lo scettro et la spada à lato in segno di superiorità et giustitia. Il vestito privato poi è in tutto simile à quello de gli altri principali gentil'huomini della città.

COSTUME DU GRAND-DUC DE TOSCANE.

Le costume du grand-duc de Toscane diffère de celui du prince de Venise par l'ornement de la tête; en effet, au lieu du *corno*, il porte la couronne. Pour le reste, le vêtement est le même. La couronne de ce duc ressemble à celle des rois, mais se trouve un peu plus basse. Une palatine d'hermine couvre leurs épaules. Le manteau et la tunique sont de drap d'or à ramages. Il tient le sceptre d'une main, et porte le glaive au côté en signe de supériorité et de justice. Son vêtement privé ressemble en tout à celui des autres principaux gentilshommes de la ville.

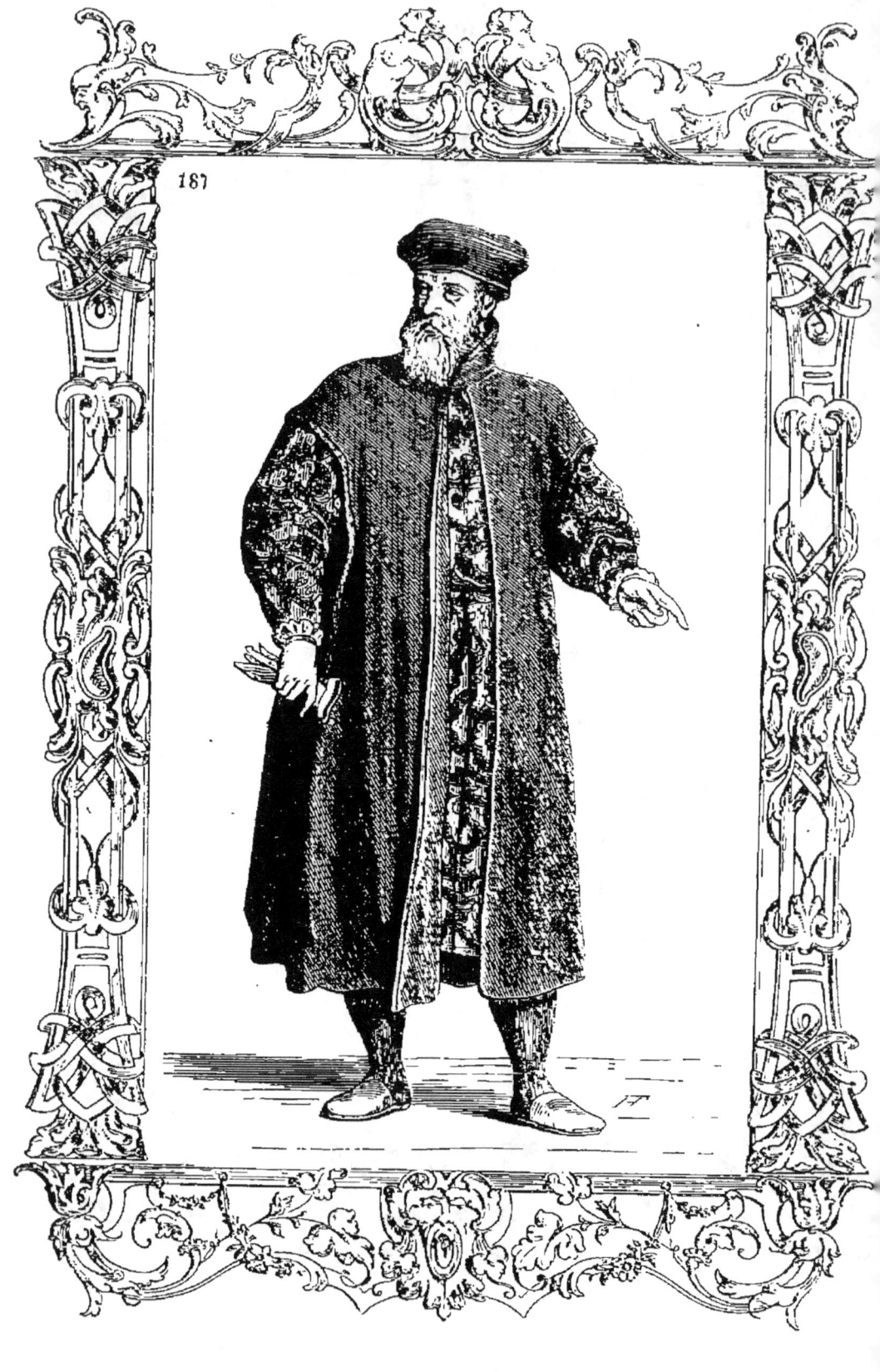

HABITO DE' PRIMI CHE SONO IN MAGISTRATO IN FIRENZE.

Quelli che sono in dignità nella città di Firenze portano alcune vesti dimandate *lucco*, aperte dalle bande et dinanzi, et è tutto foderato di ormesino nero, et sotto hanno una sottana di rascia stampata, ò altra sòrte di drappo figurato, con la quale vestono le braccia. Nel tempo di pioggia portano in testa cappelli d' ormesino, et ne' freddi quelli di feltro. Di sotto vanno cinti con una posta di seta, ò ligaccia nera. Hanno calzette di stame fatte all' aco, et scarpe nere, et sopra pianelle di velluto. Il luogotenente del gran duca et i consiglieri portano detto *lucco* di drappo di raso ò velluto cremesino, così di sotto come di sopra, con le calze parimente de' medesimi colori nel tempo della state. L' inverno poi lo possono portare di panno, rascia ò saia de' medesimi colori. In testa poi portano alla civile alcune berrette nere; et il luogotenente di Sua Altezza porta di più su la spalla sinistra un cappuccio di seta pavonazza.

COSTUME DES PREMIERS MAGISTRATS DE FLORENCE.

Les citoyens qui occupent les premières dignités dans Florence portent un vêtement appelé *lucco*, tout doublé de moire noire, et qui s'ouvre par devant et sur les côtés; par-dessous ils ont une robe de serge ouvragée ou d'une autre étoffe à dessins, dont ils couvrent les bras. Dans les temps de pluie ils font usage de chapeaux de moire, et de feutre en hiver. Une ceinture de soie ou d'étoffe noire serre leur robe. Ils ont des bas d'estame faits à l'aiguille, et des chaussures noires qu'ils mettent dans des sandales de velours. Le lieutenant du grand-duc et les conseillers portent le *lucco* en drap de satin ou bien en velours cramoisi dessus comme dessous, avec les chausses de la même couleur dans l'été. Pendant l'hiver, ils peuvent l'avoir en drap ou en serge de laine de la même couleur. Leur bonnet est noir comme celui des autres citoyens. Le lieutenant de Son Altesse porte de plus sur l'épaule gauche un capuce de soie violette.

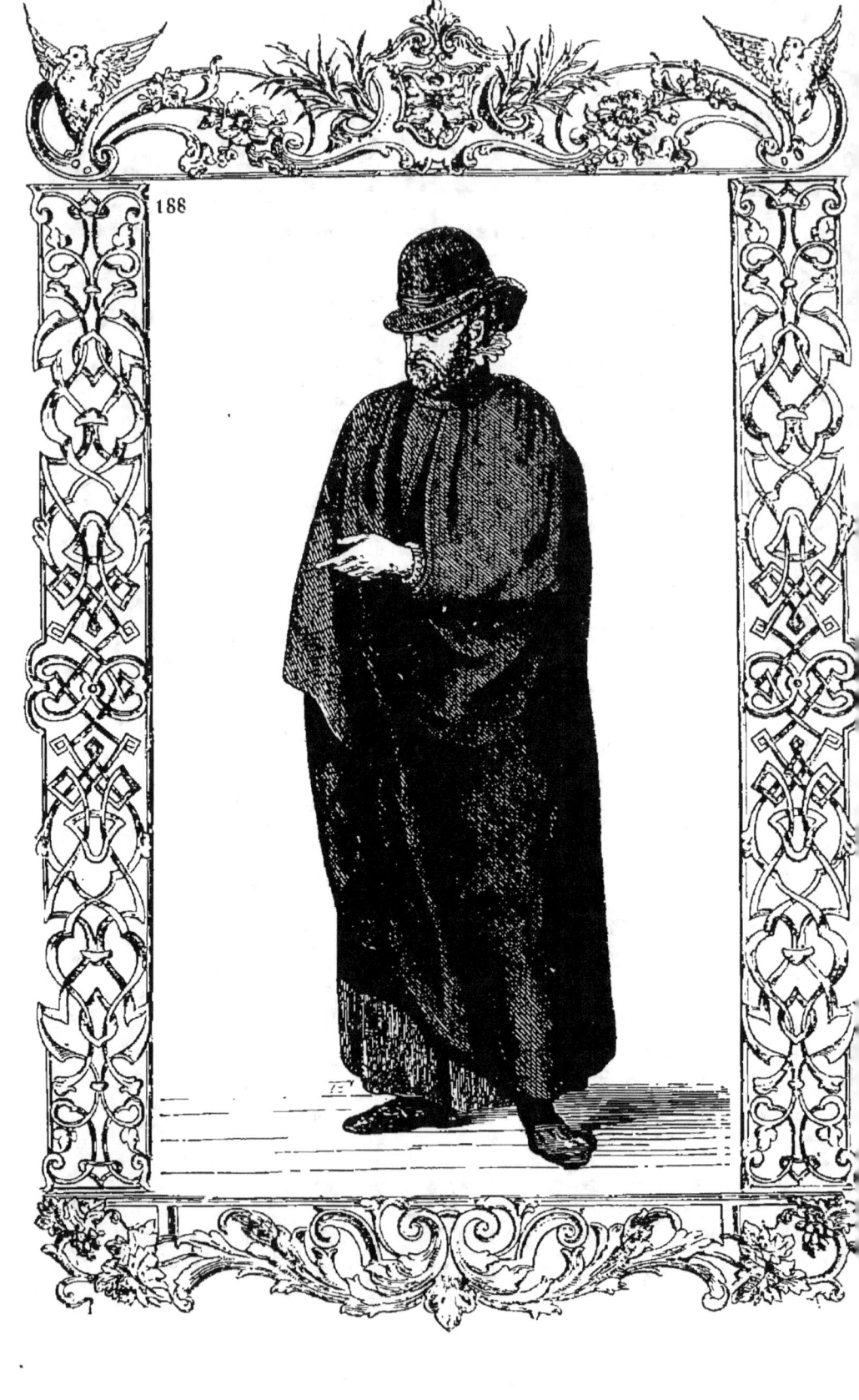

HABITO ORDINARIO DI FIRENZE DA HUOMO NOBILE.

Li huomini di Firenze communemente portano una vestina, overo casacca, di saia ò rascia nera, et cosi li calzoni et le calzette. Di sopra portano un mantello pur di rascia, ò panno nero, fino a' piedi, il quale allacciano davanti del collo, et lasciano pender fino in terra. Usano lattughe alle mani et al collo, et in testa portano cappelli di feltro ò d'ormesino. In piedi portano scarpe et pianelle, et cosi costumano andarsene per la città alle loro faccende, per le quali sono molto astuti et diligenti.

COSTUME ORDINAIRE DES HOMMES NOBLES DE FLORENCE.

Les citoyens de Florence portent ordinairement une casaque de serge de laine noire, avec les culottes et les bas de la même étoffe; par-dessus ils mettent un petit manteau également de serge ou de drap noir, qui s'attache au-devant du cou et tombe jusqu'à terre. Ils font usage de collerettes et de manchettes plissées, de chapeaux de feutre ou de moire, de souliers ou de sandales. C'est ainsi qu'ils s'en vont par la ville pour s'occuper de leurs affaires, dans lesquelles ils déploient beaucoup d'adresse et d'activité.

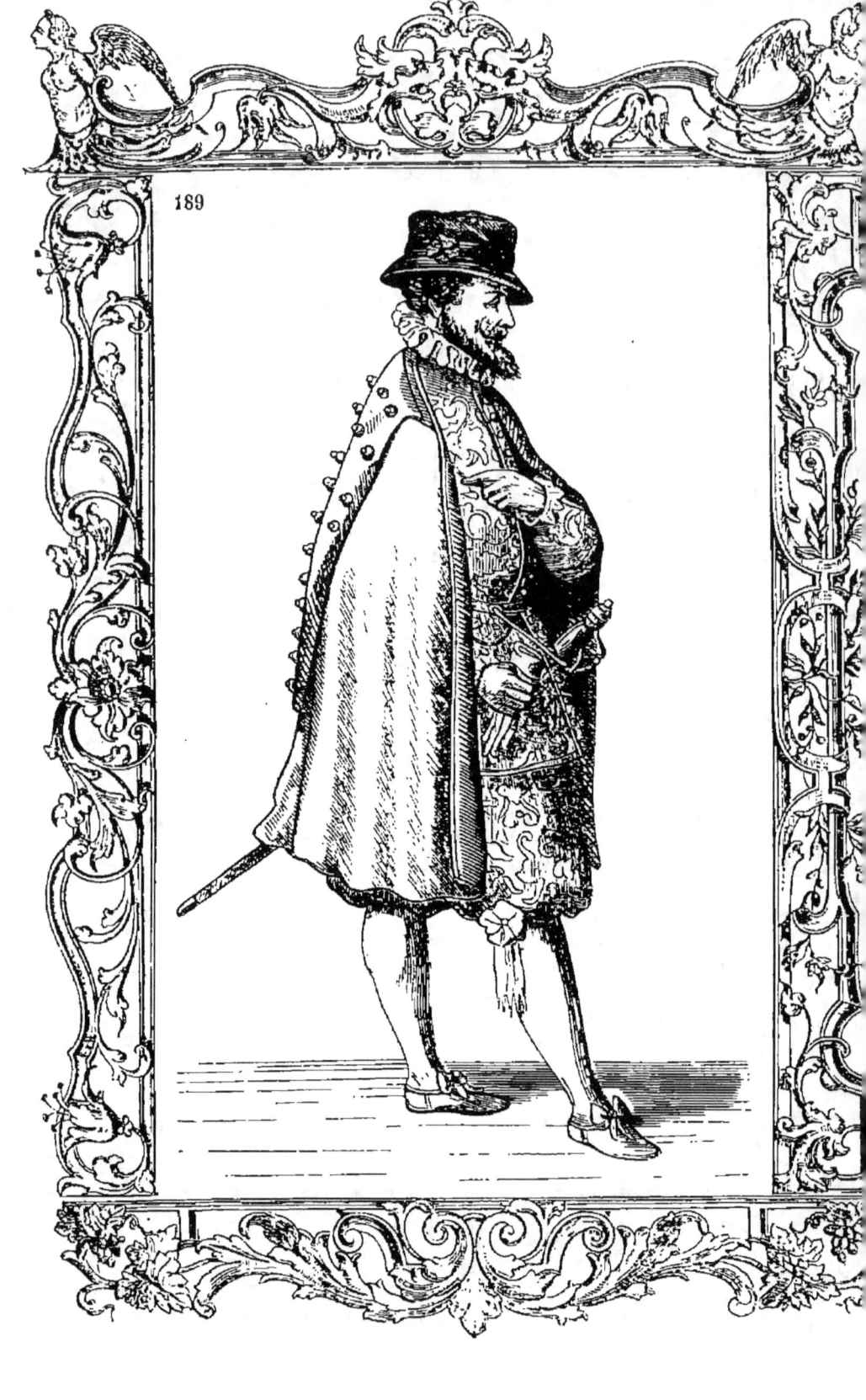

GENTIL' HUOMO MODERNO FIORENTINO.

Gentil'huomini moderni usano un cappello ò vero una berretta di setà. Per lo più portano le cappe assai lunghe, maniche strette, et le braghesse alla sivigliana, molto grandi, di seta ò vero di panno conforme alla stagione. Le calzette sono di seta et ligate con poste molto grandi; i capi delle quali sono ornati ò di trine ò vero di bottoncini che pendono gratiosamente.

GENTILHOMME MODERNE DE FLORENCE.

Les gentilshommes modernes portent un chapeau ou bien un bonnet de soie, très-souvent la cape fort longue avec des manches étroites, et de grandes culottes à la sévillane, de soie ou de drap, selon la saison. Les bas, de soie, s'attachent avec des rubans qui forment rosette, et dont les bouts sont ornés de crépine ou de petites boules qui pendent gracieusement.

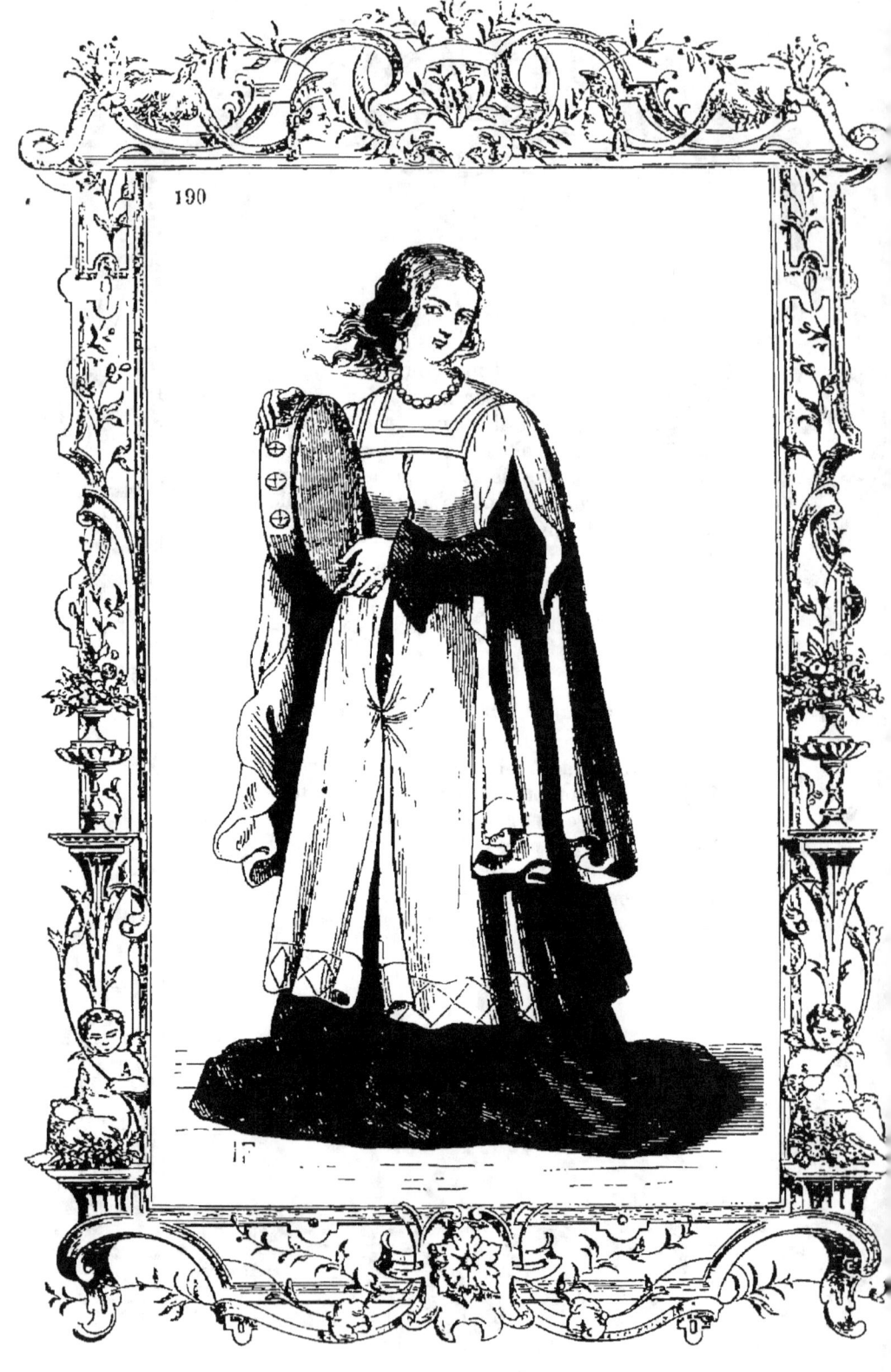

HABITO ANTICO DA DONNA DI TOSCANA.

La provincia di Toscana è ripiena di belle et grandi cittadi, et di tanti villaggi, borghi et castelli, che veramente, per la continua habitatione, si può dire che sia sola una città; et Firenze è città principale di essa Toscana, le donne della quale, già trecent'anni, portavano una veste aperta dinanzi et corta, ma serrata con alcuni bottoni d'oro ò di seta, del che era ancora la veste, la quale haveva maniche larghe et lunghe fino al ginocchio, riccamata con un filo ò trina d'oro ò di seta, si come haveva parimente la veste. Sotto poi essa sopraveste portavano una sottoveste lunga fino a' piedi, con strascino di mezzo braccio di seta di colore. Portavano al collo alcune perle ò bottoncini d'oro, et i loro capelli, senz'altra acconciatura, sventolavano giù per le spalle. Usavano portare in mano alcuni cimbali, co' quali sonavano con bell'armonia.

COSTUME ANCIEN DE FEMME DE TOSCANE.

La province de Toscane est remplie de villes si grandes et si belles, de tant de bourgs, villages et châteaux, que, par la continuité des habitations, on peut vraiment dire qu'elle ne forme qu'une seule cité. La capitale de la Toscane est Florence, dont les femmes, il y a trois cents ans, portaient un vêtement de soie, ouvert par devant, court et fermé par des boutons d'or ou de soie; ce vêtement, à manches larges et longues jusqu'aux genoux, avait, comme la robe, une bordure d'or ou de soie. Par dessous elles mettaient une jupe qui tombait sur les pieds, avec une queue en soie de couleur et longue d'un bras. Elles portaient un collier de perles ou de petites boules d'or, et leurs cheveux, sans parure artificielle, tombaient flottants sur les épaules. On leur voyait d'ordinaire un tambour de basque, dont elles jouaient avec beaucoup d'harmonie.

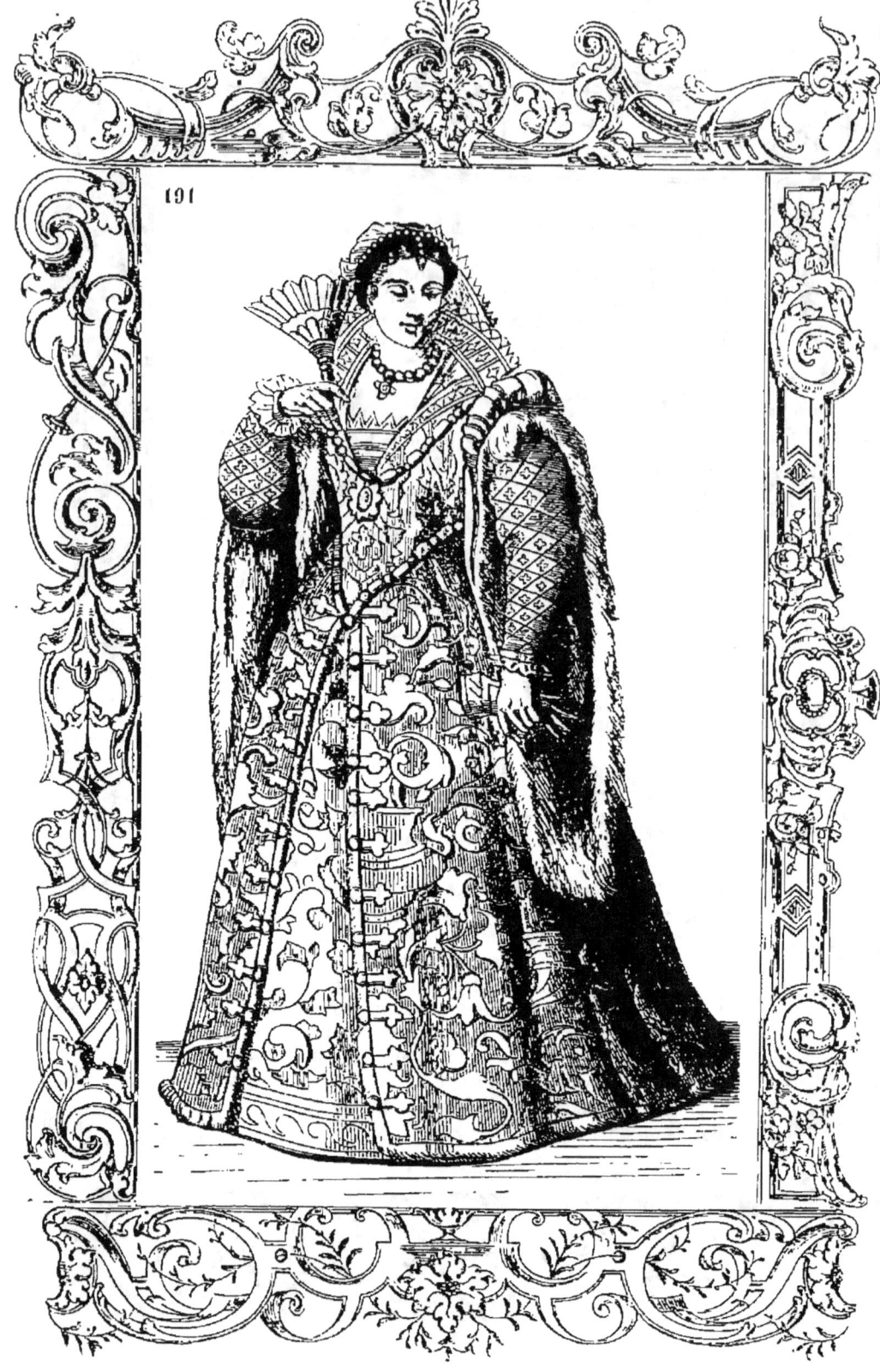

HABITO DELLE MATRONE PIÙ PRINCIPALI DI FIRENZE.

Queste matrone più nobili di Firenze vanno vestite di vesti di velluto nero fatto ad opera, tanto quelle di sotto quanto quelle di sopra, con alcune brocche d'oro. La sopraveste è foderata di pelli finissime di armellini, et le sottovesti sono alcune di velluto et alcune di broccato d'oro. Si servono delle maniche delle sottovesti, perche quelle delle vesti di sopra sono aperte et foderate di pelli di martori et gibellini. Sogliono portare con una mano i guanti, et con l'altra un ventaglio di penne finissime. Si ornano il collo con perle et con alcune gemme di gran valuta. Si fanno i capelli ricci, et sopra di essi hanno un' acconciatura attraversata con perle, con un velo di seta di sopra, con merletti ò frange d'oro, il quale scende loro sopra la schiena con bellissima vista et solenne pompa.

COSTUME DES FEMMES DE LA HAUTE NOBLESSE DE FLORENCE.

Ces dames, les plus nobles de Florence, portent des habits, dessus comme dessous, de velours noir ouvragé, avec quelques boutons d'or. Le vêtement de dessus est fourré d'hermine très-belle, et la robe, faite de velours ou de brocart d'or. Elles passent les bras dans les manches de la robe, parce que celles du vêtement sont ouvertes et fourrées de martre zibeline. Une main tient les gants, et l'autre, un éventail. Elles portent des colliers de perles et de pierres précieuses d'une grande valeur. Sur les cheveux, qui sont frisés, elles dressent une coiffure ornée de perles; par-dessus elles mettent un voile de soie orné de dentelle ou de franges d'or, et qui flotte avec majesté sur leurs épaules.

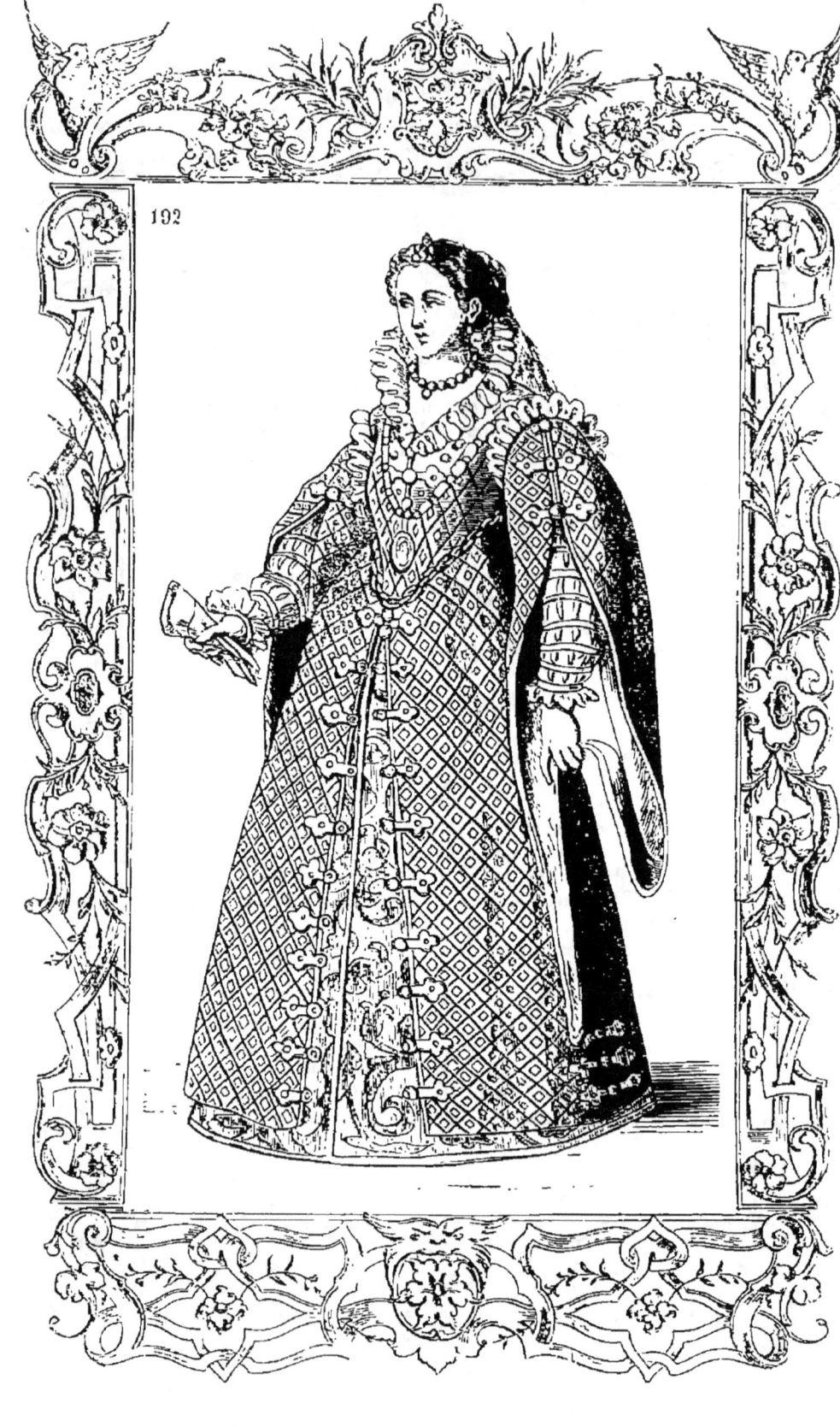

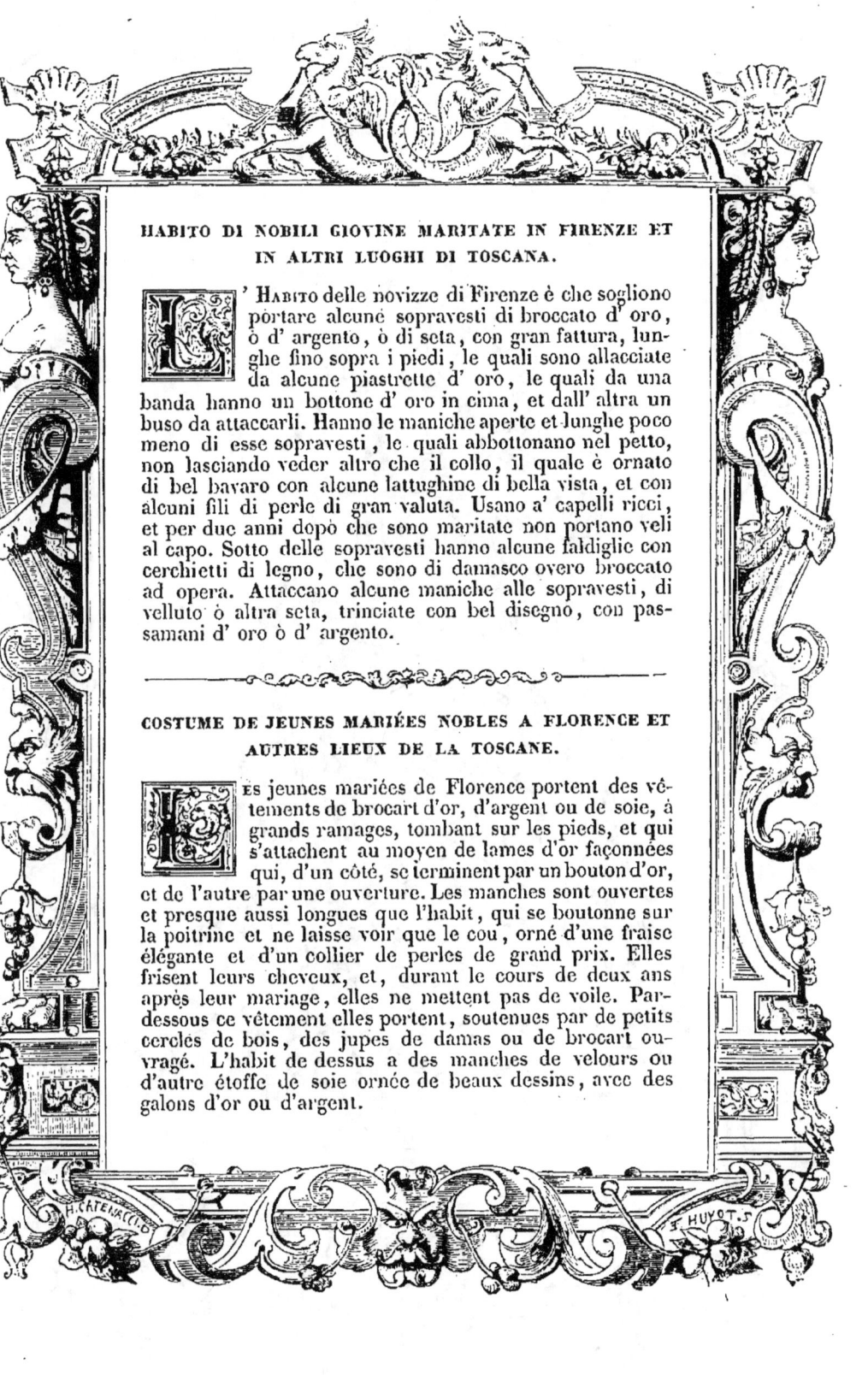

HABITO DI NOBILI GIOVINE MARITATE IN FIRENZE ET IN ALTRI LUOGHI DI TOSCANA.

L' Habito delle novizze di Firenze è che sogliono portare alcune sopravesti di broccato d'oro, ò d'argento, ò di seta, con gran fattura, lunghe fino sopra i piedi, le quali sono allacciate da alcune piastrette d'oro, le quali da una banda hanno un bottone d'oro in cima, et dall' altra un buso da attaccarli. Hanno le maniche aperte et lunghe poco meno di esse sopravesti, le quali abbottonano nel petto, non lasciando veder altro che il collo, il quale è ornato di bel bavaro con alcune lattughine di bella vista, et con alcuni fili di perle di gran valuta. Usano a' capelli ricci, et per due anni dopò che sono maritate non portano veli al capo. Sotto delle sopravesti hanno alcune faldiglie con cerchietti di legno, che sono di damasco overo broccato ad opera. Attaccano alcune maniche alle sopravesti, di velluto ò altra seta, trinciate con bel disegno, con passamani d'oro ò d'argento.

COSTUME DE JEUNES MARIÉES NOBLES A FLORENCE ET AUTRES LIEUX DE LA TOSCANE.

Les jeunes mariées de Florence portent des vêtements de brocart d'or, d'argent ou de soie, à grands ramages, tombant sur les pieds, et qui s'attachent au moyen de lames d'or façonnées qui, d'un côté, se terminent par un bouton d'or, et de l'autre par une ouverture. Les manches sont ouvertes et presque aussi longues que l'habit, qui se boutonne sur la poitrine et ne laisse voir que le cou, orné d'une fraise élégante et d'un collier de perles de grand prix. Elles frisent leurs cheveux, et, durant le cours de deux ans après leur mariage, elles ne mettent pas de voile. Pardessous ce vêtement elles portent, soutenues par de petits cercles de bois, des jupes de damas ou de brocart ouvragé. L'habit de dessus a des manches de velours ou d'autre étoffe de soie ornée de beaux dessins, avec des galons d'or ou d'argent.

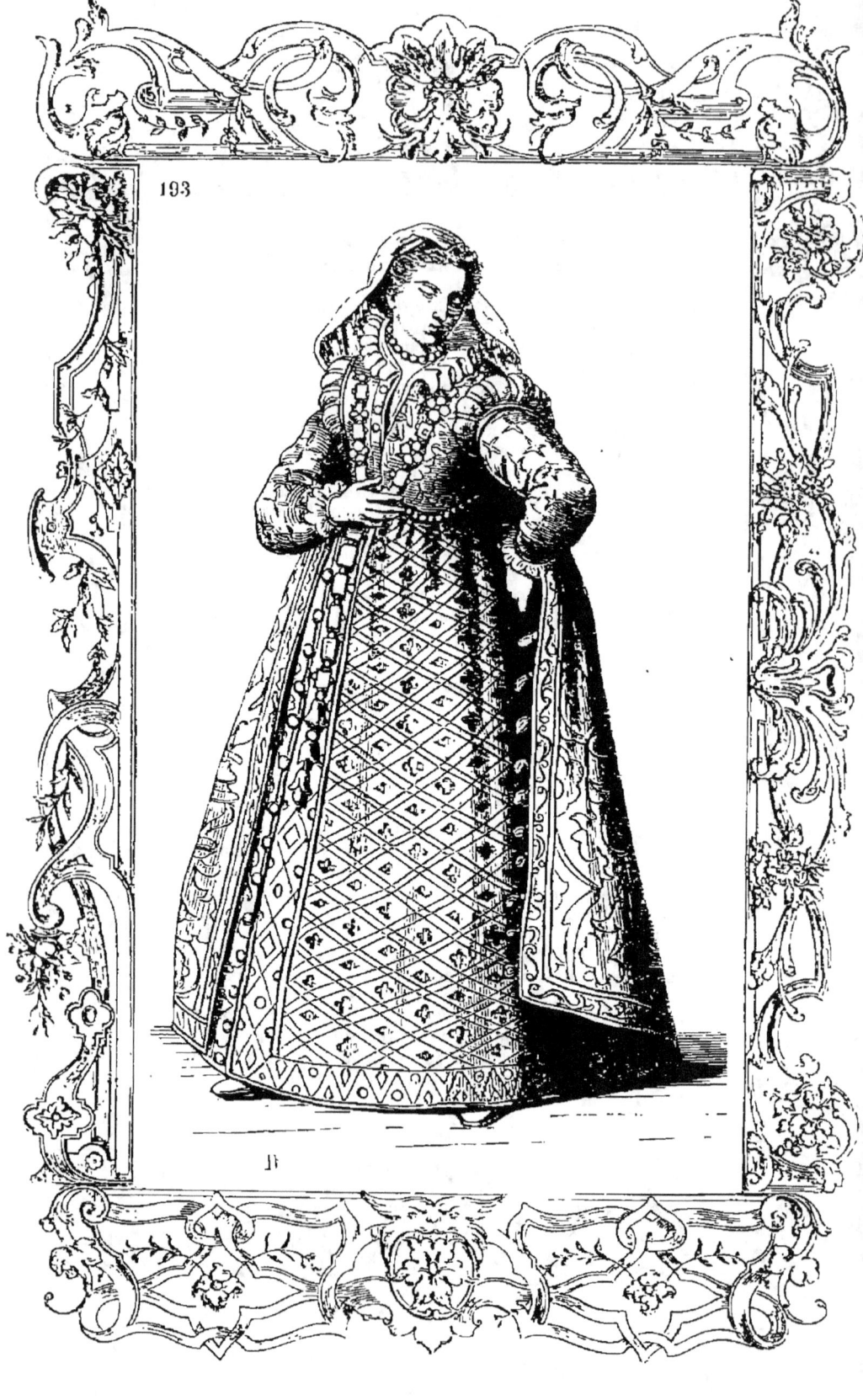

HABITO DI GIOVINE FIORENTINE MARITATE DI PIU ANNI.

Dopo che le donne fiorentine sono state maritate di già due ò tre anni, sopra la bella acconciatura della testa portano un velo di seta fatto à rete, pieno di tremoli, il quale da essa testa gli scende fino alle spalle. Portano di sopra alcune zimarre senza maniche, di seta, con varij colori et opere, lunghe fino a' piedi, accollate, et bottonate nel petto solamente; et sotto di esse portano un' altra veste di broccato d' oro bottonata tutta, et appuntata ad un giubbone che portano di sotto, il qual giubbone è di tela d' oro ò d' argento, con maniche che escono dalla zimarra, lavorate con bellissimo lavoro à croce, à stelle et altre simili. Portano un bavero al collo con belle lattughe et belli fili di perle di gran valuta, et una catena d' oro con molte gioie di bella vista.

COSTUME DE JEUNES FEMMES DE FLORENCE MARIÉES DEPUIS PLUSIEURS ANNÉES.

Les jeunes dames de Florence, après deux ou trois ans de mariage, portent sur leur belle coiffure un voile de soie à filet rempli de *tremoli* (tremblants) qui tombe sur les épaules. La simarre, sans manches, en soie de couleurs diverses, à dessins, longue jusqu'aux pieds, couvre le cou et ne se boutonne qu'à la poitrine. Par-dessous, elles mettent une robe de brocart d'or toute boutonnée, et dont le corsage est de toile d'or ou d'argent, avec des manches ornées de jolis dessins à croix, à étoiles, et qui sortent de la simarre. Elles portent une collerette plissée, des colliers de perles de grande valeur et une chaîne d'or, avec beaucoup de pierres précieuses qui font un bel effet.

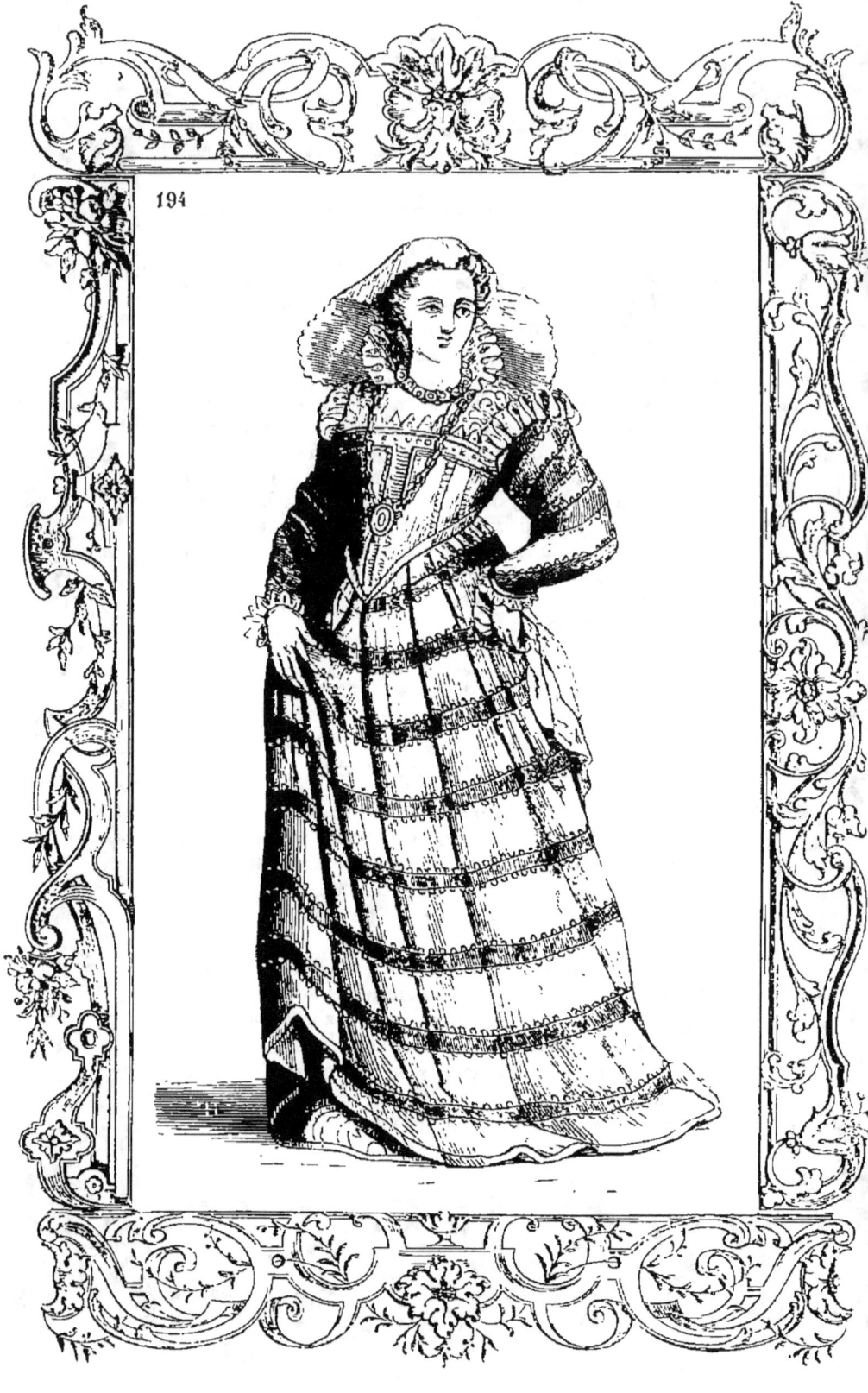

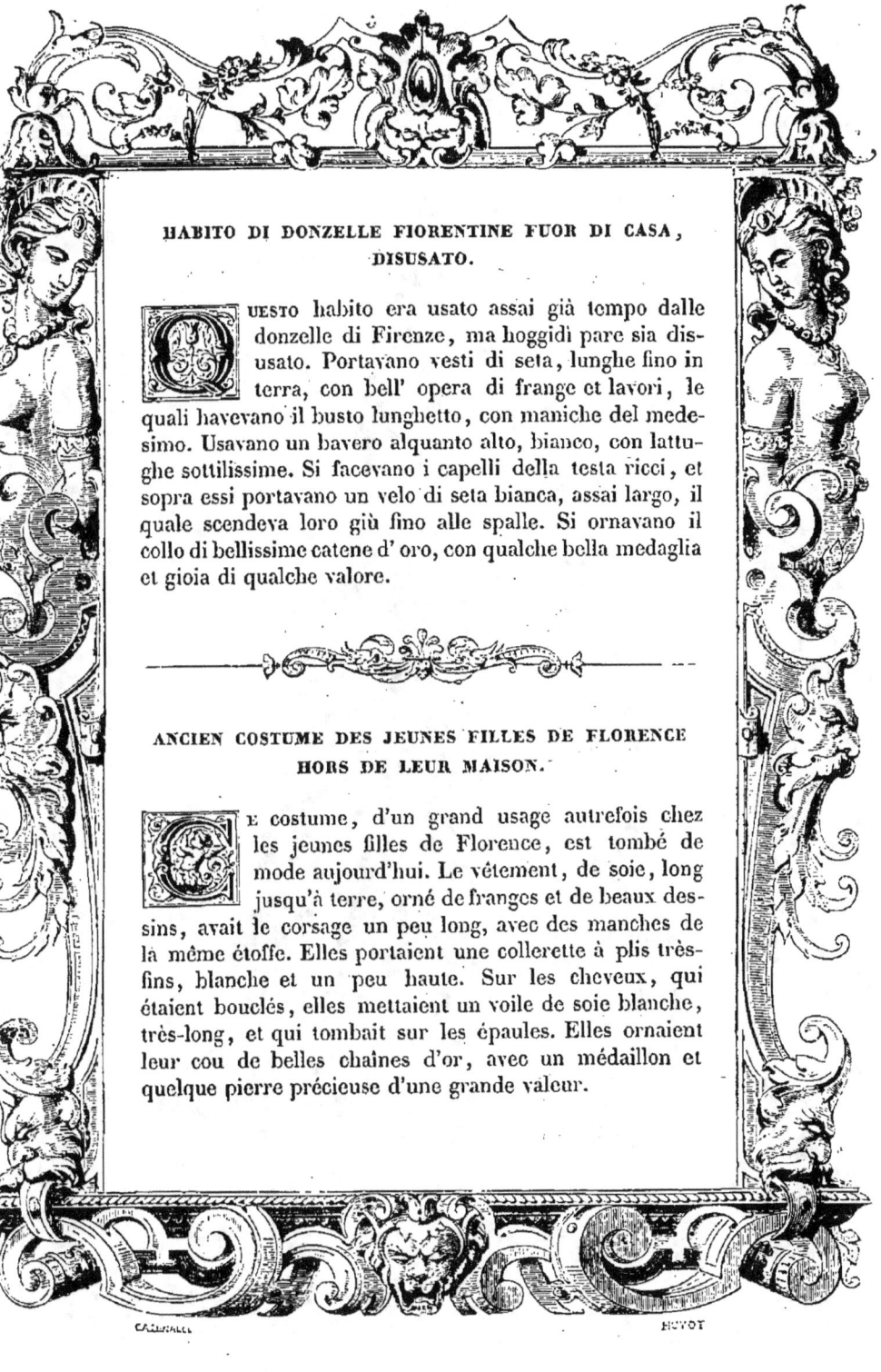

HABITO DI DONZELLE FIORENTINE FUOR DI CASA, DISUSATO.

Questo habito era usato assai già tempo dalle donzelle di Firenze, ma hoggidì pare sia disusato. Portavano vesti di seta, lunghe fino in terra, con bell' opera di frange et lavori, le quali havevano il busto lunghetto, con maniche del medesimo. Usavano un bavero alquanto alto, bianco, con lattughe sottilissime. Si facevano i capelli della testa ricci, et sopra essi portavano un velo di seta bianca, assai largo, il quale scendeva loro giù fino alle spalle. Si ornavano il collo di bellissime catene d'oro, con qualche bella medaglia et gioia di qualche valore.

ANCIEN COSTUME DES JEUNES FILLES DE FLORENCE HORS DE LEUR MAISON.

Ce costume, d'un grand usage autrefois chez les jeunes filles de Florence, est tombé de mode aujourd'hui. Le vêtement, de soie, long jusqu'à terre, orné de franges et de beaux dessins, avait le corsage un peu long, avec des manches de la même étoffe. Elles portaient une collerette à plis très-fins, blanche et un peu haute. Sur les cheveux, qui étaient bouclés, elles mettaient un voile de soie blanche, très-long, et qui tombait sur les épaules. Elles ornaient leur cou de belles chaînes d'or, avec un médaillon et quelque pierre précieuse d'une grande valeur.

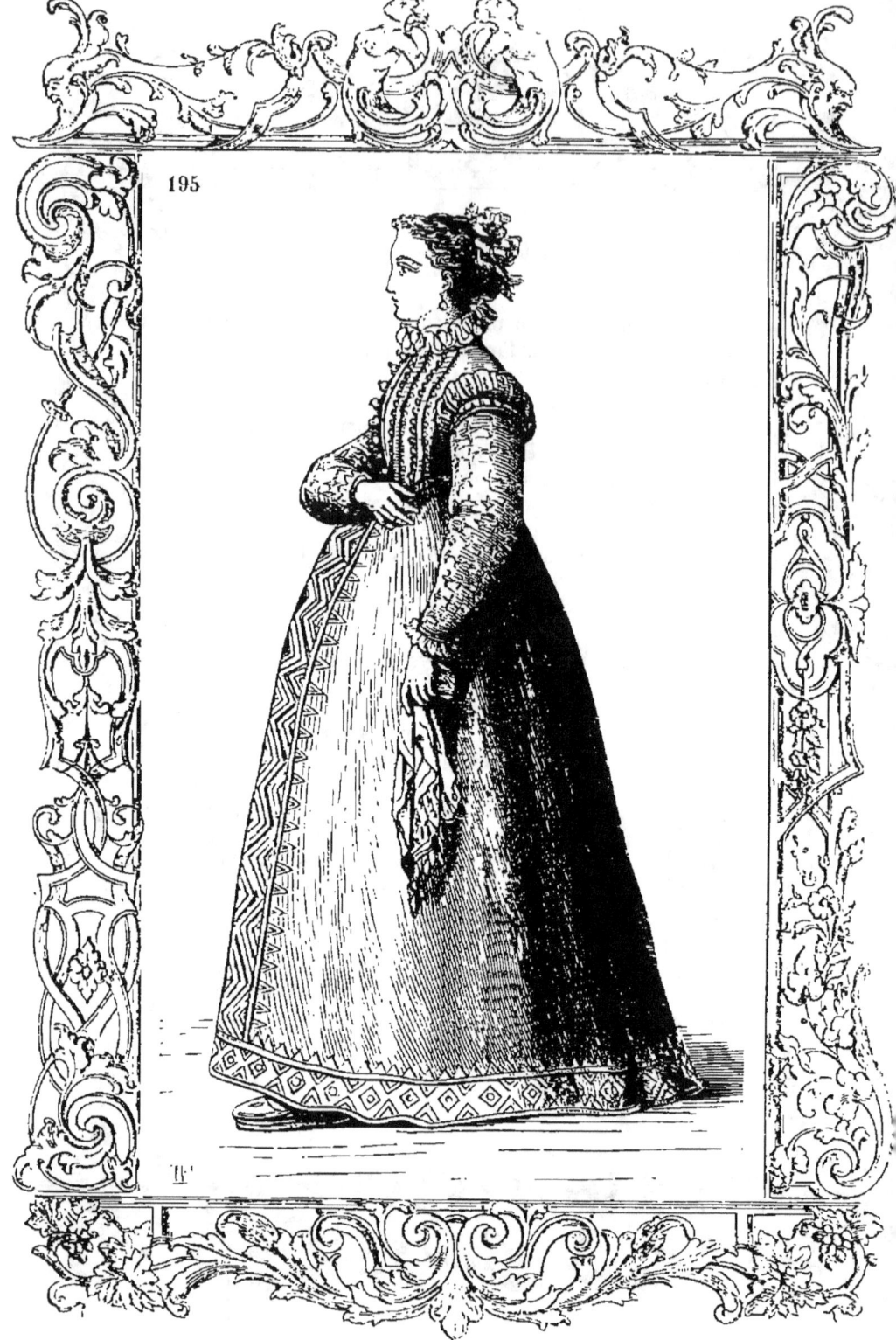

HABITO DELLE ZITELLE NOBILI MODERNE DI TOSCANA.

L' Habito di queste zitelle è una acconciatura di testa molto pulita senza troppa pompa, eccetto che vi portano alcune ghirlandette di fiori à guisa di corone. Hanno gli orecchini d' oro ò di perle, et camicie sottilissime con lattughe bianchissime. Le loro vesti sono d' ormesino bianco ò rosso, con alcune liste da' piedi, et davanti giù per il mezzo di broccato d' oro ò d' argento, et sono lunghe fino a i piedi, et sono allacciate ad alcuni busti à guisa di giubbone fatti di damaschi, rasi, ò broccati di diversi colori, con maniche trinciate ò pontiggiate alla moderna; essi busti sono tutti trinati d' oro et d' argento, et bottonati con bottoni lunghi d' oro. Sogliono portar in mano fazzoletti di renso bianchissimi et lavorati molto superbamente.

COSTUME MODERNE DES JEUNES FILLES NOBLES DE TOSCANE.

La coiffure de ces jeunes filles, ornée d'une petite guirlande de fleurs en forme de couronne, est belle, mais sans faste. Elles portent des boucles d'oreilles d'or ou de perles, et des chemises très-fines avec des fraises d'une grande blancheur. Leur vêtement, de moire blanche ou rouge, avec des bandes de brocart d'or ou d'argent au bas et sur le devant, descend jusqu'aux pieds et s'ajuste à un corsage en damas, satin ou brocart, de couleurs variées, avec des manches à taillades croisées, selon le goût moderne. Ce corsage, tout galonné d'or et d'argent, se ferme par de longs boutons d'or. Elles portent à la main des mouchoirs de linon très-blancs et ornés de jolis dessins.

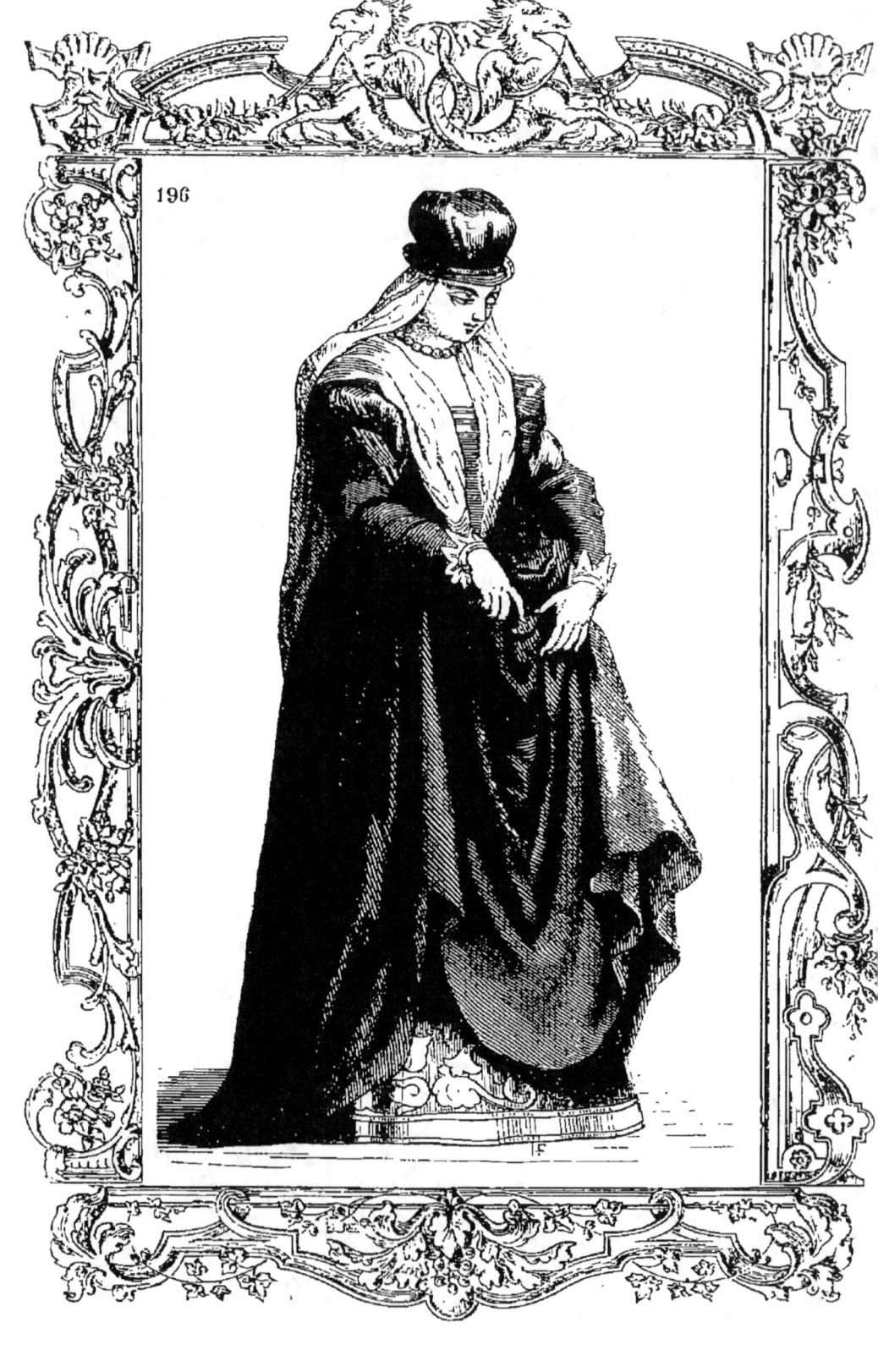

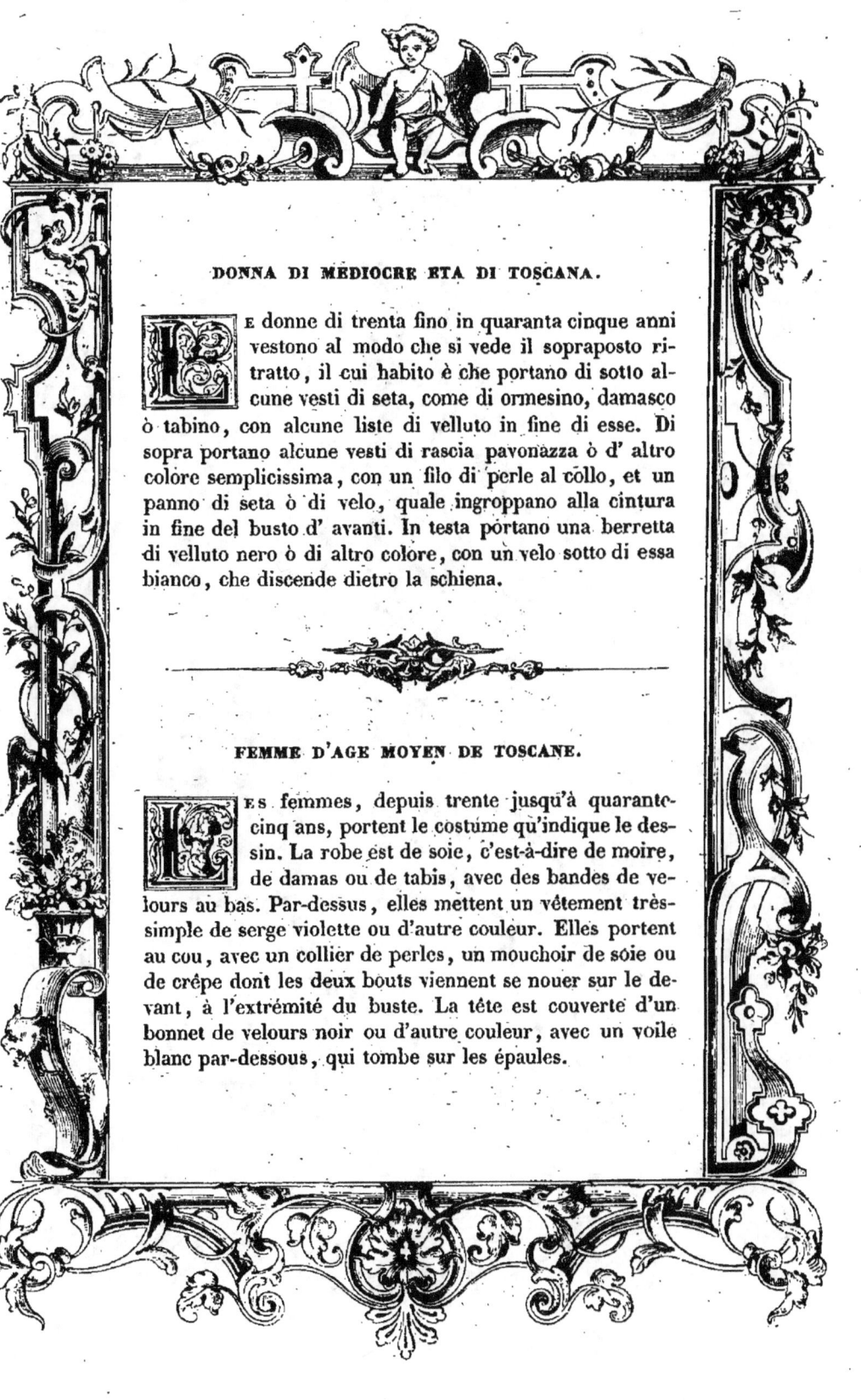

DONNA DI MEDIOCRE ETA DI TOSCANA.

LE donne di trenta fino in quaranta cinque anni vestono al modo che si vede il sopraposto ritratto, il cui habito è che portano di sotto alcune vesti di seta, come di ormesino, damasco ò tabino, con alcune liste di velluto in fine di esse. Di sopra portano alcune vesti di rascia pavonazza ò d'altro colore semplicissima, con un filo di perle al collo, et un panno di seta ò di velo, quale ingroppano alla cintura in fine del busto d'avanti. In testa portano una berretta di velluto nero ò di altro colore, con un velo sotto di essa bianco, che discende dietro la schiena.

FEMME D'AGE MOYEN DE TOSCANE.

LES femmes, depuis trente jusqu'à quarante-cinq ans, portent le costume qu'indique le dessin. La robe est de soie, c'est-à-dire de moire, de damas ou de tabis, avec des bandes de velours au bas. Par-dessus, elles mettent un vêtement très-simple de serge violette ou d'autre couleur. Elles portent au cou, avec un collier de perles, un mouchoir de soie ou de crêpe dont les deux bouts viennent se nouer sur le devant, à l'extrémité du buste. La tête est couverte d'un bonnet de velours noir ou d'autre couleur, avec un voile blanc par-dessous, qui tombe sur les épaules.

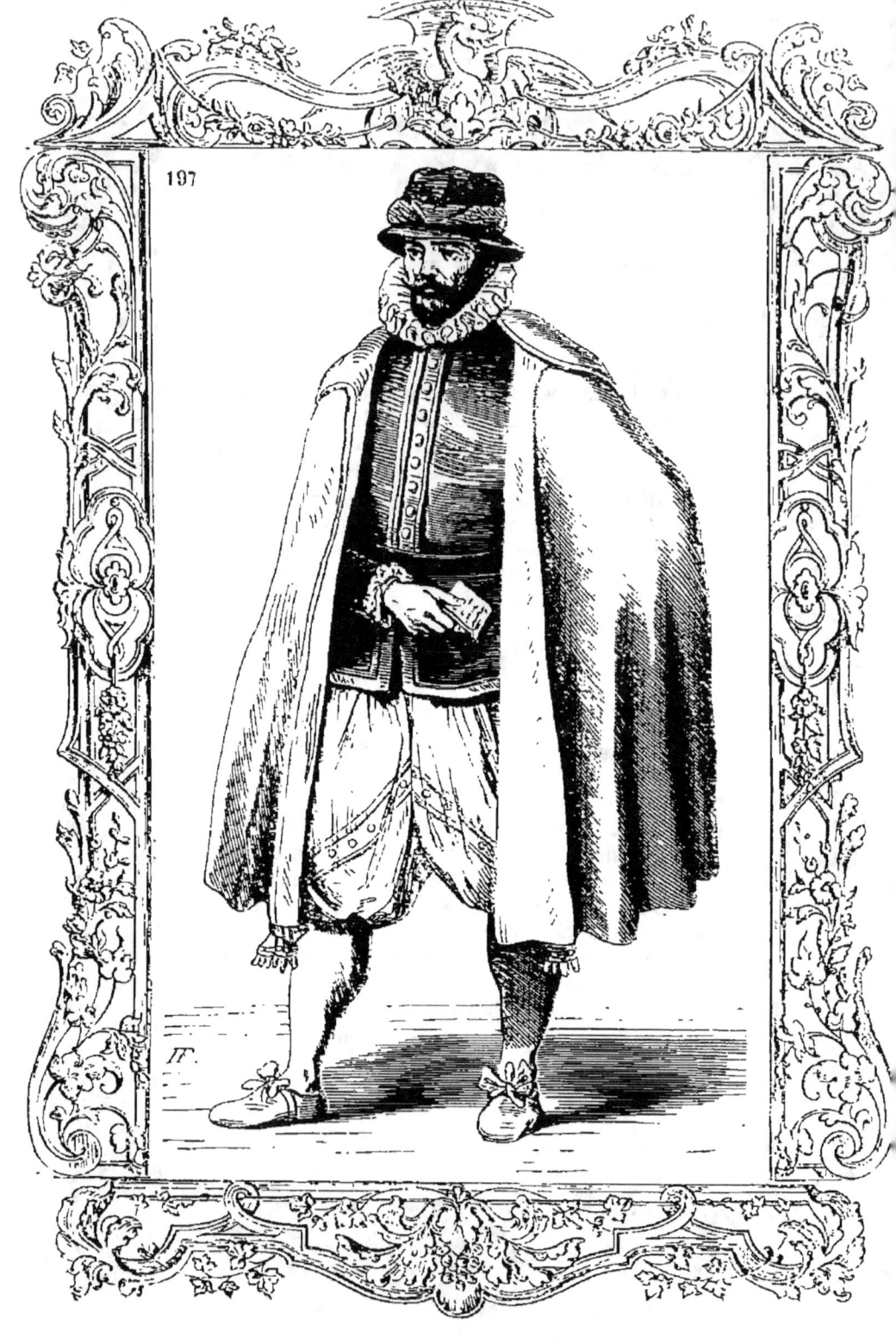

MERCANTI MODERNI FIORENTINI.

Utti i mercanti fiorentini usano questo modo di vestire: cioè un saio ò vero vestina abbottonata, et cinta con un cinturino di velluto. I calzoni sono ampli, legati sopra del ginocchio, et attraversati con bottoni. Le calzette sono di seta. Il ferraiuolo è ò di panno, ò di rascia, ò di seta, si come anco gli altri vestimenti, secondo la stagione. Le berrette sono per lo più di canevaccia di seta, et adornate di un bellissimo velo.

MARCHANDS MODERNES DE FLORENCE.

Tous les marchands de Florence portent ce costume, qui se compose d'un justaucorps ou grande veste boutonnée, avec une ceinture de velours; d'amples culottes attachées au-dessus du genou et entourées d'une rangée diagonale de boutons; de bas de soie; d'un manteau qui est, selon les saisons, et comme les autres vêtements, de drap, de serge ou de soie; d'un bonnet, ordinairement en canevas de soie, et orné d'un beau voile enroulé.

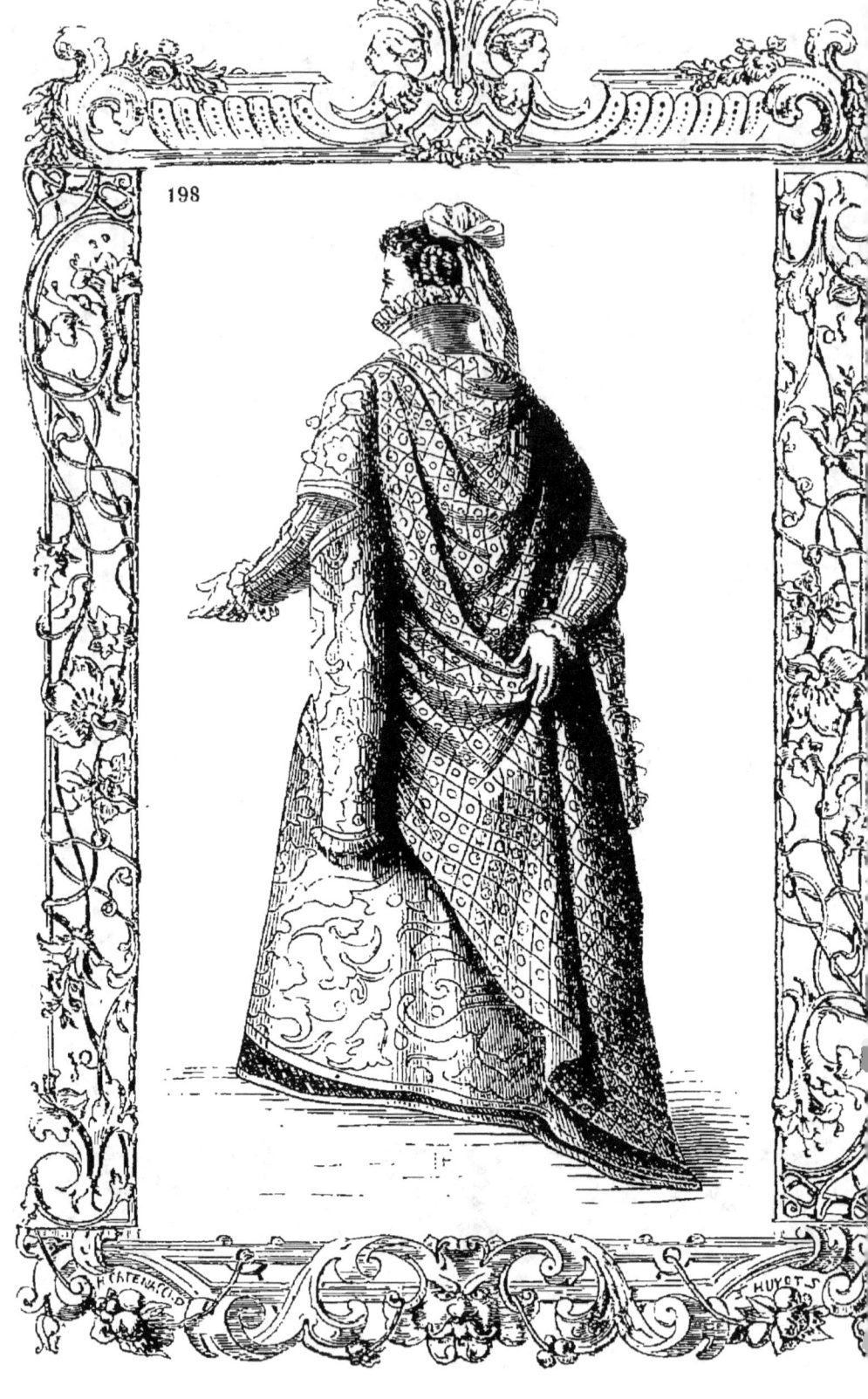

HABITO COMMUNE A FIRENZE ET PER LA LOMBARDIA, DA DONNA.

Q uESTE donne portano à torno la fronte alcuni ricci piccioli et bassi; il resto de' capelli avolgono in reti d' oro sopra de' quali accommodano una bella legatura di velo, il quale poi lasciano cader sopra le spalle. Portano di sopra alcune zimarre di tela d' oro ò d'argento, con maniche lunghe fino alle ginocchia, delle quali per coprir le braccia si servono solo di un poco che arrivi fino a' gomiti, abbottonate di bottoni d' oro ò di seta, et tutte riccamate dell' istesso, con bel lavoro. Detta zimarra è accollata con collari alti, et portano alcune ninfe ò lattughe bianchissime et picciole; et di dietro di essa zimarra, sopra la spalla sinistra, appuntano un velo ò fazzuolo di seta, che lo fanno passar sotto il braccio sinistro.

COSTUME GÉNÉRAL DE FEMME POUR FLORENCE ET LA LOMBARDIE.

C ES dames portent autour du front quelques frisons petits et bas; le reste des cheveux est enveloppé dans une résille d'or, sur laquelle s'attache, à nœuds élégants, un voile qui retombe ensuite sur les épaules. Le vêtement de dessus est d'étoffe d'or ou d'argent, avec des manches qui descendent jusqu'aux genoux; ces manches, qui ne couvrent les bras que jusqu'aux coudes, sont fermées par des boutons d'or ou de soie, et couvertes de riches broderies faites avec la même étoffe. La simarre couvre le cou, entouré d'une collerette à plis très-blancs et petits; par-derrière, et sur l'épaule gauche, est attaché un voile ou bien un mouchoir de soie qu'elles font passer sous le bras gauche.

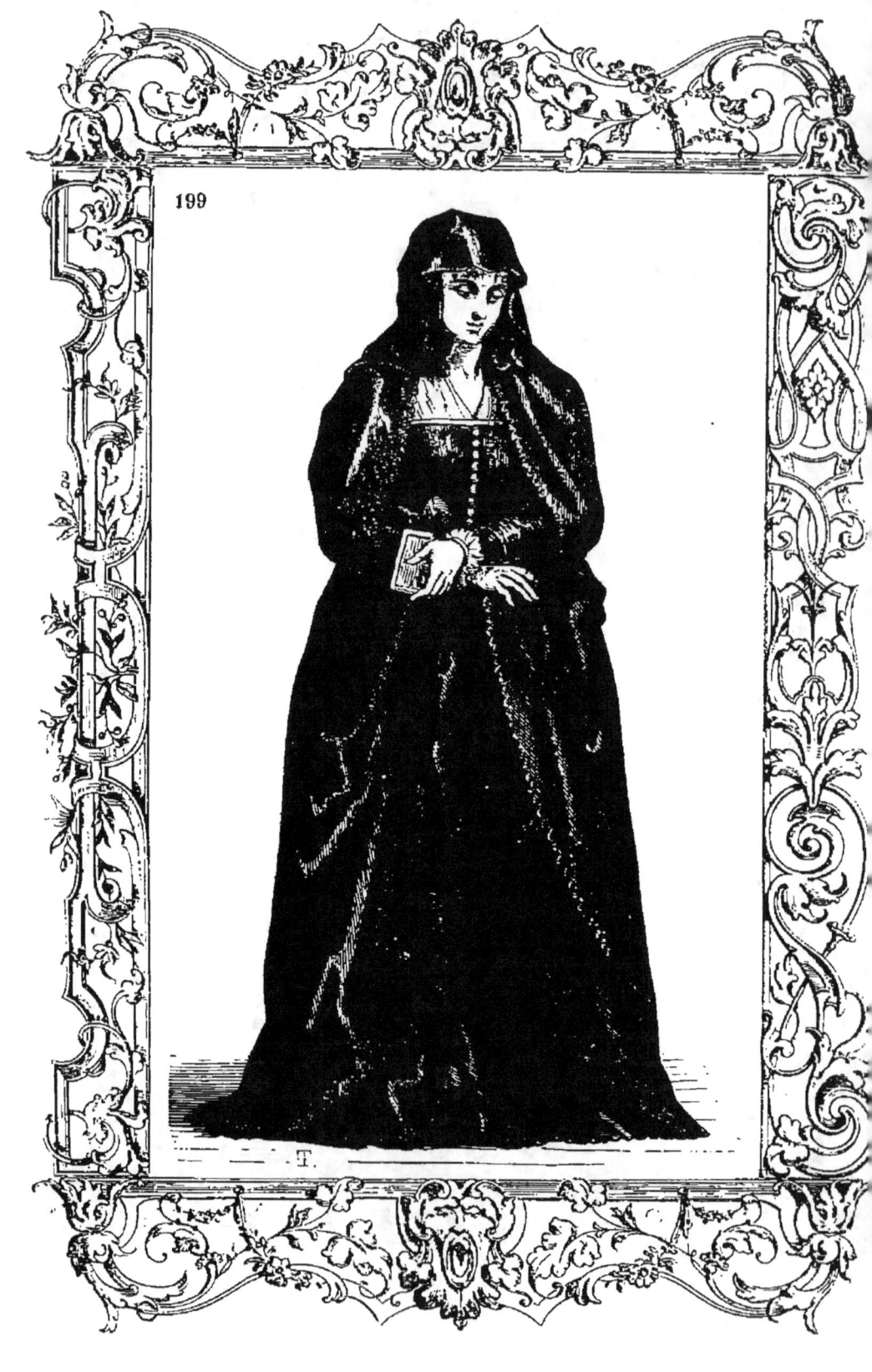

HABITO DELLE VEDOVE ET ALTRE DONNE, DA LUTTO.

L'Habito del sopraposto ritratto è da lutto et conviene più tosto à vedove che ad altre persone. Portano queste vedove un velo di bisso, et le vecchie lo portano di lino sopra del capo, il quale scende loro sopra le spalle. Portano un mantello di rascia fiorentina, overo di ferrandina ò ciambellotto. Portano una fascia larga due dita fino à terra. Et si deve sapere che quelle vedove, le quali non si vogliono più maritare, in Firenze, portano sopra quel fazzoletto, ch'hanno in capo, un mantello di rascia fiorentina nero, il quale legano alla cintura, et vanno con questo habito fino al secondo anno; quello passato, lo fanno pender un poco più un' anno, il quale finito, lo lasciano poi cadere fino in terra.

COSTUME DES VEUVES ET D'AUTRES FEMMES EN DEUIL.

Ce costume convient aux veuves plutôt qu'à d'autres personnes. Le voile, de coton pour les jeunes et de lin pour les vieilles, couvre la tête et tombe sur les épaules. Elles portent une mante de serge florentine, de ferrandine ou de camelot, et une bande large de deux doigts qui descend jusqu'à terre. Et l'on doit savoir que les veuves qui ne veulent pas se remarier portent, à Florence, sur le mouchoir dont la tête est enveloppée, une mante de serge florentine noire qu'elles attachent à la ceinture. Tel est leur costume jusqu'à la seconde année; ensuite, et pendant un an, elles l'allongent un peu plus; enfin, cette année écoulée, elles le laissent tomber jusqu'à terre.

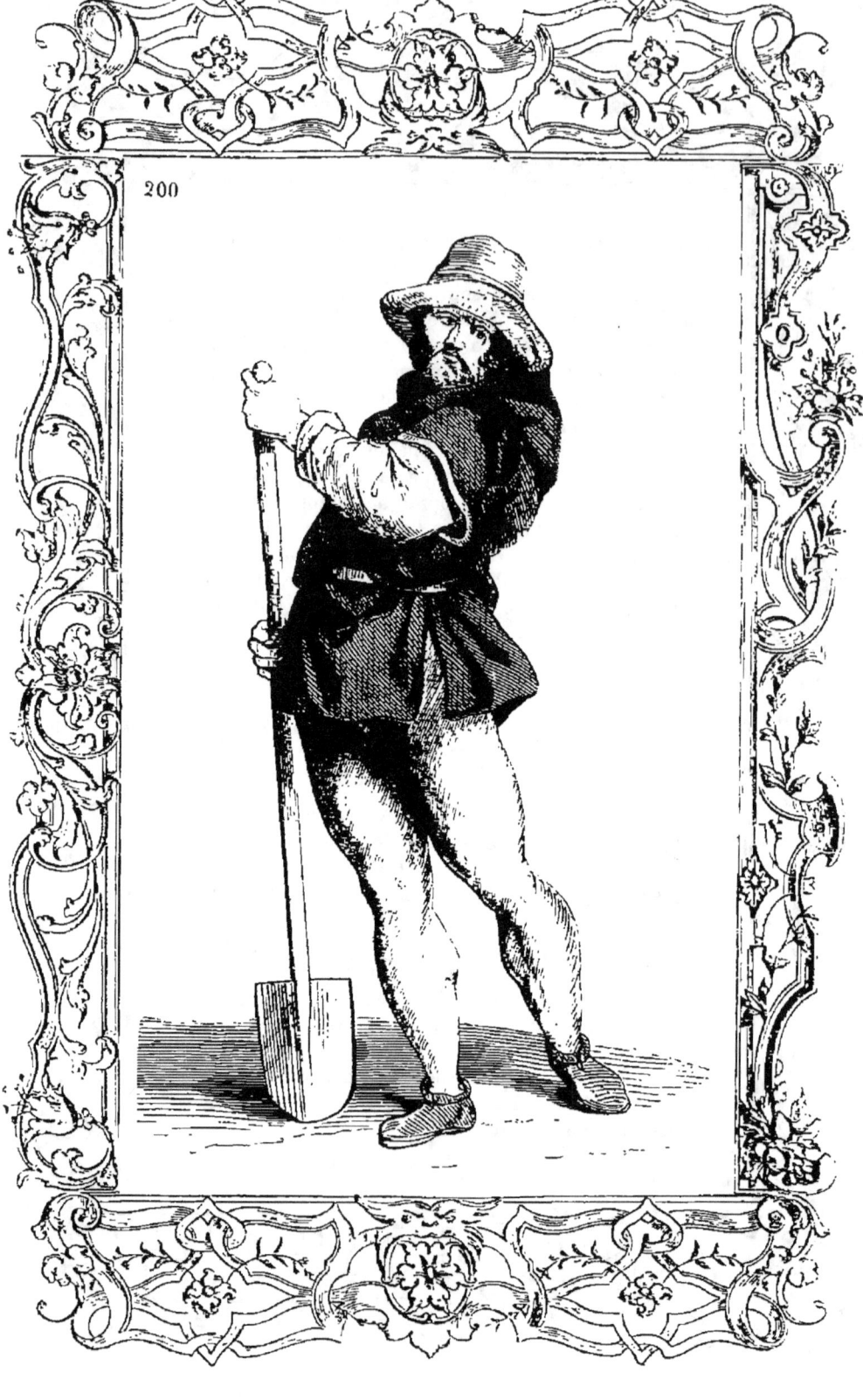

HABITO DE' CONTADINI FIORENTINI ET DI TUTTA LA TOSCANA.

I contadini de' villaggi di Firenze ordinariamente portano sotto un giubbone di tela bianca ò d' altro colore, sopra il quale si mettono una vestina da loro dimandata *saltimbarca*, di grigio ò d' altro panno grosso, il quale ha un collaro largo quattro dita, et è da' fianchi aperto tutto fino sotto le braccia, et ordinariamente non ha maniche, et se pur n' hanno, sono solamente mezze, per le quali mostrano le maniche del giubbone. Hanno poi cucite alcune cordelle lunghe un braccio per fianco di esso saltimbarca, et così lo cingono. Portano in capo un cappello di paglia, et alle volte berrette di panno. Usano calzoni lunghi, intieri fino a' piedi, ne' quali si calzano scarpaccie grosse da contadini, da poter calcare gl' istromenti rusticali per buttar sotto sopra la terra.

COSTUME DES PAYSANS DE FLORENCE ET DE TOUTE LA TOSCANE.

Les paysans des environs de Florence portent ordinairement un sayon de toile blanche ou d'autre couleur, sur lequel ils mettent un habit de drap grossier, qu'ils appellent *saute-en-barque*. Ce vêtement, avec un collet large de quatre doigts, ouvert sur les côtés jusque sous les bras, est habituellement dépourvu de manches, ou bien n'a que des demi-manches, par où sortent les manches du sayon. Sur un côté de ce saute-en-barque sont cousues de longues cordelettes avec lesquelles ils le serrent à la ceinture. Leur coiffure est un chapeau de paille, et quelquefois un bonnet de drap. Ils portent un pantalon collant, et de gros souliers propres à s'appuyer sur la bêche pour retourner la terre.

201

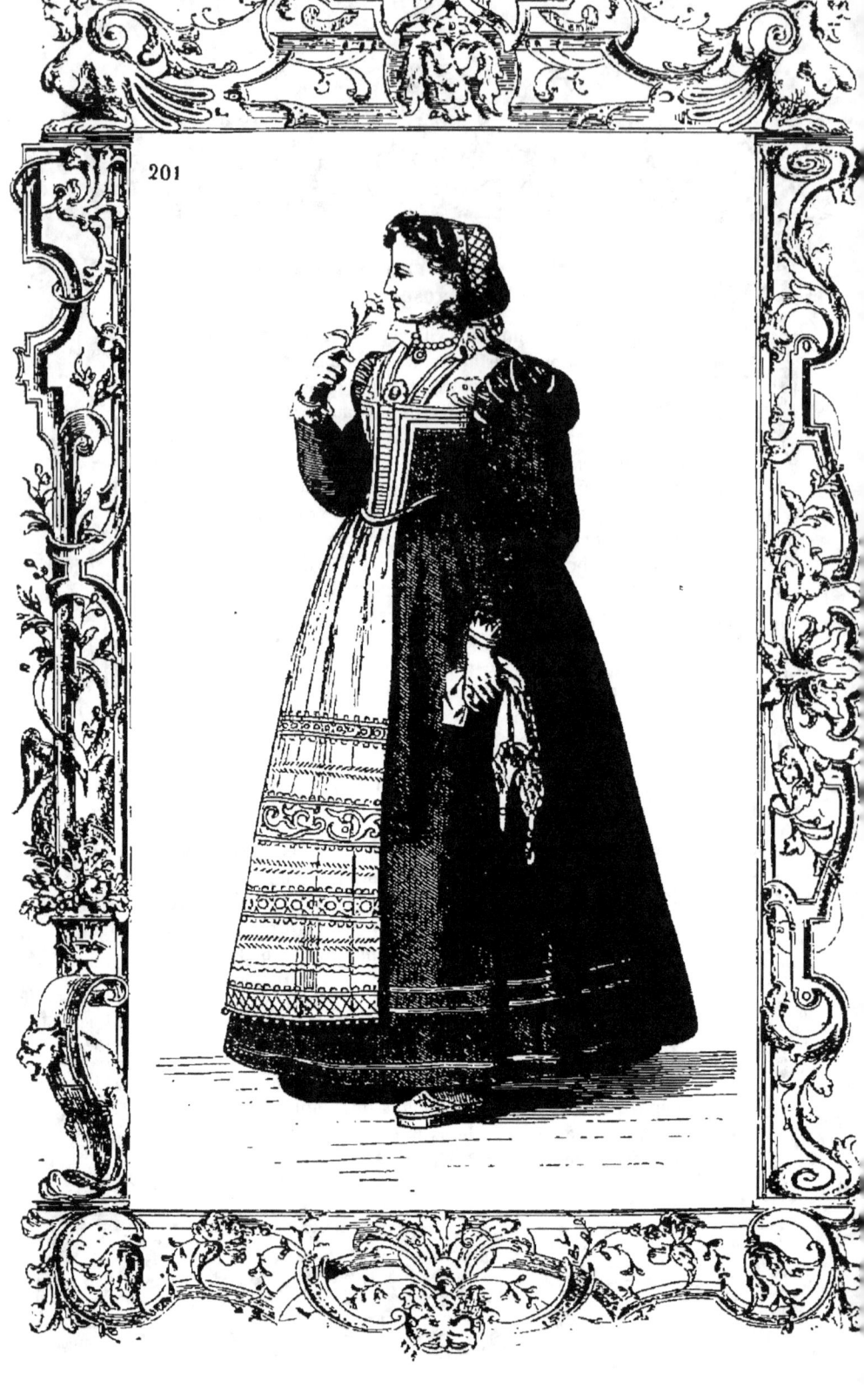

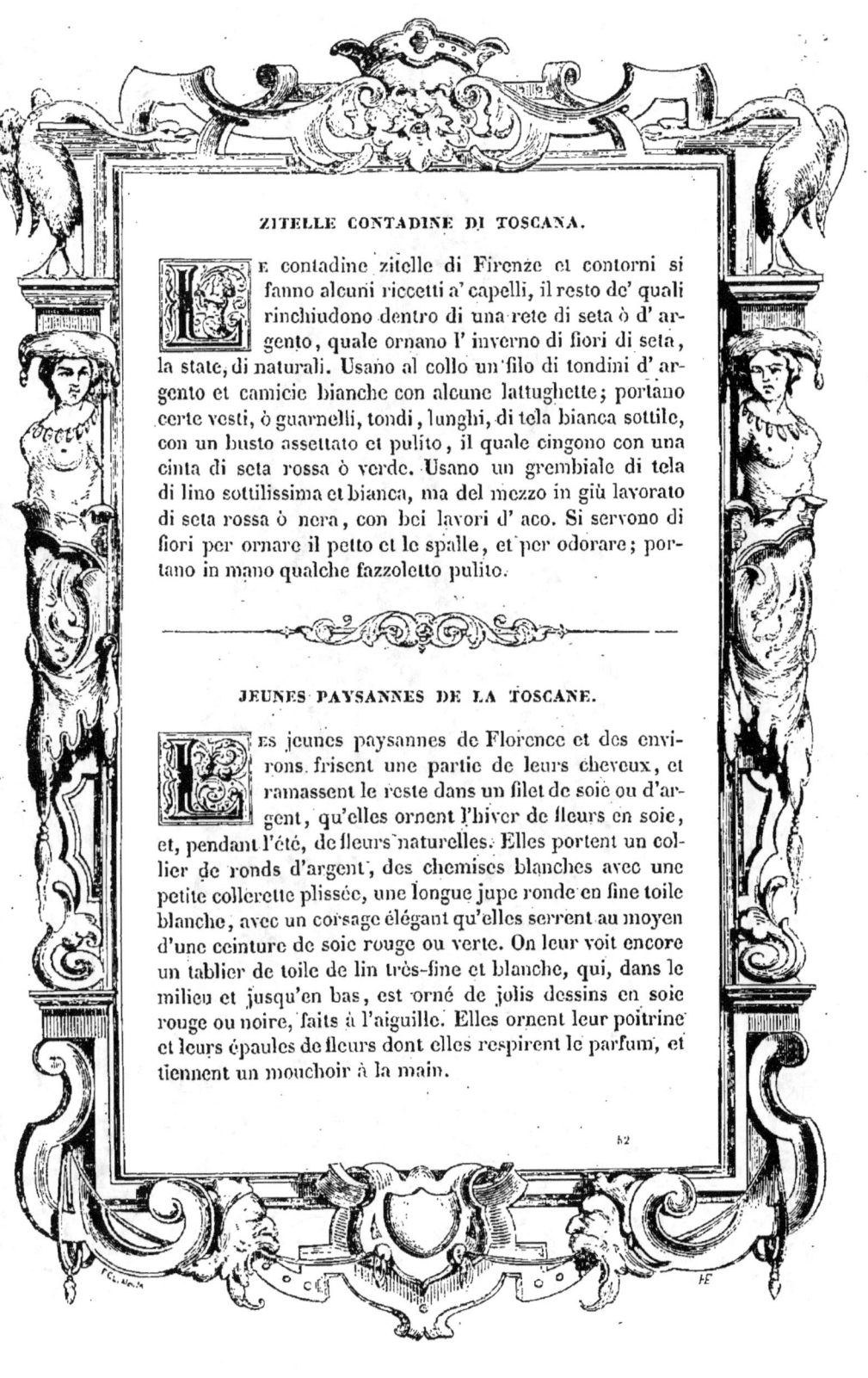

ZITELLE CONTADINE DI TOSCANA.

Le contadine zitelle di Firenze et contorni si fanno alcuni riccetti a' capelli, il resto de' quali rinchiudono dentro di una rete di seta ò d'argento, quale ornano l'inverno di fiori di seta, la state, di naturali. Usano al collo un filo di tondini d'argento et camicie bianche con alcune lattughette; portano certe vesti, ò guarnelli, tondi, lunghi, di tela bianca sottile, con un busto assettato et pulito, il quale cingono con una cinta di seta rossa ò verde. Usano un grembiale di tela di lino sottilissima et bianca, ma del mezzo in giù lavorato di seta rossa ò nera, con bei lavori d'aco. Si servono di fiori per ornare il petto et le spalle, et per odorare; portano in mano qualche fazzoletto pulito.

JEUNES PAYSANNES DE LA TOSCANE.

Les jeunes paysannes de Florence et des environs frisent une partie de leurs cheveux, et ramassent le reste dans un filet de soie ou d'argent, qu'elles ornent l'hiver de fleurs en soie, et, pendant l'été, de fleurs naturelles. Elles portent un collier de ronds d'argent, des chemises blanches avec une petite collerette plissée, une longue jupe ronde en fine toile blanche, avec un corsage élégant qu'elles serrent au moyen d'une ceinture de soie rouge ou verte. On leur voit encore un tablier de toile de lin très-fine et blanche, qui, dans le milieu et jusqu'en bas, est orné de jolis dessins en soie rouge ou noire, faits à l'aiguille. Elles ornent leur poitrine et leurs épaules de fleurs dont elles respirent le parfum, et tiennent un mouchoir à la main.

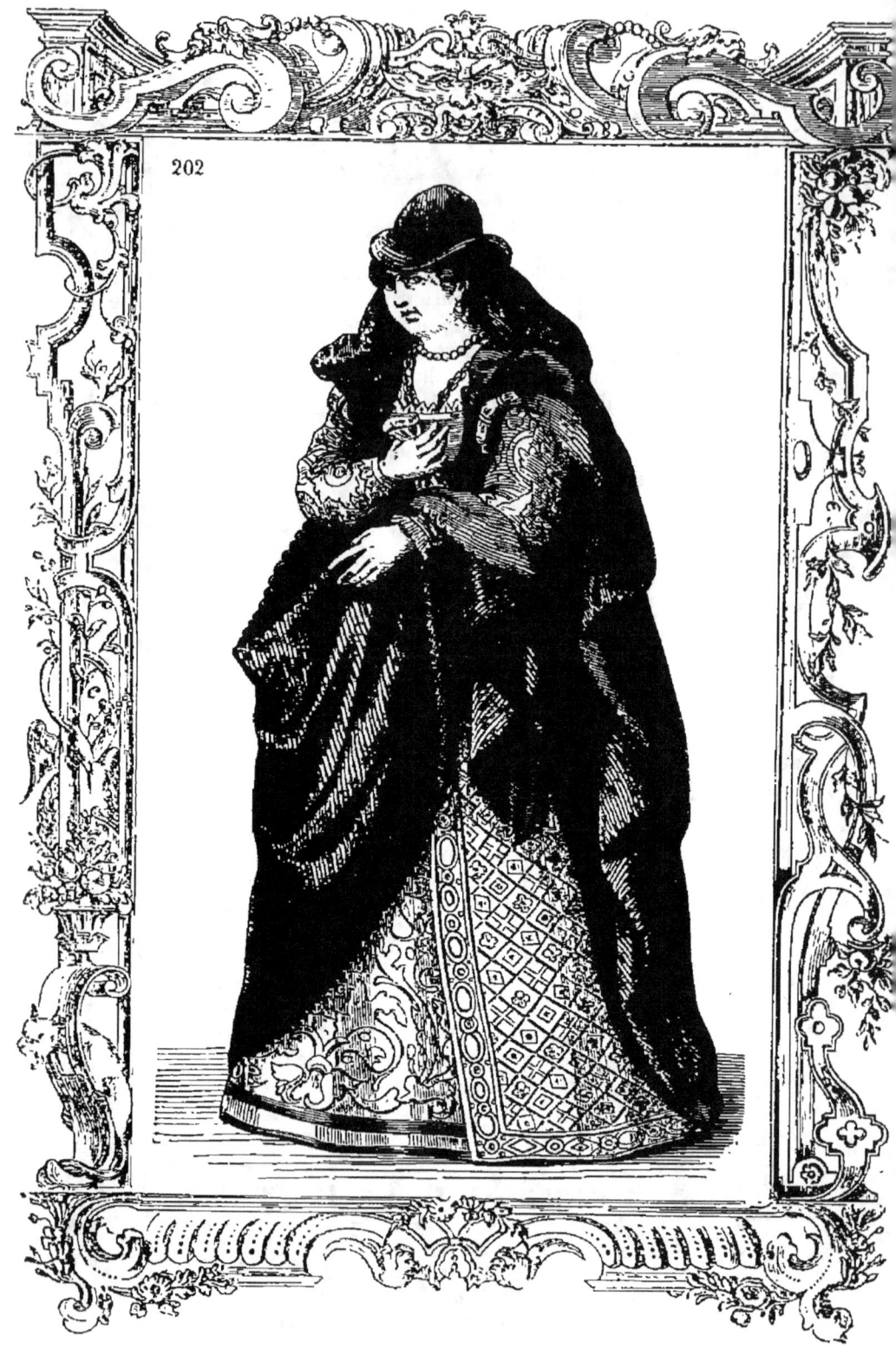

MATRONE NOBILI SENESI.

Uesta città è una delle principali di Toscana, per esser ricca, amena et situata in luogo piacevolissimo. Le matrone nobili senesi portano vesti ò zimarre di damasco ò velluto ad opera di colori diversi, secondo à loro piacciono. Molto però sono esse vesti ornate d'oro davanti con bel lavoro, et da piedi ancora, et sono lunghe fino in terra, sotto le quali portano alcune sottane di broccato di seta ò d'oro, fatte à fogliami diversi, con maniche del medesimo, et con busto attillato et non molto lungo, ma scollato. Sopra esse vesti usano portar un velo di seta lungo, il quale, pendendogli dal capo coperto di cappello di velluto con poca piega, scende fino alla lunghezza delle vesti. Si ornano il collo di bellissimi fili di perle et di ricche catene d'oro, et usano lattughe alle mani, et baveri di seta molto attillati.

NOBLES DAMES DE SIENNE.

Cette ville, riche, agréable et située dans un lieu charmant, est une des plus importantes de la Toscane. Les nobles matrones de Sienne portent une simarre de damas ou de velours à dessins de couleurs variées, selon leur goût, ornée de riches broderies sur le devant comme dans le bas, et longue jusqu'à terre. Sous cet habit, elles portent une robe de brocart de soie ou d'or, à ramages divers, avec des manches de la même étoffe, et un corsage élégant, peu long et décolleté. De la tête, couverte d'un chapeau de velours à bords peu relevés, s'échappe un voile qui descend jusqu'au bas du vêtement. Outre les gracieux cols de soie et les manchettes plissées, elles parent leur cou de riches chaînes d'or et de beaux colliers de perles.

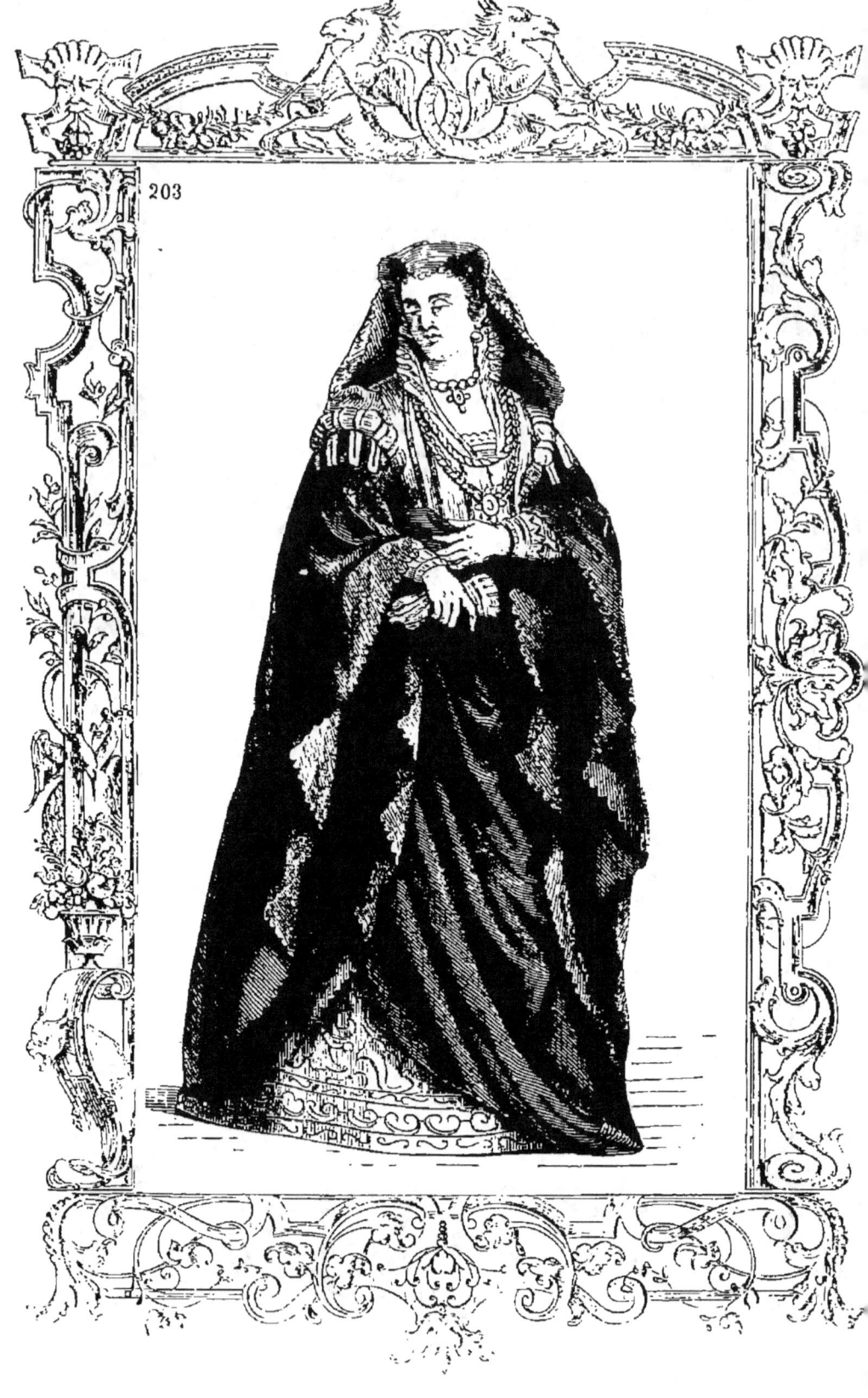

HABITO DI GENTILDONNE SENESI, LE QUALI HANNO I MARITI POSTI IN DIGNITA.

Sono alcune gentildonne mogli de' principali di Siena ò d'officiali del gran duca di Toscana, le quali usano addobbarsi di una veste d'oro ò di broccato, ricchissima di guarnigione, la quale è lunga fino in terra con busto non troppo lungo et scollato, che si vede tutta la gola, con braccialetti molto sontuosi di passamani d'oro, de' quali è ornato anco da' piedi. Usano baveri di seta con lattughe molto belle, et al collo hanno bellissimi fili di perle con alcune gioie di gran valuta, che nel mezzo di quelle pendono; et usano parimente alcune collane ò catene d'oro benissimo lavorate con qualche diamante ò rubino, che nel mezzo di esse sono attaccati. Di sopra portano alcuni manti di velo di seta con merletti d'oro, li quali sono attaccati alla testa et pendono fino in terra con grande magnificenza et pompa.

COSTUME DES FEMMES NOBLES DE SIENNE, DONT LES MARIS OCCUPENT DE HAUTS EMPLOIS.

Quelques dames nobles, épouses des principaux citoyens de Sienne ou d'officiers du grand-duc de Toscane, portent un vêtement d'or ou de brocart à riche garniture, et long jusqu'à terre; le corsage, pas trop long et décolleté, laisse voir toute la gorge, et le haut des manches, comme la partie inférieure, est orné de jolis galons d'or. On leur voit des cols de soie à belle plissure, et des colliers de perles avec des pierres précieuses de grande valeur suspendues au milieu. Elles se parent encore de chaînes d'or d'un riche travail, du milieu desquelles pend un rubis ou un diamant. Sur le vêtement de dessus elles jettent une mante de soie ornée de dentelle d'or, qui s'attache à la tête et tombe jusqu'à terre avec une grande magnificence.

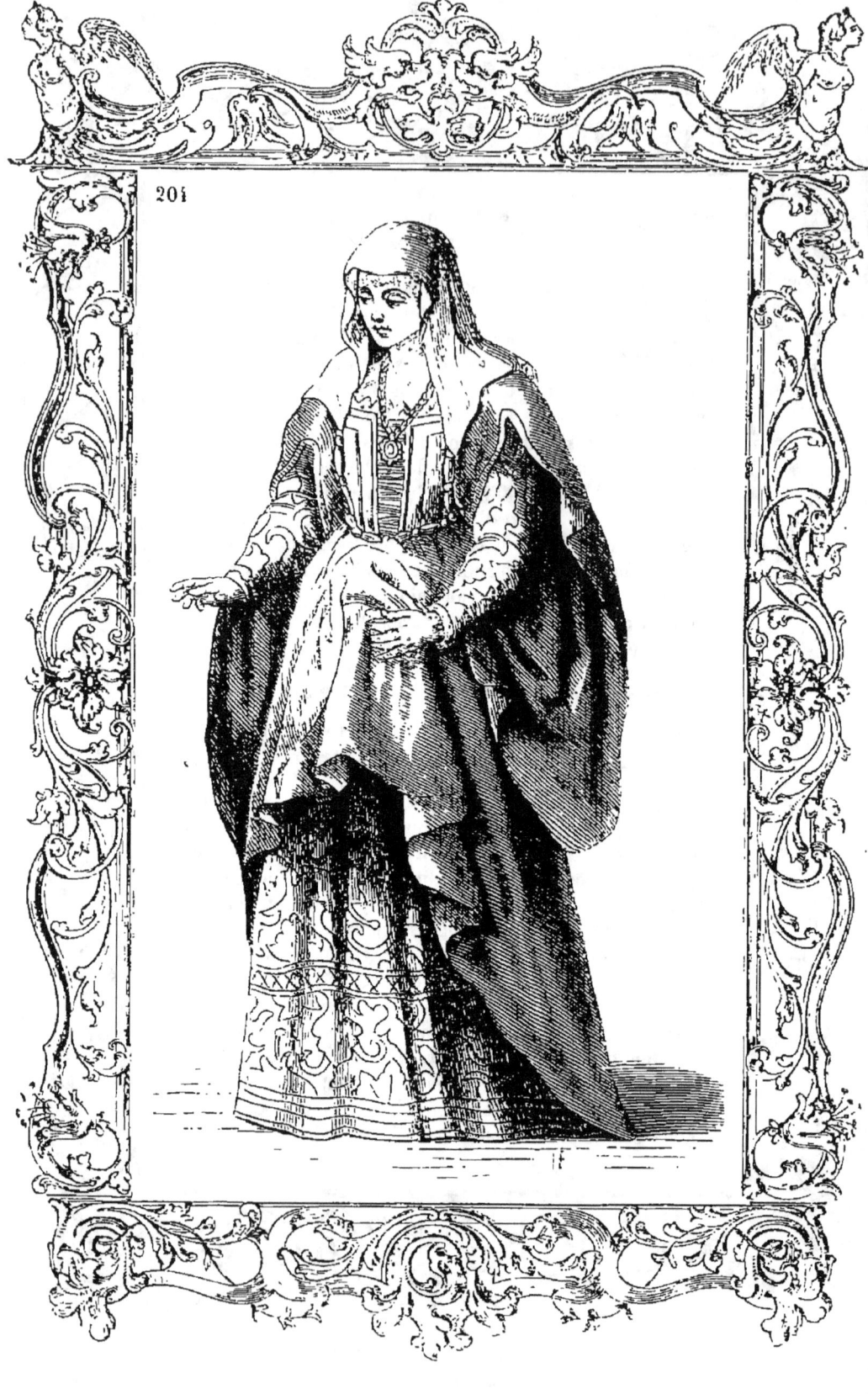

HABITO DI DONNA PERUGINA.

PERUCIA è una bella città et nobile, et è situata sopra il colle dell'Apennino, et hà sotto di se molti castelli, ville et terre. Il suo popolo è valoroso et nobile, et hà molte illustri famiglie. È città sottoposta al pontefice romano, et hà un grande studio, sontuosi edificij et assai belle chiese. Le donne perugine portano sopra la testa un velo sottile ò un panno di Cambrai, il quale cuopre i ricci, gli orecchi et tutto il collo, et con assai gratia si ferma sopra le spalle. Portano le vesti di sopra di seta, di velluto, ò raso, ò altri tabini, le quali hanno i busti corti et allacciati con cordelline di seta di colore. Ornano il collo di una collana d'oro con un gioiello, che da quella pende sopra il petto, et si cingono con una catena d'oro la veste sopradetta, la quale hà le maniche larghe et aperte, dalle quali escono le braccia vestite dell'istesso della sottana, la quale è di velluto figurato ò damasco.

COSTUME DE FEMME DE PÉROUSE.

PÉROUSE, cité belle, noble, et située sur une colline de l'Apennin, commande à beaucoup de châteaux, de villes et de terres. Son peuple est brave, généreux et compte plusieurs familles illustres. Cette ville, soumise au pontife romain, brille par le savoir, par des édifices somptueux et de très-belles églises. Les femmes portent sur la tête un voile fin ou bien un mouchoir de batiste, qui couvre les cheveux, les oreilles, le cou entier, et s'arrête avec beaucoup de grâce sur les épaules. Le vêtement de dessus, de velours, de satin ou d'autre étoffe de soie, a le buste court et s'attache avec des cordelettes en soie de couleur. Elles ornent leur cou d'une chaîne d'or; du milieu de laquelle pend un joyau qui tombe sur la poitrine. La simarre, qu'elles entourent à la ceinture d'une chaîne d'or, est pourvue de manches larges et ouvertes, donnant passage aux bras, couverts de la même étoffe que la robe, qui est de velours à dessin ou de damas.

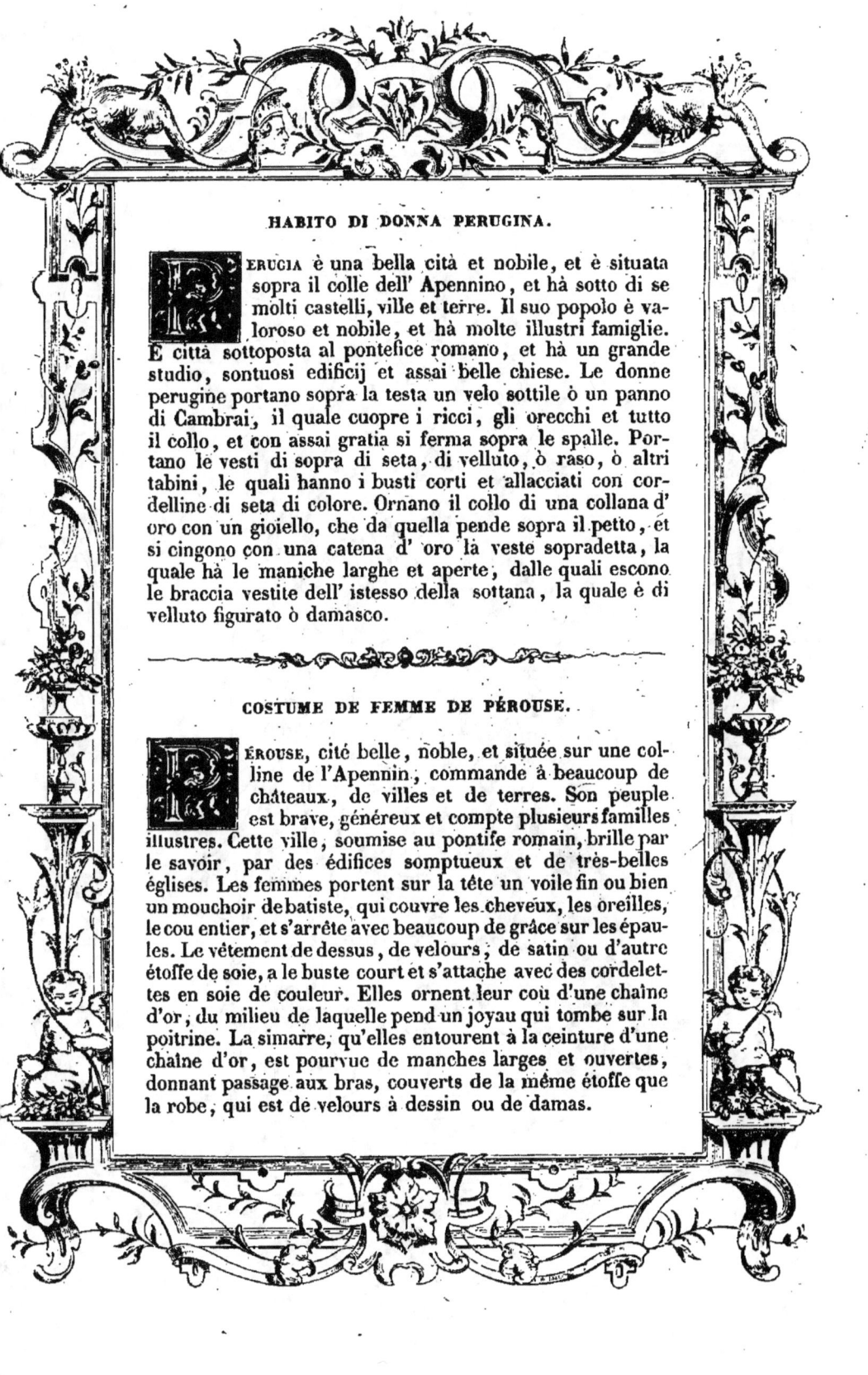

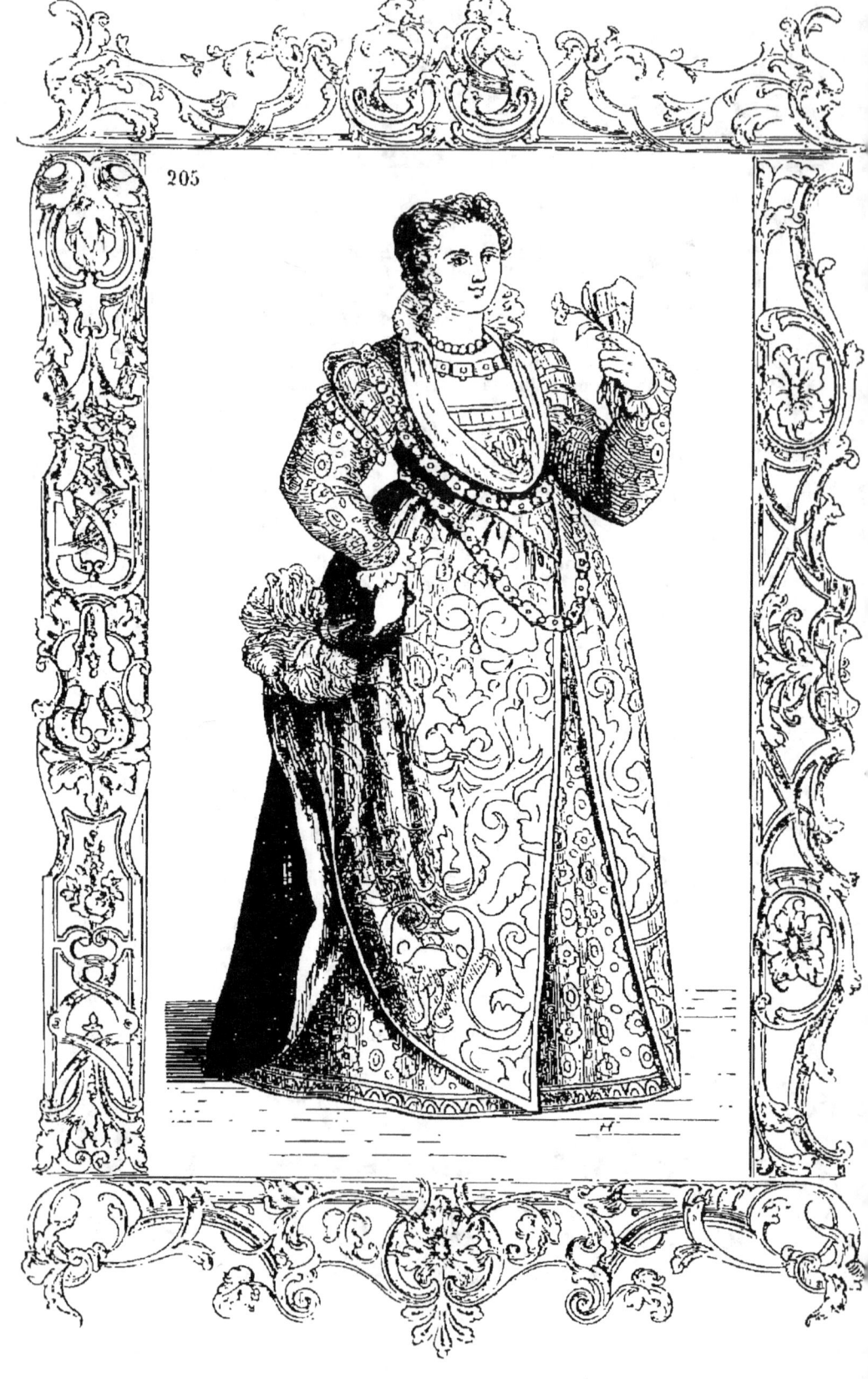

MATRONE NOBILI PISANE.

I Pisani sono stati potentissimi, et particolarmente per mare, et tra l' altre loro imprese soggiogarono Cartagine l' anno trecento, et presero il rè, et lo condussero al sommo pontefice romano. Soggiogarono l' isola di Sardegna; uccisero il rè di Maiorica, et condussero la moglie à Pisa con un figliuolino, al quale poi restituirono il reame. Portarono di Costantinopoli le Pandette, le quali al presente sono in Firenze, et dopò lunghissime guerre finalmente sono stati vinti et soggiogati da' Fiorentini. Hanno un bellissimo studio, et appo essi è fondata la religione de' Cavalieri di San Stefano. L' habito sopraposto è quello a punto che anticamente portavano le donne nobili, le quali si ornavano di gioie et ori superbamente et con gran numero, cosi sopra i busti come sopra le maniche, et ciò appare nel presente ritratto. Le vesti poi erano di seta di broccati, con belli lavori et con gran disegno.

NOBLES MATRONES DE PISE.

Les Pisans ont été très-puissants, mais particulièrement sur mer. Entre autres faits mémorables, ils s'emparèrent de Tunis en 1300, et firent prisonnier le roi, qu'ils amenèrent au souverain pontife; ils conquirent l'île de Sardaigne, tuèrent le roi de Majorque, et conduisirent sa femme à Pise avec un de ses fils, auquel ils restituèrent ensuite le royaume paternel. Ils apportèrent de Constantinople les Pandectes, qui sont maintenant à Florence. Enfin, après de longues guerres, ils ont été vaincus et subjugués par les Florentins. C'est dans cette ville, célèbre par la culture des lettres, qu'on a fondé l'ordre des chevaliers de Saint-Étienne. Le costume de la gravure est précisément celui que portaient autrefois les dames nobles, parées de pierreries et d'ornements d'or qu'elles prodiguaient même sur le corsage et les manches, comme l'indique la gravure. Le vêtement, de brocart, était à ramages d'or d'un magnifique dessin.

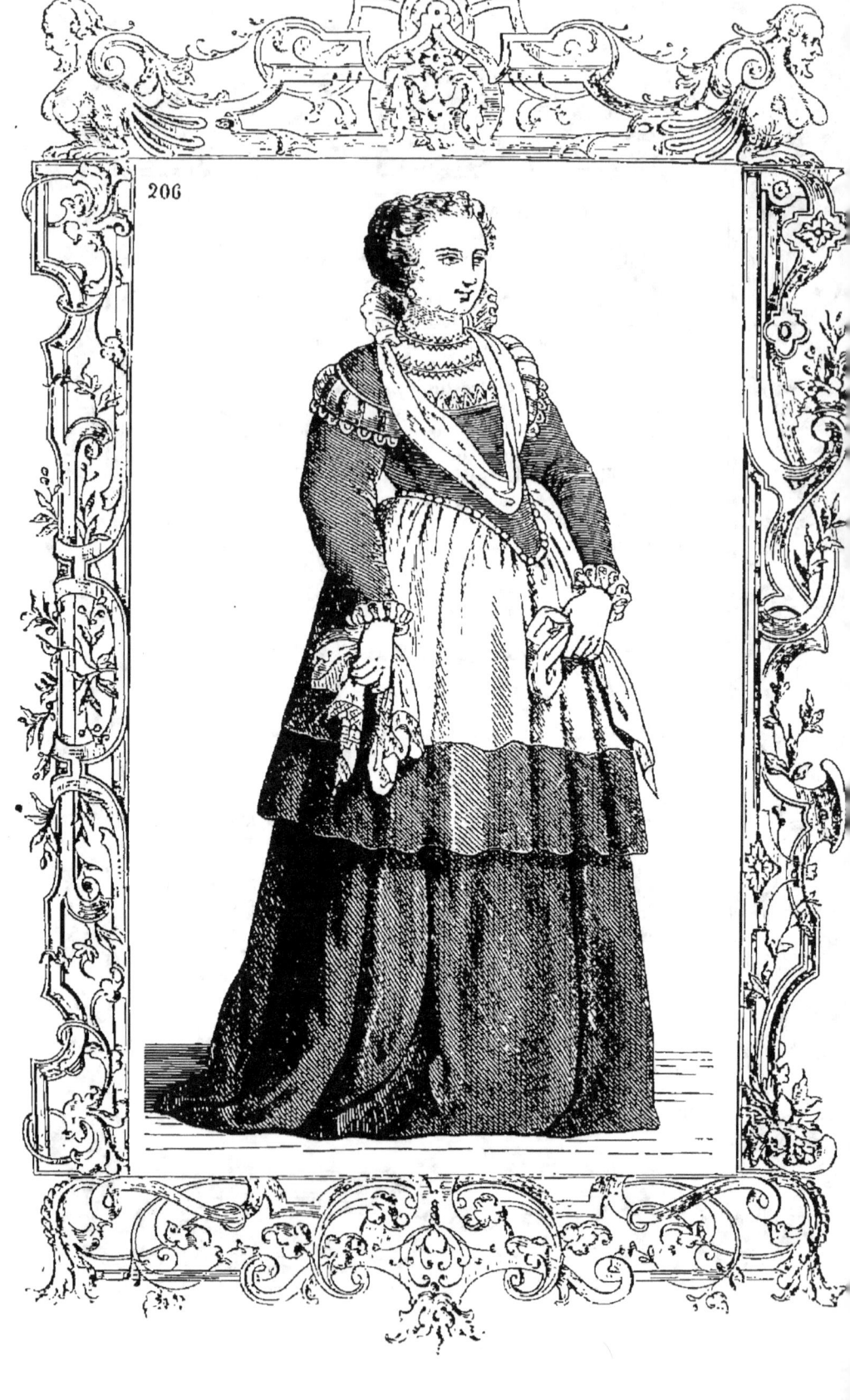

ZITELLE ET FANCIULLE PISANE.

Le zitelle pisane costumano portare mediocri ornamenti di gioie et d'oro al collo et al petto. Vanno con la testa discoperta, contentandosi d'alcuni riccetti modesti et treccie fatte con bindelle di seta colorita. Portano sopra un bavero fatto à ninfe, una banda di ormesino di varij colori, come portar sogliono i soldati. Hanno due vesti, cioè una di sotto, lunga fino in terra, di seta rossa, biancha ò turchina; et un' altra di sopra, ch' è lunga fino alle ginocchia, di panno di diverso colore da quella di sotto; et l'una et l'altra fanno assai pieghe, percciochè sono alquanto larghe. Si cingono esse vesti con un cinto d'ambra ò cristallo. Sono quasi tutte belle et ben create.

JEUNES FILLES DE PISE.

Les jeunes filles de Pise portent au cou et sur la poitrine de modestes ornements de pierreries et d'or. La tête est découverte; elles se contentent d'une simple frisure et de quelques tresses faites avec des rubans en soie de couleur. Sur un col plissé, elles jettent une écharpe de moire à couleurs variées, comme les soldats. Elles ont deux vêtements: l'un, celui de dessous, long jusqu'à terre, est de soie rouge, blanche ou bleue; l'autre, qui descend jusqu'aux genoux, n'a pas la même couleur que le premier; mais l'un et l'autre, à cause de leur ampleur, font beaucoup de plis. A la ceinture, elles mettent un collier d'ambre ou de verre. Elles sont presque toutes belles et bien élevées.

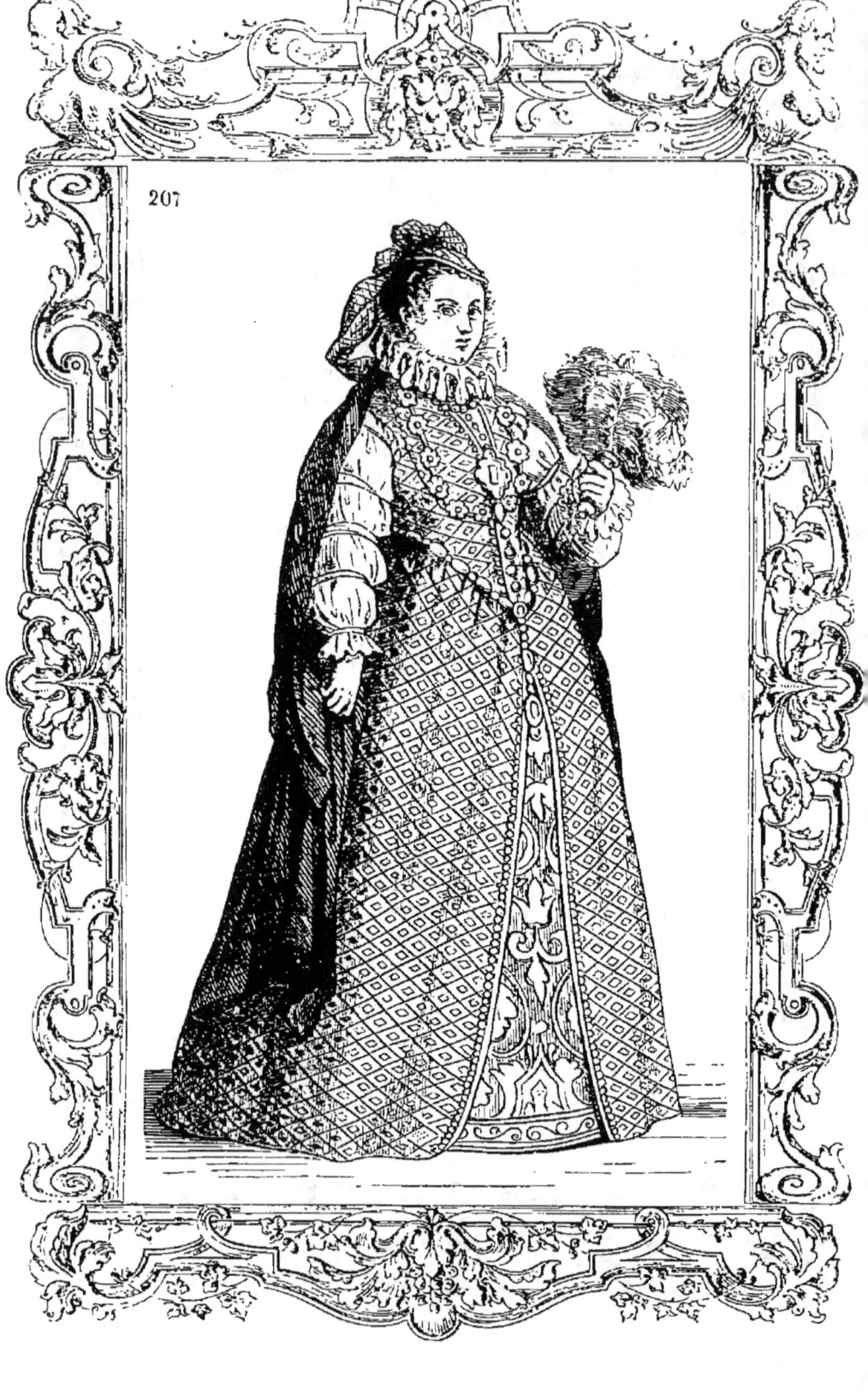

DONNA BOLOGNESE NOBILE DI CONDITIONE.

E gentildonne bolognesi sono gratiose et ben costumate, et portano l' acconciatura di testa à guisa delle Milanesi, perche si fanno ricci à torno della fronte, la quale ornano con una perla grossa, con una punta di un velo di seta bianca fatto à rete, il qual velo appuntano ancora in mezzo la testa sopra le treccie con bel modo. Portano al collo lattughe benissimo lavorate. Usano di sopra alcune vesti accollate et lunghe fino in terra, di seta nera fatta ad opera, et con busti alti allacciati a' fianchi. Di sotto portano una sottoveste à falde, di seta bianca con bell' opere. Hanno ornati i petti con bellissimi gioielli di gran prezzo, i quali pendono attaccati ad alcune collane d'oro massiccio; al collo usano portar perle, et per cinta hanno catene d' oro. Le loro maniche sono bianche, ma le portano legate con alcune cordelline d' oro tessute con perle. Sopra portano un manto di buratto di seta.

FEMME NOBLE DE BOLOGNE.

LES femmes nobles de Bologne sont gracieuses et mises avec élégance. Leur coiffure ressemble à celle des Milanaises; en effet, elles frisent les cheveux autour du front, qu'elles ornent d'une grosse perle avec la pointe d'un voile de soie à filet; ce voile, attaché au-dessus de la tête, forme de jolis nœuds autour des tresses de la chevelure. Elles portent des collerettes plissées, d'un travail élégant; le vêtement de dessus, de soie noire ouvragée, couvre le cou et tombe jusqu'à terre; le corsage, assez haut, s'attache sur les côtés. Par-dessous, elles mettent une robe de soie à bordure de soie blanche ornée de beaux dessins. Des joyaux de grand prix, attachés à des chaînes d'or massif, parent leur poitrine; elles portent des colliers de perles, et la ceinture est entourée d'une chaîne d'or. Les manches sont blanches, et serrées par des cordelettes d'or tissues de perles. Par-dessus, elles jettent un manteau d'étamine de soie.

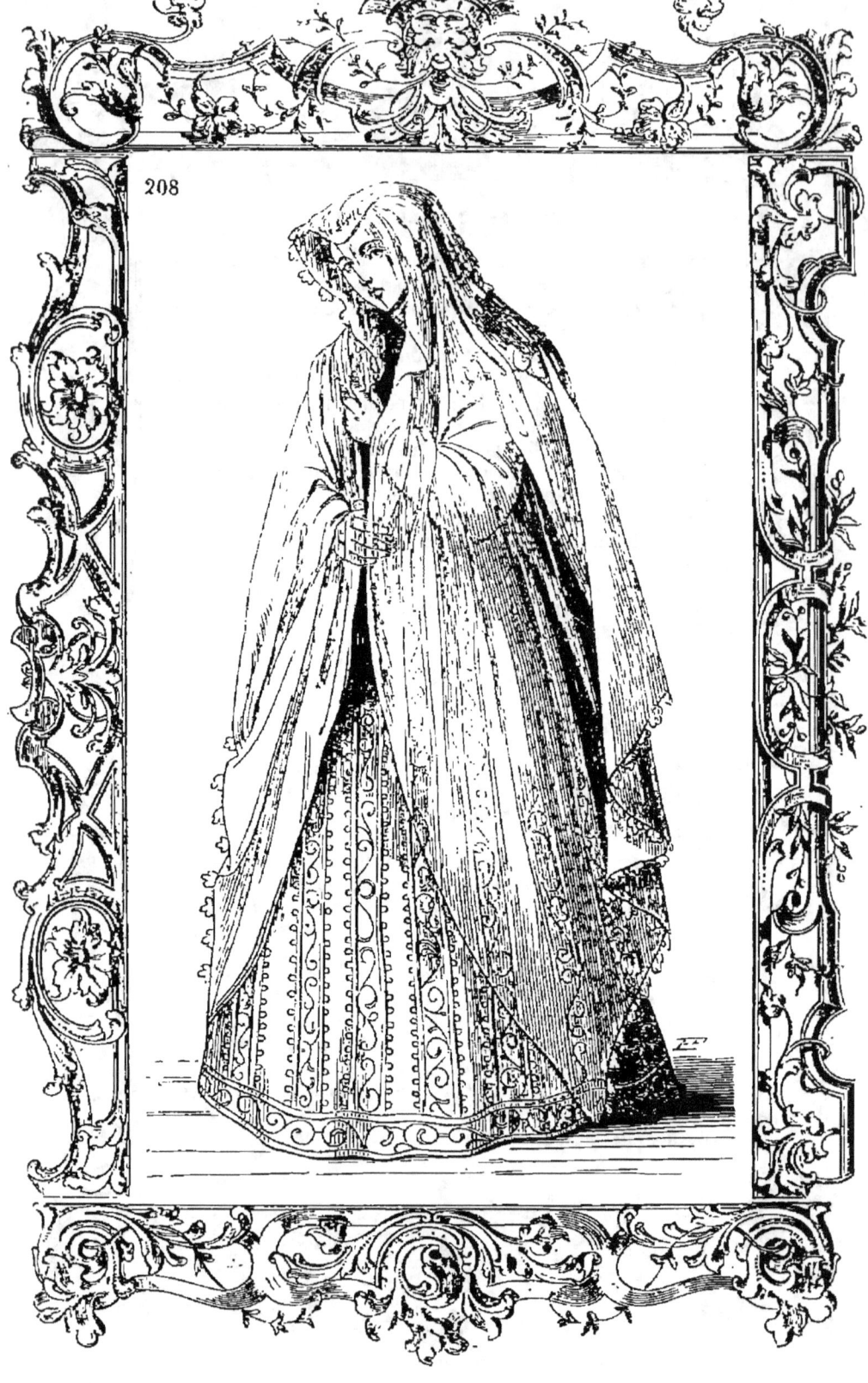

DELLE ZITELLE NOBILI BOLOGNESI, FUORI DI CASA, ALLE DIVOTIONI.

La città di Bologna è di circuito grande cinque miglia, et è ripiena di magnifici tempi, d'ampli palazzi, di bellissime strade, di securi portici et logge; hà molti cardinali, arcivescovi, vescovi, dottori et soldati valorosi, et hà havuto tre papi; è abbondante di grano, vino, carnaggi, onti, et latticinij d'ogni sorte, et però è detta Bologna grassa. Le zitelle, quando vanno alle divotioni, vanno piene d'honestà et vaghezza; si fanno alcuni riccetti à torno alla fronte, et poi se gli cuoprono con alcuni veli lunghi fino in terra, di seta, li quali si stendono ancora sopra li viso, comprendolo con bella maniera. Portano alcune vesti di seta, per la maggior parte bianche, con fregi di seta diversa dalla veste, con liste lavorate attorno d'essa in piedi; usano pianelle non troppo alte, et si tengono esso velo stretto con le mani nel petto et alla cintura.

JEUNES FILLES NOBLES DE BOLOGNE ALLANT FAIRE LEURS DÉVOTIONS.

La cité de Bologne a cinq milles de tour, et se distingue par des temples magnifiques, de vastes palais, de belles rues, des portiques solides, des galeries couvertes. On y voit un grand nombre de cardinaux, d'archevêques, d'évêques, de docteurs et de soldats valeureux; de plus, elle a fourni trois papes. L'abondance des blés, du vin, des bestiaux, de l'huile, des fruits de toute espèce, lui a fait donner le nom de *Bologne la Fertile*. Les jeunes filles, quand elles vont accomplir des actes religieux, se font remarquer par leur grâce et leur maintien honnête; elles frisent autour du front leurs cheveux, qu'elles couvrent d'un voile de soie long jusqu'à terre, et qui tombe encore avec grâce sur le visage. La robe, de soie blanche en général, avec une bordure façonnée, a des ornements de soie dont la couleur diffère de celle de l'étoffe. Elles portent des sandales assez découvertes, et serrent avec les mains leur voile sur la poitrine et la ceinture.

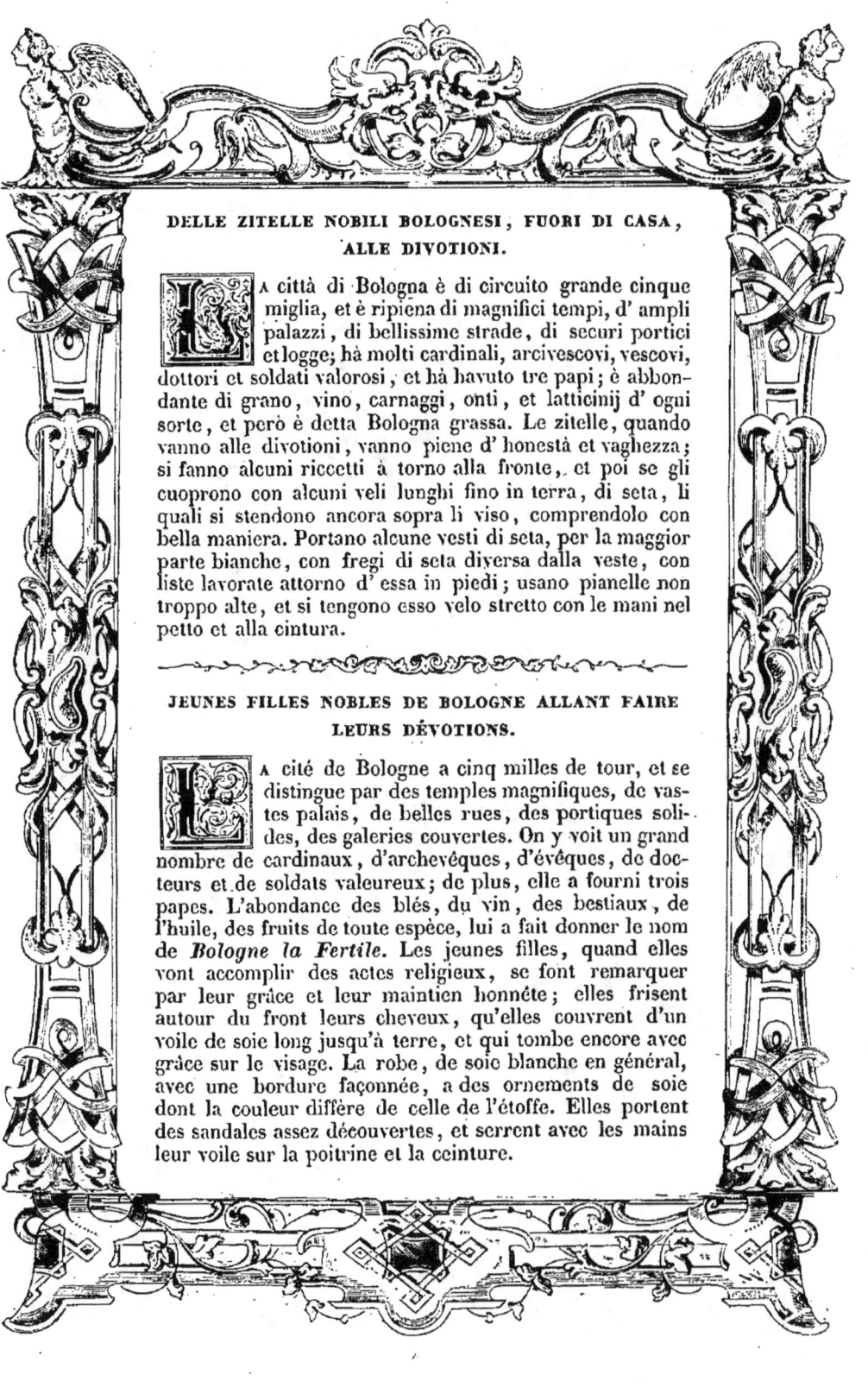

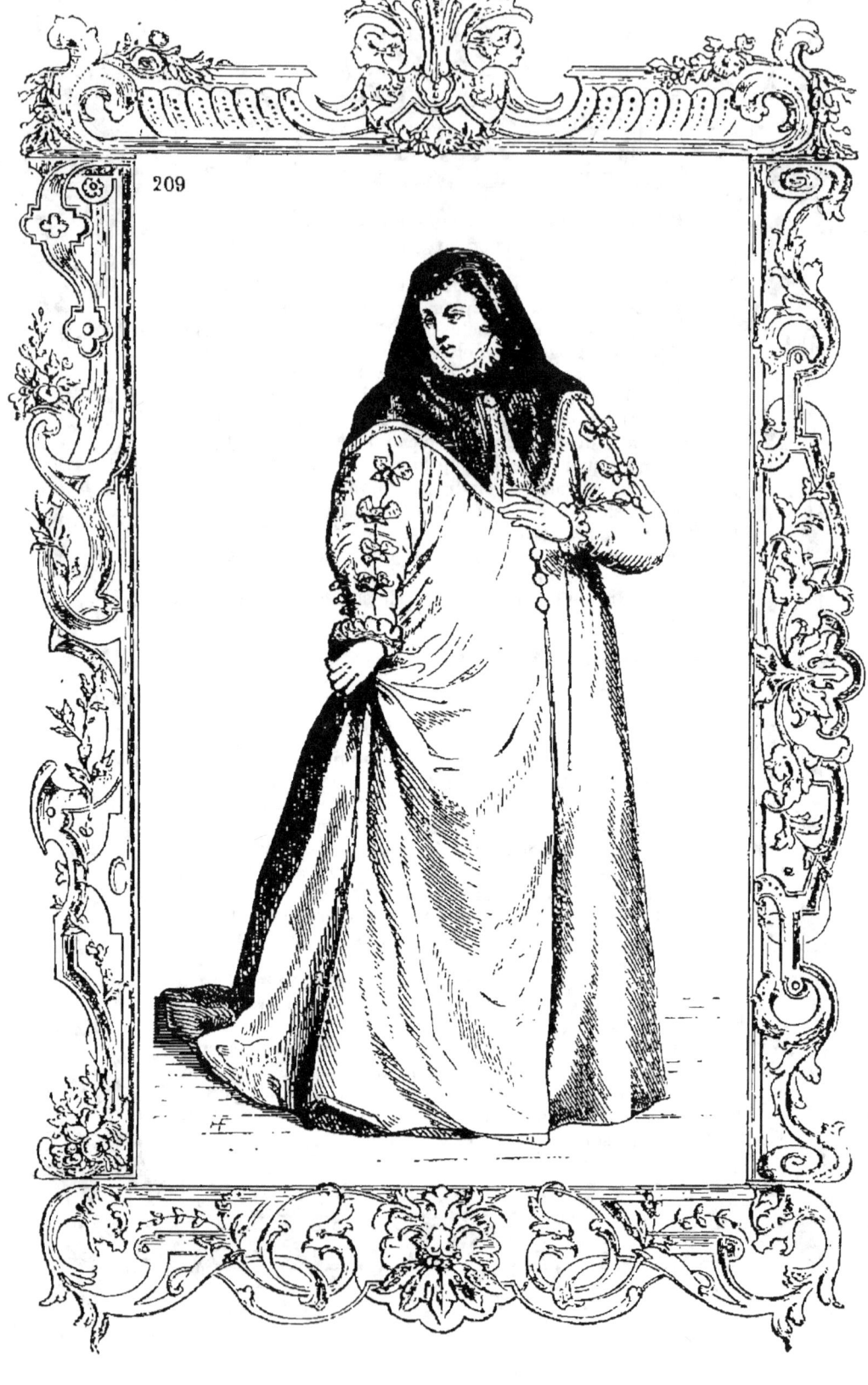

MERETRICE BOLOGNESE.

LE meretrici usano di portare una veste longa fino in terra, et con alquanto di strascino, le maniche della quale sono tagliate per longo et legate poi con alcune cordelline; et appresso le mani si affibbiano con bottoncini d'oro, si come anco tutta la veste dalla parte davanti. Nella fronte appuntano un pezzo di ormesino, il quale, di dietro cadendo giù per le spalle, si stringe dinanzi con un bottone d'oro. Portano orecchini di perle, et con ricci leggiadramente si adornano la fronte.

PROSTITUÉE DE BOLOGNE.

LES prostituées ont coutume de porter un vêtement long jusqu'à terre, avec une petite queue, et dont les manches, fendues dans la longueur, sont fermées par des cordelettes; ces manches, comme tout l'habit sur le devant, s'attachent au-dessus des poignets au moyen de petits boutons d'or. Au front, elles fixent un morceau de moire, qui tombe sur les épaules, et vient s'attacher à la poitrine avec un bouton d'or. Elles portent des boucles d'oreilles de perles, et entourent leur front de gracieuses boucles de cheveux.

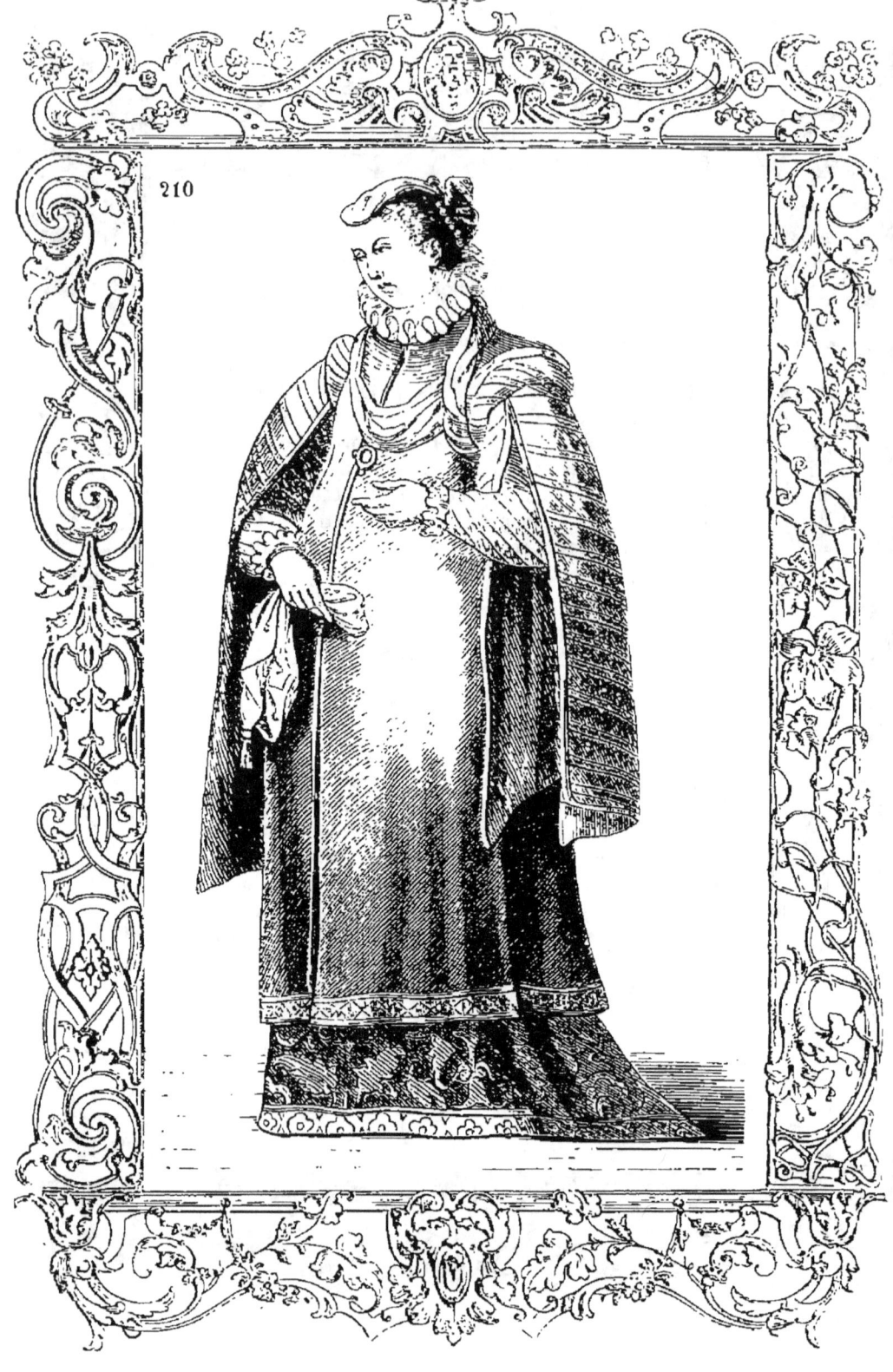

MATRONA MANTOVANA NOBILE ORNATA IN ALTRO MODO.

uesto è un' habito d' un' altra sorte di matrone mantovane, vestite molto differenti dalle altre sopraposte. Queste si acconciano i capelli con alcuni ricci attorno le tempie, et con un velo al quale fanno fare una bella punta nella fronte. Usano portar al collo lattughe di camicie molto ben lavorate et fatte di tela sottilissima et bianca. Portano una sopraveste di velluto, ò raso, ò ormesino, ò altre sete, lunga fino à mezza gamba, con alcune liste d' oro ò di broccato di seta, a' piedi d' essa sopraveste, et con maniche lunghe aperte, dalle quali escono fuori le braccia vestite con maniche d' altra seta attraversate da passamani d' oro. Sotto portano una veste lunga fino in terra, con strascino di un braccio di broccato d' oro ò di seta, et al collo usano alcune fasce d' ormesino di color rosso ò incarnato, con una medaglia d' oro, che da esse pende fino à mezzo il petto.

NOBLE MATRONE DE MANTOUE PARÉE D'UNE AUTRE MANIÈRE.

e costume des matrones de Mantoue diffère beaucoup des précédents. Les cheveux sont frisés autour des tempes, et s'enroulent au-dessus de la tête, ornés d'un voile dont une pointe s'allonge gracieusement sur le front. La fraise, de forme élégante, est d'une toile fine et blanche. Le vêtement, de velours, de satin, de moire ou d'autre étoffe de soie, long jusqu'à mi-jambe, avec une bordure d'or ou de brocart, a des manches longues et ouvertes qui donnent passage aux bras, couverts d'autres manches de soie entourées de galons d'or. Par dessous, elles mettent une robe traînante, avec une longue queue en brocatelle d'or ou de soie; elles ont au cou une écharpe de moire rouge ou incarnat, avec un médaillon d'or qui pend jusqu'au milieu de la poitrine.

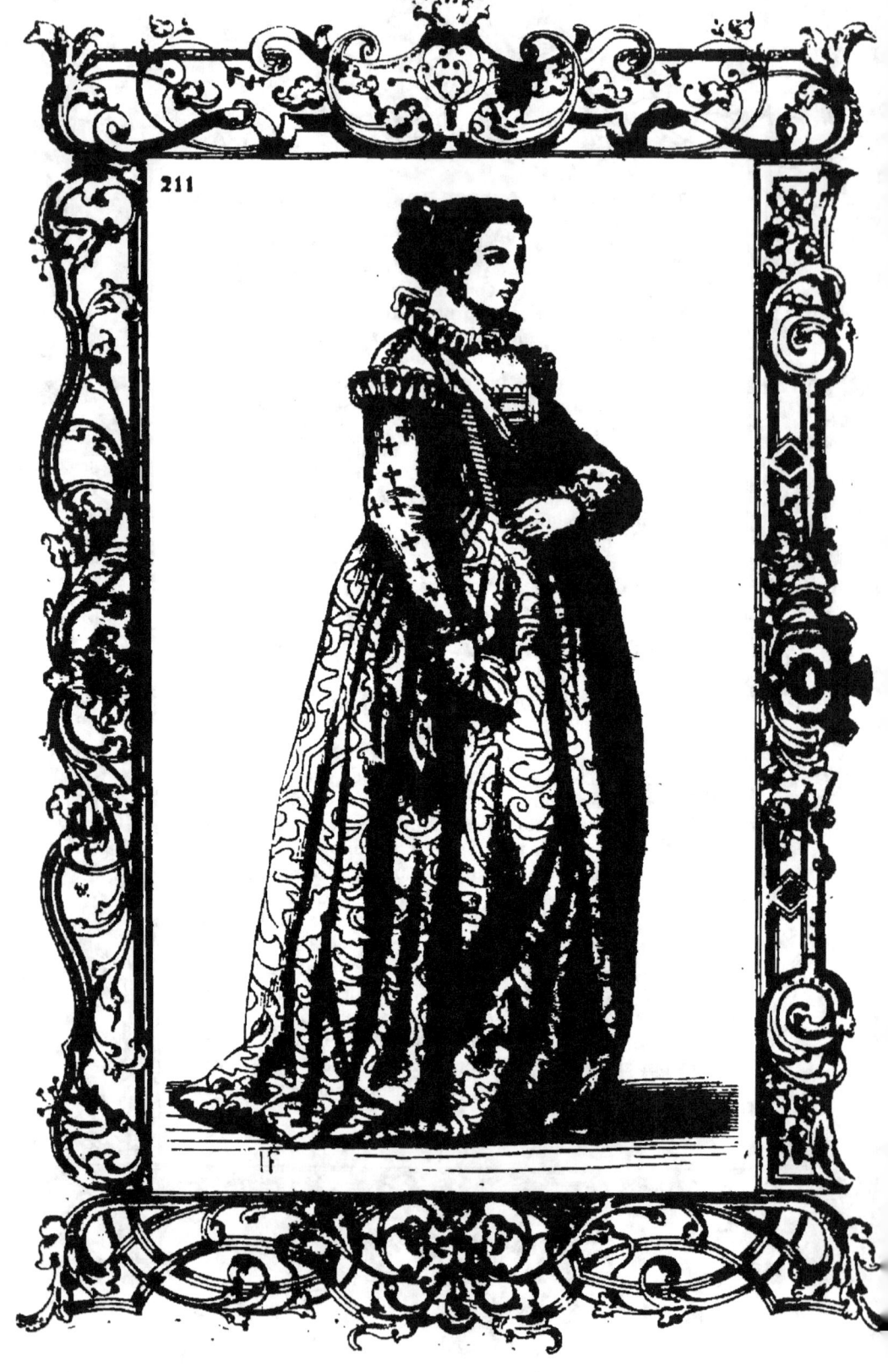

DONZELLA NOBILE.

Le donzelle della città di Mantova, quando vanno alle feste publiche, si fanno alcuni ricci attorno alla fronte con i loro capelli, et il resto rinchiudono sotto alcuni reti d' oro ben fatte. Portano orecchini fatti di perle à modo di stellette, et al collo baveri di renso lavorati con oro, et alcune collane con pietre pretiose. Sopra i baveri si lasciano pender alcune cordelle di seta fino al petto, alle quali restano attaccate alcune medaglie d' oro. Usano una veste scollata, lunga fino in terra, di damasco, di seta, ò di broccato d' oro, con diversi fogliami et alcuni strascini lunghetti. Hanno le maniche di raso pontiggiate ò trinciate à modo di crocette, con lattughe à i braccialetti di esse.

JEUNE FILLE NOBLE.

Les jeunes filles de Mantoue, quand elles vont assister aux fêtes publiques, frisent une partie de leurs cheveux autour du front, et ramassent le reste dans un filet d'or élégant. Elles portent des boucles d'oreilles avec des perles disposées en forme de petites étoiles, des collerettes de linon entremélées d'or, et des colliers de pierres précieuses; par-dessus le col, elles jettent quelques cordelettes de soie qui tombent sur la poitrine, et auxquelles est attaché un médaillon d'or. Elles portent une robe décolletée, longue jusqu'à terre, de damas, de soie ou de brocart d'or, à divers ramages et avec une petite queue. Les manches, de satin, sont découpées en forme de petites croix avec des manchettes plissées.

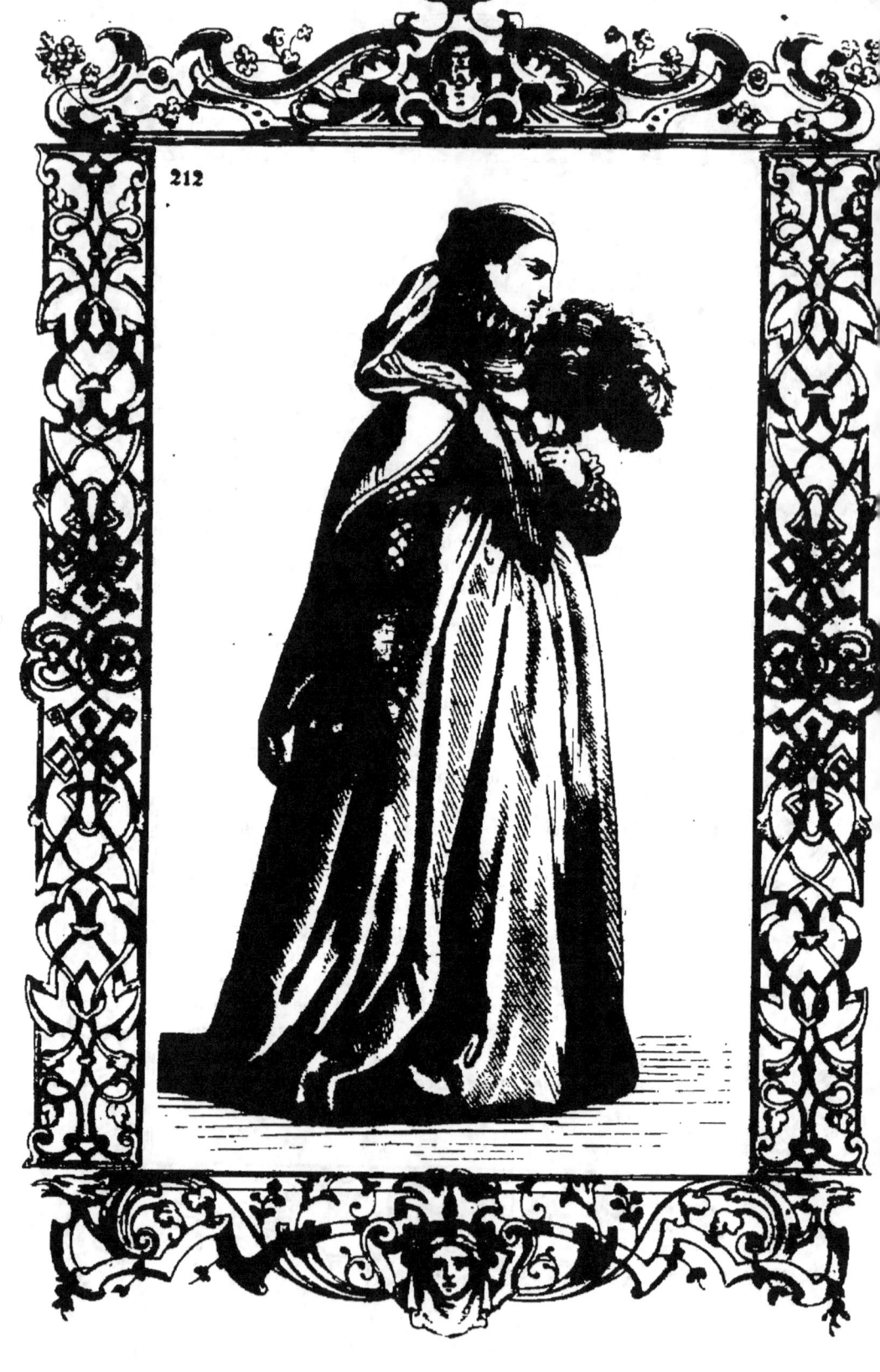

MATRONA MANTOVANA ORNATA.

Le matrone di questa città compariscono con grato et bello aspetto, et portano una veste lunga fino in terra, di velluto, ò damasco, ò altra sorte di seta, con un busto attillato, à guisa di giubbone, et con maniche alquanto lunghe, scavate, per il cui scavo escono fuori le braccia, vestite di damasco ò altra sorte di seta della quale è la sottana. Usano lattughe al collo alquanto lunghe, et una catena d'oro con più doppi, con qualche bella medaglia d'oro ò gioia di gran valuta. Si cingono con una cinta d'oro, et usano farsi ricci a' capelli, et sopra porvi un velo di seta, il quale lasciano sventolar giù per le spalle. Portano anco in mano un ventaglio di belle penne.

MATRONE DE MANTOUE EN TOILETTE.

Les matrones de cette ville, en toilette, ont un aspect gracieux : elles portent un vêtement long jusqu'à terre, de velours, de damas ou d'autre étoffe de soie, avec un corsage en forme de justaucorps, et des manches un peu longues, qui laissent voir les bras, couverts de damas ou de l'étoffe dont est faite la robe. Une collerette à plis assez longs, et une chaîne d'or à plusieurs tours avec un médaillon d'or ou quelque pierre précieuse de grande valeur, ornent leur cou ; une chaîne d'or entoure la ceinture. Elles bouclent une partie de leurs cheveux, et se couvrent la tête d'un voile en soie qu'elles laissent flotter sur les épaules ; elles tiennent encore un éventail en jolies plumes.

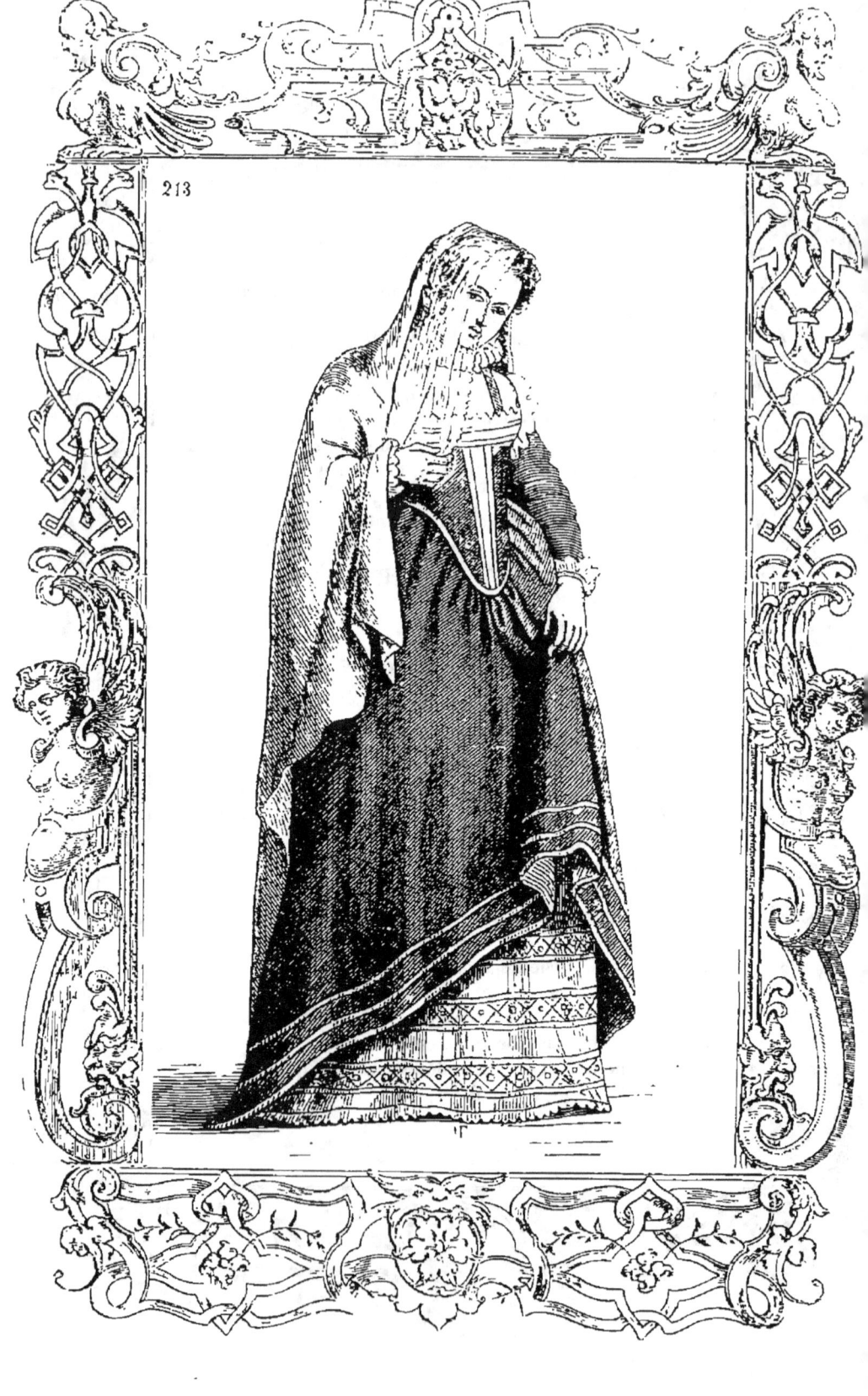

ZITELLE FERRARESI.

Le zitelle ferraresi ordinariamente sono belle di natura, svelte, et di buonissimo intelletto. Portano i capelli bene accommodati et ben tirati in cima della testa con alcune treccie, alle quali lasciano fare qualche bel riccetto attorno la fronte, et il resto di essi cuoprono con un velo di seta, qual lasciano pender dietro fino alle ginocchia, et vedendo loro che qualch' uno le vedono et mirano troppo fissamente, con esso fazzuolo ò velo si cuoprono la faccia. Usano vestirsi di seta con la sopraveste, la quale è lunga fino a' piedi con alquanto di strascino, con busto serrato davanti et legato con un cordone d' oro. Sotto portano una sottoveste d' ormesino ò raso con molte liste di broccato d' oro ò di velluto ad opera. Portano al collo baveri di seta et perle, et alle mani manili d' oro.

JEUNES FILLES DE FERRARE.

Les jeunes filles de Ferrare sont ordinairement belles, de taille svelte et d'une intelligence remarquable. Elles arrangent bien leurs cheveux, qu'elles lissent vers le haut de la tête, où s'enroulent quelques tresses; des boucles entourent leur front, et le reste des cheveux est couvert d'un voile en soie qui tombe par derrière jusqu'aux genoux. Lorsqu'elles s'aperçoivent qu'on les regarde trop fixement, elles se couvrent le visage avec ce voile. Elles s'habillent de soie; le vêtement, avec un corsage fermé sur le devant et qu'attache un cordon, est long jusqu'aux pieds, avec une petite queue. La robe, de moire ou de satin, a plusieurs bandes de brocart d'or ou de velours ouvragé; elles portent des bracelets d'or, et des cols de soie avec des perles ornent leur cou.

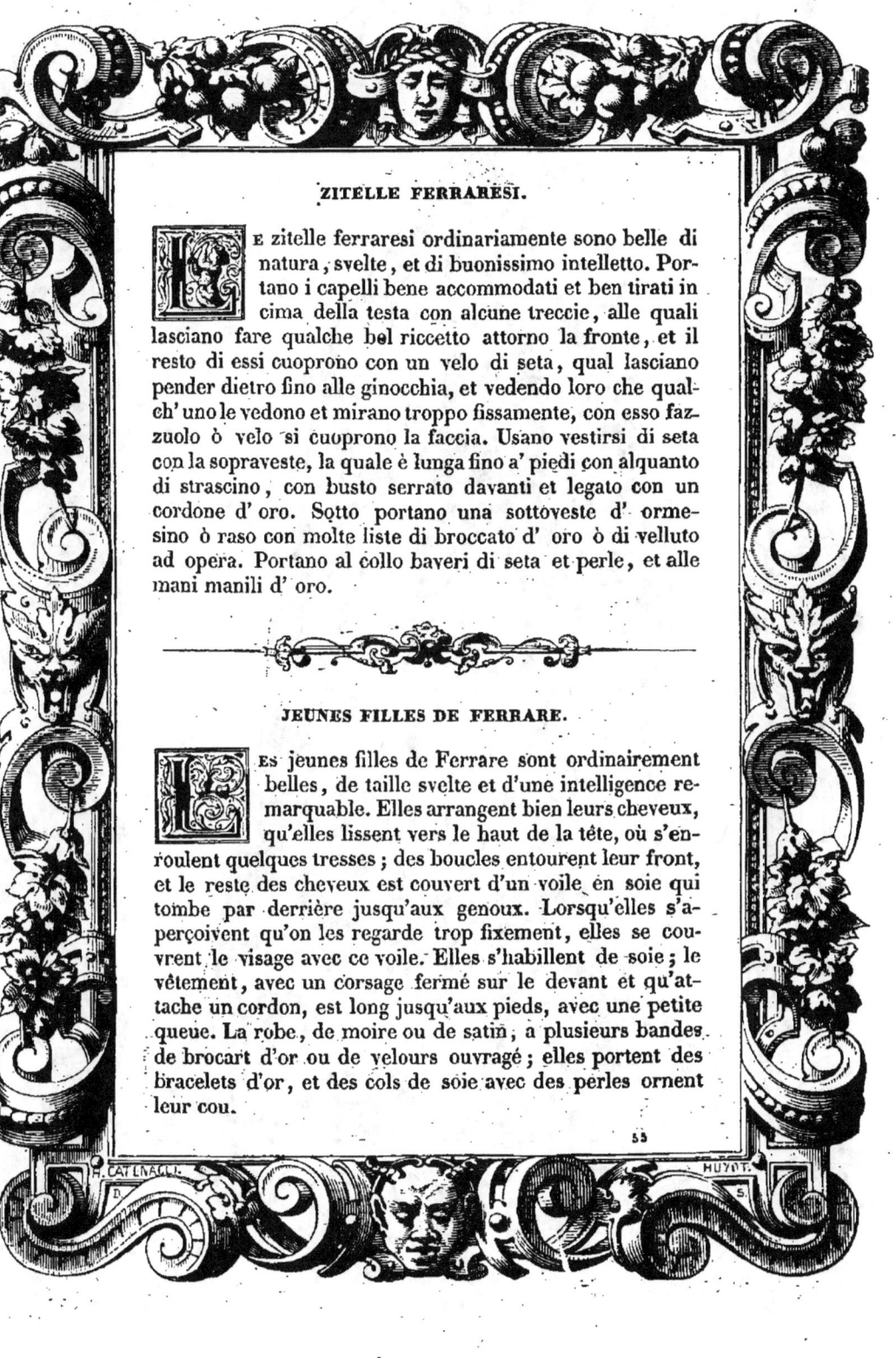

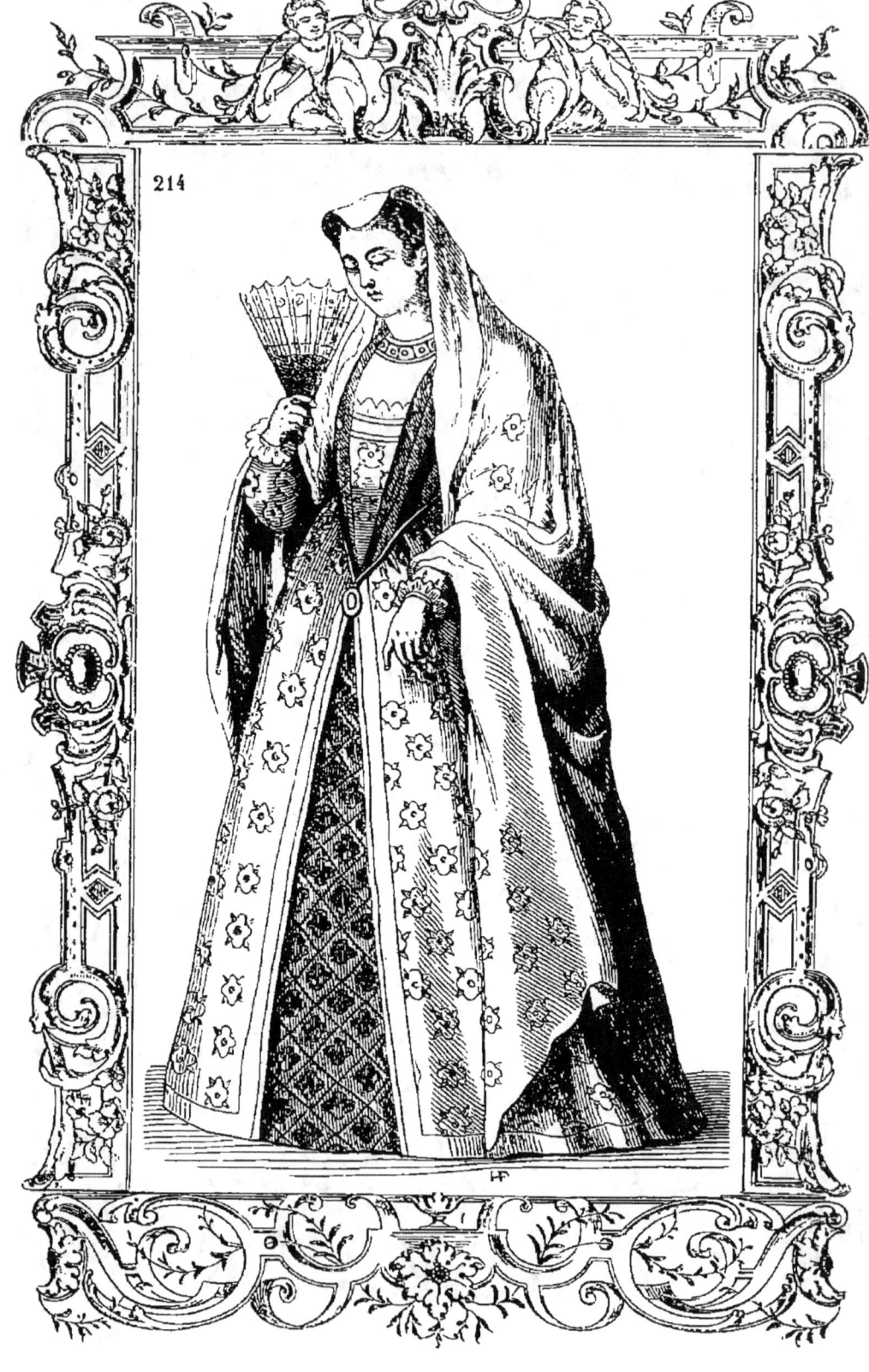

MATRONA FERRARESE ORNATA FUORI DI CASA.

Le matrone di questa città vanno assai bene all' ordine et modeste. Usano un conciero di testa pulito, avvolgendo i capelli alle treccie et facendosi qualche riccio alle tempi. Si mettono sopra la testa un velo di seta, ò gialletto ò negro, con fili d' oro, al quale fanno fare una punta davanti fino alla fronte con bellissima gratia; il resto fanno pender fino in terra. Portano una sopraveste scollata, lunga fino in terra, con busto corto, la quale è di velluto figurato ò broccato d' oro, fatta à rosette con strascino non troppo lungo. Hanno una sottana di rasetto ò broccatello di seta, con frange di seta et oro. Si ornano il collo con una catena d' oro con gioie et pietre preciose, et con una cordella di seta di colore, dalla quale fanno pendere qualche bella medaglia con qualche gioia.

MATRONE DE FERRARE EN TOILETTE HORS DE CHEZ ELLE.

Les matrones de cette ville sont bien mises et modestes. Leur coiffure est gracieuse : elles tressent leurs cheveux et font quelques boucles aux tempes. La tête est couverte d'un voile de soie, jaunâtre ou noir, entremêlé de fils d'or, dont une pointe se dirige gracieusement sur le front; le reste tombe jusqu'à terre. Le vêtement, décolleté, traînant, avec un buste court, est de velours à dessins ou de brocart d'or orné de rosettes, et porte une petite queue; la jupe est de satin ou de brocatelle de soie, avec des franges de soie et d'or. Elles mettent au cou une chaîne d'or avec des joyaux ou des pierres précieuses, et une cordelette de soie de laquelle pend un médaillon avec une pierre précieuse.

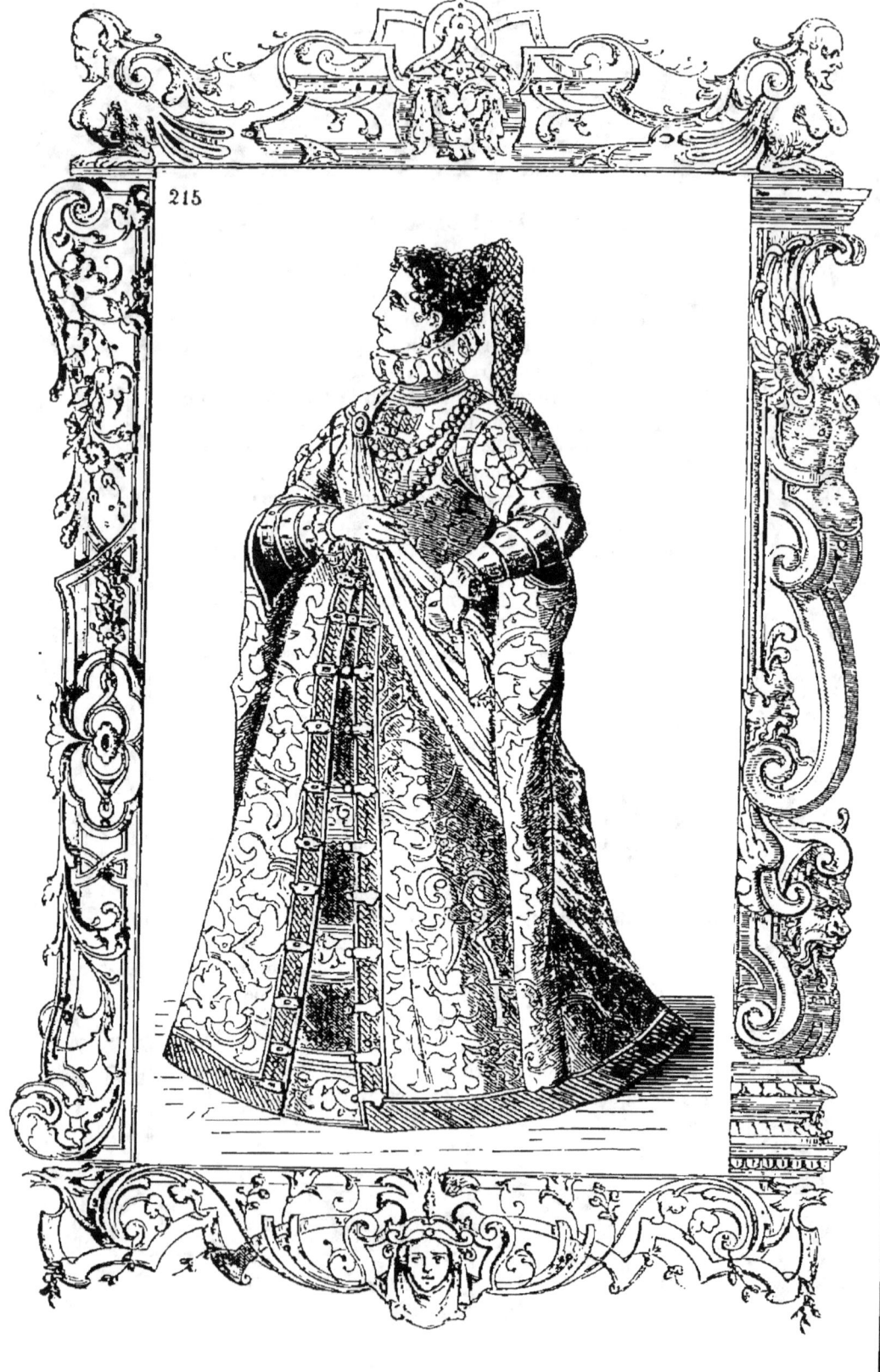

HABITO DI DONNA DI ROMAGNA ET DI ALCUNE TERRE DELLA MARCA.

Le donne di queste due provincie portano una acconciatura di capelli molto attillata con alcuni ricci modesti, et treccie biondissime, sopra le quali portano un velo di seta ornato da alcuni tremoli d' oro con gratiosa vista, il quale scendendo dal capo pende sopra le spalle. Diverse portano certe vesti di seta di colori diversi lunghe fino in terra, come anco le maniche intagliate con alcuni tagli, per i quali si vede la fodera di tela d' oro: sotto le quali vesti usano alcune altre faldiglie di broccato di seta con cerchi di legno dentro, et listate con alcune fasce di broccato d' oro con bella vaghezza. La sopraveste è con bottoni d' oro dal capo à piedi, con ornamenti d' alcune collane d' oro al collo. Portano poi un velo di seta pulitissimo appuntato sopra la spalla destra, che passando sotto il braccio sinistro fà bella vista di dietro; attorno del qual velo sono alcuni merletti d' oro assai ben messi.

COSTUME DE FEMME DE LA ROMAGNE ET DE QUELQUES LIEUX DE LA MARCHE.

Les femmes de ces provinces ont une coiffure très-élégante, qui se compose de quelques modestes frisons et de tresses fort blondes, sur lesquelles elles fixent un voile de soie orné de quelques *tremoli* (tremblants) d'un aspect gracieux, et qui tombe de la tête sur les épaules. Le vêtement en soie, de couleurs diverses, est long jusqu'à terre de même que les manches, ornées de crevés par où l'on voit la doublure en toile d'or. Par dessous, elles mettent des jupes de brocart de soie avec des cercles de bois en dedans, et qui sont rayées de quelques jolies bandes de brocart d'or. Le vêtement de dessus a des agrafes d'or dans toute la longueur, et des colliers d'or tombent sur la poitrine. En outre, elles portent un magnifique voile de soie fixé sur l'épaule droite, et qui passe sous le bras gauche; ce voile, qui produit un bel effet, est orné de dentelles d'or très-bien disposées.

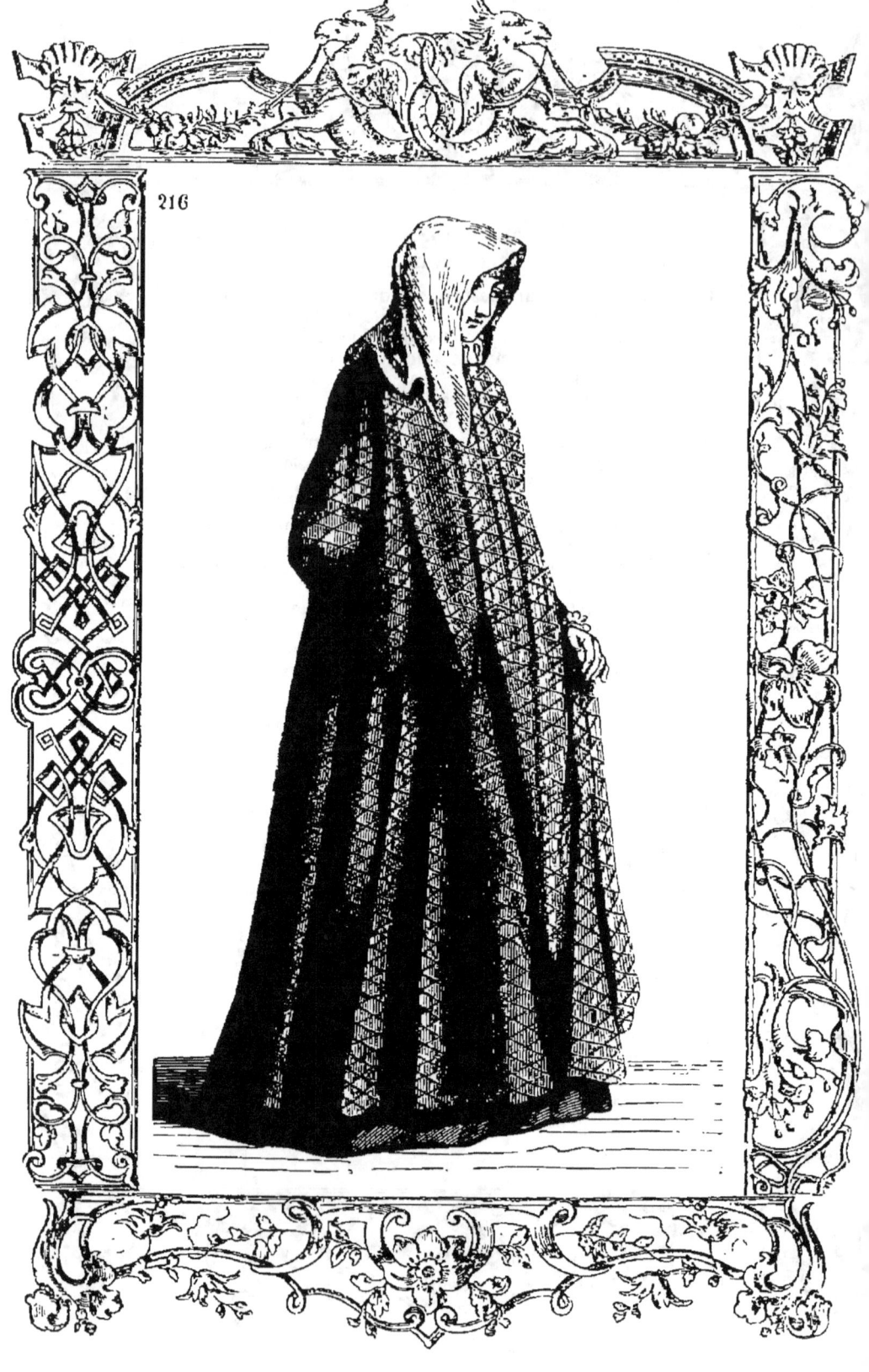

DONNA ANCONITANA.

Ancona è una città nella Marca, provincia molto fertile et abbondante di grano, vino, olio, carni, biade et latticinij d' ogni sorte. Produce assai letterati, et forti capitani, et valorosi soldati; i quali non si amano troppo tra loro, ma amano forestieri più che la sua natione. In questa Marca sono assai colonie de' Romani, de' quali la principale è Ancona, città molto popolata et bella, la quale è situata presso ad un monte che piega verso il mare, et è detta Ancona, perche in greco *ancon* vuol dire gomito, quasi volesse dir piegatura. Quivi è un bellissimo porto et forte, et le donne di essa città vanno vestite, siccome le matrone romane, di un manto nero con un velo gialletto, et con sottane di seta di diversi colori.

FEMME D'ANCONE.

Ancône est une ville de la Marche, province très-fertile, qui produit en abondance du blé, du vin, de l'huile, des bestiaux, des troupeaux et des denrées de toute sorte ; elle fournit encore beaucoup d'hommes de lettres, d'illustres capitaines et de braves soldats, qui n'ont pas beaucoup d'affection les uns pour les autres, mais qui aiment plus les étrangers que les hommes de leur nation. Dans cette Marche se trouvent beaucoup de colonies romaines, dont la principale est Ancône, ville très-belle et très-peuplée, située près d'une montagne qui se replie vers la mer ; elle s'appelle Ancône parce que le mot *ancon* signifie en grec *coude*, c'est-à-dire courbure. Cette ville a un très-beau port, fortement construit. Les femmes, comme les matrones romaines, s'habillent d'un manteau noir avec un voile jaunâtre, et portent des robes en soie de couleurs variées.

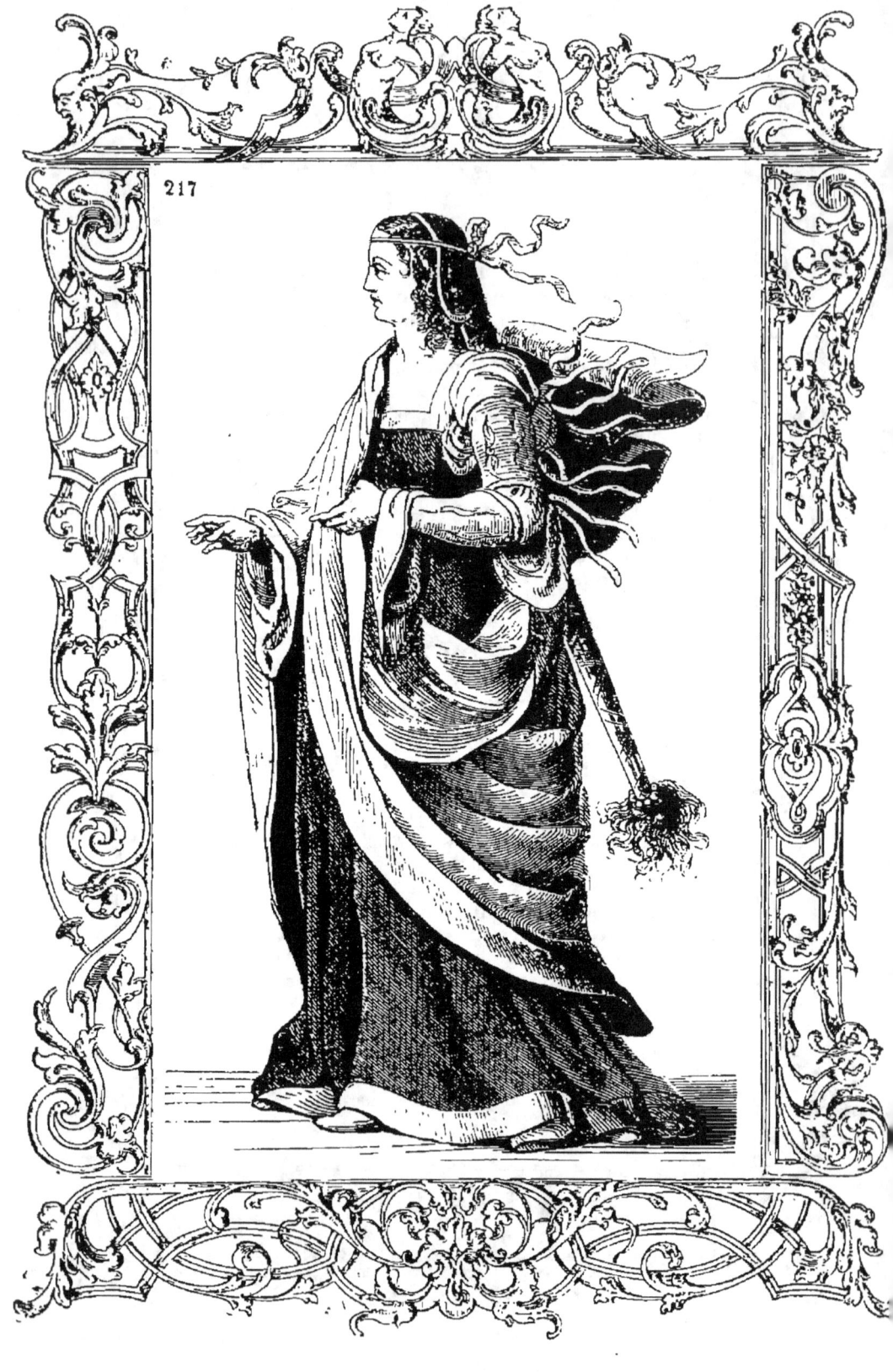

HABITO DI DONNA ANTICA NAPOLITANA.

Le donne di questa città anticamente, già ducent' anni, portavano una veste senza busto, distesa fino in terra, con maniche strette tagliate ne' gomiti di sopra et di sotto, per dove uscivano le maniche della camicia legate con certe cordelline di seta. Portavano un manto di seta sopra ogni veste, il quale, cominciando dalla spalla destra, andava sotto il fianco sinistro et poi sopra la spalla destra, et l' estremità sventolava di dietro con bella veduta. Portavano i capelli dinanzi stesi giù per la testa, et di quelli di dietro facevano una treccia tonda quanto che erano lunghi, et la legavano con alcune cordelle di seta di colore, et cosi la lasciavano pender quanto era lunga dalla parte di dietro. Il resto della testa si coprivano di una scuffia ò velo di seta, con una cordellina à traverso la fronte, che teneva serrata tutta l' acconciatura della testa.

ANCIEN COSTUME DE FEMME NAPOLITAINE.

Les femmes de cette ville, il y a deux cents ans, portaient un vêtement sans corsage, long jusqu'à terre, avec des manches étroites, ouvertes aux coudes, dessous et dessus; par cette ouverture sortaient les manches de la chemise, attachées avec des cordelettes de soie. Par-dessus les autres habits elles jetaient un manteau, qui, partant de l'épaule droite, allait passer sous le côté gauche pour revenir sur l'épaule droite, et dont l'extrémité flottait derrière d'une façon gracieuse. Les cheveux, sur le devant, tombaient plus bas que la tête; de ceux de derrière, et dans toute la longueur, elles faisaient une tresse ronde qu'elles attachaient avec des cordelettes en soie de couleur et laissaient pendre entièrement entre les épaules. Elles couvraient le reste de la tête d'une coiffure ou d'un voile en soie, avec une cordelette qui entourait toute la coiffure et le front.

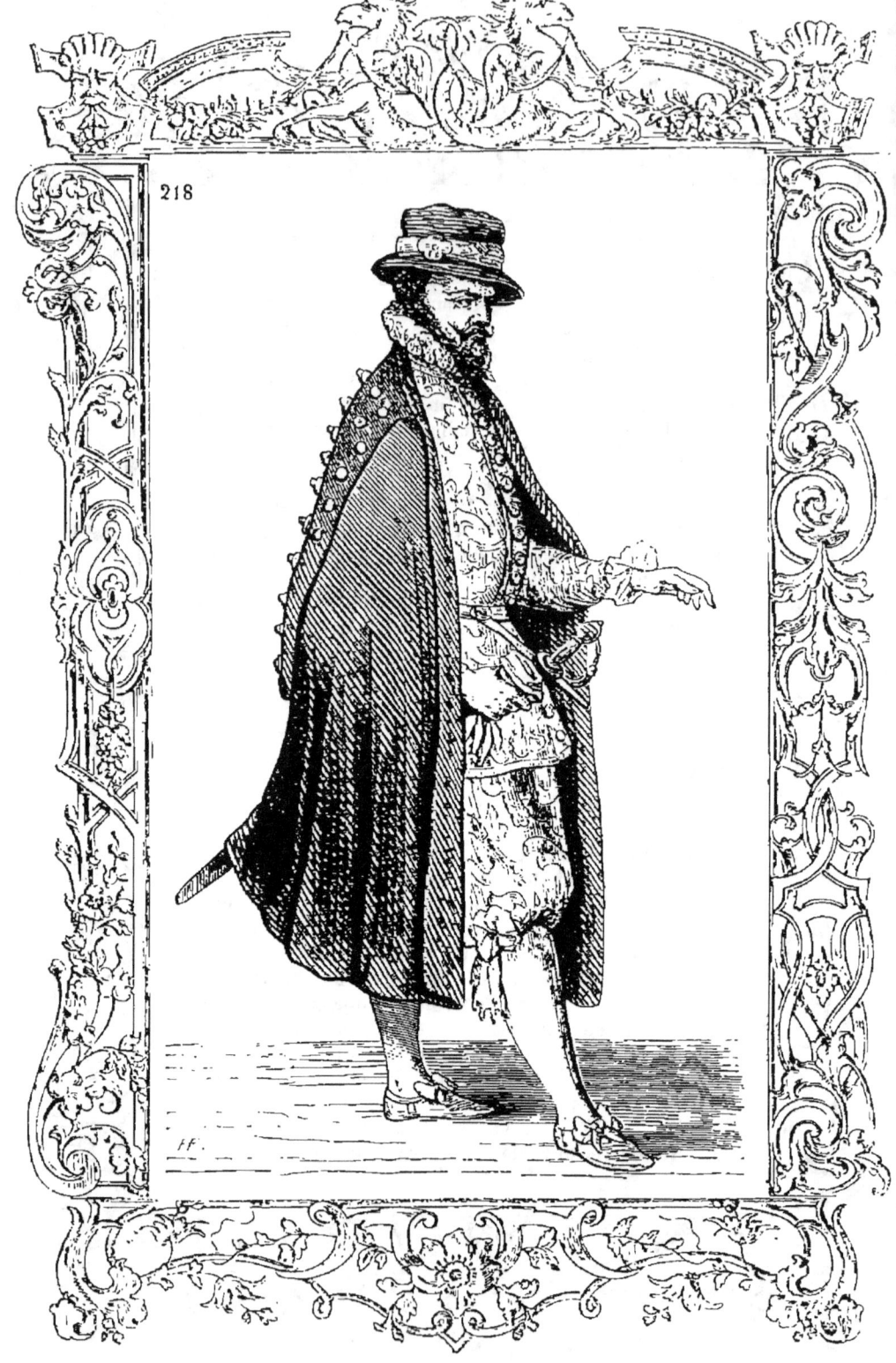

GENTIL' HUOMO MODERNO NAPOLITANO.

I Gentil' huomini moderni napolitani usano un cappello ò vero una berretta di seta. Per lo più portano le cappe assai lunghe, maniche strette, et le braghesse alla sivigliana molto grandi, di seta ò vero di panno conforme alla stagione. Le calzette sono di seta, et legate con poste molto grandi, i capi delle quali sono ornati ò di trine ò vero di bottoncini che pendono gratiosamente.

GENTILHOMME MODERNE DE NAPLES.

Les gentilshommes modernes de Naples portent un chapeau ou bien un bonnet de soie, et, la plupart du temps, des capes fort longues, à manches étroites, et des culottes à la sévillann, très-amples, de soie ou de drap, selon la saison. Leurs bas de soie sont attachés avec des rubans qui forment rosette, et dont les bouts ont pour ornement des crépines ou de petites boucles qui pendent gracieusement.

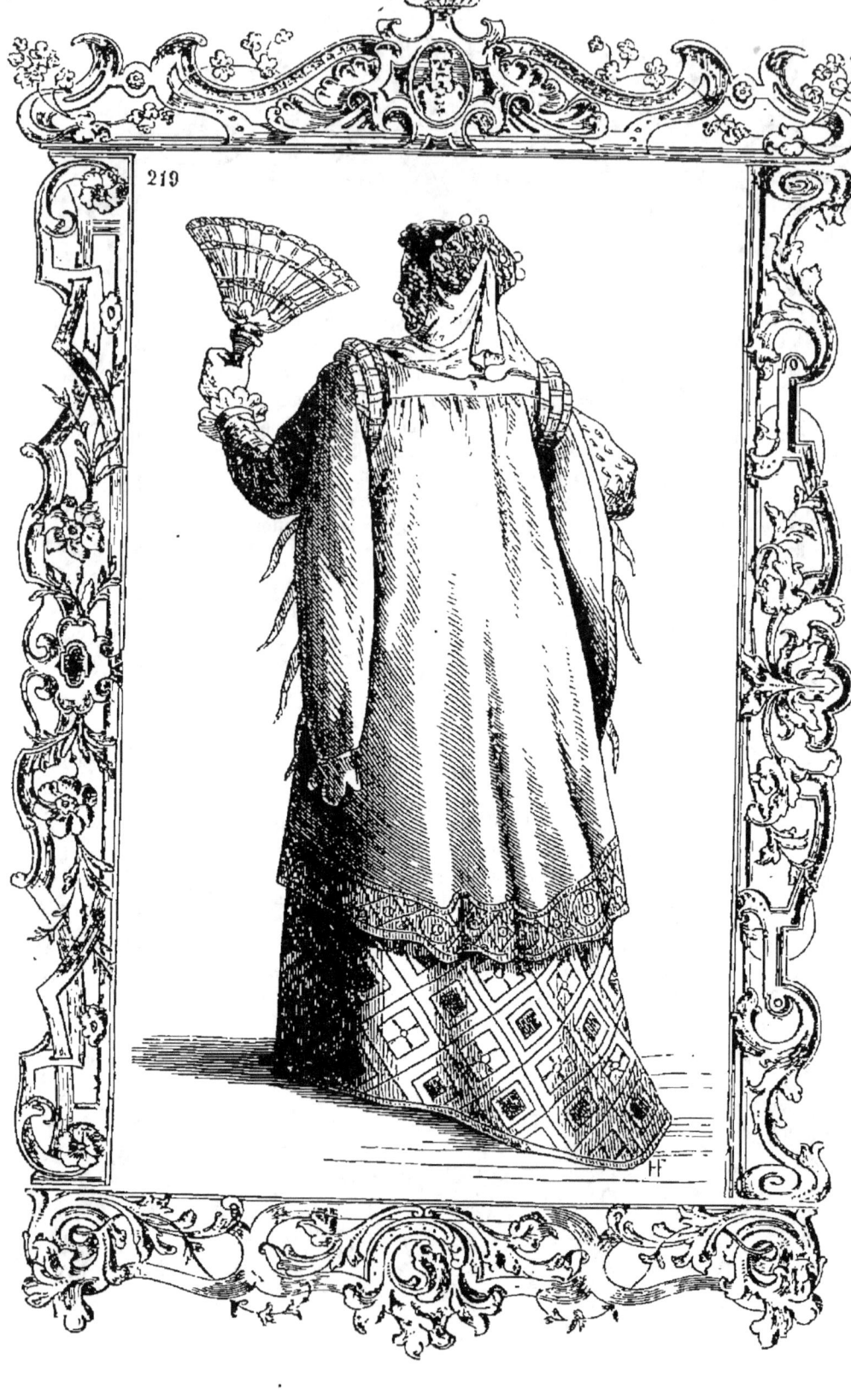

BARONESSA NAPOLITANA.

Queste nobilissime signore portano le teste bene acconciate con perle et oro, et con un velo sopra di seta sottilissima, il quale gli scende dal capo fino sopra le spalle. Hanno alcune sopravesti di tele d'oro ò d'argento con certi collari riversati quattro dita, et sono lunghe fino à mezza gamba, all' estremità delle quali sono cucite alcune fasce di broccato d'oro; hanno le maniche del medesimo lunghe quanto il braccio, ma aperte, per le cui aperture n' escono le braccia vestite di quello delle sottane, le quali sono di damasco ò velluto à opera, et lunghe fino in terra con un poco di strascino. Al collo si mettono perle et grandi catene d'oro; portano scarpe bianche et pianelle basse, et in mano ventagli.

FEMME DE BARON NAPOLITAIN.

Ces nobles dames ont une belle coiffure ornée de perles et d'or, sur laquelle est arrangé un voile de soie très-fine, qui descend de la tête sur les épaules. Le vêtement, d'étoffe d'or ou d'argent, avec un collet renversé de quatre doigts, tombe jusqu'à mi-jambe, et des bandes de brocart sont cousues à l'extrémité. Les manches, aussi longues que le bras, ont une ouverture par où sortent les bras, couverts de l'étoffe de la robe, qui est de damas ou de velours à dessins et longue jusqu'à terre avec une petite queue. Des colliers de perles et des chaînes d'or entourent leur cou; elles portent une chaussure blanche, des sandales basses, et leur main tient un éventail.

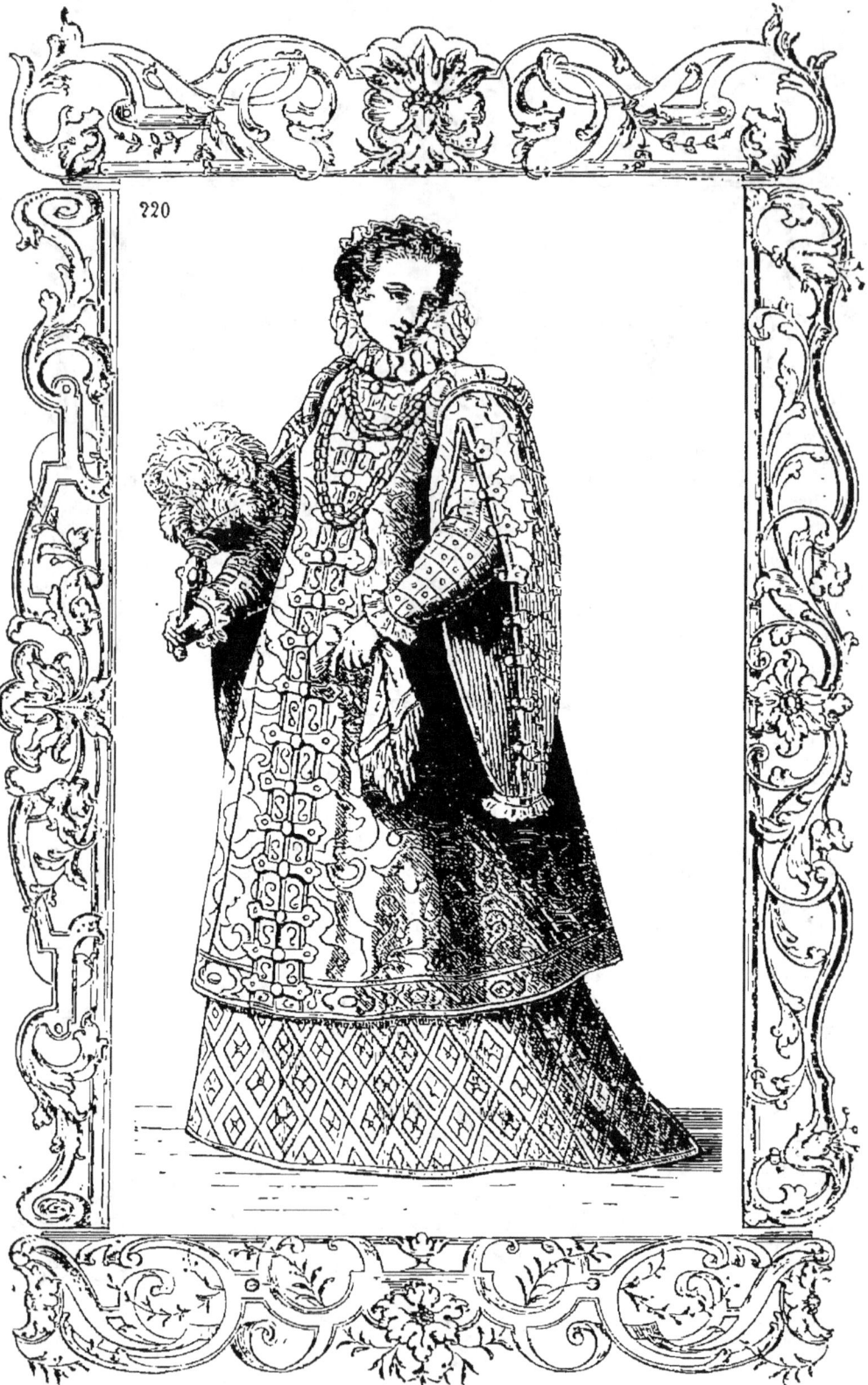

MATRONA NAPOLITANA.

Le matrone napolitane portano una conciatura di testa molto pulita, con riccetti ben fatti, havendo per mezza la fronte un pizzo di un veletto sottilissimo che lor pende dietro, sopra il quale mettono un bel diamante, ò rubino, ò zaffiro, ò altra pietra preciosa. Usano tali matrone ninfe ò lattughe di camicie ben acconcie con colla, et bianchissime accollate, che non lasciano lor veder altro che il viso. Portano di sotto alcune vesti di broccato d' oro, ò d'argento, ò di seta, lunghe fino al piede, con poco strascino et con un passamano attorno d' oro, sopra le quali portano un' altra veste di raso ò velluto, la quale è accollata et tutta abbottonata davanti con bottoni d' oro ò di seta; et le maniche di essa sono aperte, per le quali escono fuori le braccia vestite con maniche della sottana, et con lattughe da mano, nelle quali portano ventagli et fazzoletti ben lavorati. Usano ancora al collo haver molte collane d' oro di bella vista et di gran valuta.

MATRONE NAPOLITAINE.

Les matrones napolitaines ont une jolie coiffure à boucles bien faites; une pointe de la voilette qui tombe derrière se détache sur le milieu du front, et porte un diamant, un rubis, un saphir ou toute autre pierre précieuse. Elles ont des fraises bien empesées, très-blanches, qui couvrent tout le cou et ne laissent voir que le visage. Sur la robe, de brocart d'or, d'argent ou de soie, longue jusqu'aux pieds, avec une queue et des galons d'or autour du bas, elles mettent un vêtement de satin ou de velours, montant jusqu'au cou et fermé dans toute sa longueur par des boutons d'or ou de soie. Les manches ont une ouverture qui donne passage aux bras, couverts de la même étoffe que la robe. Elles ont des manchettes plissées, et tiennent d'une main l'éventail, de l'autre un mouchoir d'un travail élégant. Des colliers d'or, d'une vue agréable et de grand prix, ornent encore leur cou.

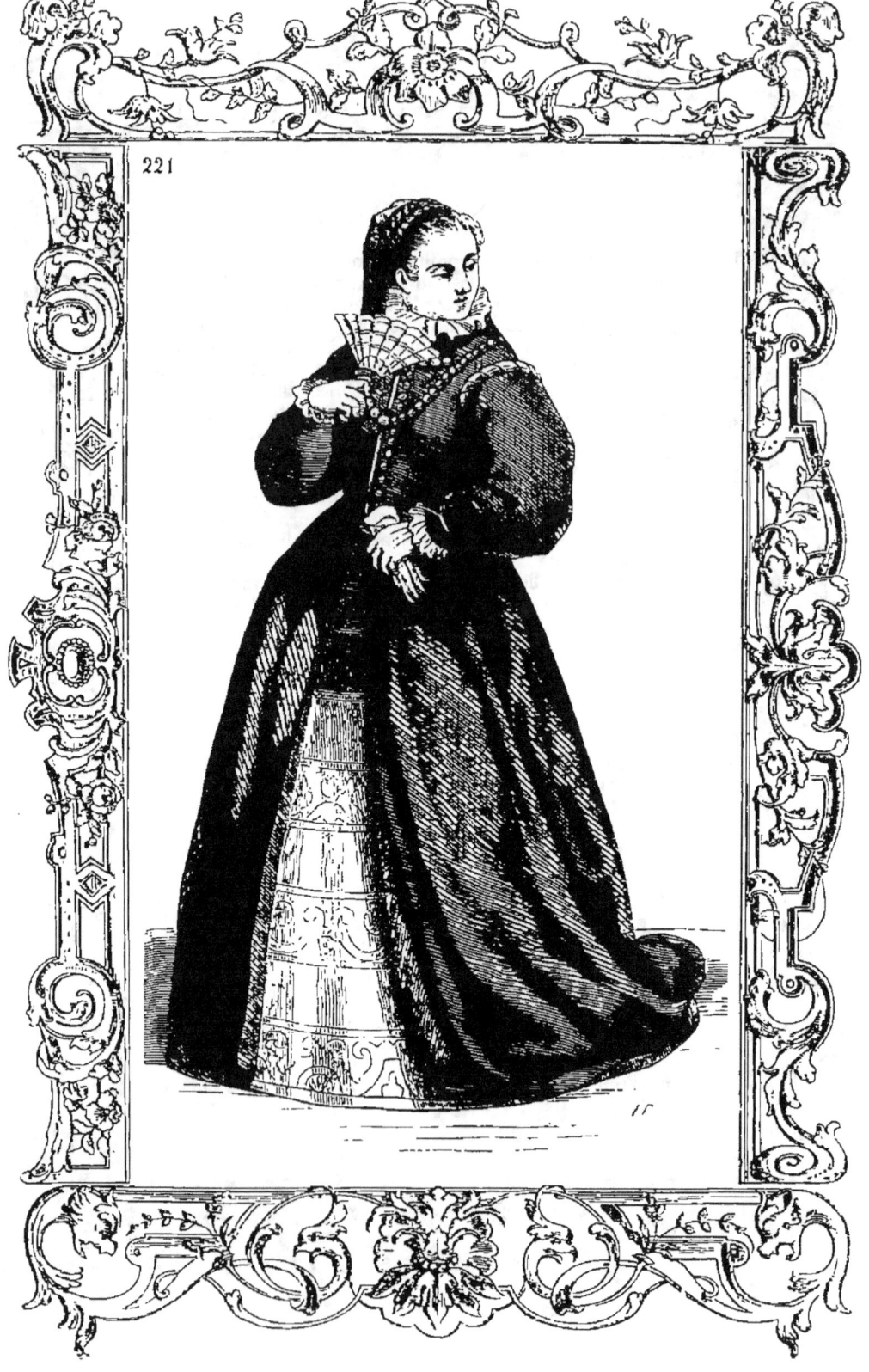

HABITO DA DONNA, DISMESSO, IN NAPOLI.

Io hò visto una donna in Venetia, di qualità, che usava questo ornamento: portava i capelli acconci davanti con qualche bel riccio, et di dietro erano avvolti in alcuni veli sottilissimi di seta, parte de' quali faceva ad essi capelli acconciatura, et il resto scendeva sopra le spalle; portava una sopraveste di ormesino nero foderata di taffetano rosso, et era lunga fino in terra con un poco di strascino, et haveva le maniche del medesimo, ma trinciate ò ponteggiate, et il busto di essa era accollato et attillato, tutto allacciato con bottoni d' oro; haveva al collo una catena d' oro à bottoni con le lattughe bianchissime; era essa sopraveste dalla cintura in giù aperta, sotto la quale si vedevano certe faldiglie fatte con cerchi di legno dentro, et fuora erano di broccato d' oro con alcune fascie riccamate ad opera; in mano portava un bel ventaglio et alcuni guanti odoriferi.

ANCIEN COSTUME DE FEMME NAPOLITAINE.

J'ai vu à Venise une femme de qualité avec ce vêtement. Une partie des cheveux formait de jolies boucles sur le devant, et le reste, par derrière, s'enroulait dans un voile de soie très-fin, dont une moitié servait à composer la coiffure, et l'autre tombait sur les épaules. Le vêtement, de moire noire, doublé de taffetas rouge, et long jusqu'à terre, avait les manches de la même étoffe, à petits crevés; le corsage, bien ajusté et fermé par des boutons d'or, couvrait toute la poitrine. Une chaîne d'or à petites boules et des plis très-blancs entouraient le cou. Sous ce vêtement, ouvert de la ceinture jusqu'au bas, on voyait une jupe de brocart d'or avec des bandes ouvragées, soutenue en dedans par des cercles en bois. Dans une main, la dame tenait un éventail, et dans l'autre des gants parfumés.

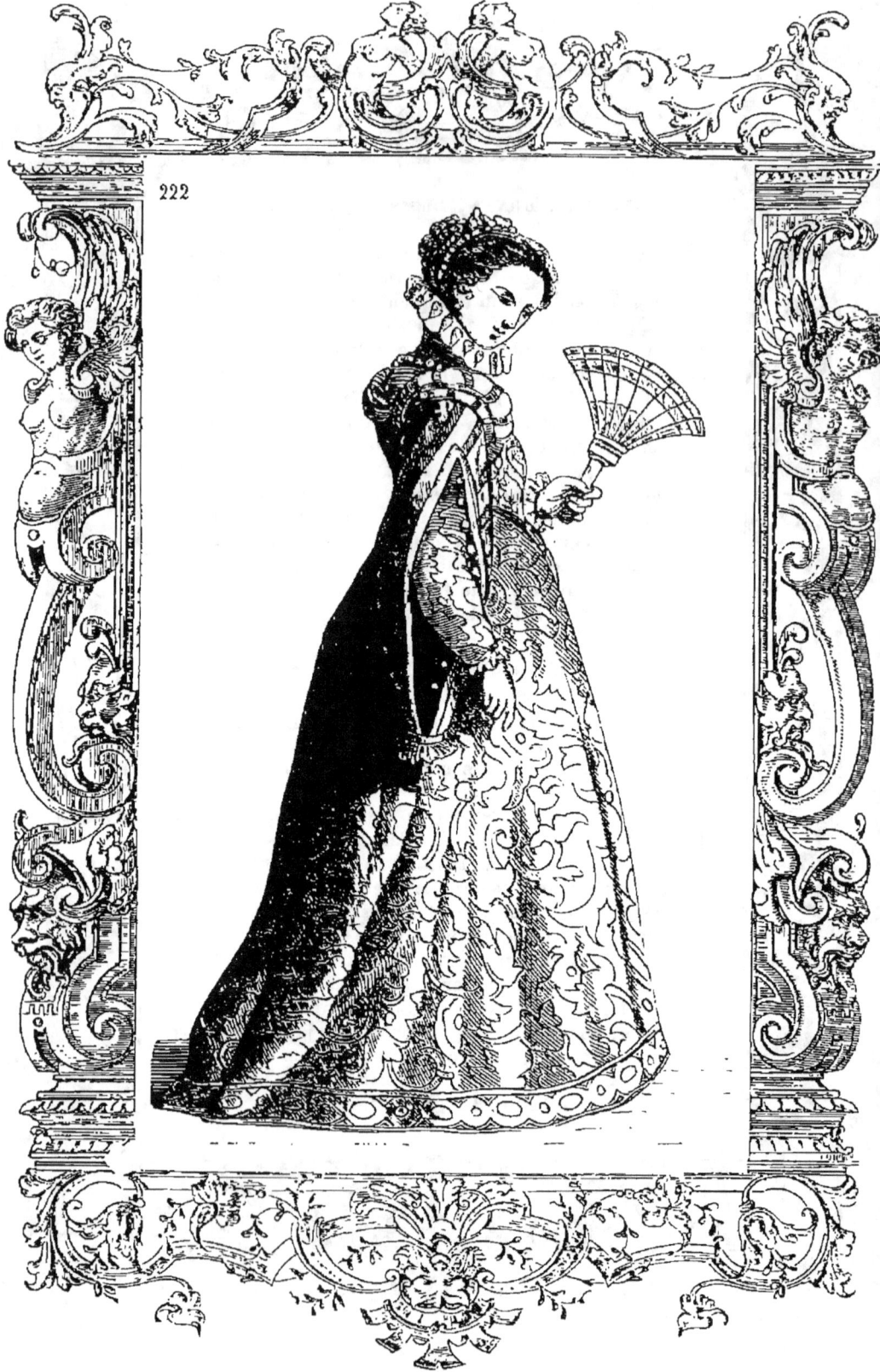

DONZELLE NAPOLITANE.

E donzelle napolitane costumano portar una bella acconciatura di capelli fatta con diversi ricci, et ornata con un filo di perle. Portano lattughe di camicie alte et belle, et una veste di damasco bianco lunga fino in terra, con una fascia da' piedi di broccato d'oro, et con le maniche aperte, per le quali escono le braccia, vestite con maniche di seta figurata. Usano un poco di strascino, et di portar in mano alcuni ventagli; non si fanno liscie nè belle con artificio, et si lasciano veder poco. Questo habito è usato non solo dalle nobili, ma anco dalle plebee e dalle meretrici.

JEUNES FILLES DE NAPLES.

A coiffure de ces jeunes filles, qui se compose de boucles diverses ornées d'un collier de perles, est fort belle. Elles ont une collerette plissée, haute et jolie; leur vêtement, de damas blanc, est long jusqu'à terre, avec une bordure de brocart d'or, une petite queue et les manches ouvertes; c'est par cette ouverture que sortent les bras, couverts d'une étoffe de soie à dessins. Elles tiennent un éventail à la main, aiment la simplicité, n'ont pas recours à l'art pour se rendre belles, et se laissent peu voir. Ce costume est également celui des plébéiennes et des courtisanes.

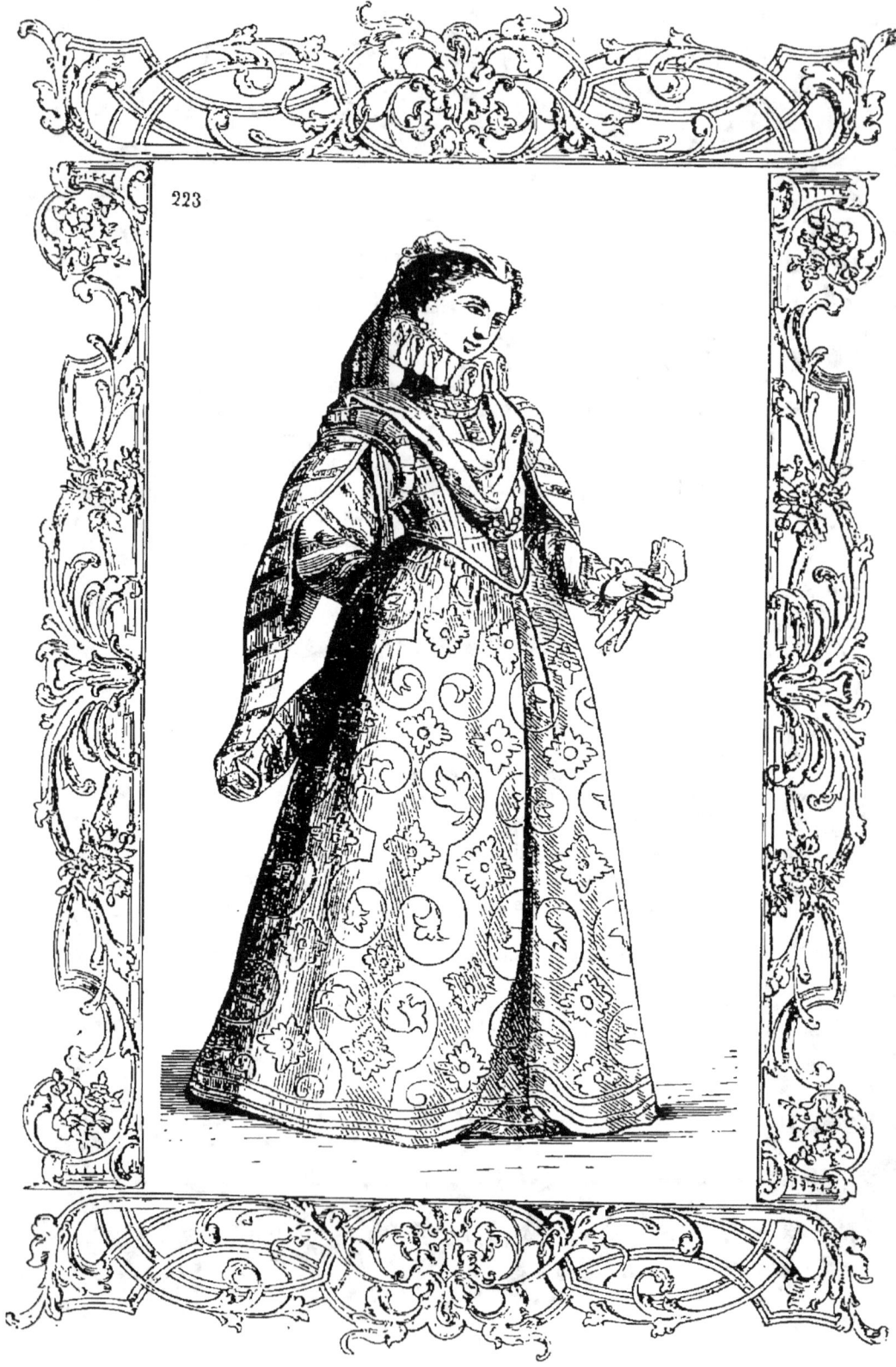

MATRONA NAPOLITANA MODERNA.

Hanno le matrone nobili napolitane moderne un' acconciatura di testa ben tirata, senza ricci a' capelli, i quali sono legati con alcune cordelle di seta, et annodati con un velo di seta, sottilissimo, il quale si fanno pender di dietro via. Usano lattughe di camicie, molto alte; portano di sopra una veste con busto accollato et bello, sopra del quale, in mezzo del petto, appuntano una fascia di velo di seta, gli estremi della quale fanno pender di dietro via sopra le spalle, per mostrar gravità; essa sopraveste è di broccatello di seta con bell' opere, et è lunga fino a' piedi, aperta davanti dal busto in giù, et è con maniche lunghe, quali appuntano di dietro, et esse maniche sono aperte fino à mezzo, per le cui aperture vengono fuori le braccia, coperte dalle maniche della sottana, la quale è di raso ò velluto di colore, come à loro piace.

MATRONE NAPOLITAINE MODERNE.

Les matrones nobles de Naples ont une coiffure lisse et sans boucles; les cheveux, attachés avec des cordelettes de soie, se nouent au moyen d'un voile de soie très-fin, qui tombe derrière. Elles portent une collerette à plis très-hauts. Le corsage du vêtement couvre le cou, et ne manque pas de beauté; sur ce corsage, au milieu de la poitrine, elles attachent une écharpe en crêpe de soie, dont les bouts, rejetés sur les épaules, vont pendre derrière comme témoignage de gravité. Le vêtement, de brocatelle de soie, à beaux dessins, long jusqu'à terre, ouvert par devant depuis le buste jusqu'en bas, a de longues manches qui s'attachent derrière et s'ouvrent jusqu'au milieu; cette ouverture donne passage aux bras, couverts des manches de la robe, qui est de satin ou de velours de couleur, selon leur goût.

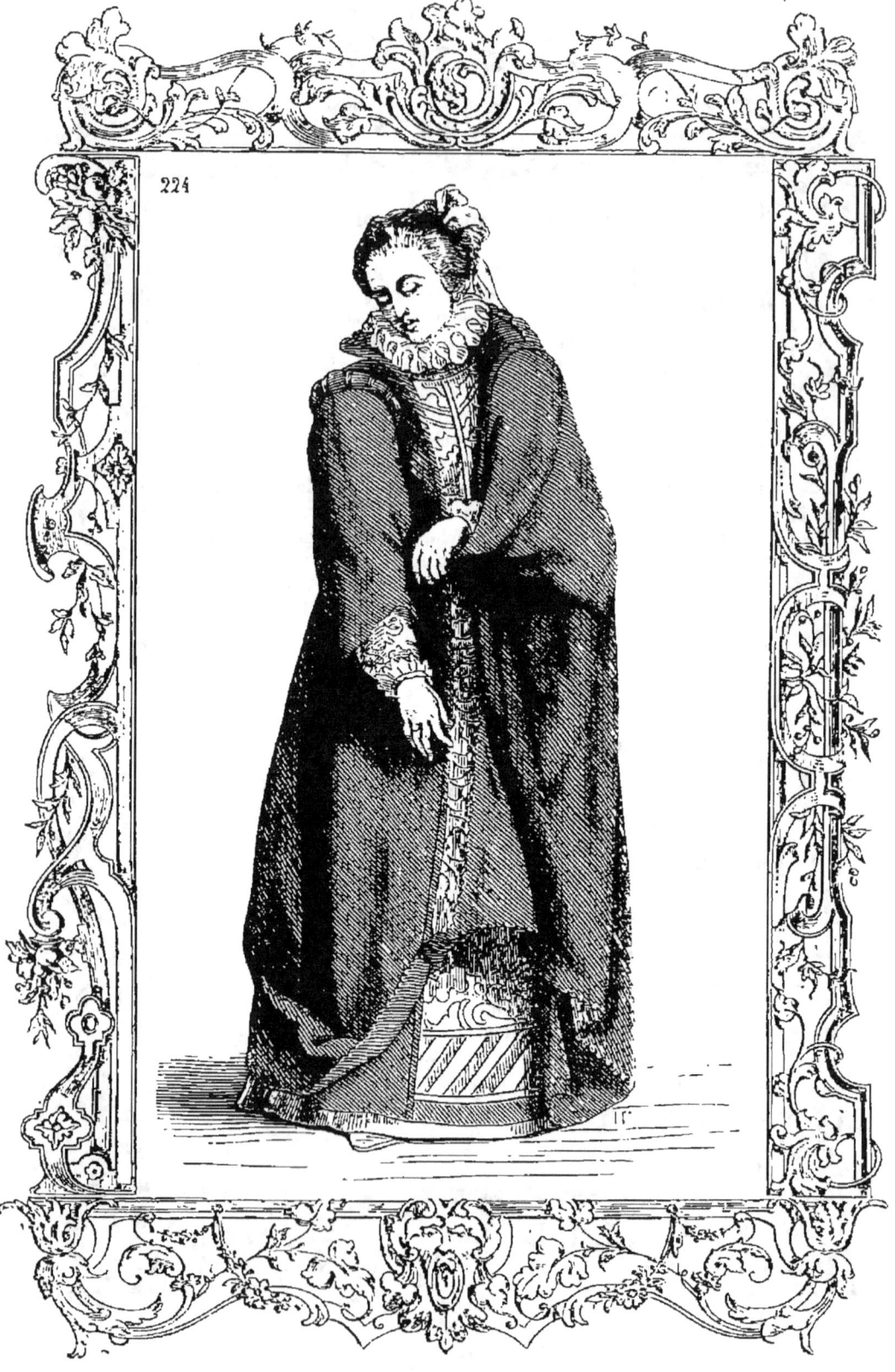

HABITO DI GENTILDONNA MODERNA NAPOLITANA.

Sogliono le gentildonne del regno di Napoli andar serrate et chiuse ne' petti con vesti di seta colorate, assai gravi et pompose, attraversate con passamani d'oro et di seta, ò d'argento, et altri riccami. Sotto tutte le vesti portano una faldea, la quale loro chiamano *verducato*, la quale è molto stretta alla cintura et tutta distesa, ma da' piedi è larga et rotonda à simiglianza d'una campana; usano poi le sopravesti di seta colorate et con bellissimi fregi da' piedi. Portano un giubbone con le maniche larghe di teletta d'oro ò d'argento; sopra del quale, fuor di casa, portano un manto di seta nera sottilissimo.

COSTUME MODERNE DE FEMME NOBLE DE NAPLES.

Les femmes nobles du royaume de Naples ont coutume de porter des habits étroits et fermés à la poitrine; ces vêtements, de soie rouge, très-graves et fastueux, sont ornés de galons d'or, de soie ou d'argent, et de broderies diverses. Pardessous, elles mettent une jupe appelée *verducato*, qui est fort étroite à la ceinture, et tombe roide et sans plis; mais au bas, large et ronde, elle imite une cloche. Le vêtement de dessus, en soie rouge, est couvert dans le bas de jolis ornements. Elles portent un justaucorps à larges manches, de toile d'or ou d'argent, sur lequel, quand elles sortent, elles jettent un voile en soie noire, très-fin.

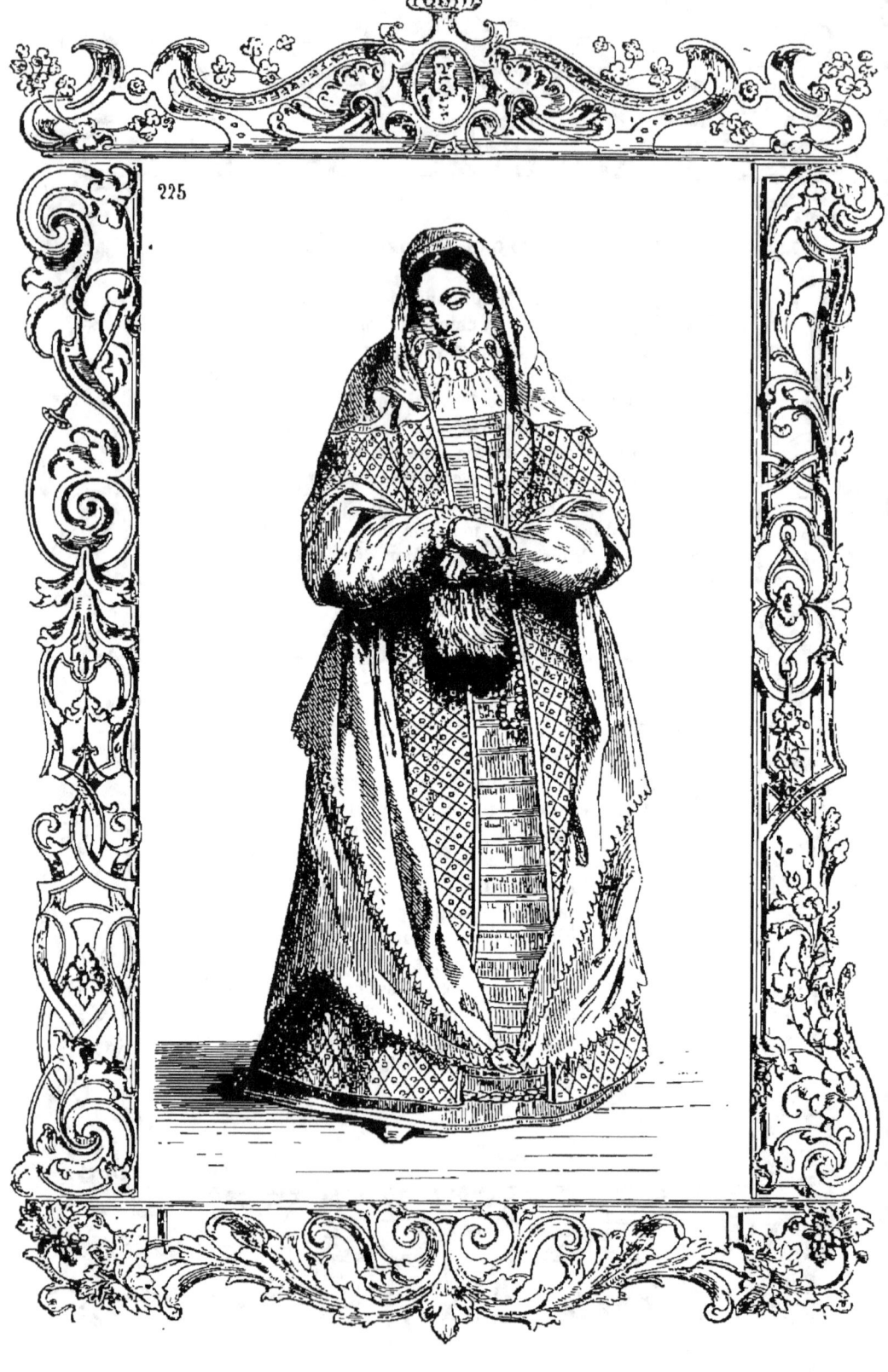

HABITO DI NOBIL DONNA DI GRADO DEL REGNO DI NAPOLI.

Sono molte gentildonne nella città di Napoli che portano per il più la gonnella con molte liste et fatture di seta nera, con un giubbone di seta, con un poco di pancetta appuntata, overo con un guardacuore alto fino al petto, ornato di passamani; et al collo si mettono un bavero da loro detto *cozzetto*, di cambrai ò di renso fino, il quale è allacciato con cordoncini ò appuntato con achi al collo; mà, quando restano vedove, portano sempre un manto di panno nero, molto largo, che gli cuopre la testa et le spalle, con alquanto di strascino. Usano molto i fiori et anco la bionda, et lisciarsi il viso artificiosamente. Vanno fuor di casa con servitù, et, non potendo menar altri, menano ò parenti, ò fratelli, ò i proprij figliuoli.

FEMME DE HAUTE NOBLESSE DU ROYAUME DE NAPLES.

Un grand nombre de femmes nobles de la cité de Naples portent le vêtement rayé de bandes nombreuses, à dessins en soie noire, avec un justaucorps de soie et un petit corsage orné de galons. Elles ont un col à plis bouillonnés, de batiste ou de linon fin, qu'elles appellent *cozzetto*, qui est fixé au cou avec de petits cordons ou attaché par des épingles. Lorsqu'elles sortent, elles prennent un manteau noir fort long, avec une petite queue, et qui couvre la tête et les épaules. Elles font un grand usage de fleurs, d'eau de lavande, et se peignent le visage. Soumises, hors de leur maison, à une grande contrainte, elles sont accompagnées, à l'exclusion d'autres personnes, par leurs parents, leurs frères ou leurs enfants.

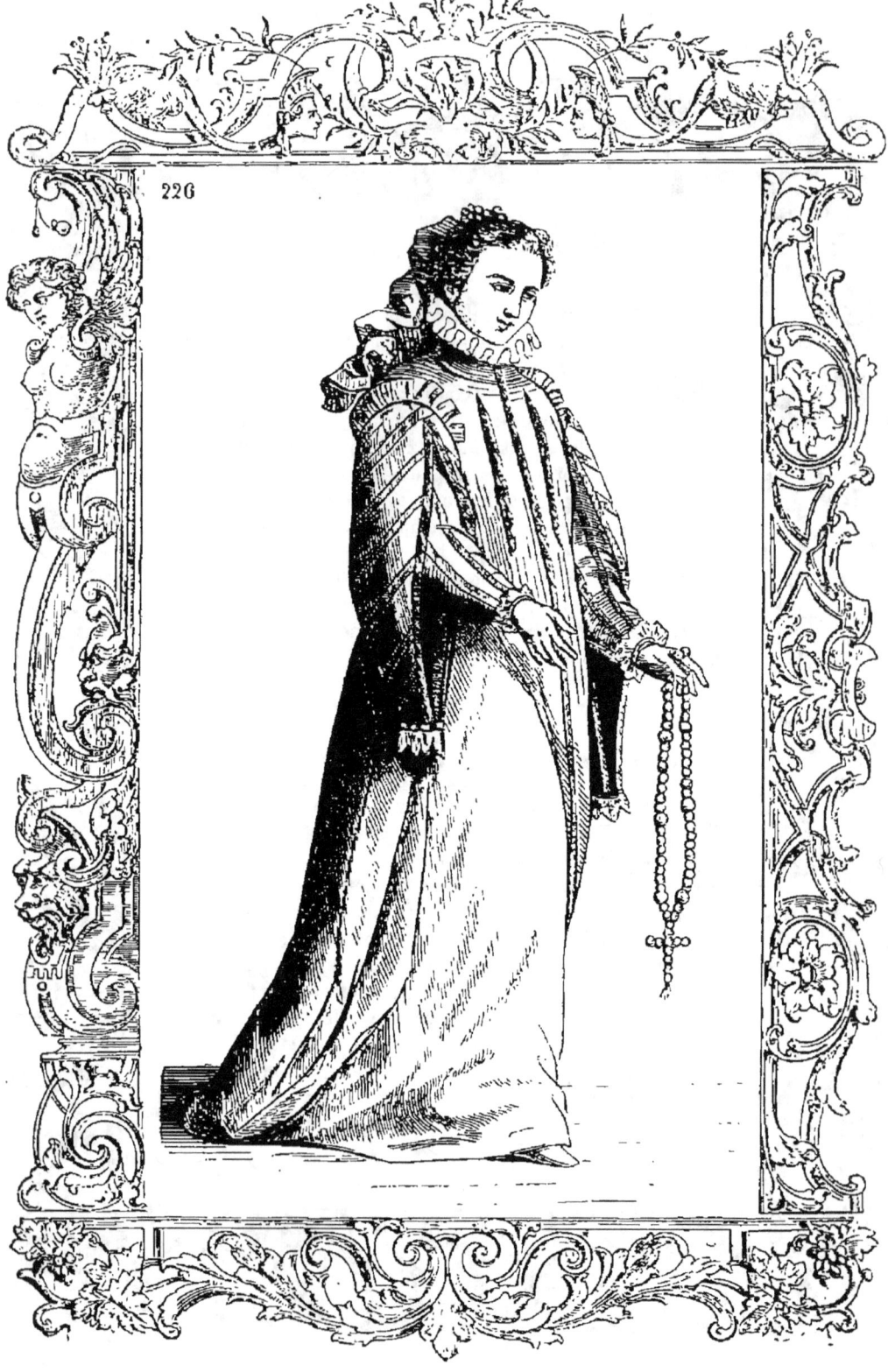

HABITO DELLE NOBILI MATRONE NAPOLITANE IN TEMPO DI STATE.

Queste nobili napolitane portano tutte una corona in mano per loro devotione, et nel tempo di state usano una veste sotto di ormesino con pettorale vagamente guarnito; usano baveri ben lavorati, con i quali coprono le spalle et il petto, adornato di molti fiori; portano sopra una rubba pure di ormesino da' piedi molto bene ornata di passamani, et il busto con tagli molto lunghi; appuntano un velo alle treccie, il quale gli pende di dietro gratiosamente.

COSTUME DES NOBLES MATRONES DE NAPLES DANS L'ÉTÉ.

Ces nobles dames tiennent un chapelet à la main pour faire leurs dévotions. Dans l'été, elles portent une jupe de moire avec un corsage orné d'une jolie garniture. Un col d'un travail élégant couvre leurs épaules et leur poitrine, sur laquelle s'étalent des fleurs à profusion. Par-dessus, elles mettent une robe de moire, dont le bas est orné de galons. Le buste a de longues taillades; elles attachent aux tresses de leurs cheveux un voile qui tombe gracieusement par derrière.

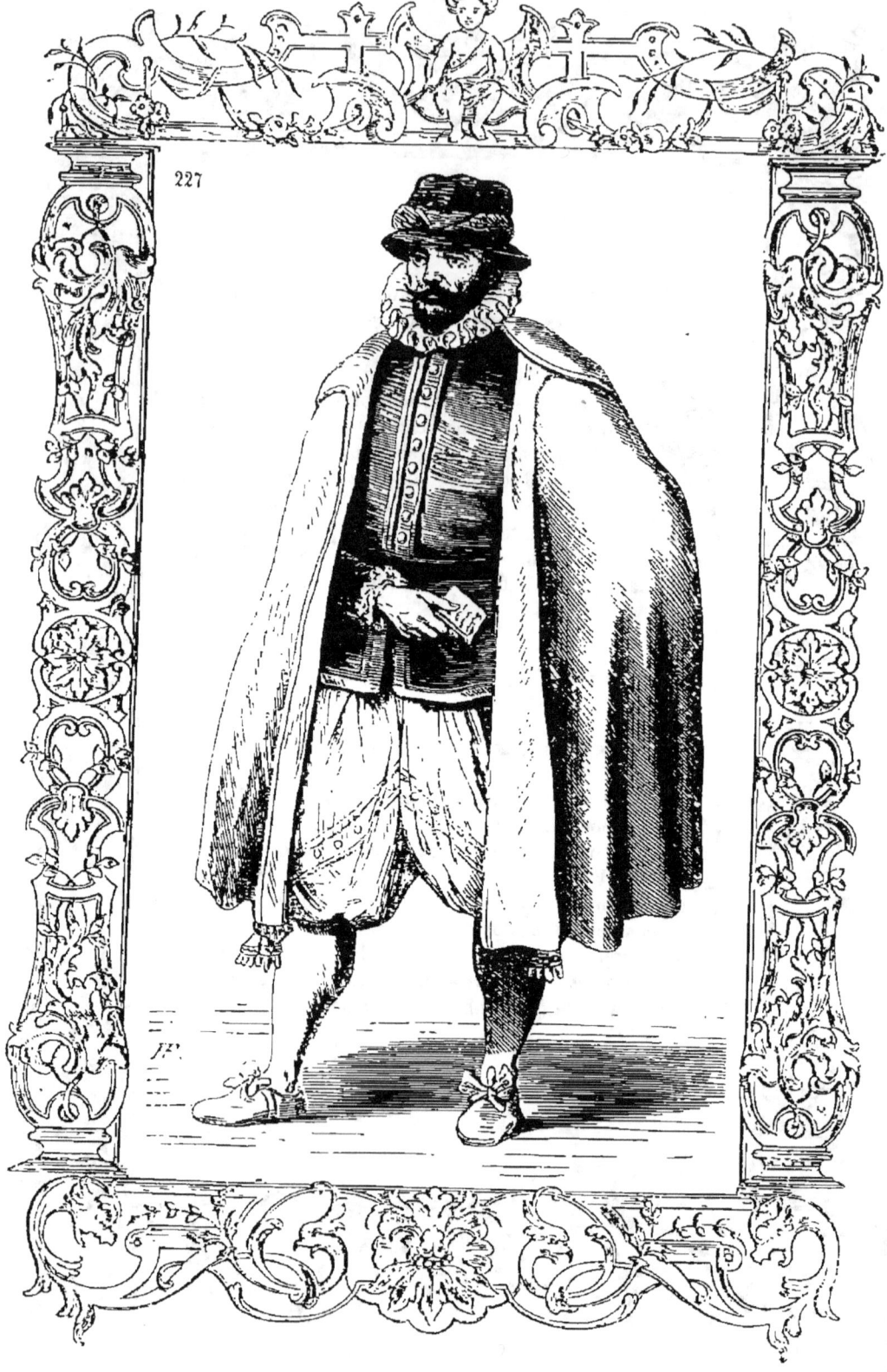

MERCANTI NAPOLITANI MODERNI.

Quasi tutti i mercanti italiani usano questo modo di vestire, ma principalmente i Napolitani, cioè un saio ò vero vestina abbottonata, et cinta con un cinturino di velluto. I calzoni sono ampli et legati sotto del ginocchio, et attraversati con bottoni. Le calzette sono di seta. Il ferraiuolo è ò di panno, ò di rascia, ò di seta, si come gli altri vestimenti, secondo la stagione. Le berrette sono per lo più di canovaccia di seta, et adornate di un bellissimo velo.

MARCHANDS NAPOLITAINS MODERNES.

Presque tous les marchands d'Italie, mais surtout ceux de Naples, portent ce costume, qui se compose d'un justaucorps ou veste boutonnée, serrée par une ceinture de velours; d'amples culottes fixées au-dessous du genou et entourées d'une rangée diagonale de boutons d'or; de bas de soie, d'un manteau de drap, de serge ou de soie comme les autres habits, selon la saison; d'un bonnet, presque toujours en canevas, et orné d'un voile enroulé.

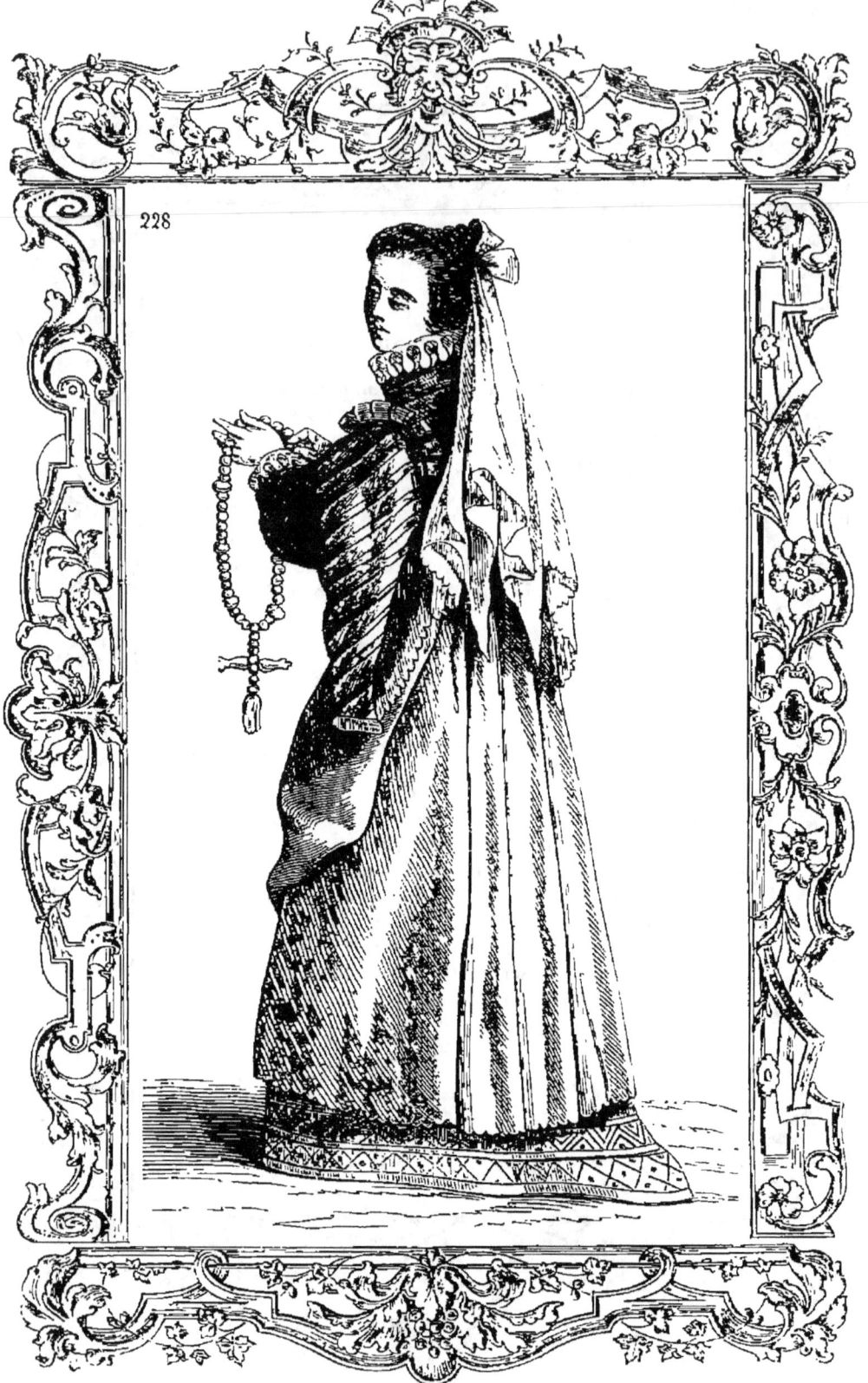

HABITO DI ZITELLA NOBILE NAPOLITANA.

Le zitelle napolitane portano una veste semplice serrata al collo et chiusa dinanzi, lunga fino in terra, et per lo più di panno colorato, et sono attorniate con pizzetti et merli, ò passamani di seta, dell' istesso color della veste, ò altro. Detta veste hà i braccialetti, a' quali sono appese le maniche della veste, le quali cuoprono le braccia. Il verno, dette damigelle portano il giubbone, et di state vanno in maniche di camicia. L' acconciatura della testa è mediocre, alla quale sogliono attaccare un velo non molto lungo, il quale è raccomandato al vento, in modo che quasi del continuo è agitato da quello. Si calzano belle calzette di seta et pianelle, et si delettano molto d' odori.

JEUNES FILLES NOBLES DE NAPLES.

Les jeunes filles nobles de Naples portent un vêtement simple, le plus souvent d'étoffe rouge, trainant, sans ouverture sur le devant, et qui monte jusqu'au cou; il est garni de points et de dentelles, ou de galons de soie, de la même couleur que l'étoffe, ou de toute autre. Les manches, qui couvrent les bras, sont attachées à l'épaulette de ce vêtement. Dans l'hiver, elles portent le justaucorps, et, dans l'été, elles sont en manches de chemise. A leur coiffure, fort simple, elles attachent un voile peu long, qu'elles abandonnent au vent, dont le souffle l'agite presque sans cesse. Elles portent de jolis bas de soie, des sandales, et usent très-volontiers de parfums.

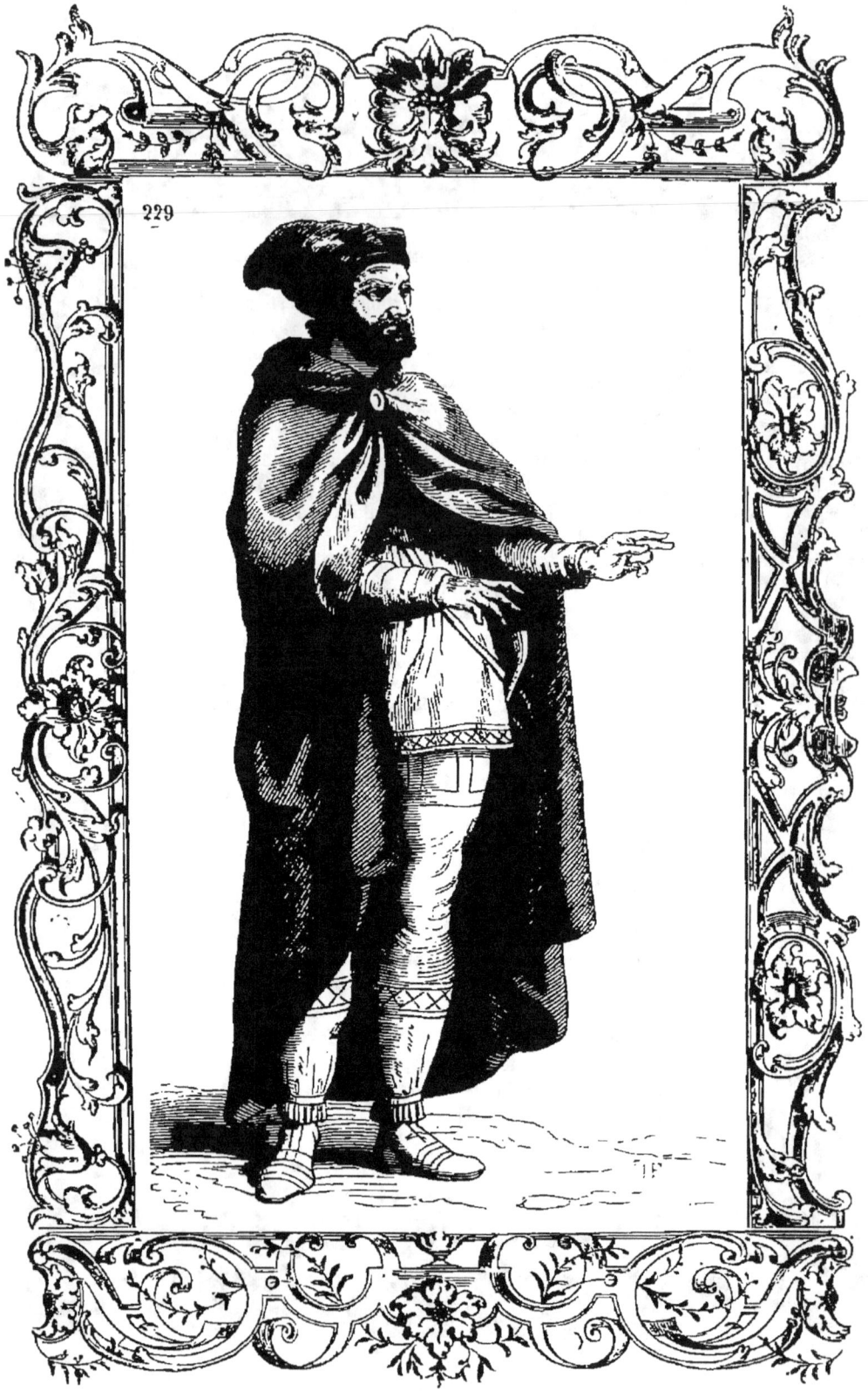

HABITO DE' CALABRESI.

ALABRIA è una gran provincia nel regno di Napoli, molto popolata et fertile d'ogni bene utile et necessario al vitto humano. È piena di colline fruttifere, di valli abbondantissime et di vini preciosi. Produce questa provincia il zuccaro, il mele, cera, sale di minera, oro, argento, lane, bambagie, zaffarano et altre cose simili. L'habito de' Calabresi è che portano in capo un berrettino lungo, di panno l'inverno, et, la state, di seta con un poco di piega riversata, et una vestina lunga fino à mezzo le coscie, di panno nero, con una lista di velluto ò passamano in fine d'essa. Portano alcune calze intiere fino a' piedi, di panno grosso, et scarpe da fanghi, alte. Di sopra usano un mantello lungo fino a' piedi, di panno negro, con un passamano attorno, et non hà collare, ma se l'allacciano con un bottone in mezzo al petto.

COSTUME DES CALABRAIS.

A Calabre, province du royaume de Naples, grande et très-peuplée, est riche de tous les biens utiles et nécessaires à la nourriture de l'homme. Remplie de collines et de vallées fertiles, elle produit des vins précieux, du sucre, du miel, de la cire, du sel minéral, de l'or, de l'argent, des laines, du coton, du safran et autres choses semblables. Les Calabrais ont un bonnet long, de drap dans l'hiver, et de soie dans l'été, avec petits revers. Ils portent une veste qui tombe à mi-cuisses, de drap noir, dont l'extrémité est ornée d'un galon ou d'une bande de velours; des chausses, de drap grossier, qui descendent jusqu'à la cheville, et des souliers hauts pour la boue. Par-dessus la veste, ils mettent un manteau de drap noir avec un galon tout autour, long jusqu'aux pieds, sans collet, mais qui s'attache par un bouton au milieu de la poitrine.

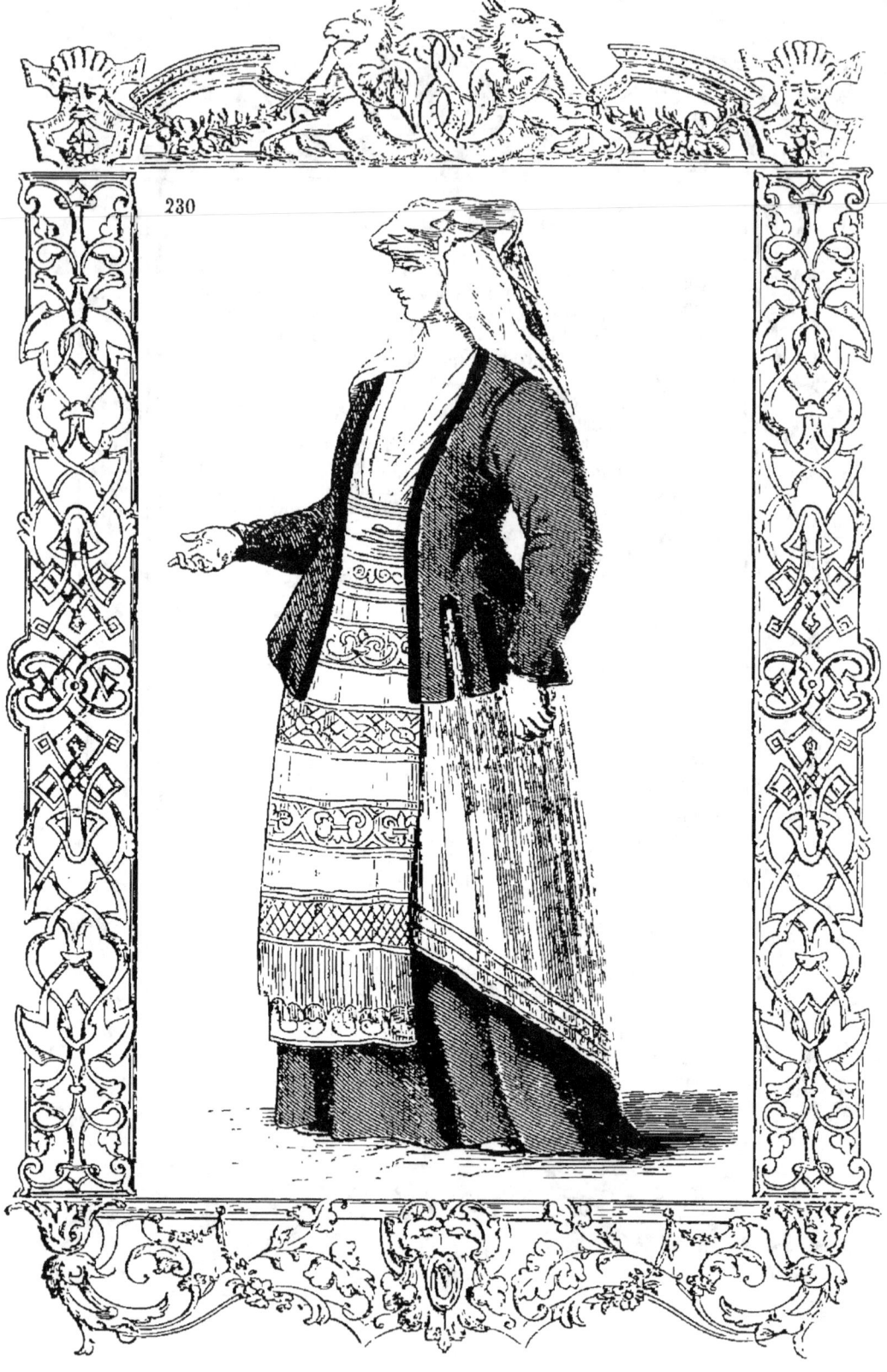

HABITO DELLE DONNE DI GAETA.

Le donne di questa città sono belle, ma però non troppo ricche, et portano in testa certe tovagliette che cuoprono loro tutto il capo et ancora le spalle. Hanno alcune vesti di mezza lana ò di panno, senza busto, ma lunghe fino in terra, le quale cingono con alcuni sciugatori di tela di lino. Sopra esse, di dietro, cingono un panno rosso ò pavonazzo, con una lista di velluto di colore; in fine d'esso, davanti, portano un grembiale di tela bianca, lavorato, di seta nera ò rossa assai bene; et sopra delle spalle vestono un casacchino di panno pavonazzo ò rosso, con maniche, et è lungo mezza quarta sotto la cintura.

COSTUME DES FEMMES DE GAETE.

Les femmes de cette ville sont belles, mais pas trop riches; un mouchoir enveloppe leur tête et couvre les épaules. Elles portent une robe de drap ou d'étoffe mélangée de laine, sans corsage, longue jusqu'à terre, et qu'entoure un mouchoir en toile de lin. Sur cette robe, elles jettent par derrière un habit de drap rouge ou violet, avec une bordure en velours de couleur. On leur voit encore un tablier en toile blanche à jolis dessins de soie noire ou rouge. Enfin, elles ont un casaquin de drap violet ou rouge avec des manches, et qui descend un peu au-dessous de la ceinture.

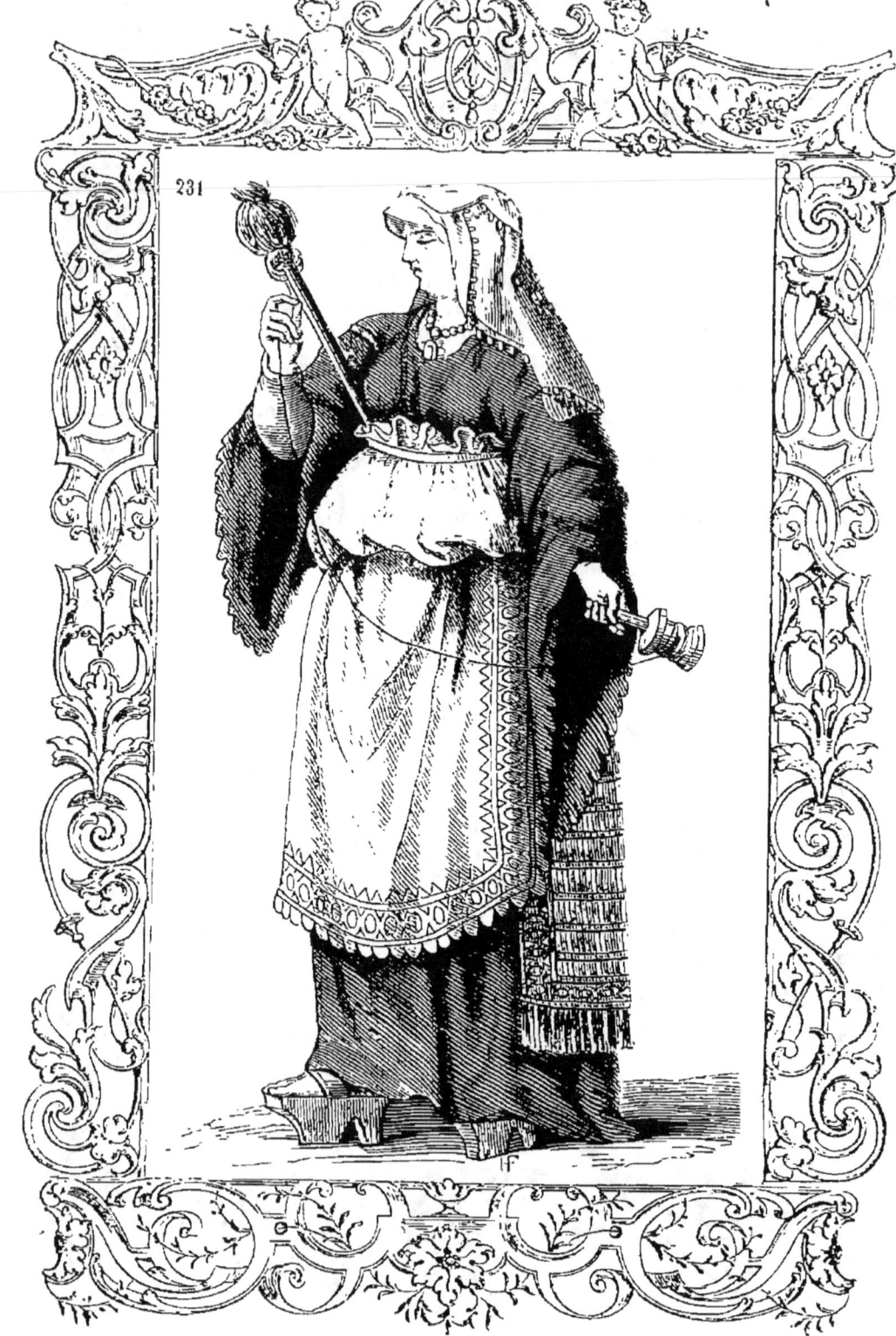

HABITO DI DONNA DELL' ISOLA D' ISCHIA.

Le donne della città et de' villaggi di quest' isola sono ordinariamente belle et gratiose, et, per non esser in quel paese arte di seta nè di lana, filano esse donne per la maggior parte, et attendono anco al coltivar la terra. Si mettono in capo alcuni fazzuoli ò sciugatori di tela bianca, che scendono sopra le spalle con alcune frangie di seta rossa ò nera. Portano alcune vesti di tela di lino sottile, lunghe fino in terra, con maniche larghe assai, attorno alle quali sono attaccati alcuni merletti lavorati di refe sottilissimo. Di dietro si cingono un drappo di broccato di seta di colore, et davanti un grembiale di tela bianca et lavorato da' piedi di seta rossa ò nera. Al collo usano alcuni tondini d' argento ò coralli.

COSTUME DE FEMME DE L'ILE D'ISCHIA.

Les femmes de cette ville et des villages de l'île sont ordinairement belles et gracieuses. Comme il n'existe pas dans ce pays de métiers pour tisser la laine et la soie, la plupart des femmes filent et s'occupent des travaux agricoles. Leur tête est couverte d'un mouchoir de toile blanche, avec des ornements en soie rouge ou noire, et qui tombe sur les épaules. Elles portent un vêtement en fine toile de lin, tombant jusqu'à terre, avec des manches fort longues, autour desquelles elles attachent de la dentelle d'un tissu très-fin. Le derrière du corps est couvert par un habit de brocart en soie de couleur, et devant par un tablier de toile blanche, dont le bas est orné de dessins en soie rouge ou noire. Elles parent leur cou de corail ou de ronds d'argent.

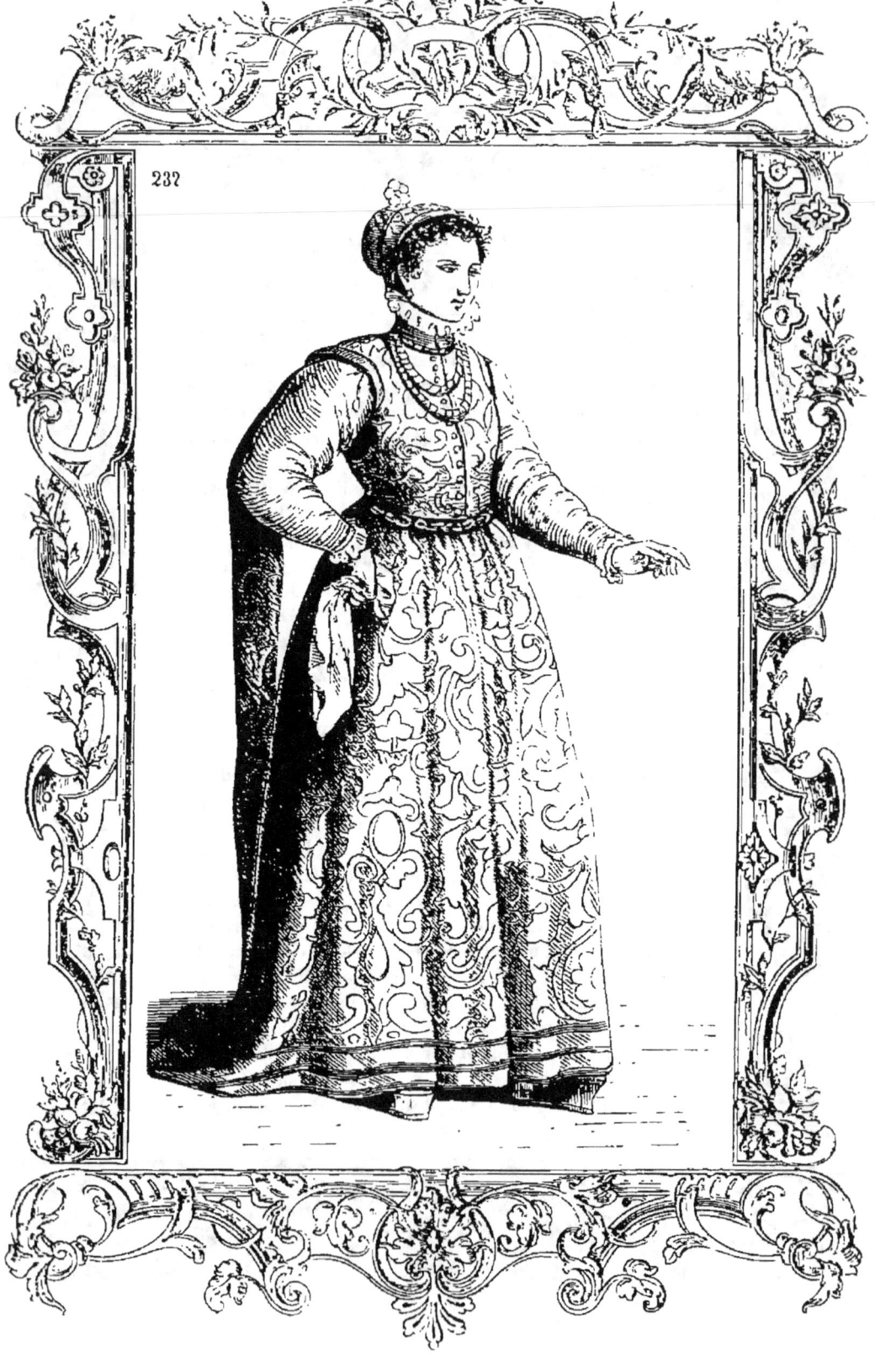

MATRONA NOBILE SICILIANA ORNATA PER ANDAR A FESTE PUBLICHE.

L' Habito delle donne vestite per veder feste publiche è che si fanno alcuni ricetti de' capelli attorno la fronte, et poi il resto accogliono dentro una rete d' oro, la quale in cima della testa hà una rosetta fatta di perle ò rubinetti. Portano una veste lunga fino a' piedi, di teletta d' oro ò d' argento, tessuta à modo di broccato, et è accollata di busto fino sotto la gola, dove portano alcune lattughe di camicia molto bianche; al busto fanno fare un poco di pancetta che non disdice, et alla cintura si cingono alcune collane d' oro. Portano le maniche vestite di quelle delle sottane; et quelle della veste di sopra pendono fino in terra; portano al collo catene d' oro di due et tre doppi, et si abbottonano il busto con bottoni d' oro smaltati.

NOBLE MATRONE DE SICILE PARÉE POUR ASSISTER AUX FÊTES PUBLIQUES.

Lorsque ces dames s'habillent pour aller voir les fêtes publiques, elles se font quelques boucles autour du front, et enroulent le reste des cheveux dans un filet d'or, au-dessus duquel se dresse une rosette de perles ou de petits rubis. Elles portent un vêtement en toile d'or ou d'argent, façonné comme le brocart, long jusqu'aux pieds, et dont le corsage monte jusque sous le cou, entouré d'une collerette à plis très-blancs. Le corsage est un peu bombé, ce qui ne déplaît pas; la ceinture est entourée d'une chaîne d'or, et les manches pendent jusqu'à terre. Les manches qui couvrent les bras sont de la même étoffe que la robe. Elles ont au cou des chaînes d'or à deux et trois tours, et ferment le corsage avec des boutons d'or émaillés.

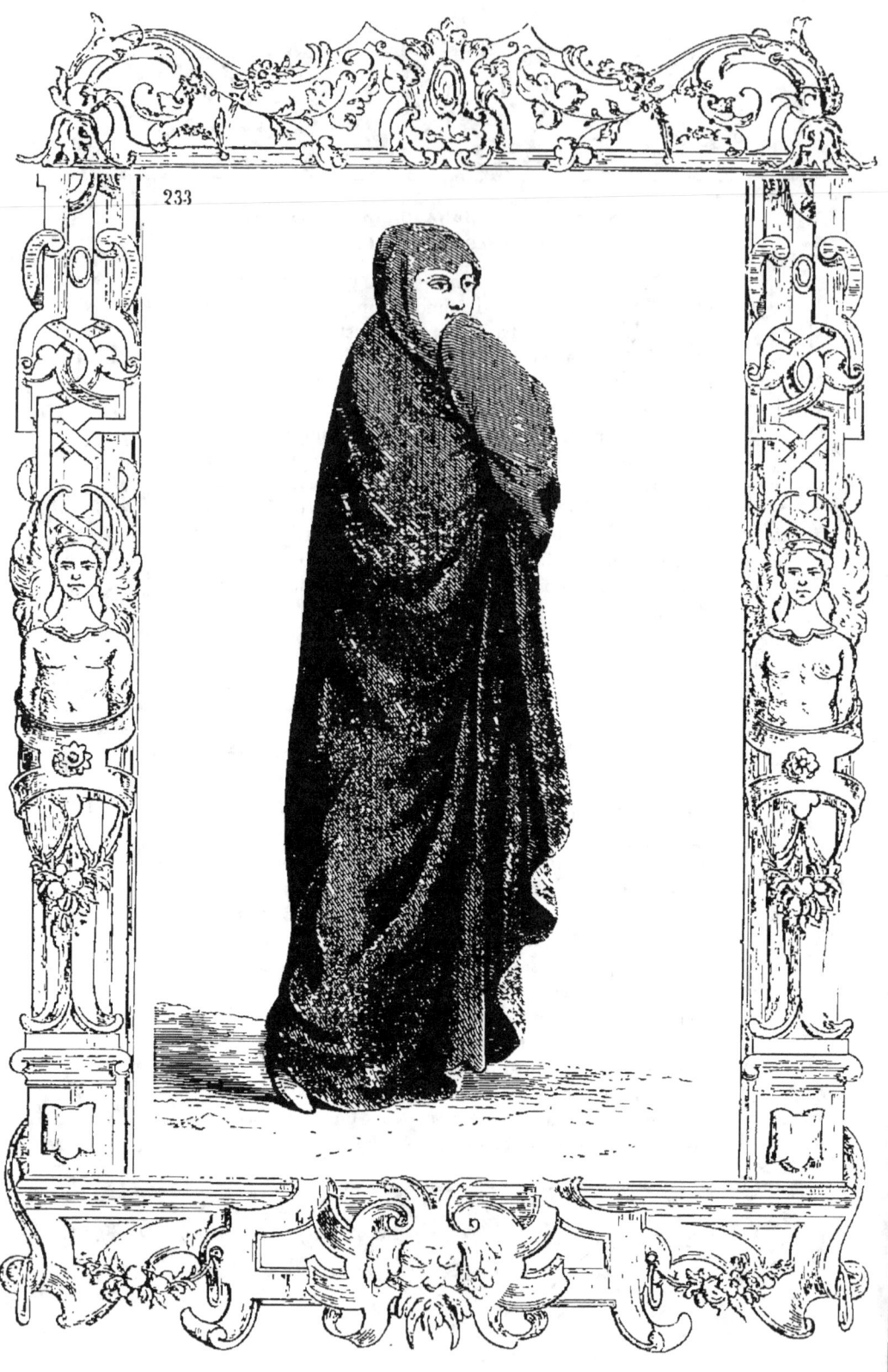

DONNA NOBILE SICILIANA ALLA CHIESA.

Le donne nobili di Sicilia, nell' andar à feste pubbliche, vanno molto pompose; ma nell' andar à gli ufficij divini vanno tanto più positive. L' inverno dunque portano un mantello di panno, lungo fino in terra, il quale legano al collo et lasciano pender fino in terra, et, la state, è di ferrandina overo di ormesino. Et nel legarlo al collo ne fanno avanzare tanto che ne arrivi fino in testa, et quella cuopre tutta. Di sotto portano poi alcune sottane, le quali gli servono per portar per casa, tornate che sono dalla chiesa, et messo c' habbiano giù il mantello.

FEMMES NOBLES DE SICILE À L'ÉGLISE.

Les femmes nobles de Sicile, quand elles vont aux fêtes publiques, ont une mise fastueuse; mais elles s'habillent très-modestement pour assister aux offices divins. Dans l'hiver, elles portent un manteau de drap, long jusqu'à terre et qui s'attache au cou; dans l'été, il est de ferrandine ou de moire. En le fixant au cou, elles font remonter vers la tête assez d'étoffe pour la couvrir tout entière. Par-dessous, elles ont une robe qu'elles gardent chez elles à leur retour de l'église, et lorsqu'elles ont posé le manteau.

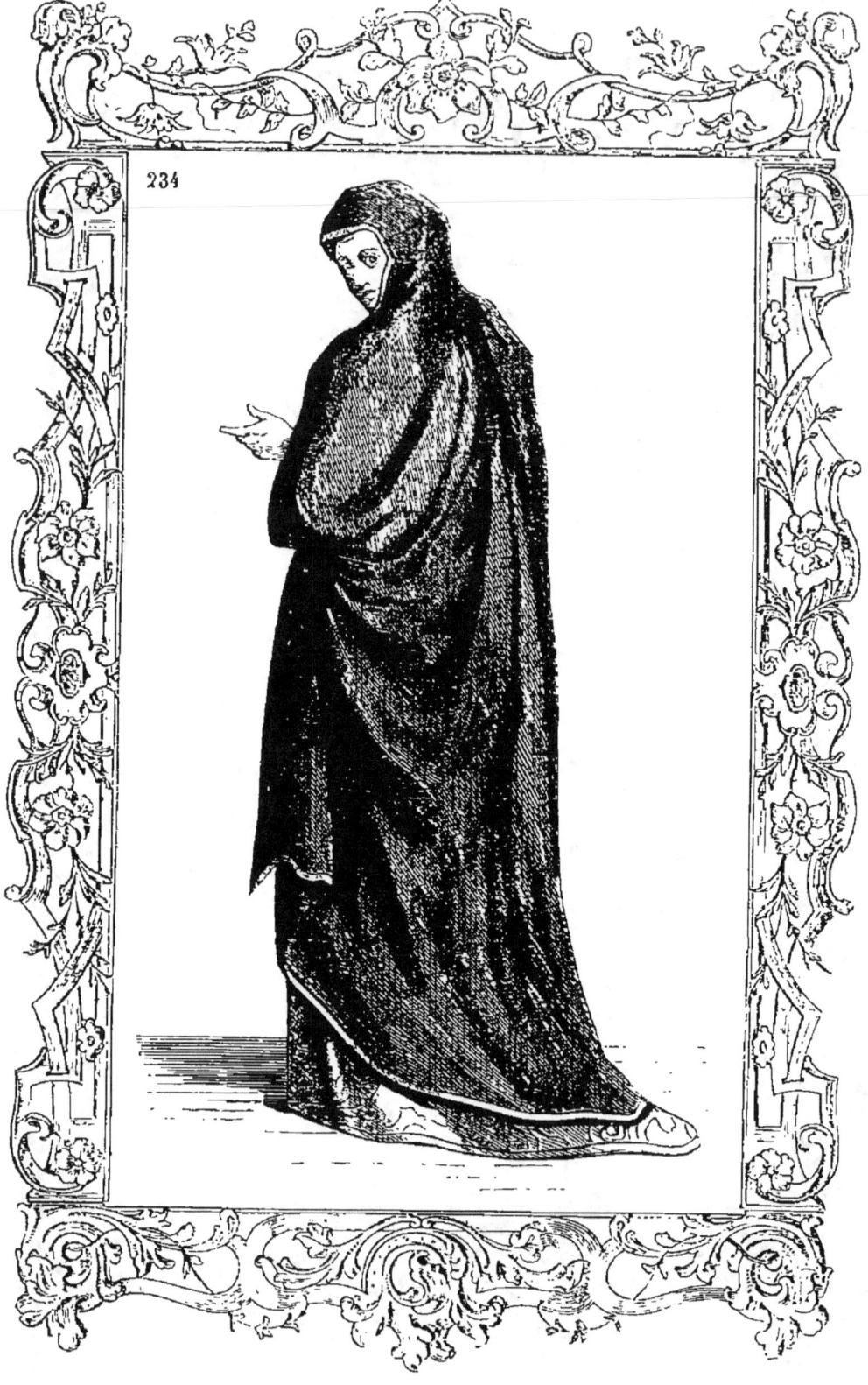

DONZELLA NOBILE SICILIANA FUOR DI CASA, ALLE DIVOTIONI.

Le donzelle siciliane, nell' andar fuora di casa, portano un mantello di ferrandina, ò di buratto di lana, ò di seta, qual messosi in capo, fanno far loro una punta vicino alla fronte ben picciola, et poi scendendo al basso, cuopre loro tutta la persona. Non usano queste tali lisci, nè altre cose stravaganti; ma vanno molto modeste et con gran divotione. Sono molto amorevoli et virtuose, et si dilettano molto di suoni et canti.

JEUNE FILLE NOBLE DE SICILE ALLANT FAIRE SES DÉVOTIONS.

Les jeunes filles nobles de Sicile, hors de la maison, portent un manteau de ferrandine, d'étamine de laine ou de soie, qui leur enveloppe la tête avec une toute petite pointe vers le front; puis il retombe sur le cou, qu'il couvre tout entier. Elles ne font pas usage de fard ni d'autres choses extravagantes; leur tenue est modeste, et leur dévotion remarquable. Très-affables et vertueuses, elles aiment beaucoup la musique et le chant.

TABLE DES MATIÈRES

DU TOME PREMIER.

—

AVIS SUR LA QUATRIÈME ÉDITION.

    Nos

Habito del sommo pontefice.
Costume du souverain pontife 1

Habito de' cardinali.
Costume des cardinaux 2

Habito antichissimo de' Romani.
Costume très-ancien des Romains 3

Dei consoli et tribuni armati in guerra.
Consuls et tribuns armés en guerre 4

Tribuno della plebe.
Tribun du peuple 5

Habito di patritio romano.
Costume de patricien romain 6

Dell' huomo d' armi a cavallo.
Homme d'armes à cheval 7

Del soldato armato.
Soldat armé 8

De i soldati romani a piedi, detti veliti.
Soldats romains à pied, dits *vélites* 9

Soldato d' infanteria.
Soldat fantassin 10

Del soldato armato alla leggiera, à cavallo, al modo romano antico.
Soldat à cheval armé à la légère; ancien costume romain 11

De' frombolatori romani.
Frondeurs romains 12

De gli alfieri romani.
Les porte-enseigne romains. 13

Littore.
Licteur 14

Delle donne romane illustri, dette stolate, antiche.
Dames romaines portant la stole. 15

Vestali.
Vestales. 16

Huomo plebejo.
Plébéien 17

Donna plebeja.
Plébéienne. 18

Imperatore romano
Empereur romain 19

Habito antico di Roma, da donna, il quale era portato per tutta Italia.
Ancien costume de femme romaine, en usage dans toute l'Italie. 20

Habito di gentildonna romana da dugento anni adietro.
Costume de noble dame romaine, remontant à deux siècles. . . 21

Habito de' gentil' huomini romani.
Costume des nobles romains 22

Habito di baronesse et altre gentildonne romane.
Costume des baronnes et autres dames nobles romaines. 23

Delle nobili donne romane moderne.
Nobles dames romaines modernes. 24

Sposa nobile romana fuor di casa, ornata.
Nobles épouses romaines hors de leur maison. 25

Delle fanciulle et donzelle nobili fuori di casa.
Jeunes filles nobles hors de leur maison. 26

Delle matrone vedove romane moderne.
Veuves romaines des temps modernes. 27

De' mercanti romani.
Marchands romains. 28

Donna citadina, o moglie di mercante romano.
Femme de marchand romain 29

Delle donne artigiane et plebee romane.
Femmes des artisans romains, ou plébéiennes. 30

Delle cortigiane conosciute all' habito, al tempo di Pio Quinto.
Courtisanes du temps de Pie V, reconnaissables à leur costume. 31

Delle cortigiane et meretrici romane moderne.
Courtisanes et prostituées romaines modernes. 32

Delle contadine del territorio romano.
Paysannes du territoire romain 33

Del primo prencipe o doge di Venetia anticho.
Le prince ou ancien doge de Venise. 34

Habito di un altro doge anticho.
Costume d'un autre doge ancien. 35

Huomo nobile anticho di Venetia.
Ancien noble de Venise 36

Un' altro habito di nobile venetiano anticho.
Autre costume d'ancien noble vénitien 37

Donna nobile matrona venetiana antica.
Ancienne noble matrone de Venise 38

Donna nobile ornata et honesta venetiana antica.
Dame noble parée, ancien costume des honnêtes femmes de Venise. 39

Habito d' un barone antico per Venetia et tutta Italia.
Ancien costume de baron à Venise et dans toute l'Italie. 40

Nos

De' signori di castelli antichi nello Stato venetiano et di tutta Italia.
Seigneurs châtelains de l'État de Venise et de toute l'Italie . . .   41

Habito delle mogli de' signori di castelli antichi dello Stato venetiano et di tutta Italia.
Femmes d'anciens châtelains de l'État de Venise et de toute l'Italie   42

Habito alla dogalina antico.
Costume ancien à la dogaline   43

Habito antico di giovane nobile ornato per far l'amore.
Ancien costume de jeune noble paré pour faire la cour aux dames   44

Habito di donzella innamorata antica.
Costume ancien de jeunes filles à marier   45

Habito di gentildonne antiche alla dogalina, fuor di casa.
Costume ancien à la dogaline, dames nobles hors de leur maison.   46

Gentildonne venetiane antiche per casa.
Anciennes femmes nobles de Venise dans leur maison   47

Venetiane nobili antiche.
Anciennes femmes nobles de Venise   48

Armato venetiano all' uso antico di gia 400 anni.
Vénitien armé à la mode du douzième siècle   49

Dogalina antica, overo maniche aperte usate in Venetia et in altre città.
Dogaline ancienne, ou manches ouvertes en usage à Venise et dans d'autres villes.   50

Habito antico di Venetia et altre città d'Italia.
Costume ancien de Venise et d'autres villes d'Italie   51

Habito di Venetia et principio delle maniche a comeo.
Costume de Venise et commencement des manches à coude   52

De gli habiti della gioventù antica.
Costume de la jeunesse d'autrefois   53

Habito di giovane antico.
Costume de jeune homme d'autrefois.................. 54

Soldati et bravi antichi.
Soldats et *bravi* anciens............................. 55

Habito della Compagnia della Calza.
Costume des compagnons de la *Calza* (des chausses).......... 56

Habiti forestieri et della città di Venetia.
Costumes étrangers, et de la ville de Venise................ 57

Habito antico di Venetia et altre città d'Italia.
Ancien costume de Venise et d'autres villes d'Italie........... 58

Habiti antichi di giovani et altre sorti di mediocre età.
Costumes anciens de jeunes gens et autres d'âge moyen....... 59

Habito della gioventù antica d'Italia.
Costume de l'ancienne jeunesse d'Italie................... 60

Soldati et huomini d'arme nel tempo di Ridòlpho imperatore.
Soldats et hommes d'armes au temps de l'empereur Rodolphe 61

Habito d'un' armato dipinto del naturale.
Costume d'un homme armé peint au naturel............... 62

Habito antico d'alcune Venetiane.
Ancien costume de quelques Vénitiennes. 63

Principe o doge di Venetia.
Prince ou doge de Venise............................. 64

Habito della principessa o dogaressa di Venetia.
Costume de la princesse ou dogaresse de Venise............. 65

Habito antico usato da' signori di Carrara et da altri personaggi d'Italia
Ancien costume des seigneurs de Carrare et d'autres personnages d'Italie.. 66

| | N^{os} |

Habito antico di nobili cavallieri di Venetia, di Milano et di tutta la Lombardia.
Ancien costume des nobles chevaliers de Venise, de Milan et de toute la Lombardie.................................... 67

Habito antico di senatori venetiani.
Ancien costume des sénateurs vénitiens..................... 68

Ambasciatori et consoli mandati in Soria et in altre parti.
Ambassadeurs et consuls envoyés en Syrie et autres lieux..... 69

Habiti antichi di donne nobili di Venetia.
Ancien costume des femmes nobles de Venise................ 70

Cittadini o mercanti venetiani in Soria.
Citoyens et marchands vénitiens en Syrie................... 71

Habiti et usanze delle spose antiche venetiane.
Costumes et modes des anciennes femmes mariées de Venise... 72

Donzella antica da maritare.
Ancienne demoiselle à marier............................. 73

Un' altra donzella variata d' habito.
Autre jeune fille avec un costume différent................. 74

Habito riformato et più modesto.
Costume simple et plus modeste........................... 75

Habiti venetiani antichi di cent' anni solamente o poco più.
Costumes vénitiens qui ne remontent qu'à un siècle ou guère plus... 76

Habito usato in Venetia et per l' Italia.
Costume en usage à Venise et dans l'Italie.................. 77

Habito antico di donne et di spose.
Ancien costume de femmes mariées ou non................. 78

Habiti di Venetia et d' altri luoghi d' Italia.
Costumes de Venise et d'autres lieux d'Italie................ 79

Donna venetiana da' sessant' anni a dietro.
Dame vénitienne, il y a soixante ans....................... 80

TABLE DES MATIÈRES.

Nos

Soldato disarmato in guarnigione.
Soldat sans armes en garnison 81

Habiti di mercanti d' Italia moderni.
Costumes modernes des marchands d'Italie 82

Gentildonna di Venetia da lutto, 1550.
Noble dame de Venise en deuil, 1550 83

Habiti usati dalle donne di Venetia del 1550.
Costume des dames de Venise en 1550 84

Generale di Venetia in tempo di guerra.
Général de Venise en temps de guerre 85

Senatori moderni et cavallieri della città di Venetia.
Sénateurs romains et chevaliers de la ville de Venise 86

Magistrati di Venetia.
Magistrats de Venise 87

Habito ordinario et commune a tutta la nobiltà venetiana.
Costume ordinaire et commun à toute la noblesse vénitienne ... 88

Habito funerale de' nobili et d' altri della città di Venetia.
Costume de deuil des nobles et d'autres citoyens de Venise 89

Giovani nobili venetiani.
Jeunes nobles vénitiens 90

Habito de' nobili nel tempo dell' inverno.
Costume des nobles pendant l'hiver 91

Nobili et altre persone commode nell' habito per casa.
Nobles et autres personnes riches avec le costume de la maison. 92

Capitano grande.
Grand capitaine 93

Altri capitani minori, ministri della giustitia.
Autres capitaines inférieurs chargés de la police 94

Habito del cavalier del principe.
Costume du chevalier du prince 95

Scudieri del principe di Venetia.
Écuyers du prince de Venise.................................. 96

Mercanti et bottegai di Venetia.
Marchands et boutiquiers de Venise........................... 97

Comandatori o banditori.
Huissiers ou crieurs publics................................. 98

Habito dell' ammiraglio.
Costume de l'amiral.. 99

Habito della maestranza dell' arsenale.
Costume de la maistrance de l'arsenal........................ 100

Donzella venetiana.
Jeune fille vénitienne....................................... 101

Spose non sposate a' tempi nostri.
Épousées de notre époque..................................... 102

Spose fuor di casa dopo che sono sposate.
Épousées hors de chez elles quand le mariage a été consommé. 103

Spose nobili moderne.
Épousées nobles modernes..................................... 104

Delle spose nel tempo dell'Ascensione, o Sensa, in Venetia.
Femmes qui se marient au temps de l'Ascension, ou Sensa, à
  Venise... 105

Usanza moderna delle donne venetiane nobili et altre riche, il verno.
Costume moderne des femmes nobles de Venise et d'autres personnes riches, pendant l'hiver............................... 106

Gentildonne a feste publiche.
Femmes nobles dans les fêtes publiques....................... 107

Delle gentildonne che vanno a S. Pietro di Castello la quaresima, o ad altre devotioni.
Femmes nobles qui vont à Saint-Pierre de Castello pendant le carême, ou se rendent à d'autres églises pour faire leurs dévotions... 108

Nos

Delle vedove.
Veuves 109

Mogli de' gentil' huomini ne' regimenti et governi, dentro et fuor di casa.
Femmes de gentilshommes gouverneurs de villes, dans leur maison et dehors.. 110

Donne di Venetia attempate et dismesse.
Femmes de Venise âgées, peu recherchées dans leur costume.. 111

Habiti particolari di diverse donne di Venetia.
Costumes particuliers de diverses femmes de Venise.......... 112

Cortigiane fuor di casa.
Courtisane hors de sa maison 113

Delle donne per casa.
Dames chez elles.. 114

Gentildonna venetiana moderna.
Noble dame de Venise dans notre époque................... 115

Altro habito simile venetiano in schena.
Autre costume semblable de Venise, vu par derrière......... 116

D'alcune donne, la vernata, et massime cortigiane.
Costume d'hiver de quelques femmes de Venise et surtout des courtisanes.. 117

Delle gentildonne venetiane et altre, per casa et fuori di casa, la vernata.
Femmes nobles de Venise et autres, chez elles et dehors, pendant l'hiver.. 118

Altre donne di Venetia mientre si fanno biondi capelli.
Autres femmes de Venise pendant qu'elles rendent leurs cheveux blonds... 119

Meretrici de' luoghi publici.
Prostituées des maisons publiques......................... 120

Delle pizzochere.
Femmes menant la vie religieuse........................... 121

Nos

Orfanelle de gli spedali di Venetia.
Orphelines des hôpitaux de Venise...................... 122

Serve et fantesche o massare di Venetia.
Suivantes et domestiques de Venise..................... 123

Dell' hortolane di Chioggia.
Jardinières de Chioggia................................ 124

Barche di Venetia che vanno per la città.
Barques de Venise qui parcourent la ville.............. 125

Habiti di principi, baroni, o d'altri personaggi forestieri et altre conditioni, che si sogliono vedere a Venetia.
Costumes des princes, barons ou autres personnages du dehors que l'on voit à Venise 126

Rettore de' scolari dello studio di Padova.
Recteur de l'université de Padoue...................... 127

Dottori di lege et medici, per tutta la Lombardia.
Jurisconsultes et médecins dans toute la Lombardie..... 128

Vicario, o dottore, o assessore in terra ferma dello Stato
Vicaire, docteur ou assesseur en terre ferme de l'État de Venise. 129

Habito di giovanetti della città di Venetia et de' scolari.
Costume des jeunes gens de Venise et des écoliers...... 130

Habito de' giovanetti venetiani et d' altri luoghi d' Italia.
Costume des jeunes gens de Venise et d'autres lieux.... 131

Soldato a piedi moderno al tempo di guerra.
Fantassin moderne en temps de guerre................... 132

Soldato disarmato.
Soldat désarmé... 133

Bravo venetiano et d' altre città d' Italia.
Bravo de Venise et d'autres villes d'Italie............ 134

Habito da lutto fuori di Venetia.
Costume de deuil hors de Venise........................ 135

  Nos

Colonello, cavaliero o capitano d' Italia, vestito di lutto.
Colonel, chevalier ou capitaine d'Italie, vêtu de deuil.......... 136

Soldato di tutte armi armato per montar a cavallo.
Soldat avec son armure complète prêt à monter à cheval...... 137

Huomo d' arme moderno à cavallo bardato.
Homme d'armes moderne à cheval bardé................... 138

Cavallo leggiero armato.
Cavalier armé à la légère.............................. 139

Soldati overo scapoli del dominio veneto, nelle galee.
Soldats ou *scapoli* de l'État de Venise, sur les galères........ 140

Galeotti, o falila *chiamati, scritti per il dominio veneto a tempo di guerra.*
Rameurs, appelés *falila*, que l'État de Venise enrôle en temps de guerre.. 141

Schiavi sforzati di galea.
Esclaves rameurs................................... 142

Habito della confraternità deputata alla giustitia, che accompagna i giustitiati della città di Venetia.
Costume des membres de la confrérie chargée d'accompagner les condamnés à mort............................... 143

Beccamorti o pizzicamorti di Venetia.
Croque-morts de Venise.............................. 144

Habito de' poveri vergognosi che cercano elemosine per l' amor di Dio nelle chiese et cantoni delle strade di Venetia.
Costume des pauvres honteux qui demandent l'aumône pour l'amour de Dieu dans les églises et aux coins des rues de Venise. 145

Facchini o bastagi della città di Venetia.
Portefaix ou *bastagi* de la ville de Venise................. 146

Cestaruoli che attendono alle boccarie et alle pescarii.
Cestaruoli (porteurs de paniers) qui font le service des marchés. 147

Contadine di terre circonvicine a Venetia, le quali si vedono in Venetia il giorno dell'Ascensione di Nostro Signore.
Paysannes des environs de Venise, qui viennent à Venise le jour de l'Ascension de N.-S... 148

Giovane contadino sposo, nelle feste.
Jeune paysan qui se marie, dans les fêtes...................... 149

Contadine della Marca trevisana.
Paysannes de la Marche trévisane................................ 150

Contadino al mercato di Venetia.
Paysan au marché de Venise....................................... 151

Prima prospettiva della piazza di S. Marco.
Première vue de la place Saint-Marc............................. 152

Seconda prospettiva della piazza di S. Marco.
Second point de vue de la place Saint-Marc...................... 153

Terza prospettiva della piazza di S. Marco.
Troisième point de vue de la place Saint-Marc................... 154

Corte del palazzo ducale di Venetia.
Cour du palais ducal de Venise................................... 155

Spose di Friuli.
Épousées du Frioul.. 156

Habito di gentildonna di Cividal di Belluno.
Costume de femme noble de Cividale de Bellune................... 157

Habito per casa delle nobili donne di Cividal di Belluno.
Costume d'intérieur des nobles dames de Cividale de Bellune.. 158

Habito de' cittadini di Cividal di Belluno, dismesso, et anco di molti luoghi d' Italia.
Ancien costume des citoyens de Cividale de Bellune et de beaucoup d'autres lieux d'Italie.................................. 159

Contadine di Cividal di Belluno.
Paysannes de Cividale de Bellune.................................. 160

Nos

Habito di gentildonna di Conigliano.
Costume de noble dame de Conigliano................. 161

Habiti antichi d' huomini et donne di Padova.
Costume ancien d'hommes et de femmes de Padoue........ 162

Nobile padovana moderna.
Femme noble moderne de Padoue..................... 163

Sposa di Padova.
Femme mariée de Padoue........................... 164

Delle matrone padovane.
Matrones padouanes................................ 165

Habito di donna di Vicenza.
Costume de femme de Vicence....................... 166

Habiti di Brescia, Verona et altre città circonvicine di Lombardia.
Costume de Brescia, de Vérone et d'autres villes voisines de Lombardie... 167

Habito di matrona veronese et bresciana.
Costume de matrone de Brescia et de Vérone........... 168

Donna nobile bresciana.
Noble dame de Brescia............................. 169

Habito antico di Milano, di Lombardia.
Costume ancien de Milan, dans la Lombardie.......... 170

Delle gentildonne et signore milanesi et d' altre città di Lombardia.
Femmes nobles de Milan et d'autres villes de la Lombardie.... 171

Gentil' huomo moderno milanese.
Gentilhomme moderne de Milan...................... 172

Matrone nobili milanese et d' altri luoghi di Lombardia.
Matrones nobles de Milan et autres lieux de Lombardie........ 173

Altro habito dello Stato di Milano et di Lombardia.
Autre costume de l'État de Milan et de la Lombardie......... 174

   Nos

Habito delle duchesse di Parma o d'altre signore di tutta Italia.
Costume des duchesses de Parme ou d'autres grandes dames de toute l'Italie.. 175

Delle matrone et signore principali parmegiane.
Matrones et dames principales de Parme.................. 176

Habito di alcune donne principali di Lombardia.
Costume de quelques dames de haut rang de la Lombardie.... 177

Habito d'alcune gentildonne private di Lombardia.
Costume de quelques femmes nobles de la Lombardie........ 178

Delle donne di mediocre conditione.
Femmes de médiocre condition............................. 179

Delle donzelle contadine et artigiane di Parma.
Jeunes filles de la campagne et femmes d'artisans de Parme.... 180

Matrona di Turino in Piemonte.
Matrone de Turin.. 181

Donzelle di Turino.
Jeunes filles de Turin................................... 182

Habito di donna antica genovese.
Ancien costume des femmes de Gênes...................... 183

Habito moderno di donna nobile genovese.
Costume moderne des femmes nobles de Gênes.............. 184

Donne plebee genovesi.
Femmes du peuple de Gênes............................... 185

Habito del gran duca di Toscana.
Costume du grand-duc de Toscane......................... 186

Habito de' primi che sono in magistrato in Firenze.
Costume des premiers magistrats de Florence.............. 187

Habito ordinario di Firenze da huomo nobile.
Costume ordinaire des hommes nobles de Florence.......... 188

Nos

Gentil' huomo moderno fiorentino.
Gentilhomme moderne de Florence.................... 189

Habito antico da donna di Toscana.
Costume ancien de femme de Toscane.................. 190

Habito delle matrone più principali di Firenze.
Costume des femmes de la haute noblesse de Florence....... 191

Habito di nobili giovine maritate in Firenze et in altri luoghi di Toscana.
Costume de jeunes mariées nobles à Florence et autres lieux de Toscane.. 192

Habito di giovine fiorentine maritate di più anni.
Costume de jeunes femmes de Florence mariées depuis plusieurs années... 193

Habito di donzelle fiorentine fuor di casa, disutato.
Ancien costume des jeunes filles de Florence hors de leur maison... 194

Habito delle zitelle nobili moderne di Toscana.
Costume moderne des jeunes filles nobles de Toscane......... 195

Donna di mediocre età di Toscana.
Femme d'âge moyen de Toscane....................... 196

Mercanti moderni fiorentini.
Marchands modernes de Florence...................... 197

Habito commune a Firenze et per la Lombardia, da donna.
Costume général de femme pour Florence et la Lombardie..... 198

Habito delle vedove et altre donne, da lutto.
Costume des veuves et d'autres femmes en deuil............ 199

Habito de' contadini fiorentini et di tutta la Toscana.
Costume des paysans de Florence et de toute la Toscane...... 200

Zitelle contadine fiorentine di Toscana.
Jeunes paysannes de la Toscane....................... 201

	Nos
Matrone nobili senesi. Nobles dames de Sienne	202
Habito di gentildonne senesi, le quali hanno mariti posti in dignità. Costume des femmes nobles de Sienne, dont les maris occupent de hauts emplois	203
Habito di donna perugina. Costume de femme de Pérouse	204
Matrone nobili pisane. Nobles matrones de Pise	205
Zitelle et fanciulle pisane. Jeunes filles de Pise	206
Donna bolognese nobile di conditione. Femme noble de Bologne	207
Delle zitelle nobili bolognesi, fuori di casa alle divotioni. Jeunes filles nobles de Bologne allant faire leurs dévotions	208
Meretrice bolognese. Prostituées de Bologne	209
Matrona mantovana nobile ornata in altro modo. Noble matrone de Mantoue parée d'une autre manière	210
Donzelle nobile. Jeune fille noble	211
Matrona mantovana ornata. Matrone de Mantoue en toilette	212
Zitelle ferraresi. Jeunes filles de Ferrare	213
Matrona ferrarese ornata, fuori di casa. Matrone de Ferrare en toilette, hors de chez elle	214
Habito di donna di Romagna et di alcune terre della Marca. Costume de femme de la Romagne et de quelques lieux de la Marche	215

Donna anconitana.
Femme d'Ancône.. 216

Habito di donna antica napolitana.
Ancien costume de femme napolitaine. 217

Gentil' huomo moderno napolitano.
Gentilhomme moderne de Naples. 218

Baronessa napolitana.
Femme de baron napolitain. 219

Matrona napolitana.
Matrone napolitaine. 220

Habito da donna, dismesso, in Napoli.
Ancien costume de femme napolitaine. 221

Donzelle napolitane.
Jeunes filles de Naples. 222

Matrona napolitana moderna.
Matrone napolitaine moderne. 223

Habito di gentildonna moderna napolitana.
Costume moderne de femme noble de Naples. 224

Habito di nobil donna di grado del regno di Napoli.
Femme de haute noblesse du royaume de Naples. 225

Habito delle nobili matrone napolitane in tempo di state.
Costume des nobles matrones de Naples dans l'été. 226

Mercanti napolitani moderni.
Marchands napolitains modernes. 227

Habito di zitella nobile napolitana.
Jeunes filles nobles de Naples. 228

Habito de' Calabresi.
Costume des Calabrais. 229

Habito delle donne di Gaeta.
Costume des femmes de Gaëte. 230

  Nos

Habito di donna dell' isola d' Ischia.
Costume de femme de l'île d'Ischia 231

Matrona nobile siciliana ornata per andar a feste publiche.
Noble matrone de Sicile parée pour assister aux fêtes publiques. 232

Donna nobile siciliana alla chiesa.
Femmes nobles de Sicile à l'église................................ 233

Donzella nobile siciliana fuor di casa, alle divotioni.
Jeune fille noble de Sicile allant faire ses dévotions............ 234

FIN DE LA TABLE DES MATIÈRES DU PREMIER VOLUME.